D1830157

जंगल की हक़दारी
राजनीति और संघर्ष

भारतीय भाषा कार्यक्रम

CSDS

विकासशील
समाज अध्ययन
पीठ

वाणी प्रकाशन

जंगल की हक़दारी

राजनीति और संघर्ष

कमल नयन चौबे

सामाजिक विमर्श

वाणी प्रकाशन

4695, 21-ए, दरियागंज, नयी दिल्ली 110 002

शाखा

अशोक राजपथ, पटना 800 004

फ़ोनः +91 11 23273167 फ़ैक्सः +91 11 23275710

www.vaniprakashan.in
vaniprakashan@gmail.com

JANGAL KI HAKADARI : RAJNEETI AUR SANGHARSH
by Kamal Nayan Chaube

ISBN : 978-93-5072-764-5
Social Science

© 2015 कमल नयन चौबे

प्रथम संस्करण

आवरण : मृत्युंजय चटर्जी

मूल्य : ₹ 750

इस पुस्तक के किसी भी अंश को किसी भी माध्यम में प्रयोग करने के लिए प्रकाशक से लिखित अनुमति लेना अनिवार्य है।

प्रिंटलैंड डिजिटल, नयी दिल्ली-110 020 में मुद्रित

वाणी प्रकाशन का लोगो मक़बूल फ़िदा हुसेन की कूची से

अपने हक़ के लिए लड़ते आदिवासी बहनों-भाइयों
और
अपने बाबा-आजी को समर्पित

आभार

यह किताब मेरी पीएच. डी. काम का विस्तृत रूप है। मैंने मई 2005 में विषय पर व्यवस्थित रूप से काम करना शुरू किया। इसके पहले मैं 'मार्क्सवाद और गाँधीवाद में पारिस्थितिकी: तुलनात्मक अध्ययन' विषय पर दिल्ली विश्वविद्यालय से एम.फिल. कर चुका था। मैं इकोलॉजी से जुड़े समकालीन भारतीय परिदृश्य पर आगे काम करना चाहता था। मई 2005 में प्रो. निवेदिता मेनन ने मेरा ध्यान प्रो. नंदिनी सुंदर के *टाइम्स ऑफ़ इंण्डिया* में छपे एक छोटे लेख द *जंगल बुक* की ओर दिलाया। यह लेख प्रस्तावित वन अधिकार विधेयक के ख़ूबियों को रेखांकित करते हुए स्थानीय समुदायों को ज़्यादा-से-ज़्यादा अधिकार देने की वकालत करता था। यह मसला इकॉलजी से जुड़ी चिंताओं और स्थानीय समुदायों के हक़ के बीच के द्वंद्व से जुड़ा हुआ था। मैंने इस मसले पर ज़्यादा गहराई से पढ़ना शुरू किया। बाद में, प्रो उज्ज्वल कुमार सिंह सैद्धांतिक सवालों से ज़्यादा ज़मीनी स्तर की हक़ीक़त पर ध्यान देने के लिए प्रेरित किया। उनके कहने पर मैं नंदिनी सुंदर से भी मिला, जिन्होंने मेरा ध्यान जंगल की ज़मीन पर 'इनक्रोचमेंट' (या अतिक्रमण) की समस्या की ओर खींचा। उन्होंने यह भी रेखांकित किया कि इस बारे में किसी भी व्यवस्थित अध्ययन का अभाव है। मैंने इस विषय पर काम करने का फ़ैसला किया। 'इकॉलजी' से जुड़ा मुद्दा इसका एक आयाम था, लेकिन ज़्यादा बड़ा मसला यह था कि जंगल की ज़मीन पर स्थानीय समुदायों का किस तरह का हक़ रहा है? आख़िर, लोग उसी ज़मीन के 'अतिक्रमक' कैसे बन जाते हैं, जिस पर वे कई पीढ़ियों से रहते आये हैं? इस संदर्भ में औपनिवेशिक और उत्तर-औपनिवेशिक राज्य की क्या भूमिका रही है? इस अध्ययन का एक महत्त्वपूर्ण आयाम वन अधिकार क़ानून को लेकर चलने वाले आंदोलन और वाद-विवाद का अध्ययन भी रहा है। अपने पीएच. डी. के बाद मैंने वन अधिकार क़ानून के लागू होने के स्थिति के बारे में भी अध्ययन किया है। एक अतिरिक्त अध्याय के रूप में यह इस किताब में शामिल है।

मैंने जिन गाँवों में फील्ड-वर्क किया, मैं वहाँ के लोगों का कृतज्ञ हूँ। उन्होंने न सिर्फ़ अपने जीवन के विविध अनुभव मेरे साथ साझा किये, बल्कि मुझे यह अहसास नहीं होने दिया कि मैं एक बाहरी व्यक्ति हूँ। मैंने गोपनीयता

के लिहाज़ से इन गाँवों और वहाँ के लोगों के नाम बदल दिये हैं। लेकिन निश्चित रूप से उनकी मदद के बग़ैर मैं यह अध्ययन नहीं कर सकता थ। मैं श्री मेंहदी लाल यादव और बैगा का आभारी हूँ, जिन्होंने मेरे फ़ील्ड-वर्क के दौरान क्षेत्र के विविध जटिल पहलुओं को समझने में मेरी मदद की। ख़ासतौर पर, बैगा ने कई दफ़ा भाषा संबंधी पेचीदगियों से उबरने में मेरी मदद की। मैं डॉ. बी. डी. शर्मा, रोमा, अशोक चौधरी, रजनीश गम्भीर, मुन्नीलाल हरि सिंह और शंकर गोपालकृष्णन का भी आभारी हूँ, जिनके साथ होने वाली चर्चाओं से जंगल पर स्थानीय समुदायों की हक़दारी और वन अधिकार क़ानून के विविध पहलुओं को समझने में मदद मिली। मैं अम्बिकापुर (छत्तीसगढ़) और राजाजी नैशनल पार्क के निदेशक का भी शुक्रगुज़ार हूँ जिन्होंने जंगलों की स्थिति और वन विभाग की भूमिका को ज़्यादा स्पष्टता से समझने में मदद की।

मैं अपने इस अध्ययन में मार्गदर्शन, सहयोग और उत्साहवर्द्धन के लिए बहुत से लोगों का आभारी हूँ। निश्चित रूप से, अध्ययन के आधिकारिक पर्यवेक्षक के रूप में उज्ज्वल सिंह और नंदिनी सुंदर ने मुझे पूरी मेहनत से काम करने के लिए प्रेरित किया। निवेदिता मेनन एम.ए. के दिनों से ही प्रेरणा की स्रोत रही हैं। आदित्य निगम और मणीन्द्र ठाकुर ने मेरे पीएच.डी. के काम पर महत्त्वपूर्ण टिप्पणियाँ दी, जिससे मुझे इसे ज़्यादा बेहतर बनाने का मौक़ा मिला। इस संदर्भ में प्रो. सव्यसाची की टिप्पणियाँ भी बहुत मददगार रहीं। मैं महेश रंगराजन और अभय कुमार दुबे का भी आभारी हूँ जिन्होंने मेरे काम के संदर्भ में हमेशा मेरा उत्साहवर्द्धन किया।

बहुत सारे मित्रों से होने वाली लगातार चर्चाओं से मुझे अपने तर्कों को ज़्यादा बेहतर तरीक़े से पेश करने में मदद मिली। मैं इंद्रजीत, धनंजय, विवेक, विकास, ओ. पी., गौरव, सांताना, अनुषा, श्रुति, प्रीति, अनुष्का, तरंगिणी, अनुराग, सुब्रत का आभारी हूँ, जिन्होंने कई स्तरों पर मेरी मदद की। मैं अपने बड़े भाई श्री अशोक कुमार का भी आभारी हूँ, जिन्होंने मुझे पूरी लगन और ईमानदारी से अपना काम करने के लिए प्रेरित किया। गौतम नवलखा और डी. मंजित ने कुछ महत्त्वपूर्ण अध्ययन सामग्री उपलब्ध कराई। मैं इनका कृतज्ञ हूँ।

मैं राजनीति विज्ञान विभाग, दिल्ली विश्वविद्यालय, लॉ ऐंड सोशल साइंस नेटवर्क (लॉसनेट), राजनीति विज्ञान विभाग, हिन्दू कॉलेज और नेहरू मेमोरियल म्युजियम ऐंड लाइब्रेरी का आभारी हूँ जिन्होंने मुझे अपने शोध-कार्य के विविध भागों को प्रस्तुत करने का मौक़ा दिया। यहाँ होने वाली चर्चाओं से मुझे अपने तर्कों को ज़्यादा स्पष्ट तरीक़े से व्यक्त करने में मदद मिली।

मैं केन्द्रीय संदर्भ पुस्तकालय, दिल्ली विश्वविद्यालय, रतन टाटा लाइब्रेरी, दिल्ली विश्वविद्यालय, नेहरु म्यूजियम ऐंड लाइब्रेरी, नयी दिल्ली के कर्मचारियों का आभारी हूँ, जिन्होंने मेरे शोध के दौरान हर स्तर पर मदद की। निश्चित रूप से, किताब की कमियों की सारी जिम्मेदारी मेरी है।

प्रस्तावना

अनुसूचित जनजाति और अन्य पारम्परिक वन निवासी (वन अधिकार मान्यता) क़ानून 2006 का पारित होना हाल के भारतीय इतिहास की सबसे महत्त्वपूर्ण घटनाओं में से एक है। सूचना के अधिकार क़ानून और राष्ट्रीय ग्रामीण रोज़गार गारंटी क़ानून और शिक्षा के अधिकार क़ानून की तरह ही वन अधिकार क़ानून नागरिकों के जबर्दस्त संघर्ष का उदाहरण है। यह क़ानून के साथ नागरिकों के लगातार और संघर्षपूर्ण जुड़ाव को भी दिखाता है। वन अधिकार क़ानून दूसरे क़ानूनों की तुलना में ज़्यादा आश्चर्यजनक इसलिए है क्योंकि यह भारत के नागरिकों में हाशिये पर माने जाने वाले समूहों अर्थात् आदिवासियों को फ़ायदा पहुँचाता है। इसके अलावा, यह वन नौकरशाही के मजबूत हितों को भी चुनौती देता है। वन विभाग देश का सबसे बड़ा ज़मींदार है।

कमल नयन चौबे द्वारा लिखी गयी यह सामयिक और महत्त्वपूर्ण किताब वन अधिकार क़ानून के बनने और इसके लागू होने का पहला व्यापक विवरण है। इसमें इस क़ानून से जुड़े विविध पहलुओं का अध्ययन सम्पत्ति के अधिकार के बारे में व्यापक वाद-विवाद के संदर्भ में किया गया है; इसके अलावा, इस बात को भी ध्यान में रखा गया है कि नागरिक खुद को क़ानून से कैसे जोड़ते हैं और क्या यह जुड़ाव इन समुदयों को नागरिक या राजनीतिक समाज के अंतर्गत ले आता है। कमल वन निवासी समुदायों की राजनीति की व्याख्या करने के लिए एक तीसरी श्रेणी अर्थात् मार्ज़िनल सोसायटी (या हाशिया समाज) को पेश करते हैं और इस बात का परीक्षण करते हैं कि यह समूह राज्य के साथ किस तरह के संबंध बनाता है। इस मार्ज़िनल सोसायटी के सदस्य अपने अधिकारों का दावा करने के लिए सरकार के साथ काम करते हैं, लेकिन ये राज्य की बुनियादी मान्यताओं को चुनौती भी देते हैं। इस पूरी प्रक्रिया में वे उत्तम जीवन या 'गुड लाइफ़' का अपना वैकल्पिक नज़रिया भी पेश करते हैं।

कमल उस संदर्भ का बहुत ही परिष्कृत तरीक़े से विश्लेषण करते हैं, जिसमें हमें क़ानून को समझना चाहिए। वे इस क़ानून से जुड़े कुछ महत्त्वपूर्ण सवालों की गहराई से विवेचना करते हैं। मसलन, वन अधिकार क़ानून सिर्फ़ व्यक्तिगत ही नहीं

बल्कि सामुदायिक अधिकारों को भी मान्यता देता है। आख़िर ऐसे नव-उदारवादी दौर में जब हर चीज़ का निजीकरण किया जा रहा है, इस तरह के 'प्रगतिशील' क़ानून की व्याख्या कैसे की जा सकती है। क्या यह वास्तव में वनाश्रितों द्वारा राज्य के सामने अपना दावा पेश करने का नतीजा है या क्या राज्य इस क़ानून के द्वारा ऐसे क्षेत्रों में भी अपनी पहुँच बढ़ा रहा है, जहाँ अब तक उसका कोई नियंत्रण नहीं था? मसलन, माओवादी नियंत्रण वाले क्षेत्रों में वास्तविक रूप में (डी-फ़ेक्टो) ग्रामीणों के पास ज़मीन का स्वामित्व रहा है। वन अधिकार क़ानून के अंतर्गत, उस ज़मीन पर अधिकार की मान्यता के लिए उन्हें एक लंबी और यातना भरी प्रक्रिया से गुज़रना होगा। क्या इस क़ानून का पारित होना राज्य द्वारा जन-आंदोलनों को 'को-ऑप्ट' करना (या अपने मिला लेना) है या यह जन-आंदोलनों की जीत है? क्या यह आदिवासी संगठनों की जीत है या इसे वामपंथी दलों द्वारा चलाए गये अभियान की जीत के रूप में देखा जाना चाहिए?

लेकिन कमल के तर्क पूरी तरह सैद्धांतिक नहीं हैं। वे बहुत स्तरों पर गहरे अनुभवसिद्ध रिसर्च पर आधारित हैं। छत्तीसगढ़ ज़िले के सरगुजा ज़िले के गाँवों में इन्होंने इस बात का अध्ययन किया है कि विभिन्न वर्गों और जातियों का जंगल की ज़मीन और संसाधनों से किस तरह का संबंध है और वन विभाग से इनकी किस तरह की अंत:क्रिया होती है। इन्होंने पक्ष और विपक्ष में चलने वाले आंदोलनों का भी अनुभवसिद्ध अध्ययन किया है; साथ ही इन्होंने क़ानून बनाने की प्रक्रिया में शामिल 'कैम्पेन फ़ॉर सर्वाइव ऐंड डिग्निटी' एवं संरक्षणवादियों के दलीलों और उनके आंदोलनों तथा अभियानों का परीक्षण किया है। इसके अलावा, इन्होंने क़ानून बनने के दौरान संसदीय समितियों आदि की बहसों पर भी ध्यान केंद्रित किया है। दरअसल यह बहु-स्थानिक (या मल्टी-साइटेड) रिसर्च का बेहतरीन उदाहरण है।

कमल ने इस बात की ओर संकेत किया है कि यह सवाल बहुत ही महत्त्वपूर्ण है कि 'सम्पत्ति' को किस तरह परिभाषित किया गया है। उन्नीसवीं सदी के आख़िरी दशकों में और बीसवीं सदी के शुरुआती दौर में देश के जंगलों के बड़े हिस्से को 'आरक्षित' कर दिया गया। ज़मींदारों को उनसे ली गयी ज़मीन के लिए मुआवज़ा दिया गया। कुछ मामलों कें उन्हें उनसे ली गयी जंगल की ज़मीन के लिए भी मुआवज़ा दिया गया। लेकिन दूसरी ओर हज़ारों आदिवासियों को उनके घरों, गाँवों और खेतों से बेदख़ल कर दिया गया। इस तरह की ज़मीन का कभी सर्वे नहीं किया गया और उसे मनमाने तरीक़े से जंगल घोषित कर दिया गया। इससे राजस्व विभाग और वन विभाग के बीच विवाद पैदा हुआ। यह लोगों और वन विभाग के बीच पैदा हुए विवाद से काफ़ी अलग था। यह वह पहली श्रेणी है, जिसे वन विभाग 'अतिक्रमण' मानता है। दूसरी श्रेणी में जंगल की ऐसी ज़मीन आती है जिसमें लोगों ने

ज़मीन की चाह और भूमि सुधारों के अभाव में खेती करना शुरू कर दिया था। सरगुजा ज़िले के चार गाँवों के अध्ययन द्वारा कमल ने दोनों तरह की स्थितियों को दिखाया है। अपने अध्ययन के द्वारा वे इस बात को स्वीकार करते हैं कि गाँवों में प्रभुत्वशाली लोगों का दूसरे लोगों की तुलना में जंगल की ज़्यादा ज़मीन पर क़ब्ज़ा है। लेकिन उनके अध्ययन से यह बात भी सामने आती है कि कुल-मिलाकर 'अतिक्रमण' प्रामाणिक रूप से जीविका की ज़रूरत से जुड़ी हुई है। यह एक बहुत ही महत्त्वपूर्ण निष्कर्ष है– खासतौर पर उस समय जब वन अधिकार क़ानून के ख़िलाफ़ यह सामान्य आरोप लगता रहा है कि यह क़ानून सिर्फ़ अमीर लोगों को फ़ायदा पहुँचाएगा; और यह भूमि वितरण की योजना की तरह है।

कमल ने काफ़ी गहराई से इस क़ानून के लागू होने में सामने आने वाली समस्याओं का विश्लेषण किया है। वे वन विभाग द्वारा क़ानून के लागू होने में पैदा की जाने समस्याओं को रेखांकित करते हैं; उन्होंने इस तथ्य को भी पेश किया है संरक्षित क्षेत्र में 'क्रिटिकल वाइल्ड लाइफ़ हैबिटेट' के प्रावधानों की आड़ में इस क़ानून को लागू नहीं किया जा रहा है; और जिन लोगों को अभी तक पट्टा नहीं मिला है उन पर अपनी ज़मीन से बेदखल किये जाने का ख़तरा मँडरा रहा है। यह इस बात का स्पष्ट उदाहरण है कि इस क़ानून का उपयोग सरकार की शक्तियों को कम करने की बजाय उसका विस्तार करने के लिए किया जा रहा है। लेकिन दूसरी ओर, उन्होंने यह भी दिखा कि किस तरह विविध समुदाय इस क़ानून का उपयोग अपने सामान्य भूमि के अधिग्रहण के ख़िलाफ़ कर रहे है। नियमगिरी और पोस्को इसका उदाहरण है। इन्होंने इस बात को भी स्पष्ट किया है कि महिला समूह इस क़ानून का उपयोग महिलाओं को गोलबंद करने के लिए कर रही हैं।

अपने अध्ययन के माध्यम से कमल एक बहुत ही जटिल तस्वीर पेश करते हैं। जहाँ एक ओर क़ानून को लागू करने में बहुत सारी समस्याएँ हैं, वहीं दूसरी ओर यह भी एक महत्त्वपूर्ण तथ्य है कि इसने आदिवासियों को क़ानून का उपयोग करने के लिए गोलबंद किया है। कमल अपने अध्ययन से यह निष्कर्ष निकालते हैं कि क़ानून से लोगों की गतिविधियों पर कई सीमाएँ लगी हैं और वे सरकार द्वारा थोपी गयी बाहरी प्रक्रियाओं से बँध गये हैं; लेकिन वे क़ानून के शाब्दिक अर्थ का विस्तार भी कर रहे हैं और उत्तम जीवन की अपनी अवधारणा को हासिल करने के लिए इसका प्रयोग कर रहे हैं।

मैं शिद्दत से यह मानती हूँ कि पाठकों को वन अधिकार क़ानून के पूर्व-इतिहास, इसके वर्तमान और भविष्य की एक संवेदनशील, बारीक़ और गहरी समझ के लिए यह किताब पढ़नी चाहिए।

नंदिनी सुंदर

अनुक्रम

1

जंगल में वनवासियों के अधिकार : क़ानूनी रूपरेखा और बदलाव का संघर्ष

जंगल की ज़मीन पर वनवासियों/आदिवासियों[1] के अधिकार का मसला बहुत ज़्यादा विवादित रहा है। जंगल संसाधनों से भरे हैं। इसलिए विकास के नाम पर होने वाली हर गतिविधि के केंद्र में जंगल और उसके आस-पास के क्षेत्रों में बसे गाँव आ जाते हैं। जंगलों के संसाधनों से भरे-पूरे होने के कारण राज्य इन पर अपना दावा करता रहा है। ख़ासतौर पर उत्तर-उदारीकरण दौर में विकास के नाम पर जंगल के संसाधनों को निजी कंपनियों के लिए खोला जा रहा है।[2] इस पूरी प्रक्रिया में आदिवासियों की मर्जी का कोई ख़्याल नहीं रखा गया।

1. इस पूरे अध्ययन में आदिवासी शब्द का इस्तेमाल अनुसूचित जनजातियों और दूसरे ऐसे समूहों के लिए किया गया है जिनकी जीवनशैली और सांस्कृतिक स्तर अनुसूचित जनजातियों की तरह ही है। इसमें जंगल और इसके आस-पास के क्षेत्रों में रहने वाले और इसके संसाधनों पर निर्भर सभी समुदायों को शामिल किया गया है। ये समुदाय ख़ुद आदिवासी होने का दावा करते हैं। वर्जीनीयस खाखा मानते हैं कि आदिवासी शब्द से तात्पर्य केवल उन्हीं लोगों से नहीं है जिन्हें संविधान में अनुसूचित जनजातियों की श्रेणी में शामिल किया गया है। जनजातियाँ इस शब्द का प्रयोग एक ही समुदाय में शामिल होने के अर्थ में करती हैं, भले ही वे संविधान की सूची में शामिल हों या न हों। देखें खाखा (1999बी : 3595)। वनवासी या वनाश्रित समुदाय शब्द का अर्थ थोड़ा व्यापक है। इसमें जंगलों पर निर्भर वे समुदाय भी शामिल हैं जिनकी जीवनशैली आदिवासियों की तरह नहीं है, और वे आदिवासी होने का दावा भी नहीं करते हैं। कानूनी शब्दावली में 'फॉरेस्ट ड्वैलर्स' के लिए 'वन निवासी' शब्द का प्रयोग किया गया है। इस अध्ययन में अमूमन आदिवासी, वनवासी या वन निवासी या वनाश्रित शब्द का प्रयोग अदल-बदल कर किया गया है। जब तक विशिष्ट रूप से स्पष्ट न किया जाए, तब तक यह माना जाना चाहिए कि इन शब्दों का प्रयोग जंगल पर निर्भर समुदायों/व्यक्तियों का वर्णन करने के लिए किया गया है।
2. झारखंड, उड़ीसा और छत्तीसगढ़ जैसे राज्यों ने निजी क्षेत्रों की कम्पनियों के साथ कई समझौता पत्रों पर दस्तखत किये हैं। मसलन देखें हेब्बार (2006: 4952-53); नवलखा (2008: 498-99); इंडियन सोशल ऐक्शन फोरम (2009); आदिवासी मूलवासी अस्तित्व रक्षा मंच (2009); सीडीआरओ (2011); (2012ए).

इस कारण, जंगल की ज़मीन और इसके संसाधनों के दोहन के ख़िलाफ़ स्थानीय समुदायों का प्रतिरोध बढ़ता जा रहा है।

दरअसल, औपनिवेशिक शासन से पहले शासक जंगलों में रहने वाले या उस पर निर्भर लोगों के जीवन में बहुत ज़्यादा दखल नहीं देते थे। अंग्रेज़ों के आने के बाद इस स्थिति में बदलाव आया। उन्होंने अपने साम्राज्यवादी हितों को पूरा करने के लिए जंगलों का दोहन शुरू कर दिया। आदिवासियों से यह कहा गया कि वे जंगल की ज़मीन पर अपना स्वामित्व दिखाने के लिए कोई लिखित दस्तावेज़ पेश करें। ऐसा न करने पर उनकी ज़मीन पर उनके अधिकारों को ख़त्म कर दिया गया। ऐसे आदिवासी 'अतिक्रमक'[3] घोषित कर दिये गये। साथ ही, जंगल के संसाधनों पर आदिवासियों के अधिकार ख़त्म करके उसे 'छूट' में बदल दिया।[4] आज़ादी के बाद संविधान में अनुसूचित जनजातियों की सुरक्षा और कल्याण के लिए कई संवैधानिक प्रावधान किये गये।[5] लेकिन इसके साथ ही, जंगल से जुड़े औपनिवेशिक क़ानून और वन विभाग की सर्वोच्च स्थिति भी क़ायम रही। इस कारण, आदिवासी पहले की तरह ही वन विभाग के मनमाने व्यवहार पर निर्भर बने रहें। उद्योग-केंद्रित 'विकास' के बढ़ते दायरे, वनवासियों या वनाश्रितों की जीविका के सिकुड़ते साधनों आदि के कारण जंगल की ज़मीन का 'अतिक्रमण' बढ़ता गया। आज़ादी के बाद के दौर में जंगल की ज़मीन पर 'अतिक्रमकों' की संख्या में बढ़ोतरी हुई। सन् 2004 में सरकार ने लोकसभा में यह बताया कि अभी देश की कुल 13,43,346. 622 हेक्टेयर ज़मीन पर 'अतिक्रमण' है। सरकार ने यह भी बताया कि अब तक 3,65,669.111 लाख हेक्टेयर ज़मीन पर आदिवासियों के वन-भूमि अधिकारों का नियमितीकरण या 'रेग्युलराइजेशन' किया गया है अर्थात् उनके अधिकारों को मान्यता दी गयी है।

---

3. असल में 'अतिक्रमण' (या इनक्रोचमेंट) या 'अतिक्रमक' (या इनक्रोचर) राज्य द्वारा प्रयोग किया जाने वाला शब्द है। यह जंगल की ज़मीन पर आदिवासियों की ग़ैर-क़ानूनी स्थिति दिखाने के लिए प्रयोग में लाया जाता है। लेकिन ज़मीनी स्तर पर चलने वाले आंदोलनों द्वारा सही ही, इस तरह के शब्दों के प्रयोग पर सवाल खड़ा किया जाता है। इनका मानना है कि वास्तविक 'अतिक्रमक' आदिवासी नहीं है, बल्कि राज्य और वन विभाग जैसी उसकी संस्थाएँ हैं। मसलन, देखें, कैम्पेन (2004: 9-10); इसी कारण इस पूरे अध्ययन में 'अतिक्रमक' या 'अतिक्रमण' को विवादपूर्ण शब्द मानते हुए 'इनवर्टेड कॉमा' के भीतर प्रयोग किया गया है। दरअसल, छत्तीसगढ़ और ख़ासतौर पर सरगुजा में लोग तथाकथित 'अतिक्रमण' के लिए 'बेजा क़ब्ज़ा' शब्द का प्रयोग करते हैं। इसलिए आगे के अध्यायों में 'अतिक्रमण' के लिए 'बेजा कब्ज़ा' शब्द का प्रयोग भी किया गया है।
4. अंग्रेज़ों के भारत में आने से पहले और उनके शासन के दौरान जंगलों और आदिवासियों की स्थिति के संबंध में गहरा वाद-विवाद है। अध्याय 2 में इस बारे में गहरा विश्लेषण किया गया है।
5. इसी अध्याय में आगे अनुसूचित जनजाति की संकल्पना और इससे संबंधित संवैधानिक प्रावधानों का उल्लेख किया गया है।

इस कमिटी ने यह स्वीकार किया कि 'अतिक्रमण' की समस्या देश के सभी भागों के जंगलों में मौजूद है।[6] एक महत्त्वपूर्ण बात यह है कि जंगल की ज़मीन पर 'अतिक्रमण' सरकारी आँकड़ों से ज़्यादा है। दरअसल, अमूमन ज़मीनी स्तर पर काम करने वाले वन विभाग के चौकीदारों में यह प्रवृत्ति होती है कि वे अपने ऊपरी अधिकारियों को यह दिखाएँ कि सब-कुछ 'ठीक-ठाक' है।[7] जंगल की ज़मीन पर 'अतिक्रमक' के रूप में रहने वाले आदिवासियों को हमेशा ही अपने घर से बेदख़ल कर दिये जाने का खतरा रहता है। मसलन, सन् 2002 में गोदावर्मन केस[8] में सर्वोच्च न्ययालय के एक निर्देश की वन विभाग ने अपने तरीक़े

---

6. सन् 2004 में लोकसभा में सरकार द्वारा पेश किये गये आँकड़े के अनुसार विभिन्न राज्यों में 'अतिक्रमण' की स्थिति इस प्रकार है (ज़मीन की मात्रा हेक्टेयर में है): आंध्र प्रदेश- 295,383.000; असम- 2,99,710.000; अरुणाचल प्रदेश- 3887.810; अण्डमान और निकोबार- 2057.490; बिहार- 251. 869; छत्तीसगढ़- 150,495.000; दमन और दीव-87.960; दादर और नगर हवेली 614.350; गुजरात- 22,139.540; गोवा- 1012.000; हरियाणा- 1274.000; हिमाचल प्रदेश- 2841.875; जम्मू और कश्मीर- 9284.000; झारखंड- 48,438.410; कर्नाटक- 67710.000; केरल- 7,290.000; महाराष्ट्र- 79,641,730; मणिपुर- 533.240; मेघालय- 6584.490; मध्य प्रदेश- 138,110.585; मिजोरम- 18759.616; उड़ीसा- 42,605.530; पंजाब- 6812.806; राजस्थान- 6712.742; सिक्किम- 3499. 640; तमिलनाडु- 17555.564; त्रिपुरा- 59,336; उत्तराखंड- 9668.000; उत्तर प्रदेश- 27,214.630; पश्चिम बंगाल- 13, 834.536; स्रोत- श्री तथागत सत्पथी और श्री महावीर भग़ौरिया द्वारा लोकसभा में जंगल की ज़मीन के अतिक्रमण के नियमितीकरण के संबंध में पूछे गये तारांकित प्रश्न सं. 284 का जवाब, कैम्पेन (2004: 29)।
7. इसका अंदाज़ा मुझे अपने फ़ील्ड-वर्क के दौरान हुआ। गाँव के लोगों के 'अतिक्रमण' या 'बेजा क़ब्ज़ा' की ज़मीन की मात्रा सरकारी दस्तावेज़ में बताये गये 'अतिक्रमण' से ज़्यादा थी।
8. 1995 में तमिलनाडु के गुदालुर ज़िले के पूर्व भूमिपति टी.एन. गोदावर्मन थिरूमलपाद द्वारा सर्वोच्च न्यायालय में एक जनहित याचिका दायर की गयी। गोदावर्मन ने यह याचिका अपने परिवार द्वारा लगाए गये जंगल की अवैध कटाई के ख़िलाफ दायर की थी। बाद में, सर्वोच्च न्यायालय ने इस मामले का दायरा बढ़ाते हुए इसमें जंगल से संबंधित सभी मुद्दों को शामिल कर लिया। गोदावर्मन केस द्वारा सर्वोच्च न्यायालय ने जंगलों के संबंध में बहुत ही सक्रिय भूमिका निभाई है। बहुत से लेखकों ने जंगल से जुड़े मामलों में सर्वोच्च न्यायालय की सक्रियता की आलोचना की है। इनका मानना है कि गोदावर्मन मामले में सुप्रीम कोर्ट ने कार्यपालिका की भूमिका अपना ली है। इससे वन विभाग को अपनी मनमानी करने में आसानी हुई है। देखें, कैम्पेन (2004: 4); इस संदर्भ में अमरीन रोसेनक्राँच और शराचंद्र लेले मानते हैं कि सुप्रीम कोर्ट ने जंगल के संरक्षण के संबंध में महत्त्वपूर्ण भूमिका निभाई है। लेकिन इनका मानना है कि यह कार्यपालिका का काम नहीं कर सकता है। देखें, रोसेनक्राँच और लेले (2008: 11-14)। दरअसल, सर्वोच्च न्यायालय ने वन संरक्षण से संबंधित क़ानून की नये सिरे से व्याख्या की, देखें, रित्त्विक दत्ता और भूपिंदर यादव (2005); थाईल (2009); लेकिन ऐसा भी नहीं है सर्वोच्च न्यायालय के दख़ल से आदिवासी हमेशा नुक़सान की स्थिति में ही रहे हैं। मसलन, उत्तर-पूर्व में पेड़ों की कटाई पर सर्वोच्च न्यायालय द्वारा रोक लगाए जाने की आलोचना करने वाले लोग भी इस बात पर ज़ोर देते हैं कि इससे पेड़ो की कटाई पर रोक लगी है और इससे किसानों की स्थिति सुधरी है, मसलन देखें, नाथन (2000: 182-86)।

से मनमानी व्याख्या की। इसका नतीजा यह हुआ कि बहुत से लोगों को उनके घरों से बेदख़ल कर दिया गया।

दरअसल, जंगल की ज़मीन पर बसे या उस पर निर्भर लोगों की ज़िंदगी पूरी तरह से वन विभाग के अधिकारियों की मनमर्ज़ी पर निर्भर रही है। ज़मीन का पट्टा न होने की स्थिति में इन्हें वन विभाग के कर्मचारियों को घूस या नज़राने के रूप में फ़सल का कुछ हिस्सा, बकरियाँ, मुर्गे आदि देना पड़ता है। इसके अलावा, इन्हें जंगल और इसके वनोपजों के उपयोग के संबंध में वन अधिकारियों के इजाज़त की ज़रूरत होती है। जंगल की ज़मीन पर बसे या इसकी ज़मीन पर खेती करने वाले या इससे मिलने वाले वनोपजों पर निर्भर लोगों की स्थिति एक लोकतांत्रिक देश के अधिकारहीन नागरिकों की तरह रही है। जंगल इन समुदायों के जीवन का अभिन्न हिस्सा है। जंगल उनकी जीविका का सबसे मुख्य आधार है। दरअसल, यह उनके जीवन के सभी पहलुओं से अभिन्न रूप से जुड़ा हुआ है।[9]

आदिवासियों/वनवासियों को जंगल की ज़मीन और इसके संसाधनों पर अधिकार देने के संदर्भ में 2006 का वन अधिकार क़ानून महत्त्वपूर्ण है। इस क़ानून का पूरा शीर्षक इस प्रकार है– *अनुसूचित जनजाति और अन्य पारम्परिक वनवासी (वन अधिकार मान्यता) अधिनियम 2006 [शेड्ल्यूल्ड ट्राइब्स ऐंड अदर ट्रेडिशनल फ़ॉरेस्ट ड्वैलर्स (रिकॅग्निशन ऑफ़ फ़ॉरेस्ट राइट्स) ऐक्ट 2006]*।[10] प्रस्तुत अध्ययन का मक़सद इस बात का विश्लेषणात्मक अध्ययन करना है कि आधुनिकता के साथ सामने आये विविध सकारात्मक या नकारात्मक आयामों का जंगल और इसके क़रीब रहने वाले लोगों के जीवन पर क्या प्रभाव पड़ा है? अर्थात् जनगणना, जंगल, अनुसूचित जनजाति, निजी सम्पत्ति, क़ानून का शासन आदि जैसी श्रेणियों के निर्माण ने इनके जीवन में क्या बदलाव किये हैं? संसाधनों के दोहन पर निर्भर विकास की अवधारणा के वर्चस्व और लोकतांत्रिक राजनीति की चेतना ने इनके जीवन को किस तरह प्रभावित किया है? जंगल की ज़मीन पर बसे और उसके संसाधनों पर निर्भर आदिवासी समुदायों

9. मसलन देखें भारत सरकार (1989); अध्याय 4 में इन पहलुओं की ज़्यादा विस्तार से विवेचना की गयी है।

10. दरअसल, अख़बारों, पत्रिकाओं आदि के लेखों और ज़मीनी स्तर पर चलने वाले आंदोलनों में इस विधेयक और बाद में अधिनियम के लिए वन अधिकार अधिनियम (या वन अधिकार क़ानून) संक्षिप्त शीर्षक का उपयोग किया गया। इस पूरे अध्ययन में भी इसी शीर्षक का उपयोग किया गया है। दूसरा, सरकारी गज़ट में इस क़ानून को जनवरी 2007 में प्रकाशित किया गया। इसलिए आगे इसका संदर्भ 'गवर्नमेंट ऑफ़ इंडिया (2007)' के रूप में दिया गया है।

की ज़िंदगी के विभिन्न आयाम किस तरह जंगल से जुड़े हुए हैं? राज्य और इसकी प्रतिनिधि संस्था के रूप में वन विभाग की कार्यप्रणाली और राज्य की दूसरी विभिन्न नीतियों का इनके जीवन पर कैसा प्रभाव पड़ा है? औपनिवेशिक या उत्तर-औपनिवेशिक राज्य की नीतियों ने इन समुदायों को किस हद तक जंगल की ज़मीन और इसके संसाधनों पर हक़ दिया है? 'अतिक्रमण' को किस रूप में समझा जा सकता है? क्या जंगल की ज़मीन या इसके आस-पास के क्षेत्रों में बसे समुदायों द्वारा 'अतिक्रमण' किया गया है? इस पूरे संदर्भ में वन अधिकार क़ानून को किस रूप में समझा जा सकता है? क्या यह आदिवासियों को जंगल की ज़मीन और इसके संसाधनों पर हक़ देता है? क्या यह वन्य जीवों के संरक्षण के संबंध में मजबूत व्यवस्था बनाता है? लोकतांत्रिक समाज में क़ानून और क़ानून द्वारा हुए बदलाव किस रूप में देखे जा सकते हैं? इन्हें किस हद तक प्रगतिशील माना जा सकता है? स्पष्टत: इस अध्ययन का मक़सद जंगल की ज़मीन पर आदिवासियों के अधिकारों का विश्लेषण करना है। फ़ील्ड-वर्क द्वारा आदिवासियों के जंगल की ज़मीन से जुड़े ऊपर लिखित पहलुओं की पड़ताल की गयी है। इसी संदर्भ में क़ानून बनने की प्रक्रिया और सामने आये तर्कों का भी विश्लेषण किया गया है। इसमें इस क़ानून की सम्भावनाओं और सीमाओं का भी अध्ययन किया गया है।

मैंने इस अध्याय में यह विश्लेषण किया है कि आधुनिकता और इससे जुड़े उपनिवेशवाद, राष्ट्र-राज्य और लोकतंत्र जैसे आयामों तथा जंगलों में या इसके नज़दीक रहने वाले लोगों के बीच किस तरह की अंत:क्रिया हुई। इस संदर्भ में अनुसूचित जनजाति, सम्पत्ति, क़ानून और लोकतांत्रिक चेतना जैसे पहलुओं का विश्लेषण भी आवश्यक है। दरअसल, यह अध्याय इस पूरे अध्ययन की पृष्ठभूमि और विशिष्ट मुद्दों को सामने रखता है। यह मुख्य रूप से चार भागों में बँटा हुआ है। पहले भाग में जनजाति की संकल्पना और भारत में इसके विकास की विवेचना की गयी है। यहाँ भारतीय संविधान में अनुसूचित जनजातियों से जुड़े विभिन्न प्रावधानों का भी वर्णन किया गया है। इसके अलावा, मूल निवासी या इंडिजेनस पीपॅल की संकल्पना की व्याख्या करते हुए इस सवाल पर विचार किया गया है कि क्या भारत की जनजातियों को इसमें शामिल किया जा सकता है? दूसरे भाग में इस बात की विवेचना की गयी है कि भारत में जंगल की ज़मीन और इसके संसाधनों पर आदिवासी समूहों को किस तरह का सम्पत्ति अधिकार रहा है। इस संदर्भ में राजनीति दर्शन में सम्पत्ति को लेकर हुए वाद-विवाद, भारत में निजी सम्पत्ति की अवधारणा के विकास और वनवासी समूहों के जंगल में सम्पत्ति अधिकारों से जुड़े विभिन्न पहलुओं का अध्ययन किया गया है। साथ ही, इस बात पर भी विचार किया गया है कि वन अधिकार

क़ानून वनवासी समूहों के सम्पत्ति के अधिकारों के संदर्भ में किस तरह की सम्भावनाएँ पेश करता है। तीसरे भाग में आदिवासियों के जंगल पर अधिकार से जुड़े दूसरे कई मुद्दों पर विचार किया गया है। मसलन, वन अधिकारियों और संरक्षणवादियों का एक ऐसा समूह है, जो मानता है कि आदिवासी समूहों को जंगल की ज़मीन और इसके संसाधनों पर हक़ देने का मतलब होगा जंगल और वन्य-जीवों को पूरी तरह से बर्बाद कर देना। इसी तरह, अमूमन क़ानूनों के लिए चलने वाले संघर्षों की प्रासंगिकता और इसकी परिवर्तनकारी क्षमता पर भी सवाल खड़े किये जाते रहे हैं। इसलिए यह बहुत ही संज़ीदा सवाल है कि एक लोकतांत्रिक समाज में अधिकारहीन समूहों द्वारा 'बेहतर' क़ानून बनवाने या उसे लागू करवाने के लिए किये जाने वाले संघर्षों की व्याख्या कैसे की जा सकती है? चौथे भाग में अध्ययन की मेथडोलॉजी या अध्ययन-प्रणाली और विभिन्न अध्यायों की रूपरेखा बताई गयी है।

I. जनजाति की संकल्पना और मूल निवासी

अध्याय का यह भाग मुख्य रूप से दो उपभागों में बँटा हुआ है। पहले उपभाग में जनजाति की संकल्पना, भारत में इस संकल्पना के विकास और संविधान द्वारा इस श्रेणी में शामिल समूहों को दिये गये प्रमुख अधिकारों का वर्णन किया गया है। दूसरे उपभाग में मूल निवासी की संकल्पना पर विचार किया गया है और यह विश्लेषण किया गया है कि क्या जनजातियों को भारत का मूल निवासी माना जा सकता है। इस भाग में इस बात का भी परीक्षण किया गया है कि किसी समूह को अनुसूचित जनजाति की श्रेणी में शामिल होने या 'मूल' निवासी माने जाने से उसकी स्थिति पर क्या प्रभाव पड़ सकता है?

1. भारत में अनुसूचित जनजातियाँ और संवैधानिक प्रावधान

विद्वानों में जनजातियों या 'ट्राइब्स' की परिभाषा के संबंध में कोई सहमति नहीं है।[11] जनजाति की परिभाषाएँ या तो बहुत व्यापक है या बहुत ही सीमित।

11. शुरू में मानवशास्त्रियों ने जनजातीय समाज की परिभाषा तैयार करने पर बहुत ज़्यादा ध्यान नहीं दिया। उन्होंने यह माना कि वे ऑस्ट्रेलिया, अफ्रीका आदि में जिन आदिम समाजों (प्रिमिटिव सोसायटीज़) का अध्ययन कर रहे हैं वे जनजातीय समाजों के विभिन्न रूप हैं। यह माना गया कि ये कमोबेश एकरूप हैं और अपने-आप में पूर्ण समाज हैं। इनके पास अपनी अलग भाषा या बोली होती है जो इनकी विशिष्ट संस्कृति दिखाती है। इस तरह के अध्ययन में जनजातियों की आंतरिक संरचना पर ही ध्यान दिया गया। ऐसा माना गया कि दूसरी जनजातियों पर ध्यान दिये बिना जनजाति को अपने-आप में समझा जा सकता है। लेकिन इवान-प्रिचार्ड ने इस बात पर ज़ोर दिया कि जनजातियों को दूसरी जनजातियों से तुलना करके ही समझा जा सकता है। आंद्रे बेते के अनुसार, भारत और दूसरे एशियाई देशों के संदर्भ में यह बात ज़्यादा लागू होती है। जनजातीय समाजों के अध्ययन के संदर्भ

(शेष अगले पृष्ठ पर)

भारत में जनजातियों की अलग से पहचान करने की प्रक्रिया औपनिवेशिक शासन के समय से ही शुरू हुई। सुदीप्त कविराज मानते हैं कि औपनिवेशिक शासन ने सार्वजनिक विमर्श में अपना वर्चस्व कायम करने के लिए नई श्रेणियों का निर्माण किया। साथ ही, इसने इस सिद्धांत को स्थापित किया कि राज्य को सार्वजनिक व्यवस्था में हस्तक्षेप करने का प्राधिकार है। इसी मकसद से इसने नई पहचानों को बढ़ावा दिया (कविराज 2000: 43-44)। अंग्रेजोंने भारत में दस वर्षों के अंतराल पर जनगणना की शुरुआत की। इसमें सिर्फ़ लोगों की गिनती ही शामिल नहीं थी, बल्कि इसके द्वारा जनसंख्या को विभिन्न श्रेणियों में भी बाँटा गया। इसीलिए निकोलस बी. डर्क्स ने औपनिवेशिक राज्य को 'इथनोग्राफिक स्टेट' (अर्थात् मानव जाति का वर्णन करने वाले राज्य) की संज्ञा दी है (डर्क्स 2001)। दूसरी ओर, आंद्रे बेते यह मानते हैं कि दुनिया के कुछ भागों में औपनिवेशिक शासन ने पुरानी पहचानों का ख़त्म करके नई श्रेणियाँ बनाईं। लेकिन यह नहीं कहा जा सकता है कि जनजातियों की श्रेणी पूरी तरह से औपनिवेशिक दौर की देन है। इनके अनुसार, दुनिया के अधिकांश भागों में जनजातियों और सभ्यता के बीच कई सदियों से पारस्परिक अंत:क्रिया चलती रही है (बेते 1992)। फिर भी, अंग्रेजी शासन के दौरान ही जनजातियाँ स्पष्ट रूप से एक पृथक श्रेणी के रूप में सामने आईं। अंग्रेजों ने इस श्रेणी की मदद से अपनी नीतियों को आगे बढ़ाया।

वर्जीनीयस खाखा के अनुसार, जनजातियों के बारे में विचार करते हुए ब्रिटिश मानवशास्त्रियों ने व्यापक भारतीय समाज से इनके अलगाव पर ज़्यादा ज़ोर दिया।

में विकासवादी सिद्धांत (या इवोल्यूशनरी थियरी) भी महत्त्वपूर्ण है। इसमें समकालीन दौर से तुलना करते हुए यह समझने की कोशिश की गयी कि जनजातीय समाजों के सामाजिक विकास का स्तर क्या है। उन्नीसवीं सदी में जिन विद्वानों में जनजातीय समाजों पर विकासात्मक सिद्धांत के संदर्भ में विचार किया, उनमें लेविस हेनरी मॉर्गन जैसे मानवशास्त्री प्रमुख हैं। बीसवीं सदी में सॉलिन्स की रचनाओं में यह विचार ज़्यादा प्रमुखता से उभरकर सामने आया। लेकिन आंद्रे बेते का मानना है कि इस सिद्धांत से इस बात की व्याख्या नहीं हो पाती है कि एक ही ऐतिहासिक संदर्भ में जनजातीय और दूसरे तरह के संगठनों का एक साथ किस तरह अस्तित्व क़ायम रह सकता है, देखें, बेते (1987: 78-81); इवान-प्रिचार्ड के विचारों के लिए देखें, इवान-प्रिचार्ड (1940)। ये अवधारणाएँ भारतीय संदर्भ में पूरी तरह लागू नहीं होती हैं। मसलन, सॉलिन्स यह मानते हैं कि 'जनजातीय समाज शब्द का उपयोग केवल खंडित व्यवस्थाओं के लिए किया जा सकता है। एक जनजाति एक खंडित संगठन होता है। यह एक जैसे, अविशेषीकृत बहुपारिवारिक समूहों से बनता है। एक जनजाति का निर्माण समान सगोत्रीय समूह से होता है', देखें, सॉलिन्स (1961: 325, बेते 1991: 60 में उद्धृत)। लेकिन भारतीय संदर्भ में खंडित व्यवस्था की संकल्पना को भी स्वीकार नहीं किया जा सकता है। भारत में संथाल, मुंडा और उराँव आदि जैसी जनजातियाँ हैं, जिनकी जनसंख्या ज़्यादा है। समाज के बाक़ी समूहों से इनका काफ़ी मेल-जोल भी रहा है।

उन्होंने जाति और जनजाति को बिल्कुल ही अलग-अलग श्रेणियों के रूप में पेश किया। उन्होंने यह साबित करने की भी कोशिश की कि जनजातियाँ समाज की शेष जनसंख्या से पूरी तरह अलग-थलग होकर रहती हैं (खाखा 1999बी)। इसके विपरीत भारतीय मानवशास्त्रियों या समाजशास्त्रियों ने जनजातियों के व्यापक समाज से जुड़ाव पर ज़ोर दिया। इन्होंने जनजातियों और व्यापक भारतीय समाज के बीच ज़्यादा गहरे अंतर को रेखांकित किया और इन्हें अलग-अलग प्रकारों (या 'टाइप') के रूप में माना; लेकिन साथ ही इन्होंने इस बात पर ज़ोर दिया कि जनजातियों का व्यापक भारतीय समाज में सांस्कृतिक-संक्रमण हो रहा है। इस कारण होने वाले बदलावों को विभिन्न विद्वानों ने अलग-अलग तरीक़े से देखा। मसलन, एन. के. बोस ने इसे 'जनजातियों को अपने में मिलाने की हिंदू पद्धति' की संज्ञा दी। उनके अनुसार, जनजातियों के हिंदू जातियों से नज़दीकी संबंध थे और जनजातियों का हिंदू जातियों में बदलाव होता रहता था। जनजातियों और शेष समाज के बीच एक तरह का सहजीवी आर्थिक संबंध रहा है। इससे दोनों को फ़ायदा होता रहा है (देखें, बोस 1941; 1971)। डी. डी. कोसाम्बी ने इसे व्यापक भारतीय समाज के प्रसार के रूप में देखा (कोसाम्बी 1975)। एफ़. जी. बेली मानते हैं कि किसी समूह को 'सिर्फ़ जाति' या 'सिर्फ़ जनजाति' के रूप में नहीं देखना चाहिए। उन्होंने इन्हें पैमाने या कॉन्टिन्यूअम के रूप में देखने की सलाह दी है। अर्थात् हम यह नहीं कह सकते हैं कि कोई जनजाति पूरी तरह से जाति-व्यवस्था में ढल चुकी है या नहीं। हम यह बात सिर्फ़ डिग्री या स्तर के रूप में ही कर सकते हैं (बेली 1960)। दूसरी ओर, जी. एस. घुर्ये ने जनजातियों को एक प्रकार मानने की जगह इन्हें 'पिछड़े हिंदुओं' की संज्ञा दी (घुर्ये 1963)। लेकिन वर्जीनीयस खाखा इस बात को नकारते हैं कि भारत की जनजातियों को हिंदू माना सकता है। इनका मानना है कि जनजातियों के 'प्राकृतिक धर्म' की हिंदू धर्म के साथ कुछ समानता हो सकती है। लेकिन कुछ मायनों में इनका धर्म अमेरिका और अफ़्रीका के जनजातियों के व्यवहारों से भी मिलता-जुलता है। इसलिए, इस आधार पर इन्हें हिंदू की संज्ञा नहीं दी जा सकती है। खाखा के अनुसार, घुर्ये के विचारों को दक्षिणपंथियों ने अपना लिया और उन्होंने इसका प्रयोग ईसाई धर्म अपनाने वाले आदिवासियों की आलोचना करने के लिए किया (खाखा 1999बी)। इनका मानना है कि भारत में समाजशास्त्रियों और मानवशास्त्रियों का ज़ोर इस बात पर रहा है कि किसी ग़ैर-जनजाति समाज से तुलना करते हुए ही जनजातियों का अध्ययन किया जाए। इसमें भी अंत में इस बात पर ध्यान दिया जाता है कि किस सीमा तक किसी जनजाति का जाति में बदलाव हो रहा है? या जनजातियाँ किस सीमा तक खेतिहर सभ्यता के नज़दीक हैं आदि। जनजातियों को एक अलग समुदाय मानते हुए

इन पर विचार नहीं किया गया है (खाखा 1999ए)।

स्पष्टत: इस बात पर कोई सहमति नहीं है कि जनजातियों और हिंदुओं के बीच के संबंध को कैसे देखा जाए। लेकिन इन्हें हिंदू नहीं माना जा सकता है। हाँ, यह ज़रूर है कि कई क्षेत्रों में इन पर हिंदू या ईसाई धर्मों का प्रभाव पड़ा है। यह भी एक रोचक तथ्य है कि शुरू में जाति और जनजाति के बीच अंतर करने का कोई स्पष्ट आधार नहीं था। 1931 की जनगणना के बाद से जनजातियों और जातियों को स्पष्ट रूप से अलग किया जाने लगा। जिस समूह के धार्मिक व्यवहार 'हिंदू' के रूप में थे, उसे जाति माना गया। दूसरी ओर, यदि कोई समूह एनीमिस्ट था, तो उसे जनजाति माना गया (देखें बेते 1987: 74-5)।

बहरहाल, औपनिवेशिक शासन के दौरान दो स्तरीय प्रक्रियाएँ चलीं। वन अधिनियमों (1865, 1878 और 1927 के वन अधिनियमों) द्वारा जंगल क़ब्ज़ा करने का 'क़ानूनी' आधार तैयार किया गया। दूसरे स्तर पर, औपनिवेशिक शासकों ने जनजातियों की एक अलग श्रेणी बनाने की कोशिश की। मसलन, अंग्रेज़ों ने 1874 में द *शेड्यूल्ड डिस्ट्रिक्ट ऐक्ट* 1874 लागू किया। इसके अंतर्गत बहुत से ज़िलों को अनुसूचित ज़िलों का दर्जा दिया गया और उन्हें 'बहिष्कृत' (एक्सक्लूडेड) या 'आंशिक रूप से बहिष्कृत' (पार्शियली एक्सक्लूडेड) ज़िलों के रूप में पारिभाषित किया गया। इस संदर्भ में जनजातियों की भलाई का तर्क प्रमुखता से सामने रखा गया। 1919 के *भारत शासन अधिनियम* में अनुसूचित ज़िलों के रूप में दर्ज क्षेत्रों को ज़्यादा स्पष्ट और परिष्कृत किया गया। अब यह व्यवस्था की गयी कि 'बहिष्कृत' ज़िलों में व्यवस्था बनाए रखने की ज़िम्मेदारी केंद्र की है और 'आंशिक रूप से बहिष्कृत' ज़िलों में राज्यों के गवर्नरों की। 1935 के *भारत शासन अधिनियम* में दोनों ही क्षेत्रों के प्रशासन को राज्य सरकारों के अधीन कर दिया गया। 'बहिष्कृत' क्षेत्रों में असम को शामिल किया गया, जबकि 'आंशिक रूप से बहिष्कृत' क्षेत्रों में शेष भारत के जनजाति बहुल क्षेत्रों को शामिल किया गया। इसमें यह स्पष्ट नहीं किया गया कि किस आधार पर किसी क्षेत्र को इस श्रेणी में शामिल किया जा सकता है (बिजोय 1999: 1333)। बहरहाल, इस संदर्भ में यह भी उल्लेखनीय है कि अंग्रेज़ों ने बहुत सी ऐसी जातियों और जनजातियों को 'क्रिमिनल' (या अपराधी) समुदायों की श्रेणी में डाल दिया, जिनसे उन्हें ख़तरा नज़र आया। दरअसल, इसके पीछे इस औपनिवेशिक सोच ने महत्त्वपूर्ण भूमिका निभाई कि कुछ ख़ास भौगोलिक स्थिति में रहने वाली जनजातियों में इस तरह की प्रवृत्ति होती है (देखें, निगम 1990)।

स्वतंत्रता प्राप्ति के बाद भारतीय संविधान में अनुसूचित जनजातियों के कल्याण के लिए कई प्रावधान किये गये। स्वतंत्र भारत में अनुसूचित जनजातियों की संकल्पना को 1935 के भारत शासन अधिनियम से लिया गया। संविधान

के अनुच्छेद 342 के अनुसार, भारत का राष्ट्रपति अधिसूचना ज़ारी करके केंद्र शासित प्रदेश में या राज्यों में राज्यपाल के परामर्श से किसी जनजाति को अनुसूचित जनजाति की श्रेणी में डाल सकता है। फिर, संसद क़ानून बनाकर इस श्रेणी में किसी जनजाति को या किसी क्षेत्र में रहने वाले उसके हिस्से को जनजाति की श्रेणी में डाल सकती है, या बाहर निकाल सकती है (भारत का संविधान 2008: 187-88)। संविधान निर्माण के समय संविधान सभा ने आदिवासी क्षेत्रों की समस्याएँ जानने के लिए एक उपसमिति का गठन किया। इसने बहिष्कृत और आंशिक रूप से बहिष्कृत क्षेत्रों को ही क्रमशः पाँचवीं और छठी अनुसूची का दर्जा दिया। पाँचवीं अनुसूची के क्षेत्रों को 'अनुसूचित क्षेत्र' का नाम दिया गया और छठी अनुसूची के क्षेत्रों के लिए 'जनजातीय क्षेत्र' शब्द का प्रयोग किया गया। संविधान राष्ट्रपति को यह अधिकार देता है कि वह संबंधित राज्यपाल से विचार-विमर्श करके किसी क्षेत्र को पाँचवीं अनुसूची में शामिल कर सकता है, उनकी सीमाओं में बदलाव कर सकता है या उन्हें इस क्षेत्र से बाहर कर सकता है। पाँचवीं अनुसूची [अनुच्छेद 244(1)] में पूर्वोत्तर के अलावा उन क्षेत्रों के लिए विशेष प्रावधान किये गये, जहाँ जनजातियों की संख्या ज़्यादा थी। यह अनुसूची राज्यपाल को यह अधिकार देती है कि यदि उसे ऐसा लगे कि संसद या राज्य विधानमंडल द्वारा बनाया गया कोई क़ानून इस अनुसूची के अंतर्गत आने वाले क्षेत्रों के लिए ठीक नहीं है, तो वह इन क़ानूनों को 'वीटो' कर सकता है (भारत का संविधान 2008: 254)। इन क्षेत्रों के बारे में यह प्रावधान भी किया गया कि राज्यपाल हर साल इन क्षेत्रों के बारे में राष्ट्रपति को रिपोर्ट देगा। जिन राज्यों में ये क्षेत्र होंगे, वहाँ एक *जनजातीय सलाहकार परिषद* का भी गठन किया जाएगा। इसी तरह, छठी अनुसूची के क्षेत्रों के राज्यपाल को यह अधिकार है कि वह अधिसूचना ज़ारी करके स्वायत्त ज़िला परिषदों की व्यवस्था का विस्तार कर सकता है, नया ज़िला बना सकता है, किसी स्वशासी ज़िले का क्षेत्र घटा या बढ़ा सकता है (वही : 255-256)। छठी अनुसूची [अनुच्छेद 244(2)] द्वारा पूर्वोतर के राज्यों में स्वायत्त ज़िलों की स्थापना करने का प्रावधान किया गया। इसके अलावा, जनजातियों के लिए दूसरे कई संवैधानिक प्रावधान भी किये गये। मसलन, अनुच्छेद 334 में लोकसभा और राज्य विधानसभाओं में आरक्षण का प्रावधान; अनुच्छेद 335 में संघ या राज्य की सरकारी नौकरियों में आरक्षण; अनुच्छेद 338ए में राष्ट्रीय अनुसूचित जनजाति आयोग की व्यवस्था (यह व्यवस्था संविधान के 89वें संशोधन द्वारा की गयी)।[12] संसद इन दोनों ही अनुसूचियों में बदलाव कर सकती है। अनुसूचित जनजातियों की जनसंख्या का

12. इस तरह के और दूसरे प्रावधानों की जानकारी के लिए देखें, बसु (2007: 388-96).

एक बड़ा हिस्सा जंगलों पर निर्भर रहा है। यह उल्लेखनीय है कि पाँचवीं अनुसूची और छठी अनुसूची के माध्यम से विशेष प्रावधान किये जाने के बावजूद 1976 में 42वें संविधान संशोधन द्वारा वनों को राज्य सूची से हटाकर समवर्ती सूची में शामिल कर दिया गया। वन्य जीव संरक्षण का विषय भी संविधान की समवर्ती सूची में शामिल है (भारत का संविधान 2008: 294)। इसका मतलब यह है कि इनसे जुड़े मसलों का आख़िरी रूप में फ़ैसला करने का अधिकार केंद्र सरकार का ही होगा।

लेकिन अनुसूचित जनजाति के निर्धारण की पद्धति में बहुत ज़्यादा समस्याएँ हैं। कई ऐसी जनजातियाँ इससे बाहर हैं, जो अपने रहन-सहन और दूसरी कसौटियों के आधार पर इस श्रेणी में आने की हक़दार हैं। किसी जनजाति को इस श्रेणी में डालने के लिए भौगोलिक अलगाव, जीवन स्तर बहुत ही सरल होने के साथ-ही-साथ सामान्य पिछड़ेपन से लेकर जड़तावाद के व्यवहार जैसी कसौटियों को शामिल किया गया। कई बार जनजातियों की भाषाओं और उनकी शारीरिक विशेषताओं पर भी ध्यान दिया गया। वर्जीनीयस खाखा मानते हैं कि इन कसौटियों के साथ समस्या यह है कि न तो इन्हें सही तरह से तैयार किया गया और न ही व्यवस्थित रूप से लागू किया गया (खाखा 1999बी)। इस संदर्भ में आंद्रे बेते का मानना है कि किसी जनजाति को अनुसूचित जनजाति की श्रेणी में शामिल करने में राजनीतिक तक़ाज़ों को ज़्यादा तरजीह दी गयी (बेते 1991)। इस कारण बहुत से समुदाय अनुसूचित जनजातियों में शामिल किये जाने के लिए आंदोलन चलाते रहते हैं।[13] यहाँ तक कि सरकार के पास इस बात का कोई स्पष्ट आँकड़ा नहीं है कि कितनी जनजातियाँ इस श्रेणी से बाहर हैं (साउ 2006ए)। इसी तरह, अनुसूचित क्षेत्रों के विस्तार के बारे में भी किसी स्पष्ट नीति का अभाव है। कई क्षेत्रों में बहुत से समुदायों द्वारा अपने क्षेत्र को अनुसूचित क्षेत्र घोषित करने की माँग की जाती है। लेकिन अब एक तरह से अनुसूचित क्षेत्रों के बारे में यह मान लिया गया है कि इनके विस्तार की आवश्यकता नहीं है।[14] संविधान की छठी अनुसूची के अंतर्गत आने वाले क्षेत्रों में स्वायत्त ज़िलों की व्यवस्था से स्थानीय समुदायों को कुछ अधिकार मिले हैं, लेकिन पाँचवीं अनुसूची के

---

13. मसलन, सन् 2008 में राजस्थान में गुर्ज़रों द्वारा अनुसूचित जनजाति की श्रेणी में शामिल करने के लिए आंदोलन चलाया। इस आंदोलन के नेता किरोड़ीसिंह बैंसला यह स्पष्ट किया कि गुर्जर उसे ही वोट देंगे जो उन्हें अनुसूचित जनजाति की श्रेणी में शामिल करने का आश्वासन देगा। देखें, किरोड़ीसिंह बैंसला, 'नो कोटा, नो वोट', टी. के. राजलक्ष्मी द्वारा इंटरव्यू फ्रंटलाइन, 24 (12); वेब पता- http:èkèkwww.flonnet.comèkf12412èkstoriesèk20070629002403800.htm देखने की तारीख 23.12.2009.
14. बी. डी. शर्मा से बातचीत, गाँधी स्मृति एंव दर्शन समिति, नयी दिल्ली, 3 मार्च 2011.

प्रावधान ज़्यादा प्रभावकारी नहीं हो पाए। अब तक किसी राज्यपाल ने इन क्षेत्रों में लागू होने वाले किसी क़ानून को पुनर्विचार के लिए नहीं भेजा है। राज्यों में गठित *जनजातीय सलाहकार परिषद* केवल एक कर्मकांड बनकर ही रह गया (देखें शर्मा 2001; 2004)।

2. भारत के मूल निवासी या इंडिज़ेनस पीपॅल के रूप में जनजातियाँ

हाल के वर्षों में एंथ्रोपोलॉज़ी (या मानवशास्त्र) में जनजातियों की व्याख्या करने के लिए इंडिज़ेनस पीपॅल या मूल निवासी शब्द का प्रयोग बढ़ा है। अंतर्राष्ट्रीय संस्थाओं द्वारा भी अपने विचार-विमर्श में इस शब्द का प्रयोग किया जाने लगा है। 1993 को 'अंतर्राष्ट्रीय मूल निवासी वर्ष' घोषित किया गया है। इसके बाद इस शब्द का प्रचलन बढ़ा। अंतर्राष्ट्रीय संस्थाओं द्वारा सबसे पहले 1957 में इस शब्द का प्रयोग किया गया। 1957 में आई.एल.ओ. (या इंटरनैशनल लेबर ऑर्गनाइज़ेशन) की आम-सभा ने स्वतंत्र देशों में मूल निवासियों और दूसरी जनजातियों और अर्द्ध-जनजातियों की सुरक्षा के संबंध में एक प्रस्ताव स्वीकार किया। इसमें हर देश के राष्ट्रीय समुदाय में मूल निवासियों के प्रगतिशील एकीकरण (प्रोग्रेसिव इंटीग्रेशन) करने पर बल दिया गया। इसे प्रस्ताव संख्या 107 के नाम से जाना गया। 1980 के दशक में मूल निवासियों के प्रति नज़रिये में बदलाव आया। 1989 में आई.एल.ओ. ने प्रस्ताव संख्या 169 अपनाया। इसमें मूल निवासियों की अपनी पहचान को मान्यता देने पर ज़्यादा ज़ोर दिया गया। मूल निवासियों के बारे में तीन बिंदुओं को प्रमुखता दी गयी- पहला, मूल निवासी या इंडिज़ेनस वे लोग हैं जो किसी ख़ास देश या भौगोलिक क्षेत्र का औपनिवेशीकरण होने से पहले वहाँ रहते थे। दूसरा, क्षेत्र के बाहर के लोगों द्वारा औपनिवेशीकरण के बाद वे हाशिए पर ढकेल दिये गये। तीसरा, ये लोग अपनी सामाजिक, आर्थिक और सामाजिक ज़िंदगी व्यापक समाज की संस्थाओं के माध्यम से न चलाकर अपनी संस्थाओं द्वारा संचालित करते हैं (खाखा 1999बी : 3590)। हाल के वर्षों में मूल निवासियों के बारे में जागरूकता बढ़ने के कारण ही संयुक्त राष्ट्र-संघ ने सितम्बर 2007 में 'मूल निवासियों के अधिकारों की उद्घोषणा' (डिक्लेरेशन ऑन द राइट्स ऑफ़ इंडिज़ेनस पीपॅल) को स्वीकार किया। इसमें इस बात पर ज़ोर दिया गया कि मूल निवासियों के राजनीतिक, आर्थिक और सामाजिक संरचनाओं की इज़्ज़त की जानी चाहिए। उनके सांस्कृतिक और आध्यात्मिक परम्पराओं की सुरक्षा भी होनी चाहिए। ख़ासतौर पर, ज़मीन, भू-क्षेत्र और संसाधनों पर उनके अधिकारों को स्वीकार किया जाना चाहिए। इसमें इन समूहों को राजनीतिक आत्म-निर्णय का अधिकार देने के लिए उन्हें आंतरिक और स्थानीय मामलों में स्वायत्तता देने की वक़ालत की गयी है। इस उद्घोषणा के अनुच्छेद

3 और 4 में राजनीतिक आत्म-निर्णय का वर्णन किया गया है। इसी तरह, अनुच्छेद 10, 26 और 29 में मूल निवासी लोगों को उनकी पारम्परिक ज़मीन और संसाधनों पर अधिकार देने पर ज़ोर दिया गया है।[15]

भारतीय संदर्भ में 'मूल निवासी' का समान अर्थ रखने वाले शब्द के रूप में 'आदिवासी' का प्रयोग किया जाता है। वर्जीनीयस खाखा का मानना है कि यह ज़रूरी नहीं हैं कि भारत में जिन समूहों को जनजाति के रूप में पहचाना गया है, वे भारत के आदिवासी (अर्थात् मूल निवासी) भी हों। इसलिए शाब्दिक अर्थ में सिर्फ़ कुछ जनजातीय समूहों को ही आदिवासी माना जा सकता है। ऐसे भी जनजातीय समूह हैं जो देश में ग़ैर-जनजातीय समूहों के बाद बसे। मसलन, भारत में नगा ईसा-पूर्व पहली सहस्त्राब्दी या मिलेनियम में बसे। उनसे पहले दूसरे क्षेत्रों में कई ग़ैर-जनजातीय समूह बस चुके थे (खाखा 1999बी : 3591-92)। शुरू में प्रशासकों द्वारा आदिवासी शब्द का उपयोग कुछ समुदायों की अलग-थलग स्थिति का वर्णन करने के लिए किया गया। लेकिन भारत में जनजातियों ने आदिवासी की पहचान (या आइडेंटिटी) को अपना लिया है (वही 3594-95)। अनुसूचित जनजातियों का हिस्सा न होने पर भी जंगलों के नज़दीक रहने वाले कई समूह यह दावा करते हैं कि वे आदिवासी हैं।[16] इस पहचान ने उन्हें अपने जैसे देश के दूसरे समूहों से जुड़ने और राजनीतिक गोलबंदी करने को प्रेरित

15. दरअसल, द्वितीय विश्व-युद्ध के बाद मूल निवासी लोगों के अधिकारों के बारे में भी चर्चा शुरू हो गयी। 1966 में इन अधिकारों को अंतर्राष्ट्रीय मानव-अधिकार अभिसमयों (या कन्वेंशन्स) के रूप में स्वीकार किया गया। लेकिन इसके बावजूद बहुत से स्तरों से यह बात सामने आती रही कि मूल-निवासियों की स्थिति बहुत ही ख़राब है। 1980 के दशक तक यह स्वीकार किया जाने लगा था कि इन समूहों का अस्तित्व क़ायम रखने के लिए अंतर्राष्ट्रीय स्तर पर विशेष सुरक्षा व्यवस्था होनी चाहिए। इस कारण, संयुक्त राष्ट्र-संघ ने 1982 में 'वर्किंग ग्रुप ऑन इंडिजेनस पॉपुलेशंस' की स्थापना की। यह संयुक्त राष्ट्र-संघ की पहली ऐसी शाखा थी, जिसकी स्थापना मूल निवासियों के अधिकारों को मान्यता देने के मक़सद से की गयी। 1985 में इस ग्रुप ने मूल निवासियों के अधिकार के लिए एक उद्घोषणा तैयार करने का फ़ैसला किया। इस संदर्भ में संयुक्त राष्ट्र संघ द्वारा 1993 को अंतर्राष्ट्रीय मूल निवासी वर्ष घोषित करना भी एक महत्त्वपूर्ण क़दम था, देखें बिजोय (1993)। 2007 में संयुक्त राष्ट्र-संघ ने मूल निवासियों के अधिकारों की उद्घोषणा स्वीकार की। इसमें यह स्वीकार किया गया कि मूल निवासियों के साथ ऐतिहासिक अन्याय हुआ है। इन लोगों को उनकी ज़मीन, भू-क्षेत्र और संसाधनों पर उनके हक़ से वंचित किया गया। इससे ये समूह अपनी ज़रूरतों और हितों के अनुसार अपना विकास करने में असमर्थ रहे। यह मूल निवासियों के साथ व्यवहार के बारे में एक व्यापक रूपरेखा पेश करती है। देखें, यूनाइटेड नेशन्स डिकलेरेशन्स ऑन द राइट्स ऑफ इंडिजेनस पीपॅल (2007); साथ ही, देखें, 'प्रीफ़ेस', *गल्डू काला : जर्नल ऑफ़ इंडिजेनस पीपॅल राइट्स* (2007: 5-6)।

16. अपने फ़ील्ड-वर्क के दौरान मुझे कई ऐसे समूह मिले जो अनुसूचित जनजाति नहीं हैं, लेकिन वे अपनी पहचान आदिवासी के रूप में ही व्यक्त करते हैं। देखें अध्याय 4.

किया है। ज़मीनी आंदोलनों में भी इस बात पर ज़ोर दिया जाता है कि जनजातियाँ अपने क्षेत्र में दूसरे समूहों की तुलना में बहुत पहले से बसी हैं। यह कहा जा सकता है कि अधिकांश मामलों में वे उस क्षेत्र विशेष की मूल निवासी हैं, लेकिन इसे पूरे भारत के स्तर पर एक सामान्य परिघटना के रूप में लागू नहीं किया जा सकता है।

बहरहाल, भले ही तकनीकी रूप से जनजातियों को हर संदर्भ में भारत का मूल निवासी न माना जाए, लेकिन यह स्पष्ट है कि अंतर्राष्ट्रीय स्तर पर मूल निवासियों के अधिकारों को लेकर चेतना बढ़ी है। अंतर्राष्ट्रीय वाद-विवादों ने भारत में जनजातियों की स्थिति की ओर लोगों का ध्यान भी खींचा है। इस कारण भारतीय राज्य पर यह दबाव बढ़ा है कि वह इन समूहों के दावों के प्रति संवेदनशील रवैया अपनाए। मैं यह तर्क दूँगा कि इन परिस्थितियों में लोकतांत्रिक राजनीति, और कई दफ़ा प्रतिरोध की राजनीति के कारण भारत के आदिवासी/वनाश्रित समूहों में भी अपने अधिकारों के प्रति चेतना बढ़ी है। वन अधिकार क़ानून को इस बढ़ी हुई चेतना के संदर्भ में भी देखा जा सकता है।

यह सच है कि औपनिवेशिक और उत्तर-औपनिवेशिक दौर से ही इन समूहों के लिए विशेष प्रावधान किये गये। इस संदर्भ में अनुसूचित जनजातियों और अनुसूचित क्षेत्रों का निर्माण एक महत्त्वपूर्ण क़दम था। भारतीय संविधान में मौजूद इन शब्दों की बुनियाद औपनिवेशिक दौर में पड़ी। औपनिवेशिक और उत्तर-औपनिवेशिक–दोनों ही समय में इन समूहों और क्षेत्रों के लिए कई विशेष कार्यक्रम बनाए गये। इन श्रेणियों के साथ-ही-साथ औपनिवेशिक राज्य ने अपने मनमाफ़िक जंगलों का दोहन करने के लिए भी एक श्रेणी के रूप में 'वनों' का निर्माण किया और 'एमिनेंट डोमेन' जैसे सिद्धांतों का प्रयोग किया। उत्तर-औपनिवेशिक भारतीय राज्य ने भी इन नीतियों को ज़ारी रखा (देखें, अध्याय का अगला भाग और अध्याय 2)। लेकिन ऊपर के वर्णन से भी यह बात स्पष्ट है कि किसी समूह को अनुसूचित जनजाति की श्रेणी में रखना या किसी क्षेत्र को पाँचवीं और छठी अनुसूची का भाग बनना मुख्य रूप से एक राजनीतिक फ़ैसला है। इसकी कोई वस्तुनिष्ठ प्रक्रिया नहीं है। इस कारण इसमें बहुत ज़्यादा समस्याएँ हैं। कई दफ़ा बहुत से समूह इस तकनीकी शब्द (अनुसूचित जनजाति) के बारे में बहुत जागरूक नहीं होते हैं (देखें, अध्याय 4)। इस तरह की श्रेणियाँ और प्रावधान कई समूहों की स्थिति कमज़ोर कर देती हैं। मसलन, वन अधिकार क़ानून में 'अन्य पारम्परिक वन निवासियों' की श्रेणी। इस श्रेणी में शामिल लोग/समूह अनुसूचित जनजाति की श्रेणी का हिस्सा नहीं हैं। अपने अधिकारों का दावा करने के लिए इन्हें यह साबित करना है कि ये तीन पीढ़ियों अर्थात् 75 सालों से जंगल की ज़मीन पर रह रहे हैं। ऐसा साबित करने में नाकाम

रहने पर राज्य 'वैध तरीक़े से' इन्हें इनके आवास से बेदख़ल कर सकता है।[17]

बहरहाल, आधुनिकता के विशेष विन्यास के रूप में औपनिवेशीकरण ने अनुसूचित जनजातियों के अलावा दूसरी ऐसी कई श्रेणियों का निर्माण किया। इन श्रेणियों के चलते उपनिवेशों के बाशिंदों की ज़िंदगी में अभूतपूर्व बदलाव आया। निजी सम्पत्ति भी एक ऐसी ही श्रेणी है। अध्याय के अगले भाग में सम्पत्ति के विचार की दार्शनिक यात्रा, भारत में निजी सम्पत्ति से संबंधित वाद-विवाद के विविध पहलुओं और इस संदर्भ में औपनिवेशिक और उत्तर-औपनिवेशिक राज्य द्वारा अपनाई गयी नीतियों का विश्लेषण किया गया है।

II. सम्पत्ति की संकल्पना और जंगल की ज़मीन और इसके संसाधनों पर आदिवासियों का हक़

अध्याय का यह भाग चार उपभागों में बँटा हुआ है। पहले उपभाग में सम्पत्ति के लेकर हुए सैद्धांतिक विमर्श का विश्लेषण किया गया है। इसमें इस बात की विवेचना की गयी है कि निजी सम्पत्ति के संदर्भ में किस तरह के तर्क दिये जाते रहे हैं। साथ ही, इसमें निजी सम्पत्ति के विरोध में उभरकर सामने आये विमर्शों का भी उल्लेख किया गया है। दूसरे उपभाग में भारत में निजी सम्पत्ति के विकास से जुड़े वाद-विवाद और तर्कों का परीक्षण किया गया है। तीसरे उपभाग में औपनिवेशिक शासकों द्वारा जंगल पर अपना क़ब्ज़ा करने के लिए अपनाए गये 'एमिनेंट डोमेन' और 'क़ानून के शासन' के तर्कों का विश्लेषण किया गया है। चौथे उपभाग में आजादी के बाद सम्पत्ति अधिकार से जुड़े वाद-विवाद की समीक्षा की गयी है।

1. राजनीति-दर्शन में सम्पत्ति की संकल्पना

राजनीति-दर्शन में सम्पत्ति की अवधारणा बहुत ही महत्त्वपूर्ण है। प्लेटो और एरिस्टॉटल (या अरस्तू) से लेकर वर्तमान समय तक राजनीति-दर्शन में सम्पत्ति और इससे जुड़े विविध पहलुओं को महत्त्वपूर्ण स्थान दिया जाता रहा है। अध्याय के इस भाग में सम्पत्ति से जुडे कुछ मूल सवालों पर विचार किया गया है, मसलन, सम्पत्ति को परिभाषित करने वाली बुनियादी चीज़ क्या है? सम्पत्ति को कितने प्रकारों में बाँटा गया है? और सम्पत्ति के बारे में राजनीति-दर्शन में किस तरह का वाद-विवाद रहा है?

सामान्य भाषा में सम्पत्ति का अर्थ वस्तुओं से है। आमतौर पर, हम एक घर या ज़मीन के टुकड़े या दुकान को सम्पत्ति कहते हैं। लेकिन दरअसल, सम्पत्ति के रूप में जिस चीज़ की बात की जाती है, वह इन वस्तुओं पर बाध्यकारी

17. देखें, अध्याय 3 और अध्याय 5.

(*इनफ़ोर्सियबल*) क़ानूनी हक़ है। इसका मतलब यह है कि यदि कोई वस्तु किसी की सम्पत्ति है, तो वह दूसरों को इसके उपयोग से दूर रख सकता है। सम्पत्ति व्यक्तियों के बीच राजनीतिक संबंध भी है। सम्पत्ति के साथ बाध्यकारी दावों के जुड़े होने का सीधा मतलब यह है कि कोई ऐसी संस्था है जो इन दावों को लागू करती है। दरअसल, आधुनिक (अर्थात् उत्तर-सामंतवादी) समाजों में ऐसी संस्था राज्य ही होगी क्योंकि राज्य आधुनिक युग की राजनीतिक संस्था है (मैकफ़र्सन 1978: 5)। इसलिए सम्पत्ति अधिकार के लिए राज्य की क़ानूनी मान्यता ज़रूरी है। सम्पत्ति अधिकार चाहे जितना भी असीम माना जाए, इसके उपयोग पर हमेशा कुछ पाबंदियाँ लगी होती हैं। इस तरह की एक पाबंदी का उल्लेख रॉबर्ट नॉज़िक ने किया है। उनके अनुसार, 'मेरे चाकू पर मेरा सम्पत्ति अधिकार मुझे यह इज़ाज़त देता है कि मैं इसे जहाँ चाहूँ वहाँ रखूँ। लेकिन मैं इसे आपकी छाती पर नहीं रख सकता' (नॉज़िक 1974: 171)। सम्पत्ति की अवधारणा में समय के साथ बदलाव होता रहा है। यह बदलाव इस तथ्य से जुड़ा रहा है कि समाज का प्रभुत्वशाली वर्ग सम्पत्ति की संस्था से क्या उम्मीद कर रहा है (मैकफ़र्सन 1978: 2)।

मैकफ़र्सन व्यक्तिगत सम्पत्ति, साझा (या सामान्य या कॉमन) सम्पत्ति और राज्य सम्पत्ति में अंतर करते हैं। व्यक्तिगत सम्पत्ति व्यक्ति को यह हक़ देती है कि वह दूसरों को इसके उपयोग से वंचित कर सके। इस संदर्भ में ड्वोर्किन द्वारा अधिकारों को तुरूप या 'ट्रम्प' मानने का विचार भी ग़ौरतलब है। ड्वोर्किन मानते हैं कि व्यक्तिगत और समूह अधिकारों में टकराव होने पर व्यक्तिगत अधिकारों को महत्त्व दिया जाना चाहिए (ड्वोर्किन 1977)। किसी कॉरपोरेशन के पास भी ये अधिकार हो सकते हैं। लेकिन शर्त यह है कि राज्य व्यक्ति या कॉरपोरेशन के इन बाध्यकारी अधिकारों को मान्यता दे। साझा या कॉमन सम्पत्ति में भी व्यक्ति समाज के सदस्य के रूप में बाध्यकारी दावा करता है। मसलन, कोई समाज या राज्य यह व्यवस्था कर सकता है कि शहर के रोड या सार्वजनिक पार्क कॉमन या साझा सम्पत्ति हैं। इसका अर्थ यह है कि हर व्यक्ति इन पार्कों या सड़कों के उपयोग के लिए बाध्यकारी दावा कर सकता है। राज्य इनके उपयोग के बारे में कुछ निर्देश दे सकता है, या कुछ सीमाएँ भी लगा सकता है। लेकिन आख़िरकार इनका उपयोग करने का अधिकार व्यक्तियों का ही है। साझा सम्पत्ति व्यक्ति को यह गारंटी देती है कि उसे किन्हीं ख़ास चीज़ों का उपयोग करने या उनका फ़ायदा उठाने से वंचित नहीं किया जाएगा। तीसरे तरह की सम्पत्ति राज्य सम्पत्ति होती है। यहाँ व्यक्तियों को कोई अधिकार नहीं होता है। इसमें वे अधिकार शामिल होते हैं, जिन्हें राज्य ने अपने पास रखा है। मसलन, अभी बहुत से देशों में रेडियो या टेलीविजन पर राज्य का नियंत्रण है। यह अधिकार निजी सम्पत्ति पर व्यक्ति या कॉरपोरेशन के अधिकार की

तरह ही है। अर्थात् राज्य दूसरे लोगों को सम्पत्ति के फ़ायदों से अलग रख सकता है (मैकफ़र्सन 1978: 6-7)। बहरहाल, इस बारे में अलग-अलग दृष्टिकोण हैं कि राज्य अपना काम निष्पक्ष या स्वायत्त रूप से करता है या नहीं। उदारवाद और मार्क्सवाद के बीच इस संदर्भ में व्यापक असहमतियाँ हैं। उदारवाद और मार्क्सवाद के भीतर भी इस बारे में अलग-अलग दृष्टिकोण हैं। यहाँ हम इस विवाद की गहरी विवेचना से बचते हुए राज्य सम्पत्ति को सम्पत्ति के विशिष्ट प्रकार के रूप में देखेंगे, जो निजी सम्पत्ति और साझा सम्पत्ति से अलग है।

दरअसल, राजनीति सिद्धांत में सम्पत्ति से जुड़े तर्क निजी सम्पत्ति के बारे में तर्क रहे हैं। लेकिन जिन समाजों में निजी सम्पत्ति पर विचार किया गया, वहाँ कॉमन या साझा सम्पत्ति भी थी। राजनीति-दर्शन या सिद्धांत में अमूमन इस बात पर ध्यान दिया गया है कि साझा सम्पत्ति और निजी सम्पत्ति में कौन अच्छा है? या किस तरह निजी सम्पत्ति का औचित्य साबित किया जा सकता है? असल में, इन सवालों के केंद्र में निजी सम्पत्ति का विचार ही रहा। मैकफ़र्सन मानते हैं कि सम्पत्ति की किसी भी व्यवस्था या किसी भी सम्पत्ति अधिकार के लिए सबसे विशिष्ट तर्क यह रहा है कि यह व्यक्ति के जीवन के अधिकार (या राइट टू लाइफ़) से जुड़ा है। जीवन के अधिकार का मतलब यह नहीं है कि व्यक्ति किसी भी तरह अपना अस्तित्व क़ायम रखे, बल्कि इसका अर्थ है– एक पूर्ण मानवीय जीवन (वही : 5)।[18]

दरअसल, प्लेटो से लेकर नॉज़िक जैसे सिद्धांतकारों ने सम्पत्ति अधिकार की गहराई से विवेचना की है।[19] आधुनिक युग से पहले सम्पत्ति मुख्य रूप से ज़मीन के रूप में थी। इस समय तक वाणिज्यिक गतिविधियाँ सीमित थीं। आधुनिक

18. जॉन लॉक मानते हैं कि असीम निजी सम्पत्ति का अधिकार पूर्ण मानवीय जीवन की बुनियादी शर्त है। वहीं हालिया समय में मूल निवासियों के बारे में यह तर्क सामने आया है कि पूर्ण मानवीय जीवन के लिए यह ज़रूरी है कि इनका अपनी ज़मीन और संसाधनों पर हक़ हो। भारतीय संविधान में अनुच्छेद 21 में सभी नागरिकों को जीवन का अधिकार मिला है। 1980 के दशक में भारत में न्यायालयों ने साधनहीन लोगों की जीविका के अधिकार के रूप में इसकी व्याख्या की, देखें, कृष्णा (2007 : 14-15)। लेकिन नब्बे के दशक में न्यायालय के फ़ैसलों का स्वरूप भी बदला है। मसलन, 2000 में सर्वोच्च न्यायलय ने *अलमित्रा पटेल बनाम यूनियन ऑफ़ इंडिया* मामले में यह फ़ैसला दिया कि 'यदि सरकार झुग्गियों में रहने वाले लोगों के पुनर्वास की व्यवस्था करती है, तो यह जेबकतरों को इनाम देने जैसा होगा', देखें, रामानाथन (2004)। इसी तरह, आदिवासियों के संदर्भ में गोदावर्मन केस महत्त्वपूर्ण रहा है। इसमें सर्वोच्च न्यायलय के इकोलॉज़ी के प्रति संवेदनशील ऐसे बहुत से निर्देश आए हैं जिससे आदिवासियों के अधिकारों पर नकारात्मक प्रभाव पड़ा। देखें, कैम्पेन (2004)।
19. यहाँ मुख्य रूप से आधुनिक दौर में सम्पत्ति के बारे में हुए वाद-विवादों की विवेचना की गयी है। इसके पहले के दौर में प्लेटो, अरस्तू और मध्य युग में संेट थॉमस एक्वीनास जैसे चिंतकों के विचार प्रमुख हैं। प्लेटो ने शासक वर्ग के लिए निजी सम्पत्ति का निषेध किया। अरस्तू ने उत्तम जीवन के लिए एक निश्चित मात्रा में सम्पत्ति रखने का समर्थन किया। मध्य-युग में एक्वीनास ने सम्पत्ति को ईश्वरीय जीवन के लिए एक साधन के रूप में देखा।

युग के आने के साथ चर्च का प्रभाव कम हुआ। अब यह माना जाने लगा कि राजनीतिक प्राधिकार का सबसे मुख्य काम यह है कि वह नागरिकों को शांतिपूर्ण और आर्थिक रूप से सुरक्षित जीवन दे। इस युग में सामंतवादी सम्पत्ति व्यवस्था की जगह पूँजीवादी व्यवस्था का उभार हुआ। पूँजीवाद को एक ऐसी व्यवस्था के रूप में समझा जा सकता है, जिसमें वस्तुओं का उत्पादन वाणिज्य के लिए होता है और वाणिज्यिक लेन-देन में पैसे का महत्त्व बहुत बढ़ जाता है। इन सब कारणों से निजी सम्पत्ति पर ज़्यादा गहराई से विचार किया जाने लगा। आधुनिक राजनीति-दर्शन में असीम निजी सम्पत्ति के अधिकार, इसकी सीमाओं और कमियों पर वाद-विवाद होता रहा है (मैकफ़र्सन 1978: 1-13)।

निजी सम्पत्ति[20] से जुड़े वाद-विवाद में पाँच तरह के विचार सामने आये- पहला, बहुत से सिद्धांतकारों ने निजी सम्पत्ति की तरफ़दारी की। सबसे पहले लॉक (1632-1704) ने ज़ोरदार तरीक़े से यह तर्क रखा कि व्यक्ति को असीमित मात्रा में सम्पत्ति रखने का प्राकृतिक अधिकार है (लॉक 1978: 17-27)।[21] बेंथम ने भी उपयोगितावादी आधार पर निजी सम्पत्ति पक्ष लिया (बेंथम 1978: 44-57)। बीसवीं सदी के दूसरे भाग में हेयक, फ्रीडमैन और रॉबर्ट नॉज़िक जैसे चिंतकों ने भी असीम निजी सम्पत्ति का ज़ोरदार समर्थन किया है (हेयक 1948; 1960; फ्रीडमैन 1962; नॉज़िक 1974)। दूसरे तरह के विचारकों की श्रेणी में मार्क्स-एंगेल्स को रखा जा सकता है। मार्क्स और एंगेल्स ने निजी सम्पत्ति को हर तरह के शोषण का आधार मानते हुए इसे ख़त्म करने पर ज़ोर दिया (मार्क्स और एंगेल्स 1988)। वे मानते हैं कि कपड़े, फर्नीचर और घर की ज़रूरत के कुछ सामानों तक निजी सम्पत्ति की इज़ाज़त दी जा सकती है। लेकिन मार्क्सवाद में यह बुनियादी नियम है कि किसी को यह हक़ नहीं है कि वह उत्पादक संसाधनों को निजी स्वामित्व या नियंत्रण में रखे (देखें, गिरेस 1989)। तीसरे तरह के विचारक निजी सम्पत्ति के कारण उत्पन्न होने वाली असमानताओं की आलोचना करते हैं। लेकिन वे मानते हैं कि निजी सम्पत्ति को ख़त्म किये बिना ही इन असमानताओं को ख़त्म किया जा सकता है। मसलन, रूसो ने असीमित निजी सम्पत्ति के अधिकार की आलोचना की (रूसो 1978)। इसी तरह, जे. एस. मिल, थॉमस हील ग्रीन और हाल के समय में जॉन रॉल्स

---

20. यहाँ सम्पत्ति से जुड़े विचारों पर सरसरी नज़र डाली गयी है। मुख्य मक़सद यह है कि निजी सम्पत्ति के संदर्भ में सामान्य सम्पत्ति के विचारों को सामने लाया जाए।

21. लेकिन मैकफ़र्सन ने लॉक और दूसरे उदारवादियों के विचारों की आलोचना की। उनके अनुसार, ये विचारक 'स्वत्त्वमूलक व्यक्तिवाद' (या पॅज़ेसिव इंडिविड्युअलिज़म) की तरफ़दारी करते हैं। इसमें व्यक्ति द्वारा हासिल की गई सम्पत्ति से किसी तरह का दायित्व नहीं जुड़ा होता है, देखें, मैकफ़र्सन (1962).

को इस तरह के विचारकों की श्रेणी में रखा जा सकता है (मिल 1965; ग्रीन 1978; रॉल्स 1971)। चौथा, हालिया समय में सम्पत्ति के बारे में नारीवादी चिंतकों की समीक्षाएँ भी महत्त्वपूर्ण हैं। नारीवादियों का एक मुख्य तर्क यह है कि किसी समाज में संसाधनों का वितरण उस समाज में मौजूद जेंडर संबंधों से काफ़ी प्रभावित होता है। इनका आरोप है कि प्लेटो और एरिस्टॉटल से लेकर लॉक आदि दूसरे आधुनिक चिंतकों ने अपने सिद्धांतों की रूपरेखा से महिलाओं को बाहर रखा है। केरॉल पेटमन के अुनसार, आधुनिक राजनीतिक सिद्धांतकारों की 'व्यक्ति' की कल्पना में महिलाएँ शामिल नहीं हैं (पेटमन 1988)। इसी तरह, सुजेन मोलर ओकिन ने रॉल्स के सिद्धांत की नारीवादी दृष्टिकोण से आलोचना की है (ओकिन 1989)। दूसरी ओर, वीणा अग्रवाल ने यह तर्क दिया है कि राज्य ज़मीन का पट्टा देते वक़्त अक़्सर जेंडर पर ध्यान नहीं देता है। अमूमन पट्टा घर के मुखिया को दिया जाता है जो कि पुरुष होते हैं (अग्रवाल 1994 : 1455–78; 1996)।

पाँचवाँ, पिछले तीन दो दशकों में इंडिज़ेनस पीपॅल या मूल निवासियों के सम्पत्ति अधिकारों का मसला भी सामने आया है। इसमें इस बात पर बल दिया गया है कि अपने क्षेत्र के संसाधनों पर मूल निवासियों का पहला हक़ बनता है। उदारवादी राजनीति सिद्धांत में भी पिछले दो दशकों में इस मसले पर विचार किया गया है। अब यह स्वीकार किया जाने लगा है कि सिर्फ़ पारम्परिक व्यक्तिगत अधिकारों द्वारा इन समूहों के हितों की रक्षा नहीं की जा सकती है। इनके लिए समूह अधिकारों को मान्यता देने की ज़रूरत है (इविसन, पैटन और सैण्डर्स 2000 : 1–21)। कई सिद्धांतकारों ने सांस्कृतिक रूपरेखा के भीतर यह तर्क दिया है कि मूल निवासियों का उनके ज़मीन पर अधिकार है। मसलन, विल किमलिका मानते हैं कि मूल निवासियों को स्वशासन और अपनी ज़मीन का हक़ है। पारम्परिक उदारवादी अधिकारों (अर्थात् कहीं भी आने-जाने की आज़ादी और अभिव्यक्ति की आज़ादी आदि) के साथ इन्हें यह अधिकार देना भी ज़रूरी है। ऐसा न होने पर ये समूह अपनी सामाजिक संस्कृति खो देंगे; वे उस संदर्भ को खो देंगे जिसमें वे अपनी व्यक्तिगत आजादी का सार्थक उपयोग कर सकते हैं (वही : 7; किमलिका 1995)। जॉन बर्न और सुसन डॉड्स के अनुसार, किमलिका का दृष्टिकोण मुख्य रूप से सांस्कृतिक सदस्यता पर ज़ोर देता है। लेकिन मूल निवासियों के कुछ ऐसे भी अधिकार होते हैं जिनकी व्याख्या सिर्फ़ इस आधार पर नहीं की जा सकती। मसलन, ज़मीन से जुड़ा जीविका का अधिकार (बर्न और डॉड्स 2001: 171)।[22] इस संबंध में जेम्स टुली ने यह तर्क दिया है कि औपनिवेशीकरण से पहले मूल निवासियों का अपने क्षेत्र की ज़मीन के

22. किमलिका के विचारों की कई दूसरी महत्त्वपूर्ण आलोचनाओं के लिए देखें इविसन, पैटन और सैण्डर्स (2001: 7); कुकथास (1997: 132–53).

साथ एक ख़ास संबंध था। इसे सही तरीक़े से मान्यता दी जानी चाहिए। इस संदर्भ में वे तीन अभिसमयों (कन्वेन्शन्स) पर ज़ोर देते हैं– मान्यता, निरंतरता और सहमति। सही तरीक़े से मान्यता देने का अर्थ है कि ग़ैर-इंडिजे़नस (या गैर मूल निवासी) राष्ट्रों के साथ-ही-साथ इंडिजे़नस लोगों के विविध राष्ट्रों को मान्यता दी जानी चाहिए। इसमें इन राष्ट्रों के क़ानूनों और परम्पराओं की निरंतरता को मान्यता देना भी शामिल है। इसके अलावा, इंडिजे़नस और गैर-इंडिजे़नस लोगों के बीच सहमति के लोकतांत्रिक मानक को भी स्वीकार किया जाना चाहिए। इन दोनों समाजों को प्रभावित करने वाली बातों के बारे में यह सहमति होनी चाहिए (टुली 1995: 116)। दूसरे कई विचारकों ने भी मूल निवासियों के अधिकारों की मान्यता के लिये कई उपायों के प्रस्ताव किये हैं। मसलन, आयरिस मेरियन यंग सभी समूहों को प्रतिनिधित्व देने की वकालत करती हैं (यंग 1990)। पश्चिम के मानकीय उदारवादी रूपरेखा के भीतर हुए इस वाद-विवाद के बारे में दो बातें स्पष्ट हैं– पहला, इन तर्कों में मुख्य रूप से सांस्कृतिक आधारों पर ज़ोर दिया गया है। दूसरा, अब पश्चिम में निजी सम्पत्ति के संवैधानिक अधिकार की सीमाओं को स्वीकार किया जाने लगा है। इसलिए अब मूल निवासियों की पारम्परिक ज़मीन पर उन्हें समूह अधिकार दिये जाने की वकालत की जाने लगी है।

दरअसल, पश्चिमी राजनीति-दर्शन में मूल निवासियों को अब समूह अधिकारों देने की बात की जा रही है, लेकिन भारतीय संविधान ने आदिवासियों को पहले से ही ये अधिकार दिये हैं। भारतीय संविधान में जब इन अधिकारों को स्वीकार किया गया, उस समय उदारवाद के भीतर इन्हें मान्यता नहीं दी गयी थी। बाद में, अस्सी के दशक के आख़िरी वर्षों में उदारवाद के भीतर भी इन अधिकारों को स्वीकार किया जाने लगा। अध्याय के पहले भाग में संविधान की पाँचवीं और छठी अनुसूची में दिये गये समूह अधिकार की विवेचना की गयी है। वहाँ यह भी रेखांकित किया गया है कि पाँचवीं अनुसूची के क्षेत्रों में इन अधिकारों को ठीक से लागू नहीं किया गया। देश के दूसरे भागों में जंगल की ज़मीन पर इनके सामूहिक या व्यक्तिगत अधिकारों को स्वीकार नहीं किया गया। इन्हें कई बुनियादी दिक़्क़तों का सामना करना पड़ा। मसलन, औपनिवेशिक दौर में जंगल का उपयोग 'साम्राज्यवादी हितों' के लिए किया गया। उत्तर-औपनिवेशिक दौर में 'राष्ट्रीय विकास' के लिए इनका दोहन किया जाता रहा है। ऐसे में, देश के दूसरे भागों की तरह जंगल में 'भूमि सुधार' लागू नहीं हुआ। जंगल में इनके निजी सम्पत्ति अधिकार को स्वीकार नहीं किया गया (देखें अध्याय 2)। इस संदर्भ में यह एक संज़ीदा सवाल है कि भारत में निजी सम्पत्ति के बारे में किस तरह के वाद-विवाद रहे हैं? निजी सम्पत्ति के बारे में औपनिवेशिक और

उत्तर-औपनिवेशिक राज्य की क्या रणनीति रही है? क्या इस संदर्भ में पूरे हिंदुस्तान में एक तरह की व्यवस्था रही? जंगल में आदिवासियों को किस तरह का अधिकार मिला? क्या भारत में जंगल और इसके संसाधनों पर निर्भर आदिवासी समूह इन अधिकारों का उपयोग कर पाए हैं? दरअसल, जंगल और इसके संसाधनों पर अधिकार यहाँ रहने वाले लोगों की जीविका के लिए ज़रूरी हैं। ये संविधान द्वारा दिये गये बाक़ी अधिकारों के प्रयोग के लिए मूल आधार का काम कर सकते हैं।

2. भारतीय संदर्भ में सम्पत्ति अधिकार

भारत में सम्पत्ति अधिकारों की शुरुआत के संबंध में अलग-अलग दृष्टिकोण रहे हैं। पहले दृष्टिकोण के अनुसार, भारत में अंग्रेज़ों के आने के बाद निजी सम्पत्ति का प्रारम्भ हुआ। मुगल काल में भारत में 'ओरियंटल डिस्पोटिज़म' (प्राच्य निरंकुशवाद) था। इस समय 'भूमि राजस्व अस्थायी था...क़ानूनी रूप से ज़मीन शासक की थी' (ब्राउडेल 1977: 73)। मुस्लिम शासन के पहले के भारत के बारे में भी यही माना जाता रहा है। मसलन, विसेंट स्मिथ मानते हैं कि इस समय भूमिधारियों (या लैंडहोल्डर्स) के अधिकार राजा की मर्जी पर निर्भर थे (स्मिथ 1958: 90-91)। मार्क्स ने भी भारत के बारे में अपने लेखन में 'भूमि पर निजी सम्पत्ति के अभाव' की बात कही। उन्होंने यहाँ की उत्पादन व्यवस्था को 'एशियाटिक मोड ऑफ़ प्रोडक्शन' (या एशियाई उत्पादन प्रणाली) की श्रेणी में रखा। उनके अनुसार, निजी सम्पत्ति न होने के कारण एशियाई समाज जड़ है। उन्होंने अंग्रेज़ों द्वारा किये जा रहे परिवर्तनों को भी सकारात्मक माना (अविनेरी 1968)। इस दृष्टिकोण के विपरीत बहुत से विद्वान यह मानते हैं कि अंग्रेज़ों के आने से पहले भी भारत में भूमि पर निजी सम्पत्ति की एक सुस्थापित व्यवस्था थी। मसलन, धर्मा कुमार ने यह दिखाया है कि मध्यकालीन चोल सम्राज्य में इस तरह की व्यवस्था थी। यह पूर्व या ईस्ट में निजी सम्पत्ति न होने की सार्वभौमिक परिघटना का प्रमुख अपवाद था (कुमार 1998)।

बहरहाल, अंग्रेज़ों ने भारत में ज़मीन के संदर्भ में स्पष्ट रूप से निजी सम्पत्ति का सिद्धांत लागू किया। 1793 में घोषित स्थायी बंदोबस्त या परमानेंट सेटलमेंट व्यवस्था इसका प्रमुख उदाहरण है। इसमें जमींदारों और उनके उत्तराधिकारियों के लिए लगान की दर तय की गयी थी। जब तक ज़मींदार लगान एकत्र कर कम्पनी को देते रहते, उनके अधिकार छीने नहीं जा सकते थे। इस सीमा के भीतर उन्हें ज़मीन का मालिक स्वीकार किया गया। उन्हें अपनी ज़मीन बेचने का भी अधिकार था। रणजीत गुहा मानते हैं कि स्थायी बंदोबस्त व्यवस्था लागू करने का एक कारण यह था कि पहले की लगान वसूली की व्यवस्थाएँ नाकाम

रही थीं। साथ ही, तत्कालीन अंग्रेज़ अधिकारी निजी सम्पत्ति व्यवस्था से प्रभावित थे। इस कारण भारत में स्थायी बंदोबस्त नीति लागू की गयी। ये अधिकारी मानते थे कि ज़मीन पर स्थाई सम्पत्ति अधिकार देने से ब्रिटिश राज के प्रति निष्ठा रखने वाले एक वर्ग का उभार होगा (गुहा 1963: 17-18)। आगे चलकर यह स्पष्ट हुआ कि उनकी सोच सही थी। स्थायी बंदोबस्त व्यवस्था के अलावा अंग्रेजोंने बहुत से क्षेत्रों में रैयतवाड़ी (ख़ासतौर पर, दक्षिण भारत और पश्चिम भारत के कुछ क्षेत्रों में) और महलवाड़ी (अवध के ज़िलों में) व्यवस्था भी चलायी। रैयतवाड़ी व्यवस्था में अंग्रेज प्रशासन और किसान के बीच कोई मध्यस्थ नहीं होता था। इसमें भी लोगों को अपनी ज़मीन पर पुश्तैनी सम्पत्ति अधिकार दिया गया (पुरी 1983: 17)। महलवाड़ी व्यवस्था में किसान की ज़मीन की बजाय, गाँव या महाल को भूमि कर की इकाई माना गया (सिन्हा और सुषमाधीश 1987: 86-133)। स्पष्टत: अंग्रेज़ों ने देश के विभिन्न भागों में अलग-अलग तरह की व्यवस्थाएँ क़ायम की। इस तरह उन्होंने देश के अधिकांश भागों में व्यवस्थित रूप से निजी सम्पत्ति व्यवस्था स्थापित की।

3. वनवासियों के सम्पत्ति अधिकार, क़ानून का शासन और एमिनेंट डोमेन

औपनिवेशिक शासन ने वनवासियों के जंगल पर अधिकार को गहरे रूप से प्रभावित किया। इसके पहले शासक जंगलों में तुलनात्मक रूप से बहुत कम दख़ल देते थे। जंगल सिर्फ़ वनवासी लोगों की जीविका का ही आधार नहीं थे, बल्कि उनके सामाजिक और सांस्कृतिक जीवन में भी इनकी महत्त्वपूर्ण भूमिका थी। थोड़े सीमित अर्थ में हम यह कह सकते हैं कि जंगल इन लोगों की सामान्य या साझा सम्पत्ति के रूप में था। सीमित अर्थ में इसलिए क्योंकि पश्चिमी राजनीति दर्शन की सामान्य सम्पत्ति की परिभाषा वनवासियों पर पूरी तरह लागू नहीं की जा सकती है। मसलन, ये समूह निजी सम्पत्ति या राज्य सम्पत्ति की अवधारणा से परिचित नहीं थे। बहरहाल, इस बात पर अमूमन सहमति है कि औपनिवेशिक दौर में राज्य का दख़ल बहुत ज़्यादा बढ़ गया (देखें अध्याय 2)।

दरअसल, अंग्रेज़ों ने अपने साम्राज्यवादी हितों को पूरा करने के लिए जंगल का दोहन किया। इसी मक़सद से 1864 में वन विभाग की स्थापना हुई। 1865 में वन अधिनियम तैयार करते समय अंग्रेज़ अधिकारियों के बीच इस सवाल पर गहरी बहस हुई कि क्या जंगल को स्थानीय समुदायों के नियंत्रण में छोड़ देना चाहिए या इस पर राज्य का नियंत्रण होना चाहिए। आख़िर में, यह माना गया कि सभी कॉमन या साझा भूमि पर राज्य का असीम अधिकार होना चाहिए (सिंह 1986: 2)। बाद में, इसकी कमियों को दूर करने के लिए 1878 का *वन अधिनियम* सामने आया। यह एक लम्बी प्रक्रिया का नतीजा था। इसने जंगलों

पर राज्य का आधिपत्य स्थापित करने के लिए एक निश्चित प्रक्रिया तय की। 1927 में इसमें कुछ संशोधन हुआ और इसे 1927 के *वन अधिनियम* के रूप में जाना गया।

दरअसल, 1878 या 1927 के वन अधिनियम में 'एमिनेंट डोमेन' का सिद्धांत निहित था। यह 1894 में बने *भूमि अधिग्रहण अधिनियम* में भी शामिल था।[23] इसका इतिहास खुद क़ानून के इतिहास जितना ही पुराना है। न्यायविद् आम तौर पर, एक लैटिन मुहावरे से इसकी शुरुआत मानते हैं– 'सेलुस पोपुली इस्ट सुप्रीमा लेक्स' (Salus populi est suprema lex)। इसका अर्थ यह है कि लोगों कि भलाई ही सबसे सर्वोच्च क़ानून है। लेकिन इसके अर्थ में समय के साथ बदलाव होता रहा है। यह माना जाता है कि आधुनिक दौर में सबसे पहले ह्युगो ग्रोटियस ने 'एमिनेंट डोमेन' की संकल्पना पेश की। उन्होंने 1625 मे प्रकाशित अपनी किताब *डी ज्यूरे बेली एट पेसिस* (De Jure Belli et Pacis) में 'एमिनेंट डोमेन' का वर्णन किया। वे इसका प्रयोग सम्प्रभुत्ता के अर्थ में करते हैं। यह माना जाता रहा है, सम्प्रभु दो शर्तों को पूरा कर अपने क्षेत्र में आने वाली ज़मीन या इसके संसाधनों को अपने अधिकार में ले सकता है: पहला, जिन स्थानों पर व्यक्तिगत फ़ायदे की जगह सार्वजनिक उद्देश्य ज़्यादा महत्त्वपूर्ण हो; और दूसरा, जहाँ राष्ट्रीय हित व्यक्तिगत या सामुदायिक हित से ज़्यादा बड़ा हो। छत्रपति सिंह के अनुसार, बाद में, इसके साथ यह शर्त भी जोड़ी गयी कि इस सिद्धांत का प्रयोग करने के लिए सबसे अहम् शर्त यह है कि जिस व्यक्ति की ज़मीन ली जा रही है, उसे पर्याप्त मुआवज़ा दिया जाए (वही : 23)।

1878 के वन अधिनियम में यह प्रावधान किया गया कि जंगल की ज़मीन पर उसी व्यक्ति के अधिकार को मान्यता दी जाएगी जो अपने अधिकारों के पक्ष में कोई लिखित दस्तावेज़ पेश करे। यदि लोग ऐसा नहीं करते हैं तो उस ज़मीन पर उनका हर अधिकार ख़त्म हो जाएगा। इस तरह, निजी सम्पत्ति अधिकार देने के लिए लिखित दस्तावेज़ की माँग करके अंग्रेज़ों ने जंगल की ज़मीन को राज्य की सम्पत्ति में बदल दिया। इससे जंगल के संसाधनों पर वनवासियों का अधिकार ख़त्म हो गया। लेकिन वनवासियों के लगातार विद्रोहों के कारण जंगल के संसाधनों पर इनके अधिकारों को 'छूट' के रूप में क़ायम रखा गया।

स्पष्टतः औपनिवेशिक शासकों ने देश के दूसरे भागों और जंगलों में

23. 1894 का *भूमि अधिग्रहण अधिनियम* पहले बने कई अधिनियमों का विकसित रूप था। इस तरह का पहला अधिनियम *बंगाल रेग्युलेशन I* 1824 में बना था। यह 'क्राउन' द्वारा जमीन अधिग्रहण की अनुमति देता था। 1857 में इसे ब्रिटिश संप्रभुत्ता के अंतर्गत आने वाले सभी भारतीय क्षेत्रों में लागू कर दिया गया। 1870 में इसमें संशोधन हुआ। 1894 में इसमें दुबारा संशोधन हुआ, जिससे *भूमि अधिग्रहण अधिनियम* सामने आया। देखें, अग्रवाल (1997); सिंह (1986 : 9-10); सक्सेना (2008 : 351-410).

अलग-अलग मक़सद से निजी सम्पत्ति की अवधारणा लागू की। दरअसल, देश के दूसरे भागों में कुछ लोगों को ज़मीन पर सम्पत्ति अधिकार देकर उन्हें एक वफ़ादार वर्ग तैयार किया। इससे लगान वसूलने का काम भी काफ़ी आसान हो गया। दूसरी ओर, उन्हें अपने साम्राज्यवादी हितों को पूरा करने के लिए जंगल के संसाधनों की ज़रूरत थी। इसलिए उन्होंने जंगल में आदिवासियों के 'अधिकारों' को नकारने की रणनीति अपनायी। इसके लिए वन विभाग और वन अधिनियमों का सहारा लिया गया। वन विभाग एक ताक़तवर संस्था के रूप में उभरा। जंगल पर उसका पूरा नियंत्रण था। वन अधिनियम के कारण वन विभाग वनवासी लोगों के जीवन को पूरी तरह नियंत्रित कर सकता था। इसने वनों के आर्थिक दोहन करने के साम्राज्यवादी मंसूबे को पूरा करने में सहायता की। इस दौर में, वनवासियों के सांस्कृतिक लोकाचारों और रहन-सहन की पद्धति को संदेह से देखने की प्रवृत्ति बढ़ी। कई बार इसे जंगलों के 'संरक्षण' से जोड़कर देखा गया (जैसे झूम खेती पर पाबंदी)। लेकिन खुद औपनिवेशिक शासकों ने संरक्षण को नुक़सान पहुँचाने वाले काम किये, मसलन, जानवरों का शिकार और व्यावसायिक वानिकी।[24]

4. उत्तर-औपनिवेशिक दौर में आदिवासियों के सम्पत्ति अधिकार

आज़ादी के बाद बने संविधान में अनुसूचित जनजातियों के कल्याण के लिए कई प्रावधान किये गये।[25] लेकिन जंगल पर अधिकार के संबंध में आदिवासियों की स्थिति में कोई महत्त्वपूर्ण बदलाव नहीं हुआ। दरअसल, जंगल में रहने वाले और इस पर निर्भर आदिवासियों और देश के दूसरे भागों के लोगों के सम्पत्ति अधिकारों के बारे में अलग-अलग तरीक़े से विचार किया गया।

संविधान में मूल अधिकारों की श्रेणी में सम्पत्ति अधिकार भी शामिल किया गया।[26] संविधान निर्माताओं ने असीमित सम्पत्ति रखने का विचार नहीं अपनाया। उन्होंने सामाजिक-आर्थिक सुधारों के लिए लोगों के सम्पत्ति अधिकारों में दख़ल देने की गुंजाइश क़ायम रखी। दरअसल, मुख्य विवाद क़ानून की उचित प्रक्रिया (ड्यु प्रॉसेस ऑफ़ लॉ) की अवधारणा से जुड़ा हुआ था। इस संदर्भ में अमरीकी संविधान के पाँचवें संशोधन पर भी बहुत ज़्यादा चर्चा हुई। इस संशोधन के अनुसार, 'क़ानून की उचित प्रक्रिया के बिना किसी व्यक्ति को जीवन, स्वतंत्रता या सम्पत्ति के अधिकार से वंचित नहीं किया जाएगा। न्यायपूर्ण मुआवज़े के बग़ैर

24. अध्याय 2 में इन पहलुओं की विस्तार से विवेचना की गयी है।

25. अध्याय के पिछले भाग में ऐसे कुछ प्रावधानों का उल्लेख किया गया है।

26. भारत में मूल-अधिकारों के इतिहास और इस संदर्भ में संविधान सभा के वाद-विवाद की सामान्य समझ के लिए देखें, ऑस्टिन (1966: 50-115)।

किसी व्यक्ति की निजी सम्पत्ति को सार्वजनिक उपयोग के लिए नहीं लिया जाएगा' (ऑस्टिन 1966: 84)।' संविधान सभा के सदस्यों ने इसका बहुत ज़्यादा विरोध किया क्योंकि इससे भूमि सुधार की विधायिका की क्षमता बहुत कम हो जाती। इसलिए आख़िरकार यह फ़ैसला किया गया कि सम्पत्ति अधिकार और क़ानून की उचित प्रक्रिया के बीच कोई सीधा जुड़ाव नहीं होगा। दरअसल, शुरुआत में 'उचित प्रक्रिया' शब्द शामिल किया गया। लेकिन ज़मींदारी उन्मूलन में आने वाली समस्याओं के मद्देनजर इस उपबंध को हटा दिया गया और इसकी जगह *क़ानून द्वारा स्थापित प्रक्रिया* (प्रॉसेस इस्टैबलिस्ड बाई लॉ) जुमले का इस्तेमाल किया गया (वही : 84-115)। बहरहाल, भूमि सुधार क़ानूनों और सम्पत्ति अधिकार के मसले पर उपजे वाद-विवाद के कारण संविधान में कई संशोधन करने पड़े। असल में, ज़मींदारों ने विभिन्न राज्यों की विधायिकाओं द्वारा पारित भूमि सुधार क़ानूनों को न्यायालय में चुनौती दी। इनका मानना था कि ये क़ानून उनके सम्पत्ति अधिकार का उल्लंघन करते हैं। न्यायालय ने उनके इस तर्क को स्वीकार करते हुए इन क़ानूनों पर रोक लगायी। इस कारण, संविधान संशोधन द्वारा इन अदालती रुकावटों को हटाने की कोशिश की गयी। इस संदर्भ में संविधान का पहला, चौथा, सातवाँ, चौबीसवाँ और पच्चीसवाँ संशोधन बहुत ही अहम् है।[27] आख़िरकार, 1978 में 44वें संविधान संशोधन द्वारा सम्पत्ति अधिकार को मूल अधिकारों की श्रेणी से हटा दिया गया। यह तर्क दिया गया कि इनके कारण दूसरे कई अधिकारों की उपेक्षा हुई है। यह उम्मीद की गयी कि इसे ख़त्म करने से दूसरे अधिकार लागू करने में मदद मिलेगी।[28]

आज़ादी के बाद के दौर में तीन प्रमुख प्रवृत्तियाँ सामने आयी। पहला इसी अध्याय में पहले यह उल्लेख किया जा चुका है कि संविधान में अनुसूचित जनजातियों के 'कल्याण' के लिए बहुत से प्रावधान हैं। साथ ही, सरकार ने अपनी नीतियों द्वारा इनकी भलाई के प्रति अपनी चिंता भी दिखायी। लेकिन जंगल की ज़मीन या इसके संसाधन पर इनका क़ानूनी हक़ सुनिश्चित करने के लिए कोई स्पष्ट प्रावधान नहीं किया गया। मसलन, संविधान के अनुच्छेद 31ए के सब-सेक्शन 2ए (iii) से यह स्पष्ट संकेत मिलता है कि इसके द्वारा 'एमिनेंट डोमेन' का विस्तार सभी तरह के जंगलों पर किया गया है (भारत का संविधान 2008: 20)। इस तरह, स्वतंत्र भारत में 1894 के भूमि अधिग्रहण अधिनियम

27. सम्पत्ति अधिकारों से संबंधित संवैधानिक वाद-विवाद की विवेचना के लिए देखें ऑस्टिन (1999: 69-98; 121-22; 243-47)।

28. तत्कालीन विधि मंत्री शांति भूषण ने इस बात पर जोर दिया कि 'चूँकि अधिकांश भारतीयों के पास ज़्यादा सम्पत्ति नहीं है, इसलिए सम्पत्ति अधिकार को दूसरे महत्त्वपूर्ण अधिकारों से नहीं जोड़ा जा सकता है', देखें, ऑस्टिन (1999: 425)।

और 1927 के वन अधिनियम की वैधता बनी रही। दरअसल, भारत सरकार वनों के संबंध में औपनिवेशिक नीति जारी रखना चाहती थी। राष्ट्रीय विकास के नाम काफ़ी ज़्यादा नये वन बनाये गये। लेकिन यहाँ भी अमूमन लोगों के अधिकार तय नहीं किये गये।[29] दूसरा, छत्रपति सिंह के अनुसार, भूमि सुधार क़ानूनों में यह प्रावधान किया गया कि जो लोग 12 वर्षों या उससे ज़्यादा समय से किसी ज़मीन पर खेती कर रहे हैं, वहाँ उनका मालिकाना हक़ मान लिया जाएगा। लेकिन यही बात आदिवासियों के संदर्भ में लागू नहीं की गयी। तीसरा, यह तर्क दिया गया कि सम्पत्ति अधिकार को मूल अधिकारों की सूची से हटाने का फ़ैसला एक प्रगतिशील क़दम है। लेकिन वनवासी लोगों के संबंध में इसका नकारात्मक नतीजा सामने आया। अब वनवासी लोग सरकार द्वारा अपनी ज़मीन का अधिग्रहण करने पर इस आधार पर मुआवज़े की माँग नहीं कर सकते हैं कि उनके मूल अधिकारों का उल्लंघन हुआ है (सिंह 1986: 25)।

दरअसल, उत्तर-औपनिवेशिक दौर में जंगलों और देश के दूसरे भागों के सम्पत्ति अधिकारों पर अलग-अलग तरह से विचार हुआ। जंगलों को 'राष्ट्रीय विकास' के लिए जरूरी माना गया। इस कारण औपनिवेशिक दौर की तरह ही वनवासी लोगों को उनके अधिकारों से वंचित रखा गया। साथ ही, नये जंगलों के निर्माण, विकास के कारण हुए विस्थापन के कारण वनवासी लोगों की स्थिति ज़्यादा ख़राब हुई। अर्थात् न तो जंगल की ज़मीन पर इन्हें निजी सम्पत्ति अधिकार मिला और न ही जंगल के संसाधनों पर कॉमन या साझा सम्पत्ति अधिकार। कुछ स्थानों पर जंगल की ज़मीन पर वनवासी समूहों के अधिकारों को मान्यता दी गयी, लेकिन कभी भी 'अतिक्रमण' की समस्या को पूरी तरह हल करने की कोशिश नहीं की गयी (अगले अध्याय में इन पहलुओं की ज़्यादा विस्तार से विवेचना की गयी है)।

यह स्पष्ट है कि निजी संम्पत्ति की श्रेणी, 'एमिनेंट डोमेन' के सिद्धांत, वन विभाग की स्थापना और वन अधिनियमों ने जंगल में और जंगलों के क़रीब रहने वाले लोगों के जीवन पर अभूतपूर्व प्रभाव डाला। निजी सम्पत्ति की श्रेणी ने इन्हें उसी जगह पर 'अतिक्रमक' बना दिया, जहाँ वे कई पीढ़ियों से रह रहे थे। सम्पत्ति की औपनिवेशिक या उत्तर-औपनिवेशिक अवधारणा जंगल के साथ इनके संबंधों को पूरी तरह अभिव्यक्त नहीं कर पाई। समय के साथ ये समूह निजी सम्पत्ति की अवधारणा से परिचित हुए। लेकिन जंगल से इनका सामुदायिक जुड़ाव क़ायम रहा। इस लिहाज़ से वन अधिकार क़ानून के प्रावधान महत्त्वपूर्ण हो जाते हैं। इसमें हर 'अनुसूचित जनजाति' और 'अन्य पारम्परिक

29. अगले अध्याय में इस पहलू की विस्तार से विवेचना की गयी है।

वन निवासी' समूहों के न्यूक्लीयर परिवार को 4 हेक्टेयर ज़मीन देने का प्रावधान है। इसमें यह प्रावधान है कि इस ज़मीन का पट्टा पति-पत्नी– दोनों के नाम से होगा। साथ ही, यह इन्हें जंगल के वनोपजों पर अधिकार देने के साथ-ही-साथ जंगल की सुरक्षा का अधिकार भी देता है (देखें गवर्नमेंट ऑफ़ इण्डिया 2007)।[30] बेशक़ एक अर्थ में ऐसा लगता है कि इस क़ानून ने एक नये तरह की सम्पत्ति व्यवस्था क़ायम की है, क्योंकि इसमें जंगल और इसके संसाधनों पर निर्भर अनुसूचित जनजाति और अन्य पारम्परिक वन निवासियों को व्यक्तिगत/निजी और साझा (या कॉमन) सम्पत्ति अधिकार दिये गये हैं (मसलन देखें सरीन और स्प्रिंगेट बैगिन्स्की 2010)। लेकिन इस क़ानून के तहत मिलने वाले निजी सम्पत्ति अधिकार असीम अधिकार नहीं हैं। अर्थात् जिन लोगों को ये अधिकार मिलेंगे, वे अपनी ज़मीन बेच नहीं सकते हैं। बहुत से विद्वानों का यह भी मानना है कि लोगों के हितों के नाम पर वन अधिकार क़ानून राज्य और बाज़ार की आवश्यकताओं के बीच बने गठजोड़ को पूरा करता है (देखें, सव्यसाची 2010; 2011)। यह तर्क भी दिया गया है कि इस क़ानून के माध्यम से राज्य ने नवउदारवादी सम्पत्ति व्यवस्था की ज़रूरतों को पूरा किया है। नवउदारवादी सम्पत्ति व्यवस्था में सिलिंग, लैण्ड सर्वे और मैपिंग, राज्य भूमि रजिस्टरों की स्थापना, नये लैंड होल्डिंग क़ानून बनाना और लैण्ड लीजिंग पर से पाबंदी हटाना शामिल है (नायडू 2011)। मेरा यह मानना है कि इस तरह के विश्लेषण को पूरी तरह ख़ारिज नहीं किया जा सकता है। लेकिन यह भी सच है कि इसमें आदिवासी समूहों के राजनीतिक चेतना (या एजेंसी) को जड़ माना जाता है और इसकी पूरी तरह उपेक्षा की जाती है।[31]

दरअसल, इस बात को नकारा नहीं जा सकता है कि इस क़ानून में सीमित निजी सम्पत्ति अधिकार दिया गया है। इसके पीछे पर्यावरण और वन्य जीव संरक्षण की चिंता ने महत्त्वपूर्ण भूमिका निभायी। औपनिवेशिक दौर से ही जंगलों में स्थानीय समुदायों और वन्य जीवों के बीच का संबंध एक विवादित सवाल रहा है। यह चिंता नैशनल पार्कों और अभयारण्यों को पूरी तरह से मानवरहित बनाने के तर्क से संबंधित है। आख़िर इस तर्क का सैद्धांतिक आधार क्या है? वन्य जीवों की चिंताओं ने किस तरह वर्तमान समय में आदिवासी समूहों की राजनीति को प्रभावित किया है? इस बात को भी समझने की आवश्यकता है कि हम लोकतांत्रिक संदर्भ में आये क़ानूनों को किस रूप में देख सकते हैं और इनके बनने तथा

30. इस संदर्भ में अध्याय 3 में विस्तृत विवेचना की गयी है।

31. इस संदर्भ में इसी अध्याय में आगे विस्तार से विवेचना की गयी है; साथ ही देखें अध्याय 3 का भाग IV.

इसके लागू होने की प्रक्रिया में लोगों की भागीदारी की व्याख्या किस तरह की जा सकती है? अध्याय के अगले भाग में इन्हीं पहलुओं की विवेचना की गयी है।

III. पर्यावरण तथा वन्य जीव, क़ानून का प्रभाव और लोकतांत्रिक समाज में बदलाव

अध्याय का यह भाग दो उपभागों में बँटा हुआ है। पहले उपभाग में पर्यावरण एवं वन्य जीव संरक्षण से जुड़े सैद्धांतिक वाद-विवाद का विश्लेषण किया गया है। इस संदर्भ में स्थानीय समुदायों या आदिवासियों के हितों से इसके टकराव का भी परीक्षण किया गया है। दूसरे उपभाग में क़ानून, इसके प्रभाव और लोकतांत्रिक तरीक़े से इसमें होने वाले परिवर्तन की प्रक्रिया का विश्लेषण किया गया है।

1. वन्य जीव और पर्यावरण की चिंता : मानव-केंद्रवाद बनाम इको-केंद्रवाद

वन अधिकार क़ानून में वनवासी लोगों को ज़मीन का अधिकार दिया गया है। लेकिन इसमें यह प्रावधान भी किया गया है कि वे इस ज़मीन पर कोई ऐसा काम नहीं कर सकते, जिससे पर्यावरण को नुकसान हो। दरअसल, क़ानून के बनने के दौरान बहुत से संरक्षणवादियों ने यह दलील दी कि इसके प्रावधानों से जंगल और जंगली जीव-जंतु बर्बाद हो जाएँगे। क़ानून के बनने और लागू होने में हुई देरी में इनके विरोध की भी अहम् भूमिका रही। क़ानून बनने की लम्बी प्रक्रिया के दौरान वन्य जीवों और वनवासी लोगों के अधिकारों का मसला बहुत ही विवादित बना रहा। आख़िरकार, क़ानून में 'क्रिटिकल वाइल्डलाइफ हैबिटेट' की संकल्पना शामिल की गयी। इसके अनुसार, यदि संरक्षित क्षेत्र का कोई हिस्सा वन्य जीवों के लिए संवेदनशील है, तो वहाँ बसे लोगों को दूसरी जगह स्थानांतरित किया जा सकता है। लेकिन शर्त यह है कि यह बात एक वस्तुनिष्ठ वैज्ञानिक प्रक्रिया द्वारा तय हो, संबंधित समुदायों से इस संबंध में मशविरा किया गया हो और उनके पुनर्वास की समुचित व्यवस्था की गयी हो।[32] इसके बावजूद संरक्षित क्षेत्रों में आदिवासियों के अधिकारों का मसला विवादपूर्ण बना रहा। स्थानीय समुदायों की लगातार कोशिशों के बावजूद इन क्षेत्रों में क़ानून के लागू होने की प्रक्रिया बहुत धीमी रही है; और बहुत सारी जगहों पर तो यह क़ानून बिल्कुल ही लागू नहीं हुआ है (देखें अध्याय 5)।

दरअसल, इस पूरे वाद-विवाद का एक बड़ा पहलू संरक्षणवादियों की चिंताएँ

32. अध्याय 3 में इसका विश्लेषण किया गया है।

रही हैं। इनके तर्क समझने के लिए पश्चिमी पर्यावरणवाद में चलने वाले मानव-केंद्रवाद या एंथ्रोपोसेंट्रिज़्म और इको-केंद्रवाद या इकोसेंट्रिज़्म की संकल्पनाओं का प्रयोग किया जा सकता है। मानव-केंद्रवाद का मतलब है कि मनुष्य पूरी प्रकृति के केन्द्र में है। दूसरे जीवों का महत्त्व मनुष्य के लिए उनकी उपयोगिता पर निर्भर है। इस लिहाज से मानव केंद्रवाद मनुष्यों को यह इजाज़त देता है कि वे अपनी ज़रूरत के हिसाब से प्रकृति पर क़ब्ज़ा कर लें। यह मानना है कि सिर्फ़ मनुष्यों के पास ही तात्त्विक मूल्य है। प्रकृति के बाक़ी हिस्से में यांत्रिक मूल्य है। ये उस सीमा तक ही महत्त्वपूर्ण हैं, जिस सीमा तक ये मनुष्यों की भलाई को बढ़ावा देते हैं (एकर्सले 1992: 26)। पश्चिम की औद्योगिक सभ्यता इसी मूल मान्यता पर आधारित है। दूसरी ओर, आर्ने नेस जैसे इको-केंद्रवादियों का यह मानना है कि दुनिया के सभी जीवों का समान महत्त्व है। मनुष्यों को यह हक़ नहीं है कि वे अपनी सुविधा के लिए दूसरों जीवों का दमन करें। ये लेखक पश्चिम के मानव-केंद्रवादी सभ्यता की आलोचना करते हैं, जिसमें दूसरे जीवों की परवाह नहीं की जाती है (नेस 1994: 125-40)। पीटर सिंगर और टॉम रीगन जैसे लेखकों ने जानवरों के अधिकारों पर ज़ोर दिया है (मसलन देखें रीगन 1983; सिंगर 1979)। ब्रायन नॉर्टन के अनुसार, दरअसल, यह मनुष्य के अपने हित में है कि वह जंगली जानवरों का संरक्षण करे क्योंकि ऐसा होने से वह खुद अपने लिए एक बेहतर भविष्य बना पाएगा (नॉर्टन 1991)। इस तरह के वाद-विवादों का एक नतीजा यह निकला कि पश्चिम में इस बात पर तक़रीबन आम-सहमति रही है कि जंगली जानवरों के लिए अलग से अभयारण्य या पार्क होना चाहिए।

भारत में यह विचार पश्चिम से ही आया। लेकिन यह नहीं माना जा सकता है कि भारत में संरक्षणवादी पूरी तरह से इको-केंद्रवादियों के विचारों के प्रतिनिधित्व करते हैं। वन्य जीवों के प्रति इनकी चिंताएँ हैं। लेकिन अधिकांश मौक़ों पर ये आदिवासियों के जीवन की चिंताओं की पूरी तरह उपेक्षा करते हैं।[33] बहरहाल, औपनिवेशिक दौर में वन्य जीवों के लिए अलग से पार्क या अभयारण्य बनाने की शुरुआत हुई। भारत में इस विचार के साथ समस्या यह है कि यहाँ ऐसे नैशनल पार्क बनाना बहुत ही मुश्किल काम है, जहाँ पर कोई मनुष्य न हो। लेकिन संरक्षणवादियों ने इस बात पर ज़ोर दिया है कि ऐसे क्षेत्र का निर्माण होना चाहिए और वहाँ रहने वाले लोगों को दूसरी जगह बसाया जाना चाहिए। इनका यह भी आरोप है कि वन अधिकार क़ानून जंगल और जंगली जानवरों के लिए बहुत ही ख़तरनाक है। दूसरी ओर, जन-आंदोलनों

33. अध्याय 3 में इनके कुछ तर्कों का विश्लेषण किया गया है।

से जुड़े कार्यकर्त्ता इस तरह के विचार की अप्रासंगिकता पर ज़ोर देते हैं क्योंकि *वन्य जीव (संरक्षण) क़ानून 1972* के पारित होने के इतने सालों बाद भी नैशनल पार्कों से गाँवों को दूसरी जगह नहीं बसाया जा सका है।[34] पिछले दो दशकों में भारत में बहुत से संरक्षणवादी यह मानने लगे हैं कि एक ऐसे मध्यवर्ती नजरिये की ज़रूरत है, जिसमें आदिवासी अधिकारों और वन्य जीवों के बीच संतुलन बनाया जा सके।[35] वन अधिकार क़ानून के प्रावधानों को वन्य जीवों और वनवासियों के अधिकारों के बीच संतुलन क़ायम करने की कोशिश के रूप में देखा जा सकता है। लेकिन आदिवासी अधिकारों के समर्थक संगठन और वन्य जीव की तरफ़दारी करने वाले संगठन– दोनों ने ही इस पर असंतोष व्यक्त किया है।

इस पूरे संदर्भ में वन विभाग की भूमिका पर भी विचार करने की आवश्यकता है। मसलन, वन अधिकार क़ानून बनने की प्रक्रिया के दौरान वन विभाग ने भी इसका विरोध किया। वन विभाग अधिकांश मामलों में इसके लागू होने में रोड़ा अटका रहा है। ख़ासतौर पर इस क़ानून के सामुदायिक अधिकारों वाले भाग से इन्हें गहरी समस्या है। इसका कारण यह है कि ये अधिकार स्थानीय समुदायों को दे देने से जंगलों पर इनका एकाधिकार ख़त्म हो जाएगा।[36] इस संदर्भ यह तर्क भी सामने आता है कि दरअसल राज्य ने वनवासी समूहों में अपनी वैधता और माओवादियों के ख़िलाफ़ अपना समर्थन बढ़ाने के लिए इस 'प्रगतिशील' क़ानून का इस्तेमाल किया। इसलिए एक तरफ़ वन अधिकार क़ानून बना, वहीं दूसरी ओर इन क्षेत्रों को निजी कम्पनियों के लिए खोला जा रहा है। यहाँ रहने वाले लोगों को 'ऑपरेशन ग्रीन हंट' या 'सलवा जुडूम' जैसी

---

34. अध्याय 2 में नैशनल पार्कों के इतिहास की विवेचना की गयी है। अध्याय 3 में वन अधिकार क़ानून के संदर्भ में इससे जुड़े वाद-विवाद की विवेचना है। अध्याय 4 में एक ऐसे गाँव का भी अध्ययन किया गया है जो एक अभयारण्य के भीतर बसा है। अध्याय 5 अन्य बातों के अलावा, नैशनल पार्कों और अभयारण्यों में वन अधिकार क़ानून के लागू होने की स्थिति की विवेचना की गयी है।
35. इस संदर्भ में तर्कों के लिए देखें, सब्बरवाल, रंगराजन और कोठारी (2000); सब्बरवाल और रंगराजन (2003: 1-28); कोठारी (2005); शहाबुद्दीन और रंगराजन (2007); किम बिजले ने माधव नैशनल पार्क के अपने अध्ययन के आधार पर यह तर्क दिया है कि स्थानीय समुदायों को नैशनल पार्क से बिल्कुल अलग रखने का विचार सही नहीं है। इसके कारण, जंगलों और वन्य जीवों के हिफ़ाजत पर बुरा प्रभाव पड़ता है और जैव-विविधता का क्षरण होता है, देखें, बिजले (2006)।
36. अध्याय 2 में वन विभाग की ऐतिहासिक भूमिका की विवेचना की गयी है। अध्याय 3 में वन अधिकार कानून के इसके विरोध का विश्लेषण किया गया है। अध्याय 4 और 5 में स्थानीय स्तर पर वन विभाग की भूमिका का परीक्षण किया गया है।

कार्रवाइयों का सामना करना पड़ रहा है।[37] इसके अलावा, खुद क़ानून के भीतर 'अन्य पारम्परिक वन निवासी' जैसी श्रेणी है। यदि इसमें आने वाले समुदाय यह साबित नहीं कर पाते हैं कि वे 75 सालों से इस जगह पर रह रहे हैं तो उन्हें 'क़ानून के अनुसार' यहाँ से हटाया जा सकता है (गवर्नमेंट ऑफ़ इंडिया 2007)। दरअसल, यहाँ यह बुनियादी सवाल सामने आता है कि क़ानून को किस रूप में देखा जाना चाहिए? वन अधिकार क़ानून के बनने में स्थानीय समुदायों के आंदोलनों को किस रूप में देखा जा सकता है? क्या यह आख़िरकार राज्य से कुछ रियायतें (या पट्टा) हासिल करने की कोशिश है या इसे जंगल और इसके संसाधनों पर हक़ के संघर्ष के रूप में देखा जा सकता है? या इस क़ानून के माध्यम से राज्य ने वनवासी समुदायों को एक झाँसा दिया है। इसके द्वारा इन्होंने वनवासी समुदायों के शोषण पर पर्दा डालने की कोशिश की है।

2. क़ानून का प्रभाव और लोकतांत्रिक समाज में बदलाव

क़ानून हमारे जीवन से अभिन्न रूप से जुड़े हुए हैं। आधुनिक लोकतांत्रिक शासन में 'क़ानून के शासन' को एक आवश्यक अच्छाई के रूप में देखा जाता है। नंदिनी सुंदर के अनुसार 'क़ानून के शासन' के कम-से-कम तीन संस्करण रहे हैं: प्रत्यक्षवादी या पॉज़िटिविस्ट, प्रक्रियात्मक/औपचारिक (प्रोसिज़रल/फॉर्मल) और तात्त्विक (सब्सटैंटिव)। क़ानून की प्रत्यक्षवादी अवधारणा के अनुसार क़ानून सम्प्रभु का आदेश होता है या क़ानूनी रूप में राज्य की इच्छा होता है (न्यूमन 1986: 45, सुंदर 2011बी : 420 पर उद्धृत)। कुछ विद्वानों ने इसे 'क़ानून के शासन' की बजाय 'क़ानून द्वारा शासन' की संज्ञा दी है। प्रक्रियात्मक/औपचारिक प्रकार में यह माना जाता है कि 'क़ानून का शासन' तब तक मौजूद है, जब तक कुछ प्रक्रियाओं का पालन किया जा रहा है। इस रूप में क़ानूनी व्यवस्था सुनिश्चित, स्थायी और सार्वभौमिक रूप से लागू होती है। यह विभिन्न पक्षों के बीच तटस्थ होती है और यहाँ तक कि सरकार और बहुमत भी इसके अधीन होते हैं (मसलन देखें फुलर 1964; शपिरो 1994)। 'क़ानून के शासन' के इसी रूप को थॉम्पसन ने 'क़ानून से संबंधित सभी संघर्षों' पर आधारित 'शर्तहीन मानवीय शुभ' (अनक्वालीफाइड ह्युमन गुड) की संज्ञा दी है (थॉम्पसन 1975: 266)। तीसरे अर्थात् तात्त्विक संस्करण में यह माना जाता है कि प्रक्रियात्मक रूप में ठीक होने के साथ-ही-साथ क़ानून में प्राकृतिक न्याय का तत्व भी शामिल होना चाहिए। दूसरे शब्दों में 'क़ानून के शासन' को सिर्फ़ क़ानून द्वारा शासन या क़ानून का शासन नहीं होना चाहिए, बल्कि इसे न्यायपूर्ण क़ानून का

37. इस संदर्भ जानकारी के लिए देखें सुंदर (2006); सीडीआरओ (2012ए; 2012बी); नवलखा (2012) अध्याय 5 में इन पहलुओं के बारे में विस्तार से व्याख्या की गयी है।

शासन होना चाहिए (सुंदर 2011)।[38]

बहरहाल, कई विचारकों ने क़ानून की प्रकृति पर अलग तरह से विचार किया है। मसलन, ऑस्टिन सरात और थॉमस आर. केरेंस क़ानून और हिंसा के बीच के संबंध को अपने विश्लेषण का आधार बनाया है। उन्होंने इस आधार पर क़ानून से जुड़े शोधों को तीन भागों में बाँटा है : पहला, मानवतावादी (ह्युमनिस्ट्स), दूसरा, क़ानूनी संस्थाओं और व्यवहारों का वैज्ञानिक अध्ययन और तीसरा, आलोचनात्मक सिद्धांत (या क्रिटिकल थियरी)। मानवतावादी क़ानून के अर्थ बनाने वाले और समुदाय का निर्माण करने वाले चरित्र पर ज़ोर देते हैं। ये बल-प्रयोग से संबंधित आयामों की उपेक्षा करते हैं। ये मानते हैं कि क़ानून लोगों को जोड़ने वाला साधन होता है। ये इसे मानवीय समाज का निर्माण करने वाला संसाधन मानते हैं। ये मानते हैं कि क़ानून में शामिल हिंसा द्वारा हम क़ानून के तर्क और सिद्धांत को समझते हैं (मसलन देखें, ड्वोर्किन 1977; व्हाइट 1990)। दूसरा, क़ानूनी संस्थाओं और व्यवहारों के वैज्ञानिक अध्ययन में हिंसा की जाँच-पड़ताल की गयी। लेकिन यह ध्यान नहीं दिया गया कि क़ानून से इसका कैसा जुड़ाव है या यह कैसे क़ानून का अर्थ तय करता है। दरअसल, क़ानून को इसके कर्त्ता या संस्थाओं से अलग करके नहीं देखा गया। इसलिए मसलन, सज़ा या पुलिस के बारे में बहुत सारे अध्ययन हुए। इन अध्ययनों में किसी एक कार्य में बल-प्रयोग को सामने लाया गया, लेकिन इस बात पर ध्यान नहीं दिया गया कि खुद क़ानून की बुनियादी बात क्या है।[39] तीसरी श्रेणी में आलोचनात्मक सिद्धांत (क्रिटिकल थियरी) और विखंडन के प्रभावस्वरूप हिंसा के विविध रूपों और क़ानून से उनके जुड़ाव पर ध्यान दिया गया। इसमें यह बताया गया कि क़ानून बहुत तरीक़े से हिंसा करता है: भाषा के प्रयोग और चीज़ों को पेश करने के व्यवहार द्वारा, कुछ ख़ास दृष्टिकोणों को ख़ामोश करने या अनुभव को नकारकर या ज्ञानमीमांसा (या एपीस्टोमोलॉजी) को वस्तुनिष्ठ बनाकर।[40]

बहुत से विचारक यह मानते हैं कि क़ानून शोषण पर पर्दा डालता है या

---

38. के. जी. कन्नाबीरन (2004) मानते हैं कि उत्तर-औपनिवेशिक समाजों में सिर्फ़ अस्तित्वमान क़ानूनों या प्रक्रियाओं के पालन को ही क़ानून का शासन नहीं मानना चाहिए। इसके बजाय, क़ानूनों की प्रकृति और उनके मक़सद पर भी ध्यान देने की ज़रूरत है। यहाँ तक कि ग़ैर-औपनिवेशिक समाजों में गरीबों या मूल निवासी लोगों की सम्पदा छीनने के मक़सद से ही बहुत से क़ानूनों का उभार हुआ। ख़ासतौर पर सम्पत्ति तथा नियंत्रण और निगरानी से जुड़े हुए क़ानूनों की बुनियाद यही रही है (थॉम्पसन 1975; मटेई और नाडर 2008)। नंदिनी सुंदर का मानना है कि भारत में क़ानून का शासन सिर्फ़ एक निश्चित आर्थिक व्यवस्था को क़ायम रखने से संबंधित नहीं है, बल्कि इसने क़ानून निर्माण की औपनिवेशिक संकल्पना को भी क़ायम रखा है, देखें, सुंदर (2011बी)।
39. इस तरह के अध्ययन के उदाहरण के लिए देखें, स्कॉलनिक (1967)।
40. इस तरह के अध्ययन के कुछ उदाहरणों के लिए देखें, मैक्किनन (1987); मिनॉ (1989)।

हिंसा और शोषण को बढ़ावा देता है। पारम्परिक मार्क्सवाद में इसी रूप में अधिकारों और क़ानूनों की आलोचना की गयी है। मसलन, निकोस पोलंतास यह मानते हैं कि पूँजीवादी क़ानून सार्वभौमिक औपचारिकतावाद (यूनिवर्सल फॉर्मलिज़्म) की आड़ में वास्तविक अंतरों को छिपाते हैं; और वे इस संरचना के भीतर व्यक्तिगत और वर्ग विभेदों को मजबूती से स्थापित करते हैं। इसलिए, आधुनिक क़ानून का काम राज्य की हिंसा में दख़ल देना नहीं है। दरअसल, 'यह हिंसा को संघटित करता है जिसका निशाना आम लोगों के प्रतिरोध को बनाया जाता है' (पोलंतास 1978: 78)। फूको (1991) के विचारों को अपनाते हुए बहुत से विद्वानों ने यह दिखाया है कि राष्ट्रीय भू-क्षेत्र का सर्वे और मैपिंग तथा जनसंख्या की गणना और वर्गीकरण सत्ता के तकनीक रहे हैं। इनके कारण चीज़ें ज़्यादा सरलीकृत रूप से सामने आ पायी हैं। इसने सामाजिक जीवन को 'लेजिबल' (या ज़्यादा स्पष्ट) बनाया है। इससे इसका तार्किक नियंत्रण करना आसान हो गया है (स्कॉट 1998)। इसी तरह, सबॉल्टर्न विचारक मानते हैं कि क़ानून राज्य द्वारा नियंत्रण क़ायम करने का साधन है। मसलन, रणजीत गुहा के अनुसार, क़ानून 'राज्य का दूत' है। इसका काम 'वास्तविक ऐतिहासिक अनुभवों के मैट्रिक्स को अमूर्त्त विधिकता (एबस्ट्रैक्ट लीगैलिटी) में बदलना है जिससे...राज्य की मर्ज़ी उसी तरह से लोगों की मर्ज़ी (या इच्छा) में घुसपैठ करे, उसे नये सिरे से संगठित करे और आख़िरकार उसे नियंत्रित करने लगे, जैसे कि परमात्मा का विधान लोगों की क़िस्मत नियंत्रित करता है' (गुहा 1987: 141; साथ ही देखें, बख़्शी 1992: 47-64)। अमूमन यह भी माना जाता रहा है कि क़ानूनी विमर्श द्वारा अधिकारों को संस्थागत बनाने की माँग की जाती है। दरअसल, यह चीज़ों को एक सुनिश्चित अर्थ देने की कोशिश होती है। चूँकि क़ानून को निश्चित तौर पर एक सामान्य रूप धारण करना चाहिए, इसलिए व्यक्तियों या समूहों के अनूठेपन या उनकी विशिष्टता से इसका टकराव होता है। दरअसल, यदि व्यक्तियों के बारे में उन शब्दों या मुहावरों के आधार पर फ़ैसला किया जाता है, जिनमें वे सहभागी नहीं होते हैं, तो यह एक तरह की हिंसा होती है (देरिदा 1990)। कई विचारक यह भी मानते हैं कि यदि पूरी तरह से 'लिटरल' (या शाब्दिक) हिंसा की कोई अवसर या आवश्यकता नहीं होती, तो क़ानून के लिए भी कोई अवसर या आवश्यकता नहीं होती (नर्वेसन 1991)। ऑस्टिन सरात और थॉमस आर. केरेंस के अनुसार, हिंसा तीन अर्थों में क़ानून का संघटन करती है: यह क़ानूनी व्यवस्था क़ायम करने का मौक़ा और प्रणाली उपलब्ध कराती है; दूसरा, यह ताक़त और बल-प्रयोग के नियंत्रक के रूप में क़ानून के अस्तित्व का कारण उपलब्ध कराती है और तीसरा यह एक ऐसा साधन देती है जिसके द्वारा क़ानून काम करता है (सरात और केरेंस 1995: 3-4)।

जॉन एल. कोमारॉफ़ और जीन कोमारॉफ़ ने यह तर्क दिया है कि क़ानून ('लॉफेयर') या नियंत्रण की तकनीक के रूप में क़ानून का उपयोग नव-उदारवादी राजनीति से जुड़ी हुई विशेषता है (कोमारॉफ़ और कोमारॉफ़ 2006)।

लेकिन बहुत से विचारक यह भी मानते हैं कि क़ानून में लोगों को सशक्त बनाने की क्षमता होती है। मसलन, मार्क्सवादी विचारक नैंसी फ्रेजर यह मानती हैं कि क़ानून समीक्षा द्वारा बेहतर बनाए जा सकते हैं (फ्रेज़र 1999)। भारत में लंबे अर्से से कमजोर तबकों के लिए काम करने वाले कई एक्टिविस्टों ने इसलिए क़ानून का अध्ययन किया ताकि वे ज़्यादा बेहतर तरीक़े से इन लोगों की मदद कर पाएँ (सुंदर 2009ए : 3)। लोगों में अधिकार की चेतना बढ़ी है। वे अब यह मानने लगे हैं कि क़ानून में सशक्तीकरण की क्षमता है। कमला शंकरन और उज्ज्वल कुमार सिंह के अनुसार, भारत में क़ानूनी व्यवस्था की शुरुआत अंग्रेज़ों द्वारा अपने साम्राज्यवादी हितों को पूरा करने के लिए की गयी। लेकिन वन अधिकार क़ानून और राष्ट्रीय रोजगार गारंटी अधिनियम 2005 जैसे क़ानूनों में स्पष्ट लोकतांत्रिक एजेंडा शामिल है। ये क़ानून यह दिखाते हैं कि लोकतंत्र ऐसा स्पेस बनाता है जिसका उपयोग नागरिक अपनी इच्छा अभिव्यक्त करने के लिए कर सकते हैं (शंकरन और सिंह 2008: XII-XIII)।

अनुपमा रॉय ने लोकतांत्रिक नागरिकता के संदर्भ में क़ानूनी स्तर पर होने वाले बदलावों की सम्भावना को स्वीकार किया है (रॉय 2011)। उन्होंने वर्बनर और युवल-डेविस के 'इनकॅम्पासमेंट' (आवेण्टन या शामिल करना) और 'क्लोजर' (या बंद होने) के विचार का प्रयोग किया है (वर्बनर और युवल-डेविस 2005: 10)। रॉय के अनुसार, नागरिकता खुद को सार्वभौमिक समानता के विचार के रूप में पेश करती है। इस अमूर्त्त सार्वभौमवाद में एक 'इनकॅम्पासिंग' मूल्य होता है। लोकतांत्रिक होने के लिए सार्वभौमिकता के साथ अलग-अलग स्थितियों में रहने वाले व्यक्तियों के बीच अपना विस्तार करना होता है। इसे खुद को द्वंद्वात्मक संबंधों और प्रक्रियाओं के ऐसे समूह के भीतर ले जाना होता है, जो विभेद को मिटाने की बजाय उसे मान्यता दे। 'इनकॅम्पासमेंट' अमूर्त्त सार्वभौमवाद और विभेद के बीच के विरोधाभास को सुलझाता है। रॉय के अनुसार, 'इनकॅम्पासमेंट' की तार्किकता दो मान्यताओं पर आधारित है: पहला, ऐसा समय जब द्वंद्वात्मक संबंध खुद को अभिव्यक्त करता है, वह मुक्तिदायी परिवर्तन का क्षण होता है; दूसरा सार्वभौमिक रूपरेखा के भीतर ही विभेद (या डिफ़रेंस) सामने आता है। विभेद सार्वभौमिक रूपरेखा में द्वंद्व (या डायलेक्टिक) पैदा करते हैं। ये 'इनकॅम्पासमेंट' की तार्किकता द्वारा ज़्यादा व्यापक सार्वभौमीकरण को बढ़ावा देते हैं। इससे सार्वभौमिक रूपरेखा के भीतर विभेद को मान्यता मिल जाती है। इसलिए 'इनकॅम्पासमेंट' की तार्किकता द्वारा लोकतांत्रिक

स्पेस का प्रगतिशील रूप सामने आता है। लेकिन जैसे ही नागरिकता व्यवहार में सामने आती है उसे 'क्लोजर' का सामना करना पड़ता है। 'क्लोजर' 'इनकॅम्पासमेंट' के हर मुक्तिदायी क्षण के साथ जुड़ा होता है। राय का यह मानना है कि 'क्लोजर' की प्रक्रियाएँ 'इनकॅम्पासमेंट' की तार्किकता द्वारा बनाई गयी विभेदीकृत-सार्वभौमवाद को तोड़ने का काम करती हैं। इसमें एक तरह का नकार शामिल होता है (रॉय 2011: 6-7)। इसे हम वन अधिकार क़ानून के बनने के उदाहरण द्वारा अच्छी तरह समझ सकते हैं। भारतीय संविधान ने हर नागरिक को समान नागरिकता अधिकार दिया है। लेकिन जंगल में या इसके क़रीब रहने वाले लोगों की स्थिति दोयम दर्जे के नागरिक की बनी रही है। ये अपने ही ज़मीन पर 'अतिक्रमक' और जंगलों में 'घुसपैठिया' बन गये। लोकतांत्रिक चेतना बढ़ने के साथ ही इन समूहों का असंतोष भी बढ़ता गया। वन अधिकार क़ानून को इस द्वंद्व के नतीजे के रूप में देखा जा सकता है। इस क़ानून को सार्वभौमिक नागरिकता की रूपरेखा में 'इनकॅम्पासमेंट' के क्षण के रूप में देखा जा सकता है। इसके द्वारा वन-निवासी समूहों के दोयम दर्जे की नागरिकता को ख़त्म करने की कोशिश की गयी। लेकिन इसमें एक 'क्लोजर' की स्थिति भी मौजूद है। मसलन, क़ानून के भीतर 'अन्य पारम्परिक वन निवासियों' के लिए यह शर्त रखी गयी है कि उन्हें तभी क़ानून का फ़ायदा मिलेगा जब वे एक स्थान पर तीन पीढ़ियों अर्थात् 75 सालों से रह रहे हों।[41] बहरहाल, रॉय अमूर्त्त नागरिकता में विभेदों के मान्यता के द्वंद्व (या डायलेक्टिक) के महत्त्व पर ज़ोर देती हैं और क़ानून में बदलाव और इसको बेहतर बनाने की संभावना रेखांकित करती हैं। लेकिन मेरा मानना है कि हमें इन श्रेणियों से क़ानून बनने की प्रक्रिया, विविध स्तरों पर चलने वाले आंदोलनों और हाशिए पर पड़े समूहों की गोलबंदी की व्याख्या का पर्याप्त आधार नहीं मिलता है। इसके अलावा, इस पूरे मॉडल में बदलाव के हर माँग की यांत्रिक व्याख्या करने का ख़तरा भी मौजूद है।

दूसरी ओर, जूलिया एकर्ट ने भारत के शहरी क्षेत्र के अध्ययन में 'ज़मीनी स्तर से क़ानूनवाद' (या लीगलिज़्म फ्रॉम बिलो) का विचार पेश किया है (एकर्ट 2006)। एकर्ट के अनुसार, नागरिक राज्य एजेंसियों और शासन करने वाले निकायों से अपने रोज़मर्रा की अंत:क्रिया में क़ानून का उपयोग करते हैं। उन्हें क़ानून द्वारा तय किये गये शासन के कुछ निश्चित मानकों के अनुसार काम करना होता है। वे इसके लिए राज्य से समझौता करते हैं या संघर्ष करते हैं। इससे अधिकांश क़ानूनी क्षेत्रों में राज्य के क़ानून की हेजेमॅनि (या प्राधान्य) बढ़ी है। कई मरतबा यह बहुत ज़्यादा बढ़ी है। अमूमन राज्य के प्रभुत्व के

41. देखें अध्याय 3; साथ ही देखें गवर्नमेंट ऑफ इंडिया (2007).

पैटर्न को एक्स्ट्रा-लीगल (क़ानून से अलग) व्यवहार द्वारा एक आकार मिलता रहा है। अब प्रभुत्व की इन रोज़मर्रा की संरचनाओं का विरोध करने के लिए क़ानून का ज़्यादा-से-ज़्यादा उपयोग किया जा रहा है। यह विरोध, पीछे हटने या तोड़-फोड़ जैसे 'ग़रीबों के हथियार' के अनुपूरक के रूप में काम कर रहा है। या फिर कई मामलों में यही गरीबों का सबसे प्रमुख हथियार बन चुका है। यह सच है कि कई बार खुद नागरिक राज्य के क़ानूनों के अनुसार काम नहीं करते हैं। राज्य के ऐजेंटों की तरह ये भी क़ानून से अलग हटकर काम करने की रणनीति का उपयोग करते हैं। लेकिन वे अपने संघर्ष के लिए क़ानून का इस्तेमाल करते हैं। ये राज्य के ऐजेंटो या सरकारी प्राधिकार के दूसरे निकायों द्वारा क़ानून के उल्लंघन के ख़िलाफ क़ानून का उपयोग करते हैं। यह बात राज्य सत्ता के दुरुपयोग और भ्रष्टाचार के ख़िलाफ उनके संघर्षों में स्पष्ट रूप से सामने आती है। इसमें हम एक ऐसा बदलाव देखते हैं जिसमें लोग क़ानून को विरोध का साधन और 'अच्छी व्यवस्था' का पैमाना मानने लगे हैं (एकर्ट 2006: 45)। बहरहाल, एकर्ट सिर्फ़ शहरी ग़रीबों द्वारा रोज़मर्रा की ज़िंदगी में क़ानूनों के प्रयोग का विश्लेषण करती हैं। इस विश्लेषण में भी वे क़ानून निर्माण में इनकी भूमिका के बारे में कुछ नहीं कहती हैं। वे इस बात का कोई उल्लेख नहीं करती हैं कि क़ानून के बनने में राजनीतिक कर्त्ता के रूप में इन समूहों की क्या भूमिका होती है।

मैं वन अधिकार क़ानून के बनने और इसके लागू होने के संदर्भ में क़ानून की इस लोकतांत्रिक संभावनाओं से भरी संकल्पना का ही प्रयोग करूँगा। अर्थात् मैं यह तर्क दूँगा कि इस क़ानून के बनने का अनुभव यह दिखाता है कि हाशिये पर पड़े वनवासी समूहों के आंदोलनों से क़ानूनों में प्रगतिशील बदलाव हो सकता है। मसलन, इस क़ानून के शुरुआती प्रारूप और संसद से पारित क़ानून के बीच बहुत अंतर है। शुरुआती क़ानून सिर्फ़ अनुसूचित जनजातियों के लिए था, जबकि संसद से पारित क़ानून में 'अन्य पारम्परिक वन निवासियों' को भी शामिल किया गया; शुरुआती प्रारूप में हर न्यूक्लीयर परिवार को सिर्फ़ 2.5 हेक्टेयर ज़मीन देने का प्रावधान था, क़ानून में यह बढ़कर 4 हेक्टेयर हो गया। इसी तरह, शुरुआत में 'कट ऑफ़ डेट' 24 अक्टूबर 1980 था, लेकिन अंत में यह बढ़कर 13 दिसम्बर 2005 हो गया। लगातार आंदोलनों की बदौलत ही ये सारे बदलाव हो पाए (देखें अध्याय 3)। बहरहाल, मैं यह भी मानता हूँ कि क़ानून को राज्य की 'हिंसा का स्रोत मानने' या जनसंख्या के समूहों को नियंत्रण में रखने का साधन मानने का विचार भी पूरी तरह नकारा नहीं जा सकता है। इसलिए यह तर्क भी काफ़ी मजबूत है कि यह क़ानून वनवासी समुदायों को क़ानून के दायरे के भीतर लाने की, औपनिवेशिक प्रक्रिया को और मजबूत

करता है। खुद क़ानून में कई ऐसे प्रावधान हैं जिनका उपयोग वनवासियों को उनके निवास-स्थान से बेदख़ल करने के लिए किया जा सकता है। बहरहाल, मेरा यह तर्क है कि इस क़ानून को राज्य और हाशिए के समूहों के बीच में एक निरंतर संघर्ष के रूप में देखा जा सकता है। इसमें इन समूहों ने अपनी राजनीतिक जागरूकता और गोलबंदी का बख़ूबी प्रयोग किया। बहरहाल, इस सवाल पर विचार करने की आवश्यकता है कि आदिवासी/वनवासी समूहों द्वारा क़ानून बनवाने और उसे लागू करवाने के संघर्ष और उनके द्वारा इस क़ानून के उपयोग की व्याख्या किस तरह की जा सकती है?

3. क़ानून के लिए संघर्ष और क़ानून का अनुभव : हाशिया समाज या मार्ज़िनल सोसायटी की राजनीति और ज़मीनी स्तर से क़ानूनवाद

वन अधिकार क़ानून के समर्थन में जंगल से लगे क्षेत्रों, ज़िला मुख्यालयों, राज्यों की राजधानियों से लेकर दिल्ली तक आंदोलन चला। इसमें आदिवासी समूहों और उनके बीच काम करने वाले जनसंगठनों ने हिस्सेदारी की। लोगों ने अपने क्षेत्र के प्रतिनिधियों, प्रधानमंत्री और राष्ट्रपति को पोस्टकार्ड भेजकर दबाव डाला। इसके साथ, पंचायत, ज़िला, राज्य और देश स्तर पर धरना-प्रदर्शन, जेल भरो आंदोलन जैसी रणनीतियाँ अपनाई गयीं। इसमें 'कैम्पेन फॉर सर्वाइवल ऐंड डिग्निटी' और 'राष्ट्रीय वन जन श्रमजीवी मंच' के बैनर तले स्थानीय स्तर के बहुत से संगठनों ने हिस्सा लिया। कुछ संगठनों ने स्वतंत्र रूप से इसमें भागीदारी की। इसके अलावा, राजनीतिक दलों, ख़ासतौर पर वामपंथी दलों ने भी इस आंदोलन को सक्रिय समर्थन दिया। कई सेमिनारों और वर्कशॉप द्वारा इसे ज़्यादा-से-ज़्यादा बेहतर बनाने की भी कोशिश की गयी। इसमें एकेडेमिशियनों, रिसर्चरों, छात्रों, एक्टिविस्टों एवं आदिवासी संगठनों से जुड़े लोगों ने अपना सक्रिय योगदान दिया (देखें अध्याय 3)। क्या 'नये सामाजिक आंदोलन' के पैराडाइम के भीतर इस प्रक्रिया की व्याख्या की जा सकती है? दरअसल, 'नये सामाजिक आंदोलन' शब्द के अर्थ के बारे में भी विवाद है। घनश्याम शाह के अनुसार, समकालीन दौर में समाज-वैज्ञानिकों और कार्यकर्त्ताओं द्वारा अमूमन इसका प्रयोग महिला, पर्यावरण, पहचान और शांति आंदोलनों के लिए किया जाता है। यह माना जाता है कि 'पुराने' सामाजिक आंदोलन वर्ग आधारित होते थे और ये आर्थिक मुद्दे उठाते थे। लेकिन 'नये' सामाजिक आंदोलन ऐसा नहीं करते। ये राज्य सत्ता से भी संबंधित नहीं होते हैं (शाह 2004: 23)। मसलन, आंद्रे गुंदर फ्रैंक और मार्टा फ्यूनेट्स ने इन्हें 'ग्रास रूट' आंदोलन की संज्ञा दी है। वे इसे 'अराजनीतिक' भी मानते हैं (फ्रैंक और फ्यूनेट्स 2002: 32-55)। लेकिन डी. एस. धनाग्रे और जे. जॉन के अनुसार, फ्रैंक और फ्यूनेट्स ने ऐसी सैद्धांतिक रूपरेखा पेश

की है जिससे शोषित वर्ग से उसकी राजनीतिक चेतना छीन ली जाए, और उन्हें नैतिकता और सामाजिक शक्ति के अराजनीतिक ताक़त में बदल दिया जाए। इस अर्थ में उन्होंने इन सिद्धांतकारों को 'इसेंसियलिस्ट' की संज्ञा दी है (धनाग्रे और जॉन 2002: 56-67)। दरअसल, वन अधिकार क़ानून के लिए चले आंदोलन को पूरी तरह 'नये' या 'पुराने' सामाजिक आंदोलन की श्रेणी में रखना मुश्किल है। मसलन, यह आंदोलन ज़मीन और जंगल के संसाधनों पर अधिकार से संबंधित था। इस आंदोलन में जिन अधिकारों की माँग की गयी वे आर्थिक हैं और वनवासी लोगों के जीवन के सांस्कृतिक आयाम के लिए भी इनका काफ़ी महत्त्व है। इसी तरह, इस आंदोलन का मक़सद राज्य सत्ता पर कब्ज़ा करना नहीं था। लेकिन यह वन विभाग की शक्ति (और राज्य की 'एमिनेंट डोमेन' की शक्ति) को कम करके अपने लिए हक़ हासिल करने का आंदोलन ज़रूर था।

दूसरी ओर, गेल ऑमवेट के अनुसार, 'नये सामाजिक आंदोलन' इस अर्थ में सामाजिक आंदोलन हैं कि इनके पास सामाजिक बदलाव के लिए एक व्यापक संगठन, संरचना और विचारधारा होती है। ये इस अर्थ में नये हैं कि इन्होंने शोषण और दमन को अपनी विचारधारा के अनुसार खुद ही परिभाषित किया है। इन्होंने इस शोषण और दमन को ख़त्म करने के लिए नये तरीक़े भी विकसित किये हैं। ये तरीक़े पारम्परिक मार्क्सवाद से अलग हैं। ऑमवेट का मानना है कि पारम्परिक मार्क्सवाद ने नये सामाजिक आंदोलनों द्वारा उठाए गये मुद्दों की उपेक्षा की है (ऑमवेट 1993: XV-XVI)। इनके अनुसार, अभी तक पूँजीवादी संचयन को वेतन-श्रम और अतिरिक्त मूल्य के रूप में समझा जाता रहा है। लेकिन आधुनिक पूँजीवाद बहुत से गैर-वेतन तरीक़ों से भी संचयन कर सकता है। मसलन, महिलाओं द्वारा किया जाने वाला घरेलू श्रम; या फिर प्राकृतिक संसाधनों के असीमित दोहन को बढ़ावा देने वाला पश्चिमी पूँजीवाद का शहर-केंद्रित विकास मॉडल। इस तरह की प्रक्रियाओं के ख़िलाफ़ होने वाले सामाजिक आंदोलन व्यवस्था विरोधी हैं और इन्होंने पूँजीवाद के बारे में गहरे सवाल उठाये हैं (ऑमवेट 1998: 223-41)। बहरहाल, वन अधिकार क़ानून के लिए चले आंदोलनों की व्याख्या के लिए ऑमवेट की अवधारणा के प्रयोग में कई सीमाएँ हैं। मसलन, इस क़ानून के लिए चलने वाले आंदोलनों का भारत की मार्क्सवादी पार्टियों (भारतीय कम्युनिस्ट पार्टी और मार्क्सवादी कम्युनिस्ट पार्टी) ने ज़ोरदार समर्थन किया। इनकी रूपरेखा द्वारा लोकतांत्रिक प्रक्रिया में हाशिये पर पड़े लोगों की सक्रिय कोशिशों, रोज़मर्रा की राजनीति एवं क़ानून बनने के विविध चरणों की व्याख्या नहीं की जा सकती है।

मनोरंजन मोहन्ती ने सामाजिक आंदोलन की जगह पीपल्स मूवमेंट या जन आंदोलन (या जनवादी आंदोलन) शब्द को ज़्यादा प्रासंगिक माना है। इनके

अनुसार, सामाजिक आंदोलन का अर्थ बहुत ही धुँधला है। यह किसी भी विशेष मुद्दे पर लोगों की गोलबंदी (या मोबिलाइजेशन) के बारे में बताता है। दूसरी ओर, जन आंदोलन लोगों द्वारा ज़्यादा आज़ादी और समानता हासिल करने की कोशिशों को रेखांकित करता है। जन आंदोलनों के साथ उपनिवेशवाद विरोधी आंदोलन की विरासत जुड़ी हुई है। इसका कारण यह है कि उपनिवेशवाद के ख़िलाफ़ लोगों के सामूहिक संघर्ष ने ही उत्तर-औपनिवेशिक बदलाव की नयी कल्पनाओं को जन्म दिया। दूसरा, इसमें वर्ग संघर्ष के साथ-ही-साथ दलितों, आदिवासियों और महिलाओं आदि के अधिकारों के लिए चलाए जाने वाले बहुत से आंदोलन भी शामिल हैं (मोहन्ती 1998: 17-18)। इस बात पर कोई शक़ नहीं है कि वनवासी जंगल पर अपने हक़ के लिए औपनिवेशिक दौर से ही संघर्ष करते आ रहे हैं। निश्चित रूप से वनवासी लोगों और इनको अधिकार देने का विरोध करने वाले लोगों की वर्ग स्थिति में भी स्पष्ट रूप से अंतर किया जा सकता है। लेकिन जन-आंदोलन भी वनवासियों के संघर्ष और इसके द्वारा होने वाले बदलावों की प्रक्रिया को समझने का व्यापक आधार नहीं देता है। इसके माध्यम से रोज़मर्रा की ज़िंदगी में लोगों की गोलबंदी, राज्य से उनकी अंत:क्रिया, क़ानून निर्माण आदि की व्याख्या नहीं की जा सकती है।

बहरहाल, फूको के विचारों से प्रभावित कई लेखक रोज़मर्रा की ज़िंदगी में राज्य शक्ति के प्रभाव और 'गवर्नमैंटैलिटी' के विवादित प्रकृति को दिखाते हैं। इस तरह के लेखन में राज्य और समाज के बीच की सीमा के हल्के या छिद्रयुक्त (या पोरस) होने पर ज़ोर दिया गया है। इसमें यह बताया गया है कि राज्य और समाज दोनों का एक-दूसरे के भीतर गहरा प्रवेश हुआ है; और इस संदर्भ में 'रोज़मर्रा के राज्य' का अध्ययन करने की आवश्यकता है (फुलर और बेनई 2000; शर्मा और गुप्ता 2006)। इसमें इस बात पर ज़ोर दिया गया है अधिकारीतंत्रीय प्रक्रियावाद (या ब्यूरोक्रेटिक प्रोसिजरलिज़्म) ने राज्य शक्ति को बनाया और क़ायम रखा है। लेकिन यह प्रतिरोध का एक रास्ता भी उपलब्ध करा सकता है। यह उन प्रमुख क्षेत्रों में से एक है जहाँ हम 'हाशिये' (या मारज़िन) पर राज्य और समाज की व्याख्या कर सकते हैं (दास और पुल 2004) या 'पॉलिटिक्स ऑफ़ गवर्न्ड' (शासितों की राजनीति) का परीक्षण कर सकते हैं (चटर्जी 2004)। वन अधिकार क़ानून के लिए चले आंदोलनों और उसके लागू होने के अनुभवों की व्याख्या करने के लिए मैं हाशिये पर पड़े समूहों के रूप में आदिवासियों की राजनीति का परीक्षण करूँगा और इसके लिए हाशिया समाज या मार्ज़िनल सोसायटी की अवधारणा का प्रयोग करूँगा। मैंने पार्थ चटर्जी की राजनीतिक समाज की संकल्पना में कुछ बुनियादी बातों को स्वीकार कर और बहुत सारे नये पहलू जोड़कर हाशिया समाज की संकल्पना तैयार की है। इसके

पीछे मुख्य मक़सद जंगलों और इसके आस-पास के क्षेत्रों की राजनीति की समझ के लिए एक श्रेणी का निर्माण करना है। आगे सबसे पहले मैंने चटर्जी की राजनीतिक समाज की संकल्पना की व्याख्या की है और फिर इस बात की विवेचना की है कि किस तरह मार्जिनल सोसायटी इससे अलग है और इसकी मुख्य विशेषताएँ क्या हैं।

पार्थ चटर्जी उत्तर-औपनिवेशिक लोकतंत्रों की कार्य-प्रणाली की व्याख्या करने के लिए नागरिक समाज (सिविल सोसायटी) और राजनीतिक समाज (पॉलिटिकल सोसायटी) में अंतर करते हैं।[42] चटर्जी नागरिक समाज के बारे में हीगेल और मार्क्स के अर्थ को क़ायम रखते हैं। अर्थात् वे इसे एक बुर्ज़्वा समाज के रूप में देखते हैं, जहाँ लोगों को अधिकार, संप्रभुत्ता और नागरिकता हासिल है। यहाँ आधुनिक अनुबंध पर आधारित संबंध बनाने और उससे बाहर निकलने की आज़ादी है। भारतीय संदर्भ में इसे संस्थाओं और व्यवहारों के ऐसे अस्तित्वमान क्षेत्र के रूप में माना जा सकता है, जिसमें बहुत कम लोग शामिल होते हैं। इस छोटे समूह को आसानी से पहचाना जा सकता है (चटर्जी 2004: 38)।

चटर्जी मानते हैं कि भारत में संविधान और क़ानून के मुताबिक सभी लोग समान अधिकारों के साथ नागरिक हैं। इसलिए इन्हें नागरिक समाज का भाग माना जाना चाहिए। यहाँ राज्य के सभी अंग नागरिक समाज के सदस्यों से उनके व्यक्तिगत हैसियत या संगठन (या *ऐसोसियेशन*) के सदस्य के रूप में अंत:क्रिया (या इंटरैक्शन) करते हैं। लेकिन चीज़ें इस तरह काम नहीं करती हैं। चटर्जी के अनुसार, भारत के अधिकांश निवासी केवल बारीक़ अर्थों में ही अधिकार धारण करने वाले नागरिक हैं। अधिकार-धारक नागरिक के रूप में इनकी द्वैध स्थिति होती है, और यह संदर्भों पर निर्भर करती है। ये अपने निवास-स्थान और जीविका आदि के संदर्भ में ग़ैर-क़ानूनी स्थिति में हो सकते हैं। इस तरह,

42. इस संदर्भ में चटर्जी के विचारों को विस्तार से जानकारी के लिए देखें, चटर्जी (1997); (1998ए); (1998बी); (2008ए); (2010); (2011); (2012)। अपने हालिया लेखन में चटर्जी (2011) यह तर्क देते हैं कि पश्चिमी मानकीय सिद्धांत ने खुद को सार्वभौमिक मानक के रूप में पेश किया। औपनिवेशिक समाजों के अलग अनुभवों की व्याख्या के लिए इन्हें मानक-विपथन (नॉर्म डिविएशन) और मानक-अपवाद (या नॉर्म एक्सेप्शन) के रूप में पेश किया गया। इस तरीक़े से पश्चिमी मानकीय राजनीति सिद्धांत ने अपने सार्वभौमिक मूल्यों को क़ायम रखा। मानक-विपथन के लिए सामान्यीकरण या नॉर्मलाइजेशन करने का लक्ष्य रखा गया। दूसरी ओर, मानक-अपवाद का उपयोग नीति के क्षेत्र की विविधता और अनिश्चितता से निबटने के लिए किया गया, जिसके बारे में यह मान लिया गया था कि उसका सामान्यीकरण (या नॉर्मलाइजेशन) कर लिया गया है। अर्थात् यदि कोई वास्तविक राजनीतिक परिघटना मानकीय पश्चिमी राजनीति सिद्धांत के विपरीत हुई तो इसे अपवाद के रूप में देखा गया। चटर्जी इस बात पर ज़ोर देते हैं कि उत्तर-औपनिवेशिक समाजों में राजनीतिक समाज (या पॉलिटिकल सोसायटी) के लिए अलग प्रावधान करने के लिए इसी मानक-अपवाद की संकल्पना का प्रयोग किया गया, देखें, चटर्जी (2011: 1-26)।

ये पूरी तरह नागरिक समाज के सदस्य नहीं होते हैं। राज्य की संस्थाओं द्वारा भी इन्हें नागरिक समाज का सदस्य नहीं माना जाता है। लेकिन ऐसा नहीं है कि ये समूह राज्य की पहुँच से बाहर हैं या राजनीति के क्षेत्र से बहिष्कृत हैं। राज्य की एजेंसियों द्वारा इन तक कल्याणकारी कार्यक्रम पहुँचाए जाते हैं, या इनकी भलाई और सुरक्षा का दावा किया जाता है (वही : 38)। ये गतिविधियाँ जनसंख्या के इन समूहों का राज्य के साथ एक निश्चित राजनीतिक संबंध क़ायम करती हैं। चटर्जी इन समूहों की राजनीति की व्याख्या के लिए राजनीतिक समाज शब्द का इस्तेमाल करते हैं (वही: 39-40)।

चटर्जी के अनुसार, बीसवीं सदी में पश्चिम के विकसित औद्योगिक देशों में लोकतंत्र का उभार हुआ। इसने एक नयी तरह के अंतर को जन्म दिया- यह नागरिकों और जनसंख्या (या आबादी) के बीच का अंतर था। नागरिक सिद्धांत के दायरे में रहते हैं जबकि आबादी नीति के दायरे में रहती है। नागरिक की अवधारणा के विपरीत आबादी की अवधारणा पूरी तरह से वर्णनात्मक और अनुभवसिद्ध है। इसके साथ कोई मानकीय बोझ नहीं जुड़ा हुआ है। अनुभवसिद्ध या व्यावहारिक कसौटियों के आधार पर आबादी को पहचाना जा सकता है, इसका वर्गीकरण और वर्णन किया जा सकता है। इसके अलावा, जनगणना और सैम्पल सर्वे जैसे सांख्यिकीय तकनीकों द्वारा इन्हें नियंत्रित किया जा सकता है। नागरिकता की अवधारणा में राज्य की प्रभुसत्ता में भागीदारी का नैतिक अर्थ शामिल होता है। दूसरी ओर, आबादी की अवधारणा सरकार के अधिकारियों को ऐसे साधन उपलब्ध कराती है जिससे वे देश के बाशिंदों के एक बड़े हिस्से को अपनी 'नीतियों' का लक्ष्य बना सकते हैं। इन नीतियों में आर्थिक नीति, प्रशासनिक नीति, क़ानूनी और यहाँ तक कि राजनीतिक गोलबंदी (मोबिलाइजेशन) भी शामिल है (चटर्जी 2004: 34)। चटर्जी इस संबंध में मिशेल फूको के विचारों का सहारा लेते हैं। फूको ने बताया है कि सत्ता की समकालीन प्रणाली की एक विशेषता है– 'एक निश्चित स्तर तक राज्य का गवर्नमैंटलाइजेशन या प्रशासनीकरण' (फूको 1991: 87-104; साथ ही देखें चटर्जी 2004: 34)। समकालीन शासन-प्रणाली राज्य के मसलों में नागरिकों की भागीदारी द्वारा वैधता हासिल नहीं करती है। इसके लिए वह जनसंख्या की भलाई का दावा करती है। इसकी तार्किकता का तरीक़ा खुलेपन पर आधारित बातचीत नहीं है। इसकी बजाय, यह लागत और फ़ायदों की गणना करती है। इसका संयंत्र रिपब्लिकन असेम्बली नहीं है, बल्कि निरीक्षण का व्यापक नेटवर्क है। इसके द्वारा यह अपने क्षेत्र की जनसंख्या के बारे में पूरी जानकारी रखती है। गवर्नमैंटैलिटी की गतिविधियों के लिए जनसंख्या के कई तरह के वर्गीकरण की ज़रूरत होती है। ऐसा करके ही जनसंख्या के अलग-अलग तबकों के लिए नीतियाँ बनाई

जाती हैं या उन पर नियंत्रण रखा जाता है (चटर्जी 2004: 34)। ब्रिटेन में हालिया समय में गवर्नमैंटैलिटी के प्रभाव बढ़ने को बहुत से विचारकों ने 'सामाजिक नज़रिए से सरकार' की संज्ञा दी है। इस तरह के लेखकों में निकोलस रोज और पीटर मिलर आदि प्रमुख हैं (वही : 35)।

चटर्जी मानते हैं कि एशिया और अफ्रीका के जिन देशों में उपनिवेशवादी शासन का लंबा अनुभव रहा है, वहाँ राष्ट्र-राज्य के उभार के पहले से ही गवर्नमैंटैलिटी तकनीक का प्रयोग होता रहा है। मसलन, दक्षिण एशिया में औपनिवेशिक दौर में जनगणना की शुरुआत हुई। इसी समय से जनसंख्या का विभिन्न श्रेणियों में वर्गीकरण शुरू हो गया था। इससे जनसंख्या की बहुत-सी श्रेणियों का निर्माण हुआ। औपनिवेशिक राज्य में जनसंख्या को नागरिकों की जगह प्रजा के रूप में माना जाता था। स्पष्टतः औपनिवेशिक राज्य ने लोकप्रिय सम्प्रभुत्ता को मान्यता नहीं दी। गणतंत्रवादी नागरिकता के विचार ने औपनिवेशिक देशों की स्वतंत्रता में बहुत महत्त्वपूर्ण भूमिका निभायी। इन देशों में आधुनिकता के समर्थकों द्वारा यह तर्क दिया गया कि नागरिक समाज की संस्थाओं और व्यवहारों का विस्तार करके ही राजनीतिक क्षेत्र में आज़ादी का क्षेत्र उत्पन्न किया जा सकता है, या क़ायम रखा जा सकता है। चटर्जी के अनुसार, दरअसल, भारत में उपनिवेशवाद विरोधी संघर्ष के दौरान ही अभिजनों और सबॉल्टर्न के बीच एक तरह का विभाजन दिखने लगा था।[43] आज़ादी के बाद उपनिवेश रहे देशों ने विकासात्मक राज्य (डिवेलपमेंटल स्टेट) का रूप ले लिया। इसमें सामाजिक नीतियों और आर्थिक संवृद्धि द्वारा ग़रीबी और पिछड़ापन दूर करने का लक्ष्य रखा गया। इसे कुछ जगहों पर थोड़ी सफलता मिली और कई जगह नाकामी भी मिली। अब उत्तर-औपनिवेशिक राज्य गवर्नमैंटैलिटी की तकनीक द्वारा जनसंख्या की भलाई का दावा कर रहे हैं। इस तरह, वे अपनी वैधता क़ायम रखने की कोशिश कर रहे हैं। दूसरी ओर, राजनीतिक समाज के रूप में संगठित समूह सरकारी नीतियों और कार्यक्रमों को अपने पक्ष में करने की कोशिश कर रहे हैं।

43. चटर्जी मानते हैं कि सबॉल्टर्न अध्ययन प्रोजेक्ट के शुरुआती दौर में भी अभिजन क्षेत्र और असंगठित सबॉल्टर्न क्षेत्र के बीच अंतर किया गया था। इसके द्वारा स्वतंत्रता के तीन दशक पहले राष्ट्रवादी राजनीति की सीमाएँ दिखाई गयी। चटर्जी के अनुसार आज़ादी के बाद भारत की लोकतांत्रिक राजनीति काफ़ी आगे बढ़ी है। इसने सबॉल्टर्न को भी अपने प्रभाव में लिया है। सबॉल्टर्न राजनीति को समझने के लिए ही चटर्जी राजनीतिक समाज शब्द का इस्तेमाल करते हैं, देखें, चटर्जी (2004: 39-40)। इसी तरह, सुदीप्त कविराज ने भी औपनिवेशिक दौर के उदारवादी और लोकतांत्रिक संस्थाओं की 'अपरिहार्य बाहरीपन' की चर्चा की है। इस कारण जिस नागरिक समाज का निर्माण हुआ उसका सामाजिक आधार काफ़ी सीमित था। वह शहरी विशिष्ट लोगों तक ही सिमटा हुआ था, देखें, कविराज (1997: 11-12).

आपातकाल के विरोध में चले आंदोलनों और इसके बाद हुए चुनावों ने भारत में लोकतंत्र को गहराई दी। इससे ग्रामीण भारत में लोकतंत्र का आधार ज़्यादा व्यापक हुआ। रजनी कोठारी ने इस दौर में राजनीतिक दलों से इतर चलने वाली राजनीतिक गतिविधियों की व्याख्या के लिए 'ग़ैर-दलीय राजनीतिक प्रक्रिया' (नॉन पार्टी पॉलिटिकल प्रॉसेस) शब्द का प्रयोग किया है (कोठारी 1984)। चटर्जी के अनुसार, आपातकाल भारत में सर्वाधिकारवादी नौकरशाही प्रणाली से विकासवादी ऐजेंडा लागू करने की आख़िरी कोशिश थी। इस तरह की कोशिश अलग-अलग रूपों और प्रभावों के साथ तीसरी दुनिया के बहुत से देशों में की गयी थी। आपातकाल की नाकामी ने शासकों के सामने यह स्पष्ट कर दिया कि बॉयो-पॉलिटिकल ऐजेंडा को स्वैच्छिक सहमति दिलाए बग़ैर सफलता से लागू नहीं किया जा सकता है; और गवर्नमैंटैलिटी को तब तक सफलता से प्रशासित नहीं किया जा सकता, जब तक प्रभावी जनसंख्या समूहों के सामने समझौता शर्तों को स्पष्ट नहीं किया जाता (चटर्जी 2012: 305-6)। भारत में 1980 के दशक से राजनीतिक समाज ने नया रूप लिया। इसमें दो बदलाव हुए : पहला, सरकारी प्रदर्शन की अवधारणा का प्रभुत्व क़ायम हुआ। इससे जनसंख्या के कल्याण और सुरक्षा का महत्त्व बढ़ा। यह अवधारणा राज्य की सम्प्रभुत्ता में नागरिकों की सक्रिय भागीदारी से स्वतंत्र थी। दूसरा, चुनावी कामयाबी के लिए राजनीतिक दलों द्वारा छोटे समूहों को भी अहमियत दी जाने लगी। चटर्जी इस संदर्भ में 1977 के संसदीय चुनावों को ख़ास मानते हैं। इन चुनावों ने राजनीतिक गोलबंदी और वोट की ताक़त को दिखाया (चटर्जी 2004: 47)।

राजनीतिक समाज की कार्य-प्रणाली के बारे में चटर्जी के विचारों को निम्न बिंदुओं में व्यक्त किया जा सकता हैं: पहला, राजनीतिक समाज के रूप में संगठित बहुत सारे समूह संगठनों (या ऐसोसिएशनों) के रूप में संगठित हैं। इसके लिए यह जरूरी है कि जनसंख्या के किसी समूह में सामुदायिक भावना हो। जीविका के संघर्ष में इनका बहुत सारा काम क़ानून की सीमा से बाहर चला जाता है। ये ग़ैर-क़ानूनी बस्तियों में रह सकते हैं, या पानी और बिजली आदि का ग़ैर-क़ानूनी उपयोग भी करते हैं। राजनीतिक समाज के ये समूह नागरिक नियंत्रण और सम्पत्ति क़ानूनों के सामूहिक उल्लंघन से सामने आते हैं। इसलिए इन्हें नागरिक समाज के संगठनों जितना महत्त्व नहीं मिलता है (वही : 40)। दूसरा, इनकी माँगों को क़ानूनी तौर पर न्याययुक्त दावों के रूप में नहीं देखा जाता है। फिर भी, सरकारी अधिकारी कोशिश करते हैं कि इन तक कल्याणकारी कार्यक्रम पहुँचे। दरअसल, राज्य गवर्नमैंटैलिटी की तकनीक द्वारा जनसंख्या के उन समूहों को भी अपने नियंत्रण में रखना चाहता है, जो नागरिक समाज के मॉडल पर नहीं ढल पाए हैं। यह इन्हें भरोसा दिलाना चाहता है कि वह उनकी

भलाई का ध्यान रख रहा है और सभी लोग एक तरह के क़ानून के अधीन है और समान हैं (वही : 74–75)। तीसरा, इसलिए जनसंख्या के इन समूहों के दावों पर राजनीतिक क्षेत्र में समझौता होता है। यहाँ जनसंख्या समूहों को उनकी राजनीतिक प्रासंगिकता के आधार पर महत्त्व मिलता है। राजनीतिक समूहों को अपने बाहर के समूहों, सरकारी अधिकारियों और राजनीतिक दलों से जुड़कर अपनी माँगों के लिए रास्ता बनाना होता है। अमूमन ये समूह इस तथ्य का यांत्रिक उपयोग करते हैं कि ये चुनावों में वोट डाल सकते हैं। इसलिए एक स्तर पर नागरिकता का क्षेत्र गवर्नमैंटैलिटी में व्याप्त है। यह सिर्फ़ लोकतंत्र में ही मुमकिन है (वही : 40–41)। चौथा, राजनीतिक समाज के प्रभावकारी रूप से काम करने के लिए ज़रूरी है कि इसके और राज्य की ऐजेंसियों के बीच एक मध्यस्थ हो। अमूमन राजनीतिक दल यह भूमिका निभाते हैं। लेकिन यह ज़रूरी नहीं है कि सिर्फ़ राजनीतिक दल ही ये काम करें। मसलन, पश्चिम बंगाल में प्राथमिक स्कूल के शिक्षकों ने यह भूमिका अदा की है (वही : 64)। पाँचवाँ, भारत में नागरिक समाज नागरिकों के एक छोटे समूह तक सिमटा है। इसके लिए राजनीतिक समाज का उभार अव्यवस्था और अतार्किकता का उभार है (वही : 47–48)। छठा, राजनीतिक समाज का बुरा पक्ष भी हो सकता है। राजनीतिक समाज के भीतर कुछ निहित स्वार्थी तत्त्व हावी हों, और जाति, जेंडर आदि के आधार पर भेदभाव करें या हिंसा का सहारा लें, तो इसे इसका बुरा पक्ष ही माना जा सकता हैं (वही : 74)। लेकिन फिर भी राजनीतिक समाज के प्रभाव के कारण हुए बदलाव लोकतंत्र के विस्तार को दिखाते हैं (वही : 60)।

इस संदर्भ में भारत में वर्ग शक्ति का विश्लेषण भी महत्त्वपूर्ण है। 1980 के दशक में बहुत से विद्वानों ने भारत में वर्ग शक्ति की व्याख्या प्रभुत्वशाली वर्ग गठजोड़ के रूप में की (बर्द्धन 1984) और सुदीप्त कविराज और ख़ुद पार्थ चटर्जी ने 'पैसिव रेवोल्यूशन' के ग्राम्शियन शब्दावली में इसकी प्रक्रियाओं का वर्णन किया (कविराज 1988; चटर्जी 1986)। रणजीत गुहा ने ग्राम्शियन शब्दावली का प्रयोग करते हुए इसे 'हेजेमॅनि के बगैर प्रभुत्व' (डॉमिनेंस विदाउट हेजेमॅनि) की संज्ञा दी (गुहा 1997)। चटर्जी के अनुसार, पिछले दो दशक में भारत में प्रभुत्वशाली वर्ग गठजोड़ में ताक़तों का पुनर्संयोजन (रिअलाइनमेंट) हुआ है। इससे कॉरपोरेट पूँजी को राज्य पर ज़्यादा शक्ति और एक निर्देशकीय भूमिका मिल गयी है। बहरहाल, अभी भी शासक वर्ग में 'हेजेमॅनि के बग़ैर प्रभुत्व' (डॉमिनेन्स विदाउट हेजेमॅनि) क़ायम है और 'पैसिव रेवोल्यूशन' का इसका चरित्र बचा हुआ है। इनका मानना है कि यदि इस शक्ति का प्रयोग सिर्फ़ पुराने तरीक़े के पैट्रन–क्लाइंट संबंधों को विस्तार देने से होता, तो हम शासक वर्ग गठजोड़ के पुनर्संसंयोजन की बात नहीं कर रहे होते। दूसरी ओर, मान लीजिए

कि औपचारिक नागरिकता के माध्यम से सरकारी फ़ायदा बिना किसी भेदभाव के दूसरे लोगों तक पहुँचा दिया जाता; इसके अलावा, प्रतिनिधित्व का सामान्य संवैधानिक रूप जनसंख्या के सभी समूहों को पहचानने और मान्यता देने के लिए पर्याप्त होते, तो हम यह कह सकते थे कि पश्चिमी पूँजीवादी लोकतंत्रों की तरह एक पूर्ण बुर्ज़्वा लोकतंत्र क़ायम हो चुका है। लेकिन भारत में आज दोनों ही स्थिति नहीं है। इसलिए चटर्जी के अनुसार, राजनीतिक समाज 'हेजेमॅनि के बग़ैर पूँजीवादी प्रभुत्व' का हालिया चरण है (चटर्जी 2012: 307)। इनका मानना है कि पिछले 25 वर्षों में एक नयी गतिशील तार्किकता सामने आयी है जो राजनीतिक सामज की गतिविधियों को बुर्ज़्वा नागरिक समाज के हेजेमॅनिक गतिविधियों से जोड़ती हैं। यह तार्किकता पूँजी के आदिम संचय (या प्रिमिटिव अक्यूम्युलेशन) के प्रभाव को वापस मोड़ने की ज़रूरत से सामने आयी है। यहाँ यह उल्लेखनीय है कि चटर्जी ने आदिम संचय के बारे में कल्याण सान्याल के विश्लेषण का सहारा लिया। सान्याल आदिम संचय के बारे में मार्क्स की समझ को स्वीकार करते हैं। इसमें यह माना जाता है कि यह पूँजीवादी विकास के लिए अनिवार्य पूर्व-शर्त है। और इसमें उत्पादक और उत्पादन के साधनों के बीच का सीधा संबंध टूट जाता है। लेकिन सान्याल मानते हैं कि उत्तर-औपनिवेशिक पूँजीवाद की विशिष्टता इस बात में निहित है कि यहाँ आदिम संचय के प्रभावों को ख़त्म करने के लिए सरकारी हस्तक्षेप होते हैं (सान्याल 2007: 60)। यह आदिम संचय की विपरीत (रिवर्स) प्रतिक्रिया है, जिसे वे 'डिकैपिटलाइजेशन' (या विपूँजीकरण) की संज्ञा देते हैं।[44]

अपने एक लेख में पार्थ चटर्जी (2008ए) ने भी सान्याल के तर्कों को स्वीकार करते हुए इस बात पर ज़ोर दिया है कि अब सरकारों द्वारा आदिम संचय के प्रभावों को रिवर्स करने (या वापस मोड़ने) के लिए कई कार्यक्रम

44. सान्याल का तर्क यह है कि आदिम संचय के कारण निश्चित रूप से जनसंख्या का एक बड़ा हिस्सा श्रम का अपना साधन खो देता है। लेकिन उत्तर-औपनिवेशिक पूँजीवाद का संदर्भ इस तरह का है कि अपने जड़ से उखाड़ दी गयी इस जनसंख्या को पूँजीवादी उत्पादन के क्षेत्र में समहित नहीं किया जा सकता है। पूँजीवाद के विस्तार के कारण उत्पादक के रूप में उनकी भूमिका नष्ट हो चुकी है, लेकिन उनके लिए पूँजी का दरवाज़ा हमेशा के लिए बंद हो चुका है, देखें, सान्याल (2007: 53)। जनसंख्या के इस भाग को वे पूँजीवाद द्वारा नकारे गये 'वेस्टलैण्ड' की संज्ञा देते हैं। इसे अपने अस्तित्व को बचाने के लिए खुद को उत्पादन के साधनों से जोड़ना होता है, ताकि वे खुद को ग़ैर-पूँजीवादी उत्पादन में लगा सकें (वही : 59)। सान्याल तर्क देते हैं कि यहीं 'विकास का विमर्श' सामने आता है: 'इसका नतीजा आवश्यकता-आधारित अर्थव्यवस्था के रूप में सामने आता है, जिसमें अपने उत्पादन के साधनों से वंचित (डिस्पोसैस्ड) और ग़ैर-पूँजीवादी उत्पादन गतिविधियों में पुनर्वासित लोग रहते हैं...यह विकास के विमर्श के कारण किये गये हस्तक्षेप की बदौलत मुमकिन होता है' (वही : 59)। गवर्नमैंटैलिटी के तर्कशास्त्र से जुड़कर यह विमर्श नियमित रूप से आदिम संचय के प्रभावों को वापस मोड़ता है।

अपनाए जा रहे हैं। इसका कारण यह है कि 'अब यह माना जाने लगा है कि हर जगह लोगों को जीवन की कुछ बुनियादी सुविधाएँ ज़रूर उपलब्ध कराई जानी चाहिए। यदि राष्ट्रीय और स्थानीय सरकारें ऐसा नहीं करती हैं तो किसी अन्य को ऐसा करना चाहिए। अंतर्राष्ट्रीय एजेंसियाँ या ग़ैर-सरकारी संगठन यह काम कर सकते हैं' (चटर्जी 2008: 55)। इससे ग़रीबी हटाने की कई गतिविधियाँ सामने आयी हैं। यह कॉरपोरेट पूँजी की तेज़ संवृद्धि के लिए एक आवश्यक शर्त है। राज्य संसाधनों के स्थानांतरण से जुड़ी माँगों के राजनीतिक समझौते का क्षेत्र बन गया है। इसमें ग़रीबों को जीविका के साधन उपलब्ध कराने पर ज़ोर दिया जाने लगा है। चुनावी लोकतंत्र की सरकारें हाशिये पर पड़े समूहों को श्रम या गुज़ारे के सहारे के बग़ैर नहीं छोड़ सकती हैं, क्योंकि इसमें यह ख़तरा होता है कि वे ख़तरनाक वर्ग में तब्दील हो सकते हैं (चटर्जी 2008)।

यह भी उल्लेखनीय है कि अपने बाद के लेखन में चटर्जी ग्रामीण क्षेत्रों में राजनीतिक समाज के काम का भी विवरण देते हैं (चटर्जी 2008; 2010)। उनके अनुसार, बहुत बार गवर्नमैंटैलिटी का विराजनीतिकृत विचार पेश किया जाता है। लेकिन राजनीतिक समाज के क्षेत्र मे राजनीति का मुख्य गुण यह है कि यह किसी भी तरीक़े से फ़ायदों या सेवाओं का यांत्रिक लेन-देन नहीं है...राजनीतिक समाज की सामूहिक कार्रवाइ को गवर्नमैंटैलिटी के ग्रिड के भीतर लाकर विराजनीतिकृत नहीं किया जा सकता है। गवर्नमैंटैलिटी की गतिविधियाँ जिन समूहों को लक्ष्य बनाती हैं, वे उन समूहों की जीविका और सामाजिक अस्तित्व को प्रभावित करती हैं (चटर्जी 2010: 11)। लेकिन वे यह मानते हैं कि राजनीतिक समाज क्रांतिकारी बदलाव की राजनीति से संबंधित नहीं है। यह रोज़मर्रा की राजनीति से संबंधित है (चटर्जी 2012)।

बहरहाल, चटर्जी ने खुद यह स्वीकार किया है कि हम खेती की जगह वनोपजों पर निर्भर रहने वाले जनजातियों के संदर्भ में राजनीतिक समाज की संकल्पना का प्रयोग नहीं कर सकते हैं। वे लिखते हैं:

> भारत के सभी भागों में हाशिये पर पड़े लोगों का ऐसा समूह है जिसकी राजनीतिक समाज के संयंत्रों तक पहुँच नहीं है। अमूमन इनकी विशेषता यह होती है कि ये किसान समाज या पीजेंट सोसायटी से अलग होते हैं। खेती न करने वाले निम्न जाति के समूहों या वनोपजों पर निर्भर और चराई के कामों में लगे आदिवासियों को इसमें शामिल किया जा सकता है। राजनीतिक समाज या चुनावी लोकतंत्र ने इन समूहों को गवर्नमैंटैलिटी का प्रभावकारी दावा करने में समर्थ नहीं बनाया है। इस अर्थ में हाशिये पर पड़े ये समूह राजनीतिक समाज की सीमा रेखा के 'आउटसाइड' का प्रतिनिधित्व करते हैं (चटर्जी 2008ए)।

मैं यह तर्क देना चाहता हूँ कि उत्तर-औपनिवेशिक लोकतंत्रों की राजनीति समझने के लिए नागरिक समाज और राजनीतिक समाज के बीच का बुनियादी विभाजन बहुत ही महत्त्वपूर्ण है। मेरा यह मानना है कि राज्य में वर्ग शक्ति और कॉरपोरेट पूँजी के वर्चस्व के बारे में चटर्जी का विश्लेषण ठीक है। लेकिन उन्होंने जिस तरह राजनीतिक समाज की गतिविधियों को आदिम संचय की गतिविधियों से जोड़ा है उसके आधार पर जंगल पर निर्भर समुदायों की राजनीति की व्याख्या नहीं की जा सकती है।[45] चटर्जी रोज़मर्रा की राजनीति पर ज़ोर देते हैं, लेकिन वे राजनीतिक समाज की गतिविधियों को कुछ तदर्थ फ़ायदों के लेन-देन तक निपटा देते हैं। मेरा यह मानना है कि हम इस अवधारणा के प्रयोग से वनवासियों/वनाश्रितों की राजनीति की सही समझ विकसित नहीं कर सकते हैं। इसलिए मैं राजनीतिक समाज के बारे में ऊपर बताए गये कुछ बातों को स्वीकार करने के बावजूद यह तर्क दूँगा कि इन समूहों की राजनीति को समझने के लिए हमें इस विश्लेषण से आगे जाने की आवश्यकता है। मैं इन समूहों की गतिविधियों, आंदोलनों और संघर्ष का वर्णन करने के लिए हाशिया समाज या मार्जिनल सोसायटी शब्द का प्रयोग करूँगा। यह समाज जंगलों पर निर्भर और उसके आस-पास के क्षेत्रों में

45. आदित्य निगम ने चटर्जी द्वारा राजनीतिक समाज की गतिविधियों को आदिम संचय के प्रभावों को दूर (या रिवर्स) करने की गतिविधियों तक सीमित करने की आलोचना की है। इनका मानना है कि चटर्जी और सान्याल हर तरह की राजनीतिक गतिविधि को पूँजीवाद के आगमन के साथ हो रहे आदिम संचय के प्रभावों को ख़त्म करने तक घटा देते हैं, जो कि सही नहीं है। इससे विभिन्न समूहों के पूँजीवाद के ख़िलाफ़ संघर्ष को समझने का आधार नहीं मिलता है। इनके विश्लेषण में छत्तीसगढ़ मुक्ति मोर्चा द्वारा 'संघर्ष' और 'सृजनात्मक कार्यों' को जोड़ने की कोशिश या कोऑपरेटिव बनाने के लिए बहुत से समूहों का संघर्ष या फिर उजड़े हुए लोगों की पुनर्वास की कोशिशें, ये सभी एनजीओ गतिविधियों के अंतगर्त आ जाती हैं। जो खुद 'वैश्विक रूप से फैले ग़रीबी प्रबंधन की तकनीक' से जुड़े हुए है। दरअसल इससे कुछ ज़्यादा चीज़ें हो रही हैं। निगम मानते हैं कि इस रूप में राजनीतिक समाज बहुत सारे संघर्षों की व्याख्या नहीं कर सकता है [निगम, सद्यप्रकाशित (या फोर्थकमिंग)]; इसी तरह, दूसरे कई लेखकों ने भी चटर्जी के राजनीतिक समाज की अवधारणा की आलोचना की है। मसलन, स्वागतो सरकार का यह मानना है कि राजनीतिक समाज एक सीमा के भीतर काम करता है। यह कोई ऐसा परिवर्तनकारी नैरेटिव पेश नहीं करता है जिससे पूँजीवादी विकास की प्रक्रिया को ख़तरा पैदा हो, देखें, सरकार (2012)। अजय गुडुवर्थी और जी. विजय भी इसी बिंदु पर ज़ोर देते हैं। इनके अनुसार कि 'हित आधारित समझौते और अस्तित्व क़ायम रखने की रणनीतियाँ' राजनीतिक समाज का चरित्र हैं। ये तात्कालिक व्यक्तिगत और समूह हितों से आगे जाकर दीर्घकालिक राजनीतिक बदलाव या संरचनात्मक बदलाव का लक्ष्य अपनाने में बाधक है, देखें, गुडुवर्थी और विजय (2007)। इसी तरह, अपर्णा सुंदर और नंदिनी सुंदर ने इस बात पर ज़ोर दिया है कि कुछ समुदायों को नकारात्मक रूप से राजनीतिक समाज के भीतर रखने से बेहतर है कि नागरिक समाज की अवधारणा का विस्तार सभी समूहों तक किया जाए, देखें, सुंदर और सुंदर (2012)। चटर्जी की अन्य आलोचनाओं के लिए देखें निगम (2005); बाविस्कर और सुंदर (2008); शाह (2008); जॉन और देशपांडे (2008); गुडुवर्थी (2012); चटर्जी ने इस तरह की कुछ आलोचनाओं का जवाब भी दिया। इन जवाबों के लिए देखें चटर्जी (2008बी; 2012)।

रहने वाले लोगों का समाज है। मार्जिनल सोसायटी की मुख्य विशेषताओं को निम्नलिखित बिंदुओं से स्पष्ट किया जा सकता है:

पहला, चटर्जी वनोत्पादों पर निर्भर जनजातीय लोगों और किसान समाज (या खेती पर निर्भर) में अंतर करते हैं, वह सही नहीं है। दरअसल, जंगल या जंगल के नज़दीक बसे गाँवों में अधिकांश लोग खेती और वनोपज– दोनों पर निर्भर हैं। इन क्षेत्रों में रहने वाले कुछ समूह खेती नहीं करते हैं। लेकिन इस बात के पर्याप्त उदाहरण मौजूद हैं कि इन समूहों ने भी खुद को राजनीतिक रूप से गोलबंद किया है (मसलन देखें, अध्याय 5)।

दूसरा, राजनीतिक समाज की तरह ही मार्जिनल सोसायटी के लोगों की कई गतिविधियाँ भी 'ग़ैरक़ानूनी' की श्रेणी में आ जाती हैं। मसलन, कई जगहों पर ये 'अतिक्रमक' के रूप में होते हैं या वन विभाग द्वारा जंगल में इनकी गतिविधियों को 'ग़ैरक़ानूनी' करार दिया जाता है।

तीसरा, मार्जिनल सोसायटी को राजनीतिक रूप से जागरूक बनाने में उन व्यक्तियों या संस्थाओं ने भी महत्त्वपूर्ण भूमिका निभाई है, जिन्हें अमूमन नागरिक समाज के खाते में दर्ज़ किया जा सकता है। मसलन, आदिवासी क्षेत्रों में काम करने वाली अधिकांश संस्थाओं में नेतृत्व के स्तर पर ग़ैर–आदिवासियों की संख्या ज़्यादा है। पिछले दो दशकों में इसमें आदिवासियों की संख्या भी बढ़ी है। आदिवासी या गैर–आदिवासी– दोनों की ही पृष्ठभूमि ऐसी है कि इन्हें मध्य वर्ग और नागरिक समाज के सदस्य के रूप में रेखांकित किया जा सकता है। कई क्षेत्रों में माओवादियों ने भी ऐसी जागरूकता लाने में महत्त्वपूर्ण भूमिका निभाई है। इनमें भी नेतृत्व के स्तर पर ऐसे लोग विशिष्ट भूमिका में रहे हैं, जो अमूमन 'बाहरी' होते हैं। इन्हें इनकी शिक्षा और आर्थिक पृष्ठभूमि के आधार पर मध्य वर्ग या नागरिक समाज का सदस्य माना जा सकता है। बहरहाल, माओवादी क़ानून के लिए संघर्ष या क़ानून द्वारा संघर्ष को बहुत ही नकारात्मक तरीक़े से देखते हैं। इस आधार पर इन्हें मार्जिनल सोसायटी से अलग किया जा सकता है, क्योंकि मार्जिनल सोसायटी का एक प्रमुख आधार क़ानून के प्रति जागरूकता और इसके लिए या इसके माध्यम से संघर्ष करने की प्रवृत्ति है। मेरा यह भी मानना है कि जिन क्षेत्रों में माओवादियों की अपनी सरकार है, उन क्षेत्रों के अलावा, बाक़ी माओवादी प्रभावित जगहों के लोगों को मार्जिनल सोसायटी में शामिल किया जा सकता है। इन क्षेत्रों में लोगों को रोज़मर्रा की ज़िंदगी में राज्य और क़ानून का सामना करना पड़ता है। खुद माओवादी यह स्वीकार करते हैं कि वे इन इलाक़ों में 'प्रगतिशील' क़ानून के लागू होने को नहीं रोकते हैं (देखें नवलखा 2012)।

चौथा, मार्जिनल सोसायटी के लोगों में क़ानून के बारे में जागरूकता काफ़ी बढ़ी है। वन विभाग या अन्य सरकारी संगठनों द्वारा इनके ख़िलाफ़ क़ानून का दुरुपयोग करने से कई बार इन्हें जेल जाना पड़ता है, या कोर्ट–कचहरी का

चक्कर लगाना पड़ता है। लोग ज़मीनी स्तर पर काम करने वाले संगठनों की गतिविधियों के कारण क़ानून, इसके दुरूपयोग और इसकी सम्भावनाओं के बारे में बहुत ज़्यादा सचेत हुए हैं। इसका यह अर्थ नहीं है कि अधिकांश लोग क़ानूनों के विशेषज्ञ हो गये हैं। लेकिन वे अपनी ज़िंदगी में क़ानूनों की भूमिका के बारे में जागरूक हुए हैं। इस लिहाज़ से बेहतर क़ानूनों के लिए संघर्ष और बुरे क़ानूनों के विरोध की प्रवृत्ति भी बढ़ी है। वन अधिकार क़ानून के लिए चले आंदोलन में इनकी भागीदारी इसी जागरूकता को दर्शाती है।[46] दरअसल, क़ानूनों के महत्त्व के प्रति जागरूकता और बेहतर क़ानूनों के लिए संघर्ष या इन क़ानूनों का राज्य के अधिकारियों के ख़िलाफ़ प्रयोग ने 'ज़मीनी स्तर से क़ानूनवाद' (या लीगलीज़्म फ्रॉम बिलो) की स्थिति पैदा की है।

पाँचवाँ, राज्य इन्हें उन समूहों के साथ जोड़ता है जो गवर्नमैंटैलिटी के दायरे से बाहर हैं। इस तरह का जुड़ाव इनकी माँगों के माने जाने में एक महत्त्वपूर्ण भूमिका भी अदा करता है। मसलन, वन अधिकार क़ानून के पारित होने में माओवादियों के बढ़ते प्रभाव के डर ने भी महत्त्वपूर्ण भूमिका अदा की।

छठा, राजनीतिक समाज की तरह ही राज्य गवर्नमैंटैलिटी पर इनके दावों पर 'लेद-देन' का रुख अपनाता है। अर्थात् राज्य इस मार्ज़िनल सोसायटी की गोलबंदी के आधार पर ही इसकी माँगों को स्वीकार करता है। दूसरे शब्दों में मार्ज़िनल सोसायटी अपने गोलबंदी के द्वारा राज्य को कुछ निश्चित अधिकार देने या अपनी माँगों को स्वीकार करने पर मजबूर करती है। यदि इसकी गोलबंदी कम है, तो राज्य इसकी माँगों की उपेक्षा कर सकता है।

सातवाँ, अपनी राजनीति द्वारा मार्ज़िनल सोसायटी गवर्नमैंटैलिटी के साथ दोहरा संबंध क़ायम करती है।[47] कई मौक़ों पर इसके सदस्य इस पर अपना दावा पेश करते हैं लेकिन एक व्यापक अर्थ में ये गवर्नमैंटैलिटी के ख़िलाफ़ संघर्ष भी करते हैं। राजनीतिक समाज की तरह ये सिर्फ़ तदर्थ क़िस्म की छूटों या सिर्फ़ अपनी जीविका के लिए चिंतित नहीं रहते हैं। इनकी चिंता अपने परिवेश

---

46. वन अधिकार क़ानून के लिए चलने वाले आंदोलनों के अध्ययन के दौरान मैंने यह पाया कि लोग भले ही प्रस्तावित क़ानून की हर धारा के बारे में जागरूक नहीं थे, लेकिन उन्हें प्रमुख बातों और माँगों की जानकारी थी, देखें, अध्याय 3.

47. निवेदिता मेनन भी यह सुझाव देती हैं कि राजनीतिक समाज में गतिविधियों का लक्ष्य सरकारी फ़ायदा या कल्याण हासिल करना उतना ज़्यादा नहीं है, जितना कि यह खुद गवर्नमैंटालिटी के ख़िलाफ़ है। वे मानती हैं कि राजनीतिक समाज की रैडिकल सम्भावना को व्यक्त करने के लिए यह दृष्टिकोण ज़्यादा अच्छा है, देखें, मेनन (2010: 1-20)। चटर्जी इस सुझाव को नकारते हैं। उनका मानना है कि 1990 के बाद के दौर में भारत में गवर्नमैंटैलिटी का प्रभाव बढ़ा है। इस संदर्भ में वे नंदीग्राम का उदाहरण देते हैं, जहाँ लोगों ने विद्रोह करने के बाद सरकारी शासन का प्रभुत्व स्वीकार कर लिया, देखें, चटर्जी (2011: 90-92; 2012: 318).

के विविध पहलुओं से भी जुड़ी होती हैं। ये राज्य से सिर्फ़ अपने लिए कुछ छोटी-मोटी सुविधाओं की ही माँग नहीं करते हैं, बल्कि ये एक उत्तम जीवन की संकल्पना के साथ जीते हैं। जंगल, वन्य जीव, वनोपज और आस-पास रहने वाले समुदाय सभी इस संकल्पना के भाग होते हैं। इसे हासिल करने की इनकी हर कोशिश अधिकांश मौक़ों पर गवर्नमैंटैलिटी और राज्य सत्ता की बढ़ती जकड़ के ख़िलाफ़ जाता है।

आठवाँ, ऐसे में ये अपने संघर्ष से हासिल किये गये क़ानून को अपने उत्तम जीवन (या 'गुड लाइफ़') की संकल्पना हासिल करने के लिए इस्तेमाल करते हैं। कई मरतबा ये क़ानून का सहारा राज्य के बढ़ते क़दम का विरोध करने के लिए करते हैं। लेकिन क़ानून के रास्ते से हल न निकलने पर ये दूसरे माध्यमों से भी संघर्ष के लिए तैयार रहते हैं। अमूमन ये लोकतांत्रिक तरीक़े से संघर्ष करते हैं, लेकिन ये संघर्ष के दूसरे रास्तों का विकल्प पूरी तरह से नहीं छोड़ते हैं।[48]

नौवाँ, राजनीतिक समाज की तरह ही इस समाज को भी अपनी माँगों को आगे बढ़ाने के लिए एक 'मिडिएशन' (या मध्यस्थ) की ज़रूरत होती है। अधिकांश मौकों पर यह भूमिका ग़ैर-सरकारी और ग़ैर-संसदीय राजनीतिक दलों द्वारा निभाई जाती है (जैसे वन अधिकार क़ानून बनने के दौरान 'कैम्पेन' जैसे संगठनों की भूमिका देखें अध्याय 3.)। लेकिन कुछ मौक़ों पर राजनीतिक दल भी इस भूमिका को अपना सकते हैं।

दसवाँ, इसका एक नकारात्मक पक्ष होता है। इसमें उन समूहों की गतिविधियों को शामिल किया जा सकता है, जो आदिवासी/वनाश्रित समुदाय के व्यापक हितों के ख़िलाफ़ राज्य या कॉरपोरेट पूँजी से समझौता कर लेते हैं। 'सलवा जुडूम' अभियान इसका एक उदाहरण माना जा सकता है। इसमें आदिवासियों के एक हिस्से ने संगठित होकर कॉरपोरेट पूँजीपतियों और राज्य के गठजोड़ को बढ़ावा देने के लिए आदिवासियों को उनके गाँवों से बाहर निकालने का काम किया (देखें पीयूडीआर और अन्य 2005)।

हर जगह वनवासी लोग मार्ज़िनल सोसायटी के रूप में संगठित नहीं हुए हैं। लेकिन जहाँ उनके भीतर राजनीतिक जागरूकता आयी है, वहाँ वे गोलबंद हो रहे हैं। मार्ज़िनल सोसायटी स्थानीय और राष्ट्रीय- दोनों ही स्तरों पर उभरकर सामने आ सकता है। मसलन, पोस्को प्रतिरोध आंदोलन स्थानीय स्तर पर मार्ज़िनल सोसयाटी की गतिविधि का उदाहरण है। वहीं, वन अधिकार क़ानून का निर्माण राष्ट्रीय स्तर इसकी गतिविधि का नमूना है। यह क़ानून इसके द्वारा गवर्नमैंटैलिटी पर अपना दावा पेश करने का नतीजा है। इस क़ानून की माँग ज़मीनी स्तर पर हुए आंदोलनों से सामने आयी। इन्हीं आंदोलनों तथा गवर्नमैंटेलिटी के बाहर

48. अध्याय 5 में इस संदर्भ में कुछ उदाहरणों पर विचार किया गया है।

पड़े समूह (अर्थात् माओवादियों) के बढ़ते प्रभाव या इसके डर ने इस कानून के पारित होने में महत्त्वपूर्ण भूमिका अदा की। मार्ज़िनल सोसायटी द्वारा कानून बनवाने और फिर इसको लागू कराने के लिए किये गये संघर्ष को 'ज़मीनी स्तर से कानूनवाद' का उदाहरण माना जा सकता है। मार्ज़िनल सोसायटी के सदस्य कई मौकों पर कानून का उपयोग गवर्नमैंटैलिटी के ख़िलाफ करते हैं। 'ज़मीनी स्तर से कानूनवाद' के कारण बहुत से स्थानों पर आदिवासियों/वनाश्रितों ने भूमि अधिग्रहण का सफल विरोध किया है। लेकिन बहुत से ऐसे उदाहरण भी हैं जहाँ वे राज्य की संस्थाओं का सफल विरोध नहीं कर पाए हैं। मसलन, कानूनी प्रावधानों के बावजूद अधिकांश मामलों में नैशनल पार्कों में रहने वाले लोगों को अधिकार नहीं मिला है। फिर भी 'ज़मीनी स्तर से कानूनवाद' के कारण लोगों की राजनीतिक जागरूकता और हिम्मत बढ़ी है। मार्ज़िनल सोसायटी के गवर्नमैंटैलिटी से दोहरे संबंध के कारण ही एक तरफ आदिवासियों के संघर्ष से मिले कानूनों में भी कई अस्पष्ट और ख़तरनाक किस्म के प्रावधान मौजूद हैं। दूसरी ओर, राज्य खुद भलाई के तर्क से परे जाकर हिंसा का सहारा ले रहा है। 'ऑपरेशन ग्रीन हंट' या 'सलवा जुडूम' इसके उदाहरण हैं। रोज़मर्रा की ज़िंदगी में वन विभाग की मनमानी और कानूनों का उल्लंघन भी इसी का नमूना है। स्पष्टतः राजनीतिक समाज से अलग मार्ज़िनल सोसायटी का गवर्नमैंटैलिटी से दोहरा संबंध है। मार्ज़िनल सोसायटी के लिए कानून की मदद संघर्ष का एक ज़रिया है। अधिकांश मामलों में वे इस संघर्ष में नाकामी मिलने पर दूसरे साधनों को अपनाने के लिए भी तैयार हैं।[49]

स्पष्टतः मार्ज़िनल सोसायटी की संकल्पना चटर्जी की राजनीतिक समाज की संकल्पना के कुछ बुनियादी आधारों को स्वीकार करते हुए आगे बढ़ती है। दरअसल, राजनीतिक समाज की संकल्पना द्वारा हम आदिवासी समूहों द्वारा अपने उत्तम जीवन की संकल्पना हासिल करने और बेहतर क़ानूनों के उनके संघर्ष की व्याख्या नहीं कर सकते है। मार्ज़िनल सोसायटी की संकल्पना राजनीति समाज की संकल्पना की सीमाओं से आगे जाती है। यह समाज के हाशिये पर पड़े समूहों में से एक वनवासी समूहों की राजनीति की व्याख्या करती है। इसमें उत्तम जीवन की संकल्पना हासिल करने के लिए 'बेहतर' क़ानून पाने का संघर्ष और फिर इन्हीं कानूनों का राज्य के ख़िलाफ प्रयोग शामिल है। स्पष्ट तौर पर यह इन समूहों के संघर्ष की व्याख्या प्रस्तुत करती है।

49. अध्याय 5 में इस संदर्भ में विभिन्न उदाहरण और केस स्टिडी का विवरण दिया गया है।

IV. अध्ययन-प्रणाली या मेथडोलॅजी और विभिन्न अध्यायों की रूपरेखा

अध्याय का यह भाग दो उपभागों में बँटा हुआ है। पहले उपभाग में अध्ययन-प्रणाली या मेथडोलॅजी की विवेचना की गयी है। दूसरे उपभाग में विभिन्न अध्यायों की रूपरेखा पेश की गयी है।

1. अध्ययन-प्रणाली या मेथडोलॅजी

इस अध्ययन में सैद्धांतिक, ऐतिहासिक, क़ानूनी और विश्लेषणात्मक अध्ययन-प्रणाली का उपयोग किया है। अध्ययन का एक महत्त्वपूर्ण भाग फ़ील्ड-वर्क से संबंधित है। मैंने फ़ील्ड-वर्क के लिए गाँवों के चुनावों में 'उद्देश्यपूर्ण सैम्पलिंग' (या पर्पोसिव सैम्पलिंग) का उपयोग किया है। उद्देश्यपूर्ण सैम्पलिंग का उपयोग व्याख्यात्मक रिसर्च या फ़ील्ड रिसर्च में किया जाता है। इसमें अध्ययन के केस के चुनाव के संबंध में किसी विशेषज्ञ के फ़ैसले का उपयोग किया जाता है, या केस का चुनाव दिमाग़ में एक ख़ास मक़सद ध्यान में रखकर किया जाता है (देखें, न्यूमन 2007: 222-23; 227)। मैंने अध्ययन-क्षेत्र का चुनाव करते वक़्त एक ख़ास उद्देश्य को ध्यान में रखा। अध्ययन के लिए राज्य, ज़िला और गाँवों का चुनाव भी इसी तरीक़े से किया। अर्थात् अध्ययन के संदर्भ में यह स्पष्ट उद्देश्य था कि जंगल की ज़मीन और इसके संसाधनों पर आदिवासियों के अधिकारों से जुड़े विभिन्न पहलुओं का अध्ययन करना है। इस कसौटी को छत्तीसगढ़, झारखंड, मध्य प्रदेश, आंध्र प्रदेश और उड़ीसा जैसे राज्य पूरा करते थे। मैंने इन राज्यों में छत्तीसगढ़ को चुना। इसी तरह, छत्तीसगढ़ के सभी ज़िले अध्ययन की कसौटी पूरी करते थे। मैंने सरगुजा का चुनाव भी उद्देश्यपूर्ण सैम्पलिंग की पद्धति से किया। अध्ययन के लिए गाँवों का चुनाव भी इसी पद्धति से किया गया।[50]

फ़ील्ड-वर्क में अध्ययन-प्रणाली के रूप में कई मिले-जुले तरीक़ों का प्रयोग किया गया। इसके पीछे मुख्य उद्देश्य यह था कि विषयवस्तु की पूरी तस्वीर सामने आ सके। इसमें अग्रलिखित तरीक़ों का उपयोग किया गया : पहला, अध्ययन के लिए खुले सवालों की सूची का इस्तेमाल किया गया। इसमें प्रत्येक परिवार की स्थिति, उसके सदस्यों की संख्या, उसके पट्टे वाली ज़मीन, 'बेजा क़ब्ज़ा' की ज़मीन, खेती की प्रवृत्ति आदि के बारे में जानकारी दर्ज़ की गयी। इसके अलावा, लघु वनोपजों के संग्रहण और जीवन के दूसरे पहलुओं की समझ तथा लोगों की राजनीतिक जागरूकता से जुड़े सवाल भी इस प्रश्नावली में शामिल

---

50. अध्याय 4 में विभिन्न गाँवों के चुनाव की कसौटी और उनके विशेषताओं की विवेचना की गयी है

किये गये (मसलन, आपके क्षेत्र के विधायक कौन हैं? या क्या आपको इस बात की जानकारी है कि आपको जंगल पर हक़ देने के लिए कोई नया क़ानून बन रहा है? आदि)। इस प्रश्नावली को भरवाते समय मैंने घर के पुरुष और स्त्री–दोनों से ही बातचीत की। दूसरा, मैंने गाँव के इतिहास, गाँव के लोगों की रोज़मर्रा की ज़िंदगी की समस्याओं, वन–विभाग के साथ उनके अनुभवों और जंगल की हिफ़ाज़त के लिए अपनाई गयी रणनीति आदि की समझ के लिए समूह–परिचर्चा का सहारा लिया। तीसरा, वन विभाग के दृष्टिकोण की समझ के लिए मैंने ज़िला स्तर के अधिकारियों, गाँव स्तर पर जंगल के गार्डों और पटवारी आदि का इंटरव्यू भी लिया। साथ ही, जहाँ तक मुमकिन हो पाया, इनसे गाँव और जंगल से जुड़े दस्तावेज़ और लिखित जानकारी लेने की भी कोशिश की। इससे गाँव के लोगों द्वारा दी गयी जानकारियों को 'क्रॉसचेक़' करने का मौका मिला। मैंने सरकारी कर्मचारियों और अफ़सरों द्वारा दिये गये विवरणों के बारे में गाँव के लोगों की भी प्रतिक्रिया ली। 'क्रॉसचेक़' करने के उद्देश्य से ही गाँव के विभिन्न समुदायों के लोगों का अलग से इंटरव्यू लिया। इसके अलावा, मैंने पड़ोसी गाँवों के लोगों और साप्ताहिक हाट के दौरान मिलने वाले विभिन्न लोगों से भी बातचीत की। मेरा मक़सद यह था कि मैं किसी एक स्रोत पर ही पूरी तरह निर्भर न रहूँ। विविध तरह के स्रोतों से जानकारी लेने से मुझे कई बातों को 'क्रॉसचेक' करने का मौका भी मिला। इससे मेरे सामने पूरी तस्वीर आ पाई।

इस किताब में गाँवों, गाँव के लोगों, गाँव के पारों, उसके आस–पास के गाँवों, वहाँ के लोगों, और वन अधिकारियों के नाम बदल दिये गये हैं। सिर्फ़ शहर, ज़िला और फ़ॉरेस्ट रेंज का नाम ज्यों–का–त्यों रखा गया है। इसके पीछे मुख्य उद्देश्य यह है कि अध्ययन से जुड़े लोगों की पहचान गुप्त रखी जाए, जिनसे उन्हें किसी तरह की परेशानी का सामना न करना पड़े।

2. अध्यायों की रूपरेखा

पहले अध्याय (अर्थात् इस अध्याय) में अध्ययन की सामान्य रूपरेखा और इससे जुड़े प्रमुख मुद्दों का विश्लेषण किया गया है। इसमें जनजाति की संकल्पना, सम्पत्ति अधिकारों के संदर्भ में आदिवासी समूहों की स्थिति, इकोलॅजी संबंधी चिंताओं और क़ानून और इसके माध्यम से होने वाले बदलावों से संबंधित वाद–विवाद का परीक्षण किया गया है। इसमें अध्ययन से संबंधित मुख्य सवालों को स्पष्ट करने की कोशिश की गयी है। यह अध्याय अध्ययन के मेथडोलॅजी के बारे में भी बताता है।

दूसरा अध्याय एक व्यापक फ़लक को समेटता है। इसमें पूर्व–औपनिवेशिक दौर, औपनिवेशिक दौर और उत्तर–औपनिवेशिक दौर में शासकों (या शासक

वर्ग) की जंगल संबंधी नीतियों का विश्लेषण किया गया है। इसमें वन विभाग की स्थापना, औपनिवेशिक दौर में वन अधिनियमों के निर्माण और उत्तर-औपनिवेशिक दौर में राज्य की नीतियों और उनके प्रभावों का आलोचनात्मक मूल्यांकन किया गया है।

अध्याय तीन में वन अधिकार क़ानून के लिए चलने वाले आंदोलन और इसमें उठने वाले विभिन्न मुद्दों का विश्लेषण किया गया है। इसके विधेयक के रूप में पेश होने और क़ानून बनने की प्रक्रिया तक़रीबन तीन सालों तक चली। इस दौरान आदिवासी अधिकारों के समर्थकों और वन्य जीवों के समर्थकों के बीच ज़ोरदार बहस हुई। मार्जिनल सोसायटी अपने आंदोलनों के कारण इस विधेयक में अपने पक्ष में बहुत से बदलाव करा पाने में सफल रहा। इस अध्याय में इस पूरी प्रक्रिया का विश्लेषणात्मक अध्ययन किया गया है।

अध्याय चार फ़ील्ड-वर्क से संबंधित अध्याय हैं। इसमें जंगल की ज़मीन पर 'बेजा क़ब्ज़ा' ('अतिक्रमण') के विभिन्न पहलुओं का विश्लेषण किया गया है। इसमें फ़ील्ड-वर्क के लिए चुने गये गाँवों की भौगोलिक स्थिति, सामान्य जनजीवन, इतिहास और खेती आदि की स्थिति की व्याख्या की गयी है। इस अध्याय में वन्य जीवों की स्थिति, वन विभाग की भूमिका और स्थानीय समुदायों से इसके संबंध आदि का अध्ययन किया गया है। इसमें यह परीक्षण किया गया है कि इन विशिष्ट कसौटियों के संबंध में जंगल पर आदिवासी समूहों की निर्भरता को किस रूप में समझा जा सकता है। दूसरे शब्दों में, इस अध्याय में कुछ गाँवों के अध्ययन द्वारा जंगल की ज़मीन या इसके नज़दीक बसे लोगों के जीवन में जंगल की भूमिका और इससे जुड़ी राजनीति का समग्र अध्ययन किया गया है।

पाँचवें अध्याय में वन अधिकार क़ानून के लागू होने के अनुभवों का विश्लेषण किया गया है। इसमें संसद से क़ानून पारित हो जाने और इसकी अधिसूचना जारी हो जाने के बाद के घटनाक्रमों का अध्ययन किया गया है। इसमें क़ानून में मिले व्यक्तिगत और सामुदायिक वन अधिकारों के लागू होने के स्थिति का विश्लेषण किया गया है। इस अध्याय में संरक्षित क्षेत्रों और वन गाँव आदि जैसी कुछ विशेष श्रेणियों में इस क़ानून के लागू होने से संबंधित विभिन्न पहलुओं का परीक्षण किया गया है। इसमें इस बात का भी अध्ययन किया गया है कि क्या स्थानीय समुदाय इसके विविध प्रावधानों का अपने संघर्ष में उपयोग कर रहे हैं? और क्या वनाश्रित समुदायों ने इस क़ानून का 'प्रगतिशील' उपयोग किया है?

छठा अध्याय अध्ययन का निष्कर्ष पेश करता है। इसमें वन अधिकार क़ानून के लिए चले संघर्ष के उपलब्धियों, क़ानून के अनुभव के आधार पर इसके सम्भावनाओं और सीमाओं को रेखांकित किया गया है।

इस अध्याय में अध्ययन के मुख्य पहलुओं को रेखांकित किया गया है। आगे के अध्यायों में भारत में आदिवासियों के जंगल के ज़मीन पर अधिकार के विविध आयामों का विश्लेषण किया गया है। इसमें औपनिवेशिक और उत्तर-औपनिवेशिक दौर में जंगलों और वनाश्रित समुदायों की स्थिति का अध्ययन किया गया है और इस रूप में वन अधिकार क़ानून और इसके विविध आयामों को एक ऐतिहासिक संदर्भ के साथ पेश करने की कोशिश की गयी है। साथ ही, इस संदर्भ में वर्तमान दौर में हो रहे वाद-विवाद, आंदोलनों और संस्थात्मक-क़ानूनी बदलावों की पड़ताल की गयी। फ़ील्ड-वर्क द्वारा जंगल की ज़मीन और इसके संसाधनों से जुड़े विविध आयामों को ज़मीनी स्तर पर समझने की कोशिश की गयी है। इसके अलावा, इस अध्ययन में यह रेखांकित करने का प्रयास किया गया है कि वन अधिकार क़ानून जैसे प्रगतिशील क़ानून से ज़मीनी स्तर पर चलने वाले संघर्षों में किस तरह के बदलाव हुए हैं और इससे किस तरह के बदलाव होने की सम्भावना है।

2

आदिवासियों का वन-भूमि अधिकार और वन नीति : इतिहास के आईने में

भारत में जंगल की ज़मीन और इसके संसाधनों पर आदिवासियों की हक़दारी की समझ के लिए यह ज़रूरी है कि भारत में राज्य द्वारा जंगलों के संबंध में अपनाई गयी नीति को अच्छी तरह समझा जाए। इस संदर्भ में बहुत से सवाल सामने आते हैं– मसलन, औपनिवेशिक दौर से पहले जंगल और जंगल की ज़मीन पर आदिवासियों का किस तरह का अधिकार था? औपनिवेशिक दौर में जंगल के संबंध में नीतियों में किस तरह का बदलाव हुआ, और इन बदलावों से जंगल और इसमें रहने वाले आदिवासियों की स्थिति पर क्या प्रभाव पड़ा? एक क़ानूनी श्रेणी के रूप में 'फॉरेस्ट' या जंगलों के निर्माण के दौरान किस तरह के मुद्दे सामने आये? क्या औपनिवेशिक और उत्तर-औपनिवेशिक वन नीति में किसी तरह की निरंतरता देखी जा सकती है? इस संदर्भ में उत्तर-औपनिवेशिक दौर में हुए बदलावों की समझ भी आवश्यक है। स्वतंत्र भारत में लोकतांत्रिक शासन की स्थापना हुई। लेकिन इस बारे में सबसे संज़ीदा सवाल यह है कि क्या जंगल के संबंध में स्वतंत्र भारत की सरकार ने लोकतांत्रिक तरीक़े से काम किया या इस दौर में अपनाई गयी नीतियाँ औपनिवेशिक नीतियों की निरंतरता मात्र थीं? साथ ही, यह सवाल भी महत्त्वपूर्ण है कि पर्यावरण एवं वन्य-जीव संरक्षण से जुड़ी चिंताओं ने जंगल की ज़मीन और इसके संसाधनों पर आदिवासियों के अधिकारों को किस तरह प्रभावित किया? इस अध्याय में इन सवालों का जवाब तलाशने की कोशिश की गयी है।

यह अध्याय मुख्य रूप से दो भागों में बँटा है। पहले भाग में स्वतंत्रता प्राप्ति के पहले के दौर में जंगलों की स्थिति और इस संदर्भ में होने वाले बदलावों का अध्ययन किया गया है। दूसरे भाग में उत्तर-औपनिवेशिक दौर में जंगल से संबंधित नीतियों की जटिलताओं और इस संदर्भ में होने वाले बदलावों का

विश्लेषण किया गया है। औपनिवेशिक और उत्तर-औपनिवेशिक–दोनों ही दौरों में जंगल से संबंधित नीतियों और इन नीतियों के प्रभावों के कई जटिल पहलू रहे हैं। इन पहलुओं की व्याख्या और विश्लेषण के लिए इन दोनों भागों को कई उपभागों में बाँटा गया है।

I. उपनिवेशकालीन वन नीति : पृष्ठभूमि, वाद-विवाद और प्रभाव

भारत में अंग्रज़ों के औपनिवेशिक शासन ने जंगलों और वनवासी लोगों की स्थिति में बहुत ज़्यादा बदलाव किया। अंग्रेज़ों ने अपने साम्राज्यवादी हितों को पूरा करने के लिए जंगलों का जमकर दोहन किया। ऐसा करते हुए जंगल और इसके संसाधनों पर वनवासी लोगों के अधिकारों को भी नकारा गया। दरअसल, औपनिवेशिक दौर में भारत के जंगलों में हुए बदलावों का विश्लेषण करने के संबंध में कई सवाल महत्त्वपूर्ण हैं– मसलन, अंग्रेज़ों के आने से पहले जंगलों की क्या स्थिति थी? औपनिवेशिक शासन के दौरान वन विभाग की स्थापना और विभिन्न वन अधिनियमों के पीछे किस तरह की राजनीति थी? औपनिवेशिक शासन के प्रति वनवासी लोगों की क्या प्रतिक्रिया रही? भारत के राष्ट्रीय आंदोलन में वनवासी लोगों के मुद्दों को कितना महत्त्व मिला? इस दौर में वन्य-जीवों की क्या स्थिति थी? अध्याय के इस भाग में इन सवालों का विश्लेषण करते हुए जंगलों और जंगल पर निर्भर समुदायों पर औपनिवेशिक शासन के प्रभाव का परीक्षण किया गया है।

अध्याय का यह भाग मुख्य रूप से चार उपभागों में बँटा है। पहले उपभाग में औपनिवेशिक शासन के पहले के दौर में जंगल की स्थिति और जंगल के संदर्भ में राज्य की नीति की विवेचना की गयी है। दूसरे उपभाग में औपनिवेशिक शासन के शुरुआती अनुभवों और 1878 और 1927 के वन अधिनियम से संबंधित वाद-विवाद का विश्लेषण किया गया है। तीसरे उपभाग में 1947 तक वनों के दोहन और स्थानीय समुदायों पर इसके प्रभाव का अध्ययन किया गया है। चौथे उपभाग में औपनिवेशिक वन नीति के संदर्भ में आदिवासियों की प्रतिक्रिया और आदिवासी आंदोलनों के राष्ट्रीय आंदोलन से जुड़ाव का विश्लेषण किया गया है। पाँचवें उपभाग में औपनिवेशिक दौर में वन्य जीवों की स्थिति का वर्णन किया गया है।

1. औपनिवेशिक शासन से पहले वनों की स्थिति

वनों के संबंध में अंग्रज़ों के दृष्टिकोण और नीति को समझने के लिए यह ज़रूरी है कि वनों के प्रति औपनिवेशिक शासन के पहले के दृष्टिकोण को समझा जाए। अंग्रेज़ों के आने से पहले जंगलों की स्थिति के बारे में विद्वानों

में मतभेद है। साम्राज्यवादी इतिहासकार यह मानते हैं कि यदि अंग्रेज़ नहीं आते तो, मूल-निवासियों या इंडिजेनस लोगों द्वारा जंगलों को बर्बाद कर दिया जाता। औपनिवेशिक शासन ने 'जंगलों के लिए होने वाले युद्ध' को ख़त्म कर दिया (रिबेनट्रॉप 1900: 37)। स्टेबिंग जैसे साम्राज्यवादी इतिहासकार मानते हैं कि अंग्रेज़ों ने जंगलों पर आधिपत्य क़ायम कर वहाँ होने वाले संघर्षों को ख़त्म कर दिया और भारत में 'क़ानून के शासन' की स्थापना की (स्टेबिंग 1926)। इसी तरह, एक वरिष्ठ फ़ॉरेस्ट ऑफ़िसर एनॉन ने यह दावा किया कि 'यदि किसी-न-किसी रूप में वन संरक्षण का दख़ल नहीं हुआ होता, तो शायद भारत के जंगल पूरी तरह से ग़ायब हो जाते' (एनॉन 1885: 144)। रिचर्ड ग्रोव भी यह मानते हैं कि औपनिवेशिक शासन से पहले जंगलों की ज़्यादा कटाई होती थी।[1] दूसरी ओर, रामचंद्र गुहा और माधव गाडगिल का मानना है कि अंग्रेज़ों के आगमन से पहले भारत में 'पारिस्थितिक-समानता' की स्थिति थी। इनके अनुसार, औपनिवेशिक काल से पहले के दौर में जंगलों पर ग्रामीण समुदायों का नियंत्रण था और वे ही इसकी देखभाल करते थे। शासकों की माँगें बहुत कम थीं। इस दौर में शासकों ने कभी भी जंगलों में इस तरह हस्तक्षेप नहीं किया जैसा कि औपनिवेशिक दौर में हुआ।[2]

लेकिन दरअसल, ये दोनों ही दृष्टिकोण सच्चाई को पूरी तरह से अभिव्यक्त नहीं करते हैं। भारत विश्व की सबसे प्राचीन खेतिहर सभ्यताओं में से एक रहा है। इसलिए यह सवाल प्रासंगिक नहीं है कि अंग्रेज़ों के आने से पहले पेड़ काटे जाते थे या नहीं। इरफान हबीब और तपन रायचौधरी मानते हैं कि इतिहास के हर दौर में खेती के लिए अधिक-से-अधिक ज़मीन हासिल करने की कोशिश हुई, और इस कारण जंगलों की कटाई भी हुई। भारतीय इतिहास के हर दौर में सैनिक और राजनीतिक सीमाओं की तरह अलग वन सीमा भी थी (हबीब और रायचौधरी 1982: 24)। दिल्ली सल्तनत के मुहम्मद बिन तुगलक (1325-51) जैसे शासक ने जंगलों को साफ़ कर नयी ज़मीन बनाने वाले किसानों को राजस्व में छूट दिया और राज्य की ओर से दूसरी तरह के मदद भी उपलब्ध कराई (वही : 64-65)। महेश रंगाराजन के अनुसार, इस दौर में वनों को ऐसे स्थान

1. रिचर्ड ग्रोव को साम्राज्यवादी इतिहासकारों की श्रेणी में नहीं रखा जा सकता है। दरअसल, इनका ज़ोर इस बात पर है कि औपनिवेशिक शासन के शुरुआती दौर में जंगलों के संरक्षण के संबंध में वन-अधिकारियों के बीच गम्भीर वाद-विवाद हुए (देखें ग्रोव 1995: 380-473)। अध्याय में आगे इनके विचारों का वर्णन किया गया है।
2. दरअसल, रामचंद्र गुहा और माधव गाडगिल ने अपनी सभी कृतियों में इसी विचार को आगे बढ़ाया है। मसलन, देखें, गुहा (1983ए: 1882-96); गाडगिल (1985: 1909-13); गुहा (1989); गुहा (1990: 65-84); गाडगिल और गुहा (1992).

के रूप में देखा जाता था, जहाँ विद्रोही, लुटेरे और टैक्स की चोरी करने वाले किसान और दूसरे राज्यद्रोही तत्त्व छिपते थे। इस तरह, वनों की कटाई से शासकों का राजस्व बढ़ता था और उनके राजनीतिक नियंत्रण में भी बढ़ोतरी होती थी। वनों की कटाई और सैनिक अभियानों में बहुत नज़दीकी संबंध था। युद्ध में जीतने वाले शासकों ने अपनी सैनिक और राजनीतिक शक्ति बढ़ाने के लिए भी वनों को निशाना बनाया। वनों की कटाई द्वारा विद्रोहियों के छिपने का स्थान ख़त्म कर दिया जाता था। जंगलों में होने वाली अधिकांश लड़ाई जंगलों के ख़िलाफ़ लड़ाई बन गयी (रंगराजन 1996: 12)।[3]

शासकों ने कुछ ख़ास वनोपजों पर राज्य का अधिकार घोषित किया। इसके अलावा, सभी दौर में शासकों ने जंगली जानवरों का शिकार करने का अपना अधिकार क़ायम रखा। मुगल बादशाहों के पास जंगलों में शिकार करने का अधिकार था। कुछ निश्चित वनोपजों को भी व्यापार के लिए महत्त्वपूर्ण माना जाता था। मुगल शासकों ने इन वनोपजों पर अपना स्वामित्व घोषित किया। बाद में, दूसरे शासकों ने भी जंगलों को अपनी सम्पत्ति घोषित किया, मसलन, टीपू सुल्तान ने चंदन के बहुमूल्य पेड़ों पर राज्य का स्वामित्व घोषित किया (बुकानन 1884: 51)। महेश रंगाराजन के अनुसार, सिंध और अवध जैसे राज्यों में शासकों ने भूमिपतियों के हितों का संरक्षण करने के लिए वनवासियों को पूरी तरह से जंगल से बाहर कर दिया। लेकिन वे यह भी मानते हैं कि यह एक अपवाद था (रंगराजन 1996: 12)। इसी तरह, पश्चिमी भारत में मराठा लोगों ने तटीय क्षेत्रों के जंगलों पर अपना वर्चस्व क़ायम किया तथा जहाज़ बनाने और राजस्व के लिए पौधे लगाने शुरू किये (ग्रोव 1988: 27)।

इसलिए यह कहना सही नहीं है कि अंग्रेज़ों के आने से पहले भारत में 'पारिस्थितिक-समानता' की स्थिति थी। लेकिन यह कहना भी ग़लत है कि उनके आने से पहले जंगलों के लिए कोई युद्ध चल रहा था और उन्होंने जंगलों को बर्बाद होने से बचा लिया। दरअसल, औपनिवेशिक काल में हुए बदलावों को औपनिवेशिक काल के पहले हुए परिवर्तनों की निरंतरता के रूप में देखना तथ्यों को बहुत सरल तरीक़े से देखना है। जैसा कि हम अध्याय के अगले भागों में देखेंगे कि औपनिवेशिक काल में हुए बदलाव बहुत गहरे थे और इनका दूरगामी प्रभाव पड़ा। अभी तक इस बात का कोई प्रमाण नहीं मिला है कि अंग्रेज़ों के आगमन के पहले वन संसाधनों को लेकर कोई गहरा टकराव था। इस दौर में पूरी तरह पारिस्थितिक-समरसता की स्थिति नहीं थी, लेकिन खेती

3. शिवारामाकृष्णन के अनुसार, औपनिवेशिक राज्य ने जंगलों को आरक्षित करने की अपनी कोशिशों को वैधता देने के लिए यह तर्क दिया कि मुग़लों के बाद के दौर में मराठों आदि ने भी जंगल पर राज्य का नियंत्रण कायम करने की कोशिशें कीं देखें, (शिवारामाकृष्णन 1995: 13); ब्रैंडिस (1875: 13).

लायक़ ज़मीन काफ़ी मात्रा में थी और राज्य का हस्तक्षेप भी कम था। आमतौर पर, भारतीय शासक जंगल से अपनी ज़रूरत की कुछ चीज़ें लेकर ही संतुष्ट रहें। उन्होंने वनवासी लोगों द्वारा जंगल की ज़मीन के प्रयोग को ग़ैरक़ानूनी घोषित नहीं किया। उन्होंने उनके प्रथागत अधिकारों का दमन करने की भी कोशिश नहीं की। उस समय निजी सम्पत्ति की अवधारणा बहुत स्पष्ट नहीं थी। इस कारण बहुत सी विविधताओं को समायोजित करने की गुंजाइश थी।[4] इस दौर में झूम खेती करने वाले घुमंतू समुदायों को काफ़ी हद तक स्वायत्तता हासिल थी।[5] लेकिन युरोपीय लोगों (मुख्यत: अंग्रेज़ों) के भारत आने के बाद न सिर्फ़ जंगलों की स्थिति बहुत प्रभावित हुई, बल्कि जंगलों में रहने वाले और इस पर निर्भर वनवासी लोगों की स्थिति में भी बहुत काफ़ी बदलाव हुआ।

2. अंग्रेज़ों का आगमन और जंगल पर राज्य का असीम स्वामित्व

अठारहवीं सदी में यूरोप में हुए औद्योगिक क्रांति ने युरोप की जीवनशैली में बहुत ज़्यादा बदलाव किया। इसके साथ ही पूँजीवाद का भी उभार हुआ। इसने वस्तुओं का उत्पादन बहुत अधिक बढ़ाया। लेकिन इसने वस्तुओं के उत्पादन के लिए कच्चे माल और बाज़ार को ज़रूरी बना दिया। भारत में अंग्रेजोंकी वन नीति में कच्चे माल की ज़रूरत ने महत्त्वपूर्ण भूमिका निभायी। दरअसल इस पूरी प्रक्रिया में बहुत से जटिल पहलू शामिल हैं। अध्याय के इस भाग में इन जटिल पहलुओं से जुड़े वाद-विवाद की विवेचना की गयी है। इसके साथ ही, इस भाग में 1878 तथा 1927 के वन अधिनियमों के विभिन्न पहलुओं और वनवासी लोगों पर इसके प्रभाव का भी विश्लेषण किया गया है।

पश्चिमी पूँजीवाद ने विश्व की इकोलॉजी या पारिस्थितिकी में बहुत गहरा परिवर्तन किया है। इसके गतिशील विस्तार के कारण दूसरी पारिस्थितिक व्यवस्थाएँ भी प्रभावित हुईं। शुरू में व्यापार और बाद में उपनिवेशवाद के रूप में यह प्रभाव क़ायम हुआ। पश्चिमी पूँजीवाद के हस्तक्षेप के कारण नये क्षेत्रों की सामाजिक, पारिस्थितिक और जनसंख्या संबंधी विशेषताएँ प्रभावित हुईं। उपनिवेशवादी ताक़तों द्वारा यह सुनिश्चित किया गया कि इन सारे बदलावों से प्राथमिक रूप से युरोप को फ़ायदा हो। उपनिवेशवाद का सबसे ठोस नतीजा

4. पूर्व औपनिवेशिक काल में निजी सम्पत्ति के होने या न होने के बारे में वाद-विवाद है, जिसकी विवेचना अध्याय 1 में की गयी है।

5. मसलन, महेश रंगाराजन तथा माधव गाडगिल और रामचंद्र गुहा ने इस बात की गहराई से विवेचना की है कि औपनिवेशिक शासन से पहले झूम खेती पर किसी तरह की पाबंदी नहीं थी, लेकिन अंग्रेज़ों ने झूम खेती पर रोक लगाने की कोशिश की। देखें, रंगराजन (1996: 95-137); गाडगिल और गुहा (1992: 150-163); अध्याय में आगे औपनिवेशिक शासन के झूम खेती पर प्रभाव का वर्णन किया गया है।

यह हुआ कि इसने संसाधनों का वैश्विक नियंत्रण उत्पन्न किया। मसलन, माधव गाडगिल और रामचंद्र गुहा के अनुसार, कोलम्बस द्वारा अपनी यात्रा शुरू करने के पहले प्रत्येक युरोपीय व्यक्ति के लिए 24 एकड़ ज़मीन उपलब्ध थी। नये क्षेत्रों की जीत से यह मात्रा बढ़कर 120 एकड़ हो गयी। उपनिवेशवाद द्वारा खनिज पदार्थों, पौधों और जानवरों के रूप में उपलब्ध संसाधनों का वैश्विक नियंत्रण स्थापित किया गया। इसने बड़े शहरों में औद्योगिक संवृद्धि का स्तर बढ़ाया। राजनीतिक नियंत्रण ने युरोपीय लोगों को ग़ैर-युरोपीय बाजार का नियंत्रण करने की शक्ति प्रदान की (गाडगिल और गुहा 1992: 116-17)।

जंगलों पर अंग्रेजोंके क़ब्ज़े और इसके विविध आयामों के संबंध में बहुत से अध्ययन और विचार सामने आये हैं। 1980 के दशक में भारत में इकोलॉजी और जंगलों के बारे में होने वाले शोधों की संख्या में काफ़ी बढ़ोतरी हुई।[6] इन शोधों में औपनिवेशिक शासन में होने वाले बदलावों और जंगल के संबंध में बने क़ानूनों के विविध पहलुओं का विश्लेषण किया गया। मोटे तौर पर, इस तरह के शोधों को तीन श्रेणियों में बाँटा जा सकता है। पहला, रामचंद्र गुहा और माधव गाडगिल जैसे इतिहासकार औपनिवेशिक शासन को पूरी तरह जंगलों का दोहन करने वाला मानते हैं।[7] दूसरा, रिचर्ड ग्रोव जैसे शोधकर्त्ता मानते हैं कि औपनिवेशिक अधिकारियों के बीच चलने वाले वाद-विवाद में इकोलॉजी से जुड़ी चिंताओं को ख़ास स्थान दिया गया (ग्रोव 1995)। तीसरे स्तर पर, अखिलेश्वर पाठक जैसे विद्वान हैं। ये औपनिवेशिक दौर में वन नीति की समझ के लिए स्थानीय स्तर पर काम करने वाली विचारधारा और रणनीति की समझ को महत्त्वपूर्ण मानते हैं (पाठक 2002)। आगे इन विविध शोध-कार्यों के माध्यम से 19वीं सदी के शुरुआती दशकों में जंगलों की स्थिति, अंग्रेज़ों की रणनीति और 1878 के वन अधिनियम के निर्माण से जुड़े वाद-विवाद का विश्लेषण किया गया है।

रामचंद्र गुहा और माधव गाडगिल ने साम्राज्यवादी इतिहासकारों के मुख्य तर्क को चुनौती दी है कि अंग्रेज़ों के दख़ल ने भारत में जंगलों को बर्बाद होने से बचा लिया। यह तर्क देते हैं कि दरअसल औपनिवेशिक दौर की वन नीति अंग्रेज़ों के साम्राज्यवादी ज़रूरतों और रणनीति का हिस्सा थी। औपनिवेशिक दौर की नीतियों ने जंगलों पर निर्भर समुदायों के जंगलों के साथ संबंधों को पूरी तरह बदल दिया

---

6. रिचर्ड ग्रोव, विनिता दामोदरन और सतपाल सांगवान ने विषय से जुड़े साहित्य के विकास की बेहतर समीक्षा पेश की है। देखें, ग्रोव, दामोदरन और सांगवान (1998 : 1-26)।
7. इस संदर्भ में माधव गाडगिल और रामचंद्र गुहा की कुछ कृतियों का ऊपर उल्लेख किया जा चुका है।

(गुहा 1983ए: 1882-96)। औपनिवेशिक दौर से पहले जंगलों के संसाधनों के उपयोग पर स्थानीय समुदायों का प्रथागत नियंत्रण था। लेकिन अंग्रेज़ों ने जंगलों के वाणिज्यीकरण और जंगलों की कटाई को बढ़ावा दिया (गुहा 1989)। बड़ी नौकाओं के लिए लकड़ियों की ज़रूरत के कारण 1806 में मालाबार में अंग्रेज़ों ने जंगलों से लकड़ियों की कटाई शुरू की। रेलवे की ज़रूरतों को पूरा करने के लिए 1864 में वन विभाग की स्थापना की गयी। जर्मन विशेषज्ञ ब्रैंडिस को वन विभाग का प्रमुख बनाया गया। इसका कारण यह था कि अंग्रेज़ अधिकारियों को वन प्रबंधन का कोई अनुभव नहीं था (गुहा 1989)। इसके बाद अंग्रेज़ों ने वन अधिनियमों द्वारा जंगल पर अपना प्रभुत्व कायम करना शुरू कर दिया। मेटकॉफ के अनुसार रेलवे विकास की ज़रूरतों और 1857 की बग़ावत के बाद भारत में मौजूद वित्तीय संकट ने भारतीय वन अधिनियम के बनने में महत्त्वपूर्ण भूमिका निभायी। इसके अलावा, अंग्रेज़ भारत का उपयोग अपने साम्राज्यवादी हितों को बढ़ावा देने के लिए करना चाहते थे। वे यहाँ से अपने राजस्व को ज़्यादा-से-ज़्यादा बढ़ाना चाहते थे (मेटकॉफ 1964; शिवारामाकृष्णन 1995: 9)। इन्हीं कारकों से प्रभावित होकर अंग्रेज़ों ने 1865 में वन अधिनियम लागू किया। लेकिन यह कानून कई मायनों में सीमित था। यह सिर्फ़ उन्हीं वनों से संबंधित था, जिन्हें सरकार ने 'रिजर्व' घोषित किया था। 'रिजर्व' वनों में भी वन विभाग स्थानीय समुदायों के अधिकारों के साथ छेड़ख़ानी नहीं कर सकता था। वह इन्हें पशुओं की चराई या झूम खेती के लिए जंगल में आग लगाने से नहीं रोक सकता था। इसके अलावा, यह अधिनियम अनारक्षित वनों के बारे में मौन था (पाठक 2002: 93)। इसकी कमियों को दूर करने के लिए 1878 में एक नया क़ानून बनाया गया। रामचंद्र गुहा ने नये कानून के निर्माण की प्रक्रिया और इस दौरान होने वाले वाद-विवाद का विवरण दिया है।[8] दरअसल, 1878 का वन अधिनियम कई वर्षों तक चले विचार-विमर्श का नतीजा था। 1869 में ब्रैंडिस द्वारा इस तरह के कानून का शुरुआती प्रारूप तैयार किया गया। 1874 में वन अधिकारियों का एक सम्मेलन हुआ। इसमें 1865 के वन अधिनियम की कमियों और नये अधिनियम पर विस्तार से चर्चा हुई। इसी के आधार पर ब्रैंडिस ने 1875 में वन क़ानून के संबंध में अपना स्मरण-पत्र (मेमोरेंडॅम) तैयार किया। बाद में, ब्रैंडिस और सिविल सेवा के वरिष्ठ अधिकारी बी.एच. बेडेन पॉवेल ने इस स्मरण-पत्र पर और ज़्यादा काम किया। यही 1878 के भारतीय वन अधिनियम के रूप में सामने आया (गाडगिल और गुहा 1992: 123-134)।

8. सबसे पहले रामचंद्र गुहा ने इस वाद-विवाद का विश्लेषण किया। बाद में, माधव गाडगिल के साथ आयी उनकी किताब में भी यह विवरण शामिल है, देखें, (गुहा 1990); गाडगिल और गुहा (1992 : 123-134); 1878 के वन अधिनियम की पृष्ठभूमि और प्रावधानों के संबंध में देखें, गुहा (1983ए)।

रामचंद्र गुहा और माधव गाडगिल ने 1878 के वन अधिनियम के निर्माण के समय सामने आये विचारों को तीन भागों में बाँटा है। उन्होंने पहले दृष्टिकोण को संयोजनवादी (ऐनेक्सनिस्ट) की संज्ञा दी है। इस दृष्टिकोण के समर्थक बेडेन-पॉवेल थे। उन्होंने इस बात पर ज़ोर दिया कि वन क्षेत्रों पर पूरी तरह राज्य का नियंत्रण होना चाहिए। बेडेन-पॉवेल ने 'अधिकारों' और 'छूट' या 'सुविधा' में अंतर किया। अधिकार उन्हें माना गया, जो स्पष्ट रूप से क़ानूनी अधिकार थे, और जिनका उल्लेख भूमि रेकार्ड में था। दूसरी ओर, 'छूट' या 'सुविधा' को चराई और जलावन की लकड़ियों को ले जाने आदि के रूप में परिभाषित किया गया। ये क़ानूनी अधिकार नहीं थे। लोगों की सुविधा के लिए सरकार इसकी इजाज़त दे सकती थी, और अपनी मर्ज़ी के अनुसार वापस भी ले सकती थी (गुहा 1990; गाडगिल और गुहा 1992: 125)। दूसरा दृष्टिकोण प्रैग्मेटिक या परिणामवादी दृष्टिकोण था। ब्रैंडिस इस दृष्टिकोण के समर्थक थे। ब्रैंडिस का मानना था कि इकोलॉजी (या पारिस्थितिकी) के लिए संवेदनशील और रणनीतिक रूप से महत्त्वपूर्ण जंगलों का प्रबंधन राज्य को करना चाहिए। इसके अलावा, बाक़ी सभी जंगलों का प्रबंधन सामान्य व्यवस्था के अंतर्गत क़ायम रहने देना चाहिए। तीसरा, लोकलुभावनवादी या पॉपुलिस्ट नज़रिया था। मद्रास प्रेजीडेंसी द्वारा इस दृष्टिकोण को आगे बढ़ाया गया। इसमें इस बात पर ज़ोर दिया गया कि वन क्षेत्रों पर किसानों और जनजातियों का सम्प्रभु अधिकार होना चाहिए। बहरहाल गुहा और गाडगिल का मानना है कि 1878 के अधिनियम में बेडेन-पॉवेल के विचारों का वर्चस्व रहा। शिवारामकृष्णन भी मानते हैं कि 1878 के वन अधिनियम में बेडेन-पॉवेल के संयोजनवादी दृष्टिकोण का सबसे ज़्यादा प्रभाव था। यद्यपि मद्रास सरकार ने शुरू में विद्रोही रुख अख़्तियार किया, लेकिन यह विद्रोह लंबे समय तक क़ायम नहीं रह पाया। 1882 में मद्रास सरकार ने जिस वन अधिनियम को पारित किया, वह 1878 के वन अधिनियम के अनुरूप ही था (वही : 133)।[9]

औपनिवेशिक दौर में जंगलों की स्थिति पर शोध-कार्यों के बढ़ने के साथ गाडगिल और गुहा के विश्लेषण पर कई तरह के सवाल उठाए जाने लगे। कई शोधकर्त्ताओं, ख़ासतौर पर रिचर्ड ग्रोव का यह मानना है कि गुहा और गाडगिल 1800 से 1850 के बीच औपनिवेशिक अधिकारियों के बीच चलने वाले वाद-विवाद की उपेक्षा करते हैं (ग्रोव, दामोदरन और सांगवान 1998: 12; पाठक 2002 : 74-75)। ग्रोव के अनुसार, इस दौर में औपनिवेशिक अधिकारियों का एक तबक़ा ऐसा था, जो संरक्षण की चिंताओं को बहुत ज़्यादा महत्त्व देता

9. महेश रंगाराजन भी 1878 के वन अधिनियम के निर्माण के समय बेडेन पॉवेल और ब्रैंडिस के दृष्टिकोणों के बारे में इसी तरह का विवरण देते हैं। देखें, रंगराजन (1996: 30-31)।

था। शुरुआती दौर में अंग्रेज़ों ने एक संरक्षण अधिकारी (या कंजर्वेटर) की नियुक्ति की थी। इनका काम वनों में उपयोगी लकड़ियों की सुरक्षा करना था। वे इस बात पर ज़ोर देते हैं कि अलेक्जेंडर गिब्सन और हग क्लेगॉर्न जैसे अधिकारियों ने पेड़ों की ज़्यादा कटाई के नकारात्मक प्रभावों पर ज़ोर दिया। इन अधिकारियों ने इस मुद्दे को लकड़ियों की सुरक्षा से आगे बढ़ाते हुए और अधिक व्यापक बनाया। 1837 से ही इन्होंने इस बात पर ज़ोर देना शुरू किया कि वनों की कटाई और सूखा आपस में जुड़े हुए हैं। अब यह माना जाने लगा कि पानी की आपूर्ति और खेती के विकास के लिए जंगलों की सुरक्षा ज़रूरी है (ग्रोव 1995: 399–427)। ग्रोव का मानना है कि इन औपनिवेशिक सर्जनों ने जंगलों की कटाई और इसके नकारात्मक प्रभावों के बारे में व्यापक रिपोर्ट पेश किया। लॉर्ड डलहौजी इस रिपोर्ट से बहुत प्रभावित हुए और उन्होंने भारत में औपनिवेशिक वन प्रबंधन की शुरुआत की (ग्रोव 1988: 38–39)। ग्रेगोरी एलन बर्टन ने भी इस बात पर ज़ोर दिया है कि पर्यावरणवाद की शुरुआत होने में, भारत के अंग्रेज़ अधिकारियों द्वारा किये गये कार्यों ने महत्त्वपूर्ण भूमिका निभायी (बर्टन 2002)। बहरहाल, महेश रंगाराजन के अनुसार, गुहा–गाडगिल और ग्रोव अलग–अलग दौरों के बारे में तर्क देते हैं। ग्रोव औपनिवेशिक शासन के शुरुआती दौर पर ज़्यादा ध्यान देते हैं। इसके विपरीत, गुहा और गाडगिल उन्नीसवीं सदी के दूसरे भाग (1850 के बाद) पर ध्यान केंद्रित करते हैं। गुहा औपनिवेशिक शासन के हित की व्यापक एकता का परीक्षण करते हैं। दूसरी ओर, ग्रोव औपनिवेशिक अधिकारियों के बीच मतभेद को सामने लाते हैं (रंगराजन 1996: 15)।

अखिलेश्वर पाठक ने गुहा और ग्रोव दोनों की ही आलोचना की है। उनके अनुसार, ग्रोव क्लेगॉर्न का इस तरह वर्णन करते हैं, मानो वे संरक्षण के लिए तरह–तरह के वैज्ञानिक परीक्षण करने में व्यस्त थे। दरअसल, क्लेगॉर्न एक प्रशासक भी थे। उन्होंने इस बात को स्वीकार किया कि वन प्रशासन को शुरू करने का मुख्य उद्देश्य यह था कि 'उत्तम श्रेणी की लकड़ियों को क़ायम रखा जा सके' (क्लेगॉर्न, पाठक 2002: 80 में उद्धृत)।[10] इसी तरह, पाठक मानते हैं कि गुहा के विवरण में बेडेन–पॉवेल और ब्रैंडिस के बीच के अंतर को ग़लत तरीके से समझा गया है। इनके विवरण में मद्रास प्रेजीडेंसी के वैकल्पिक दृष्टिकोण का सही कारण पेश नहीं किया गया है (वही : 102–3)। पाठक मानते हैं

10. रंगराजन भी यह मानते हैं कि शुरुआती दौर में चलने वाले संरक्षण संबंधी वाद–विवाद के महत्त्व को बढ़ा–चढ़ाकर नहीं देखा जाना चाहिए। अधिकांश मामलों में प्रांतीय अधिकारियों ने संरक्षण संबंधी कोशिशों को तभी गम्भीरता से लिया, जब सार्वजनिक कामों के लिए लकड़ी की आपूर्ति कम पड़ने लगी, देखें, रंगराजन (1996: 29)।

कि ब्रैंडिस की तुलना में बेडेन-पॉवेल स्थानीय समुदायों के अधिकारों के बारे में ज़्यादा चिंतित थे। वे यह दिखाते हैं कि खुद बेडेन-पॉवेल ने 1875 के अपने प्रस्ताव में तीन तरह के वनों का निर्माण करने की बात कही थी: विशेष रिजर्व, सामान्य रिजर्व और ज़िला वन क्षेत्र। विशेष रिजर्व में लोगों को कोई अधिकार नहीं होता। सामान्य रिजर्व में कुछ छूटों की इजाज़त दी जा सकती थी। लेकिन ज़िला वन क्षेत्र पूरी तरह से ग्रामीणों के उपयोग के लिए था। इससे यह पता चलता है कि गुहा जिस रूप में बेडेन-पॉवेल के विचार पेश करते हैं, वह तथ्यों के अनुरूप नहीं है। पाठक मानते हैं कि ब्रैंडिस को स्थानीय समुदायों के अधिकारों का समर्थक मानना भी सही नहीं है। सच्चाई यह है कि ब्रैंडिस ज़्यादा कठोर क़ानून के हिमायती थे (वही : 122-41)। इसके अलावा, मद्रास प्रेजीडेंसी के वैकल्पिक दृष्किोण के पीछे मुख्य कारण यह था कि मद्रास प्रेजीडेंसी के गवर्नर केंद्रीय सरकार की बढ़ती भूमिका से नाखुश थे (वही : 113-21)।

बहुत से भारतीय विद्वानों ने इस तर्क को भी ख़ारिज़ किया है कि अंग्रेज़ शासकों द्वारा इस तरह के क़ानूनों द्वारा भारत में 'क़ानून का शासन' स्थापित किया गया। रणजीत गुहा और उपेंद्र बख़्शी आदि इस बात को नकारते हैं कि अंग्रेज़ों ने भारत में क़ानून का शासन स्थापित किया। वे मानते हैं कि क़ानून का शासन सिर्फ़ इंग्लैण्ड के लिए था। रणजीत गुहा ने यह दिखाया है कि बंगाल में परमानेंट सेटलमेंट (या स्थाई बंदोबस्त) के पहले अंग्रेज़ अधिकारियों ने अपनी इच्छा के अनुसार कुछ वर्षों के अंतराल पर राजस्व संबंधी क़ानून बदले (गुहा 1963: 11-19; बख़्शी 1982)। अखिलेश्वर पाठक ने जंगलों के संदर्भ में यह दिखाया है कि अंग्रेज़ों के क़ानून किसी भी तरह से वस्तुनिष्ठ 'क़ानून के शासन' का प्रतिनिधित्व नहीं करते थे :

> 19वीं सदी में वनों के स्वामित्व का क़ानून तक़रीबन हर दस साल में बदला गया। इंग्लिश ईस्ट इंडिया कंपनी ने भारत में अपना राजनीतिक नियंत्रण मजबूत करते हुए 1792 में स्थानीय शासक टीपू सुल्तान से मालाबार का क्षेत्र हासिल किया। यहाँ कम्पनी के अधिकारियों ने यह घोषित किया कि जिन लोगों की ज़मीन है, वही जंगल के मालिक हैं। लेकिन 1800 ई. में सर्वोच्च प्रशासनिक इकाई 'कोर्ट ऑफ़ डायरेक्टर्स' ने यह कहा कि स्थानीय क़ानून के अनुसार जंगल पर कंपनी का हक़ है। 1840 में 'कोर्ट ऑफ़ डायरेक्टर्स' ने दुबारा यह कहा कि कम्पनी ने कभी भी मालाबार के जंगलों पर दावा नहीं किया। कनारा में 1800 ई. से ही कम्पनी ने यह क़ानून कायम रखा कि भूमिधारी (या लैंडहोल्डर्स) ही जंगल के मालिक हैं। 1860 ई. में इस क़ानून को एक भूल क़रार दिया गया। अब

> यह कहा गया कि सही क़ानून यह है कि राज्य जंगलों का मालिक है। लेकिन इसके तुरंत बाद मद्रास के अधिकारियों ने यह दावा किया कि दरअसल, यह 'सही' नज़रिया ग़लत है, और जंगलों के वास्तविक मालिक भूमिधारी लोग ही हैं।.....लेकिन 1878 के वन अधिनियम में फिर से राज्य को वनों का मालिक माना गया। फिर 1882 में मद्रास वन अधिनियम ने यह घोषणा की कि राज्य ही वनों का मालिक है (पाठक 2002: 1-2)।

स्पष्टतः पाठक मानते हैं नये क़ानूनों बनने में अंग्रेज़ी शासन के हितों ने सबसे महत्त्वपूर्ण भूमिका निभायी। अंग्रेज़ों ने भारत के वनों पर क़ब्ज़ा करने और स्थानीय समुदायों के अधिकारों को सीमित करने के लिए 'एमिनेंट डोमेन' के सिद्धांत का इस्तेमाल किया।[11] बहुत से विचारकों ने इस दौर में क़ानून निर्माण करने वालों की दार्शनिक पृष्ठभूमि को स्पष्ट करने का प्रयास किया है। मसलन, ई. स्टोक्स का यह मानना है कि उन्नीसवीं सदी के भारत में ब्रिटिश क़ानून निर्माण के बौद्धिक इतिहास को उपयोगितावादी दर्शन और क्लासिकल अर्थशास्त्र के साथ एक विस्तृत संवाद के रूप में देखा जा सकता है। औपनिवेशिक प्रशासन पर जे. एस. मिल और लार्ड मैकॉले के विचारों का बहुत गहरा प्रभाव था (स्टोक्स 1959)। इस संदर्भ में ज्यूडी व्हाइटहेड ने यह तर्क दिया है कि लॉक के सम्पत्ति के सिद्धांत का भारत में गहरा प्रभाव पड़ा (व्हाइटहेड 2010)। दरअसल, इस दौर में औपनिवेशिक प्रशासकों, मिशनरियों और व्यापरियों पर यह विश्वास गहरे रूप से हावी था कि सामाजिक संगठन और सम्पत्ति संबंधों के एक निश्चित सामूहिक या कॉरपोरेट रूप सही नहीं है। इसमें संसाधनों का बहुत ही लापरवाह तरीके से उपयोग किया जाता था। यह विश्वास इस विचारधारा पर आधारित था कि निजी स्वामित्त्व सामुदायिक रूपों से ज़्यादा उच्चतर है (पीटर्स 1987, शिवारामाकृष्णन 1995 : 11 पर उद्धृत)।[12] यह भी सच है कि ब्रिटिश प्रशासन में प्रभुत्त्वशाली कारकों ने सामान्य सम्पत्ति प्रबंधन की अलिखित व्यवस्थाओं को मान्यता नहीं दी (शिवारामाकृष्णन 1995: 12)। इसका सीधा अर्थ यह था कि जंगलों में रहने वाले आदिवासियों के प्रथागत अधिकारों को नकार दिया गया। दरअसल, उपयोगितावाद और जॉन लॉक के विचारों से ब्रिटिश प्रशासक परिचित और प्रभावित थे। उन्होंने इन दार्शनिक आधारों का उपयोग अंग्रेज़ी साम्राज्य के व्यापक हितों को बढ़ावा देने के लिए किया। 1878 के वन अधिनियम के निर्माण के समय अंग्रेज़ों के साम्राज्यवादी हितों को सबसे ज़्यादा महत्त्व दिया

11. पिछले अध्याय में 'एमिनेंट डोमेन' के सिद्धांत की विवेचना की गयी है।

12. पीटर्स ने यह विचार अफ्रीकी अनुभवों के आधार पर व्यक्त किये थे, लेकिन शिवारामाकृष्णन का यह मानना सही है कि यह भारत की हक़ीक़त को भी अभिव्यक्त करता है, देखें, शिवारामाकृष्णन (1995: 11)

गया।

1878 के वन अधिनियम ने जंगलों में राज्य के असीम स्वामित्व को स्थापित किया। 1927 में इसकी जगह एक दूसरा अधिनियम लाया गया। दरअसल, 1927 का वन अधिनियम 1878 के वन अधिनियम पर ही आधारित था। 1927 के अधिनियम के 84 धाराओं में से 81 धाराएँ वही थी जो 1878 के वन अधिनियम में थे (सिंह 1986: 24)। 1927 के भारतीय वन अधिनियम के अनुसार, कोई भी व्यक्ति वन में निजी सम्पत्ति का दावा इस आधार पर नहीं करेगा कि वह वहाँ रह रहा है। वह इस आधार पर भी निजी संपति का दावा नहीं कर सकता है कि उसके पूर्वज उस स्थान पर बहुत पहले से रहते आये हैं। ऐसे लोगों का जंगल के उत्पादों पर भी कोई अधिकार नहीं होगा (वही : 10)। इसकी धारा 4 में किसी सामूहिक भूमि को सरकारी भूमि बदलने के तरीक़े को स्पष्ट किया गया। इसमें फॉरेस्ट सेटलमेंट अफ़सरों को यह निर्देश दिया गया कि वे सरकारी गज़ट में एक नोटिस प्रकाशित करें, जिसमें वन भूमि को सरकारी भूमि घोषित करने की सरकारी मंशा का उल्लेख हो। ऐसी स्थिति में, यदि किसी व्यक्ति का उस ज़मीन के किसी भाग पर अधिकार है, तो वह निजी सम्पत्ति का दावा कर सकता है। धारा 5 में इस बात का उल्लेख है कि यदि वे निश्चित अवधि अर्थात् तीन महीने के भीतर दावा नहीं करते हैं, तो उनके सारे अधिकार ख़त्म हो जाएँगे। निजी सम्पत्ति का दावा करने के लिए लिखित प्रमाण की माँग की गयी। इस धारा में यह प्रावधान भी किया गया कि जहाँ वन अधिनियम के अंतर्गत निजी सम्पत्ति का दावा किया जाता है, वहाँ सरकार *भूमि अधिग्रहण अधिनियम*[13] और दूसरे क़ानूनों के सहारे 'सार्वजनिक उद्देश्य' के लिए भूमि अधिग्रहण कर सकती है।

यह प्रक्रिया उस समय जंगल के किसी ज़मीन को सरकारी ज़मीन घोषित करने की इंग्लैण्ड की प्रक्रिया की तरह ही थी, इसलिए यह न्यायपूर्ण लग सकती है। लेकिन मूल सवाल यह है कि जंगलों में रहने वाले कितने लोगों कि पहुँच सरकारी गज़ट तक होती थी। वर्तमान समय में भी बहुत कम वन निवासी को सरकारी गज़ट के बारे में जानकारी होती है। अठारहवीं सदी में सरकारी गज़ट के बारे में जानकारी रखने वाले लोगों की संख्या बहुत ही कम थी। शुरुआती तकनीकी मुश्किलों के साथ-ही-साथ इस प्रक्रिया में और भी गहरी समस्याएँ थीं। उस समय वनों में निवास करने वाले लोग निजी संपति की संकल्पना से पूरी तरह अपरिचित थे। ऐसे में, उनसे निजी सम्पत्ति का दावा करने के लिए कहना उनकी अज्ञानता का फ़ायदा उठाना था। वनवासी लोगों

13. इसके बारे में पिछले अध्याय में वर्णन किया गया है।

को इस बारे में शिक्षित करने की कोई कोशिश नहीं की गयी कि निजी सम्पत्ति के अधिकार का क्या मतलब है, या इस तरह की सम्पत्ति का दावा नहीं करने का क्या मतलब है, या इस तरह का दावा करने का अधिकार किसे है। ऐसे में, यह तय था कि शायद ही कोई जनजाति या दूसरा वनवासी समूह निजी सम्पत्ति का दावा करता। इसके अलावा, इस क़ानून की धारा 5 में केवल व्यक्तिगत निजी सम्पत्ति अधिकारों के लिए अधिसूचना जारी करने का प्रावधान है। यह जनजातियों या उनके गोत्रों के लिए सामूहिक या सामुदायिक अधिकारों का प्रावधान नहीं करती है। वास्तव में, अंग्रेज़ इस क़ानूनी प्रक्रिया के माध्यम से यह दावा कर सकते थे कि वे 'सार्वजनिक उद्देश्य' के लिए एक सभ्य क़ानूनी प्रक्रिया का सहारा ले रहे हैं। यह 'सार्वजनिक उद्देश्य' इंग्लैण्ड और उसकी औपनिवेशिक फ़ायदे से संबंधित था। जनजातियों की स्थिति सुधारने से इसका कोई लेना-देना नहीं था (वही : 11)। उस समय के नासिक के कलेक्टर एर्सकिन ने इस क़ानून की पूरी प्रक्रिया को 'बेतुका' कहा था। उन्होंने लिखा कि "कल्पना कीजिए कि एक भील या कोली को 'लिखित नोटिस' जारी कर यह निर्देश दिया जाता है कि संबंधित अधिकारी को अपने जंगल से जुड़े अधिकारों की प्रकृति बताए। मेरा दावा है कि कोई भी भील या कोली कभी भी इस तरह की नोटिस का जवाब नहीं देगा। ऐसे में, क्या हम यह मान लेंगे कि वनों पर उनका कभी कोई अधिकार रहा ही नहीं" (रंगराजन 1996: 31)।

इतिहास के सभी दौरों में वनवासी लोग वनों और इसके उत्पादों का प्रयोग करते रहे थे। इसलिए भले ही सरकारी नोटिस आने के बाद उन्होंने वन भूमि और इसके संसाधनों पर अपने अधिकारों का दावा पेश नहीं किया, लेकिन उन्होंने इसका प्रयोग जारी रखा। भारत में औपनिवेशिक शासक इस स्थिति को ख़त्म करना चाहते थे। इसलिए वन अधिनियम की धारा 6 से धारा 16 में पशुओं को चराने, जल संसाधनों और वन-उत्पादों के उपयोग और झूम खेती आदि जैसे अधिकारों का आंशिक रूप से दावा करने के संबंध में प्रावधान है। इन मामलों में फ़ॉरेस्ट सेटलमेंट ऑफ़िसर (या वन व्यवस्था अधिकारी) को अधिकार तय करने की पूरी शक्ति दी गयी। धारा 7 का शीर्षक है– 'वन व्यवस्था अधिकारी द्वारा छानबीन।' लेकिन यह छानबीन केवल उन वनवासी लोगों का बयान रिकार्ड करने तक सीमित थी, जो ख़ुद अपना बयान देने आते थे। इसमें किसी तरह का फ़ील्ड वर्क या दस्तावेज़ों की छानबीन शामिल नहीं थी। अंतिम रूप से सेटेलमेंट अधिकारी के फ़ैसलों द्वारा ही अधिकारों का निर्धारण होता था। वास्तव में, ये 'अधिकार' ऐसी सुविधाएँ थीं, जिन्हें व्यवस्था-अधिकारी अपनी मनमर्जी के हिसाब से किन्हीं ख़ास व्यक्तियों या समुदायों को देता था। इन सुविधाओं को वन अधिकारी अपनी

मनमर्जी से वापस भी ले सकता था (सिंह : 13)।

स्पष्ट रूप से, इस वन क़ानून का मक़सद वन संसाधनों का दोहन करना था। इसके लिए एक ऐसी व्यवस्था स्थापित करने की ज़रूरत थी, जो दमनकारी शक्तियों के प्रयोग को वैधता दे। इसलिए भारत में दो तरह के आपराधिक क़ानून बनाने की ज़रूरत महसूस की गयी- एक तरह का क़ानून उन लोगों के लिए जो निजी स्वामित्त्व वाली ज़मीन पर रहते थे, और दूसरा अलग तरह का क़ानून उन लोगों के लिए जो अपनी जीविका के लिए जंगल जैसी सामूहिक भूमि पर निर्भर थे। वास्तव में, वन अधिनियम ने वनों और इसके संसाधनों के संबंध में एक अतिरिक्त और समानांतर आपराधिक क़ानून का निर्माण किया। इसके लिए अलग प्रक्रिया और सज़ा का प्रावधान किया गया। इसने लोगों को दो तरह के नागरिकों के रूप में बाँट दिया। वनों पर अपनी जीविका के लिए निर्भर लोगों के लिए बाक़ि लोगों से अलग और क़ठोर क़ानून बनाए गये। वन अधिनियम में वनों से संबंधित अपराधों की प्रकृति को स्पष्ट रूप से परिभाषित नहीं किया गया। लेकिन इस क़ानून की धारा 64 इस संबंध में वन अधिकारी को पूरी शक्ति देता है। धारा 64 के अनुसार, वन-अधिकारी बिना वारंट के किसी भी ऐसे व्यक्ति को गिरफ्तार कर सकता है, जिस पर उसे वन और उसके उत्पादों के संबंध में किसी भी तरह के अपराध का संदेह हो (वही : 13)।

1878 के वन अधिनियम द्वारा वनों को तीन भागों में बाँटा गया (गाडगिल और गुहा 1992: 134)। पहले प्रकार के वनों को आरक्षित वन (रिजर्वड फ़ॉरेस्ट) कहा गया। इस वर्ग में उन वनों को रखा गया, जो घने और मूल्यवान क्षेत्रों में थे। शहरों से यातायात से जुड़े होने के कारण इनका आसानी से और नियमित रूप से दोहन किया जा सकता था। आरक्षित क्षेत्रों में पूर्ण रूप से राज्य के नियंत्रण को सुनिश्चित रूप से स्थापित करने की कोशिश की गयी। इन क्षेत्रों में वहाँ पहले से रहने वाले लोगों के अधिकारों का स्थायी तौर पर निपटारा करने का प्रावधान किया गया। पूर्ण रूप से राज्य के नियंत्रण को स्थापित करने के लिए या तो वहाँ रहने वाले लोगों के निजी सम्पत्ति के अधिकार को ख़त्म कर दिया गया या उन्हें दूसरी जगह स्थानांतरित कर दिया या कुछ मामलों में उन्हें उसी क्षेत्र में अपने अधिकारों का उपयोग करने दिया गया।

दूसरी श्रेणी में तथाकथित संरक्षित वनों (प्रोटेक्टेड फ़ॉरेस्ट) को रखा गया। संरक्षित वन भी राज्य नियंत्रण में रखे गये। इन वनों में अधिकार रिकार्ड किये गये, लेकिन उन्हें तय (या सेटल) नहीं किया गया। इसमें किसी विशिष्ट प्रजाति के व्यावसायिक रूप से फ़ायदेमंद पेड़ को आरक्षित करने का प्रावधान भी किया गया। राज्य ज़रूरत पड़ने पर इन जंगलों में पशुओं को चराने या यहाँ से लकड़ियाँ ले जाने पर प्रतिबंध लगा सकता है। इस तरह, इस क्षेत्र में राज्य का नियंत्रण

क़ायम रखने की व्यवस्था की गयी। व्यवसायिक माँगों के बढ़ते जाने के कारण धीरे-धीरे संरक्षित वनों को आरक्षित वनों में बदल दिये जाने की प्रवृत्ति रही है। मसलन, 1890 में आरक्षित वन 56,000 वर्ग मील और संरक्षित क्षेत्र 20,000 वर्ग मील था। लेकिन एक दशक बाद आरक्षित वनों का क्षेत्र बढ़कर 81,4000 वर्ग मील हो गया, जबकि संरक्षित वनों का क्षेत्र घटकर 8,300 वर्ग मील रह गया (गुहा 1983बी : 1941)। इस अधिनियम में एक तीसरे श्रेणी के वनों अर्थात् ग्राम वनों के गठन का प्रावधान भी था। लेकिन सरकार द्वारा इस उपमहाद्वीप के अधिकांश भागों में इस विकल्प का प्रयोग नहीं किया गया।

दरअसल, वन विभाग के गठन और 1878 के वन अधिनियम द्वारा अंग्रेज़ों ने एक साथ दो लक्ष्य पूरा किया- पहला, उन्होंने वनवासी समूहों के जंगल और उसके संसाधनों पर अधिकार को नकारा; और दूसरा, जंगल के संसाधनों के दोहन के लिए एक स्पष्ट व्यवस्था क़ायम की। सबसे खास बात यह है कि अंग्रेज़ों ने जंगलों को पूरी तरह से राज्य की सम्पत्ति में बदल दिया। अंग्रेजोंसे पहले भी शासक जंगलों में अपना दावा ठोकते थे, पर उन्होंने जंगल की रोज़-ब-रोज़ की ज़िंदगी में दखलंदाज़ी नहीं की। लेकिन अंग्रेज़ों ने ऐसा किया। अंग्रेज़ों द्वारा थोपी गयी इस व्यवस्था में सदियों से जंगल में रहने वाले समूह 'अतिक्रमक' बन गये। साथ ही, जंगल में उनके सारे परम्परागत अधिकार 'छूट' में तब्दील हो गये। इससे स्थानीय समुदायों के परंपरागत अधिकारों में ज़बर्दस्त कटौती हुई (सिंह 1986; गुहा 1989; नदकर्णी 1989)। असलियत यह है कि अपने साम्राज्यवादी मंसूबों को पूरा करने के लिए ही अंग्रेज़ों ने ऐसी व्यवस्था क़ायम की।

3. साम्राज्यवादी हित और भारतीय वनों का व्यवस्थित दोहन

यह सच है कि 1800 से 1860 के बीच के वर्षों में अंग्रेज़ अधिकारियों का एक ऐसा तबक़ा था, जिसने जंगलों के संरक्षण की वकालत की। लेकिन इस दौर में भी अंग्रेज़ों के साम्राज्यवादी हितों को पूरा करने के लिए जंगलों का दोहन किया जाता था। रेलवे के आगमन के बाद यह दोहन व्यवस्थित रूप से और ज़्यादा बढ़ा। 1878 के वन अधिनियम लागू होने के बाद औपनिवेशिक शासन की इस प्रवृत्ति के बारे में विद्वानों में एक तरह की आम-सहमति है। मसलन, रिचर्ड ग्रोव भी अपनी दूसरी किताब में यह स्वीकार करते हैं कि 1864 के बाद के रामचंद्र गुहा के विवरण के बारे में तक़रीबन आम-सहमति है (ग्रोव, दामोदरन और सांगवान 1998: 12)।[14]

अंग्रेज़ों ने अपने शासन के शुरुआती दौर में नौकाओं के निर्माण के लिए

14. बेंजामिन वील ने भी यह तर्क दिया है कि भारत में वन सेवा की शुरुआत (शेष अगले पृष्ठ पर)

जंगलों का दोहन किया। बाद में, रेलवे की स्थापना और विस्तार होने से पेड़ों की कटाई बहुत बढ़ गयी। प्रथम और द्वितीय विश्व युद्ध के दौरान भी जंगलों का ज़्यादा दोहन किया गया। इसके अलावा, साम्राज्यवादी नीति के सिद्धांतों के अनुरूप वन विभाग को जंगलों से न सिर्फ़ अपना खर्च चलाना था, बल्कि उद्योगों को भी मुनाफे में रखना था। अध्याय के इस भाग में अंग्रेज़ों द्वारा जंगलों के दोहन और जंगलों तथा जंगल पर निर्भर लोगों पर इसके प्रभाव की विवेचना की गयी है।

अंग्रेज़ों के आगमन के शुरुआती दौर में लकड़ियों की आपूर्ति और खेती के लिए ज़्यादा-से-ज़्यादा ज़मीन हासिल करने के मक़सद से जंगलों की काफ़ी कटाई की गयी।[15] इसी समय, अंग्रेज़ी साम्राज्य के नीति-निर्धारक यह महसूस करने लगे थे कि भारतीय वन रणनीतिक और व्यावसायिक रूप से काफ़ी महत्त्वपूर्ण हैं। अंग्रेज़ों और फ्रांसीसियों के बीच प्रतिद्वंद्विता के कारण भारतीय उपमहाद्वीप के वनों का महत्त्व बढ़ गया। अब नौकाओं की लकड़ियों के लिए नये जंगलों की ज़रूरत महसूस की जाने लगी। अंग्रेज़ों ने नौकाओं के लिए लकड़ियों की माँगों की पूर्ति के लिए ही भारतीय वनों पर नियंत्रण करना शुरू किया। कलकत्ता में 1780 से नौकाएँ बननी शुरू हो गयी थीं और सागौन (टीक) के पेड़ों का निर्यात शुरू हो गया था। 1800 ईस्वी तक भारत में बनी नौकाएँ जावा और लाल समुद्र (रेड सी) तक भेजी जाने लगी थी और बम्बई में नियमित रूप से नौकाओं का निर्माण होने लगा था (एल्बिअन 1926: 367-68, रंगाराजन 1996 : 20 पर उद्धृत)।

1850 के दशक में भारत में रेलवे संबंधी निर्माण कार्य शुरू हो गया। रेलवे को स्लीपरों के लिए लकड़ियों की ज़रूरत थी। स्लीपरों के अलावा पंजाब जैसे राज्य भी रेलवे ईंधन के लिए लकड़ियों पर ही निर्भर था (मेग्गिस 1982: 387)। इससे जंगलों की कटाई बहुत ज़्यादा बढ़ गयी। 1863 में रेलवे नेटवर्क

संरक्षणवादी सिद्धांतों के आधार पर हुई। लेकिन बीसवीं सदी के आते-आते यह मुनाफ़े के लिए उन्हीं जंगलों के दोहन में लग गयी जिनके सुरक्षा की जिम्मेदारी इसके ऊपर थी (वील 2006)। दरअसल यह विचार भी अपने-आप में विवादित विचार है कि भारत में वन सेवा की शुरुआत संरक्षणवादी सिद्धांतों पर हुई थी। मेरा मानना है कि यह अंग्रेज़ों के साम्राज्यवादी हितों को पूरा करने का साधन रही। बहरहाल, ग़ौरतलब बात यह है कि वील भी साम्राज्यवादी हितों को पूरा करने की इसकी प्रवृत्ति को रेखांकित करते हैं।

15. भारत में औपनिवेशिक शासन से पहले के शासक भी जंगलों को बर्बाद करते थे। लेकिन अंग्रेज़ों के दौर में इस तरह से वनों को बहुत ज़्यादा बर्बाद किया जाने लगा। मसलन, अंग्रेज़ों ने 19वीं सदी के शुरुआत में मराठों को हरा दिया। इसके बाद ईस्ट इंडिया कंपनी ने रत्नागिरी ज़िले में मराठा सेनापति कान्होजी आंग्रे द्वारा लगाए सागौन के पेड़ों के जंगलों को कटवा दिया। देखें, रंगाराजन (1996: 20)।

के शुरुआती निर्माण के बाद यह प्रक्रिया और भी गहरी हुयी। रेलवे की ज़रूरतों को पूरा करने के लिए भारी संख्या में जंगलों की कटाई की गयी। जंगलों की कटाई की इस पूरी प्रक्रिया में किसी तरह के नियंत्रण या निरीक्षण की व्यवस्था नहीं थी। कई मरतबा बहुत संख्या में पेड़ काटे गये और उनका कोई उपयोग भी नहीं किया गया (वही : 298-9)।

रेलवे के कारण इकोलॉजी में काफ़ी परिवर्तन हुए। क्लेगॉर्न ने इन परिवर्तनों का सबसे स्पष्ट वर्णन किया है। क्लेगॉर्न के अनुसार, 'मेलघाट और उत्तरी आरकोट पहाड़ियाँ लकड़ियों के जंगल से भरी पड़ी थीं। लेकिन वहाँ रेलवे की ज़रूरतें पूरी करने के लिए वनों की भारी कटाई हुई। इस कारण वहाँ बहुत कम पेड़ बचे हैं। उन सभी स्थानों पर जहाँ पहले पेड़ थे, वहाँ सिर्फ़ पेड़ काटे जाने का निशान बचा है। इस तरह से यह क्षेत्र जंगली जानवरों की सुरक्षा के लिए भी ख़तरनाक बन गया है' (क्लेगॉर्न 1860: 2-3)। केवल मद्रास प्रेसीडेंसी में ही जंगलों से 250,000 स्लीपर या 35,000 पेड़ों की वार्षिक ज़रूरत थी। इन ज़रूरतों को पूरा करने के लिए ठेकेदारों ने इन जंगलों की नियमित रूप से ज़्यादा कटाई की। इसके साथ ही स्लीपर्स के निर्माण में ऐसे पेड़ों को भी आजमाया गया, जिन्हें स्लीपरों के निर्माण लायक़ नहीं माना जाता था। इसलिए जिन स्लीपरों के 5 से 6 साल तक चलने की उम्मीद थी, वह केवल इसके एक तिहाई साल तक ही चल पाया (गाडगिल और गुहा 1992: 121; साथ ही देखें व्हाइटकोम्ब 1972)।

वन विभाग के निर्माण में भी रेलवे के लिए लकड़ियों की ज़रूरत ने बहुत ही महत्त्वपूर्ण भूमिका अदा की। जंगलों के दोहन का अंदाज़ा इसी से लगाया जा सकता है कि 1860 में रेलवे लाइनों की कुल लंबाई 1349 किमी थी। 1910 में यह लंबाई 51,658 किमी हो गयी (गुहा 1983ए : 1884)। 1878 के वन अधिनियम द्वारा जंगलों पर सख़्त नियंत्रण स्थापित किया गया। इसने जंगलों के 'वैज्ञानिक' प्रबंधन के लिए रास्ता खोल दिया। ऊपर यह स्पष्ट किया गया है कि 1927 का वन अधिनियम 1878 के वन अधिनियम का ही संशोधित रूप था। इन क़ानूनों से राज्य को यह स्पष्ट अधिकार मिल गया कि वह जंगल में व्यावसायिक रूप से फ़ायदेमंद लकड़ियों के उत्पादन करे। वन विभाग ने 'आरक्षित' वनों का विस्तार किया। इसके माध्यम से मिश्रित वनों को एक ही प्रजाति के पेड़ वाले वनों में तब्दील किया गया। दरअसल, केवल तीन भारतीय पेड़ों का प्रयोग ही स्लीपर्स के निर्माण के लिए किया जाता था। ये तीन पेड़ थे- सागौन (टीक) सखुआ (साल) और देवदार। इसी तरह, दूसरे औद्योगिक कामों के लिए भी कुछ ख़ास पेड़ ही उपयोगी थे। इसलिए मिश्रित जंगलों की जगह साल, सागौन और देवदार जैसे पेड़ों के उत्पादन को बढ़ावा दिया गया।

ये पेड़ रेलवे, नौका बनाने और सैन्य ज़रूरतों के लिए महत्त्वपूर्ण थे। दरअसल, वैज्ञानिक वानिकी में उसी चीज़ को 'वैज्ञानिक' माना गया, जो अंग्रेज़ों के साम्राज्यवादी हितों के अनुरूप थी (राजन 1998: 334-5)। इसने जंगलों की पारिस्थितिकी पर बहुत ही नकारात्मक प्रभाव डाला (गुहा 1983बी; 1989; गाडगिल और गुहा 1992: 207-14)। औपनिवेशिक दौर में वनों से मिलने वाले राजस्व में लगातार बढ़ोतरी हुई (स्टेबिंग 1927: 620; गाडगिल और गुहा 1992: 136 पर उद्धृत)। बाद में, ज़्यादा बेहतर तरीक़े से वनों के दोहन के लिए 1906 में देहरादून में *इम्पीरियल फ़ॉरेस्ट रिसर्च इंस्टीट्युट* की स्थापना की गयी। इसमें इस बात का परीक्षण करने के लिए बहुत सारे प्रयोग किये गये कि कौन से पेड़ पुल, बिल्डिंग आदि के लिए मजबूत लकड़ियों का उत्पादन कर सकते हैं (हार्ट 1922; रॉजर 1925; शिवारामाकृष्णन 1995: 19)।

ईंधन, फर्नीचर और घर बनाने आदि के लिए शहरों में लकड़ियों की माँग बहुत बढ़ गयी। इस कारण वन-विभाग को काफ़ी फ़ायदा हुआ। शहरी केंद्रों को लकड़ियों की आपूर्ति रेलवे के निर्माण के कारण सम्भव हो सकी (शिवरामाकृष्ण 1995 : 134)। बीसवीं शताब्दी में लघु वनोपजों का व्यावसायिक रूप से उत्पादन और दोहन भी शुरू हुआ। वनोपजों का उद्योगों में कई तरह से उपयोग होने लगा। अंग्रेज़ी साम्राज्य रेसिन या राल और तारपीन आदि वनोपजों के लिए भारत के वनों पर ही निर्भर था। इन वनोपजों के विदेशी व्यापार में बहुत तेजी से बढ़ोतरी हुई। मसलन, 1917-18 के बीच शल्क-लाक्षा या शेलॉक का ढाई मिलियन पौंड का निर्यात हुआ (स्मिथिस 1925: 82-91)। दरअसल, अंग्रेज़ भारत के जंगलों से ज़्यादा-से-ज़्यादा मुनाफ़ा कमाना चाहते थे। इसीलिए अधिकांश प्रांतों में वन सेवा को प्रशासनिक रूप से राजस्व विभागों के अंतर्गत रखा गया था। स्टेबिंग ने यह लिखा है कि वन सेवा के बारे में यह माना जाने लगा कि मुख्य रूप से राजस्व हासिल करने के लिए ही इसका गठन किया गया था (स्टेबिंग 1926: 345)।

इस दौर में देसी रियासतों या रजवाड़ों के वन भी अप्रत्यक्ष रूप से औपनिवेशिक पूँजीवादी व्यवस्था के अंतर्गत लाए गये। यहाँ औपनिवेशिक शासकों ने अप्रत्यक्ष रूप से जंगलों का दोहन किया या रजवाड़ों ने सीधे तौर पर यह काम किया। इससे इन शासकों और इनकी प्रजा के बीच संबंधों में बदलाव आया। शुरुआत में अंग्रेज़ों ने रजवाड़ों के जंगल अपने अधिकार-क्षेत्र में लेकर उनका इस्तेमाल किया। बाद के वर्षों में देसी रियासतों के शासक अपने वनों के स्वामित्त्व के बारे में अधिक जागरूक हो गये। मसलन, टिहरी-गढ़वाल इसका एक प्रमुख उदाहरण है। अंग्रेज़ों ने यहाँ के राजा से 1865 में देवदार और चीड़ के वनों को लीज पर ले लिया। इन्होंने इन वनों के आस-पास रहने वाले

जनसमुदायों के जंगल के उपयोग संबंधी प्रथागत अधिकार ख़त्म कर दिया। 1865 से 1925 तक वन विभाग ने अपने व्यावसायिक हितों के अनुरूप इन वनों का प्रबंधन किया। इससे वन विभाग को 1910 से 1925 के बीच हर साल 1.6 लाख रुपये से अधिक का फ़ायदा हुआ। 1925 के बाद टिहरी गढ़वाल के शासक ने औपनिवेशिक क़ानूनों की मदद से खुद ही इन जंगलों का प्रबंधन किया। अंग्रेज़ों ने इसी तरह दूसरे कई जंगलों को भी लीज पर लिया (गाडगिल और गुहा 1992: 137-38)।

प्रथम विश्व युद्ध (1914-18) के दौरान पुलों, घाटों, भवनों, झोपड़ियों, नौकाओं आदि के निर्माण के लिए भारत से लकड़ियों की आपूर्ति की गयी। इस काम के लिए विशेष रूप से एक 'टिम्बर ब्रांच' का गठन किया गया। इसने अप्रैल 1917 से अक्तूबर 1918 के बीच 228,076 टन लकड़ियों की आपूर्ति की। इस आँकड़े में रेलवे स्लीपरों के लिए भेजी गयी लकड़ियों की मात्रा शामिल नहीं हैं। इसके अलावा, इजिप्ट और इराक में सैनिक कार्यवाहियों में सहायता के लिए पचास हज़ार टन चारा योग्य घास की आपूर्ति की गयी (स्मिथिस 1925)। भारत के वनों पर द्वितीय विश्व युद्ध का काफ़ी बुरा प्रभाव पड़ा। 1940 की शुरुआत में दिल्ली में एक 'टिम्बर डाइरेक्टोरेट' की स्थापना की गयी। इसका काम प्रांतों से वन-उत्पादों की आपूर्ति को सुनिश्चित करना था। मध्य-पूर्व, इराक और फ़ारस की ख़ाड़ी (परसियन गल्फ़) में मित्र देशों (अलाइड फोर्सेज़) की लकड़ियों की सारी ज़रूरतें भारत के वनों द्वारा पूरी की जाती थी। युद्ध की ज़रूरतों को पूरा करने के लिए हिमालय और पश्चिमी घाट के गहनतम वनों का दोहन शुरू हुआ। युद्ध के वर्षों के दौरान पेड़ों की कटाई यह युद्ध के पहले होने वाली कटाई की तुलना में 65 फ़ीसदी ज़्यादा बढ़ गयी। यह स्वीकार किया गया कि पेड़ों की कटाई के कारण हुए नुक़सान का ठीक-ठीक अंदाज़ा लगाना मुमकिन नहीं है। सरकारी वनों में इस तरह की कटाई में तक़रीबन 6 गुणा की बढ़ोतरी दर्ज़ की गयी (गुहा 1983ए : 1887)। दरअसल, दूसरे ब्रिटिश उपनिवेशों की तरह ही भारत में भी जंगलों के सफ़ाये के कारण इस दौर में आर्थिक और इकोलॉजिकल बदलाव हुए (टकर 1983; गाडगिल और गुहा 1992)।

जंगलों के लगातार दोहन ने वनवासी लोगों के लिए स्थिति बहुत ज़्यादा मुश्किल बना दी। राज्य द्वारा उनकी जीवनशैली के बहुत से पहलुओं को शक की निगाह से देखा जाने लगा। इन्हें न तो जंगल के संसाधनों में कोई हक़ दिया गया और न ही इसके संरक्षण में कोई भूमिका दी गयी। वनों के बहुत ज़्यादा दोहन के कारण उनके हैबिटेट को भी बहुत नुक़सान पहुँचा। इसके चलते

जंगलों की हालत लगातार ख़राब हुई। इससे जंगलों पर निर्भर स्थानीय समुदायों के सामने जीविका की समस्या भी खड़ी हो गयी।[16]

4. औपनिवेशिक शासन और वन्य जीव संरक्षण

औपनिवेशिक शासन के दौरान जंगली जीवों के शिकार में बहुत ज़्यादा बढ़ोतरी हुई। लेकिन यह भी सच है कि इसी दौर में वन्य जीव संरक्षण के बारे में सुनिश्चित उपाय भी शुरू किये गये। अंग्रेज़ों के आने से पहले के दौर में युद्ध के दौरान जंगली जानवरों का शिकार करना आम बात थी। राजा-महाराजा अपने शौक़ पूरे करने के लिए भी शिकार करते थे। मसलन, मुग़ल शासन में बाघ या चीते के शिकार का अधिकार शासक के पास था। दूसरे शासकों का भी अपना शिकारगाह था। लेकिन इन शासकों के शासन में कभी ऐसी स्थिति नहीं आयी कि शिकार के कारण किसी जानवर का अस्तित्व ख़तरे में पड़ा हो। मसलन, मुग़ल दौर में जंगली जीवों की जो श्रेणी पाई जाती थी, उसमें 19वीं सदी में भी एक निरंतरता क़ायम रही। सिर्फ़ पंद्रहवीं सदी में मालवा का शासक महमूद ख़िलज़ी इसका अपवाद था। उसने अपने अधिकारियों को यह आदेश दिया था कि उसके राज्य क्षेत्र में कोई भी बाघ या तेंदुआ ज़िंदा न बचे (रंगराजन 1996: 141)।

यह भी सच है कि जंगलों में रहने वाले समुदाय भी अपनी ज़रूरतों को पूरा करने के लिए शिकार करते थे। लेकिन अंग्रेज़ों के आने के बाद इस तरह के शिकार की प्रकृति पूरी तरह बदल गयी। अब बहुत बड़े पैमाने पर शिकार किया जाने लगा। अंग्रेज़ जब भारतीय उपमहाद्वीप में आये, उस समय उनके देश में वन्य जीवों के प्रति संरक्षणवादी नजरिया नहीं था। उस दौर के ब्रिटेन में जानवरों को मुख्य रूप से दो भागों में बाँटा गया था– पहला, वैसे जानवर जिन्हें संरक्षण की ज़रूरत थी और दूसरा, वैसे जानवर जिन्हें किसी भी तरह ख़त्म किया जाना चाहिए (वही : 144)। दूसरी श्रेणी में वैसे जानवर आते थे, जो शहरी जीवन के लिए ख़तरा थे। शुरुआती वर्षों में अंग्रेज़ों ने अपने साम्राज्य के विस्तार के लिए यही रणनीति अपनाई। इस दौर में हिंसक जंगली जानवर साम्राज्य के विस्तार में बहुत बड़ी रुकावट के रूप में सामने आये। ये नये बसे शहरों में घुसकर लोगों को मार डालते थे। अंग्रेज़ अधिकारियों ने यह माना कि इस समस्या का हल यही है कि बाघों और दूसरे जंगली जानवरों को मार दिया जाए। बहुत से क्षेत्रों में स्थानीय अधिकारियों को बाघों को मारने का निर्देश दिया गया। इसके लिए इनाम की घोषणा भी की गयी। मसलन, 1820 में सरकार

16. इन पहलुओं के बारे में विस्तार से जानकारी के लिए देखें, दासगुप्ता (1982); सिंह (1986); भारत के उत्तर-पूर्वी और दक्षिणी-पश्चिमी भागों मे जंगलों के चाय, रबर और मसालों के उत्पादन के लिए जंगल में किए गए बदलावों के अध्ययन के लिए देखें टकर (1989).

ने कतांगी रोड पर एक बाघ मारने के लिए पाँच रुपया इनाम की घोषणा की। 1830 में भारत सरकार ने एक बाघ मारने पर मिलने वाली इनाम राशि बढ़ाकर 25 रुपया कर दिया। 1858 में सेंट्रल प्रोविंसेज के सेनोई ज़िले में एक बाघ को मारने के लिए इनाम की राशि 50 रुपये थी। कई स्थानों पर इसके लिए ब्रिटिश अधिकारियों ने स्थानीय सरदारों की भी मदद ली (वही : 138–198)।

औपनिवेशिक दौर में दो तरह के महत्त्वपूर्ण परिवर्तन हुए- पहला, जंगली जानवरों का शिकार बहुत अधिक बढ़ गया। अंग्रेज़ों ने 'शिकार खेलने' को काफ़ी महत्त्व दिया। 19वीं शताब्दी के मध्य (1850) से जानवरों का बड़े पैमाने पर शिकार किया गया। इसमें हर स्तर के शिकारियों ने भाग लिया। वायसराय से लेकर ब्रिटिश इंडिया आर्मी के साधारण सिपाही तक– सभी ने इसमें भाग लिया। इस तरह के अधिकांश शिकार का मुख्य कारण यह था कि लोग जानवरों के खाल हासिल करना चाहते थे। नीलगिरि में एक अंग्रेज़ अधिकारी ने 1860 में 400 हाथियों को मार डाला।[17] दूसरा, स्थानीय समुदायों द्वारा शिकार करने पर पाबंदी लगा दी गयी। यह पाबंदी जंगली जानवरों की सुरक्षा की चिंता के कारण नहीं लगाई गयी। इसके पीछे मुख्य चिंता यह थी कि 'शिकार के खेल' के लिए जानवर न कम पड़ जाएँ। शुरुआती दौर में शिकार के खेल के लिए जानवरों का संरक्षण करने की प्रेरणा से ही ब्रिटिश हुकूमत ने द *वाइल्ड बर्ड्स ऐंड गेम प्रोटेक्शन एक्ट 1887* पास किया। इसके अलावा, विलुप्त हो रहे हाथियों की सुरक्षा के लिए 1879 में *वाइल्ड एलिफेंट प्रिजरवेशन एक्ट* पास किया गया। ब्रिटिश सरकार ने 1935 में 1912 के अधिनियम में संशोधन करते हुए *वाइल्ड बर्ड्स ऐंड एनिमल्स प्रोटेक्शन एक्ट* 1935 लागू किया। इसमें राज्य सरकारों को यह अधिकार दिया गया कि वे किसी ख़ास क्षेत्र को अभयारण्य घोषित कर सकते हैं। इन अभयारण्यों में पंक्षियों और जानवरों की हत्या पर पाबंदी लगाई गयी। यहाँ पंक्षियों और जानवरों की हत्या पर सज़ा और जुर्माने का भी प्रावधान किया गया (बिष्ट 1995: 27–29)। उन्नीसवीं सदी में उत्तर-पूर्व भारत में हाथियों के संरक्षण के लिए भी अंग्रेज़ों ने कई उपाय किये और क़ानून बनाये। इनका विश्लेषण करते हुए नताशा नागब्री ने यह तर्क दिया है कि दरअसल इस तरह के उपायों द्वारा अंग्रेज़ों ने प्राकृतिक संसाधनों पर अपना वर्चस्व क़ायम किया (नागब्री 2003)।

लेकिन इस तरह की पाबंदियों से देसी-रियासतों के शासकों या ज़मींदारों पर कोई प्रभाव नहीं पड़ा। वे अब भी अपने शौक़ पूरे करने के लिए शिकार

17. औपनिवेशिक दौर में शिकार की स्थिति के बारे में विवेचना के लिए देखें, इलियट (1973); बेनेट (1984); गुहा और गाडगिल (1989) गाडगिल और गुहा (1992)।

करते रहे। रंगराजन मानते हैं कि इससे मुख्य रूप से वनों में रहने वाले वे समुदाय प्रभावित हुए जो अपनी जीविका की ज़रूरतों के लिए कभी-कभी शिकार कर लिया करते थे। वास्तव में, यह प्रक्रिया स्थानीय समुदायों को वनों के संसाधनों से दूर करने की व्यापक प्रक्रिया का ही एक भाग थी (रंगराजन 1996: 139-40)। देसी रियासतों के शासकों ने शिकार के मामले में अंग्रेज़ों की नकल की। मसलन, ग्वालियर के महाराजा ने बीसवीं शताब्दी की शुरुआत में 700 से अधिक बाघों का शिकार किया। इस बात का अंदाज़ा लगाना मुश्किल है कि इस तरह के अनियंत्रित शिकार का इकोलॉजी पर क्या प्रभाव पड़ा। लेकिन भारत की आज़ादी के समय इसके बुरे प्रभाव साफ़ तौर पर सामने आने लगे थे। यह महसूस किया जाने लगा कि बहुत से पंक्षियों, बाघों और हाथियों की संख्या बहुत ही कम हो गयी है (सुकुमार 1989ए)।

5. औपनिवेशिक वन प्रबंधन, आदिवासियों की प्रतिक्रिया और राष्ट्रीय आंदोलन

जंगलों में रहने वाले और इसके संसाधनों पर निर्भर वनवासी समुदाय औपनिवेशिक वन प्रबंधन के लिए सबसे बड़ी चुनौती थे। इन समुदायों को अधिकारहीन करके और इन्हें अनुशासित प्रजा के रूप में ढालकर ही अंग्रेज़ भारत में वनों के दोहन का लक्ष्य पूरा कर सकते थे। 1878 के अधिनियम ने इन्हें अधिकारहीन समुदायों में तब्दील कर दिया। लेकिन यह सवाल महत्त्वपूर्ण है कि क्या ये समुदाय अंग्रेज़ों की अनुशासित प्रजा बने? दूसरे शब्दों में, वनवासी समुदायों पर अंग्रेज़ी शासन के नियंत्रण का क्या प्रभाव पड़ा? इन समुदायों ने अंग्रेज़ी शासन और क़ानून व्यवस्था के अनुशासन को किस रूप में देखा? फिर, इस सवाल का विश्लेषण करने की भी ज़रूरत है कि अंग्रेज़ी शासन के खिलाफ़ चलने वाले भारत के राष्ट्रीय आंदोलन में आदिवासियों के मुद्दों को कितना महत्त्व दिया गया?

रामचंद्र गुहा और माधव गाडगिल औपनिवेशिक दौर की जनजातियों को मुख्य रूप से तीन भागों में बाँटते हैं।[18] पहला, वे जनजातियाँ जो ख़ानाबदोश (हंटर-गैदरर्स) के रूप में जीवन बिताती थीं। दूसरा, वे जनजातियाँ जो अपनी जीविका के लिए झूम खेती पर निर्भर थीं; और तीसरा वे जनजातियाँ जिन्होंने एक जगह बसकर हल से खेती शुरू कर दिया था। इन तीनों ही श्रेणियों के जनजातियों की जीविका और सांस्कृतिक पहचान जंगलों से जुड़ी हुई थी। इसलिए

18. मैंने जनजातियों को तीन श्रेणियों में बाँटने का यह विचार माधव गाडगिल और रामचंद्र गुहा से लिया है, देखें, गाडगिल (1985); गुहा और गाडगिल (1989); गाडगिल और गुहा (1992: 146-158)।

जंगलों पर अंग्रेज़ों का क़ब्ज़ा हो जाने से इन समुदायों के जीवन पर गहरा प्रभाव पड़ा। अंग्रेज़ों ने जंगलों और इसके संसाधनों का उपयोग अपने साम्राज्यवादी हित पूरा करने के लिए किया। इससे जंगलों को बहुत नुक़सान हुआ और आदिवासियों समेत दूसरे स्थानीय समुदायों का जंगलों पर अधिकार ख़त्म या बहुत सीमित हो गया।

बीसवीं सदी की शुरुआत तक भारतीय उपमहाद्वीप में दर्जनों ऐसे जनजातीय समुदाय थे, जो अपनी जीविका के लिए किसी तरह की खेती पर निर्भर नहीं थे। इसकी बजाय, वे अपनी जीविका के लिए भोजन सामग्री के संग्रह या शिकार करने पर निर्भर थे। आमतौर पर इनके लिए ख़ानाबदोश शब्द का प्रयोग किया गया है। ये समुदाय तक़रीबन पूरे भारत में बिखरे हुए थे। उत्तर में कुमाऊँ के राजिस से लेकर दक्षिण में कोचीन के कदार ऐसे समुदायों में शामिल किये जा सकते हैं। इन्हें वनों में अपनी जीविका के लिए पर्याप्त सामग्री मिल जाती थी। ये समुदाय खेती नहीं करते थे, लेकिन ये खेतिहर समुदायों से छोटे-मोटे व्यापार करते थे। निश्चित रूप से वनों में राज्य के हस्तक्षेप ने इन समुदायों की जीविका हासिल करने की गतिविधियों को प्रभावित किया। मसलन, सी. वॉन फ्यूरर हेमेनडार्फ ने अपने विवरण में यह बताया है कि हैदराबाद के चेन्चुस शिकार गतिविधियों को ग़ैर-क़ानूनी घोषित करने और वन उत्पादों पर राज्य का स्वामित्व घोषित होने से बहुत अधिक प्रभावित हुए। औपनिवेशिक सरकार घुमंतू समुदायों को संदेह की नज़र से देखती थी। इसने कुछ घुमंतू जनजातियों को एक जगह बसाने की कोशिश भी की। इससे चेन्चुस जैसी जनजातियाँ खेती करने वाली जातियों की दासता की स्थिति में आ गयीं। इन जनजातियों के कुछ लोगों ने निराशा में डकैती करनी शुरू कर दी (देखें, वॉन फ्यूरर-हेमेनडार्फ 1943)। जंगलों पर क़ब्ज़ा करने के बाद अंग्रेज़ों ने इन समुदायों द्वारा छोटे स्तर पर किये जाने वाले शिकारों पर भी पाबंदी लगा दी। इसके अलावा, जंगलों में इनकी गतिविधियों पर भी कई तरह की पाबंदियाँ थोप दी गयीं। इससे इन समुदायों की सांस्कृतिक स्वायत्तता का क्षरण हुआ (गाडगिल और गुहा 1992: 146-150)। जंगलों के आस-पास रहने वाले आदिवासी समुदाय भी अपनी जीविका के लिए जंगल पर निर्भर थे। लेकिन अंग्रेज़ों द्वारा जंगलों को राज्य की सम्पत्ति घोषित करने से व्यवस्थित खेती करने वाले समुदायों की जंगल तक पहुँच में रुकावट आयी। साथ ही, अंग्रेज़ों ने जंगल के भीतर रहने वाले समुदायों के अधिकार को नकारा, क्योंकि उनके पास अपनी ज़मीन का स्वामित्व दिखाने के लिए कोई लिखित दस्तावेज़ नहीं था। ये पशुओं के चारे, जलावन की लकड़ियाँ और आम जिंदग़ी की दूसरी ज़रूरतों के लिए जंगलों पर निर्भर थे। जंगल इनकी सांस्कृतिक जीवन का अभिन्न हिस्सा था। इनके पर्व-त्यौहार और दूसरी सांस्कृतिक

गतिविधियों में ऐतिहासिक रूप से जंगलों का बहुत ख़ास स्थान था। इसलिए वनों को आरक्षित किये जाने का इन पर बहुत गहरा प्रभाव पड़ा।

औपनिवेशिक शासकों ने अपने साम्राज्यवादी लक्ष्यों के रास्ते में झूम खेती को भी बहुत बड़ी बाधा के रूप में देखा। झूम खेती भारत के उन भागों की विशेषता रही है, जहाँ एक ही खेत में जुताई करना सम्भव न हो। ख़ास तौर पर, पहाड़ी और वन क्षेत्रों में इस तरह की खेती की जाती रही है। झूम खेती में एक निश्चित क्षेत्र में वनों को काटकर या जलाकर वहाँ खेती की जाती है। कुछ वर्षों बाद (सामान्य तौर पर यह अवधि बारह साल या उससे ज़्यादा होती है) इस क्षेत्र में खेती करना छोड़ दिया जाता है। असल में, यह माना जाता है कि कुछ सालों की लगातार खेती के बाद ज़मीन की उत्पादकता कम हो जाती है। इसलिए इस ज़मीन पर खेती करना बंद कर दिया जाता है ताकि इस ज़मीन पर फिर से वन उगे और ज़मीन को खोया हुआ पोषक तत्व और खनिज़ लवण फिर से मिल जाए (वही : 151; गुहा और गाडगिल 1989: 157-163)। केंद्रीय प्रांत (सेंट्रल प्रोविन्सेज) के कुछ भागों में झूम खेती *धया* के नाम से जानी जाती थी । मुख्य तौर पर जनजातीय समूहों ने ही झूम खेती को अपनाया था। पश्चिमी घाट पर कुछ हिंदू जातियाँ भी इस तरह की खेती करती थीं, लेकिन यह अपवाद ही था। जनजातीय समूहों के लिए झूम खेती जीवन शैली के रूप में थी। इसमें उनके जीवन के आर्थिक, सामाजिक और सांस्कृतिक पहलू शामिल थे। झूम खेती करने वाले समुदायों में सामुदायिक श्रम की प्रधानता थी। इन समुदायों के बहुत से मिथक और परम्पराएँ झूम खेती से जुड़े थे। अंग्रेज़ों ने झूम खेती को पिछड़ी हुई और नुक़सानदायक खेती माना (शिवारामाकृष्णन 1995: 25-26)।

अंग्रेज अधिकारियों ने झूम खेती को राजस्व बढ़ाने के मार्ग में एक बाधा के रूप में देखा। उन्होंने यह महसूस किया कि इन क्षेत्रों में वे हल द्वारा खेती करके और लकड़ियों का उत्पादन करने वाला पेड़ लगाकर ज़्यादा राजस्व वसूल कर सकते हैं। जब अंग्रेज़ों को वनों के व्यावसायिक महत्त्व का अंदाज़ा हुआ, तो झूम खेती के प्रति इनका विरोध और ज़्यादा बढ़ गया। उन्होंने झूम खेती का दमन करने की कोशिश की। इस कोशिश में उन्हें झूम खेती करने वाली जनजातियों के विरोध और कई छोटे विद्रोहों का सामना भी करना पड़ा। मसलन, एलविन ने बैगा पर लिखे अपने क्लासिक मोनोग्राफ में झूम खेती का दमन करने की विविध कोशिशों का विवरण दिया दिया है (एलविन 1939: अध्याय 2; साथ ही देखें, गाडगिल और गुहा 1992: 150-158; रंगराजन 1996: 95-138)। अंग्रेज़ों ने यह माना कि इस तरह के हर विरोध विकास और प्रगति का विरोध है।

बहरहाल, इन बगावतों के कारण कुछ जगहों पर अंग्रेज़ों ने झूम खेती की इजाज़त दे दी। दूसरी कई जगहों पर राज्य ने जनजातियों को नाराज किये बिना ही व्यावसायिक फ़ायदे वाली लकड़ियों का उत्पादन बढ़ाने के लिए 'टांगिया' प्रणाली का सहारा लिया। इसका विकास उन्नीसवीं सदी में बर्मा में किया गया था। 'टांगिया' एक बर्मी शब्द है जिसका अर्थ है—क्यारियों के बीच फसल उगाकर पेड़ों की परवरिश करना। इसमें जनजातियों को झूम खेती करने की इजाज़त दी गयी। लेकिन इसके साथ यह शर्त भी जोड़ी गयी कि वे झूम खेती के साथ-साथ व्यावसायिक रूप से फ़ायदेमंद लकड़ियों का उत्पादन भी करेंगे। इस शर्त को मानने वाली जनजातियाँ जब कुछ वर्षों बाद झूम खेती के लिए दूसरे क्षेत्रों में आगे बढ़तीं, तो उस क्षेत्र में व्यावसायिक रूप से लाभदायक पेड़ लगे रहते।[19] लेकिन भारत में यह सिर्फ़ झूम खेती वाले इलाक़ों तक ही सीमित नहीं रहा, बल्कि देश के दूसरे भागों में फैला। देश के कई भागों में अंग्रेज़ी सरकार ने इसका एक अन्य मकसद से भी इस्तेमाल किया। देश के कई जंगलों के भीतर आदिवासियों के विद्रोह से अंग्रेज़ी हुकूमत काफ़ी परेशान थी। वह यह चाहती थी कि कुछ ऐसे लोग हों, जो उनके अधीन रहे और मुफ़्त में जंगल लगाने का काम करे (चौधरी, रोमा और गम्भीर 2009: 38)। उन्होंने देश के कई भागों से विभिन्न क्षेत्रों से भूमिहीन लोगों को बुलाकर इस काम में लगाया। अमूमन ये लोग दलित या अति पिछड़ी जातियों से होते थे। चूँकि इनके पास अपने गाँव में जीविका का साधन नहीं था, इसलिए वे यह काम करने के लिए तैयार हो गये। इन लोगों को 'वन टांगिया' लोगों के रूप में जाना गया और जहाँ ये रहते थे उसे टांगिया गाँव कहा गया। ये लोग किसी भी जगह पर पाँच-दस साल से ज़्यादा नहीं रुकते थे। इन्हें इनके काम के लिए कोई वेतन नहीं दिया जाता था। लेकिन इन्हें अमूमन पाँच एकड़ तक ज़मीन दे दी जाती थी। इसमें पहले वर्ष उन्हें आज़ादी से फ़सल उगाने की छूट दी जाती थी, ताकि पेड़ लगाने के लिए ज़मीन अच्छी तरह तैयार हो सके। इसके बाद, अगले साल से इन मजदूरों को क्यारियाँ बनाकर फ़सलों के साथ पेड़ों की देखभाल करनी पड़ती थी। जब ये पेड़ कुछ बड़े हो जाते थे, तो टांगिया मजदूरों को ज़मीन का कोई दूसरा प्लॉट दे दिया जाता था। अंग्रेज़ों द्वारा टांगिया प्रथा उत्तराखंड, उत्तर प्रदेश, पश्चिम बंगाल, तमिलनाडु, कर्नाटक, आंध्र प्रदेश, केरल, मध्य प्रदेश, छत्तीसगढ़ आदि प्रदेशों में शुरू किया गया। बल्कि आज़ादी के बाद भी कई

19. इस संदर्भ में विविध पहलुओं की जानकारी के लिए देखें, ब्रायंट (1994ए: 225-250); (1994बी: 160-70); लीच (1977); गुहा और गाडगिल (1989: 157); गाडगिल और गुहा (1992: 158)।

20. देखें, चौधरी, रोमा और गम्भीर (2009: 38); चैम्पियन और सेठ (1968); वन अधिकार क़ानून में टांगिया गाँवों के अधिकार को मान्यता देने का भी प्रावधान किया गया है। इस संदर्भ में टांगिया गाँवों की स्थिति से जुड़ी विवेचना के लिए देखें अध्याय 5.

जगहों पर इस प्रणाली को क़ायम रखा गया।[20]

दरअसल, अंग्रेज़ों के हस्तक्षेप के ख़िलाफ़ वनवासियों ने बहुत ही लंबा संघर्ष किया। रणजीत गुहा ने आदिवासियों के तक़रीबन सौ विद्रोहों का विवरण दिया है (गुहा 1982)। एलविन भी गंजम ऐजेंसी में सोअरा जनजाति के लोगों द्वारा समय-समय पर किये जाने वाले विद्रोहों का उल्लेख करते हैं। इनके विद्रोहों के दो कारण थे- बाहरी लोगों द्वारा संसाधनों का दोहन और अंग्रेज़ों द्वारा झूम खेती को रोकना (एलविन 1945, गाडगिल और गुहा 1992: 154 पर उद्धृत)। इसी तरह, आर्नाल्ड ने वर्तमान आंध्र प्रदेश के गुदेन और रम्पा पर्वतों के लोगों द्वारा किये गये प्रतिरोध का विवरण दिया है (आर्नाल्ड: 1982: 88-142)। महत्त्वपूर्ण बात यह है कि देसी रियासतों ने भी वनों का व्यावसायिक दोहन करने की कोशिश की। देशी रियासतों के शासकों का भी झूम खेती करने वाले समुदायों से टकराव हुआ। बहुत सी जनजातियों ने झूम खेती का दमन करने के ख़िलाफ़ विद्रोह भी किया। मसलन, नंदिनी सुंदर के अनुसार, 1910 में बस्तर राज्य में जनजातियों ने विद्रोह किया। इस विद्रोह के पीछे मुख्य कारण झूम खेती और वन उत्पादों के उपयोग पर प्रतिबंध तथा राज्य के अधिकारियों द्वारा लिया जाने वाला बेगार था। विद्रोहियों में मुख्य रूप से मरिया और मुरिया जनजातियों के लोग थे। इन्होंने जगदलपुर में राजा के महल को घेर लिया। लेकिन राजा ने अंग्रेज़ों की सहायता से विद्रोह का दमन कर दिया। तकरीबन 900 जनजातीय लोगों को गिरफ़्तार कर लिया गया (सुंदर 1997: 135-155)। दरअसल, वन प्रबंधन में होने वाले बदलावों ने बहुत से विद्रोहों को जन्म दिया। झारखंड में भी अंग्रेज़ों के ख़िलाफ़ बहुत सारे विद्रोह हुए। 1831-32 में कोल विद्रोह, 1855-57 में संथाल विद्रोह, 1858-95 के बीच सरदार मुल्की लड़ाई, 1895-1900 के बीच बिरसा उलगुलान और 1914-20 के दौरान हुआ ताना भगत आंदोलन आदि प्रमुख हैं। इन विद्रोहों और आंदोलनों द्वारा आदिवासियों ने जंगल में अंग्रेज़ों के दख़ल का विरोध किया (सिंह 1983ए; 1983बी; मोहापात्रा 1991; सुंदर 2009: 5; उपाध्याय 2009: 33)। इसी तरह, उत्तराखंड में मौजूद 'लाठ पंचायत' के माध्यम से स्थानीय समुदाय जंगलों का प्रबंधन करते थे। अंग्रेज़ों ने इसे ख़त्म कर दिया। वे इस क्षेत्र के जंगलों और इसके संसाधनों को अपने नियंत्रण में लेकर एक नयी शोषणकारी व्यवस्था स्थापित करना चाहते थे। लेकिन उन्हें स्थानीय समुदायों से बहुत जबर्दस्त प्रतिरोध का सामना करना पड़ा। इसके कारण 1925 में स्वायत्तशासी वन पंचायतों का गठन किया गया। 1931 में *शेड्यूल्ड ट्राइब्स ऐक्ट 1874* के अंतर्गत इसके लिए क़ानून बनाए गये (देखें गुहा 1989; अग्रवाल 1999; रावत 1999)।

गाँधी के नेतृत्व में चलने वाले आज़ादी के संघर्ष और आदिवासियों से इसके संबंध के बारे में तीन बातें ग़ौरतलब हैं– पहला, कई स्थानों पर इस तरह के विरोध को कांग्रेस ने नेतृत्व प्रदान किया। वनों से जुड़े कई आंदोलनों में कांग्रेस कार्यकर्त्ताओं ने महत्त्वपूर्ण भूमिका निभायी। लेकिन वास्तव में, ये आंदोलन काफी स्वायत्त थे। इसके अलावा, इन आंदोलनों में हिंसा की काफ़ी घटनाएँ हुईं जो अहिंसा की विचारधारा के ख़िलाफ़ थीं। दूसरा, बहुत से स्थानों पर वनों पर अंग्रज़ों के क़ब्ज़े के ख़िलाफ़ संगठित आंदोलन नहीं चला। लेकिन ऐसे स्थानों पर भी रोज़मर्रा की ज़िंदगी में वन क़ानूनों की उपेक्षा या उल्लंघन करके लोगों ने अपना विरोध जताया (गाडगिल और गुहा 1992: 163)। तीसरा, डेविड हार्डीमन ने इस बात पर ज़ोर दिया है कि राष्ट्रीय आंदोलन में आदिवासियों का सवाल बहुत रैडिकल रूप में उभरकर सामने नहीं आ पाया। बहुत से मौकों पर कांग्रेस ने यह कहते हुए आदिवासियों के आंदोलनों से अपना समर्थन वापस ले लिया कि ये आंदोलन हिंसक रास्ते पर चले गये हैं। मसलन, डेविड हार्डीमन ने 1922 की एक घटना का उदाहरण दिया है। इस समय गुजरात और राजस्थान के सीमावर्ती क्षेत्रों में मोतीलाल तेजावत नाम के एक गाँधीवादी कार्यकर्त्ता ने भीलों को संगठित कर आंदोलन शुरू किया। 1922 में तेजावत ने भीलों की एक रैली निकाली। इसमें हज़ारों भील शामिल थे। वे अपने तीर-कमान के साथ थे। भीलों का टकराव पुलिसवालों से हो गया और भीलों ने कुछ पुलिसवालों की पिटाई कर दी। बाद में, गाँधी ने इस तरह के हिंसक घटनाओं की निंदा की। उन्होंने *यंग इंडिया* में लिखा कि हम में से किसी को भी किसी दूसरे व्यक्ति के ऊपर हथियार उठाने का अधिकार नहीं हैं। एक महीने बाद इसी क्षेत्र में शांतिपूर्ण प्रदर्शन कर रहे भीलों पर अंग्रेज़ों ने गोली चलाई। इसमें बहुत से भील मारे गये। सरकारी आँकड़े के अनुसार, मरने वालों की संख्या 22 थी। लेकिन इस क्षेत्र की मौखिक परम्परा में आज भी यह माना जाता है कि मरने वालों की संख्या 1000 से 1050 के बीच थी (हार्डीमन 2003: 140-41)। असल में, राष्ट्रीय आंदोलन के मुख्य मंच के रूप में कांग्रेस देश के सभी वर्गों के साझे मंच के रूप में थी। एक स्तर पर यह कांग्रेस की विशेषता थी, लेकिन कई अवसरों पर यह कांग्रेस की राजनीति की सीमा के रूप में भी सामने आयी। बहुत बार उच्च जातियाँ और उच्च वर्ग अपने हित के अनुसार कांग्रेस की नीतियों को प्रभावित करने में सफल हो जाते थे। आदिवासियों के मसले पर भी ऐसा ही हुआ। उच्च हिंदू जाति के लोगों के विरोध के डर से कांग्रेस ने आदिवासियों के अधिकारों को बहुत महत्त्व नहीं दिया। वास्तव में, आदिवासियों के भले के लिये किये गये कई कार्यों के लिए कांग्रेस को अपने ही उच्च जाति के

कार्यकर्त्ताओं का आक्रोश झेलना पड़ता था। उच्च जाति के कांग्रेस समर्थकों ने आदिवासियों के लिए अलग स्कूल खोलने के गाँधीवादियों के प्रयासों का विरोध किया (वही : 140-43)। चौथा, आदिवासियों के संबंध में गाँधीवादियों की रणनीति की एक मुख्य सीमा यह भी थी कि वे आदिवासियों की जीवनशैली को स्वीकार करने की जगह उसमें सुधार लाने को बहुत अधिक तरजीह देते थे। एक अर्थ में यह अंग्रेज़ों द्वारा बाहरी पहचान थोपे जाने की तरह ही था। मसलन, बहुत से इतिहासकार मानते हैं कि गाँधी द्वारा शाकाहार और शराबबंदी पर ज़ोर देना आदिवासियों की जीवनशैली के अनुरूप नहीं था (वही : 144-46)।

फिर भी कहा जा सकता है कि आदिवासियों के विद्रोहों ने भारत के राष्ट्रीय आंदोलन को सकारात्मक दिशा और प्रेरणा उपलब्ध करायी। महात्मा गाँधी के राष्ट्रीय आंदोलन का नेतृत्व सँभालने के बहुत पहले से आदिवासी अंग्रज़ों के ख़िलाफ़ संघर्ष करते रहे थे। बल्कि यह कहना सही होगा कि अंग्रज़ों को भारत में यदि किसी एक समुदाय से सबसे अधिक प्रतिरोध का सामना करना पड़ा, तो वे आदिवासी ही थे। गाँधी और भारतीय राष्ट्रीय कांग्रेस द्वारा आदिवासी आंदोलनों के प्रति अपनाए गये नज़रिये के कारण देश के दूसरे समूह भी आदिवासी समस्याओं के बारे में गम्भीर हुए। विशेष रूप से, गाँधी के लेखन में संसाधनों के स्वामित्व, प्रबंधन और प्रयोग में स्थानीय समुदायों की भूमिका को सबसे ज़्यादा महत्त्व दिया गया। वे इस बात का समर्थन करते हैं कि स्थानीय समुदायों का अपने संसाधनों पर हक़ होना चाहिए।[21] इसने आदिवासियों को भी राष्ट्रीय आंदोलन की मुख्य धारा से जोड़ा। कुछ स्थानों पर राष्ट्रीय आंदोलन के कार्यकर्त्ताओं ने आदिवासियों की समस्याओं को बहुत ही गम्भीरता से उठाया। लेकिन आदिवासियों के प्रति इनके नजरिये की अपनी सीमाएँ भी थीं। कांग्रेस कार्यकर्त्ताओं ने कुछ आंदोलनों को आगे बढ़ाया, लेकिन आंदोलन का उग्र या रैडिकल रूप सामने आने पर वे पीछे हट गये।

औपनिवेशिक शासन पर आदिवासियों के लगातार विद्रोहों का दो स्तरों पर प्रभाव पड़ा- पहला, अंग्रेज़ों ने वनवासी लोगों द्वारा रोज़-ब-रोज़ की ज़िंदगी की ज़रूरत की वस्तुओं मसलन, जलावन की लकड़ियों आदि लेने के पारम्परिक 'अधिकार' को क़ायम रखा। निश्चित रूप से, अब यह वनवासी लोगों का पारम्परिक अधिकार नहीं था, बल्कि अंग्रेज़ों द्वारा दी गयी 'छूट' थी। स्थानीय अंग्रेज़ अधिकारी अपनी सुविधा के अनुसार इन 'छूटों' को वापस भी ले सकता था। आमतौर पर, विद्रोह के डर से इन 'छूटों' को वापस नहीं लिया गया। दूसरा, बहुत-सी जगहों पर वन विभाग ने झूम खेती की भी इजाज़त दे दी। अंग्रेज़ों

21. पंचायती राज के संबंध में महात्मा गाँधी के विचार के लिए देखें, गाँधी (1994)।

ने आदिवासी क्षेत्रों को 'बहिष्कृत' और 'आंशिक रूप से बहिष्कृत' क्षेत्रों में बाँटा इन क्षेत्रों में केंद्रीय और प्रांतीय क़ानून अपने-आप लागू नहीं होते थे। गवर्नर इन क़ानूनों में इन क्षेत्रों की ज़रूरतों के मुताबिक़ संशोधन कर सकता था। कई क्षेत्रों में बहुत से क़ानून बनाकर यह सुनिश्चित किया गया कि आदिवासियों का उनकी ज़मीन पर अधिकार बरक़रार रहे (देखें बिजोय 1999)। 1908 का *छोटा नागुपर टिनेंसी एक्ट और संथाल परगना टिनेंसी एक्ट 1949* इसी तरह के उदाहरण हैं। बस्तर में भी आदिवासियों की बग़ावत के बाद औपनिवेशिक राज्य ने आरक्षित की जाने वाले ज़मीन की मात्रा कम कर दी। इसके अलावा, 1930 के दशक में एक न्यायिक सुधार भी हुआ जिसमें ग्राम परिषदों को ज़्यादा शक्तियाँ दी गयीं (सुंदर 1997; 2009ए: 5)। लेकिन साम्राज्यवादी हितों को बढ़ावा देने के लिए वे इन क्षेत्रों में दख़ल भी देते रहें। इसका सबसे महत्त्वपूर्ण उदाहरण है कि उन्होंने इन क्षेत्रों में व्यापक विद्रोहों के बावजूद यहाँ के जंगलों और प्राकृतिक संसाधनों पर अपना स्वामित्व घोषित किया और वे इन जंगलों का दोहन करते रहें।

ऊपर के वर्णन से यह बात पूरी तरह स्पष्ट है कि औपनिवेशिक शासन ने जंगलों और जंगलों पर निर्भर स्थानीय समुदायों को बुरी तरह से प्रभावित किया। इसने स्थानीय समुदायों की स्वायत्त जीवनशैली को ख़त्म कर दिया और उनकी जीविका को ख़तरे में डाल दिया। अंग्रेज़ों ने अपने साम्राज्यवादी हितों को पूरा करने के लिए वनों की लकड़ियों की बहुत अधिक कटाई की और वनों के दूसरे संसाधनों का भी दोहन किया। इससे पारिस्थितिकी के संतुलन को बहुत अधिक नुक़सान पहुँचा। इस दौर मे जंगली जीवों का बहुत ज़्यादा शिकार हुआ। इससे औपनिवेशिक शासन के अंत तक बहुत से जंगली जीव विलुप्त होने के कगार पर आ गये। जनजातियों और वनों पर निर्भर दूसरे समुदायों ने अंग्रेज़ों के शासन के ख़िलाफ़ बहुत अधिक विद्रोह किया। इन विद्रोहों ने भारत की आज़ादी के आंदोलन को गति प्रदान की। लेकिन यह भी सच्चाई है कि आदिवासियों और वनों पर निर्भर दूसरे समुदायों के मसले पर कांग्रेस ने बहुत रैडिकल रवैया नहीं अपनाया। फिर भी, कांग्रेस की कोशिशों से आदिवासियों की समस्याओं के प्रति राष्ट्रीय आंदोलन में चेतना बढ़ी। यह भी सच है कि लगातार विद्रोहों और बगावतों के बीच औपनिवेशिक शासन ने कुछ 'छूट' या क़ानूनी सुरक्षा के प्रावधानों की मदद से जंगलों और वहाँ रहने वाले समुदायों को अपनी सत्ता के भीतर लाने में सफलता हासिल की। यह औपनिवेशिक गवर्नमैंटैलिटी का विस्तार था। दूसरे शब्दों में वन विभाग, 1927 का वन अधिनियम और इससे जुड़ी दूसरी संस्थाएँ जंगल और जंगल में रहने वाले समुदायों के जीवन का अभिन्न हिस्सा बन गयी।

II. स्वतंत्र भारत में जंगलों की स्थिति और आदिवासियों के अधिकार

स्वतंत्रता प्राप्ति के बाद संविधान सभा ने जनजातीय क्षेत्रों की विशेष स्थिति पर विचार किया। संविधान सभा के सदस्यों ने यह महसूस किया कि इन क्षेत्रों के लिए अलग से व्यवस्था क़ायम रखने की ज़रूरत है। संविधान की पाँचवीं और छठी अनुसूची में आदिवासियों के एक बड़े समूह को अनुसूचित जनजाति के रूप में कई संवैधानिक अधिकार दिये गये। छठी अनुसूची के अंतर्गत उत्तर-पूर्व के राज्यों के लिए और पाँचवीं अनुसूची के अंतर्गत पूरे देश के जनजातीय क्षेत्रों के लिए विशेष प्रावधान किये गये (सव्यसाची 1998; शर्मा 2004)। छठी अनुसूची के अंतर्गत स्वशासी ज़िला परिषदों की व्यवस्था की गयी। इसके अंतर्गत आने वाले क्षेत्रों के लिए रोज़मर्रा की ज़िंदगी में स्वशासन की व्यवस्था की गयी है। इसलिए उत्तर-पूर्व में ग्रामीण समुदाय को सर्वोच्च स्थिति मिली रही (शर्मा 2004: 97)।[22] इस संदर्भ में यह उल्लेखनीय है कि 1960 में उत्तर-पूर्व के राज्यों के बारे में नेहरू ने अपनी प्रसिद्ध 'पंचशील' नीति भी पेश की। इसमें मुख्य तौर पर उनकी भाषा और संस्कृति की स्वायत्तता को क़ायम रखने पर ज़ोर दिया गया। वर्जीनीयस खाखा मानते हैं कि इस नीति में वही बातें फिर से कही गयीं, जिनका उल्लेख छठी अनुसूची में किया गया है। खाखा इस बात की भी आलोचना करते हैं कि इस बारे में कोई सरकारी नीति जारी नहीं की गयी, बल्कि नेहरू ने एलविन की किताब की भूमिका में ये बातें कहीं (खाखा 2005: 1366-67)।

देश की आज़ादी के समय इस बात पर ज़ोरदार बहस हुई कि विकास का कौन सा रास्ता अपनाया जाए। गाँधी ने गाँव केंद्रित और कुटीर उद्योगों पर आधारित विकास योजना का मॉडल अपनाने पर ज़ोर दिया। दूसरी ओर, नेहरू केंद्रीकृत औद्योगीकरण के हिमायती थे। इस बारे में 1945 में गाँधी और नेहरू ने एक-दूसरे को कई चिट्ठियाँ भी लिखीं (परेल 1997: 149-56)। लेकिन आखिरकार गाँधी के मॉडल को नकारकर नेहरू का औद्योगीकरण मॉडल स्वीकार किया गया। दरअसल, आज़ादी के बाद अपनाए गये विकास मॉडल का जंगल के संबंध में सरकार की नीति पर बहुत गहरा प्रभाव पड़ा। इसने जंगल और इसके संसाधनों पर निर्भर वनवासी समुदायों की स्थिति को भी गहरे रूप से प्रभावित किया। अध्याय के इस भाग में 1947 से 1996 तक की भारतीय वन नीति, इसकी प्राथमिकताओं और वनवासी समुदायों पर इसके प्रभाव का विश्लेषण किया गया है। दरअसल, यह लंबा समयांतराल अपने में कई सवाल

22. अध्याय 1 में इनके बारे में थोड़े विस्तार से बताया गया है।

समेटे हुए है। मसलन, क्या स्वतंत्र लोकतांत्रिक भारत में आदिवासी जंगल की ज़मीन और इसके संसाधनों पर अपना हक़ क़ायम करने में सफल हुए? या आज़ादी के बाद की वन नीति को औपनिवेशिक दौर की नीतियों की निरंतरता के रूप में देखा जाना चाहिए? आज़ादी के बाद पर्यावरण सुरक्षा और वन्य जीव संरक्षण के प्रति सरकार का कैसा नजरिया रहा? क्या लोकतांत्रिक राजनीति की बदौलत आदिवासी वन नीति की प्रकृति में बदलाव करा पाने में समर्थ रहें? अध्याय के इस भाग में इन सवालों का जवाब देने की कोशिश की गयी है।

अध्याय का यह भाग मुख्य रूप से पाँच उपभागों में बँटा है। पहले उपभाग में 1952 की वन नीति, वन विभाग द्वारा अपनाई गयी वैज्ञानिक वानिकी या साइंटिफिक फ़ॉरेस्ट्री और वनवासी समूहों पर इसके प्रभाव का विश्लेषण किया गया है। दूसरे उपभाग में 1970 के दशक में उभरकर सामने आये पर्यावरणीय आंदोलन और वन्य जीवों के संरक्षण के लिए उठाए गये कदमों और वनवासी लोगों के जीवन पर इसके प्रभावों की विवेचना की गयी है। तीसरे उपभाग में स्वतंत्रता प्राप्ति के बाद अपनाए गये विकास मॉडल के आदिवासियों पर प्रभाव और चौथे उपभाग में 1980 के दशक से वन विभाग की बदलती नीतियों का विश्लेषण किया गया है। पाँचवे उपभाग में सन् नब्बे के दशक में बने *पंचायत (अनुसूचित क्षेत्र विस्तार) अधिनियम 1996* या पेसा की पृष्ठभूमि, इसके बनने की प्रक्रिया, इसके लिए चले आंदोलन और इस क़ानून की सीमाओं का परीक्षण किया गया है। ध्यान देने वाली बात यह है कि आज़ादी के बाद की अवधि का वर्णन करने के लिए शुरुआती चार उपभागों का विभाजन पूरी तरह से वर्षों के आधार पर नहीं किया गया है। इसलिए, मसलन, वैज्ञानिक वानिकी और उद्योगों के कच्चे माल के लिए जंगलों का दोहन 1980 और 1990 के दशक में भी जारी रहा। इसी तरह, 1970 के दशक में वन्य जीवों के संरक्षण के लिए जगी चिंता नब्बे के दशक में वन संबंधी नीतियों में महत्त्वपूर्ण भूमिका निभा रही है।

1. 1952 की वन नीति, वैज्ञानिक वानिकी और आदिवासियों पर प्रभाव

स्वतंत्र भारत की वन नीति में औपनिवेशिक दौर की विरासत क़ायम रखी गयी। 1952 की वन नीति इसका प्रमुख उदाहरण है। 1952 की वन नीति में यह घोषित किया गया कि जंगल के संबंध में औपनिवेशिक नीतियों की बुनियादी संकल्पनाएँ ठीक थीं, केवल उन्हें नई दिशा देने की जरूरत है (पाठक 1994: 21; गवर्नमेंट ऑफ़ इंडिया 1952; झा 1992: 29-73)। इसलिए नई नीति में 'सार्वजनिक हित' की जगह 'राष्ट्रीय हित' को महत्त्व दिया गया। इस तरह, नई वन नीति में उद्योगों के कच्चे माल की माँग समायोजित की गयी (पाठक

1994: 21)। 1952 की वन नीति में 'राष्ट्र-हित' के नाम पर स्थानीय समुदायों को वन प्रबंधन से अलग-थलग रखने की नीति को वैधता प्रदान की गयी। इसमें यह कहा गया कि किसी जगंल के फ़ायदे से संपूर्ण राष्ट्र को सिर्फ़ इसलिए वंचित नहीं किया जा सकता है कि 'क्योंकि संयोगवश कोई गाँव एक जंगल के नजदीक बसा है' (गवर्नमेंट ऑफ़ इंडिया 1952: 29)।

संविधान के अनुच्छेद 31ए के द्वारा ऐसे कई क़ानून जारी रखने का प्रावधान किया गया, जो *एमिनेंट डोमेन* की संकल्पना को मान्यता देते हैं।[23] दरअसल, स्वतंत्र भारत में *भारतीय दंड संहिता* के साथ-ही-साथ 1894 के *भूमि अधिग्रहण अधिनियम* और 1927 के *वन अधिनियम* और उनसे जुड़े *एमिनेंट डोमेन* की अवधारणा की वैधता बनी रही। दरअसल ये इस बात के स्पष्ट उदाहरण हैं कि उत्तर-औपनिवेशिक दौर में भी औपनिवेशिक क़ानून ही क़ायम रहे (बख़्शी 1982; सुंदर 2009)। आज़ादी के बाद विभिन्न राज्यों ने भी कुछ बदलावों के साथ 1927 की वन अधिनियम अपनाया। इस अधिनियम के प्रावधानों में इस तरह बदलाव किया गया, जिससे वनवासी समूहों के अधिकारों में कटौती की जा सके। मसलन, मध्य प्रदेश ने 1956 में एक निस्तार समिति का गठन किया। इस समिति ने यह सिफ़ारिश की कि जिन इलाकों में विकास का काम चल रहा हो, वहाँ निस्तार की इजाज़त नहीं दी जानी चाहिए। गौरतलब है कि निस्तार का मतलब है जंगल पर निर्भर समुदायों को रोज़-ब-रोज़ की ज़रूरत की वनोपज लेने की इजाज़त। इसी तरह, *उड़ीसा वन अधिनियम* 1972 में यह प्रावधान किया गया कि आरक्षित वन के रूप में अधिसूचित किसी भी क्षेत्र में झूम खेती की इजाज़त नहीं दी जाएगी (पाठक 1994: 27)। साथ ही, इस तरह के क़ानूनों द्वारा वन अपराधों की नई श्रेणी का निर्माण किया गया। मध्य प्रदेश और महाराष्ट्र में चराई के लिए एक निश्चित क्षेत्र को तय किया गया (गवर्नमेंट ऑफ़ इंडिया 1976: 139)। आज़ादी के बाद भारतीय रजवाड़ों ने यह महसूस कर लिया कि केंद्र सरकार उनके क्षेत्र के जंगल अपने नियंत्रण में ले लेगी। इसलिए उन्होंने अपने निजी जंगल ठेकेदारों को बेच दिया। इन क्षेत्रों से जंगल पूरी तरह काट दिये गये (प्रसाद 2004: 31-32)।

1927 के वन अधिनियम के अंतर्गत बहुत से नये क्षेत्र वन घोषित किए गये। इससे मुख्य रूप से आदिवासी ही प्रभावित हुए। इसका अंदाजा इसी बात से लगाया जा सकता है कि देश के कुल जंगल का 60 प्रतिशत क्षेत्र आदिवासी बहुल ज़िलों के अंतर्गत आता है (कैम्पेन 2004: 9)। मुख्य रूप से, तीन स्तरों पर इसके नतीज़े सामने आये। पहला, 1927 के वन अधिनियम के अंतर्गत नया

23. अध्याय 1 में *एमिनेंट डोमेन* की संकल्पना की विवेचना की गई है।

वन घोषित करने की प्रक्रिया में इस बात की बहुत कम गुंज़ाइश है कि एक अशिक्षित एवं पारम्परिक आदिवासी समाज अपनी भूमि या अन्य अधिकारों का दावा कर पाए। औपनिवेशिक दौर की तरह ही अभी भी अधिकांश आदिवासी 'लिखित पट्टा' की संकल्पना से अपरिचित थे। इसलिए यह आश्चर्यजनक नहीं है कि बहुत ज़्यादा मात्रा में नये क्षेत्रों को वन घोषित किया गया, लेकिन इन इलाक़ों में रहने वाले आदिवासी लोगों के अधिकार तय नहीं किये गये। वन विभाग द्वारा ये आदिवासी 'अतिक्रमक' घोषित कर दिये गये। मसलन, आदिवासी समुदाय जिस ज़मीन का उपयोग झूम खेती के लिए करते थे, उसे भी जंगल मान लिया गया। ऐसा करते हुए उनके सामुदायिक हितों का ख़्याल नहीं रखा गया। इसी तरह, अधिकार तय किये बिना किसी क्षेत्र को जंगल घोषित करने के कारण बहुत से लोग 'अतिक्रमक' में तब्दील हो गये (वही : 15–18)। इसका मतलब यह हुआ कि ये लोग जिस जगह पर पीढ़ियों से रह रहे थे, वहाँ अब इनका रहना ग़ैरक़ानूनी बन गया। वन विभाग कभी भी इन्हें इस स्थान से हटा सकता था। इस दौर में जंगलों की मात्रा में भी ख़ूब बढ़ोतरी हुई। वनों की बढ़ती मात्रा का एक उदाहरण यह है कि 1961 से 1988 के बीच वनों की मात्रा 41 मिलियन हेक्टेयर से बढ़कर 67 मिलियन हेक्टेयर हो गयी। इसी तरह, आरक्षित वनों की मात्रा 26 मिलियन हेक्टेयर से बढ़कर 46 मिलियन हेक्टेयर हो गयी (वही : 10)। दूसरा, बहुत से ऐसे क्षेत्रों के बारे में यह स्पष्ट नहीं हुआ कि ये वन विभाग के अंतर्गत आते हैं या राजस्व विभाग के अंतर्गत। मसलन, अनिल गर्ग ने मध्य प्रदेश और छत्तीसगढ़ के अध्ययन द्वारा इस तरह के ज़मीन की विवेचना की है। इन राज्यों में हज़ारों वर्ग किमी. ज़मीन पर वन विभाग और राजस्व विभाग दोनों ही अपना दावा करते हैं। ऐसी ज़मीन को 'ऑरेंज लैण्ड' की संज्ञा दी जाती है। इस ज़मीन पर बसे लोगों की स्थिति स्पष्ट नहीं है। वन विभाग इन्हें वन भूमि का अतिक्रमक मानता है (गर्ग 2005)। निश्चित रूप से इन क्षेत्रों में रहने वाले लोगों की स्थिति और अधिकार भी स्पष्ट नहीं थे। तीसरा, वन विभाग द्वारा जंगलों में बसाये गये गाँवों की स्थिति भी स्पष्ट नहीं थी। औपनिवेशिक दौर में वन विभाग ने अपना काम पूरा करने के लिए इन गाँवों को बसाया, लेकिन इन गाँवों के लोगों के अधिकार तय नहीं किये गये। अध्याय के पिछले भाग में वन टांगिया गाँवों के बारे में बताया गया है। आज़ादी के बाद भी 1980 के दशक तक वन टांगिया गाँवों की व्यवस्था क़ायम रखी गयी। इन गाँवों में बसे लोग पूरी तरह से वन विभाग की दया पर निर्भर थे। इसके अलावा, आज़ादी के बाद के शुरुआती दशकों में संसद और कार्यपालिका द्वारा देश के अन्य भागों में भूमि सुधारों के लिए कोशिशें की जा रही थीं। लेकिन जंगल की ज़मीन पर आदिवासियों के अधिकार के संदर्भ में ऐसी कोई कोशिश नहीं की

गयी। यहाँ तक कि औपनिवेशिक दौर की तरह अब भी जंगल के संसाधनों पर आदिवासियों का अधिकार 'छूट' के रूप में क़ायम रहा (देखें अध्याय 1)।

1952 की वन नीति का नतीजा यह निकला कि जंगलों के संसाधनों का उपयोग उद्योगों की ज़रूरतों को पूरा करने के लिए किया जाने लगा। ऐसा 'राष्ट्रीय विकास' के तर्क के आधार पर किया गया। 1960 तक वन विभाग की रणनीति यह थी कि विकसित (अर्थात् तक़रीबन 30 साल पुराने) पेड़ ही काटे जाएँ (गाडगिल और गुहा 1992: 186)। लेकिन इस दौर में राज्य द्वारा जंगल के कच्चे माल के लिए उद्योगों को सब्सिडी भी दी गयी। मसलन, केरल में विश्व की पहली चुनी हुई कम्युनिस्ट सरकार ने अपना पहला फ़ैसला यह लिया कि बिड़ला की रेयान फैक्ट्री को मदद दी जाएगी। फैक्ट्री को एक रुपया प्रति टन के हिसाब से बाँस की लकड़ी और दूसरे कच्चे पदार्थ दिये गये (वही : 186)। 1960 का दशक आते-आते लकड़ियों की माँग बहुत ज़्यादा बढ़ गयी। इस कारण वन विभाग ने वैज्ञानिक वानिकी के आधार पर उद्योगों के लिए ज़रूरी पेड़ लगाने शुरू कर दिये। सरकार की इस प्राथमिकता का एक उदाहरण *नैशनल कमीशन ऑन एग्रीकल्चर* की रिपोर्ट भी थी। इसमें इस बात पर ज़ोर दिया गया कि वनों में औद्योगिक ज़रूरत के हिसाब से उत्पादन किया जाना चाहिए (गवर्नमेंट ऑफ़ इंडिया 1976)। उद्योगों की माँगें पूरी करने के लिए मिश्रित वनों की जगह उद्योगों के लिए ज़रूरी पेड़ (मुख्यतः युक्लिप्टस और ट्रॉपिकल पाइन्स) लगाए गये। मसलन, बस्तर में 40,000 एकड़ ज़मीन पर प्राकृतिक साल जंगल की जगह ट्रॉपिकल पाइन लगाने की योजना तैयार की गयी। मुख्य रूप से काग़ज़ के लिए लकड़ियों की आपूर्ति सुनिश्चित करने के लिए ऐसा किया गया (सुंदर, जेफ़्री और थीन 2001: 26)। पूर्वी महाराष्ट्र और दार्जिलिंग जैसे क्षेत्रों के जंगलों का औपनिवेशिक दौर में बहुत ज़्यादा दोहन नहीं हुआ था। 1970 के दशक से इन जंगलों का भी व्यापक पैमाने पर दोहन शुरू हुआ। इसी तरह, अंडमान निकोबार द्वीप और उत्तर-पूर्वी राज्यों को भी लकड़ी उत्पादन के नेटवर्क से जोड़ा गया (पाठक 1994: 22; ऐंडरसन और ह्युबर 1988)। वन विभाग द्वारा जंगलों के दोहन का अंदाज़ा इसी से लगाया जा सकता है कि 1951-52 की तुलना में 1970-71 में वन विभाग का राजस्व पाँच गुना बढ़ गया। इसी तरह, 1961 से 1972 के बीच वन विभाग के कर्मचारियों की संख्या में तक़रीबन दो गुना की बढ़ोतरी हुई। 1961 में वन विभाग में 50,000 कर्मचारी थे। 1972 में यह संख्या बढ़कर 93,500 हो गयी। लेकिन वैज्ञानिक वानिकी के उत्साह में वन विभाग ने वनों की सही स्थिति क़ायम रखने संबंधी बुनियादी बातों का भी ध्यान नहीं रखा। मिश्रित वनों को बहुत ज़्यादा मात्रा में साफ़ किया गया (पाठक 1994: 10-25)। मसलन, 1951 से 1979 के बीच विभिन्न राज्यों के वन विभागों

ने 3.33 मिलियन हेक्टेयर जंगल की ज़मीन से 'आर्थिक रूप से कम महत्त्वपूर्ण' जंगलों को हटा दिया। इसकी जगह, वन विभाग ने औद्योगिक रूप से फ़ायदेमंद पेड़ लगाया। इसमें पारिस्थितिकी और जैव विविधता की हिफ़ाज़त करने की कोई चिंता नहीं की गयी।[24] औद्योगिक हितों को बढ़ावा देने का आलम यह था कि 1980 के दशक में भी उद्योगों को सब्सिडी देकर जंगलों का कच्चा माल दिया जा रहा था। 1980 के दशक में काग़ज़ उद्योग के लिए 600 रुपये प्रति टन के हिसाब से लकड़ी की आपूर्ति की जा रही थी, जबकी बाज़ार मूल्य इससे छह गुना ज़्यादा था (सुंदर, जेफ्री और थीन 2001: 26)।

इस दौर में जंगल और इसके संसाधनों पर निर्भर समुदायों के हितों पर कोई ध्यान नहीं दिया गया। वनों संसाधनों के प्रबंधन में इनकी इच्छाओं और विचारों को महत्त्व नहीं दिया गया (गाडगिल और गुहा 1992: 196)। यह स्वतंत्र भारत की वन नीति के अलोकतांत्रिक स्वरूप को दिखाता है। दरअसल, जंगलों का इस तरह दोहन किये जाने से जंगलों में रहने वाले आदिवासियों के 'हैबिटेट' पर बहुत ही नकारात्मक प्रभाव पड़ा।[25] वन-भूमि और इसके संसाधन आदिवासियों के हैबिटेट का महत्त्वपूर्ण हिस्सा हैं। इन लोगों का धर्म, परम्परा और जीवनशैली सभी जंगल से जुड़े हुए हैं।[26] लेकिन न तो वन नीति में और न ही वन विभाग के कामों में इस पहलू पर कोई ध्यान दिया गया। डॉ बी. डी. शर्मा ने भारत के अनुसूचित जातियों और अनुसूचित जनजातियों के आयुक्त के रूप में अपनी उनतीसवीं रिपोर्ट के साथ राष्ट्रपति को लिखे पत्र में इस पहलू पर ज़ोर दिया (भारत सरकार 1989: IX)। दरअसल, ख़ानाबदोश रूप में जीने वाले और झूम खेती करने वाले आदिवासियों की स्थिति ज़्यादा ख़राब हुई क्योंकि जंगल में इनकी गतिविधियों को संदेह से देखने की प्रवृत्ति बढ़ी। एक जगह बसकर खेती करने वाले आदिवासियों को भी वन विभाग के दमन का सामना करना पड़ता था। ख़ानाबदोश समुदायों की

24. देखें, कैम्पेन (2004: 10); गाडगिल और गुहा (1992: 207-14); सेंटर फॉर साइंस ऐंड एनवायरमेंट 1985।

25. हैबिबेट की संकल्पना को 'बायोलॉजिकल इकोलॉजी' से लिया गया है। इसे एक ऐसे क्षेत्र के रूप में समझा जा सकता है, जहाँ जीव या जीवों का समुदाय रहता है। इसे पर्यावरण की तुलना में ज़्यादा व्यवस्थित रूप में इस्तेमाल किया जाता है। इसमें जीवन प्रक्रियाओं को क़ायम रखने वाली कुछ पर्यावरणीय स्थितियों से कुछ ज़्यादा शामिल है। पौधे और जानवर जैविक प्राणियों के रूप में अपने हैबिटेट के लिए जाने जाते हैं। मनुष्य भी जैविक प्राणी हैं। लेकिन दूसरे जीवों की तुलना में इनकी स्थिति अलग है क्योंकि इनके पास सोच-विचार करने की क्षमता होती है। दूसरे जीवों की तरह मनुष्य अपने हैबिटेट से प्रभावित होते हैं। लेकिन वे अपने हैबिटेट को प्रभावित कर उसे एक अलग रूप भी दे सकते हैं। इसलिए आदिवासियों के हैबिटेट में सिर्फ़ वह वन-क्षेत्र ही शामिल नहीं है, जहाँ वे रहते हैं; दरअसल, इसमें उनके जीवन का स्तर उनकी भौतिक और ग़ैर-भौतिक संस्कृति भी शामिल है। इन सब में जंगल का सबसे महत्त्वपूर्ण स्थान है देखें, प्रभु (2004: 112)।

26. अध्याय 4 में इस पहलू की विस्तार से विवेचना की गई है।

सभी गतिविधियाँ ग़ैरक़ानूनी मानी जाने लगीं और झूम खेती पर भी रोक लगाने की कोशिश की गयी (कैम्पेन 2004 : 12-13)।

सरकारी रिपोर्टों में जंगलों की दुर्दशा की पूरी ज़िम्मेदारी स्थानीय समुदायों पर डाल दी गयी। मसलन, *नैशनल कमीशन ऑन एग्रीकल्चर* ने अपनी रिपोर्ट में यह कहा कि 'ग्रामीण जनसंख्या को वन उत्पादों की मुफ़्त सप्लाई और जंगलों में उन्हें दी गयी 'छूट' वनों की बर्बादी के लिए मुख्य रूप से ज़िम्मेदार है...' (गवर्नमेंट ऑफ़ इण्डिया 1976: 25)। वनों की बर्बादी के लिए आदिवासियों द्वारा किये जा रहे 'अतिक्रमण' को भी ज़िम्मेदार माना गया (सुंदर, जेफ़्री और थीन 2001: 11)। यद्यपि जनसंख्या बढ़ने और 'अतिक्रमण' के कारण जंगलों की स्थिति पर नकारात्मक प्रभाव पड़ा। लेकिन जंगलों की दुर्दशा के लिए मुख्य रूप से वन विभाग की ग़लत नीतियाँ ज़िम्मेदार थीं। इससे वनों के दोहन को बहुत ज़्यादा बढ़ाया। इसने जंगलों के मिश्रित स्वरूप की उपेक्षा की, इससे जंगलों के स्वाभाविक स्वरूप पर नकारात्मक प्रभाव पड़ा। इसका नतीजा वन्य जीवों एवं वनों की बर्बादी के रूप में सामने आया। जंगल में रहने वाले आदिवासी समूह औपनिवेशिक दौर की तरह ही अधिकारहीन स्थिति में रहे। अब भी, ये वन विभाग की दया पर निर्भर थे। यहाँ यह भी उल्लेखनीय है कि भारत सरकार ने आदिवासियों की स्थिति के बारे में एक 1960 में यू. एन. ढेबर की अध्यक्षता में एक समिति का गठन किया। छह सदस्यीय इस समिति ने अपनी रिपोर्ट में यह बताया कि आदिवासियों की मुख्य समस्या वन अधिकारों का न मिलना, ज़मीन का छीन जाना और विकास परियोजनाओं के कारण होने वाला विस्थापन है (गवर्नमेंट ऑफ़ इंडिया 1961)। इस संदर्भ में यह भी ग़ौरतलब है कि आज़ादी के एक दशक बाद भारत सरकार ने वेरियर एलविन की अध्यक्षता में एक कमिटी का गठन किया। इस कमिटी का काम यह देखना था कि आदिवासियों के लिए बनी योजनाएँ किस तरह काम कर रही हैं। एलविन ने अपनी रिपोर्ट में यह बताया कि आदिवासियों के लिए बनी योजनाओं को लागू करने की ज़िम्मेदारी जिन लोगों पर है, उन्हें आदिवासियों के बारे में कोई नज़दीकी जानकारी नहीं है। उन्होंने आदिवासियों के समेकित विकास की बात की तथा सुरक्षावाद की नीति और आदिवासियों के ज़मीन और वन अधिकारों के बीच में सामंजस्य बनाने की कोशिश की (प्रसाद 2004: 98)।

इस बात में किसी शक की गुंजाइश नहीं है कि सरकार ने वनवासियों के लिए कई योजनाएँ चलाईं, पंचवर्षीय योजनाओं में इनके लिए प्रावधान किये गये और विविध समितियों के माध्यम से इनकी स्थिति के बारे में ज़्यादा स्पष्टता लाने की कोशिश की। लेकिन इसके साथ ही 'राष्ट्रीय विकास' का लक्ष्य भी अपनी जगह रहा। इसलिए सरकार द्वारा गठित विविध समितियों की आलोचनाओं के बावजूद जंगलों के बारे में उद्योग केन्द्रित रणनीति बदस्तूर जारी रही। जंगलों

में आदिवासियों को अधिकार देने के बारे कभी गम्भीरता से विचार नहीं किया गया। एक तरह से यह राज्य की द्वैध प्रकृति को ही दिखाता है। जिसमें एक ओर राज्य ने कल्याणकारी कार्यक्रम चलाया और दूसरी ओर ऐसी नीतियाँ भी क़ायम रखीं जिससे जंगल की ज़मीन और इसके संसाधनों पर इन समुदायों को वास्तविक अधिकार नहीं मिल पाया। बहरहाल, जंगलों की दुर्दशा के कारण 1970 के दशक से वन्य जीवों के संरक्षण और पर्यावरण के प्रति चिंता उभरकर सामने आने लगी। इस कारण कई क़ानून बने। इसने कई पर्यावरणीय आंदोलनों को भी जन्म दिया।

2. वन्य-जीव संरक्षण, पर्यावरण आंदोलन और आदिवासियों के हक़

वन्य-जीव संरक्षण के हिमायतियों ने एक ऐसा क्षेत्र बनाने की माँग की, जहाँ किसी तरह का मानवीय हस्तक्षेप नहीं हो। दूसरी ओर, पर्यावरण संरक्षण के लिए चलने वाले आंदोलनों (मसलन चिपको आंदोलन) ने वन्य जीवों और मानवीय जीवन के बीच किसी तरह का विरोधाभास नहीं माना। इन्होंने जंगलों के दोहन का विरोध किया और इस बात पर ज़ोर दिया कि जंगल और इसके संसाधनों पर स्थानीय समुदायों का हक़ होना चाहिए। इकोलॉजिकल अध्ययन के संदर्भ में इसे इकोकेंद्रवाद (इकोसेंट्रिज़्म) और मानवकेंद्रवाद (एंथ्रोपोसेंट्रिज़्म) के विरोध के रूप में देखा जा सकता है (देखें अध्याय 1)। अध्याय के इस भाग में हम मुख्य रूप से तीन पहलुओं पर ध्यान देंगे– पहला, 1972 का *वन्य जीव (संरक्षण) अधिनियम [वाइल्डलाइफ़ (प्रोटेक्शन) एक्ट]*; दूसरा, पर्यावरण के लिए चलने वाले आंदोलन (मुख्यतः चिपको आंदोलन); और तीसरा, 1980 का *वन (संरक्षण) अधिनियम [फ़ॉरेस्ट (कंज़रवेशन) एक्ट, 1980]*।

भारत मे नैशनल पार्कों की व्यवस्था औपनिवेशिक दौर में ही शुरू हो चुकी थी। भारत में पहला नैशनल पार्क 1936 में उत्तर प्रदेश में स्थापित हुआ। इसके बाद 1960 के दशक में इंदिरा गाँधी के प्रधानमंत्री बनने के बाद वन्य जीवों की स्थिति के बारे में सरकारी स्तर पर जागरूकता बहुत बढ़ी क्योंकि ख़ुद इंदिरा गाँधी की वन्य जीवों के संरक्षण के मसले में बहुत ज़्यादा रुचि थी (रंगराजन 2003; 2009)। जंगली जानवरों की घटती संख्या से चिंतित होकर भारत सरकार ने 1969 में एक विशेषज्ञ समिति का गठन किया। इस समिति का काम नैशनल पार्कों और वन्य-जीव अभयारण्यों की स्थिति की समीक्षा करना और वन्य-जीवों के संरक्षण के लिए ज़रूरी सिफ़ारिशें देना था। 1970 में इस समिति ने अपनी रिपोर्ट पेश की और नैशनल पार्कों और अभयारण्यों की व्यवस्था और मजबूत करने की सिफ़ारिश की। जब इस विशेषज्ञ समिति ने 1970 में अपनी रिपोर्ट पेश की, उस समय देश में सात नैशनल पार्क और 130 अभयारण्य थे। इस समिति ने अपनी

रिपोर्ट में इस बात पर ज़ोर दिया कि देश के कुल भू-क्षेत्र का 4 प्रतिशत वन्य जीवों के लिए आरक्षित होना चाहिए (बिष्ट 1995: 39-40)। समिति की सिफ़ारिशों के बाद 1972 में *वन्य-जीव (संरक्षण) अधिनियम* पारित हुआ। इसमें राज्य सरकारों को यह अधिकार दिया गया कि वे संरक्षित क्षेत्र स्थापित कर सकते हैं अर्थात् किसी क्षेत्र को अभयारण्य या नैशनल पार्क घोषित कर सकते हैं। इसी तरह, केंद्र सरकार भी राज्य या केंद्र शासित प्रदेशों की सहमति से वहाँ नैशनल पार्क या अभयारण्य स्थापित करने का प्रयास कर सकती है। अभयारण्य की ज़मीन पर यहाँ बसे लोगों को निजी स्वामित्व और अपने जानवरों को चराने की इजाज़त दी जा सकती है। लेकिन वन्य जीव संरक्षण के लिए इन पर पाबंदी भी लगाई जा सकती है। इसके विपरीत, नैशनल पार्क में किसी तरह के निजी अधिकारों की इजाज़त नहीं दी गयी है। साथ ही, यहाँ पशुओं की चराई पर भी पूरी तरह पाबंदी होती है (वही : 35; गवर्नमेंट ऑफ़ इंडिया 1972)। *वन्य-जीव (संरक्षण) अधिनियम* में इस बात का स्पष्ट प्रावधान है कि किसी क्षेत्र को नैशनल पार्क घोषित करते समय वहाँ के लोगों के अधिकार तय किये जाएँगे और उनके पुनर्वास की व्यवस्था की जाएगी। नैशनल पार्क या अभयारण्य में किसी तरह का शिकार करने या वहाँ के हैबिटेट को नुक़सान पहुँचाने की इजाज़त नहीं है। ऐसा करने पर जुर्माना और सज़ा का प्रावधान किया गया है (बिष्ट 1995: 45)। महत्त्वपूर्ण बात यह है कि इस अधिनियम के पारित होने के बाद नैशनल पार्कों और अभयारण्यों की संख्या में काफ़ी बढ़ोतरी हुई है।[27]

इस क़ानून में अभी तक तीन बार, अर्थात् 1982, 1991 और 2002 में संशोधन हो चुका है। इनके द्वारा इसके प्रावधान ज़्यादा सख़्त बनाए गये। लेकिन इस क़ानून और इसमें हुए संशोधनों ने नैशनल पार्कों और अभयारण्यों में रहने वाले आदिवासियों की स्थिति कमज़ोर बनाई है। दरअसल, इस क़ानून के प्रावधानों के अनुसार नैशनल पार्कों और अभयारण्यों में बसे लोगों के अधिकार तय नहीं किये गये। अधिकांश मामलों में इन्हें किसी दूसरी जगह बसाने के प्रावधानों का भी अमल नहीं हुआ। सच्चाई यह है कि नैशनल पार्कों में बसे लोगों को दूसरी जगह बसाने का विचार बहुत ही अव्यावहारिक है। इसका अंदाज़ा इसी बात से लगाया जा सकता है कि पिछले 30 सालों में कुल 1500 गाँवों से मात्र 80 गाँवों को दूसरी जगह स्थानांतरित किया गया (कोठारी 2005)। दरअसल, हमारे देश में 1970 के दशक से ही वन्य-जीव संरक्षणवादियों का एक वर्ग

27. अप्रैल 2012 तक के आँकड़ों के मुताबिक भारत में कुल 688 संरक्षित क्षेत्र थे। इसमें 102 नैशनल पार्क, 515 वन्य जीव अभयारण्य शामिल हैं। इसके अलावा, कुछ टाइगर रिजर्व और कम्युनिटी रिजर्व भी है। इनका कुल भौगोलिक क्षेत्र 1, 61, 221.57 वर्ग किमी है। वेब पता: http://www.indiawildliferesorts.com/national-parks/index.html देखने की तारीख़ 23.3.2012.

सामने आया है। इसका ज़ोर इस बात पर है कि एक ऐसा सुनिश्चित क्षेत्र होना चाहिए, जहाँ मनुष्यों का कोई हस्तक्षेप न हो।[28] दूसरी ओर, आदिवासी अधिकारों के समर्थक यह मानते हैं कि वन्य जीव के बारे में यह एक पश्चिमी दृष्टिकोण है। हमारे देश में सदियों से आदिवासी और जंगली जानवरों का सह-अस्तित्व क़ायम रहा है (भारत सरकार 1989; कैम्पेन 2004)। इसके अलावा, वन विभाग वन्य जीवों का संरक्षण करने के काम को संतोषजनक तरीक़े से अंजाम नहीं दे पाया है। कई क़ानूनों के बावजूद वन्य जीवों की संख्या में लगातार कमी आती गयी है। मसलन, 2005 में यह बात उजागर हुई कि सरिस्का में एक भी बाघ नहीं बचा है। दूसरे स्थानों की स्थिति बहुत बेहतर नहीं मानी जा सकती है। आमतौर पर, वन विभाग के अधिकारी जंगली जानवरों के शिकार का दोष ग्रामीणों पर डाल देते हैं। लेकिन यह वन विभाग की नाकामी को ही दिखाता है।[29]

1970 के दशक में देश में पर्यावरण आंदोलन का भी उभार हुआ। इसमें उद्योगों को फायदा पहुँचाने के लिए जंगलों का दोहन करने का विरोध किया गया। इस तरह के आंदोलनों में *चिपको आंदोलन* सबसे प्रमुख है। यह आंदोलन 1973 में शुरू हुआ। इसमें स्थानीय लोगों ने एक खेल कम्पनी को अलकनंदा घाटी की लकड़ियाँ काटने का अधिकार देने का विरोध किया। इसके विरोध के लिए लोगों ने पेड़ से चिपक जाने की रणनीति अपनाई। अर्थात् जब लकड़ी काटने वाले कर्मचारी पेड़ों को काटने आते थे, तो लोग पेड़ों से चिपक जाते थे। इसी कारण, इसका नाम *चिपको आंदोलन* पड़ा। सुंदरलाल बहुगुणा और चंडी प्रसाद भट्ट इस आंदोलन के प्रमुख नेता थे।[30] पर्यावरणवादियों में इस बात को लेकर वाद-विवाद रहा है कि क्या चिपको आंदोलन गाँधीवादी और अहिंसा के दर्शन पर आधारित था या यह विरोध और वन सत्याग्रह की पुरानी परम्परा का पुनःउभार था। इस परम्परा में हमेशा अहिंसा का पालन नहीं किया जाता था। अनिल अग्रवाल, वंदना शिवा और जयंती बंद्योपाध्याय ने चिपको और इसके कार्यकर्त्ताओं को गाँधीवादी कैम्प में रखा है। दूसरी ओर, रामचंद्र गुहा ने अपने कई शोध-आलेखों के माध्यम से इस आंदोलन के मजबूत ऐतिहासिक आधार

28. 1970 में ही श्रीमति इंदिरा गाँधी ने डॉ. कर्ण सिंह की अध्यक्षता में टाइगर टास्क फ़ोर्स का गठन किया। इसने 1972 में अपनी रिपोर्ट दी। इसके बाद 1973 प्रोजेक्ट टाइगर शुरू किया गया। इसमें बाघों की जनसंख्या वाले कुछ क्षेत्रों, जिसमें कई नैशनल पार्क भी हैं, में टाइगर रिजर्व की स्थापना की गयी। यहाँ बाघों के संरक्षण के लिए विशेष उपाए किये गये। ऐसे क्षेत्रों में स्थानीय समुदायों को बहुत ज़्यादा मुश्किलों का सामना करना पड़ा क्योंकि यहाँ वन विभाग का बहुत ज़्यादा नियंत्रण था।
29. इस संदर्भ में अध्याय 3 और 4 में ज़्यादा विस्तार से विवेचना की गयी है।
30. इस आंदोलन के विविध आयामों के बारे में खुद सुंदरलाल बहुगुणा ने कई किताबें लिखीं। मसलन, देखें, बहुगुणा (1983); (1987)।

पर ज़ोर दिया है।[31] बहरहाल, चिपको आंदोलन पर्यावरणीय आंदोलन के साथ-साथ लोगों द्वारा अपनी जीविका के लिये किये गये संघर्ष को भी दिखाता है। इस आंदोलन के माध्यम से लोगों ने जंगल पर अपने प्रथागत अधिकारों पर ज़ोर दिया। उन्होंने इसमें राज्य और उद्योगपतियों द्वारा किये जाने वाले अतिक्रमण का विरोध किया (गाडगिल और गुहा 1992: 224)। *चिपको आंदोलन* की तरह ही देश के दूसरे भागों में भी कई ऐसे आंदोलन उभरे, जिन्होंने पर्यावरण संरक्षण और स्थानीय लोगों की जीविका के अधिकार की तरफ़दारी की। इस आंदोलन के एक दशक के बाद उत्तरी कर्नाटक के उत्तर कन्नड़ा ज़िले में *अप्पिको आंदोलन* शुरू हुआ। कन्नड़ में अप्पिको का अर्थ होता है– चिपको। इस ज़िले में कई वर्षों से वन विभाग मिश्रित जंगल को काटकर औद्योगिक रूप से फ़ायदेमंद पेड़ लगा रहा था। ग्रामीणों ने इसका विरोध किया। निश्चित रूप से यह आंदोलन चिपको आंदोलन से प्रभावित था (हेगड़े 1988)। सबसे ख़ास बात यह है कि इन आंदोलनों ने वन्य जीवों और आदिवासी लोगों के बीच किसी तरह का विरोधाभास नहीं माना। इन्होंने उद्योगों को फ़ायदा पहुँचाने के लिए जंगलों के दोहन का विरोध किया। इसे उन्होंने वन्य जीवों के लिए सबसे बड़ा ख़तरा माना।[32] इसी तरह, सुखोमजरी में बाबा आम्टे के प्रयोग ने यह दिखाया कि स्थानीय समुदायों के सहयोग से पर्यावरण संरक्षण का काम ज़्यादा बेहतर तरीक़े से किया जा सकता है (मसलन देखें, मिश्रा और सरीन 1987)।

बहरहाल, 1970 के दशक में पर्यावरण संरक्षण के प्रति बढ़ी चिंता के दो और नतीजे सामने आये। 1976 में संविधान के बयालिसवें संशोधन द्वारा राज्य वनों को राज्य सूची से हटाकर समवर्ती सूची में शामिल किया गया और राज्य के नीति निदेशक तत्त्वों में 'पर्यावरण एवं वन्य जीवन संरक्षण' को शामिल किया गया। इसी संशोधन द्वारा संविधान में अनुच्छेद 51(ए) के माध्यम से मूल कर्त्तव्य भी शामिल किया गया। अनुच्छेद 51(ए)(जी) में प्रावधान किया गया है कि हर व्यक्ति का यह कर्त्तव्य है कि वह प्राकृतिक पर्यावरण, जिसमें जंगल, झील, नदी और वन्य जीव शामिल हैं, की सुरक्षा करे और उनकी स्थिति में सुधार की कोशिश करे (भारत का संविधान 2008: 27-28; 298)। दूसरा, संसद ने 1980 में *वन (संरक्षण) अधिनियम* पारित किया। इसमें यह प्रावधान किया गया कि देश के भू-क्षेत्र का 22 प्रतिशत वन क्षेत्र के रूप में क़ायम रखा जाएगा। इसने किसी आरक्षित वन को अनारक्षित करने के

31. इस संदर्भ में देखें ग्रोव, दामोदरन और सांगवान (1998: 8-9); शिवा और बंद्योपाध्याय (1986); गुहा (1989)।

32. महत्त्वपूर्ण बात यह है कि बाद के दशकों में भी वन्य-जीव और आदिवासियों के अधिकारों के बीच इन अलग-अलग दृष्टिकोणों का टकराव चलता रहा। वन अधिकार विधेयक के संदर्भ में चले वाद-विवाद के दौरान भी ये तर्क उभरकर सामने आये। देखें, अध्याय 3

लिए या जंगल की किसी ज़मीन का किसी गैर-वनीय उद्देश्य के लिए इस्तेमाल करने के लिए केंद्र सरकार की इजाज़त को ज़रूरी बना दिया। इसका मतलब यह भी है कि अगर किसी गैर-वनीय उद्देश्य के लिए जंगल की ज़मीन का उपयोग होता है, तो उतनी ही मात्रा में नयी ज़मीन को 'जंगल' बनाना होगा (गवर्नमेंट ऑफ़ इण्डिया 1980)। बहुत से विद्वानों ने इस क़ानून के प्रावधान को अव्यावहारिक और अवैज्ञानिक माना कि न्यूनतम 22 प्रतिशत भू-क्षेत्र पर वन होना चाहिए। मसलन, मधु सरीन मानती हैं कि इस बात का कोई वैज्ञानिक आधार नहीं है कि कुल भू-क्षेत्र का 22 प्रतिशत वन होना ज़रूरी है। इनके अनुसार, भारत में बहुत से ऐसे क्षेत्र हैं, जहाँ दरअसल कोई जंगल नहीं है लेकिन वन विभाग ने इन्हें जंगल घोषित किया है (सरीन 2005: 2131; 2010)।

इस संदर्भ में यह भी उल्लेखनीय है कि महेश रंगराजन ने इस दौर में इकोलॉजी और वन्य जीवों के बारे में बढ़ती चिंता का श्रेय इंदिरा गाँधी को दिया है। उन्होंने विस्तार से यह बताया है कि बचपन से ही श्रीमती गाँधी की वन्य जीवों से जुड़े मामलों में बहुत ज़्यादा रुचि थी। इसी कारण जब वे प्रधानमंत्री बनीं तो उन्होंने इस मामले में गहरी रुचि दिख़ाई। रंगराजन यह मानते हैं कि 1972 का *वन्य जीव (संरक्षण) अधिनियम* और संविधान के नीति निदेशक तत्त्वों में पर्यावरण और वन्य जीव संरक्षण को शामिल किया जाना इसी चिंता और गहरे जुड़ाव का नतीजा था (रंगराजन 2003; रंगराजन 2009)। बहरहाल, मेरा यह मानना है कि दरअसल, इंदिरा गाँधी के शासनकाल में ही जंगल और पर्यावरण के संबंध में केंद्रीकरण की प्रवृत्ति बढ़ी। ऊपर जिन संवैधानिक बदलावों का उल्लेख किया गया है वे इसी केंद्रीकरण की ओर संकेत करते हैं। इसका एक मतलब यह भी था कि इन मसलों पर स्थानीय समुदायों के व्यवहारों को संदेह से देखने की प्रवृत्ति बढ़ी। यह भी ग़ौरतलब है कि 1980 के *वन (संरक्षण) अधिनियम* ने 22 प्रतिशत जंगल रखने पर ज़ोर दिया। लेकिन इसके बावजूद औद्योगिक हितों को ध्यान में रखते हुए वनों का सामान्य ज़मीन में बदलाव (या डायवर्जन) किया जाता रहा। दरअसल, इसने 'अतिक्रमक' के रूप में रह रहे आदिवासियों के लिए स्थिति और भी जटिल बना दी। अब आदिवासियों की ज़मीन का नियमितीकरण (या रेग्युलराइजेशन) अर्थात् ज़मीन पर लोगों के अधिकारों को मान्यता मिलना नामुमकिन हो गया। लेकिन यहाँ भी एक विरोधाभासी स्थिति क़ायम रही। एक ओर, आदिवासियों को वन भूमि पर पट्टा देने से मना कर दिया गया; जबकि औद्योगिक विकास के नाम पर बहुत ज़्यादा मात्रा में वन भूमि को सामान्य ज़मीन में बदला गया (अध्याय के अगले भाग में इस पर विस्तार से विचार किया गया है)। स्पष्टतः वन्य जीवन और पर्यावरण संरक्षण की सरकारी कोशिशों ने आदिवासियों के लिए स्थिति बहुत ज़्यादा मुश्किल

बना दी। लेकिन इसने वन विभाग के मनमाने क़दमों पर कोई रोक नहीं लगाई।

3. 'अतिक्रमण', विकास, विस्थापन और आदिवासी ज़िंदगी

दरअसल, कई मायनों में 'अतिक्रमण' की समस्या विकास के मॉडल और उसके कारण होने वाले विस्थापन से जुड़ी हुई है। अध्याय के इस भाग में 'अतिक्रमण' और उससे जुड़ी सरकारी रणनीति की विवेचना की गयी है। इसके साथ ही, विकास के कारण होने वाले विस्थापन से इसके जुड़ावों के विभिन्न आयामों का विश्लेषण किया गया है।

आज़ादी के बाद के दौर में कई कारणों से 'अतिक्रमकों' की संख्या बढ़ी। पहला, किसी नये स्थान को जंगल घोषित करते वक्त वहाँ के लोगों के अधिकार तय नहीं किये गये। दूसरा, नये नैशनल पार्कों या अभयारण्यों बनाते समय वहाँ रहने वाले लोगों के अधिकार तय नहीं किए गये। इन लोगों के पुनर्वास की भी कोई व्यवस्था नहीं की गयी।[33] तीसरा, देश में जिस तरह के विकास मॉडल अपनाया गया, उसके कारण बहुत से लोग विस्थापित हुए। इन लोगों के पुनर्वास की व्यवस्था नहीं की गयी। इस कारण इनमें से बहुत से लोग जंगल की ज़मीन पर बस गये। चूँकि इनके पास ज़मीन का कोई पट्टा नहीं था, इसलिए इन्हें 'अतिक्रमक' घोषित किया गया। इस बात का कोई सुनिश्चित प्रमाण नहीं है कि विकास कार्यों के कारण विस्थापित हुए लोगों में से कितने लोगों ने जंगल की ज़मीन का अतिक्रमण किया। लेकिन विभिन्न अध्ययनों से यह बात उभरकर सामने आई है कि विस्थापित हुए लोगों में से बहुसंख्यक लोग आदिवासी हैं। मसलन, वॉल्टर फर्नांडिस और वी. परांजपे ने उन लोगों की सूची तैयार की है, जो 1950 से 1990 के बीच बाँधों के निर्माण के कारण विस्थापन का शिकार हुए। इस अध्ययन के अनुसार, 1950 से 1990 के बीच कुल 164 लाख लोग विस्थापित हुए। विस्थापित हुए लोगों में से 38 प्रतिशत लोग आदिवासी थे। इन लोगों में से केवल 25 प्रतिशत लोगों का ही पुनर्वास हो पाया। इसका अर्थ यह है कि 1950-90 के बीच जितने आदिवासी विस्थापित हुए, उनमें से 75 प्रतिशत आदिवासियों का पुनर्वास नहीं हुआ (फर्नांडिस और परांजपे 1997)। विस्थापन आधारित विकास मॉडल के ख़िलाफ़ 1980 के दशक में नर्मदा बचाओ आंदोलन शुरू हुआ। इसने विस्थापन की समस्या की ओर लोगों का ध्यान खींचा।[34] चौथा, जंगल या जंगल के नज़दीक रहने वाले लोगों ने पेड़ काटकर अपने खेत

33. मसलन, वन्य-जीव संरक्षण की तरफ़दारी करने वाले एम.डी. मधुसूदन यह स्वीकार करते हैं कि *वन्य जीव (संरक्षण) अधिनियम*, 1972 के प्रावधानों के अनुसार नैशनल पार्कों में रहने वाले लोगों के पुनर्वास की व्यवस्था नहीं की गयी। देखें, मधुसूदन (2005: 4893-4895)।

34. सरदार सरोवर परियोजना और इसके ख़िलाफ़ चलने वाले आंदोलन के कुछ महत्त्वपूर्ण पहलुओं की समझ के लिए देखें, कल्पवृक्ष (1988); बाविस्कर (1991; 1995)।

को आगे बढ़ाया है। इससे भी जंगल में 'अतिक्रमण' बढ़ा है। अधिकांश मामलों में लोगों ने अपनी जीविका की ज़रूरतें पूरी करने के लिए ऐसा किया है। लेकिन कई बार गाँव के दबंग लोगों ने सिर्फ़ अपनी ज़मीन बढ़ाने के लालच में भी ऐसा किया है।[35] कई मरतबा वन अधिकारियों द्वारा जंगल की बुरी स्थिति के लिए मुख्य रूप से इस तरह के 'अतिक्रमण' को ज़िम्मेदार माना जाता है (सुंदर, जेफ्री और थीन 2001: 11)।[36] लेकिन दरअसल यह वन विभाग के अधिकारियों द्वारा अपनी नाकामी छिपाने का एक तरीक़ा है। वन विभाग ने अपनी गतिविधियों में कभी भी आदिवासी समुदायों को शामिल करने की कोशिश नहीं की। उल्टे वन विभाग के कर्मचारियों (बीट गार्ड) द्वारा इन्हें लगातार परेशान किया जाता रहा है। असल में, वन भूमि का 'अतिक्रमण' वन विभाग की नाकामी को ही दिखाता है। मसलन, अखिलेश्वर पाठक माठवाड फॉरेस्ट रेंज के गाँव के अध्ययन के आधार पर यह बताते हैं कि यहाँ तक़रीबन हर घर के पास कुछ-न-कुछ 'अतिक्रमण' की ज़मीन थी। गाँव के लोगों ने यह बताया कि वे बीट-गार्ड को पैसा देकर खेती का काम करते हैं (पाठक 1994: 76-77)।[37] इसके अलावा, 'अतिक्रमण' की पूरी संकल्पना ही काफ़ी हद तक एक बनावटी संकल्पना है। यह उन समुदायों को जंगल का 'अतिक्रमक' घोषित करती है, जो सदियों से वहाँ रह रहे हैं। दूसरी ओर, वन विभाग को औद्योगिक और व्यावसायिक हितों को पूरा करने के लिए जंगलों का दोहन करने का वैध हक़ हासिल है (कैम्पेन 2004: 9-10)।

राज्य स्तर पर 'अतिक्रमण' का मसला चुनावों के समय चुनावी मुद्दा बनता रहा है। ऐसे बहुत से उदाहरण मौजूद हैं, जब चुनावी राजनीति के दबावों के कारण कई राज्यों में 'अतिक्रमणों' का नियमितीकरण किया गया। मसलन, केरल सरकार ने 1954 के बाद से तीन बार जंगल की ज़मीन के 'अतिक्रमण' का नियमितीकरण किया (नायर 1985: 50-51)। इसी तरह, महाराष्ट्र सरकार ने 1987 में 1980 के पहले के 'अतिक्रमणों' के नियमितीकरण के लिए अधिसूचना जारी की। कर्नाटक ने दो बार और मध्य प्रदेश ने 3 बार अतिक्रमणों का

---

35. मैंने अपने फ़ील्ड वर्क के दौरान ऐसे कई उदाहरण पाए। देखें अध्याय 4.
36. अपने फ़ील्ड-वर्क के दौरान मैंने वन-यह पाया कि निचले स्तर के बीट गार्ड से लेकर ज़िले के प्रमुख वन अधिकारी अर्थात् डीएफओ तक सबमें यह प्रवृत्ति थी कि वे जंगल के संबंध में सारी समस्याओं के लिए जंगल में रहने वाले या उसके संसाधनों पर निर्भर स्थानीय समुदायों को जिम्मेदार ठहरा दें। इस तरह, जंगल की कटाई से लेकर, वन्य जीवों की लगातार कम होती संख्या तक-हर समस्या के लिए उन्होंने वनवासी लोगों को ज़िम्मेदार माना। देखें, अध्याय 4।
37. अपने फ़ील्ड-वर्क के दौरान मैंने भी यह पाया कि बीट-गार्ड उन लोगों से जबरन वसूली करते हैं। दूसरे इनमें यह प्रवृत्ति होती है कि वे अपने क्षेत्र के हुए 'अतिक्रमण' को कम-से-कम करके दिखाते हैं। इससे इन्हें अपना आय का साधन और प्रभाव कायम रखने में मदद मिलती है। अध्याय 4 में इस पहलू की विस्तार से विवेचना की गयी है।

नियमितीकरण किया। एक सरकारी समिति ने इस बात पर अफ़सोस ज़ाहिर करते हुए लिखा कि राज्य स्तर पर वन भूमि पर 'अतिक्रमण' को राजनीतिक संरक्षण मिलता रहा है बहरहाल, इस तरह के नियमितीकरण की सबसे बड़ी सीमा यह रही कि इसमें आधे-अधूरे ढंग से लोगों के अधिकार तय किये गये। वन विभाग के अधिकारियों ने मनमाने ढंग से कुछ लोगों को ज़मीन का पट्टा दिया और बहुत से लोगों को इसके लिए अयोग्य घोषित किया। अधिकांश मामलों में जिन लोगों ने वन विभाग के अधिकारियों को पैसा दिया, उन्हें ही पट्टा मिला (कुलकर्णी 1987: 2143-48; पाठक 1994: 93-94)। 1980 में वन संरक्षण अधिनियम पारित हो जाने के कारण इसके बाद के 'अतिक्रमणों' का नियमितीकरण नहीं किया गया। लेकिन दरअसल 1980 के पहले के 'अतिक्रमणों' के मामलों में भी बहुत कम नियमितीकरण हुआ। 1984 में गठित येलुरकर टास्क फोर्स ने अपनी रिपोर्ट में यह बताया था कि 1980 के पहले 7 लाख हेक्टेयर वन-क्षेत्र पर 'अतिक्रमण' है। 2004 में पर्यावरण एवं वन मंत्रालय ने संसद को यह बताया कि 1980 के पहले के कुल 3.66 लाख हेक्टेयर ज़मीन का नियमितीकरण हो चुका है (कैम्पेन 2004: 9)। स्पष्टत: 1980 के पहले के 'अतिक्रमणों' में से भी तक़रीबन आधे क्षेत्र के बारे में कोई कार्रवाइ नहीं हुई। दरअसल, कभी भी इस समस्या का पूरे देश के स्तर पर हल खोजने की कोशिश नहीं की गयी। इसके अलावा, जंगल के वनोपजों पर वनवासी लोगों के अधिकारों को मान्यता नहीं दी गयी, इन्हें सिर्फ़ 'छूट' के रूप में ही स्वीकार किया गया। 'अतिक्रमक' के रूप में रहने वाले वनवासी लोगों का जीवन पूरी तरह स्थानीय वन अधिकारियों की दया और मनमर्जी के अधीन बना रहा (पाठक 1994: 94-95)।

1980 में *वन संरक्षण अधिनियम* पारित होने के बाद 'अतिक्रमणों' के नियमितिकरण की प्रक्रिया पूरी तरह रुक गयी। इसका कारण यह है कि इस अधिनियम में हर हालत में देश के कुल भौगोलिक क्षेत्र के 22 प्रतिशत को जंगल के रूप में क़ायम रखने क़ा प्रावधान है। लेकिन इसके बावजूद हर साल विकास कार्यों के लिए तक़रीबन 40,000 हेक्टेयर वन भूमि को सामान्य भूमि में बदला गया। 2004 में पर्यावरण और वन मंत्री ने संसद में यह सूचना दी कि 1980 के बाद 11, 282 विकास योजनाओं के लिए 9.8 लाख हेक्टेयर वन भूमि को सामान्य भूमि में बदला गया। इसी तरह, 1980 के बाद तक़रीबन 1.6 लाख हेक्टेयर जंगल की ज़मीन को सिर्फ़ खनन कार्यों के लिए सामान्य भूमि में बदला गया (कृष्णास्वामी 2005: 1400)। इस तरह, वन भूमि के सामान्य भूमि में बदले जाने पर अतिक्रमणों की संख्या में बढ़ोतरी हुई। जंगल की जिस ज़मीन को सामान्य भूमि में बदला गया, वहाँ रहने वाले लोगों के

सही पुनर्वास की कोई व्यवस्था नहीं की गयी। इसलिए ये लोग वन भूमि पर अतिक्रमक बन गये। इसके अलावा, वन भूमि को हुए नुक़सान को पूरा करने के लिए नये क्षेत्रों को वन घोषित किया गया। यहाँ भी पहले से बसे लोगों के अधिकार तय नहीं किये गये। इससे वहाँ रह रहे लोग अतिक्रमक के रूप में तब्दील हो गये। लेकिन 1980 के दशक में बदलाव के कुछ संकेत भी मिलने लगे। अब वन की देख-रेख में स्थानीय लोगों की सहभागिता पर भी ज़ोर दिया जाने लगा। अपनी सत्ता क़ायम रखने की वन विभाग की चाह ने वनवासी लोगों और वन विभाग के बीच संघर्ष बढ़ाया।

4. बदलाव के संकेत : नयी वन नीति, और संयुक्त वन प्रबंधन (या जेएफ़एम)

1980 के दशक में भारत की वन नीति में बदलाव के स्पष्ट संकेत दिखे। इस संदर्भ में 1988 की वन नीति और 1990 में शुरू किये गये संयुक्त वन प्रबंधन या ज्वाइंट फ़ॉरेस्ट मैनेजमेंट (या जेएफ़एम) कार्यक्रम का महत्त्वपूर्ण स्थान है। लेकिन ख़ास बात यह है कि इन बदलावों के साथ ही वन विभाग ने जंगलों पर अपना एकाधिकार क़ायम रखने की कोशिश भी की। इसका नतीजा यह हुआ कि वन विभाग ने इन नीतियों और कार्यक्रमों को सही तरीक़े से लागू नहीं किया। अध्याय के इस भाग में इन पहलुओं का विश्लेषण किया गया है।

1976 में *नैशनल कमीशन ऑन एग्रीकल्चर* ने जलावन की लकड़ियों की समस्या को बहुत बड़ी समस्या के रूप में रेखांकित किया। इसने इसके हल के लिए 'सोशल फ़ॉरेस्ट्री' या 'सामाजिक वानिकी' अपनाने का सुझाव दिया। इसमें बेकार पड़े ग़ैर-वनीय ज़मीन पर पेड़ लगाने पर ज़ोर दिया गया। अर्थात् इसमें गाँव की सामुदायिक ज़मीन, रेलवे लाइन के किनारे, नदी के किनारे आदि जैसे स्थानों पर पेड़ लगाना था। यह उम्मीद की गयी कि लोग सामुदायिक रूप से या पंचायत के माध्यम से इन पेड़ों की हिफ़ाजत करेंगे। सोशल फॉरेस्ट्री का एक महत्त्वपूर्ण आयाम फार्म फ़ॉरेस्ट्री थी। इसमें लोगों को अपने फार्म में पेड़ लगाने के लिए वन विभाग ने मुफ़्त बीज दिया (झा 1992: 5)। विदेशी फ़ंडिग एजेंसियों ने इस कार्यक्रम में बहुत अधिक मदद की। विश्व बैंक जैसी संस्थाओं ने 1980 से 1989 के बीच 14 राज्यों में सोशल फॉरेस्ट्री कार्यक्रम को 994 मिलियन रुपये की मदद दी। लेकिन यह कार्यक्रम ज़्यादा सफल नहीं रहा। लोगों ने सामुदायिक लकड़ियों की सुरक्षा में कोई रुचि नहीं दिखाई क्योंकि इन्हें जलावन की लकड़ियाँ जंगलों से मिलती रहीं। अमीर और ग़रीब– दोनों ने ही व्यावसायिक लकड़ियों (मुख्यतः युक्लिप्टस) के उत्पादन पर ध्यान केंद्रित किया। लेकिन इसमें बड़े किसानों को ही ज़्यादा फ़ायदा हुआ। इसका कारण

यह है कि उनके पास ज़्यादा ज़मीन और संसाधन थे, जिसकी मदद से वे बड़े पैमाने पर उद्योगों के लिए फ़ायदेमंद पेड़ लगा सकते थे (गाडगिल और गुहा 1992: 191-192)। सोशल फॉरेस्ट्री का महत्त्व इसलिए है कि इस कार्यक्रम के माध्यम से वन विभाग ने पहली बार सामान्य लोगों को अपने कार्यक्रमों से जोड़ा। लेकिन यह आधे-अधूरे मन से की गयी कोशिश थी। असल में, जंगलों के नजदीक रहने वाले समुदाय ग़ैर-वनीय ज़मीन पर लकड़ियों का उत्पादन करने या उनकी सुरक्षा करने के पूरे तर्क से खुद को नहीं जोड़ पाए। उन्होंने ग़ैर-वनीय ज़मीन का उपयोग खेती के लिए किया। वन विभाग ने भी जंगल की ज़मीन पर इस कार्यक्रम को लागू नहीं किया। यह जंगल पर अपना एकाधिकार क़ायम रखने की उसकी प्रवृत्ति को ही दिखाता है।

बहरहाल, 1970 के दशक के दूसरे भाग में कई महत्त्वपूर्ण बदलाव आये। पहला, स्थानीय स्तर पर जनसंगठनों की राजनीति में बढ़ोतरी हुई। इसे रजनी कोठारी ने ग़ैर-दलीय राजनीतिक प्रक्रिया की संज्ञा दी है। ग़ैर-दलीय राजनीतिक प्रक्रिया में वे गतिविधियाँ शामिल हैं, जो दलीय प्रक्रियाओं से स्वतंत्र होती हैं। कोठारी मानते हैं कि ग़ैर-दलीय राजनीतिक संरचनाओं से तात्पर्य विभिन्न विकास योजनाओं से जुड़ी ग़ैर-राजनीतिक स्वयंसेवी संस्थाओं से नहीं है। ग़ैर-दलीय प्रक्रिया एक तरह की राजनीति है। इसने उन मुद्दों पर ध्यान केंद्रित किया, जिससे सरकार और विपक्षी दलों ने पल्ला झाड़ लिया। इसने जनता की समस्या के कारण पैदा हुई विकट समस्याओं को राजनीतिक अभिव्यक्ति दी (कोठारी 1984: 216-24)। इसने आदिवासी समुदायों को संगठित करने और उनके मुद्दों को उठाने में महत्त्वपूर्ण भूमिका अदा की। बहुत से लेखक यह मानते हैं कि 1980 के दशक में वन नीति और वन प्रबंधन के संदर्भ में शुरू हुए बदलावों में सामाजिक आंदोलनों की ख़ास भूमिका रही। नंदिनी सुंदर, रॉजर जेफ्री और नील थीन मानते हैं कि 1970 के दशक से ही वन नीति संबंधी वाद-विवाद में नागरिक समाज की भूमिका बढ़ने लगी थी (सुंदर, जेफ्री और थीन 2001: 33)। अगर हम 1980 के दशक में *पीपॅल्स यूनियन फॉर डेमोक्रेटिक राइट्स* (पीयूडीआर) द्वारा जंगल के विभिन्न मुद्दों पर किये गये अध्ययनों और जाँचों पर ध्यान दें, तो यह बात साफ़ तौर पर सामने आती है कि अब जंगलों में और इसके आस-पास के क्षेत्रों में रहने वाले लोग संगठित होकर वन विभाग की मनमानी का विरोध करने लगे थे। कई मौक़ों पर यह विरोध जंगल के संसाधनों की लूट के ख़िलाफ़ संघर्ष के रूप में सामने आया। अमूमन राज्य ने दमन का सहारा लेते हुए इन्हें दबाने की कोशिश की। बहरहाल, इससे लोगों के भीतर अपने अधिकारों की जागरूकता का संकेत ज़रूर मिलता है।[38] दूसरा,

38. इस संदर्भ में पीयूडीआर की इन रिपोर्टों को देखा जा सकता है: पीयूडीआर (1981); (1982); (1983); (1986); (1987); (1988); (1989); (1991); (1992); पीयूडीआर और अन्य (1985).

1970 के दशक के आख़िरी वर्षों में माओवादियों ने आदिवासियों वन अधिकारों के सवालों को बहुत ही गम्भीरता से लिया।[39] इससे जंगल में माओवादी समूहों का प्रभाव बढ़ा। तीसरा, 1980 के दशक से अंतर्राष्ट्रीय स्तर पर इस बात पर ज़ोर दिया जाने लगा कि वनों के प्रबंधन में स्थानीय समुदायों को ज़्यादा भूमिका दी जानी चाहिए (वही : 2)।

इन कारकों ने 1988 की वन नीति को प्रभावित किया। यह वन नीति 1952 की वन नीति से पूरी तरह अलग थी। इसमें यह स्वीकार किया गया कि 1952 की वन नीति अपने लक्ष्यों को हासिल करने में नाकाम रही है। 1988 की वन नीति में वनवासी समुदायों की जीविका संबंधी बुनियादी ज़रूरत पूरी करने पर बल दिया गया। साथ ही, इसमें इस बात को भी मान्यता दी गयी कि इन लोगों का जंगल के साथ सहजीवी संबंध है। संक्षेप में, इसमें इस बात पर ज़ोर दिया गया कि जंगलों के प्रबंधन में ग़रीब लोगों की जीविका को सबसे महत्त्वपूर्ण स्थान मिलना चाहिए (वही: 4; झा 1992: 75-105; गवर्नमेंट ऑफ़ इंडिया 1988)। इसी तरह, अनुसूचित जाति और अनुसूचित जनजाति आयोग के आयुक्त ने 1989 में पेश अपनी उनतीसवीं रिपोर्ट में आदिवासियों की जीविका की स्थिति के मुद्दे को उठाया। इस रिपोर्ट में उन कारकों को रेखांकित किया गया, जिनके कारण जंगलों में रहने वाले और उसके संसाधनों पर निर्भर आदिवासियों को जीविका के संकट का सामना करना पड़ता है।[40] लेकिन इस नीति के आधार पर ऐसा नहीं माना जा सकता है कि आदिवासी समुदायों के प्रति राज्य का नजरिया पूरी तरह बदल गया। मसलन, 1989 में ही *फॉरेस्ट सर्वे ऑफ़ इंडिया* ने अपनी रिपोर्ट में वनों की बर्बादी के लिए बढ़ती जनसंख्या, झूम खेती और अतिक्रमण की समस्या को मुख्य रूप से ज़िम्मेदार माना। इस रिपोर्ट में इस बात पर दुख व्यक्त किया गया कि बहुत से राज्य सरकारों ने वन भूमि पर खेती के लिए किये गये अवैध क़ब्ज़े का नियमितिकरण कर दिया (गवर्नमेंट ऑफ़ इंडिया 1989)। इस तरह की रिपोर्टों में जंगलों की बर्बादी के लिए वन विभाग की नीतियों को ज़िम्मेदार नहीं माना गया। इसी अध्याय में पीछे यह उल्लेख किया जा चुका है कि वन

39. इस बारे में बहुत गहरे विश्लेषण का अभाव है कि जंगल में माओवादियों के बढ़ते प्रभाव ने किस तरह जंगल के प्रति सरकार के नजरिए को बदला। लेकिन जंगल में माओवादियों के बढ़ते प्रभाव को बहुत से लेखकों ने स्वीकार किया है। देखें, गाडगिल और गुहा (1995: 85); साथ ही, देखें, पीयूडीआर (1982); कॉलमन (1985); शंकर (1999); पंडिता (2011); नवलखा (2012).

40. अपनी रिपोर्ट में बी.डी. शर्मा ने जंगल की जमीन और इसके वनोपजों पर वनवासी समुदायों के अधिकार को उनके जीवन के अधिकार से जोड़ा। साथ ही, उन्होंने उन सरकारी नीतियों की आलोचना की, जिसके कारण वनों के प्रबंधन की पूरी व्यवस्था में आदिवासी समुदाय अलग-थलग पड़ गए। देखें भारत सरकार (1989).

विभाग की वैज्ञानिक वानिकी की नीति ने जंगलों को बहुत नुक़सान पहुँचाया। दूसरी ओर, ऐसे बहुत से उदाहरण हैं जहाँ वनवासी समुदायों ने ज़्यादा बेहतर तरीक़े से जंगलों की देखभाल की है। मसलन, झारखंड, उड़ीसा और छत्तीसगढ़ जैसे राज्यों में राजस्व गाँवों में रहने वाले लोगों ने अपने पास के जंगलों की बहुत अच्छी तरह हिफ़ाज़त की है। प्रोटेक्टेड फॉरेस्ट या संरक्षित वन होने के कारण इन जंगलों वन विभाग का हस्तक्षेप तुलनात्मक रूप से कम रहता है।

1 जून 1990 को संयुक्त वन प्रबंधन कार्यक्रम की शुरुआत हुई। इसकी शुरुआत के पीछे सुखोमजरी जैसे अनुभवों की महत्त्वपूर्ण भूमिका रही। सुखोमजरी के अनुभव ने यह दिखाया कि स्थानीय समुदाय ज़्यादा बेहतर तरीक़े से जंगल और पर्यावरण का संरक्षण कर सकते हैं (सुंदर, जेफ्री और थीन 2001: 14)। पोफेनबर्गर और मैक्गिन का मानना है कि व्यावसायिक लक्ष्यों और बढ़ती जनसंख्या के दबावों के कारण जंगलों की बहुत ज़्यादा कटाई के नुक़सान की भरपाई के लिए जेएफ़एम की शुरुआत की गयी (पोफेनबर्गर और मैक्गिन 1996)। बहरहाल, यह माना गया कि यह वन प्रबंधन के काम में स्थानीय समुदायों को जोड़ता है। इस लिहाज़ से यह 1988 की वन नीति के बुनियादी मूल्यों को लागू करने वाला कार्यक्रम है। इसमें यह कहा गया कि बेकार पड़ी वन भूमि पर वन विभाग स्थानीय समुदायों के सहयोग से बड़े पैमाने पर पेड़ उगाएगा और नये वन से होने वाले फ़ायदे में स्थानीय समुदायों को भी हिस्सा दिया जाएगा (गवर्नमेंट ऑफ़ इण्डिया 1990ए)। स्पष्ट तौर पर, इस कार्यक्रम में स्थानीय समुदायों को यह अधिकार दिया गया कि वे बेकार पड़े वन भूमि पर पेड़ लगाने में भागीदारी करें। इसमें यह प्रावधान भी जोड़ा गया कि यदि स्थानीय समुदाय जंगलों की सुरक्षा करने में नाकाम रहते हैं तो उन्हें इसके फ़ायदों से वंचित कर दिया जाएगा। जेएफएम में जंगल की सुरक्षा के लिए वन सुरक्षा समिति गठित करने का भी प्रावधान है। इसमें यह व्यवस्था की गयी है कि यह समिति वन विभाग के निर्देशन में काम करेगी। 1993 तक केवल कुछ राज्यों ने ही इस कार्यक्रम को अपनाया था। लेकिन मार्च 2006 में *पर्यावरण और वन मंत्रालय* द्वारा दिये गये एक आँकड़े के अनुसार देश के सभी राज्यों और कम-से-कम एक केंद्रशासित प्रदेश ने इस कार्यक्रम को अपनाया है। पूरे देश में 106,482 जेएफ़एम कमिटियों का गठन किया गया है और पूरे देश में ये तक़रीबन 22.01 मिलियन जंगल की सुरक्षा कर रहे हैं (गवर्नमेंट ऑफ़ इंडिया 2010सी : 137)।

बहरहाल, इस कार्यक्रम की कुछ स्पष्ट सीमाएँ रही हैं: पहला, यह कभी भी 'संयुक्त' वन प्रबंधन कार्यक्रम नहीं बन पाया क्योंकि इसमें लोगों को

समान मानते हुए भूमिका नहीं दी गयी। वन विभाग ने लोगों के साथ काम करने की बजाय लोगों के लिए काम किया (धनाग्रे 2000)। वन विभाग ने यह नहीं माना कि स्थानीय समुदायों की कोई सकारात्मक भूमिका हो सकती है। मसलन, छत्तीसगढ़ के सरगुजा ज़िले में अपने फ़ील्ड-वर्क के दौरान मैंने यह पाया कि वन विभाग के अधिकारी इस कार्यक्रम में आदिवासियों को दिहाड़ी मजदूर से ज़्यादा का दर्जा देने के लिए तैयार नहीं हैं। अर्थात् कौन से पेड़ कहाँ लगाया जाना चाहिए, इस बारे में फ़ैसला करने में वन विभाग स्थानीय समुदायों से कोई सलाह मशविरा नहीं करता। ऐसा लगता है कि वन विभाग ने इसके माध्यम से अपना काम जंगलों पर निर्भर समुदायों पर डाल दिया। नंदिनी सुंदर, रॉजर जेफ्री और नील थीन मानते हैं कि इस कार्यक्रम की रूपरेखा इस तरह की है कि यदि यह नाकाम होता है, तो वन विभाग इसके लिए ग्रामीणों को दोषी ठहरा सकता है और जहाँ यह कार्यक्रम सफल होता है वहाँ वह इसका श्रेय ले सकता है (सुंदर, जेफ्री और थीन 2001: 14)। दूसरा, दरअसल, यह कार्यक्रम अपना लक्ष्य पाने में नाकाम रहा। ऐसी उम्मीद की गयी थी कि यह एक 'नयी नैतिक अर्थव्यवस्था' को उत्पन्न करेगा। लेकिन इससे यह उम्मीद पूरी नहीं हुई (जेफ्री और सुंदर 1999)। इसके विपरीत, वन विभाग ने कई बार इस कार्यक्रम का इस्तेमाल गाँव के लोगों में विभाजन पैदा करने के लिए किया। जेएफ़एम समितियों के माध्यम से इसने गाँवों के लोगों को नियंत्रित करने और उनमें आपसी फूट पैदा करने की कोशिश की है। तीसरा, इसने संरक्षण की पारम्परिक व्यवस्था में खलल पैदा किया है। मसलन, उत्तराखंड में वन पंचायत 1931 से ही अपने गाँवों के जंगलों की देखभाल कर रहे हैं।[41] अध्याय के पिछले भाग में वन पंचायतों के गठन की पृष्ठभूमि का उल्लेख किया गया है। स्वतंत्रता प्राप्ति के बाद 1976 में सबसे पहले क़ानून बनाकर वन पंचायतों को 1927 के *भारतीय वन अधिनियम* के अंतर्गत लाया गया। सन् 2001 और 2005 में इसके नियमों में संशोधन करते हुए वन विभाग की भूमिका को और ज़्यादा बढ़ाया गया और इसे जेएफ़एम के अंतर्गत लाने की कोशिश की गयी। अभी राज्य में कुल 12,000 वन पंचायत हैं जो कुल वन क्षेत्र के 12 प्रतिशत क्षेत्र में फैले हुए हैं। बहुत से विद्वानों का मानना है कि प्रशासन के बढ़ते दख़ल के कारण वन पंचायतों की व्यवस्था कमज़ोर हुई है। ख़ासतौर पर जेएफ़एम के कारण इन पंचायतों में वन विभाग

41. देखें, कैम्पेन (2004: 25); गवर्नमेंट ऑफ़ इंडिया (2010सी : 89)।

का दख़ल बहुत ज़्यादा बढ़ गया है।[42]

बहरहाल, 1988 की वन नीति से जिस बदलाव के संकेत मिले थे, उसकी अगली कड़ी के रूप में 18 सितम्बर 1990 को *पर्यावरण एवं वन मंत्रालय* ने 6 सर्कुलर जारी किया। इन सर्कुलरों में शामिल छह प्रमुख बातें इस प्रकार थीं: (1) वन भूमि पर 'अतिक्रमण' की समीक्षा; (2) वनों के बनने के दौरान वन भूमि के बारे में सामने आये विवादित दावों की समीक्षा; (3) वन भूमि के पट्टा/लीज/ग्रांट से संबंधित विवाद; (4) जंगल के कामों में लगे मजदूरों को वाज़िब वेतन की अदायगी और बिचौलियों का अंत; (5) वन गाँवों और पुरानी बसाहटों का राजस्व गाँवों में परिवर्तन; और (6) जंगली जानवरों द्वारा जानमाल का नुकसान होने पर मुआवज़े की अदायगी (गर्वनमेंट ऑफ़ इण्डिया 1990बी)। इसमें 'अतिक्रमण' से जुड़ी समस्याओं का हल करने के लिए एक रूपरेखा पेश की गयी थी। लेकिन इन सर्कुलरों को लागू करने की कोशिश नहीं की गयी (सरीन 2005: 2132; सरीन और स्प्रिंगेट-बैंगिन्स्की 2010)।[43]

5. 'प्रगतिशील' क़ानून के लिए संघर्ष: 'पेसा' क़ानून और इसकी सीमाएँ

1996 में संसद द्वारा *पंचायत (अनुसूचित क्षेत्र विस्तार) अधिनियम* पारित किया गया, जो अंग्रेज़ी के अपने छोटे रूप यानी 'पेसा' के नाम से भी प्रसिद्ध हुआ। यह क़ानून पाँचवीं अनुसूची के क्षेत्रों में पंचायती राज व्यवस्था लागू करने का

---

42. रिंकी सरकार ने वन पंचायत व्यवस्था की आलोचना करते हुए यह लिखा है कि बदली हुई परिस्थितियों में स्थानीय समुदाय संसाधनों के दोहन में वनों की प्रशासनिक स्थिति के बारे में उदासीन हैं। इस बात का कोई प्रमाण नहीं है कि वे वनों के उपयोग में किसी तरह का संयम दिखा रहे हैं। ये अपने कार्यों के दीर्घकालिक इकोलॉजिकल प्रभावों के बारे में भी जागरूक नहीं है। इस कारण वन पंचायतों के अंतर्गत आने वाले जंगलों और राज्य के अधिकार-क्षेत्र के जंगलों-दोनों की ही स्थिति ख़राब हुई है (सरकार 2008)। बहरहाल, बहुत से दूसरे अध्ययनों में इसके विपरीत तर्क दिया गया है। सरकार के अध्ययन के महत्त्व को स्वीकार करने के बावजूद इस तथ्य को नकारा नहीं जा सकता है कि वन विभाग ने जेएफ़एम या किसी दूसरे कार्यक्रम के तहत स्थानीय समुदायों में विश्वास बहाली का प्रयास नहीं किया। उल्टे कई जगहों पर ये कारख़ानों की ज़रूरतों के हिसाब से वनीकरण करते रहे। वन पंचायतों में बढ़ते प्रशासनिक दख़ल की आलोचनाओं के लिए देखें, सरीन (2001); बल्लभ और अन्य (2002).
43. डॉ. बी.डी. शर्मा यह मानते हैं कि अगर इन सर्कुलरों को पूरी तरह से लागू किया जाता, तो आदिवासियों को अधिकारों को मान्यता देने के लिए किसी नये विधेयक की ज़रूरत नहीं पड़ती। बी. डी. शर्मा, 'कैम्पेन फॉर सर्वाइवल एंड डिग्निटी' द्वारा नयी दिल्ली में आयोजित वन अधिकारों पर राष्ट्रीय सम्मेलन में कही, तारीख़ 21 अगस्त 2007; मेरा मानना है कि डॉ. शर्मा का यह कथन पूरी तरह सही नहीं है क्योंकि वन अधिकार क़ानून इससे कहीं ज़्यादा व्यापक अधिकारों का प्रावधान करता है; देखें अध्याय 3 और 5.

प्रावधान करता है। यह क़ानून ग्राम सभा को विशिष्ट अधिकार देता है। इसके लिए आदिवासियों के बीच काम करने वाले संगठनों ने ज़ोरदार आंदोलन चलाया।

पहले अध्याय में पाँचवीं अनुसूची के इतिहास और इसके अंतर्गत आने वाले क्षेत्रों के लिए किये गये विशेष प्रावधानों की विवेचना की गयी है। संवैधानिक प्रावधानों के अनुसार, जिन राज्यों में पाँचवीं अनुसूची के क्षेत्र हैं वहाँ के राज्यपालों को यह देखना होता है कि केंद्र या राज्य के नये क़ानून इन क्षेत्रों के लिए ठीक है या नहीं। लेकिन राज्यपालों ने कभी भी अपने इस कर्त्तव्य का ठीक से पालन नहीं किया। इस कारण इन क्षेत्रों में केंद्र और राज्यों के लिए बने सभी क़ानून बेरोकटोक लागू होते चले गये (शर्मा 2001 शर्मा; 2004: 97-98;)। स्पष्टत: इन क़ानूनों के द्वारा आदिवासियों के स्वशासन की पारम्परिक व्यवस्था को मान्यता नहीं दी गयी, बल्कि इसे नकारा ही गया। एक अर्थ में इन क्षेत्रों में रहने वाले सभी लोगों और उनकी परम्पराओं का अपराधीकरण हो गया। अब राज्य कभी भी उनकी किसी गतिविधि को 'अपने क़ानून' के हिसाब से ग़लत ठहरा सकता था। ऊपर इस बात की विवेचना की जा चुकी है कि औद्योगीकरण के लक्ष्य को हासिल करने के लिए इस क्षेत्र में संसाधनों का दोहन बहुत ज़्यादा बढ़ा। इससे आदिवासियों की स्थिति और भी ज़्यादा ख़राब हो गयी। ये कई पीढ़ियों से जंगल की ज़मीन और इसके संसाधनों का उपयोग करते आ रहे थे। लेकिन राज्य द्वारा इनके अधिकारों को औपचारिक मान्यता नहीं दी गयी। इस कारण इन जगहों पर उनकी उपस्थिति, उनकी परम्पराएँ और उनके द्वारा अपनी जीविका कमाने के लिए जंगलों के संसाधनों का उपयोग आदि सभी काम ग़ैरक़ानूनी बन गये (शर्मा 2004 : 98)।

इस तरह, ज़मीनी हक़ीक़त की परवाह किये बिना आदिवासियों पर बाहर से एक व्यवस्था थोप दी गयी। आदिवासियों में इसकी तीखी प्रतिक्रिया हुई और उन्होंने इसका कई स्तरों पर प्रतिरोध भी किया। आदिवासी क्षेत्रों में बहुत तरह के प्रतिरोध आंदोलन उभरकर सामने आये। 1980 के दशक में उभरकर सामने आये कुछ आंदोलनों में उन्होंने 'विकास परियोजनाओं' का विरोध किया और कुछ मामलों में उन्होंने अलग राज्य की माँग की। इन सभी आंदोलनों में आदिवासियों ने यह बात प्रमुखता से रखी कि स्वशासन की उनकी पारम्परिक व्यवस्था और संसाधनों पर समुदायों के स्वामित्व में राज्य का मनमाना दख़ल नहीं होना चाहिए। ख़ासतौर पर, उन्होंने ज़मीन और जंगल पर अपने अधिकारों पर ज़ोर दिया। स्थानीय समुदायों द्वारा विस्थापन और ऊपर से थोपे गये विकास के प्रतिरोध के साथ-ही-साथ यह माँग भी ज़ोर पकड़ती गयी कि संसाधनों पर उनका पहला हक़ होना चाहिए।

आठवें दशक के अंत में केंद्र की राजीव गाँधी सरकार ने पंचायती राज के लिए एक विधेयक संसद में पेश किया। यह विधेयक संसद में पारित नहीं

हो पाया। सबसे पहले इस विधेयक में यह प्रस्ताव किया गया कि ग्राम सभा को सबसे बुनियादी इकाई माना जाएगा। इस विधेयक में ग्राम सभा के कार्यों का स्पष्ट तरीक़े से वर्णन नहीं किया गया। बी. डी. शर्मा के अनुसार, इस समय राजीव गाँधी ने यह स्वीकार किया कि अनुसूचित क्षेत्रों को पंचायत राज से संबंधित संवैधानिक दायरे से बाहर रखा जाएगा और उनके लिए स्थानीय स्थिति और परम्परा के अनुसार व्यवस्था की जाएगी। परंतु लोकसभा भंग हो जाने के कारण यह विधेयक संसद से पारित नहीं हो पाया (शर्मा 2005: 21)। बहरहाल, ऊपर से थोपे गये विकास और मनमाने क़ानूनों के ख़िलाफ़ आदिवासियों का विरोध कई रूपों में सामने आने लगा था। इस संदर्भ में 'नाटे ना राज आंदोलन' बहुत ही महत्त्वपूर्ण है। बस्तर के सुदूर घने जंगलों में, संगम गाँव में 8 से 10 नवम्बर 1988 को 'ग्राम-स्वराज' सम्मेलन हुआ। इसमें 'मावे नाटे मावा राज' (हमारे गाँव में हमारा राज) संकल्प लिया गया (गाँव गणराज्य डायरी 2005)।

इसी संदर्भ में आगे चलकर 2 नवम्बर 1991 को *भारत जन आंदोलन* की स्थापना हुई। यह आदिवासी इलाक़ों में काम करने वाले कई संगठनों और आंदोलनों के एक संयुक्त मोर्चा के रूप में उभरकर सामने आया। इस संगठन में डॉ. ब्रह्मदेव शर्मा (या बी.डी. शर्मा) की सबसे ख़ास भूमिका थी। ये आदिवासियों के हितों की चिंता करने वाले प्रशासक के रूप में प्रसिद्ध थे। इन्होंने अनुसूचित जातियों और अनुसूचित जनजातियों के आयुक्त के रूप में तैयार किये गये अपनी रिपोर्टों में यह सिफ़ारिश की कि कम-से-कम आदिवासी इलाक़ों में पूरी तरह स्वशासी व्यवस्था क़ायम की जाए। इस तरह की व्यवस्था में स्थानीय समाज को अपना जीवन चलाने और सभी संसाधनों के रख-रखाव और उपयोग का पूरा अधिकार होना चाहिए (भारत सरकार 1989)। भारत जन आंदोलन ने आदिवासी इलाक़ों में विभिन्न आंदोलन चलाए और इस बात पर ज़ोर दिया कि स्थानीय समुदायों का संसाधनों पर पहला हक़ है और हर तरह के विकास कार्यक्रमों के बारे में उनकी सहमति ज़रूर ली जानी चाहिए।[44]

इस बीच संसद द्वारा 73वें और 74वें संविधान संशोधन द्वारा संविधान में संशोधन करके संविधान में भाग 9 (पंचायत) और भाग 9क (नगरपालिका) जोड़ा गया। इसमें यह व्यवस्था की गयी कि इससे अनुसूचित क्षेत्रों को बाहर रखा जाएगा; संसद इन भागों में स्थानीय परिस्थितियों के अनुसार पंचायत लागू करेगी और वह इसके लिए अलग से क़ानून बनाएगी। लेकिन बहुत से राज्यों ने

44. मसलन 5 दिसम्बर 1992 को बस्तर जिल के मावलीभाटा गाँव में इस्पात कारखाने की स्थापना के खिलाफ संघर्ष के बाद 'उद्योग पर समाज की मालिकी' के सिद्धांत की घोषणा हुई। इसी तरह, मार्च 1994 में उद्योगों के लिए जमीन लिए जाने की स्थिति में न्यायपूर्ण व्यवस्था करने की माँग को लेकर छत्तीसगढ़ के रायपुर जिले में लंबा आंदोलन शुरू हुआ (गाँव गणराज्य डायरी 2005).

इस पहलू पर ध्यान दिये बग़ैर ही अपने पंचायत अधिनियम बना दिये। कई राज्यों में इन अधिनियमों के अनुसार चुनाव भी हो गये। मसलन मध्य प्रदेश और उड़ीसा में पंचायत राज क़ानून के प्रावधानों की उपेक्षा करते हुए अनुसूचित क्षेत्रों में भी चुनाव करा दिये गये (गाँव गणराज्य डायरी 2005)। लेकिन *भारत जन आंदोलन* ने आदिवासी स्वशासन के लिए अपना दबाव बनाए रखा। इस संदर्भ में 1994 में *भारत जन आंदोलन* की पहल पर आदिवासी स्वशासन के लिए राष्ट्रीय मोर्चा का गठन हुआ। आंदोलन के दबाव के कारण आख़िरकार केंद्र सरकार ने जून 1994 में सांसदों और विशेषज्ञों की एक उच्च स्तरीय समिति का गठन किया। इस समिति को पाँचवीं अनुसूची के अंतर्गत आने वाले क्षेत्रों के लिए नयी व्यवस्था के अनुरूप उपयुक्त ढाँचा प्रस्तावित करना था। 22 सदस्यीय इस समिति के अध्यक्ष दीलिप सिंह भूरिया थे। इसमें विभिन्न दलों के सांसदों के अलावा आदिवासी मामलों से जुड़े विशेषज्ञों को भी शामिल किया गया। बी.डी. शर्मा भी इस समिति में शामिल थे। इस समिति की कुछ मुख्य सिफ़ारिशें इस प्रकार थीं:

पहला, समिति ने अनुसूचित क्षेत्रों के लिए तीन स्तरों की पंचायत व्यवस्था स्वीकार किया। लेकिन गाँव स्तर की अंतिम कड़ी में उसने महत्त्वपूर्ण परिवर्तन सुझाए हैं। इसने यह माना कि लोगों की बसाहत (या हेमलेट) एक स्वाभाविक सामाजिक इकाई है। बसाहत के स्तर पर उसके निवासियों का समूह स्वयं-भू समूह है। आदिवासी इलाक़े के प्रत्येक बसाहत आदि को, चाहे उसकी आबादी कितनी भी क्यों न हो, ग्राम सभा का दर्जा दिया जाना चाहिए (शर्मा 2005: 29)। दूसरा, आदिवासी क्षेत्रों में युगों से चले आ रहे पारम्परिक रीति रिवाजों और व्यवस्थाओं का आदर किया जाना चाहिए और उन्हें ज़ारी रखा जाना चाहिए। परम्परागत आदिवासी विचारों और क़ानूनों को वैधता मिलनी चाहिए और आधुनिक व्यवस्था से उनका तालमेल होना चाहिए (वही : 78)। तीसरा, ग्राम सभा के अधिकार क्षेत्र में वे सभी काम आने चाहिए जो लोगों की आम ज़िंदगी से संबंधित हैं। इनमें जल, जंगल, ज़मीन सहित प्राकृतिक संसाधनों पर समाज के परम्परागत अधिकार की रक्षा और उनकी देखरेख विशेष रूप से उल्लेखनीय है। आरक्षित या दूसरे वनों से निस्तार की पूरी व्यवस्था ग्राम-सभा ही करेगी (वही : 39)। चौथा, गाँव के स्तर पर विकास के काम का अधिकार ग्राम सभा को दे दिया जाना चाहिए। सरकार से यह अपेक्षा की गयी कि वह विकास और दूसरे कामों के लिए आबंटित पूरी की पूरी धनराशि ग्राम सभा को दे दे (वही : 40)। पाँचवाँ, ग्राम सभा को सभी तरह के फ़ौजदारी और दीवानी मामलों पर विचार करने और उन पर फ़ैसला करने का अधिकार होना चाहिए। इसमें हत्या और डकैती जैसे जघन्य अपराध शामिल नहीं हैं। उनके बारे में उचित कार्रवाइ करने का अधिकार पुलिस को होगा

(वही : 41–2)। छठा, जल, जंगल और ज़मीन की व्यवस्था के बुनियादी अधिकार ग्राम सभा को मिल जाने के बाद यह स्वाभाविक है कि किसी तरह का भूमि अधिग्रहण उसकी सहमति के बिना नहीं किया जाए। इस संदर्भ में भूमि अधिग्रहण के लिए प्रस्तावों पर विचार करने और भूमि अधिग्रहण से प्रभावित लोगों को उन्हें स्वीकार्य पुनर्वास योजनाएँ अनुमोदित करने और उन्हें कार्यान्वित करने का अधिकार ग्राम सभा को दिया जाना चाहिए। रक्षा, रेल, सड़क और शिक्षा की ज़रूरतें इसका अपवाद होंगी क्योंकि इनके जनहित में होने के बारे में मतभेद की गुंजाइश कम ही हैं। लेकिन इस मामले में भी ग्राम सभा से सलाह मशविरा करना ज़रूरी है (वही : 42–3)। सातवाँ, समिति ने अपने विचार-विमर्श के दौरान यह विचार भी व्यक्त किया कि साठ और सत्तर के दशक में आदिवासी क्षेत्रों में नक्सलवादी आंदोलन की शुरुआत हुई और इसके अनुयायी आंध्र प्रदेश, उड़ीसा, मध्य प्रदेश और बिहार सभी राज्यों में अभी भी सक्रिय हैं। इस आंदोलन को आदिवासी क्षेत्रों में असंतोष और अशांति से ठोस आधार मिला। आदिवासी विकास के लिए ज़िम्मेदार लोगों की उपेक्षा की वजह से बढ़े शोषण और भेदभाव इसके कारण रहे हैं (वही : 60)। आठवाँ, ज़िला स्तर पर संविधान की छठवीं अनुसूची के अनुरूप स्वायत्तशासी ज़िला परिषदों की व्यवस्था को पाँचवीं अनुसूची के क्षेत्रों पर लागू करने पर भी ज़ोर दिया (वही : 64)।

यहाँ यह बात उल्लेखनीय है कि भूरिया समिति ने दो रिपोर्ट दी थी। इसने अपनी पहली रिपोर्ट 17 जनवरी 1995 को पेश की थी। यह रिपोर्ट अनुसूचित क्षेत्रों में पंचायत ख़ासतौर पर ग्राम सभा से संबंधित थी। 15 जुलाई 1995 को इसने अपनी दूसरी रिपोर्ट पेश की। इसमें इसने अनुसूचित क्षेत्रों में नगरपालिकाओं के बारे में व्यापक सिफ़ारिशें की। बहरहाल, भारत जन आंदोलन और दूसरे जनसंगठनों ने पहले पंचायत से संबंधित मामलों पर ध्यान देने का फ़ैसला किया।[45]

बहरहाल, कई राज्यों ने पंचायत अधिनियम तैयार करके अपने यहाँ के अनुसूचित क्षेत्रों में भी चुनाव करा लिए थे। जब ये चुनाव हो रहे थे तो इन्हें चुनौती नहीं दी गयी क्योंकि उस समय वैकल्पिक क़ानून की कोई रूपरेखा नहीं थी। भूरिया समिति की रिपोर्ट ने यह कमी पूरी कर दी। रिपोर्ट आने के दो दिन बाद आंध्र प्रदेश में चुनाव हो रहे थे लेकिन वहाँ के उच्च न्यायालय ने इन चुनावों पर रोक लगा दी। इसके अलावा, बिहार उच्च न्यायालय ने भी यह व्यवस्था दी कि पंचायत क़ानूनों को ज्यों-का-त्यों अनुसूचित क्षेत्रों पर लागू करना संविधान का उल्लंघन है (श्रीवास्तव 2000: 3)। इसके बाद भारत जन आंदोलन ने भूरिया समिति की सिफ़ारिशों के आधार पर क़ानून बनाने की माँग को लेकर

45. यह बात डॉ. बी. डी. शर्मा ने अपने इंटरव्यू में बतायी। डॉ. बी. डी शर्मा से बातचीत, 16 नवम्बर 2010, स्थान- नयी दिल्ली।

अपना आंदोलन तेज़ कर दिया। इसने 2 अक्टूबर 1995 से पूरे आदिवासी क्षेत्र में सिविल नाफ़रमानी की घोषणा की। 16 नवम्बर 1995 को खरगौन मध्य प्रदेश में 50,000 आदिवासियों की एक बड़ी रैली हुई जिसमें 'हमारे गाँव में हमारा राज' नारा बुलंद किया गया। फिर, 15 फ़रवरी 1996 को दिल्ली में राजघाट पर नया क़ानून बनाने के लिए अनिश्चितकालीन उपवास शुरू हुआ। इस उपवास के दौरान विभिन्न राजनीतिक दलों के सदस्यों ने भी इस आंदोलन को अपना समर्थन दिया। दस दिन के उपवास के बाद सरकार से समझौता हुआ कि सरकार संसद के आगामी सत्र में नये क़ानून का विधेयक पेश करेगी। आंदोलनकारियों ने सरकार पर अपना दबाव बनाए रखा। स्थानीय स्तर पर इस क़ानून के लिए जागरूकता अभियान चलाने के साथ ही दिल्ली में धरने-प्रदर्शन का सिलसिला चलता रहा। 2 अक्टूबर 1996 को आदिवासियों की एक रैली हुई। बी. डी. शर्मा का यह मानना है कि झारखंड, छत्तीसगढ़, मध्य प्रदेश और उड़ीसा आदि की पाँचवीं अनुसूची में आने वाले क्षेत्रों में लोगों ने इस आंदोलन की माँगों से खुद को जोड़ा और इसे 'हमारा क़ानून' का दर्जा दिया।[46] दरअसल, भारत जन आंदोलन और दूसरे स्थानीय संगठनों की सक्रियता ने भी आदिवासियों में जागरूकता पैदा करने में महत्त्वपूर्ण भूमिका निभाई। इसमें नये क़ानून को जल्द-से-जल्द पारित करने की माँग की गयी। आख़िरकार अनुसूचित क्षेत्रों के लिए स्वशासी व्यवस्था करने से संबंधित विधेयक 1996 के शीतकालीन सत्र में संसद से एकमत से पारित हो गया और 24 दिसम्बर को राष्ट्रपति ने इसे अपना अनुमोदन दे दिया (गाँव गणराज्य डायरी 2005)। इसमें यह स्पष्ट प्रावधान किया गया कि राज्य स्तर के जो भी क़ानून पेसा से टकराते हैं उन्हें एक साल के भीतर सुधार लिया जाना चाहिए, नहीं तो वे अप्रभावकारी हो जाएँगे (शर्मा 2004: 106)

पेसा के लिए आंदोलन करने वाले जन संगठनों ने इस क़ानून को ऐतिहासिक बताते हुए दावा किया कि यह ग्राम-स्वराज्य के लक्ष्य को वास्तविक रूप में लागू करता है। यह स्थानीय समुदायों को अपनी परम्पराओं और सामुदायिक प्रथाओं के अनुरूप अपने जीवन के फ़ैसले लेने और संसाधनों का उपयोग करने में समर्थ बनाता है (शर्मा 2004: 106-7)। पेसा में ग्राम-सभा को अधिकार देने के बारे में भूरिया समिति की सिफ़ारिशें स्वीकार की गयीं। इसमें टोला या बसाहत के आधार पर गाँवों को परिभाषित किया गया।[47] इसमें यह प्रावधान भी किया गया कि पंचायतों से संबंधित किसी भी क़ानून में स्थानीय समुदायों की प्रथाओं,

46. वही.

47. गवर्नमेंट ऑफ़ इंडिया 1996, धारा 4 (बी) : 1.

सामाजिक और धार्मिक पद्धतियों और सामुदायिक संपदाओं की परम्परागत प्रबंध पद्धतियों का ध्यान रखा जाएगा।[48] इसमें उन सभी समूहों के लिए आरक्षण का प्रावधान किया गया, जिनके लिए संविधान में आरक्षण की व्यवस्था की गयी है। लेकिन इसमें यह प्रावधान भी किया गया कि अनुसूचित जनजातियों के लिए कम-से-कम आधे स्थान आरक्षित होंगे और सभी स्तरों पर अध्यक्ष का पद अनुसूचित जनजातियों के लिए आरक्षित होगा।[49]

पेसा क़ानूनों की तीन स्तरों पर आलोचना की गयी। पहला, क़ानून के लिए आंदोलन करने वाले संगठनों और भूरिया समिति ने क़ानून का जो प्रारूप पेश किया था, उसे स्वीकार नहीं किया गया। मसलन, भूरिया समिति ने नगरपालिकाओं के लिए अलग से रिपोर्ट दी थी जिस पर कोई कार्रवाइ नहीं हुई। इसी तरह, भूरिया समिति ने पाँचवीं अनुसूची के क्षेत्रों में स्वायत्तशासी ज़िला परिषद स्थापित करने की सिफ़ारिश की थी जिसके बारे में पेसा में बहुत ही गोल-मोल भाषा का इस्तेमाल किया गया है। इसमें सिर्फ़ यह उल्लेख किया गया है कि राज्य विधान मंडल अनुसूचित क्षेत्रों में ज़िला स्तरों पर पंचायतों में प्रशासनिक व्यवस्थाओं की परिकल्पना करने की छठी अनुसूची के पैटर्न का अनुरक्षण करने का प्रयास करेगा।[50] दूसरा, विचारकों और राजनीतिक कार्यकर्त्ताओं ने इस क़ानून के संदर्भ में दूसरी तरह की आशंकाएँ भी जतायीं। मसलन, पेसा में क़ानून लागू करने के लिए प्रभावकारी संयंत्र का प्रावधान नहीं किया गया है। क़ानून में यह प्रावधान भी नहीं है कि इसे पुलिस और वन विभाग की तुलना में प्राथमिकता या पूर्वता दी जाएगी। इसमें यह भी ज़िक्र नहीं है कि ऐसी स्थिति में क्या होगा जब प्रथागत क़ानून या विवाद के निपटारे के पारम्परिक तरीक़े से किसी व्यक्ति के संवैधानिक व्यक्तिगत अधिकारों का उल्लंघन हो। इसके अलावा, विकास परियोजनाओं के लिए भूमि अधिग्रहण के मसले पर पेसा आदिवासियों को सिर्फ़ सलाह-मशविरे का अधिकार देता है।[51] तीसरा, इसके अलावा, बी.के. राय बर्मन मानते हैं कि इसमें आदिवासी समाज की विभिन्नताओं पर ध्यान नहीं दिया गया है (बर्मन 2004: 103-111)। वन विभाग ने ज़मीनी स्तर पर इसके प्रावधानों को लागू नहीं होने दिया। दरअसल, इसे लागू करने से पाँचवीं अनुसूची के क्षेत्रों में इसकी अधिकांश शक्तियाँ प्रभावहीन हो जातीं। अधिकांश राज्य सरकारों ने बेमन से पेसा के प्रावधानों को लागू किया। इस कारण पेसा क़ानून बहुत प्रभावकारी

---

48. वही, धारा 4 (ए) : 1.
49. वही, धारा 4 (एफ): 1-2.
50. वही, धारा, 4 (ओ) : 2.
51. वही, धारा 4 (जे) : 2; साथ ही देखें, सुंदर (2009बी : 202).

नहीं हो पाया।[52] इसके अलावा, यह उम्मीद की गयी थी कि पेसा प्राकृतिक संसाधनों पर लोगों के संघर्ष में मददगार क़ानून होगा (मुकुल 1997: 928–929)। लेकिन जिन क्षेत्रों में इन्हें लागू किया गया, वहाँ भी इसके ज़्यादा रैडिकल प्रावधानों को प्रभावकारी नहीं होने दिया गया। मसलन, कई क्षेत्रों में भूमि अधिग्रहण के समय मनमाने या दिखावटी तौर पर ग्राम सभा की सहमति ली गयी (देखें सुंदर 2011)।[53] फिर भी बहुत से क्षेत्रों में स्थानीय समुदायों ने इसे अपने संघर्ष के साधन के रूप में इस्तेमाल किया है।[54]

दरअसल, राज्य ने आंदोलन के दबाव और संवैधानिक बाध्यता के कारण पेसा क़ानून लाने का फ़ैसला किया। आंदोलन के दबाव के कारण ही इसने भूरिया समिति का गठन किया और उसके प्रावधानों के आधार पर पेसा क़ानून पारित किया। लेकिन क़ानून के निर्माण में आंदोलन की मजबूती या गोलबंदी की भी बहुत ही जबर्दस्त भूमिका रही। आंदोलन की तरफ़ से ज़्यादा दबाव न होने के कारण ही राज्य ने नगरपालिकाओं से संबंधित भूरिया समिति की रिपोर्ट लागू नहीं की। इसी तरह, राज्य ग्रामीण इलाक़ों से संबंधित रिपोर्टों के बहुत से प्रावधानों की उपेक्षा करने में भी सफल रहा। फिर भी पेसा क़ानून का निर्माण आदिवासियों समुदायों में बढ़ती राजनीतिक और क़ानूनी जागरूकता का ही प्रमाण था। औपनिवेशक दौर से लेकर पेसा के निर्माण तक की अवधि के घटनाक्रमों के प्रमुख बातों को निम्न बिंदुओं में व्यक्त किया जा सकता है :

पहला, हम औपनिवेशिक दौर से लेकर पेसा क़ानून बनने तक के दौर को गवर्नमैंटैलिटी के बढ़ते दायरे और लोगों की आंकाक्षाओं से इसकी अंतःक्रिया के रूप में देख सकते हैं। औपनिवेशिक दौर में अंग्रेज़ों ने जनगणना के साथ–ही–साथ 'वन', 'अनुसूचित जनजाति', 'निजी सम्पत्ति' जैसी श्रेणियों का निर्माण किया। इन श्रेणियों की मदद से इन्होंने जंगलों और इसमें रहने वाले समुदायों को अपने लिए ज़्यादा 'लेजिबल' (या स्पष्ट) बनाया। बहरहाल, इस दौर में आदिवासियों ने अधिकांश मामलों में हिंसक तरीक़े से अंग्रेज़ों का लगातार

52. मसलन, देखें महिपाल (2002); यतींद्र सिंह ने मध्य प्रदेश में पेसा कानून के लागू होने की प्रक्रिया का अध्ययन करते हुए यह बताया है कि इस क़ानून में ग्राम सभा को सभी महत्त्वपूर्ण शक्तियाँ दिये जाने के बावजूद यह ज़मीनी स्तर पर बहुत ज़्यादा प्रभावकारी नहीं हुआ है। देखें, सिंह (2002)।

53. यह ज़रूर है कि समय–समय पर भारत सरकार द्वारा गठित कमिटियाँ आदिवासी क्षेत्रों में माओवादियों के बढ़ते प्रभाव को रोकने के लिए पेसा को लागू करने पर ज़ोर देती रही हैं। (गवर्नमेंट ऑफ़ इंडिया 2008); इसके अलावा, स्थानीय स्तर पर मौजूद संगठन भी इसको प्रभावकारी तरीक़े से लागू करने की माँग करते हैं (देखें, पेसा के अमल पर राष्ट्रीय विमर्श 2011)।

54. अध्याय 5 में ऐसे कुछ उदाहरणों का उल्लेख किया गया है।

प्रतिरोध किया। इन प्रतिरोधों के कारण अंग्रेज़ आदिवासियों के अधिकारों को पूरी तरह ख़त्म नहीं कर पाए। इन्होंने इसे 'छूट' के रूप में जारी रखा। इन्हें 1908 के *छोटा नागपुर टिनेंसी ऐक्ट* जैसे क़ानून भी बनाने पड़े, जिसमें उन्होंने स्थानीय समुदायों के सामुदायिक अधिकारों को भी मान्यता दी। बहरहाल, इस पूरी प्रक्रिया में स्थानीय समुदाय, आख़िरकार, ब्रिटिश व्यवस्था के प्रभाव के अधीन आ गये।

दूसरा, स्वतंत्रता आंदोलन के दौरान आदिवासियों के मुद्दे को प्राथमिकता नहीं मिल पाई। राष्ट्रीय आंदोलन में मौजूद विरोध के तरीक़े और आदिवासियों के विरोध के तरीक़े में हमेशा एक अंतर मौजूद रहा। हम कह सकते हैं कि यह अंतर भारत में नागरिक समाज और राजनीतिक समाज के बीच मौजूद अंतर का ही शुरुआती रूप था (पार्थ चटर्जी इस तरह के अंतर पर ज़ोर देते हैं, देखें अध्याय 1)। लेकिन यह भी स्पष्ट है कि इस समय भी नागरिक समाज (अर्थात् पढ़े-लिखे लोगों का एक तबक़ा- गाँधीवादी कार्यकर्त्ताओं का समूह) आदिवासियों से राजनीतिक जुड़ाव क़ायम करने की कोशिश कर रहा था।

तीसरा, स्वतंत्रता प्राप्ति के बाद के दौर में जंगलों के प्रति औपनिवेशिक नजरिये में बहुत कम बदलाव आया। अब साम्राज्यवादी हितों की जगह 'राष्ट्रीय विकास' को महत्त्व दिया गया। लेकिन इस पूरी प्रक्रिया में जंगल पर निर्भर स्थानीय समुदायों के हितों पर ध्यान नहीं दिया गया। जिस रूप में नये जंगलों को बनाया गया, उससे 'अतिक्रमकों' की संख्या बढ़ी। राज्य का नियंत्रण जंगलों पर बढ़ता गया। राष्ट्रीय पार्कों और अभयारण्यों की बढ़ती संख्या और *वन्य जीव (संरक्षण) अधिनियम (1972) और वन (संरक्षण) अधिनियम* (1980) इसी बढ़ते नियंत्रण का प्रमाण थे।

चौथा, लोकतांत्रिक राजनीति के तकाज़ों के कारण गवर्नमैंटैलिटी पर समुदाय दावों को स्वीकार किया। इसी कारण, इन समुदायों के लिए कई कल्याणकारी कार्यक्रम चलाए गये। इसी तरह, कई मरतबा चुनाव से पहले बहुत से स्थानों पर अतिक्रमणों का नियमितीकरण किया गया।

पाँचवाँ, सत्तर के दशक से जंगल से सटे क्षेत्रों में ऊपर से थोपी जा रही विकास योजनाओं के ख़िलाफ़ बहुत सारे आंदोलनों की शुरुआत हुई। इसी तरह, सत्तर के दशक के आख़िरी वर्षों से माओवादी समूहों ने जंगल के क्षेत्रों में आदिवासियों को संगठित करना शुरू कर दिया। माओवादियों ने राज्य का प्रतिरोध करने के लिए हिंसक साधनों का भी सहारा लिया। लेकिन विकास योजनाओं के ख़िलाफ़ चलने वाले आंदोलन मुख्य रूप से लोकतांत्रिक साधनों पर निर्भर थे। इन आंदोलनों में मध्य वर्ग (या नागरिक समाज) के पढ़े-लिखे लोगों की भी सक्रिय भूमिका थी। इसने आदिवासियों में भी राजनीतिक चेतना

जगायी। इन आंदोलनों के कारण वनवासी समूह क़ानून के महत्त्व के बारे में भी जागरूक हुए। दरअसल, राज्य और क़ानून से लगातार सामना होने कारण ये समुदाय क़ानूनों के प्रति काफ़ी संजीदा होते गये। इसने स्थानीय स्तर पर 'ज़मीनी स्तर से क़ानूनवाद' (या लीगैलिटी फ्रॉम बिलो) का आधार तैयार किया। पेसा के लिए चलने वाला संघर्ष हाशिया समाज (या मार्जिनल सोसायटी) के ज़मीनी स्तर से क़ानूनवाद का एक उदाहरण माना जा सकता है। यह ज़रूर है कि यह वन अधिकार क़ानून के लिए चले आंदोलन की तुलना में एक छोटा आंदोलन था (देखें अध्याय 3)। लेकिन इसने इस बात की ओर संकेत किया कि हाशिये पर पड़े हुए और कम-पढ़े लिखे समुदाय भी क़ानूनों के बारे में संज़ीदा होते जा रहे हैं।

इस अध्याय में मैंने पूर्व-औपनिवेशिक दौर से लेकर 1996 में पेसा के पारित होने तक जंगल के संबंध में राज्य की नीतियों और आदिवासियों द्वारा उसके बारे में दी गयी प्रतिक्रिया और उन पर इन नीतियों के प्रभाव की विवेचना की है। मैंने अध्याय के पहले भाग में स्वतंत्रता प्राप्ति से पहले की स्थिति और दूसरे भाग में आज़ादी के बाद की वन नीति का विश्लेषण किया है। औपनिवेशिक दौर से पहले शासक जंगलों में जंगली जानवरों का शिकार करते थे और वहाँ से लकड़ियाँ आदि भी लेते थे। लेकिन वे आदिवासियों की रोज़मर्रा की ज़िंदगी में दखल नहीं देते थे। औपनिवेशिक दौर में अंग्रेज़ों को अपने साम्राज्यवादी हितों को पूरा करने के लिए जंगलों के व्यापक दोहन की ज़रूरत महसूस हुई। इसके लिए उन्होंने वन विभाग की स्थापना की। साथ ही, उन्होंने 1865, 1878 और 1927 के वन अधिनियमों द्वारा यह सुनिश्चित किया कि आदिवासियों का जंगल की ज़मीन पर से अधिकार ख़त्म हो जाए। उन्होंने जंगलों को राज्य की सम्पत्ति में बदल दिया। जंगल के संसाधनों पर आदिवासियों के सामान्य या सामुदायिक सम्पत्ति अधिकारों को ख़त्म कर उन्हें 'छूट' में बदल दिया गया। इस दौर में जंगलों का खूब दोहन हुआ। साथ ही, जंगली जानवरों का बहुत ज़्यादा शिकार भी हुआ। जंगली जानवरों के संरक्षण की व्यवस्था भी इसी दौर में शुरू हुई। इसके पीछे मुख्य मक़सद यह था कि जानवरों को 'शिकार के खेल' के लिए सुरक्षित रखा जाए। आदिवासियों ने औपनिवेशिक शासन के ख़िलाफ़ बहुत ज़्यादा विद्रोह किया। राष्ट्रीय आंदोलन में आदिवासियों की चिंताओं पर ध्यान दिया गया लेकिन उन्हें मुख्य स्थान नहीं मिला। असल में, औपनिवेशिक दौर में आदिवासियों की जीविका के स्रोत उनसे छीन लिए गये, या कम से कम उनके अधिकारों को छूट में बदल दिया गया। औपनिवेशिक दौर में जंगलों में रहने वाले आदिवासियों को उनकी जीविका के साधनों से वंचित करने की जो प्रक्रिया शुरू हुई थी, वह स्वतंत्रता प्राप्ति के बाद के दौर में भी क़ायम रही। 'राष्ट्रीय विकास' का लक्ष्य हासिल करने के लिए

राज्य ने जंगलों पर अपना क़ब्ज़ा बढ़ाया। एक तरफ़ जंगल के संसाधनों पर आदिवासियों के हक़ को नकारा गया, दूसरी ओर उद्योगों को जंगल से मिलने वाले कच्चे माल के लिए सब्सिडियाँ दी गयीं। वन विभाग के मनमाने और ढीले-ढाले रवैये के कारण न सिर्फ़ जंगलों की हालत बिगड़ी, बल्कि जंगलों में रहने वाले वन्य जीवों की स्थिति भी बहुत ही ख़राब हो गयी। 1970 के दशक से वन्य-जीवन की हिफ़ाज़त के प्रति बढ़ी चेतना के कारण बड़ी संख्या में राष्ट्रीय पार्कों और अभयारण्यों का निर्माण किया गया। लेकिन यहाँ रहने वाले आदिवासियों के अधिकार तय नहीं किये गये। इस कारण, ये भी 'अतिक्रमक' में तब्दील हो गये। विकास के कारण होने वाले विस्थापन ने भी 'अतिक्रमकों' की संख्या में बढ़ोतरी की। लोकतांत्रिक राजनीति के कारण चुनावों के समय कुछ 'अतिक्रमणों' का नियमितीकरण कर दिया जाता था। लेकिन जंगल की ज़मीन और इसके संसाधनों पर आदिवासियों के अधिकारों से जुड़ी समस्या को पूरी तरह हल करने की कोशिश नहीं की गयी। 1980 का वन *(संरक्षण) अधिनियम* पारित होने के बाद यह प्रक्रिया भी रुक गयी। बहरहाल, माओवादी आंदोलन और देश में लोकतांत्रिक प्रक्रियाओं को गहराई मिलने से आदिवासियों की राजनीतिक जागरूकता में भी बढ़ोतरी हुई। इस कारण, सत्तर के दशक के बाद विकास की परियोजनओं और पर्यावरण के मसले पर कई आंदोलन हुए। इस तरह दबावों के कारण ही 1980 के दशक में वन नीति के संदर्भ में बदलाव नज़र आया। 1988 की वन नीति और संयुक्त वन प्रबंधन कार्यक्रम इसी बदलाव को दिखाते हैं। इनके पीछे आदिवासियों की बढ़ती राजनीतिक चेतना और जनसंगठनों के आंदोलनों की ख़ास भूमिका रही। 1996 में पारित पेसा भी आदिवासियों के पक्ष में बना महत्त्वपूर्ण क़ानून था। लेकिन इन सबके साथ वन विभाग की यह प्रवृत्ति भी क़ायम रही कि वह जंगलों पर अपना एकाधिकार क़ायम रखे। इसका नतीजा यह हुआ कि उसने नयी नीतियों, योजनाओं या अधिनियमों को सही तरीक़े से लागू नहीं होने दिया। इस तरह, एक ऐसी स्थिति सामने आयी जहाँ एक ओर, आदिवासी जनसंगठनों के माध्यम से अपने अधिकारों के लिए संगठित हो रहे थे, वहीं दूसरी ओर वन विभाग जंगल और इसके संसाधनों पर अपना क़ब्ज़ा क़ायम रखना चाहता था। निश्चित रूप से यह इस बात का संकेत था कि भविष्य में संघर्ष और टकराव बढ़ने वाला है।

3

वन अधिकार क़ानून : बहस और आंदोलन

वन अधिकार क़ानून 2006, वनवासी लोगों के लंबे संघर्ष का नतीजा है। यह 'जल, जंगल और ज़मीन' पर हक़ की उनकी ऐतिहासिक माँग को पूरा करने की दिशा में बहुत ही संजीदा क़दम है। इसका बुनियादी उद्देश्य जंगल में 'अतिक्रमक' के रूप में रह रहे अनुसूचित जनजातियों और दूसरे वन निवासी लोगों को उनकी ज़मीन का पट्टा देना और जंगल और इसके वनोपजों पर उनके हक़ को मान्यता देना है। आदिवासियों द्वारा अपने हक़ के लिए आंदोलन करने का लंबा इतिहास रहा है। औपनिवेशिक दौर में अंग्रेज़ों के ख़िलाफ़ आदिवासियों के बहुत सारे विद्रोह हुए। स्वतंत्रता प्राप्ति के बाद के दौर में भी राज्य सत्ता की दमनकारी नीतियों के ख़िलाफ़ होने वाले आंदोलनों में आदिवासियों ने बहुत ही ख़ास भूमिका निभायी। मसलन, तेभागा, तेलंगाना (धनाग्रे 1983; पेवीयर 1981) और नक्सलवादी आंदोलन (बनर्जी 1980; 2002) में आदिवासियों ने सक्रियता से हिस्सेदारी की। इसके अलावा, आदिवासियों ने अपनी पहचान को लेकर भी आंदोलन चलाए। कई बार यह आंदोलन अलग राज्य की माँग के रूप में सामने आया (मुंडा और मलिक 2003)। इस लिहाज़ से इस क़ानून के लिए चला आंदोलन कई मायनों में अनूठा है। यह जंगल की ज़मीन और इसके संसाधनों पर आदिवासियों की ग़ैरक़ानूनी स्थिति को ख़त्म करने से संबंधित आंदोलन था। इस क़ानून के बारे में आदिवासी अधिकारों के समर्थकों और संरक्षणवादियों के बीच तीखा वाद-विवाद हुआ। साथ ही, इस क़ानून के शुरुआती प्रारूप में क़ानून पारित होने तक बहुत महत्त्वपूर्ण बदलाव हुए। यह क़ानून लगातार और व्यापक आंदोलनों के कारण ही मुमकिन हो पाया।

इस अध्याय में इस क़ानून के लिए चले आंदोलनों के संबंध में उभरकर आये मुद्दों, वाद-विवाद एवं आंदोलन के विभिन्न स्तरों का विश्लेषणात्मक अध्ययन किया गया है। दरअसल, इस संदर्भ में कई सवाल महत्त्वपूर्ण हैं—मसलन, एक ख़ास ऐतिहासिक अवसर पर इस क़ानून बनने की व्याख्या कैसे की जा सकती

है? वैश्वीकरण के दौर में जंगल के संसाधनों को निजी कम्पनियों के हाथों में दिया जा रहा है; लेकिन इसके साथ ही वन अधिकार क़ानून जैसा 'प्रगतिशील' क़ानून भी सामने आ रहा है, जो स्थानीय समुदायों को संसाधनों पर अधिकार देता है। यह विरोधाभास कैसे सुलझाया जा सकता है? दूसरा, क्या इसे सही मायनों में 'प्रगतिशील क़ानून' माना जा सकता है? या फिर इसके ज़रिये राज्य ने आदिवासी समुदायों पर नियंत्रण करने का एक ज़्यादा बेहतरीन तरीक़ा तैयार कर लिया है? तीसरा, क्या यह क़ानून वन्य जीव संरक्षण और मनुष्यों के हितों के बीच सामंजस्य स्थापित करता है? इस क़ानून के संदर्भ में संरक्षणवादियों ने कैसा रूख अख़्तियार किया? क्या वन्य जीवों के संदर्भ में इस क़ानून के शुरुआती प्रारूप और आख़िरी रूप में कोई अंतर है? और यदि अंतर है तो इसकी व्याख्या कैसे की जा सकती है? चौथा, वन्य जीवों के अलावा, अन्य पहलुओं के संदर्भ में क़ानून बनने के दौरान किस तरह के बदलाव हुए और इन बदलावों के पीछे किस तरह की राजनीति रही है? पाँचवाँ क्या आदिवासी सचमुच इस क़ानून के बनने की प्रक्रिया से जुड़े? या फिर यह वामपंथी दलों और प्रगतिशील वाम-उदारवादियों की राजनीतिक सक्रियता का नतीजा था? अर्थात् क्या क़ानून बनने की प्रक्रिया, इससे जुड़ी बहसों के बारे में वे लोग जागरूक थे, जिनके लिए यह क़ानून बनाया जा रहा था? आख़िरकार इस राजनीतिक परिघटना को किस तरह समझा जा सकता है? अध्याय में आगे इन्हीं सवालों का विश्लेषण किया गया है।

यह अध्याय मुख्य रूप से चार भागों में बँटा है? अध्याय के पहले भाग में वन अधिकार विधेयक के शुरुआती प्रारूप, इससे जुड़ी बहसों और जन-आंदोलनों का विश्लेषण किया गया है। इस भाग में अप्रैल 2005 में *जनजातीय मामलों के मंत्रालय* द्वारा सार्वजनिक बहस के लिए जारी विधेयक के प्रारूप और इससे जुड़े वाद-विवाद का परीक्षण किया गया है। इसके आख़िर में संसद में पेश विधेयक और अप्रैल 2005 के विधेयक के बीच अंतर का भी विश्लेषण किया गया है। अध्याय के दूसरे भाग में इस विधेयक के संसद में पेश होने और इसे जेपीसी (ज्वाइंट पार्लियामेंटरी कमिटी या संयुक्त संसदीय दल)[1] को सौंपने से लेकर इसे दिसम्बर 2006 में फिर से संसद में पेश करने तक की गतिविधियों का विवरण है। इस भाग में जेपीसी की रिपोर्ट और क़ानून को पारित करने के लिए चले आंदोलनों का विश्लेषण किया गया है। अध्याय के तीसरे भाग में संसद द्वारा इस क़ानून पारित करने के बाद के घटनाक्रमों पर ध्यान दिया

1. जब कोई भी सामान्य बिल संसद में पेश किया जाता है, तो बिल के महत्त्व के आधार पर उस पर विचार करने के लिए उसे संयुक्त संसदीय समिति (या ज्वाइंट पार्लियामेंटरी कमिटी) को सौंप दिया जाता है। इसमें लोकसभा और राज्यसभा–दोनों के ही सदस्य होते हैं। साथ ही, इसमें सभी प्रमुख राजनीतिक दलों का प्रतिनिधित्व होता है। देखें, बसु (2007: 213)।

गया है। यहाँ इस बात का भी परीक्षण किया गया है कि संसद द्वारा पारित क़ानून जेपीसी की रिपोर्ट से कैसे अलग है। इसके अलावा, यहाँ इसके नियमों और विभिन्न पक्षों की प्रतिक्रियाओं और असंतोष का भी वर्णन किया गया है। चौथे भाग में इस बात पर विचार किया गया है कि इस क़ानून के बनने की परिघटना को किस रूप में समझा जा सकता है। इस संदर्भ में इस बात का परीक्षण किया गया है कि क्या इसे मार्ज़िनल सोसायटी (या हाशिया समाज) की सक्रियता के रूप में देखा जा सकता है?

I. पहचा चरण : विधेयक का शुरुआती प्रारूप और सार्वजनिक वाद-विवाद

यह भाग चार उपभागों में बँटा हुआ है। पहले उपभाग में विधेयक के शुरुआती प्रारूप की मुख्य विशेषताओं का वर्णन किया गया है। इसमें वन निवासी अनुसूचित जनजातियों के प्रमुख अधिकारों, अधिकारों को तय करने की प्रक्रिया और इकोलॉजी की सुरक्षा के प्रावधानों का विश्लेषण किया गया है। दूसरे उपभाग में विधेयक के पक्ष और विपक्ष में दिये गये प्रमुख तर्कों का परीक्षण किया गया है। तीसरे उपभाग में विधेयक को ज़्यादा बेहतर बनाने के सुझावों और इसे संसद में पेश करने के लिए चले आंदोलनों का वर्णन है। चौथे उपभाग में इस बात का परीक्षण किया गया है कि अप्रैल 2005 में *जनजातीय मामलों के मंत्रालय* द्वारा जारी किये गये विधेयक के प्रारूप और दिसम्बर 2005 में संसद में पेश विधेयक के प्रारूप के बीच क्या अंतर था।

1. विधेयक का प्रारूप

पिछले अध्याय में इस बात का विश्लेषण किया जा चुका है कि औपनिवेशिक शासन के दौरान नई क़ानूनी श्रेणी के रूप में 'वन' (या जंगल) का निर्माण किया गया। इसकी ज़मीन पर अपने मालिकाना हक़ को साबित करने में नाकाम रहने पर आदिवासियों को इस ज़मीन का 'अतिक्रमक' घोषित कर दिया गया। आज़ादी के बाद भी औपनिवेशिक क़ानून ख़त्म नहीं किये गये। 'राष्ट्रीय विकास' के लिए जंगल के संसाधनों का बदस्तूर दोहन चलता रहा। इस कारण जंगल की ज़मीन और इसके संसाधनों पर भी आदिवासियों की अधिकारहीन स्थिति क़ायम रही।[2] वे अब भी रोज़मर्रा की ज़िंदगी में कई स्तरों पर राज्य के दमन और वन विभाग के कर्मचारियों के मनमाने व्यवहार का सामना करते हैं। यह भी ख़तरा रहता है कि इन्हें कभी भी अपने घर से बेदख़ल कर दिया जाएगा। मसलन, 23 नवम्बर 2001 को सर्वोच्च न्यायालय ने सिर्फ़ यह कहा था कि उसकी इजाज़त के बिना केंद्र सरकार किसी भी 'अतिक्रमण' का निमयमितीकरण या रेग्युलराइजेशन नहीं

2. इन पहलुओं की समझ के लिए देखें, अध्याय 2.

करेगी। वन विभाग के अधिकारियों ने इस आदेश की अपनी मनमानी व्याख्या की। इसकी आड़ में वन विभाग ने 3 मई 2002 को जंगल से अतिक्रमण हटाने का आदेश जारी किया। पूरे देश भर में लाखों आदिवासियों का घर यह कहते हुए उजाड़ दिया गया कि उनका घर जंगल की 'अतिक्रमण' की हुई ज़मीन पर बना है। यह स्थानीय स्तर पर, रोज़मर्रा की ज़िंदगी में वन विभाग द्वारा किये जाने वाले मनमाने व्यवहार का एक बड़ा रूप था। इसमें तक़रीबन 152, 000 हेक्टेयर ज़मीन को ख़ाली कराया गया (कैम्पेन 2004: 4-10; सरीन 2010: 115)। आदिवासियों के घर उजाड़ने की घटना ने आदिवासियों में तीखे आक्रोश को जन्म दिया। इस क्षेत्र में काम करने वाले विविध जनसंगठनों ने इसका ज़ोरदार विरोध किया। इनके विरोध के कारण यह घटना एक बड़ा मुद्दा बन गयी। इस कारण, राजनीतिक दलों ने भी इसकी निंदा की।

फ़रवरी 2004 में, संसदीय चुनावों के ठीक पहले पर्यावरण और वन मंत्रालय ने दो नये सर्कुलर जारी किये पहले सर्कुलर का शीर्षक था 'वनभूमि पर जनजातियों के अधिकारों का नियमितीकरण' (रेग्युलराइजेशन ऑफ़ द राइट्स ऑफ़ ट्राइबल्स ऑन द फॉरेस्ट लैण्ड)। इसमें यह घोषणा की गयी कि सरकार जंगल के ज़मीन पर 1993 के पहले के 'अतिक्रमण' का नियमितीकरण करेगी अर्थात् उसे मान्यता देगी। दूसरा सर्कुलर वन गाँवों को राजस्व गाँवों में बदलने की प्रक्रिया शुरू करने से संबधित था। लेकिन सर्वोच्च न्यायालय ने इन दोनों के ख़िलाफ़ स्थगन आदेश दे दिया। (सरीन 2005: 2132)।[3] 2004 के लोकसभा चुनावों में सभी प्रमुख राजनीतिक दलों ने आदिवासियों को जंगल की ज़मीन और उसके संसाधनों पर अधिकार देने का वायदा किया। कांग्रेस, भारतीय जनता पार्टी (भाजपा) और वामपंथी दलों ने अपने चुनावी घोषणापत्र में आदिवासियों को उनके अधिकार देने का वायदा किया।[4] चुनावों के बाद *यूनाइटेड प्रोग्रेसिव अलायंस*

3. संरक्षणवादी यह मानते थे कि 1980 के वन संरक्षण अधिनियम के कारण 1980 के बाद के किसी भी 'अतिक्रमण' को मान्यता देना मुमकिन नहीं होगा। इसलिए उन्होंने इस सर्कुलर का विरोध किया। बेशक पर्यावरण और वन मंत्रालय का यह सर्कुलर चुनावी राजनीति से प्रभावित था। इसके द्वारा राष्ट्रीय जनतांत्रिक गठबंधन (या राजग) सरकार आदिवासियों के बीच अपनी छवि सुधारना चाहती थी। वह 2002 की घटनाओं के बुरे प्रभाव को कम-से-कम करना चाहती थी। देखें, प्रभु (2005 : 14-19)।
4. भाजपा ने यह वायदा किया कि वह जंगल की ज़मीन पर आदिवासियों के अधिकारों के नियमितीकरण के लिए आवश्यक क़दम उठाएगी और वनोपजों पर आधारित उनकी आर्थिक गतिविधियों को बढ़ावा देगी। देखें, भारतीय जनता पार्टी, (2004); कांग्रेस ने यह कहा कि वह राज्य सरकारों से यह आग्रह करेगी कि वे आदिवासियों को लघु वनोपजों पर अधिकार दें। पार्टी घोषणा-पत्र में यह लिखा गया कि 1980 के वन संरक्षण क़ानून ने जंगलों को नष्ट होने से बचाया है। लेकिन इसके लागू करने के कारण ऐसी सख़्ती विकसित हो गयी है कि वंचित आदिवासी समुदायों को अपना आर्थिक विकास करने का मौक़ा नहीं मिल रहा है। पार्टी ने वायदा किया कि इन चिंताओं को इकोलॉजिकल और सस्टेनेबल तरीक़े से दूर किया जाएगा। पार्टी ने आदिवासी क्षेत्रों में विकास की नई रणनीति अपनाने और आदिवासियों के लिए सस्टेनेबल जीविका के साधन अपनाने का वायदा किया। देखें, इंडियन नैशनल कांग्रेस (2004)।

(या यूपीए या संयुक्त प्रगतिशील गठबंधन) की सरकार गठित हुई। इसके न्यूनतम साझा कार्यक्रम में यह वादा किया गया कि आदिवासियों को जंगल की ज़मीन से नहीं हटाया जाएगा (सरवनन 2009; दिग्विजय सिंह 2005)। इस बीच, गोदावर्मन केस में वन मंत्रालय ने एक शपथ-पत्र देकर बताया कि आदिवासियों के साथ ऐतिहासिक अन्याय हुआ है। अंग्रेज़ों के समय और स्वतंत्र भारत में भी उनकी ज़मीन पर क़ब्ज़ा किया गया। लेकिन न तो उन स्थानों पर सर्वे हुआ और न ही उनके अधिकारों को तय करने की कोशिश की गयी (प्रभु 2005: 16; भुल्लर 2008: 20)। इसी तरह, 2004 के आम चुनावों के बाद पर्यावरण एवं वन मंत्रालय ने एक सर्कुलर जारी कर वन-भूमि पर आदिवासियों के अधिकार के प्रति वचनबद्धता जाहिर की। 21 दिसम्बर, 2004 को इस मंत्रालय ने सभी राज्यों और केंद्र-शासित प्रदेशों को एक पत्र लिखा। इसमें उस समय तक वनवासी लोगों को उनके निवास स्थान से हटाने की प्रक्रिया रोकने के लिए कहा गया, जब तक की वनवासी लोगों के अधिकार तय नहीं हो जाते (सरीन 2005: 2137)।

इस बीच, आदिवासी संगठनों ने आंदोलन के ज़रिये समस्या हल करने के लिए दबाव बनाए रखा। 19 जनवरी 2005 को प्रधानमंत्री ने आदिवासी मामलों के मंत्रालय को यह निर्देश दिया कि वह जंगल की ज़मीन पर आदिवासियों के अधिकार के संबंध में एक विधेयक बनाए (वही)। इस क़ानून की माँग आदिवासियों के लोकतांत्रिक आंकाक्षाओं से जुड़ी हुई थी। राजनीतिक दलों के लिए इसकी उपेक्षा करना आसान नहीं था। नक्सलवाद या माओवाद के आदिवासी क्षेत्रों में बढ़ते प्रभाव ने भी सरकार को यह विधेयक तैयार करने के लिए मज़बूर किया। सरकार इस क़ानून द्वारा आदिवासियों के बीच माओवादियों के बढ़ते प्रभाव को कम करना चाहती थी।[5] आदिवासियों की अपने अधिकारों के प्रति बढ़ती जागरूकता ने भी इसमें महत्त्वपूर्ण भूमिका निभाई मसलन, महेश रंगाराजन यह मानते हैं कि जंगल की ज़मीन पर आदिवासियों के हक़ का विचार आसमान से नहीं टपका है। दरअसल, आदिवासी समूहों ने ज़ोरदार तरीक़े से अपने अधिकारों की माँग करनी शुरू कर दी थी। दूसरी ओर, कांग्रेस और इसके सहयोगी दल आदिवासियों पर अपना प्रभाव फिर से जमाना चाहते थे।[6] 25 फ़रवरी 2005

5. देखें, सरीन (2005); सुंदर (2011); रोमा और रजनीश (2009); नवलखा (2012); दरअसल, यह एक ऐसा तथ्य है जिसका उल्लेख ज़मीनी स्तर पर काम करने वाला हर आदिवासी कार्यकर्त्ता करता है। साथ ही, योजना आयोग द्वारा उग्रवादी हिंसा से प्रभावित क्षेत्रों में विकास की चुनौती पर विचार करने के लिए गठित आयोग ने भी इस बात पर ज़ोर दिया की नक्सलवादी (या माओवादी) हिंसा से निबटने का एक प्रमुख उपाय यह है कि वनवासी लोगों की जीविका का समुचित प्रबंध किया जाए। देखें, गवर्नमेंट ऑफ इंडिया (2008)।

6. देखें, रंगराजन (2005 : 4888); बहरहाल आगे मैं यह तर्क दूँगा कि क़ानून निर्माण के दौरान इसमें होने वाले बहुत से सकारात्मक बदलावों में आदिवासी संगठनों के संघर्ष की जबर्दस्त भूमिका रही।

को राष्ट्रपति ने भी बजट सत्र के अपने अभिभाषण में यह स्पष्ट किया कि यह मसला सरकार की प्राथमिकता में हैं। उन्होंने यह कहा कि '...हम आदिवासियों की ज़मीन से जुड़े मुद्दे को सुलझाने की कोशिश करेंगे। इसका नतीजा जनजातियों और संरक्षण के लक्ष्य–दोनों के लिए ही फ़ायदेमंद होगा।'[7] इसलिए आदिवासियों को उनकी ज़मीन और स्थानीय संसाधनों पर अधिकार देने की नीति के रूप में यह विधेयक तैयार किया गया।

विधेयक का निर्माण एक तकनीकी सहायता समूह (टेक्निकल सपोर्ट ग्रुप) द्वारा किया गया। हर विधेयक के निर्माण में ऐसे समूह की महत्त्वपूर्ण भूमिका होती है। इसमें विधेयक से संबंधित विषयों के जानकारों को शामिल किया जाता है। वन अधिकार विधेयक का निर्माण करने वाले समूह में पर्यावरण एवं वन, क़ानून और विधायी मामलों, सामाजिक न्याय और सशक्तीकरण, पंचायती राज तथा जनजातीय मामलों के मंत्रालय के प्रतिनिधि शामिल थे। इस समूह में आदिवासी मामलों से जुड़ाव रखने वाले बहुत से जानकार लोग मसलन बी. डी. शर्मा, प्रदीप प्रभु, और मधु सरीन आदि भी शामिल थे (प्रभु 2005: 9)। जनजातीय मामलों के मंत्री ने अप्रैल 2005 में विचार-विमर्श के लिए जारी विधेयक के पहले प्रारूप को 'अनुसूचित जनजाति (वन अधिकारों की मान्यता) विधेयक, 2005' [शेड्यूल्ड ट्राइब्स (रिकग्निगन ऑफ़ फ़ॉरेस्ट राइट्स) बिल 2005] शीर्षक दिया गया (गवर्नमेंट ऑफ़ इंडिया 2005ए)। इसमें वनों पर निर्भर सभी समुदायों को शामिल नहीं किया गया। इसमें उन्हीं आदिवासी समुदायों को शामिल किया गया, जिन्हें अनुसूचित जनजाति के रूप में मान्यता मिली है। कई ऐसे समुदाय भी हैं जिनका रहन-सहन और संस्कृति में आदिवासियों से काफ़ी अलग हैं। ये अनुसूचित जनजाति की श्रेणी का भाग नहीं है। या तो ये अनुसूचित जाति (या दलित) से संबंधित हैं या अन्य पिछड़े वर्गों से। मसलन, वन-टांगिया गाँवों में रहने वाले अधिकांश लोग आदिवासी नहीं होते हैं। ये लोग आदिवासी होने का दावा भी नहीं करते हैं। लेकिन ये जंगल पर निर्भर होते हैं।[8] कई मरतबा गैर-अनुसूचित जनजाति के लोग आदिवासी होने का दावा करते हैं। ऐसे कई समुदायों का रहन-सहन और सांस्कृतिक आचार-व्यवहार भी अनुसूचित जनजाति में शामिल समुदायों की तरह ही होता है। लेकिन इन्हें अनुसूचित जनजातियों की श्रेणी में शामिल नहीं किया गया है। इसलिए ये अन्य पिछड़ा वर्ग या अनुसूचित जाति जैसी श्रेणियों के भाग होते हैं।

इस विधेयक में कुल छह अध्याय थे। विधेयक की शुरुआत में इसके उद्देश्यों

---

7. http://presidentof india.nic.in/scripts/platest1.jsp?id=7 [acssesd on 6 March 2007] सरवनन (2009) में उद्धृत।

8. देखें अध्याय 5.

के बारे में बताया गया था। पहले अध्याय में कुछ विशिष्ट शब्दों को परिभाषित किया गया, दूसरे अध्याय में प्रस्तावित वन अधिकारों का उल्लेख किया गया; तीसरे अध्याय में वन अधिकारों और इससे जुड़े मसलों की मान्यता की विवेचना की गयी; चौथा अध्याय वन अधिकार देने की प्रक्रिया और इससे जुड़े प्राधिकारियों से संबंधित था; पाँचवें अध्याय में अपराध और उनसे जुड़ी सज़ाओं तथा छठे अध्याय में विविध मसलों का उल्लेख किया गया था (गवर्नमेंट ऑफ़ इंडिया 2005ए)। विधेयक की इस रूपरेखा की समझ इसलिए आवश्यक है क्योंकि बाद में संसद में पारित होने वाले क़ानून का यही ढाँचा रहा; लेकिन यह जरूर हुआ कि इसमें से कुछ बातों को निकाला गया, कुछ नई बातों को जोड़ा गया और बहुत से पहलुओं में संशोधन किया गया।

इस विधेयक की शुरुआत में यह स्पष्ट किया गया कि यह औपनिवेशिक और उत्तर-औपनिवेशिक दौर मे जनजातियों के साथ हुए ऐतिहासिक अन्याय को दूर करना चाहता है; यह संरक्षण की व्यवस्था को मजबूती देना चाहता है और यह सुनिश्चित करना चाहता है कि जंगलों में निवास करने वाली अनुसूचित जनजातियों की जीविका और भोजन की हिफ़ाज़त हो। विधेयक में जंगल में रहने वाली जनजातियों और जंगलों के बीच सहजीवी संबंधों को मान्यता दी गयी (वही : 1)।

विधेयक के अध्याय 1 में यह बताया गया कि विधेयक जम्मू और कश्मीर को छोड़कर पूरे भारत में लागू होगा। इसमें विधेयक से जुड़ी बहुत सी शब्दावलियों को परिभाषित किया गया। मसलन, 'वैध जीविका आवश्यकता', 'व्यावसायिक उपयोग', 'वन निवासी अनुसूचित जनजाति', 'वन भूमि', 'वन अधिकार', 'वन गाँव', 'ग्राम सभा', 'लघु वनोपज', 'विहित' (प्रिस्क्राइब्ड), 'अनुसूचित क्षेत्र' और 'गाँव' शब्द को परिभाषित किया गया (वही : 1-3)। विधेयक के अध्याय 2 को 'वन अधिकार' शीर्षक दिया गया। इसमें वन निवासी अनुसूचित जनजातियों के लिए कई अधिकार प्रस्तावित किए गये। इसमें इन अधिकारों को शामिल किया गया–

पहला, जंगल में रहने वाले अनुसूचित जनजाति के सदस्य या सदस्यों को व्यक्तिगत या सामुदायिक या दोनों रूप में जंगल की भूमि पर निवास करने और इस पर खेती करके जीविका कमाने का अधिकार।[8] दूसरा, निस्तार अर्थात् जंगलों के संसाधनों के स्वामित्व का अधिकार, और पुराने राजाओं या ज़मींदारों या अन्य मध्यवर्ती शासनों के समय प्राप्त अधिकार।[9] तीसरा, लघु वन उत्पादों या वनोपजों को लेने उपयोग करने या बेचने का अधिकार।[10] चौथा, स्थापित और घुमक्कड़

8. धारा 3 (ए), गवर्नमेंट ऑफ़ इंडिया, (2005ए) : 3.
9. धारा 3 (बी), वही : 3.
10. धारा 3 (सी), वही : 3.

(या यायावर) चरागाही समुदायों को चराई और पारम्परिक मौसमी संसाधनों के उपयोग का हक़।[11] पाँचवाँ, आदिम जनजाति समूहों और खेती से पहले की सभ्यता की जीवनशैली में जीने वाले समुदायों को अपने हैबिटेट और हैबिटेशन का अधिकार।[12] छठा, किसी भी राज्य में जहाँ ज़मीन के दावों पर विवाद है, वहाँ विवादित ज़मीन पर अधिकार– चाहे उसे किसी भी नाम से जाना जाता हो। सातवाँ, स्थानीय प्राधिकारी और किसी राज्य सरकार द्वारा वन भूमि पर जारी किये गये पट्टा या लीज के मालिकाना हक़ (या टाइटल) में तब्दील कराने का अधिकार।[13] आठवाँ, वन गाँवों को राजस्व गाँवों में बदलने का अधिकार।[14] वन गाँव का अर्थ है कि ऐसी बसाहत या सेटलमेंट, जिसे किसी राज्य के वन विभाग द्वारा जंगल लगाने के काम के लिए स्थापित किया गया हो; या फिर वनों के आरक्षण की प्रक्रिया में उसे वन गाँव घोषित कर दिया गया हो; इसमें फॉरेस्ट सेटेलमेंट गाँव, फिक्सड डिमांड होल्डिंग्स, हर तरह के टांगिया गाँव शामिल हैं– चाहे उनका कुछ भी नाम हो; इस तरह के गाँव में ऐसे ज़मीन भी शामिल है जिनका उपयोग खेती और सरकार द्वारा मान्यता प्राप्त दूसरे कामों में होता है।[15] नौवाँ, पुराने हैबिटेशन और बिना सर्वे वाले गाँवों के सेटलमेंट का अधिकार– चाहे उन्हें नोटिफाई (या अधिसूचित) किया गया हो या न किया गया हो।[16] दसवाँ, जंगल की जैव विविधता और सांस्कृतिक विविधता से संबंधित बौद्धिक सम्पत्ति और पारम्परिक ज्ञान का सामुदायिक अधिकार।[17] ग्यारहवाँ, ऐसे सामुदायिक वन संसाधन की सुरक्षा, पुनः उत्पादन और संरक्षण का अधिकार, जिसका गाँव के लोग पारम्परिक रूप से सुरक्षा और संरक्षण करते आये हैं।[18] बारहवाँ, ऐसे अधिकार जिन्हें किसी राज्य के क़ानून या किसी स्वशासी ज़िला परिषद या स्वशासी प्रादेशिक परिषद के किन्हीं क़ानूनों के अंतर्गत मान्यता दी गयी हैं या जिन्हें राज्य के पारम्परिक क़ानून के अंतर्गत जनजातियों के अधिकारों के रूप में स्वीकार किया गया है।[19] तेरहवाँ, समुदायों के ऐसे पारम्परिक अधिकार जिनका उपयोग जंगलों में रहने वाली अनुसूचित जनजातियाँ करती रही हैं और जिनका इस विधेयक में उल्लेख नहीं है। लेकिन इसमें शिकार करने का अधिकार शामिल नहीं है।[20]

---

11. धारा 3 (डी), वही : 3.
12. धारा 3 (इ), वही : 3.
13. धारा 3 (जी), वही : 4.
14. धारा 3 (एच) वही : 4.
15. धारा 2 (एफ) वही : 2.
16. धारा 3 (आई) वही : 4.
17. धारा 3 (जे), वही : 3.
18. धारा 3 (के), वही : 3.
19. धारा 3 (एल), वही : 3.
20. धारा 3 (एम), वही : 3

प्रस्तावित विधेयक के अध्याय 3 का शीर्षक था– 'वन निवासी अनुसूचित जनजातियों के अधिकार।' इसमें इनके अधिकारों (और दायित्वों) से संबंधित विविध पहलुओं को स्पष्ट किया गया। इसके अनुसार, वन निवासी अनुसूचित जनजातियों को इस क़ानून के अधिकार उन्हीं स्थानों पर मिलेंगे जहाँ उन्हें अनुसूचित किया गया है।[21] इसका मतलब यह है कि यदि अनुसूचित जनजाति का कोई व्यक्ति ऐसे राज्य में है, जहाँ उसे अनुसूचित जनजाति का दर्जा नहीं मिला है, तो उसे प्रस्तावित क़ानून का कोई फ़ायदा नहीं मिलेगा। इसमें जंगल की ज़मीन पर अधिकारों के मान्यता का 'कट ऑफ़ डेट' या मान्यता देने की आख़िरी तारीख़ 25 अक्टूबर 1980 प्रस्तावित किया गया। लेकिन इसमें यह भी कहा गया कि यदि सरकार किसी और तारीख़ को 'कट ऑफ़ डेट' के रूप में उचित मानती है, तो वह इस तारीख़ को बदल सकती है।[22] इसके अलावा, विधेयक के अनुसार, ज़मीन का अधिकार वंशानुगत होगा, लेकिन इसे किसी दूसरे व्यक्ति को बेचा नहीं जा सकता।[23] वन निवासी अनुसूचित जनजातियों के अधिकारों को मान्यता देने और प्रामाणित किये जाने की प्रक्रिया पूरी होने तक किसी भी ऐसे व्यक्ति को उसके आवास से नहीं हटाया जाएगा।[24] हर न्यूक्लीयर परिवार को अधिकतम 2.5 हेक्टेयर ज़मीन पर अधिकार दिया जाएगा;[25] और ज़मीन का रजिस्ट्रेशन परिवार के पुरुष सदस्य और उसकी पत्नी (या स्पाउज) के नाम से होगा।[26] दरअसल, प्रस्तावित विधेयक के इस प्रावधान को क्रांतिकारी माना जा सकता है, क्योंकि यह पुरुषों और महिलाओं को समान अधिकार देने की बात करता है।[27]

प्रस्तावित विधेयक में इकोलॉजी या पारिस्थितिकी के संरक्षण के लिए भी महत्त्वपूर्ण प्रावधान किये गये। इसमें शिकार करने को अधिकारों की सूची से बाहर रखा गया और हर न्यूक्लीयर परिवार के सिर्फ़ 2.5 हेक्टेयर 'अतिक्रमण' की ज़मीन का पट्टा देने का प्रावधान ही किया गया। यह भी स्पष्ट किया गया कि सभी अधिकार केवल जीविका की उचित (या बोनाफ़ाइड) ज़रूरतों के लिए ही हैं। व्यावसायिक उद्देश्य पूरा करने के लिए इनका उपयोग नहीं

21. धारा 4(1), वहीं : 4.
22. धारा 4 (2), वही : 4.
23. धारा 4 (3), वही : 4.
24. धारा 4 (4), वही : 4.
25. धारा 4 (5) (i)ए वही : 4.
26. धारा 4 (5) (ii), वही : 4.
27. अध्याय 1 में इस बात का उल्लेख किया जा चुका है कि वीणा अग्रवाल जैसी नारीवादियों का यह मानना है कि भारत में (और दक्षिणा एशिया के दूसरे देशों में) सरकार द्वारा सम्पत्ति अधिकार के नाम पर घर के पुरुष मुखिया को जमीन का पट्टा दे दिया जाता है (अग्रवाल 1996: अध्याय 1)।

हो सकता।[28] सभी अधिकारों के साथ जंगलों की सुरक्षा, संरक्षण और पुनर्उत्पादन की ज़िम्मेदारी भी जोड़ी गयी।[29] विधेयक में यह स्पष्ट किया गया कि वे कोई ऐसा काम नहीं करेंगे जिससे वन्य जीवों, जंगल और जैव विविधता को नुक़सान पहुँचे। इसके अलावा, इसमें आगे लिखे प्रावधान किये गये: वे स्वाभाविक रूप से बड़े हुए पेड़ों को किसी भी मक़सद से नहीं काट सकते हैं; वे नये पेड़ लगाने के मक़सद से भी ऐसा नहीं कर सकते हैं; लोगों का यह दायित्व है कि जल संसाधनों और पारिस्थितिक रूप से संवेदनशील क्षेत्रों की सुरक्षा करें; किसी भी विध्वंसकारी व्यवहार से अपने हैबिटेट तथा सांस्कृतिक और प्राकृतिक विरासत की सुरक्षा करें; वन्य जीवों, जंगलों और जैव-विविधता को नुक़सान पहुँचाने वाले किसी भी गतिविधि के बारे में ग्राम सभा और संबंधित अधिकारियों को बताएँ; उन्हें यह सुनिश्चित करना चाहिए कि ग्राम सभा सामुदायिक वन संसाधनों का सही तरीक़े से प्रबंधन करे और ऐसे किसी भी काम को रोके जो वन्य जीव, जंगल या जैव-विविधता को नुक़सान पहुँचाते हों;[30] ग्राम सभा वन्य जीवों, जंगलों और जैव विविधता को नुक़सान पहुँचाने पर एक हज़ार रुपये तक जुर्माना लगा सकती है। पेड़ों को काटने को भी अपराधों की सूची में रखा गया। यह प्रावधान किया गया कि यह जुर्म दुहराने पर अपराधी के अधिकारों की मान्यता एक निश्चित समय के लिए ख़त्म कर दी जाएगी। इस संदर्भ में जिला स्तरीय समिति ग्राम सभा की सिफ़ारिश पर फ़ैसला करेगी।[31] इसके अलावा, इसमें यह स्पष्ट किया गया कि वन्य जीवों के संरक्षण आदि के लिए बने दूसरे क़ानून भी क़ायम रहेंगे।[32] दरअसल, बहुत से आदिवासी संगठनों और एक्टिविस्टों ने दूसरे क़ानूनों के क़ायम रखने के प्रस्ताव का विरोध किया। उन्होंने यह दलील दी कि इससे इस क़ानून का पूरा मक़सद ही ख़त्म हो जाएगा।[33]

विधेयक के भाग 4 में अधिकारों के निर्धारण की प्रक्रिया का वर्णन किया गया। इससे पहले किसी क़ानून में इसका स्पष्ट वर्णन नहीं किया गया था (कोठारी 2005: 65)। विधेयक में यह व्यवस्था की गयी कि ज़मीन पर स्वामित्व और दूसरे अधिकारों के संबंध में ग्राम सभा एक निश्चित प्रक्रिया द्वारा फ़ैसला करेगी।[34] इसमें *पेसा* में दी गयी गाँव की परिभाषा स्वीकार की गयी।[35] अर्थात्

28. धारा 2 (ए), 4(6) (i), वही : 2 और 5.
29. 4(6) (ii), वही: 5.
30. धारा 5 (ए), (बी), (सी), (डी), (इ), वही : 5.
31. धारा 8, वही : 8.
32. धारा 15, वही : 8.
33. अगले उपभाग में इस पहलू की विवेचना की गयी है।
34. धारा 2 (जी), वही : 2.
35. धारा 2(के), वही : 2.

एक ग्राम सभा गाँव के सभी सदस्यों से मिलकर बनेगी। राज्य में ग्राम पंचायत न होने की दशा में पारम्परिक ग्राम संस्थाओं को मान्यता दी जाएगी। इसकी सिफ़ारिशों का परीक्षण एक सब डिवीजन या तालुक़ा समिति द्वारा किया जाएगा। इसके बाद इस समिति की सिफ़ारिशों का परीक्षण एक ज़िला स्तरीय समिति द्वारा किया जाएगा। लेकिन इन समितियों के सदस्यों के बारे में स्पष्ट रूप से प्रावधान नहीं किया गया। यह साफ़ है कि प्रस्तावित विधेयक में ज़मीन के स्वामित्व को तय करने की शुरुआत का काम ग्राम सभा को दिया गया। पहले यह अधिकार वन विभाग के पास था। विधेयक के अनुसार, ग्राम सभा द्वारा किसी अधिकार को मान्यता दिये जाने के बाद कोई व्यक्ति 60 दिनों के भीतर ब्लॉक/तालुक़ा स्तर की समिति के पास अपील कर सकता था। इसमें अपील करने वाले को यह साबित करना था कि उसने जिसके ख़िलाफ़ अपील की है, वह ज़मीन उसकी नहीं है। पहले स्थिति इसके उलट थी।[36] विधेयक में यह व्यवस्था की गयी कि ब्लॉक/तालुक़ा स्तर की समिति के फ़ैसले से नाखुश होने वाला व्यक्ति जिला स्तरीय समिति को 60 दिनों के भीतर अपील कर सकता है। इस समिति का फ़ैसला ग्राम सभा और ब्लॉक/तालुका स्तर की समिति पर लागू होता। यानी यह स्पष्ट प्रावधान किया गया कि इस संबंध में इसका फ़ैसला आख़िरी होगा।[37] प्रस्तावित विधेयक में एक राज्य स्तरीय समिति का प्रावधान भी किया गया। इसका काम ज़िला स्तरीय समिति के काम-काज पर नजर रखना था। विधेयक में यह स्पष्ट किया गया कि समिति वन अधिकार क़ानून के संबंध में नोडल ऐजेंसी को अपनी रिपोर्ट और सिफ़ारिशें दे सकती है।[38] विधेयक में यह लिखा गया कि भारत सरकार का *जनजातीय मामलों का मंत्रालय* या केंद्रीय सरकार द्वारा इस संबंध में नियुक्त कोई प्राधिकारी इस क़ानून को लागू करने के लिए नोडल अधिकारी होगा।[39] इसमें यह व्यवस्था भी की गयी कि राज्य सरकार या स्थानीय अधिकारियों द्वारा इस विधेयक से संबंधित किसी अधिकार पर विवाद खड़ा किये जाने पर केंद्र सरकार द्वारा नियुक्त अधिकारी इससे जुड़े मामले की जाँच करेगा।[40]

दरअसल, प्रस्तावित विधेयक ने अधिकार तय करने की प्रक्रिया को ज़्यादा

36. शंकर गोपालकृष्णन, फॉरेस्ट डायलॉग सेमिनार, आयोजन-स्थल, दिल्ली स्कूल ऑफ़ इकोनॉमिक्स, दिल्ली विश्वविद्यालय, दिल्ली, 23-24 सितम्बर, (2005).
37. देखें, धारा 6 (1), (2), (3), (4), (5), (6), (7), (8), (9), (10), (11), गवर्नमेंट ऑफ़ इंडिया (2005ए : 5-6).
38. धारा 7 (1), (2), (3), वही : 5-6.
39. धारा 13, वही : 7.
40. धारा, 4 (7), वही : 4.

पारदर्शी बनाया है। इसमें यह प्रावधान किया गया कि यह प्रक्रिया सार्वजनिक जाँच के लिए भी खुली होगी। पहले वन विभाग अपनी मनमानी करता था। इसकी तुलना में प्रस्तावित विधेयक में एक सकारात्मक परिवर्तन का संकेत दिया (कोठारी 2005: 65; सुंदर 2005: 32)। इसमें केंद्र सरकार को यह ज़िम्मेदारी दी गयी कि वह क़ानून पारित हो जाने के बाद बहुत से पहलुओं (मसलन, विभिन्न समितियों की सदस्यता आदि) के बारे में स्पष्टता लाने के लिए नियम बनाए।[41]

ऊपर के वर्णन से स्पष्ट है कि इस विधेयक के प्रस्ताव बहुत ही क्रांतिकारी थे। इसने 'अतिक्रमक' माने जा रहे आदिवासियों को जंगल की ज़मीन पर निजी सम्पत्ति और जंगल के संसाधनों और वनोपजों पर सामुदायिक सम्पत्ति अधिकार देने का प्रस्ताव किया। इसने स्थानीय समुदायों को जंगल में बहुत सारे अधिकार देकर वन विभाग की शक्ति को सीधे तौर पर चुनौती दी। इसमें पर्यावरण और वन्य जीव संरक्षण के लिए भी बहुत से प्रस्ताव किये गये। लेकिन इस विधेयक का बहुत ज़्यादा विरोध होने लगा। इसके पक्ष-विपक्ष में बहुत ज़्यादा वाद-विवाद हुआ। अध्याय के अगले भाग में इस वाद-विवाद के विभिन्न पहलुओं का विश्लेषण किया गया है।

2. वन अधिकार विधेयक और सार्वजनिक वाद-विवाद

अप्रैल 2005 में *जनजातीय मामलों के मंत्रालय* द्वारा वन अधिकार विधेयक का पहला प्रारूप सार्वजनिक विचार-विमर्श के लिए जारी किया गया। इसके बाद इस विधेयक पर तीखी बहस हुई। संरक्षणवादियों ने इसे वन्य जीव और पर्यावरण के लिए बहुत ही ख़तरनाक माना और इसकी आलोचना की। आदिवासी अधिकार के समर्थकों ने इसकी ज़बर्दस्त तरफ़दारी की। लेकिन उन्होंने इसके कई प्रावधानों की आलोचना भी की। इस समूह में ज़मीनी स्तर पर काम करने वाले आदिवासी संगठन, एक्टिविस्ट, और प्रगतिशील एकेडेमिशियन शामिल थे। इस समूह ने इस विधेयक को आदिवासी हितों के संरक्षण के लिए ज़्यादा कारगर बनाने के लिए कुछ संशोधन भी सुझाए। बहस की पूरी प्रक्रिया के दौरान आदिवासी जनसंगठनों ने ज़मीनी स्तर पर ज़ोरदार आंदोलन भी चलाया। इन्होंने आदिवासियों को इस विधेयक के बारे में जागरूक किया।

संरक्षणवादियों एवं वन विभाग की ओर से इस विधेयक के ख़िलाफ़ निम्नलिखित तर्क दिये गये–

पहला, शुरुआती दौर में विधेयक की आलोचना करते हुए *पर्यावरण एवं*

41. धारा 16, वही : 8.

वन मंत्रालय ने यह तर्क रखा कि इसे लागू करने से जंगल की 60-70 फ़ीसदी ज़मीन आदिवासी परिवारों में बाँट दी जाएगी। भारत के एक प्रमुख अंग्रेज़ी अख़बार द *इण्डियन एक्सप्रेस* ने इस विधेयक के ख़िलाफ़ कई लेख प्रकाशित किये। इन लेखों में भी यही दलील दी गयी। आमतौर पर, वन विभाग के किसी सूत्र को इस ख़बर का स्रोत बताया गया (मजूमदार 2005ए; 2005बी)। दरअसल, शुरुआती दौर में इस विधेयक का विरोध करने वाले सभी संरक्षणवादियों ने इस तर्क का सहारा लिया। मसलन, इस विधेयक के एक प्रमुख आलोचक वाल्मीक थापर ने कहा कि 'यह विधेयक ज़मीन वितरण का एक खुला कार्यक्रम है (हर आदिवासी न्यूक्लीयर परिवार को 2.5 हेक्टेयर ज़मीन दी जाएगी)।' उनके अनुसार, 'व्यावहारिक रूप से इसमें जंगल की कुल 64 मिलियन हेक्टेयर ज़मीन का व्यक्तियों की निजी सम्पत्ति के रूप में वितरण कर दिया जाएगा।' (थापर 2005, भाटिया 2005 से उद्धृत)। द *इंडियन एक्सप्रेस* में लिखते हुए दूसरे कई टीकाकारों ने भी जंगल की ज़मीन के वितरण का डर दिखाया (मसलन, देखें मालविका सिंह 2005)। पर्यावरण और वन मंत्रालय ने तर्क दिया कि जनजातियों का विकास करने के लिए प्राकृतिक संसाधनों का वितरण करने से कुछ भी हासिल नहीं होगा। इसकी बजाय, उनके लिए कल्याणकारी योजनाएँ लागू करने की आवश्यकता है।

दूसरा, संरक्षणवादियों ने विधेयक के समर्थकों की इस बुनियादी दलील को ख़ारिज किया कि आदिवासियों और वनों के बीच सहजीवी संबंध है; अर्थात् एक के बिना दूसरे का अस्तित्व क़ायम नहीं रह सकता। उन्होंने इसे 'रोमांटिक मिथक' घोषित किया।[42] मार्च 2005 में *वाल्डलाइफ़ इंस्टीट्यूट ऑफ़ इंडिया* ने अपनी रिपोर्ट में यह बताया कि सरिस्का टाइगर रिजर्व में कोई बाघ नहीं बचा है (कृष्णकुमार 2005 : 97-98)। इसके आधार पर यह तर्क दिया गया सिर्फ़ मनुष्यों को ही नहीं, बल्कि दूसरे जीवों को भी अपना अस्तित्व क़ायम रखने का हक़ है। इन्हें इसके लिए एक ऐसे स्थान की ज़रूरत है, जहाँ मनुष्यों का कोई दख़ल न हो। मनुष्यों का दख़ल जंगली जीवों के लिए घातक है (तवलीन सिंह 2005 : 38-39)। अरुणाचल प्रदेश और पूर्वोत्तर के दूसरे राज्यों में कई ऐसे क्षेत्र हैं, जहाँ स्थानीय समुदायों ने गहन जंगल विकसित किया है। लेकिन इन जंगलों में वन्य जीवों का पूरी तरह अभाव है (मधुसूदन 2005बी : 4893-95)।

तीसरा, बहुत से संरक्षणवादियों ने माना कि आदिवासियों के साथ ऐतिहासिक अन्याय हुआ है। इन्होंने यह भी माना कि सरकार 1972 के वन्य जीव (संरक्षण) अधिनियम के प्रावधानों को लागू करने में नाकाम रही है। इस क़ानून में यह

42. मसलन, देखें, मजूमदार (2005ए); जयकृष्णन (2005: 23); गोयनका (2005: 35).

प्रावधान है कि किसी वन क्षेत्र को नैशनल पार्क या अभयारण्य घोषित करने से पहले वहाँ रहने वाले लोगों के अधिकार तय किये जाएँगे और उनके पुनर्वास की समुचित व्यवस्था होगी। लेकिन बहुत कम जगहों पर ऐसा हुआ। इन बातों को स्वीकारने के बाद भी इन्होंने यह तर्क दिया कि नैशनल पार्कों और अभयारण्यों में प्रस्तावित विधेयक के प्रावधान लागू करने का अर्थ होगा वन्य-जीवों को नुकसान पहुँचाना। आदिवासियों की जनसंख्या बढ़ने के कारण आदिवासियों और जंगली जीवों में सहअस्तित्व की बातें निरर्थक हैं। जंगली जीवों को अपना अस्तित्व क़ायम रखने के लिए 'स्पेस' की जरूरत है। इसलिए नैशनल पार्कों और अभयारण्यों को प्रस्तावित विधेयक के क्षेत्र से बाहर रखा जाना चाहिए। आदिवासियों को यहाँ ज़मीन और वनोपजों पर अधिकार देने से इन क्षेत्रों में मनुष्यों का हस्तक्षेप बढ़ेगा। इससे इनके निर्माण का बुनियादी उद्देश्य यानी वन्य जीवों का संरक्षण ख़तरे में पड़ जाएगा (वही : 4894-95)।

उल्लास कारंत और प्रवीण भार्गव जैसे संरक्षणवादियों ने इकोलॉजिकल साइंस के नये शोधों के आधार पर भी जंगल में मानवीय हस्तक्षेप के बढ़ने के ख़तरे को रेखांकित किया। इकोलॉजिकल साइंस में पिछले 25 वर्षों में हैबिटेट का विखंडन अध्ययन की महत्त्वपूर्ण विषयवस्तु रही है। इसमें यह माना गया कि जब प्राकृतिक क्षेत्रों की निरंतरता भंग होती है, जंगल छोटे भागों में सिकुड़ता है, इसमें मानवीय बसाव होता है और जंगल के विभिन्न भागों का आपसी जुड़ाव बाधित होता है, तो ऐसी स्थिति में विखंडन होता है। यह जैव विविधता (बायोडायवर्सिटी) के लिए ख़तरनाक है (कारंत और भार्गव 2005: 60)। जंगल में मनुष्यों की जनसंख्या के बसने से वहाँ दूसरे जीवों की संख्या पर नकारात्मक प्रभाव पड़ता है। इस जनसंख्या के साथ-साथ सड़क, रेलवे लाइन, सिंचाई के लिए नहर और दूसरी संरचनाएँ भी आ जाती हैं। इससे वहाँ मनुष्यों और वन्य जीवों के बीच टकराव बढ़ता है। इससे जंगलों और वन्य जीवों के उत्पादों का शोषण भी बढ़ता है। इससे हैबिटेट विखंडन बढ़ता है और इसका इकोलॉजी पर नकारात्मक प्रभाव पड़ता है (वही: 61)

चौथा, संरक्षणवादियों ने यह दलील दी कि सम्भव है कि परम्परागत रूप से जंगलों में रहने वाले कुछ समुदायों ने जंगलों का दोहन इसलिए नहीं किया, क्योंकि उनके पास ऐसा करने की क्षमता नहीं थी। हो सकता है कि क्षमता मिल जाने के बाद वे उसी तरह वनों का दोहन करें, जैसा बाक़ी लोगों ने किया। मसलन, उत्तर-पूर्व के अधिकांश जंगलों पर वहाँ के आदिवासियों का अधिकार है। लेकिन वहाँ हाल के वर्षों में जंगलों की सबसे ज़्यादा कटाई हुई। यह कटाई इतनी ज़्यादा थी कि इस क्षेत्र में जंगलों तथा जंगली जीवों की सुरक्षा के लिए सर्वोच्च न्यायलाय को हस्तक्षेप करना पड़ा (जयकृष्णन 2005: 23)।

पाँचवाँ, संरक्षणवादियों ने ग्राम सभा को बहुत ज़्यादा शक्ति देने की आलोचना की। इन्होंने यह डर जताया कि ग्राम सभा संरक्षण के मामले में सुस्ती से काम कर सकती है, क्योंकि वह इन मामलों में विशेषज्ञ नहीं होती है (मधुसूदन 2005बी: 4895)। विधेयक की मूल भावना का समर्थन करने वाले कई विद्वानों ने भी ग्राम सभा को ज़्यादा शक्तियाँ देने का विरोध किया। मसलन, जे. जे. रॉय बर्मन मानते हैं कि बहुत से एकेडेमिशियनों और एक्टिविस्टों ने जंगल के संसाधनों के प्रभावकारी प्रबंधन के संबंध में ग्राम सभा की भूमिका को बहुत ज़्यादा सकारात्मक मान लिया है, जबकि ज़मीनी हक़ीक़त इससे अलग है। देश के अधिकांश भागों में ग्राम सभा अप्रभावकारी है और ग्रासरूट स्तर पर इसका अस्तित्व पूरी तरह से पंचायत निकायों और सरकारी कर्मचारियों पर निर्भर है (बर्मन 2005: 5514-15)।

छठा, संरक्षणवादियों ने प्रस्तावित विधेयक में जंगलों के संसाधनों के दुरुपयोग और पेड़ों को काटने जैसे अपराधों के लिए सज़ा के प्रावधानों को कम माना। प्रस्तावित विधेयक के अनुसार, यदि कोई व्यक्ति अपने अधिकारों का दुरुपयोग करता है तो ग्राम सभा उसके अधिकारों को निलम्बित कर सकती है या उस पर एक हज़ार रुपये तक का जुर्माना लगा सकती है। संरक्षणवादियों ने यह तर्क दिया कि जहाँ एक पेड़ की क़ीमत लाखों में हो, वहाँ एक हज़ार रुपये का जुर्माना काफी नहीं है (मधुसूदन 2005ए)

सातवाँ, संरक्षणवादियों ने यह डर भी जताया कि राजनीतिक दबाव के कारण जिस तरह शहरों में झुग्गी-झोपड़ियों को मान्यता देने की तारीख बढ़ा दी जाती है, उसी तरह वोट की राजनीति के कारण प्रस्तावित विधेयक पारित हो जाने के बाद 'कट ऑफ़ डेट' को 1980 से आगे बढ़ाया जा सकता है (जयकृष्णन 2005: 28)।

इसके अलावा, एक दूसरे नजरिये से भी विधेयक का विरोध किया गया। इसे जनजातियों की समस्याओं के ग़लत समाधान के रूप में रेखांकित किया। इस विधेयक को 'लोकलुभावनवादी' या 'पॉपुलिस्ट' माना गया। यह कहा गया कि अधिकांश आदिवासी अब जंगल जैसे स्थानों पर अलग-थलग नहीं रहना चाहते। वे वहाँ रहना चाहते हैं, जहाँ उन्हें बिजली, पानी, स्वास्थ्य जैसी बुनियादी सुविधाएँ मिलें (गोयनका 2005: 36)। इसके लिए ऐसे औद्योगिक विकास की ज़रूरत है, जो उनके जीवन को नयी दिशा दे। इसके अलावा, प्रस्तावित विधेयक जिन शर्तों पर इन्हें ज़मीन देने का प्रावधान करता है, वह इन्हें बंधुआ मज़दूर बनाने जैसा है। ये लोग इस ज़मीन को बेच नहीं सकते, कोई ऐसा काम नहीं कर सकते जो 'अनसस्टेनेबल' हो, और ज़मीन की जैविक विविधता की हिफ़ाज़त की पूरी ज़िम्मेदारी भी इनकी है। दरअसल, यह विधेयक अंग्रेज़ों द्वारा जनजातियों पर थोपे

गये बेगार को फिर से शुरू करने जैसा है (बर्से 2005: 10)।

ऋतांभरा हेब्बार के अनुसार, राज्य ने इस विधेयक द्वारा वनवासी अनुसूचित जनजातियों को जंगल के संरक्षण की ज़िम्मेदारी सौंपने का प्रस्ताव किया है। लेकिन दूसरी ओर खुद कई राज्य सरकारें 1980 के *वन संरक्षण अधिनियम* का उल्लंघन करके जंगल की ज़मीन निजी कंपनियों को दे रही हैं। मसलन, झारखंड सरकार ने छोटे-बड़े निवेशकों के साथ 40 से ज़्यादा सहमति-पत्रों (या मेमोरेंडम ऑफ़ अंडरस्टैंडिंग) पर दस्तख़त किया है। इसमें मित्तल स्टील, जिंदल स्टील, टाटा स्टील और इसार स्टील जैसी बड़ी कम्पनियाँ भी शामिल हैं (हेब्बार 2006: 4952-53)। अर्नब सेन और एस्थर लालहैरियटपुई ने तर्क दिया कि भारत में वन और जनजातीय नीतियों में स्थानीय समुदायों की मूल्य व्यवस्थाओं यानी उनकी संस्कृति और रीति रिवाजों की बहुत ज़्यादा परवाह नहीं की गयी है। प्रस्तावित विधेयक की भी यह एक प्रमुख सीमा है (सेन और लालहैरियटपुई 2006)।

बहरहाल, उपरोक्त विश्लेषण से यह स्पष्ट है कि विधेयक के विरोधियों ने इसे जंगल, वन्य जीवों और अनुसूचित जनजातियों– सभी के लिए ख़तरनाक माना। इसके विपरीत, विधेयक के समर्थकों ने इसे एक ऐतिहासिक क़दम मानते हुए इसकी तारीफ़ की। इन्होंने विधेयक को ज़्यादा प्रभावकारी बनाने के लिए कुछ संशोधन भी सुझाए (इसका ज़िक्र इसी अध्याय में आगे किया गया है)। विधेयक के समर्थकों ने अपने तर्कों द्वारा इसकी आलोचनाओं का जवाब देने की भी कोशिश की:

पहला, इन्होंने संरक्षणवादियों के इस तर्क को ख़ारिज किया कि इसके लागू होने से जंगल की 60-70 फ़ीसदी ज़मीन अनुसूचित जनजातियों को बाँट दी जाएगी। इन्होंने दलील दी कि प्रस्तावित विधेयक में जंगल की किसी भी ज़मीन को फिर से आबंटित करने की बात नहीं की गयी है। यह उस ज़मीन पर जनजातियों के स्वामित्व के नियमितीकरण की बात करता है, जिन्हें पहले से 'अतिक्रमण' की हुई ज़मीन घोषित किया गया है। इस तरह की ज़मीन वन भूमि की वर्तमान मात्रा की 2 फ़ीसदी है। इसलिए यह कहना बेतुक़ा है कि इससे 60-70 फ़ीसदी जंगल की ज़मीन पर जनजातियों का क़ब्ज़ा हो जाएगा।[43]

दूसरा, विधेयक के समर्थकों ने इसे एक सकारात्मक कदम माना, क्योंकि यह जंगल की ज़मीन और वनोपजों पर जनजातियों के अधिकारों को क़ानूनी मान्यता देता है। इससे ये लोग अपनी जीविका का अधिकार पा सकेंगे (सरीन

43. इस संदर्भ में कुछ महत्त्वपूर्ण लेखों के लिए देखें, सुंदर (2005); भाटिया (2005: 4890-93); प्रभु (2005: 26); शाह (2005); घोष (2005ए; 2005बी: 119); मुंशी (2005: 4406-7)।

2005 : 31-36; सुंदर 2005; घोष 2005 : 118)। इन्होंने यह तर्क भी ख़ारिज किया कि इससे वन्य जीवों को ख़तरा है। इनके अनुसार, यह विचार पश्चिम की देन है कि वन्य जीवों और वनवासी लोगों में सहजीवी संबंध नहीं हो सकता है। पश्चिमी विचारों में ही यह बात सामने आयी कि वन्य जीवों के फलने-फूलने के लिए ऐसी जगह की ज़रूरत है, जहाँ मनुष्यों का कोई दख़ल न हो। आदिवासी अधिकारों के समर्थकों ने यह तर्क दिया कि भारत में हमेशा ही आदिवासी और वन्य जीवों के बीच सहजीवी संबंध रहा है। आदिवासियों ने जंगलों और वन्य जीवन की सुरक्षा की है। हाल के अध्ययनों से भी यह साबित हुआ है कि जंगलों और वन्य जीवों की सुरक्षा में स्थानीय समुदायों की महत्त्वपूर्ण भूमिका है। ग्रामीणों में, बिना किसी लिखित क़ानून के ही अपने आस-पास के जंगलों की हिफ़ाजत करने की भावना होती है (सुंदर 2005)। मसलन, उत्तर-पूर्व के राज्यों में कई ऐसे क्षेत्र हैं, जो राज्य द्वारा घोषित वन नहीं हैं, लेकिन वहाँ गहन वन है। ये जंगल स्थानीय समुदायों द्वारा अपनी देखभाल में तैयार किये गये हैं। पर्यावरण के लिए काम करने वाली संस्था कल्पवृक्ष ने पूरे भारत में 300 से अधिक ऐसे स्थानों का विवरण तैयार किया है, जहाँ स्थानीय समुदाय अपनी सक्रियता से जंगलों और स्थानीय संसाधनों का संरक्षण कर रहे हैं (सैगल 2000; कोठारी 2005)। वंदना शिवा और अनुपम मिश्र जैसे पर्यावरणवादियों ने भी वनों के सुरक्षा की जिम्मेवारी स्थानीय समुदायों को दिये जाने की तरफ़दारी की है (शिवा 2005)।[44]

तीसरा, विधेयक समर्थकों ने यह माना कि यदि यह विधेयक पारित हो जाता है, तो यह वन प्रबंधन की पूरी व्यवस्था के लोकतंत्रीकरण की दिशा में एक महत्त्वपूर्ण क़दम होगा। यह भारतीय वनों पर औपनिवेशिक क़ानूनों की जकड़न कम करेगा। इन क़ानूनों के कारण ही वन विभाग के पास बहुत ज़्यादा शक्तियाँ हैं। इससे आदिवासी जंगलों और वनोपजों पर अपने अधिकारों से वंचित रहे हैं। वन विभाग के अधिकारियों की उदासीनता और भ्रष्ट आचरण के कारण जंगल में माफ़ियाओं का प्रभाव बढ़ा। वन विभाग ने नये जंगलों के लिए अधिसूचना जारी करने में मनमाना रवैया अपनाया। जंगल में रहने वाले लोगों के अधिकारों को सही तरीक़े से तय नहीं किया गया। इससे वे अपनी ही ज़मीन पर अतिक्रमक बन गये। वैज्ञानिक वानिकी के नाम पर जंगल की जैव-विविधता को बहुत ज़्यादा नुक़सान पहुँचाया गया (गोपालकृष्णन 2005: 13)। विधेयक के समर्थकों ने यह तर्क दिया कि संरक्षण का सबसे बेहतर तरीक़ा यह है कि संसाधनों

44. अनुपम मिश्र का नजरिया उनसे की गयी बातचीत पर आधारित है। तारीख़: 25 जुलाई, स्थान : गाँधी शांति प्रतिष्ठान, दिल्ली।

पर निर्भर लोगों को उसके प्रबंधन में सहयोगी बनाया जाए (मुंशी 2005: 4406)। इनके अनुसार, प्रस्तावित विधेयक की एक ख़ास विशेषता यह है कि यह ग्राम सभा के रूप में स्थानीय समुदायों को महत्त्वपूर्ण अधिकार देता है। अधिकारों को मान्यता देने के संबंध में प्रमाणों की जाँच करने, पारिस्थितिक संतुलन को नुक़सान पहुँचाने वाली गतिविधियों पर नज़र रखने और जुर्माना लगाने जैसे कई काम ग्राम सभाओं को दिये गये हैं। इससे वन विभाग का मनमाना वर्चस्व टूटेगा और वन विभाग के कामकाज को लोकतंत्रीकरण होगा (गोपालकृष्णन 2005: 13-15; सुंदर 2005; प्रभु 2005: 16)।

चौथा, विधेयक के समर्थकों ने यह दलील भी दी कि इसमें संरक्षण के लिए पर्याप्त प्रावधान है (मसलन, सरीन 2005; मुंशी 2005)। इन्होंने माना कि प्रस्तावित विधेयक में सम्पत्ति अधिकारों के पारम्परिक विचारों से आगे जाने की स्पष्ट इच्छा झलकती है। यह असीम सम्पत्ति अधिकार को स्वीकार नहीं करता। विधेयक में प्रस्तावित वन अधिकारों का उद्देश्य दो जीवित पक्षों के बीच ग़ैर-अभिव्यक्त समझौते को क़ानूनी रूपरेखा देना है। जंगलों पर अपने अधिकारों का उपयोग करने वाले लोगों का यह दायित्व है कि वे इसकी सुरक्षा करें। यह पूरी व्यवस्था एक समझौते के रूप में सामने आती है। इसका पालन नहीं करने पर उनके अधिकार ख़त्म हो सकते हैं (प्रभु 2005: 16)

पाँचवाँ, प्रस्तावित विधेयक में स्थानीय समुदायों को जंगल की जैव विविधता और सांस्कृतिक विविधता से जुड़े बौद्धिक सम्पत्ति (इंटेलैक्चुअल प्रॉपर्टी) और पारम्परिक ज्ञान को बढ़ावा देने का अधिकार दिया गया। विधेयक के समर्थकों ने इसे एक महत्त्वपूर्ण क़दम माना। आमतौर पर आधुनिक पर्यावरणवादियों में यह प्रवृत्ति रही है कि वे पारम्परिक जीवनशैलियों को संदेह की नज़र से देखते हैं। लेकिन इस विधेयक में स्थानीय समुदायों के जैव विविधता और संरक्षण संबंधी पारम्परिक ज्ञान को स्वीकार किया गया (कोठारी 2005; सरीन 2005)

छठा, विधेयक के समर्थकों ने इसे 'पॉपुलिस्ट' या लोक-लुभावनवादी क़दम मानते हुए ख़ारिज करने को ग़लत ठहराया। इन्होंने दलील दी कि लोकतंत्र में आम जनता के दबाव का अपना महत्त्व है। यदि इसके चलते कोई सकारात्मक क़दम उठाया जाता है, तो इस बात की शिकायत करने का कोई मतलब नहीं है कि यह एक 'पॉपुलिस्ट' क़दम है (रंगराजन 2005: 4888)।

अपने इसी विश्वास के आधार पर इन्होंने इस विधेयक में कई संशोधन किये जाने की माँग की। इसके लिए उन्होंने व्यापक आंदोलन भी चलाया। इसके बारे में अध्याय में आगे विश्लेषण किया गया है। बहरहाल, विधेयक के समर्थकों और संरक्षणवादियों के बीच चल रहे वाद-विवाद के दौर में ही प्रधानमंत्री द्वारा

गठित *टाइगर टास्क फ़ोर्स* ने अपनी रिपोर्ट पेश की। इसने इस पूरे वाद-विवाद में एक नया आयाम जोड़ा।

3. टाइगर टास्क फ़ोर्स की रिपोर्ट, आदिवासी अधिकार और वन्य जीवन

मार्च 2005 में सरिस्का से बाघों के पूरी तरह ख़त्म हो जाने की रिपोर्ट के बाद प्रधानमंत्री ने बाघों के संरक्षण से जुड़े मसले पर विचार करने के लिए अप्रैल 2005 में सुनीता नारायण की अध्यक्षता में 5 सदस्यीय टाइगर टास्क फ़ोर्स का गठन किया। इसने अगस्त 2005 में अपनी रिपोर्ट पेश की।[45] रिपोर्ट के अनुसार, अभी तक बाघों के संरक्षण के लिए जिस 'बंदूक, गार्ड और बाड़' (या गन, गार्ड और फेन्सेज) की नीति अपनाई गयी है, वो कारगर नहीं है। टास्क फ़ोर्स की अध्यक्ष ने अपने नोट में लिखा कि सभी टाइगर रिजर्वों में मात्र 80 गाँवों को ही दूसरी जगह स्थानांतरित किया गया है। अभी इन रिजर्वों में तक़रीबन 1500 गाँव और हैं। लेकिन इनमें से सिर्फ़ 250 गाँव ही ऐसे हैं जो रिजर्व के 'कोर एरिया' में हैं। इसलिए टास्क फ़ोर्स ने एक सुनिश्चित कार्यक्रम द्वारा इन गाँवों को दूसरी जगह भेजने पर ज़ोर दिया।[46] इसने राष्ट्रीय स्तर पर संरक्षित क्षेत्रों के ऐसे गाँवों की पहचान कर उनके स्वैच्छिक पुनर्वास (वॉलेंटरी रिसेटलमेंट) करने की नीति लागू करने की सिफ़ारिश की। इसने यह सिफ़ारिश की कि भारत के कुल भू-क्षेत्र के एक प्रतिशत भाग अर्थात् 37000 वर्ग किलोमीटर क्षेत्र को पूरी तरह से मनुष्यों के दख़ल से मुक्त रखा जाए। इसने इस क्षेत्र के बाहर मनुष्यों और बाघों के सह-अस्तित्व को मान्यता दी। रिपोर्ट में यह कहा गया कि संरक्षणवादी यह नहीं नकार सकते हैं कि जंगल के बहुत से हिस्से में मनुष्यों की अच्छी-ख़ासी आबादी रहती है, जिसका किसी दूसरी जगह पर पूरी तरह से स्थानांतरण करना मुमकिन नहीं है (गवर्नमेंट ऑफ़ इंडिया 2005बी)। आदिवासी आंदोलनों से जुड़े संगठनों ने टास्क फ़ोर्स की सिफ़ारिशों को सकारात्मक नज़रिये से देखा। इन समुदायों के प्रति हमदर्दी रखने वाले टीकाकारों ने भी इसकी सिफ़ारिशों की तारीफ़ की। मसलन, सुधा वासन के अनुसार, इस रिपोर्ट ने आधिकारिक विमर्श में जंगल के समुदायों की एक वैकल्पिक तस्वीर प्रस्तुत की है। आमतौर पर, इन समुदायों को 'अतिक्रमक' या संरक्षण में बाधक के रूप में देखा जाता रहा है। लेकिन इसने

---

45. टास्क फ़ोर्स की अध्यक्ष सुनीता नारायण के अलावा, इसमें अन्य 4 सदस्य और थे। इन सदस्यों के नाम इस प्रकार हैं– श्री एस. एच पनवार, श्री माधव गाडगिल, श्री वाल्मीक थापर और श्री समर सिंह। टास्क फ़ोर्स ने प्रधानमंत्री को अपनी रिपोर्ट 5 अगस्त 2005 को सौप दी। रिपोर्ट पर टास्क फ़ोर्स के एक सदस्य वाल्मीक थापर ने अपना असहमति नोट लिखा। देखें, गवर्नमेंट ऑफ़ इंडिया 2005बी.
46. प्रेस रिलीज, 'टाइगर टास्क फोर्स सम्मिट्स रिपोर्ट टू प्राइम मिनिस्टर मनमोहन सिंह', http://projecttiger.nic.in/TTF2005/index.html देखने की तारीख़ 23.5.2012.

इन्हें संरक्षण में संभावित सहयोगी के रूप में पेश किया है। इसने एक प्रतिशत भू-क्षेत्र के अलावा दूसरी जगहों पर बाघों और मनुष्यों के सह-अस्तित्व पर ज़ोर दिया (वासन 2005: 4805-07)। दूसरी ओर, उल्लास कारंत ने यह दलील दी कि टास्क फ़ोर्स द्वारा वन्य जीवों (ख़ासतौर पर बाघों) के संरक्षण के लिए कुल भू-क्षेत्र के सिर्फ़ एक प्रतिशत भाग को मानव हस्तक्षेप से अलग रखना ही काफ़ी नहीं है। इसके लिए ज़्यादा क्षेत्रों को मनुष्यों के दख़ल से दूर रखने की ज़रूरत है। कारंत ने यह भी माना कि यह रिपोर्ट कोई वैकल्पिक योजना पेश नहीं करता है (कारंत 2005: 4803-05)। रुचा घाटे का मानना है कि टाइगर टास्क फ़ोर्स ने नैशनल पार्क के भीतर से गाँवों को पहचान कर उन्हें एक निश्चित समय में दूसरी जगह बसाने पर ज़ोर दिया है। लेकिन यह कोशिश की जानी चाहिए कि इससे जुड़ी सामाजिक, सांस्कृतिक और आर्थिक परेशानियों को कम-से-कम किया जाए। घाटे के अनुसार, अधिकांश मामलों में गाँव वालों के स्थानांतरण और पुनर्वास में उनके विचारों को बहुत ही कम महत्त्व दिया गया (घाटे 2005: 4807-4008)। कीर्ति कारंत मानती हैं कि इस संदर्भ में कर्नाटक का 'भद्रा वाइल्ड-लाइफ सैंकचुरी' एक बेहतर उदाहरण पेश करता है। यहाँ विभिन्न सरकारी एजेंसियों, स्वैच्छिक संगठनों और खुद गाँव वालों के सहयोग से गाँवों का दूसरी जगह पर स्थानांतरण और पुनर्वास किया गया। यहाँ लोगों का दूसरी जगह पुनर्वास करते वक़्त उन्हें पर्याप्त मुआवज़ा दिया गया, उनकी जीविका की व्यवस्था की गयी और नयी पीढ़ी की जरूरतों का भी ध्यान रखा गया (कीर्ति कारंत: 2005: 4809-4811)।

दरअसल, टाइगर टास्क फ़ोर्स की रिपोर्ट के कुछ पहलुओं का संरक्षणवादियों और आदिवासी अधिकार समर्थकों– दोनों ने ही विरोध किया। लेकिन यह भी सच है कि इसने संरक्षणवाद और आदिवासियों के अधिकारों के संबंध में पारम्परिक तर्कों से आगे बढ़ते हुए वन्य-जीव संरक्षण की रूपरेखा पेश की।

4. विधेयक के पक्ष में आंदोलन और इसे ज़्यादा बेहतर बनाने के लिए सुझाव

वन अधिकार विधेयक को सार्वजनिक बहस के लिए जारी करने के बाद आदिवासी संगठनों ने ज़मीनी स्तर पर आदिवासियों को इसके पक्ष में गोलबंद करना शुरू कर दिया। आदिवासियों का संघर्ष मुख्य रूप से तीन स्तरों पर चला है–पहला, संरक्षणवादियों द्वारा विधेयक के तीखे विरोध का जवाब देना; दूसरा, इसमें व्यापक संशोधन करवाने की कोशिश करना, जिससे जंगलों पर निर्भर सभी लोगों को इसका फ़ायदा मिल सके; और तीसरा, विधेयक को ज़ल्द-से-ज़ल्द संसद में पेश करने के लिए सरकार पर दबाव बनाना।

विधेयक के समर्थन में चलने वाले आंदोलन के राष्ट्रीय मोर्चे के रूप में

'कैम्पेन फॉर सर्वाइवल ऐंड डिग्निटी' की बहुत ही महत्त्वपूर्ण भूमिका रही है बहुत से राज्य स्तरीय आदिवासी संगठन इससे जुड़े थे। धरने और प्रदर्शन के दौरान हिंदी के बैनरों में इसे 'इज़्ज़त से जीने का अधिकार अभियान' लिखा जाता था। संक्षेप में, इसके लिए 'कैम्पेन' शब्द का इस्तेमाल भी होता है। यह सन् 2002 में आदिवासियों के घरों के उजाड़े जाने की घटना के बाद आदिवासी संगठनों के एक व्यापक संगठन के रूप में सामने आया। 'कैम्पेन' द्वारा जारी प्रेस विज्ञप्ति के आखिर में इससे जुड़े निम्नलिखित संगठनों का नाम लिख़ा गया था: (संगठन के नाम के आगे कोष्ठक में राज्य का नाम दिया गया है। यदि किसी राज्य का नाम नहीं दिया गया है, तो इसका अर्थ यह है कि वह संगठन पूरे देश के स्तर पर काम करने का दावा करता है): भारत जन आंदोलन, नैशनल फ्रंट फॉर ट्राइबल सेल्फ रूल, जंगल अधिकार संघर्ष समिति (महाराष्ट्र) आदिवासी महासभा (गुजरात), आदिवासी जंगल जनजीवन आंदोलन (दादरा और नगर हवेली), जंगल ज़मीन जन आंदोलन (राजस्थान), नैशनल फेडेरेशन ऑफ़ फॉरेस्ट पीपॅल ऐंड फॉरेस्ट वर्क्स (नार्थ बंगाल), मध्य प्रदेश वन अधिकार मंच (मध्य प्रदेश), जन संघर्ष समिति (छत्तीसगढ़), पीपॅल्स अलायंस फॉर लाइवलीहुड राइट्स (उड़ीसा), जन संघर्ष मोर्चा (उड़ीसा) कैम्पेन फॉर सवाईवल ऐंड डिग्निटी (उड़ीसा), उड़ीसा आदिवासी मंच (उड़ीसा), आदिवासी प्रक्रिया वेडीके (आंध्र प्रदेश) कृषिकरा संघ (कर्नाटक) कैम्पेन फॉर सर्वाइवल एण्ड डिग्निटी, (तमिलनाडू) भारत जन आंदोलन (झारखंड)। ये सभी संगठन अपने राज्य में कई दूसरे छोटे संगठनों से जुड़े हुए थे। इस लिहाज़ 'कैम्पेन' राष्ट्रीय स्तर पर एक छतरी संगठन के रूप में उभरा। इससे इसका प्रभाव क्षेत्र काफ़ी व्यापक हो गया।[47]

बहुत से संगठनों ने स्वतंत्र रूप से काम किया। मसलन, 'राष्ट्रीय वन जन श्रमजीवी मंच' (एन.एफ.एफ.पी.एफ़.डब्ल्यू) इसी तरह का एक संगठन है। यह संगठन भी स्थानीय स्तर के कई संगठनों का एक राष्ट्रीय गठजोड़ है। उत्तर प्रदेश, झारखंड, उत्तराखंड और पश्चिम बंगाल में इसकी अच्छी-खासी पकड़ है। 1998 में अपने गठन के समय से ही यह जंगलों में रहने स्थानीय समुदायों के अधिकारों के लिए संघर्ष करता रहा है। इस संगठन ने स्थानीय समुदायों को उनके अधिकारों के बारे में जागरूक करने में महत्त्वपूर्ण भूमिका निभायी। इसने कई मौक़ों पर 'कैम्पेन' के साथ मिलकर काम किया और बहुत मौक़ों पर स्वतंत्र रूप से काम किया।[48] इसी तरह, 'एकता परिषद' ने छत्तीसगढ़ और

47. शंकर गोपालकृष्णन (सचिव, कैम्पेन फॉर सर्वाइवल ऐंड डिग्निटी) से बातचीत, तारीख़ 22 अगस्त 2006, स्थान- जंतर-मंतर, दिल्ली। साथ ही देखें, कैम्पेन (2006ए: 2).

48. अशोक चौधरी से 23 जून 2011 को हुई बातचीत, स्थान: दिल्ली; इस संगठन के इतिहास के बारे में जानकारी के लिए देखें चौधरी, रोमा और गंभीर (2009).

मध्य प्रदेश में वन अधिकार विधेयक के लिए आदिवासियों को जागरूक और संगठित करने में महत्त्वपूर्ण भूमिका निभाई; 'पुनर्वास संघर्ष समिति' (पी.एस.एस.) ने महाराष्ट्र और गुजरात में आदिवासियों को संगठित किया।

दरअसल, ऐसे बहुत से छोटे-बड़े संगठनों ने विधेयक के बारे में लोगों में जागरूकता लाने और उन्हें संगठित करने में महत्त्वपूर्ण भूमिका निभायी। इन संगठनों ने गाँव के स्तर पर भी आदिवासियों की बैठकें की। इसमें आदिवासी पुरुषों/महिलाओं को विधेयक के विभिन्न पहलुओं के बारे में समझाया गया। मसलन, कांकेर में 'एकता परिषद' के रत्नेश्वर नाथ ने मुझे बताया कि उनका संगठन इस विधेयक के सामने आने के बाद से ही आदिवासियों को जागरूक करने का अभियान चला रहा है। उन्होंने कांकेर और बस्तर के दूर-दराज के गाँवों में आदिवासियों की बैठकें की और उन्हें प्रस्तावित क़ानून के विभिन्न पहलुओं के बारे में बताया।[49] कांकेर में हुए इस तरह की एक बैठक में मैं भी मौजूद था। इसमें महिलाएँ भी अच्छी-ख़ासी तादाद में मौजूद थीं। एकता परिषद के कार्यकर्त्ताओं ने लोगों को विधेयक के बारे में बताया। उस बैठक में मौजूद महिलाओं को जब यह बताया गया कि ज़मीन का पट्टा 'उन्हें और उनके घरवाले' को संयुक्त रूप से मिलेगा, तो उन्होंने बहुत जोश से नारे लगाए। बैठक में दो हफ़्ते बाद कांकेर में इस प्रस्तावित क़ानून के समर्थन में धरना देने का फ़ैसला किया गया।[50] आदिवासी संगठनों ने स्थानीय स्तर पर पोस्टकार्ड के माध्यम से जन-प्रतिनिधियों और प्रधानमंत्री तक को पत्र लिखकर विधेयक पारित करने के लिए दबाव बनाया। मसलन, सरगुजा में मुझे मार्गदर्शक सेवा संस्थान (एम.एस.एस.) स्थानीय कार्यकर्त्ताओं ने यह बताया कि उन्होंने विधेयक के पक्ष में दबाव बनाने के लिए प्रधानमंत्री और अपने जनप्रतिनिधि को पोस्टकार्ड से चिट्ठी भिजवाई। बस्तर में एकता परिषद ने भी ऐसा ही किया। इस तरह के अभियानों ने संसदीय राजनीति करने वाले दलों के कार्यकर्त्ताओं को भी इस विधेयक का समर्थन देने के लिए प्रेरित किया। ज़मीनी स्तर पर चलने वाले आंदोलनों में इसका साफ़ असर दिखा। मसलन दिलीप सिंह भूरिया की 'गोण्डवाना गणतंत्र पार्टी' ने भी इस विधेयक के पक्ष में आदिवासियों को गोलबंद किया। इसने मध्य प्रदेश और छत्तीसगढ़ के कई ज़िलों में इस विधेयक के पक्ष में अभियान चलाया। इसके कार्यकर्त्ताओं ने सरगुजा ज़िले के प्रेमनगर ब्लॉक में इस विधेयक को पारित करने की माँग करते हुए धरना दिया। इसके बाद भाजपा

49. रत्नेश्वर नाथ (एकता परिषद के नेता) से बातचीत, तारीख़ 9 अक्टूबर 2006 स्थान कांकेर, समय सुबह 10.30.

50. यह बैठक 10 अक्टूबर 2006 को कांकेर में हुई थी और इसमें आस-पास के गाँवों के तक़रीबन 500 लोग मौजूद थे। बैठक में मौजूद लोगों में महिलाओं की संख्या ज़्यादा थी।

और कांग्रेस के स्थानीय कार्यकर्त्ताओं ने भी इस बात पर ज़ोर देना शुरू किया कि यह विधेयक उनकी पार्टी का भी एजेंडा है।[51] कई स्थानीय संगठनों ने इस विधेयक के संबंध में सम्मेलन आयोजित किये। इसमें विभिन्न दलों के प्रतिनिधियों को बुलाकर उनसे इस क़ानून को पारित करवाने में सक्रिय भूमिका निभाने का आग्रह किया गया। मसलन, पुनर्वास संघर्ष समिति ने 16 अगस्त, 2005 के बाद महाराष्ट्र के नंदुरवार सहित गुजरात के कई ज़िलों में भी विधेयक के पक्ष में अभियान चलाया। इनकी माँग थी कि विधेयक को सुझाए गये संशोधनों के साथ संसद में पारित किया जाए। इसके बाद, इस संस्था ने 20 सितम्बर को सूरत में एक रैली का आयोजन किया। इसमें विभिन्न संगठनों के नेताओं और कई बुद्धिजीवियों ने भी भाग लिया। भारतीय कम्युनिस्ट पार्टी (माकपा), मार्क्सवादी कम्युनिस्ट पार्टी (माकपा), नैशनलिस्ट कांग्रेस पार्टी के राज्य स्तरीय नेताओं ने भी इस रैली में भाग लिया। इन सबने प्रस्तावित विधेयक के प्रति अपना समर्थन जताया।[52]

प्रस्तावित क़ानून के लिए स्थानीय स्तर पर चलने वाले आंदोलनों द्वारा ही इसमें कई महत्त्वपूर्ण संशोधन करने की माँग भी उठी। इनमें कई जगहों पर आदिवासियों के घर उजाड़ने का विरोध भी किया गया। मध्य प्रदेश, छत्तीसगढ़, गुजरात, तमिलनाडु, केरल, राजस्थान, महाराष्ट्र में आदिवासियों के घर उजाड़े गये। ये घटनाएँ रोज़मर्रा की ज़िंदगी में वन विभाग के मनमाने रवैये को ही दिखाती हैं। ये इस बात को भी दिखाती हैं कि वननिवासियों की स्थिति कितनी असुरक्षित है।[53] 'कैम्पेन' के बैनर तले आदिवासी संगठनों ने 15 नवम्बर से दिसम्बर के पहले हफ़्ते तक दस राज्यों में 'जेल भरो आंदोलन' चलाया। ये दस राज्य हैं–तमिलनाडु, उड़ीसा, झारखंड, आंध्र प्रदेश, महाराष्ट्र, गुजरात, पश्चिम बंगाल, मध्य प्रदेश, राजस्थान और छत्तीसगढ़। इसमें आदिवासियों के घर उजाड़ने का विराध किया गया और विधेयक को संशोधनों के साथ संसद में पेश करने की माँग की गयी।[54] इस आंदोलन में इन सभी राज्यों में हज़ारों आदिवासियों ने अपनी गिरफ़्तारी दी। इससे मुख्यधारा के राजनीतिक दलों और सरकार पर यह विधेयक संसद में पेश करने का दबाव बढ़ा।

दूसरी ओर, आंदोलन के भीतर चलने वाले वाद-विवाद के आधार पर विधेयक में कई संशोधन सुझाए गये। आदिवासी संगठनों ने विधेयक में ऐसे

---

51. धरम कुमार (गोंडवाना गणतंत्र पार्टी के कार्यकर्त्ता) से बातचीत, स्थान- प्रेमनगर, तारीख़ 10 जून 2006 समय शाम 6 बजे।
52. मीना नेनर्स, (2005)
53. कैम्पेन (2005ए)।
54. कैम्पेन (2005बी)।

संशोधन करने की माँग की जिससे यह आदिवासियों के साथ हुए ऐतिहासिक अन्याय को दूर करने में समर्थ हो सके। इसके अलावा, कुछ संशोधनों की माँग उन सेमिनारों से निकलकर आयी, जिसमें आंदोलनों के कार्यकर्त्ता और ऐकेडमिक सर्किल के बुद्धिजीवियों ने विचार-विमर्श किया। मोटे तौर पर विधेयक में निम्नलिखित संशोधन करने की माँग की गयी-

पहला, गैर अनुसूचित जनजाति वन निवासी समुदायों को भी विधेयक में शामिल किया जाना चाहिए। विधेयक का समर्थन करने वाले सभी संगठनों, कार्यकर्त्ताओं और बुद्धिजीवियों ने इस माँग का समर्थन किया।[55] यह तर्क भी सामने आया कि समाज विज्ञान के विमर्श में अनुसूचित जनजाति की संकल्पना एक विवादास्पद संकल्पना रही है। यहाँ तक कि सरकार के पास इस बात को कोई ठीक-ठाक आँकड़ा नहीं है कि कुल कितने ग़ैर-अनुसूचित जनजाति वननिवासी हैं।[56] इसलिए प्रस्तावित क़ानून में ज़्यादा-से-ज़्यादा समूहों को शामिल करने के लिए ग़ैर-अनुसूचित जनजाति वनवासी समुदायों को जगह देना चाहिए।

दूसरा, विधेयक में अधिकार मान्यता की आख़िरी तारीख़ या 'कट ऑफ़ डेट' पर अधिक खुले रूप से विचार होना चाहिए। 24 अक्टूबर, 1980 को 'कट ऑफ़ डेट' मानने का कोई औचित्य नहीं है। बहुत सारे लोग 1980 के

---

55. *इकनॉमिक और पॉलिटिकल वीकली* (ईपीडब्ल्यू) को लिखी अपनी चिट्ठी में बेला भाटिया, नंदिनी सुंदर और वर्जीनीयस खाखा ने 'फ़ॉरेस्ट डायलॉग सेमिनार' के मुख्य निष्कर्ष पेश किया। 23-24 सितम्बर 2005 को समाजशास्त्र विभाग, दिल्ली स्कूल ऑफ़ इकोनॉमिक्स, दिल्ली विश्वविद्यालय में विकासशील समाज अध्ययन पीठ (सीएसडीएस) और दिल्ली विश्वविद्यालय के समाजशास्त्र विभाग द्वारा यह सेमिनार आयोजित किया गया था। इसमें पुराने नौकरशाह, आदिवासी आंदोलन से जुड़े लोगों, संरक्षणवादियों और एकेडमिक्स से जुड़े शिक्षकों और छात्र-छात्राओं ने भाग लिया। यह दावा किया गया कि सेमिनार के आख़िर में जारी हुई विज्ञप्ति विभिन्न मुद्दों के संदर्भ में आम-सहमति का प्रतिनिधित्व करती है (भाटिया, सुंदर और खाखा 2005: 4566)। लेकिन बहुत से सरंक्षणवादी और वन विभाग के पूर्व-नौकरशाहों ने इस सेमिनार में इस विधेयक को सिरे से ख़ारिज कर दिया था। चूंकि मैंने भी इसमें भागीदारी की थी, इसलिए मैं सेमिनार की विज्ञप्ति तथा ईपीडब्ल्यू में प्रकाशित चिट्ठी- दोनों को उद्धृत करूँगा। सेमिनार की विज्ञप्ति के लिए संक्षेप में 'फ़ॉरेस्ट डायलॉग सेमिनार' लिखा गया है। इसी तरह, डेवेलपिंग कंट्रीज रिसर्च सेंटर (डीसीआरसी), ने 15-16 अप्रैल 2006 को 'ट्राइबल ऐंड फ़ॉरेस्ट लॉ राइट्स' विषय पर दो दिनों का *ग्रासरुट्स पॉलिटिकल कॉलोकियम* आयोजित किया, जिसमें विभिन्न एक्टिविस्टों ने भाग लिया। उन्होंने विधेयक की तरफ़दारी की और इसमें वही बुनियादी संशोधन सुझाए जिनकी माँग आंदोलनों द्वारा की जा रही थी।

56. रंजीत साउ के अनुसार 2006 के एंथ्रोपोलॉजिकल सर्वे ऑफ़ इंडिया के रिपोर्ट में इस बात का उल्लेख किया गया है कि भारत में कुल 636 जनजातियाँ हैं। लेकिन सरकार की सूची में कुल 461 जनजातियों को ही अनुसूचित जनजातियों का दर्जा दिया गया है। इसका मतलब यह है कि शेष 175 जनजातियाँ गैर अनुसूचित हैं और विधेयक के वर्तमान स्वरूप में लागू होने पर इनका कोई अधिकार नहीं होता (साउ 2006बी); साथ ही देखें, सेन और लालहैरियटपुई (2006)।

बाद भी विस्थापित हुए हैं। 25 साल पहले से किसी ज़मीन पर अपना क़ब्ज़ा साबित करना बहुत ही मुश्किल होगा।[57] इसके विपरीत, सिद्धांत रूप से विधेयक का समर्थन करने वाले कुछ संरक्षणवादियों ने 1980 को स्थायी 'कट ऑफ़ डेट' बना देने की माँग की, जिससे भविष्य में इसमें कोई बदलाव न हो पाए। मसलन, आशीष कोठारी ने यह आशंका जताई कि भूमि माफ़िया अपने फ़ायदे के लिए लगातार 'कट ऑफ़ डेट' बढ़ाने की माँग कर सकता है (कोठारी 2005: 62)।

तीसरा, विधेयक की संस्थात्मक संरचना और बाक़ी क़ानूनों से इसके संबंध को स्पष्ट करने की ज़रूरत है। राज्य के ऐजेंसियों की भूमिका और ज़्यादा स्पष्ट होनी चाहिए। इसमें यह प्रावधान है कि यह क़ानून अन्य क़ानूनों के अतिरक्त है, इसे बाक़ी क़ानूनों के ऊपर वरीयता हासिल नहीं है (धारा 15)। ऐसे में राज्य की एजेंसियाँ औपनिवेशिक क़ानूनों का प्रयोग करके बहुत आसानी से इसे बेमतलब बना सकती हैं (भाटिया, सुंदर और खाखा 2005 : 4901)। इसकी धारा 4 (7) भी विवादास्पद है। इसके अनुसार, राज्य की ऐजेंसियाँ केंद्र सरकार को अपील कर सकती हैं। इसका भी दुरुपयोग हो सकता है (फ़ॉरेस्ट डायलॉग सेमिनार 2005: 2)।

चौथा, विधेयक में ग्रामीण समुदायों का अधिकार क्षेत्र स्पष्ट होना चाहिए। इसे गाँव के प्रथागत सीमाओं के रूप में परिभाषित करना चाहिए। इनके अधिकार क्षेत्र को राजस्व सीमाओं में बाँधने से यह ख़तरा है कि आरक्षित या दूसरे सरकारी जंगल विधेयक के प्रभाव क्षेत्र से बाहर छूट सकते हैं (वही : 2-3)।

पाँचवाँ, विधेयक में यह स्पष्ट नहीं है कि वन अधिकारों को तय करने की वास्तविक शक्ति किसके पास होगी। धारा 6 में यह प्रावधान है कि ग्राम सभा इस प्रक्रिया की शुरुआत करेगी। लेकिन ग्राम सभा की वास्तविक शक्ति और सब डिविजनल कमिटी और ज़िला स्तरीय कमिटी से इसका संबंध स्पष्ट नहीं है। यह भी स्पष्ट नहीं है कि कौन लोग इन कमिटियों के सदस्य होंगे। इसकी आड़ में नौकरशाही अपनी मनमानी कर सकती है। अधिकारों को तय करने की प्रक्रिया में ग्राम सभा को प्राथमिक सभा के रूप में मान्यता मिलनी चाहिए। यह प्रक्रिया लोकतांत्रिक और पारदर्शी होनी चाहिए (मसलन देखें के भाटिया, सुंदर और खाखा 2005; कृष्णस्वामी 2005 : 4899)।

छठा, स्थानीय संसाधनों की देखभाल में ग्राम सभा की शक्तियों को मजबूत बनाया जाना चाहिए। प्रस्तावित विधेयक के अनुसार ग्राम सभा अपने अधिकारों का दुरुपयोग करने वाले लोगों पर 1000 रुपये तक जुर्माना लगा सकती है। यह

57. मसलन देखें भाटिया, सुंदर और खाखा (2005: 4566); कृष्णस्वामी (2005: 4900); शाह (2005ए; 2005बी)।

नाकाफ़ी है। इसमें संशोधन होना चाहिए (फॉरेस्ट डायलॉग सेमिनार 2005 : 2)।

सातवाँ, यदि विकास के काम में स्थानीय ज़मीन और संसाधनों का दोहन हो रहा हो, तो आदिवासियों को यह स्पष्ट अधिकार होना चाहिए कि यदि वे चाहे, तो इन कार्यक्रमों को 'ना' कह दें या इनमें बदलाव लाएँ (कोठारी 2005: 62)।

आठवाँ, ज़मीन के उपयोग के तरीक़े का मूल्यांकन करते हुए जंगल की ज़मीनों का फिर से वर्गीकरण किया जाना चाहिए। ऐसा किये बिना किसी भी क़ानून का कोई मतलब नहीं है (प्रसाद 2005: 28)।

नौवाँ, विधेयक राज्य के दायित्वों के बारे में कुछ नहीं कहता। सरकार को जंगल की ज़मीन के ग़ैर-वनीय उद्देश्यों के लिए आदिवासियों के अधिकारों में होने वाली कटौती रोकनी चाहिए (वही)।

दसवाँ, प्रस्तावित विधेयक में 'सस्टेनेबिलिटी', 'जैव-विविधता', 'वन्य जीवों पर प्रभाव', 'हैबिटेट' जैसे बहुत से शब्दों को ज़्यादा स्पष्टता से परिभाषित करने की ज़रूरत है। इन शब्दों के अर्थों में अस्पष्टता होने से यह ख़तरा है कि राज्य की ऐजेंसियाँ इनका उपयोग आदिवासियों के अधिकारों में कटौती के लिए कर सकती हैं। यह भी सम्भव है कि स्थानीय समुदाय इनका उपयोग ऐसी गतिविधियों के लिए करें जो पर्यावरण के लिए हानिकारक हों (फ़ॉरेस्ट डायलॉग सेमिनार 2005: 2)।

ग्यारहवाँ, प्रस्तावित विधेयक में 'जीविका की उचित ज़रूरतों' (बोनाफाइड लाइवलीहुड नीड्स) 'भरण-पोषण और व्यावसायिक उद्देश्यों' (सब्सिस्टेंसेस ऐंड कमर्शियल परपजेज) जैसे शब्द परिभाषित किये गये हैं। लेकिन इन शब्दों के अर्थ पूरी तरह स्पष्ट नहीं है। इन्हें अधिक स्पष्ट रूप से परिभाषित करने की ज़रूरत है (वही: 3)।

बारहवाँ, विधेयक में जेंडर समानता के लिए और सुधार करने की ज़रूरत है। विधेयक में 'न्यूक्लीयर परिवार' शब्द परिभाषित नहीं किया गया है। न्यूक्लीयर परिवार की मानक परिभाषा में पति-पत्नी और उनके बच्चों को शामिल किया जाता है। विधेयक में यह प्रावधान है कि ज़मीन का पट्टा संयुक्त रूप से पुरुष सदस्य और उसके जीवन साथी के नाम किया जाएगा। लेकिन उस परिवार की स्थिति स्पष्ट नहीं है, जिसकी मुखिया अकेली महिला या विधवा हो। यह भी स्पष्ट नहीं है कि यदि कोई विधवा अपने बेटे के न्यूक्लीयर परिवार के साथ रहती है, तो विधेयक के प्रावधानों के अनुसार उसके साथ कैसा व्यवहार होगा। उस घर में दो न्यूक्लीयर परिवारों का अस्तित्व माना जाएगा या एक न्यूक्लीयर परिवार का (भाटिया 2005: 4892)?

तेरहवाँ, हर परिवार के लिए 2.5 हेक्टेयर ज़मीन की सीमा रखने पर भी खुल कर विचार करने की ज़रूरत है। अगर देश के दूसरे भागों में इस तरह

की सीलिंग नहीं है, तो आदिवासियों के मामले में ऐसा क्यों होना चाहिए (कृष्णस्वामी 2005: 4900)।

चौदहवाँ, संरक्षण को सुनिश्चित करने के लिए स्थानीय समुदायों, अधिकारियों और ग़ैर सरकारी संगठनों में परस्पर संवाद होते रहना चाहिए (कोठारी 2005: 69)।

पंद्रहवाँ, 'फ़ॉरेस्ट डायलॉग सेमिनार' में यह चिंता व्यक्त की गयी कि विधेयक में संरक्षण के प्रावधान आवश्यक हैं। लेकिन हो सकता है कि ये पर्याप्त न हों। इसलिए इन पर गहराई से विचार करने की आवश्यकता है (भाटिया, सुंदर और खाखा 2005: 4566, 4652)।

दरअसल, आदिवासी आंदोलनों ने मुख्य रूप से 'कट ऑफ़ डेट' बढ़ाने, विधेयक में गैर-अनुसूचित जनजातियों को शामिल करने और अधिकारों को तय करने में ग्राम सभा को प्राथमिकता देने की माँग रखी। ज़मीनी स्तर पर संगठनों ने 2.5 हेक्टेयर की सीमा रखने का विरोध किया। लेकिन संरक्षणवादियों के 2.5 हेक्टेयर ज़मीन का पट्टा देने का भी ज़ोरदार विरोध किया गया था। इस कारण आदिवासी संगठनों ने इस माँग पर बहुत ज़्यादा ज़ोर नहीं दिया। बहरहाल विधेयक में सुझाए गये दूसरे संशोधन भी महत्त्वपूर्ण थे, क्योंकि ये आदिवासी संगठनों, एकेडमिक सर्किल के विद्वानों और विधेयक का समर्थन करने वाले पर्यावरण चिंतकों के आपसी संवाद से सामने आये थे। यह भी ग़ौरतलब है कि इस तरह के वाद-विवाद में यह बात भी सामने आयी कि पर्यावरणीय रूप से विनाशकारी परियोजनाओं का विरोध आदिवासी अधिकार समर्थकों और वन्य जीव संरक्षरणवादियों को जोड़ने का काम कर सकते हैं (वही)।

आदिवासी संगठनों के आंदोलन ने राजनीतिक दलों को भी विधेयक के बारे में अपने नजरिये को ज़्यादा स्पष्ट करने के लिए मजबूर किया। वामपंथी दलों ने विधेयक में आदिवासी संगठनों द्वारा सुझाए गये संशोधनों का समर्थन किया। मार्क्सवादी कम्युनिस्ट पार्टी (माकपा) ने विधेयक को संसद में पेश करने की माँग करते हुए 18 और 19 नवम्बर, 2005 को 'माँग दिवस' बनाया। इस दिन राजस्थान, उत्तराखंड, महाराष्ट्र, झारखंड, छत्तीसगढ़, पश्चिम बंगाल, केरल, त्रिपुरा, आंध्र प्रदेश और दूसरी जगहों पर पार्टी के कार्यकर्ताओं ने विधेयक के पक्ष में धरना दिया।[58] कांग्रेस और भाजपा में भी विधेयक के लिए व्यापक समर्थन था। लेकिन इन पार्टियों में (ख़ासकर कांग्रेस में) एक मजबूत ''वाइल्ड लाइफ लॉबी'' ने इसे पर्यावरण और वन्य जीवों के लिए ख़तरनाक माना। कांग्रेस में ज्योतिरादित्य सिंधिया, कर्ण सिंह जैसे नेताओं ने वन्य जीवों के बारे में

58. कैम्पेन (2005बी); इसमें विधेयक के लिए चल रहे आंदोलन के संदर्भ में माकपा के आंदोलन और 'माँग दिवस' मनाने का विवरण भी दिया गया है।

चिंता को मुखरता से सामने रखा। भाजपा में ऐसा कोई मुखर वर्ग नहीं था। लेकिन पार्टी में एक वर्ग ऐसा ज़रूर था, जो प्रस्तावित क़ानून के वन्य जीवों पर पड़ने वाले प्रभावों को लेकर चिंतित था। वन्य जीवों के लिए चिंतित कांग्रेसी सांसदों ने मिलकर एक टाइगर ऐंड वाइल्डरनैस फोरम का निर्माण किया। इसमें अधिकतर राजघरानों से जुड़े सांसद शामिल थे, मसलन, ज्योतिरादित्य सिंधिया, कर्ण सिंह आदि। वैसे इस फ़ोरम ने अप्रैल 2005 में यह स्पष्ट किया कि ये जनजातियों के अधिकार के ख़िलाफ़ नही हैं। इनका उद्देश्य संरक्षण और जनजातियों के हितों में सामंजस्य क़ायम करना है। फिर भी, इसे प्रस्तावित क़ानून के बारे में संरक्षणवादियों की चिंताओं को मुखर आवाज़ देने की कोशिश के रूप में देखा जा सकता है। महेश रंगाराजन ने इस विडम्बना की ओर ध्यान दिलाया है कि राजा-महाराजा ही जंगली जानवरों का शिकार करने में आगे थे और आज उनके वंशज वन्य जीवों की चिंता कर रहे हैं (रंगराजन 2005: 4888)।

सरक्षणवादियों के विरोध के कारण इस विधेयक पर लंबे समय तक संदेह के बादल छाये रहे। 2005 के मानसून सत्र में इसे संसद में पेश नहीं किया गया क्योंकि वन्य जीवों पर इसके प्रभावों के बारे में असमंजस की स्थिति बनी हुई थी। एक लंबे समय तक इस बात की भी चर्चा रही कि दो तरह का विधेयक तैयार किया गया है। एक *जनजातीय मामलों के मंत्रालय* द्वारा और दूसरा *पर्यावरण एवं वन मंत्रालय* द्वारा। लेकिन 30 सितम्बर को यह साफ़ हो गया कि जनजातीय मामलों के मंत्रालय का विधेयक ही प्रमुख है। आगे कभी विधेयक के किसी दूसरे संस्करण की चर्चा नहीं हुई। लेकिन प्रधानमंत्री चाहते थे कि विधेयक पर आगे बढ़ने से पहले पर्यावरण संबंधी चिंताओं को दूर कर दिया जाए।[58] लेकिन विधेयक के पक्ष में चलने वाले आंदोलनों के कारण इसे संसद में पेश करने का दबाव बहुत ज़्यादा बढ़ गया। आख़िरकार यूपीए सरकार के जनजातीय मामलों के मंत्री पी. आर. किंडिया ने 13 दिसम्बर, 2005 को लोकसभा में यह विधेयक पेश किया। इस समय इसका शीर्षक *अनुसूचित जनजाति (वन अधिकार मान्यता)* विधेयक 2005 था। मोटे तौर पर यह वही विधेयक था, जिसे अप्रैल 2005 में सार्वजनिक बहस के लिए जारी किया गया था। लेकिन इसमें कुछ महत्त्वपूर्ण बदलाव किये गये। मसलन, पहला, इसमें 'मुख्य क्षेत्र' या 'कोर एरिया' की संकल्पना शामिल की गयी। 'मुख्य क्षेत्र' का मतलब नैशनल पार्क और अभयारण्यों के ऐसे क्षेत्र से है जिन्हें वन्य जीवों के संरक्षण के लिए इंसानों की दख़ल से मुक्त रखना ज़रूरी है। यह प्रावधान किया गया कि क्षेत्र केंद्र सरकार के *पर्यावरण और वन*

58. स्रोत: 'कंसेन्स्स साउट ऑन ट्राइब्ल राइट्स बिल', *द हिंदू*, नयी दिल्ली, अक्टूबर 1, 2005, http://www.hinduonnet.com/205/10/01/stories/20051001071 61200.htm, देखने की तारीख़ 3.10.2005.

मंत्रालय द्वारा अधिसूचना के माध्यम से तय किये जाएँगे।[59] नैशनल पार्कों और अभयारण्यों के 'मुख्य क्षेत्र' में बसे लोगों को इस विधेयक में दिये गये अधिकार प्राप्त होंगे। ऐसा इस विधेयक के अधिनियम बनने के पाँच साल की अवधि तक होगा। यदि इन्हें इस अवधि में इन्हें कहीं और नहीं बसाया जाएगा तो इस क़ानून से मिले अधिकार स्थायी हो जाएँगे।[60] दूसरा, अप्रैल 2005 में जारी विधेयक के प्रारूप में शिकार करने के पारम्परिक अधिकार पर रोक लगायी गयी थी। उससे आगे बढ़ते हुए अब इस विधेयक वन्य जीवों को पकड़ने और उनके किसी अंग को बाहर निकालने पर भी रोक लगा दी गयी।[61] इसमें वन्य जीव (संरक्षण) अधिनियम में दिये गये वन्य जीवों की परिभाषा को अपनाया गया।[62] इसके अलावा, इसमें अधिकार-धारकों को यह निर्देश दिया गया कि वे वन्य जीव (संरक्षण) अधिनियम, 1972, वन संरक्षण अधिनियम 1980, बायोलॉजिकल डायवर्सिटी ऐक्ट 2002 का किसी भी तरह से उल्लंघन होने पर ग्राम सभा या वन अधिकारियों को सूचित करें।[63] तीसरा, अप्रैल 2005 के प्रारूप में धारा 6 (ii) जंगलों की सुरक्षा, संरक्षण और पुनर्उत्पादन की जिम्मेदारी दी गयी थी। अब इसे थोड़ा स्पष्ट करते हुए यह कहा गया कि जिस जंगल में वे अपने सामुदायिक अधिकारों का उपयोग करते हैं, वहाँ उनकी यह जिम्मेदारी है।[64] चौथा अधिकारों को मान्यता देने की प्रक्रिया पहले की ही तरह रही। लेकिन अप्रैल 2005 के विधेयक की तुलना में इसमें थोड़ी स्पष्टता लाई गयी। नये विधेयक के अनुसार, सब-डिविजनल कमिटी, ज़िला स्तरीय कमिटी और राज्य स्तरीय मॉनिटरिंग कमिटी का गठन राज्य सरकार द्वारा किया जाएगा।[65] हर समिति अपने निचले स्तर के कामकाज पर नज़र रखेगी और नीचे की कमिटियों के फ़ैसलों का परीक्षण करेगी। इसमें यह कहा गया कि राजस्व, वन और जनजातीय मामलों के मंत्रालय के अधिकारी इन कमिटियों के सदस्य होंगे।[66] इससे स्थानीय समुदायों और ग्राम सभा की भूमिका काफ़ी सीमित हो गयी। पाँचवाँ, इसमें यह नया प्रावधान भी जोड़ा गया कि यह ज़रूरी है कि लोग जिस ज़मीन पर अधिकार का दावा करेंगे, वे उसका क़ानून के लागू होने के दिन वास्तविक रूप से उपयोग कर रहे हों।[67] सातवाँ, इसमें हैबिटेट, सक्षम

59. धारा 2 (बी), गवर्नमेंट ऑफ़ इंडिया (2005सी) : 2.
60. धारा 4 (1), वही : 4.
61. धारा 3 (एल), वही : 3.
62. धारा 2 (पी), वही : 3.
63. धारा 5 (डी), वही : 5.
64. धारा 6 (ii)ए वही : 4.
65. धारा 6 (3), (5), (7), वही : 5.
66. धारा 6 (8); वही : 6
67. धारा 4 (5) (i); वही : 4

प्राधिकारी (या कॉम्पीटेंट अथॉरिटी), नोडल एजेंसी, नोटिफ़िकेशन आदि की परिभाषा जोड़कर इन्हें स्पष्ट बनाने की कोशिश की गयी।[68] आठवाँ, अप्रैल 2005 के विधेयक में शामिल जैव विविधता और बौद्धिक सम्पत्ति के अधिकार को इस विधेयक से हटा दिया गया। नौवाँ, अप्रैल 2005 के विधेयक के प्रारूप में ज़मीन का पट्टा 'पुरुष सदस्य और उसकी पत्नी (या स्पाउज)' को संयुक्त रूप से देने का प्रावधान किया गया था। संसद में पेश विधेयक में इसकी भाषा में बदलाव किया गया और 'पति-पत्नी- दोनों' (बोथ द स्पाउजेज़) के नाम से पट्टा देने की बात कही गयी। इसमें यह भी जोड़ा गया कि यदि किसी घर में एकमात्र सदस्य है तो उसके नाम से पट्टा दिया जाएगा।[69]

अप्रैल 2005 में सार्वजनिक बहस के लिए जारी विधेयक और दिसम्बर 2005 में संसद में पेश विधेयक में दो स्तरों पर अंतर था : पहला, वन्य जीव सुरक्षा की चिंता ने विधेयक के प्रारूप पर अपना प्रभाव दिखाया, इसके कारण 'कोर एरिया' (मुख्य क्षेत्र) जैसी अवधारणा को विधेयक में जगह मिली। दूसरा, विधेयक के कुछ पहलुओं में ज़्यादा स्पष्टता लाने की कोशिश की गयी। लेकिन इससे लोगों को अधिकार देने की प्रक्रिया में राज्य के दख़ल का ख़तरा भी बढ़ा। मसलन, राज्य को विभिन्न समितियों के गठन का अधिकार देना ऐसा ही एक पहलू था। विधेयक में आदिवासी संगठनों, एक्टिविस्टों आदि के सुझावों को कोई महत्त्व नहीं दिया गया। इस विधेयक में संरक्षणवादियों के विरोध को दूर करने के स्पष्ट प्रयास नहीं किये गये। पहले की ही तरह विधेयक पर विवाद क़ायम रहा। विधेयक की विवादपूर्ण स्थिति और दूरगामी प्रभाव को देखते हुए सरकार ने सुरक्षित रास्ता अपनाया। जनजातीय मामलों के मंत्री ने इसे पहले लोकसभा (13 दिसम्बर 2005) और फिर राज्यसभा (21 दिसम्बर 2005) में पेश किया। उन्होंने दोनों ही जगहों पर इसे संयुक्त संसदीय समिति को देने का प्रस्ताव पेश किया, जिसे स्वीकार कर लिया गया (जेपीसी रिपोर्ट 2006 : 5)। इसे विधेयक के सभी पहलुओं पर विचार करके यह बताना था कि विधेयक किस रूप में पारित किया जाना चाहिए?

दरअसल, विधेयक के पहले चरण में होने वाले वाद-विवाद ने इस विधेयक से उभरने वाले महत्त्वपूर्ण मुद्दों को स्पष्ट किया। पहला, इस वाद-विवाद ने विधेयक के संबंध में फैलाए जा रहे बहुत से 'अफ़वाहों' को दूर किया और स्पष्ट तस्वीर पेश करने में मदद की। मसलन, संरक्षणवादियों ने शुरू में तर्क दिया कि प्रस्तावित क़ानून आदिवासियों में जंगल की ज़मीन बाँट देगा। लेकिन विधेयक के समर्थकों ने यह स्पष्ट किया कि इस तरह की अफ़वाहें बेतुकी

68. धारा 2 (ए), (एच), (जे) (के) वही : 2.

69. धारा 4 (5) (i) वही : 4.

हैं। दूसरा, नैशनल पार्कों के भीतर वन निवासी अनुसूचित जनजातियों को अधिकार देने के संदर्भ में टाइगर टास्क फ़ोर्स ने भी बहुत ही अहम् भूमिका निभायी। इसने संरक्षित क्षेत्र के 'कोर एरिया' से गाँवों को स्थानांतरित करने पर ज़ोर दिया। लेकिन इसने दूसरी जगहों पर बाघों और आदिवासियों के सह-अस्तित्व को भी स्वीकार किया। इसकी रिपोर्ट ने इस तर्क को ख़ारिज़ किया कि मनुष्य के हस्तक्षेप से रहित क्षेत्र के विचार को पश्चिमी होने के कारण नकार देना चाहिए। तीसरा, इस पूरे दौर में चलने वाले वाद-विवाद और आदिवासियों के आंदोलन ने विधेयक के पक्ष में माहौल तैयार किया। इसने विधेयक में बहुत से संशोधन करने का सुझाव दिया। यह आदिवासी संगठनों के आंदोलनों तथा एक्टिविस्टों और प्रगतिशील एकेडेमिशियनों से विचार-विमर्श द्वारा सामने आया था। दरअसल, इन पहलुओं ने जेपीसी के काम की दिशा भी तय की।

II. दूसरा चरण: जेपीसी की सिफ़ारिशें और क़ानून के लिए संघर्ष

अध्याय का यह भाग मुख्य रूप से दो उपभागों में बँटा हुआ है। पहले उपभाग में जेपीसी की सिफ़ारिशों की समीक्षा की गयी है। दूसरे उपभाग में जेपीसी की सिफ़ारिशों के साथ विधेयक को पारित करने की माँग को लेकर चलने वाले आंदोलनों और बहस का विश्लेषण किया गया है।

1. संयुक्त संसदीय समिति और इसकी सिफ़ारिशें

जेपीसी में कुल 30 सदस्य थे। इसमें सभी प्रमुख राजनीतिक दलों का प्रतिनिधित्व था।[70] कांग्रेस के लोकसभा सदस्य किशोर चंद्र देव इसके अध्यक्ष थे। इसने सभी इच्छुक पक्षों से प्रस्तावित विधेयक के बारे में उनकी टिप्पणियाँ और सुझाव

70. जेपीसी के सदस्यों के नाम इस प्रकार हैं (कोष्ठक में उनकी पार्टी के नाम का उल्लेख है): 1. सिंगाडा दामदर बरकू (कांग्रेस), 2. सी. के. चंद्रप्पन (भाकपा) 3. महावीर भगोरा (भाजपा) 4. गिरिधर गमांग (कांग्रेस), 5. किशोर चंद्र देव (कांग्रेस) 6. डॉ. पी. पी. कोया (जद-यू) 7. ए. कृष्णास्वामी (द्रमुक) 8. शैलेंद्र कुमार (सपा), 9. राजेश कुमार मांझी (राजद) 10. बाबूलाल मरांडी (भाजपा), 11. मधुसूदन मिस्त्री (कांग्रेस) 12. हेमलाल मूर्मू (झामुमो) 13. जोएल ओरम (भाजपा) 14. बाजू बन रियान (माकपा) 15. नंद कुमार साय (भाजपा) 16. पी. सती देवी (माकपा) 17. सुग्रीव सिंह (बीजू जनता दल) 18. राजेश वर्मा (बसपा) 19. रवि प्रकाश वर्मा (सपा) 20. पी. आर. किंडिया (कांग्रेस) 21. वीरभद्र सिंह (बीजू जनता दल) 22. राउला चंद्रशेखर रेड्डी (तेलुगूदेशम पार्टी), 23. रीशांग किशिंग (कांग्रेस), 24. बृंदा करात (माकपा), 25. डॉ. बाबू राव मडियान, 26. श्री देवदास आप्टे (कांग्रेस) 27. मूलचंद मीणा (कांग्रेस) 28. एन. ज्योति (अन्ना द्रमुक), 29. मंगनी लाल मंडल (राजद) 30. नंद किशोर यादव (सपा)। दो सदस्य मूलचंद मीणा और बीरभद्र सिंह ने राज्यसभा से रिटायर होने के कारण इस समिति की सदस्यता छोड़ दी (जेपीसी रिपोर्ट 2006: iii)।

माँगे। इसके लिए इसने राष्ट्रीय और क्षेत्रीय अख़बारों, दूरदर्शन और रेडियो पर ज्ञापन पर जारी किये (जेपीसी रिपोर्ट 2006: vi)। 'कैम्पेन फॉर सर्वाइवल ऐंड डिग्निटी', 'राष्ट्रीय वन जन श्रमजीवी मंच' और आदिवासी अधिकारों के लिए काम करने वाले दूसरे संगठनों ने सक्रिय रूप से समिति के सामने अपनी माँगे पेश कीं।[71] इन्होंने अपने ज्ञापन में उन सभी पहलुओं को स्थान दिया, जिनका ऊपर वर्णन किया गया है। संरक्षणवादियों ने भी समिति को ज्ञापन दिया और अपने संदेह उसके सामने रखें। कुल मिलाकर 109 संस्थाओं या व्यक्तियों ने अपने ज्ञापन सौंपे और 44 व्यक्तियों/संस्थाओं ने समिति के सामने अपना मौखिक बयान दिया (वही : vii)। समिति देश के विभिन्न भागों में जाकर इस विधेयक के बारे में संगठनों और लोगों के नज़रिया समझना चाहती थी, लेकिन समय की कमी के कारण वह ऐसा नहीं कर पाई (वही : vii)।

जेपीसी ने 23 मई, 2006 को अपनी रिपोर्ट दे दी।[72] इसकी रिपोर्ट सर्वसम्मत थी अर्थात् इसके सभी सदस्य इस रिपोर्ट से सहमत थे। इसने लोकसभा में पेश विधेयक में कई बदलाव करने की सिफ़ारिश की। इसकी प्रमुख सिफ़ारिशें इस प्रकार थीं–

पहला, मूल विधेयक में अधिकारों को मान्यता देने की आख़िरी तारीख़ या 'कट ऑफ डेट' 25 अक्टूबर, 1980 थी। जेपीसी ने यह सिफ़ारिश की कि 'कट ऑफ़ डेट' 13 दिसम्बर, 2005 होना चाहिए।[73] इसी तारीख़ को यह विधेयक संसद में पेश किया गया था। जेपीसी का यह मानना था कि 1980 को 'कट ऑफ़ डेट' मानने से बहुत से लोगों को अधिकार नहीं मिलेगा और बहुतों के सामने अपने घर और जीविका के साधन से बेदख़ल होने का खतरा भी पैदा हो जाएगा (जेपीसी रिपोर्ट 2006: 16-17)।[74] अनुसूचित जनजाति के ऐसे लोगों को न्याय दिलाने ने लिए ही कमिटी ने 'कट ऑफ़ डेट' बढ़ाने का प्रस्ताव किया।

---

71. शंकर गोपालकृष्णन (सचिव, कैम्पेन फॉर सर्वाइवल ऐंड डिग्निटी) से बातचीत, तारीख़, 22.8.2006, स्थान- जंतर-मंतर, दिल्ली; रोमा (राष्ट्रीय वन जन श्रमजीवी संगठन की वरिष्ठ कार्यकर्त्ता) से बातचीत, 15 अक्टूबर 2011, स्थान- दिल्ली।

72. 'ट्राइबल बिल रिपोर्ट्स इन पार्लियामेंट: लैण्ड राइट्स फॉर फॉरेस्ट डेवलर्स', द *इण्डियन एक्सप्रेस,* दिल्ली, मई 24, 2006, : 7।

73. धारा 4(3), जेपीसी रिपोर्ट 2006: 16-17; जेपीसी रिपोर्ट के बारे में आम आदिवासियों में जागरूकता लाने के लिए 'कैम्पेन' ने इसे हिंदी में प्रकाशित किया। इसमें दिसम्बर 2005 में संसद में पेश किये गये विधेयक से इसकी तुलना करते हुए इसके प्रगतिशील स्वरूप को स्पष्ट किया गया। देखें, विजयभाई, गोपाल दुबे, (2006)।

74. दरअसल, 1980 के बाद बहुत बड़ी संख्या में लोग अपने पुराने निवास स्थान से विस्थापित हुए। पर्यावरण एवं वन मंत्रालय का यह आकलन है कि 1980 के बाद 11, 282 विकास परियोजनाएँ स्वीकृत हुई हैं। एक मोटे अनुमान के अनुसार इसमें कुल 8.53 मिलियन आदिवासी विस्तापित हुए। ये संख्या कुल विस्थापित लोगों का 72 प्रतिशत है, देखें, प्रसाद (2007: 8)। 'कट ऑफ डेट' बढ़ने से ऐसे लोगों को क़ानून का फ़ायदा मिल सकता है।

दूसरा, मूल विधेयक में केवल अनुसूचित जनजातियों को अधिकार देने का ही उल्लेख था। लेकिन जेपीसी ने विधेयक में एक नयी श्रेणी शामिल की। इसने यह सिफ़ारिश की कि विधेयक के प्रभाव-क्षेत्र में ग़ैर-अनुसूचित जनजाति 'परंपरागत वन निवासियों' (ट्रेडिशनल फॉरेस्ट ड्वेलर्स) को भी शामिल किया जाए। इसे परिभाषित करने के लिए विधेयक में एक नयी धारा 2(ओ) को जोड़ा गया। इसमें ऐसे समुदायों को शामिल किया गया जो जंगल में या जंगल से सटे इलाक़े में तीन पीढ़ियों से रह रहे हों; इसमें ऐसे लोगों/समुदायों को भी शामिल किया गया, जो किसी सरकारी विभाग में काम करने के लिए जंगल या जंगल से सटे इलाक़े में बसे हों; या उन्हें विकास योजनाओं के कारण अपने मूल हैबिटेट से विस्थापित होना पड़ा हो; या जंगल से जुड़े किसी क़ानून के कारण उनके मूल हैबिटेट को जंगल घोषित कर दिया गया; या यदि केंद्र या राज्य सरकार द्वारा जीविका के संसाधन देने की वचनबद्धता पूरी न करने के कारण कोई व्यक्ति जंगल की ज़मीन पर निर्भर हो।[75] इसके अलावा, पूरे विधेयक में हर ज़रूरी स्थान पर अनुसूचित जनजातियों के साथ 'अन्य पारम्परिक वन निवासी' शब्द को जोड़ा गया। इस प्रावधान के कारण ही अब विधेयक का शीर्षक *अनुसूचित जनजाति और अन्य परंपरागत वन निवासी (वन अधिकारों की मान्यता) विधेयक-2006* हो गया (जेपीसी रिपोर्ट 2006: 27)।

तीसरा, संसद में पेश विधेयक में 'कोर एरिया' या 'मुख्य क्षेत्र' का प्रावधान था। इसके अनुसार, नैशनल पार्क और अभयारण्य में रहने वाले लोग यहाँ पाँच वर्ष तक अस्थायी रूप से रह सकते हैं। इस दौरान उन्हें उचित मुआवज़ा देकर दूसरी जगह बसाया जा सकता है। जेपीसी पर इस बात का काफ़ी दबाव था कि वह इन क्षेत्रों को विधेयक से बाहर कर दे। लेकिन उसने 'मुख्य क्षेत्र' की अवधारणा को अस्पष्ट मानते हुए इसे विधेयक की धारा 2(बी) से निकाल दिया। कमिटी ने इसकी जगह धारा 2(बी) में 'क्रिटिकल वाइल्ड लाइफ़ हैबिटेट' (या 'संकटपूर्ण वन्य जीव आवास क्षेत्र') की अवधारणा पेश की (जेपीसी रिपोर्ट 2006: 9; 15-16)। 'संकटपूर्ण वन्य जीव आवास' से मतलब नैशनल पार्क और अभयारण्य के ऐसे क्षेत्र से है, जहाँ वैज्ञानिक और वस्तुनिष्ठ मानदंडों के आधार पर यह तय किया जाए कि वन्य जीव सरंक्षण के लिए इस क्षेत्र को मनुष्यों के प्रभाव से दूर रखा जाना चाहिए। इस संदर्भ में केंद्र सरकार एक विशेषज्ञ समिति का गठन करेगी। इस तरह की समिति में केंद्र की जनजातीय मामलों के मंत्रालय द्वारा स्थानीय स्तर के विशेषज्ञों को शामिल किया जाएगा। सरकार इसकी सिफ़ारिशों के आधार पर किसी क्षेत्र को 'संकटपूर्ण वन्य जीव

75. धारा 2(ओ) (i), (ii), (iii), (iv), (v), जेपीसी रिपोर्ट 2006: 10-11, 29.

आवास' घोषित करेगी।[76] लेकिन किसी क्षेत्र को 'क्रिटिकल हैबिटेट' घोषित करने से पहले वहाँ लोगों के अधिकारों को मान्यता देने की प्रक्रिया पूरी होनी चाहिए; वैज्ञानिक और वस्तुनिष्ठ आधार पर सहभागी प्रक्रिया से यह तय होना चाहिए कि लोगों के यहाँ रहने से वन्य जीवों को जबर्दस्त नुक़सान (इर्ररिवर्सबेल डैमेज) होगा और लोगों का यहाँ दूसरी जगह जाना ही एकमात्र विकल्प है; ऐसे होने पर यहाँ लोगों को पुनर्वास की एक वैकल्पिक योजना दी जानी चाहिए, जिसमें उनकी जीविका पूरी तरह से सुरक्षित हो; पुनर्वास और मुआवज़े के बारे में ग्राम सभा और संबंधित व्यक्तियों की लिखित सहमति होनी चाहिए; जब तक स्वीकृत पैकेज के अनुसार पुनर्वास के लिए लोगों को ज़मीन का आबंटन नहीं हो जाता, तब तक उन्हें अपना गाँव छोड़ने के लिए नहीं कहा जाएगा। इसमें यह शर्त भी जोड़ी गयी कि सरकार 'क्रिटिकल हैबिटेट' के लिए छोड़ी गयी ज़मीन का किसी दूसरे मक़सद के लिए 'डायवर्जन' नहीं करेगी। यह भी कहा गया कि यदि समुदाय अपने पुनर्वास से नाखुश है, तो उसे अपने मूल आवास में लौट आने का अधिकार होगा।[77]

चौथा, मूल विधेयक में सिर्फ़ पाँचवीं अनुसूची के क्षेत्रों में ही गाँव के बारे में पेसा की परिभाषा अपनाई गयी थी। इसके अनुसार हर वह टोला या पारा गाँव है, जो खुद को इस रूप में देखता है। जेपीसी ने पूरे देश में इसी परिभाषा को लागू करने की सिफ़ारिश की (जेपीसी रिपोर्ट 2006: 11)।[78] संसद में पेश विधेयक में ग्राम सभा के फ़ैसले को ब्लॉक/तालुक़ा या ज़िला स्तर की समितियाँ बदल सकती थीं। लेकिन जेपीसी ने अधिकारों को तय करने में ग्राम सभा को 'प्राथमिक प्राधिकार' (प्राइमरी अथॉरिटी) दिया। इसके अनुसार, कोई व्यक्ति ग्राम सभा के फ़ैसले से असंतुष्ट होने पर 60 दिन के भीतर ब्लॉक/तालुक़ा (सब-डिविजनल) कमिटी में शिकायत कर सकता है। ग्राम सभा के किसी फ़ैसले से सहमत नहीं होने पर यह कमिटी 60 दिन के भीतर अपनी सिफ़ारिशें भेज सकती हैं। इसके बाद 90 दिन के भीतर ग्राम सभा अपना फ़ैसला करेगी। इसके बाद भी असंतुष्ट व्यक्ति ज़िला स्तरीय समिति (या कमिटी) में 60 दिन के भीतर अपील कर सकता है। यह भी असंतुष्ट व्यक्ति की शिकायतों को सुनने के बाद अपनी सिफ़ारिश ग्राम सभा को भेजेगी, जो इसके आधार पर अपने आख़िरी निर्णय पर पहुँचेगी। ज़िला स्तरीय कमिटी ग्राम सभा की सिफारिशों के अनुसार अपना आख़िरी फ़ैसला करेगी। यह फ़ैसला आख़िरी और बाध्यकारी होगा।[79] जेपीसी ने विभिन्न कमिटियों

76. धारा 2(बी), वही : 28.
77. धारा 4(2) (ए), (बी), (सी), (डी), (इ), (एफ), वही : 32-33.
78. धारा 2 (पी), वही : 29.
79. धारा 6 (1), (2), (3), (4), (5), (6), (7) वही : 35.

के सदस्यों की रूपरेखा भी पेश की। इसने यह सिफ़ारिश की कि सब-डिविजनल कमिटी, ज़िला स्तरीय कमिटी और राज्य स्तरीय मॉनिटरिंग में कम-से-कम एक तिहाई सदस्य वन निवासी अनुसूचित जनजातियों से होंगे; इसमें वंचित समुदायों से निर्वाचित प्रतिनिधि पर्याप्त संख्या में होंगे; कमिटी की ग़ैर सरकारी सदस्यों में एक-तिहाई महिलाएँ होंगी; कमिटी के अध्यक्षता राजस्व विभाग के प्रतिनिधि अधिकारी करेंगे। इसमें विस्तार से इन तीनों कमिटियों के कामों के बारे भी बताया गया।[80] जेपीसी की सिफ़ारिशों के कारण नौकरशाही द्वारा अपनी मनमानी करने की सम्भावना काफ़ी कम हो गयी।

पाँचवाँ, जेपीसी ने ग्राम सभा के काम और अधिकारों की मान्यता देने की प्रक्रिया को ज़्यादा स्पष्ट किया। इसने दो या दो से ज़्यादा ग्राम सभाओं के बीच सीमा विवाद सुलझाने के लिए इनके बीच संयुक्त बैठक कराने की सिफ़ारिश की। यदि ये 60 दिनों के भीतर ऐसा करने में नाकाम रहते हैं तो सब-डिविजनल कमिटी 30 दिनों के भीतर एक बैठक बुला सकती है।[81] इसने कुछ ऐसे कारकों की सूची भी दी जिन्हें अधिकारों को मान्यता देने के लिए प्रमाण के रूप में स्वीकार किया जा सकता है: समुदाय या समुदाय के सदस्यों के मौखिक प्रमाण; ग्राम सभा या संबंधित कमिटी द्वारा खेती किये जाने वाले ज़मीन और पेड़ों की उम्र का प्रमाणीकरण; बाँधों (चेक डैम्स) आदि के कारण ज़मीन में हुए सुधार; पुराना पट्टा या लीज या अपराध रिपोर्ट, हाउस टैक्स आदि की रसीद जैसे दस्तावेज़; गज़ेटियर, वन जाँच रिपोर्ट, स्वतंत्र मानवशास्त्रीय अध्ययन और मानचित्र जैसे सरकारी या स्वतंत्र रेकार्ड्स; दावा करने वाले व्यक्ति, उसके पड़ोसियों या समुदाय के सदस्यों द्वारा शपथ-पत्र; रजवाड़ों, ज़मींदारियों आदि में उपयोग की इजाज़त से संबंधित सरकारी रेकार्ड; किसी प्रसिद्ध मानवशास्त्री या एंथ्रोपोलॉजिकल सर्वे ऑफ़ इंडिया द्वारा पहले किये रिसर्च से प्रकाशित दस्तावेज़ी प्रमाण। इनके अलावा, दूसरे प्रमाणों को भी स्वीकार किया जा सकता है।[82]

छठा, जेपीसी ने संसद में पेश विधेयक के धारा 7 को विधेयक से निकाल दिया। यह धारा दण्डात्मक प्रावधानों से संबंधित थी। जेपीसी ने कहा कि यह विधेयक के मूल उद्देश्यों के ख़िलाफ़ है और इसका उपयोग वन निवासियों को प्रताड़ित करने के लिए किया जा सकता है। जेपीसी ने एक नयी धारा जोड़ते हुए यह सिफारिश की कि ग्राम सभा यदि चाहे तो अपने सदस्यों के बीच से एक या एक से ज़्यादा समिति का गठन कर सकती है। ऐसी समिति में महिलाओं का पर्याप्त प्रतिनिधित्व होना चाहिए। यह समिति ग्राम सभा के भीतर इस कानून से

80. धारा 6 (9), (10) वही : 35-37.
81. धारा 6 (11) वही : 37.
82. धारा 6 (12) (ए), (बी), (सी), (डी), (इ), (एफ), (जी), (एच), वही : 37.

संबंधित मसलों पर विचार करके अपने सुझाव देगी। ग्राम सभा इसके सुझावों को मान सकती है या ख़ारिज कर सकती है।[83]

सातवाँ, अप्रैल 2005 के विधेयक की धारा 5 में अधिकार-धारकों के दायित्वों का वर्णन किया गया था। संसद में दिसम्बर 2005 में पेश क़ानून में इसे ज़्यादा स्पष्टता से व्यक्त किया गया। जेपीसी ने इन दायित्व को ग्राम सभा से जोड़ा। उसने इस धारा में कुल 4 उप-धाराएँ जोड़ीं। इन धाराओं में यह प्रावधान किया गया कि जहाँ इस क़ानून के माध्यम से अधिकार पाने वाले लोग रहेंगे, वहाँ की ग्राम सभा को यह अधिकार होगा कि वह वन्य जीवों, जंगलों और जैव-विविधता की सुरक्षा करे; सटे हुए क्षेत्रों के जल-स्रोत और इकोलॉजिकल रूप से संवेदनशील क्षेत्रों की हिफ़ाज़त करें; अनुसूचित जनजातियों और अन्य पारम्परिक वन निवासियों के हैबिटेट और सांस्कृतिक और प्राकृतिक विरासत को नष्ट होने से बचाए; यह सुनिश्चित करे कि जंगली जानवरों और जंगलों की सुरक्षा के संबंध में उसके द्वारा लिये गये फ़ैसले लागू हों और लोगों को अपने वनोपजों को बेचने का अधिकार मिले; सरकार को भी इन्हें सही मूल्य देने का प्रस्ताव करना चाहिए।[84] धारा 5(2) प्राकृतिक संसाधनों के दोहन से होने वाले फ़ायदे में स्थानीय समुदायों को हिस्सेदार बनाने की सिफ़ारिश की गयी। यह कहा गया कि इन्हें किसी भी नुक़सान के लिए मुआवज़ा दिया जाना चाहिए। धारा 5(3) में सरकार से यह कहा गया कि वह इस क़ानून का उल्लंघन करने वाले लोगों को सजा दे। धारा 5(4) में यह कहा गया कि जैवविविधता तक लोगों की पहुँच सुनिश्चित करनी चाहिए और इससे संबंधित उनकी बौद्धिक और पारंपरिक ज्ञान की सुरक्षा करनी चाहिए। धारा 5(5) के अनुसार, ग्राम सभा की इजाज़त के बग़ैर किसी ज़मीन का अधिग्रहण नहीं किया जाएगा। यदि ग्राम सभा इसके लिए इजाज़त दे देती है, तो लोगों को पर्याप्त मुआवज़ा दिया जाना चाहिए। छठी अनुसूची वाले क्षेत्रों में भूमि अधिग्रहण के संबंध में वहाँ का क़ानून मान्य होना चाहिए।[85] जेपीसी ने अपनी सिफ़ारिशों में यह प्रावधान भी जोड़ा कि यदि कोई व्यक्ति अधिकार पाने की कसौटियों को पूरा नहीं करता

83. वही : 21-22; साथ ही देखें, धारा 7, वही : 37-38.
84. धारा 5(1) (ए), (बी), (सी), (डी), (इ), वही : 34. यहाँ यह उल्लेखनीय है कि 1997 के समता फ़ैसला में सर्वोच्च न्यायालय के द्वारा दिया गया था। एक ग़ैर सरकारी संगठन समता ने आंध्र प्रदेश में अवैध खनन के ख़िलाफ़ सर्वोच्च न्यायालय में याचिका दायर की। न्यायालय ने अपने फ़ैसले में यह व्यवस्था दी कि राज्य सरकार निजी कंपनियों को लीज़ पर ज़मीन नहीं दे सकती है। यह वन (संरक्षण) अधिनियम 1980 के ख़िलाफ़ है। यह फ़ैसला ऐतिहासिक था क्योंकि इसने सरकार द्वारा निजी कंपनियों को लीज़ पर ज़मीन देने के फ़ैसले को ख़ारिज कराया। लेकिन यह भी महत्त्वपूर्ण है कि राज्य और केंद्र की सरकारें इस फ़ैसले से छुटकारा पाने के लिए कई रास्ते तलाशती रहती हैं। देखें, कृष्णकुमार (2004)।
85. धारा 5(2), (3), (4), (5) वही : 34.

है, तो उसे जंगल लगाने या जंगल से जुड़े दूसरा कोई रोज़गार देकर उसका पुनर्वास किया जाना चाहिए।[86]

आठवाँ, जेपीसी ने धारा 3 के अंतर्गत मिले अधिकारों को ज़्यादा स्पष्ट किया। यह सिफ़ारिश की गयी कि ये सारे अधिकार अनुसूचित जनजातियों के साथ ही साथ 'अन्य पारम्परिक वन निवासियों' को भी दिये जाने चाहिए। संसद में पेश विधेयक की धारा 3 को जेपीसी ने 3(1) में तब्दील किया और इसमें चार नयी उपधाराएँ 3(2), 3(3) और 3(4) 3(5) जोड़ी। जेपीसी की सिफ़ारिशों में निस्तार के अर्थ को ज़्यादा व्यापक बनाया गया। इसमें जीविका की सभी वैध (या बोनाफ़ाइड) ज़रूरतों को शामिल किया गया, भले ही इन्हें पहले किसी रजवाड़े या ज़मींदारी में मान्यता मिली हो या न मिली हो। इसमें ज़्यादा स्पष्ट रूप से यह प्रवाधान किया गया कि लोग पारम्परिक रूप से जिन गाँव के भीतर या गाँव की सीमाओं पर जिन वनोपजों का संग्रह करते रहे हैं, उन्हें उनका संग्रह करने और बेचने का अधिकार होगा। जेपीसी ने सामुदायिक अधिकारों में मछली और दूसरे उत्पादों को शामिल किया। इसी तरह, इसने सामुदायिक अधिकारों का विस्तार किया। इसने समुदायों को सामुदायिक वन संसाधनों के उपयोग, सुरक्षा, पुनर्उत्पादन, संरक्षण, नियंत्रण और प्रबंधन का अधिकार दिया। इसमें टिम्बर (लकड़ी), खनिज पदार्थ तथा पर्यावरणीय और सांस्कृतिक सेवाओं के उत्पादों और फ़ायदों का अधिकार भी शामिल था। इसमें वन निवासियों को दिये जाने वाले प्रथागत अधिकारों को ज़्यादा स्पष्ट किया गया। इसमें यह कहा गया कि यदि किसी राज्य की जनजातियों का प्रथागत क़ानून किसी अधिकार को मान्यता देता है, तो प्रस्तावित क़ानून के तहत वह अधिकार भी इन समुदायों को मिलेगा। जेपीसी ने जैवविविधता और सांस्कृतिक ज्ञान से संबंधित बौद्धिक सम्पत्ति और पारम्परिक ज्ञान का सामुदायिक अधिकार देने की भी सिफ़ारिश की।[87] ग़ौरतलब है कि अप्रैल 2005 के विधेयक में यह प्रावधान शामिल था। संसद में पेश विधेयक से इसे बाहर कर दिया गया था। जेपीसी रिपोर्ट में एक नयी उपधारा जोड़ते हुए यह कहा गया कि यदि किसी अनुसूचित जनजाति या अन्य पारम्परिक वन निवासी को पुनर्वास का क़ानूनी हक़ दिये बिना ही उसकी ज़मीन से बेदख़ल कर दिया जाता है, तो उसे वैकल्पिक ज़मीन और पुनर्वास पाने का हक़ है।[88]

जेपीसी ने धारा 3(2) जोड़ते हुए कहा कि मान लीजिए कि अनुसूचित

---

86. धारा 8, वही : 38.
87. धारा 3 (1) (ए), (बी), (सी), (डी), (इ), (एफ), (जी), (एच), (आई), (जे) (के), वही : 30-31.
88. धारा 3(1)(एम), वही : 31.

जनजातियों और अन्य पारम्पारिक वन निवासियों के पास पहले कोई ज़मीन थी। लेकिन वह नये पेड़ लगाने या किसी अन्य मक़सद से वापस ले ली गयी। ऐसे में, इन समूहों के लोगों को उस ज़मीन पर भी अधिकार का दावा करने का हक़ होगा।[89] धारा 3(3) में यह प्रावधान किया गया कि केंद्र सरकार यह सुनिश्चित करेगी कि अनुसूचित जनजातियों और अन्य पारम्परिक वन निवासियों के लिए भोजन, फाइबर, शिक्षा, स्वास्थ्य, संचार आदि का विकास हो। इस तरह की बुनियादी सुविधाओं के लिए जंगल या जंगल के नज़दीक ज़मीन उपलब्ध कराई जानी चाहिए।[90] जेपीसी के अनुसार स्कूल, अस्पताल, आँगनबाड़ी, सड़क आदि को बनाने के लिए केंद्र सरकार अधिकतम 75 पेड़ों को गिराने का फ़ैसला कर सकती है। यह एक हेक्टेयर तक वन भूमि को सामान्य भूमि में बदल सकती है। लेकिन इसके लिए ग्राम सभा की इजाज़त ज़रूरी है। जेपीसी ने यह सिफ़ारिश भी की ये सभी अधिकार महिलाओं को समान रूप से मिलेंगे, भले ही इस बारे में समुदाय की प्रथागत नियम कुछ भी हो। इस संदर्भ में अकेली और विधवा महिलाओं पर ज़्यादा ज़ोर दिया गया।[91]

नौवाँ, मूल विधेयक में प्रत्येक न्यूक्लीयर परिवार को 2.5 हेक्टेयर ज़मीन देने का प्रावधान था। जेपीसी ने अपनी सिफ़ारिशों में किसी परिवार को दी जाने वाली ज़मीन की कोई अधिकतम सीमा तय नहीं की।[92]

दसवाँ, ज़मीन के पट्टे के संबंध में जेपीसी ने संसद में पेश विधेयक के प्रावधानों को क़ायम रखा। इसने एक नया प्रावधान यह जोड़ा कि कोई सीधा उत्तराधिकारी न होने की स्थिति में ज़मीन का मालिकाना नज़दीकी रिश्तेदार को मिल जाएगा।[93] लेकिन संसद में पेश विधेयक की तुलना में जेपीसी ने महिलाओं की भूमिका बढ़ायी। मसलन, जैसा कि ऊपर उल्लेख किया गया है कि इसने विभिन्न समितियों में एक-तिहाई महिलाओं को शामिल करने को अनिवार्य बना दिया।

ग्याहरवाँ, जेपीसी के अनुसार समुदायों को संरक्षण के साथ-साथ 'सामुदायिक वन संसाधनों'[94] के उपयोग का अधिकार भी होना चाहिए। मूल विधेयक में 'सामुदायिक वन संसाधन' शब्द का प्रयोग नहीं किया गया था। रिपोर्ट में यह कहा गया कि 'सामुदायिक वन संसाधन' का मतलब ग्राम की परम्परा या रूढ़िजन्य परम्परा के भीतर आने वाली सामान्य वन भूमि से है। साथ ही, चरागाही समुदायों

89. धारा 3(2), वही : 31.
90. धारा 3(3), वही : 31.
91. धारा 3(4), 3(5), वही : 31.
92. धारा 4(6), वही : 17-18; 33.
93. धारा 4(4), वही : 33.
94. धारा 2(ए), वही : 30-31.

के संदर्भ में इसमें ज़मीन का मौसमी उपयोग शामिल है। इसमें नैशनल पार्क और अभयारण्यों के भीतर आने वाली ज़मीन भी शामिल की गयी। समुदाय वन्य जीवों, वन, जैव विविधता एवं पानी आदि को बचाने के नियम बनाने में सक्षम हैं।[95]

बारहवाँ, जेपीसी ने संसद में पेश विधेयक के कुछ शब्दों और प्रावधानों को अपनी रिपोर्ट से बाहर कर दिया। मसलन, इसने सक्षम प्राधिकारी और इसकी भूमिका से संबंधित धारा 2(ए), और धारा 4(7) को विधेयक से बाहर कर दिया (जेपीसी 2006 : 8)। इसने संसद में पेश विधेयक की धारा 4(6) (ii) को भी हटा दिया। इसमें वन निवासी अनुसूचित जनजातियों के लिए आस-पास के वनों के सुरक्षा, संरक्षण और पुनर्उत्पादन के कर्त्तव्य का उल्लेख किया गया था (वही : 18)।

तेरहवाँ, एक नयी धारा 4(8) जोड़कर झूम खेती को मान्यता देने की सिफ़ारिश की गयी (वही : 19)।

चौदहवाँ, जेपीसी ने यह सिफ़ारिश की कि यदि इस क़ानून के किसी प्रावधान का टकराव इस समय तक मौजूद किसी दूसरे क़ानून या अदालत के किसी फ़ैसले से होता है, तो ऐसी स्थिति में इस क़ानून के प्रावधानों को वरीयता मिलेगी (वही : 24-25)।

तेरहवाँ, जेपीसी ने तीन सामान्य सिफ़ारिशें भी की। पहला, इस विधेयक के क़ानून बनने के बाद इसे संविधान की नौंवी अनुसूची में डाल दिया जाए; दूसरा, वन उत्पादों के मूल्य सुनिश्चित करने के लिए एक मूल्य आयोग स्थापित किया जाए; तीसरा, ज़मीन अधिग्रहण के लिए संबंधित लोगों से पूर्व-सूचित सहमति (प्रॉयर इंफॉर्म कांसेंट) ली जानी चाहिए और बाज़ार की दरों के अनुसार पर्याप्त मुआवज़े तथा पुनर्वास की व्यवस्था होनी चाहिंए (वही : 24-25)।

दरअसल, अप्रैल 2005 में सार्वजनिक बहस के लिए जारी होने के बाद विधेयक को बेहतर बनाने के ढेर सारे सुझाव आये। ये सुझाव आदिवासी संगठनों, जनांदोलनों और एक्टिविस्टों आदि की तरफ़ से आये थे। लेकिन जब विधेयक संसद में पेश किया गया तो इसमें अप्रैल 2005 के विधेयक में सिर्फ़ कुछ क़ानूनी शब्दावलियों का हेर-फेर किया इसमें कुछ ऐसे नये शब्द या प्रावधान जोड़े गये (मसलन 'कोर एरिया' और राज्य द्वारा विभिन्न कमिटियों के गठन का प्रावधान) जिनसे इसके सीमित और राज्य निर्देशित होने की सम्भावना बढ़ गयी। लेकिन जेपीसी ने अपनी सिफ़ारिशों द्वारा न सिर्फ़ विधेयक को ज़्यादा स्पष्ट बनाया बल्कि इसने इसके सामुदायिक पहलू को भी बहुत महत्त्वपूर्ण बना दिया। इसने आदिवासी संगठनों की तक़रीबन सभी प्रमुख माँगे मान लीं। विधेयक में

95. विजय भाई, गोपाल दूबे, (2006 : 10)।

गैर-अनुसूचित जनजाति वनवासी लोगों को शामिल किया गया; 'कट ऑफ़ डेट' बढ़ाकर 13 दिसम्बर 2005 कर दिया गया; ज़मीन की अधिकतम सीमा बढ़ा दी गयी और ग्राम सभा के अधिकारों को मजबूत किया गया। जेपीसी में सभी प्रमुख राजनीतिक दलों के लोग थे। इन्होंने अपनी रिपोर्ट आम-सहमति से दी। इससे इस विधेयक प्रति बढ़ते राजनीतिक आम-सहमति का भी संकेत मिला। इससे इसकी राजनीतिक वैधता बढ़ी। लेकिन जेपीसी की सिफ़ारिशों में 1927 के वन अधिनियम की सर्वोच्चता को ख़त्म की सिफ़रिश नहीं की गयी। इसमें जैव विविधता और संसाधनों के 'सस्टेनेबल उपयोग' जैसे शब्दों को भी परिभाषित नहीं किया गया।

जेपीसी की सिफ़ारिशों ने संरक्षणवादियों की चिंताओं को कोई ख़ास महत्त्व नहीं दिया। दरअसल, जेपीसी की सिफ़ारिशें और विधेयक के बारे में संरक्षणवादियों का नज़रिया दो अलग-अलग दृष्टिकोणों का प्रतिनिधित्व करते थे। जेपीसी ने स्थानीय समुदायों पर बहुत अधिक भरोसा किया। इसके विपरीत, संरक्षणवादियों के एक बड़े तबक़े ने स्थानीय समुदायों को वन्य जीवों के लिए सबसे बड़ा ख़तरा माना। जेपीसी ने नैशनल पार्कों या अभयारण्यों से दूसरी जगह स्थानांतरित हुए लोगों के पुनर्वास की व्यवस्था करने की सिफ़ारिश की। इसने यह भी कहा कि अपने पुनर्वास से खुश न होने पर इन्हें अपने पुरानी जगह पर वापस लौटने का अधिकार होगा। विधेयक से हमदर्दी रखने वाले संरक्षणवादियों ने भी यह संदेह जताया कि इस प्रावधान का दुरुपयोग हो सकता है। इन्होंने यह आशंका भी जताई कि 'कट ऑफ़ डेट' बढ़ाने और ज़मीन की कोई अधिकतम सीमा न रखने से भूमि माफ़िया का वर्चस्व बढ़ेगा (कोठारी 2006: 12)। ग़ौरतलब है कि जेपीसी की रिपोर्ट आने के कुछ समय बाद ही जस्टिस वी. एन. किरपाल के नेतृत्व में गठित पहले राष्ट्रीय वन आयोग ने अपनी रिपोर्ट दी। इस आयोग का गठन फ़रवरी 2003 में किया गया था। इसने वन अधिकार विधेयक की तीखी आलोचना की इस बात पर भी नाखुशी ज़ाहिर की कि विधेयक के निर्माण में उससे सलाह-मशविरा नहीं लिया गया। इसने विधेयक को इकोलॉजी और वन्य जीवों के लिए ख़तरनाक माना। रिपोर्ट में यह आशंका जाहिर की गयी कि बहुत से लोग इस उम्मीद से नया अतिक्रमण करेंगे कि भविष्य में इसका नियमितीकरण हो जाएगा (अनंतकृष्णा 2006; गवर्नमेंट ऑफ़ इंडिया 2006)।

सरकार के लिए जेपीसी की सिफ़ारिशें स्वीकार करना आसान नहीं था। इसका एक स्पष्ट कारण संरक्षणवादियों का विरोध था। दूसरा कारण जेपीसी की क्रांतिकारी सिफ़ारिशें थीं। इन सिफ़ारिशों को पूरी तरह लागू करने का मतलब यह था कि राज्य अपनी बहुत सी शक्तियाँ ग्राम सभा और स्थानीय समुदायों

को दे दे। इसलिए सरकार टालमटोल का रवैया अपनाती रही। मेरा मानना है कि राज्य के लिए वन्य जीव की सुरक्षा कोई बहुत गम्भीर विषय नहीं था। यदि ऐसा होता तो सरकार विकास योजनाओं के लिए लाखों एकड़ वन भूमि को सामान्य ज़मीन में बदलकर निजी कंपनियों के हाथ में नहीं देती। *पर्यावरण एवं वन मंत्रालय* ने 2004 में संसद में यह स्वीकार किया कि 1980 से 2004 तक कुल 11,282 विकास योजनाओं के लिए 9.8 लाख हेक्टेयर वन भूमि को सामान्य ज़मीन में बदला गया (कृष्णास्वामी 2005: 4899-4900)। बहरहाल, आदिवासी संगठनों ने जेपीसी की सिफ़ारिशों के साथ इस विधेयक को संसद से पारित करने की माँग के साथ अपना संघर्ष तेज़ कर दिया।

2. विधेयक पारित कराने के लिए जन आंदोलन

जब जेपीसी ने अपनी रिपोर्ट पेश की, उस समय संसद का बजट सत्र चल रहा था। लेकिन सरकार ने इस विधेयक को पारित कराने की कोई कोशिश नहीं की। धीरे-धीरे आदिवासी संगठनों को अहसास हो गया कि सरकार का रवैया टालमटोल वाला है। इन्होंने फिर से जन आंदोलन के माध्यम से सरकार पर दबाव बनाने की रणनीति अपनाई। विधेयक को जेपीसी की सिफ़ारिशों के साथ पारित कराने के लिए आदिवासी संगठनों ने तीन स्तरों पर आंदोलन चलाया- पहला ज़िला के भीतर, दूसरा राज्य स्तर पर, और तीसरा राष्ट्रीय स्तर पर। इन आंदोलनों को राजनीतिक दलों ने भी अपना समर्थन दिया। लेकिन वामपंथी दलों (ख़ासतौर पर माकपा) ने सक्रिय रूप से आदिवासियों को गोलबंद करके दबाव बनाने की कोशिश की। मसलन, 18 जुलाई को आदिवासी बहुल राज्यों में माकपा कार्यकर्त्ताओं ने विधेयक पारित करने की माँग को लेकर धरना दिया। अकेले महाराष्ट्र में 18 जुलाई को विभिन्न सरकारी कार्यालयों में 80 हज़ार लोगों ने धरना प्रदर्शन किया। माकपा के कार्यकर्त्ताओं ने परचा बाँटकर आदिवासियों को विधेयक के बारे में जागरूक करने की भी कोशिश की (शीरालकर 2006: 17)।

इस अध्याय में पीछे उल्लेख किया जा चुका है, विधेयक पहला मसविदा सामने आने के बाद से ही आदिवासियों संगठनों ने आदिवासियों को इसके पक्ष में जागरूक और गोलबंद करना शुरू कर दिया था। जेपीसी की रिपोर्ट आने के बाद इन संगठनों ने गाँव स्तर पर बैठकें आयोजित की। इसमें उन्होंने आदिवासियों को जेपीसी की रिपोर्ट् के बारे में जानकारी दी। विधेयक के समर्थन में ब्लॉक और ज़िला मुख्यालय में धरना दिया गया। जनप्रतिनिधियों को पत्र भेजकर उन पर दबाव बनाने की रणनीति भी अपनाई गयी। विभिन्न राज्यों के संगठनों ने अपने-अपने राज्यों में लोगों को संगठित किया तथा धरना-प्रदर्शन कर विधेयक

का पारित कराने के लिए दबाव बनाया। 22 अगस्त से 26 अगस्त 2006 के बीच दिल्ली में जंतर-मंतर पर बड़ा धरना हुआ। इसमें विभिन्न आदिवासी संगठनों के नेताओं ने ज़मीनी स्तर पर चलाए गये आंदोलनों के बारे में बताया।

राज्य स्तर पर होने वाले धरना और प्रदर्शन ज़िला स्तरीय प्रदर्शन का व्यापक रूप थे। इसमें विभिन्न दलों के नेता भी पहुँचे। इन्होंने विधेयक के प्रति अपना समर्थन जताया। कुछ सम्मेलनों में यह फ़ैसला किया गया कि जनप्रतिनिधियों से मिलकर उनसे विधेयक पारित कराने के लिए दबाव बनाने के लिए कहा जाए। मसलन, भुवनेश्वर में 10 अगस्त, 2006 को हुए एक सम्मेलन में विभिन्न आदिवासी संगठनों के 600 प्रतिनिधि मौजूद थे। इसमें विभिन्न दलों के विधायकों, नेताओं और बुद्धिजीवियों ने भाग लिया। इन्होंने जेपीसी की सिफ़ारिशों के साथ विधेयक को पारित करने की माँग की। यह सम्मेलन 'कैम्पेन फॉर सर्वाइवल ऐंड डिग्निटी', 'उड़ीसा जंगल मंच', 'एकता परिषद', 'उड़ीसा नारी समाज' और 'उड़ीसा जन संघर्ष मोर्चा' आदि संगठनों द्वारा आयोजित किया गया था।[96] इसी तरह, 23 अगस्त, 2004 को भोपाल में आदिवासियों ने 'जनसंघर्ष मोर्चा' के नेतृत्व में बड़ा प्रदर्शन किया। इसमें भी जेपीसी की सिफ़ारिशों को क़ानून के रूप में पारित करने की माँग की गयी।[97] सूरत में 6 नवम्बर, 2006 को हजारों आदिवासियों ने प्रदर्शन किया और जनसभा की। इसका आयोजन 'एकता परिषद' द्वारा किया गया था। इसे 'गोण्डवाना गणतंत्र पार्टी' के नेता दिलीप सिंह भूरिया ने भी संबोधित किया। इसमें जेपीसी की सिफ़ारिशों के साथ इस विधेयक को पारित करने की माँग की गयी।[98]

ज़िला स्तर और राज्य स्तर पर होने वाले धरना-प्रदर्शन ने स्थानीय स्तर पर विधेयक के पक्ष में आदिवासियों को गोलबंद करने में महत्त्वपूर्ण भूमिका निभायी। राष्ट्रीय स्तर पर 'कैम्पेन' के बैनर तले आदिवासी संगठनों ने दिल्ली के जंतर-मंतर पर धरना आयोजित किया। यह धरना 22 अगस्त से 26 अगस्त, 2006 तक चला। इस समय संसद का मानसून सत्र चल रहा था। लेकिन यह बात साफ़ हो गयी थी कि सरकार इस सत्र में भी विधेयक पारित नहीं कराने वाली है। इस धरने में राजस्थान, गुजरात, छत्तीसगढ़, उड़ीसा, झारखंड और मध्य प्रदेश से आये तक़रीबन एक हज़ार से ज़्यादा आदिवासियों ने हिस्सा

96. देखें, 'प्रेस रीलीज', पीपॅल्स कवेंशन फॉर इम्पलिमेंटेशन ऑफ़ जेपीसी रेकमेंडेशन्स ऑफ़ द फॉरेस्ट राइट्स बिल 2006, अगस्त 12, 2006.

97. 'एम.पी. ट्राइबल्स सीक फुल राइट ऑन फॉरेस्ट', http://www.hindu.com/2006/08/23/stories/2006082307730500.htm, 24 अगस्त 2006, देखने की तारीख़ 26.08.2006.

98. मसलन देखें देव (2006); दरअसल, इस तरह काफ़ी प्रदर्शन हुए। ऊपर इनमें से कुछ का उल्लेख किया गया है।

लिया। यह संख्या अपने-आप में बहुत बड़ी नहीं थी। लेकिन इसमें देश के विभिन्न क्षेत्रों से और एक-दूसरे से पूरी तरह से अलग भाषा बोलने वाले लोग आये इन लोगों ने जंगल और इसके संसाधनों पर अपने हक़ की माँग की। इसमें विभिन्न राजनीतिक दलों और नागरिक समाज संगठनों के प्रतिनिधियों ने भी हिस्सा लिया। इन सबने जेपीसी की सिफ़ारिशों के साथ विधेयक पारित करने की माँग की।[99]

पूर्व प्रधानमंत्री वी.पी. सिंह ने धरने पर आकर आदिवासियों के संघर्षों का समर्थन किया। उन्होंने जेपीसी की सिफ़ारिशों के साथ विधेयक संसद में पेश न करने के लिए सरकार की आलोचना की। उन्होंने कहा कि यदि वनों के प्रबंधन का लोकतंत्रीकरण होता है तो इससे लोगों और जंगलों– दोनों को फ़ायदा होगा। वृंदा करात (माकपा) और ए. बी. बर्द्धन (भाकपा) ने विधेयक पारित करने में हो रही देरी के लिए सरकार की आलोचना की। कांग्रेस नेता अजीत जोगी ने संरक्षणवादियों की आलोचना की। उन्होंने कहा कि संरक्षणवादियों में बहुत से लोग रजवाड़ों के परिवार से जुड़े हैं। इन परिवारों ने सैकड़ों बाघों को मारा। इन्हें संरक्षण की बात करने का क्या हक़ है? आदिवासी पारम्परिक रूप से बाघों की पूजा करते आये हैं। इन सभी नेताओं ने विधेयक

99. पाँच दिनों तक चले इस धरने में निम्नलिखित प्रमुख राजनीतिक नेता और नागरिक समाज संगठनों के प्रतिनिधि शामिल हुए (पहले नेताओं के नाम और कोष्ठक में उनका पद या जिस संगठन से वे जुड़े हुए हैं उसका नाम दिया गया है): 1. वी.पी. सिंह (पूर्व प्रधानमंत्री) 2. बृंदा करात (माकपा) 3. ए. बी. बर्द्धन (महासचिव, भाकपा) 4. पी. ए. संगमा (राष्ट्रवादी कांग्रेस) 5. अजीत जोगी (कांग्रेस), 6. जोएल ओरम (भाजपा), 7. डी. राजा (भाकपा), 8. सी. के. चंद्रप्पन (भाकपा), 9. सुधाकर रेड्डी (भाकपा), 10. एफ.एस. खुलसेट (भाजपा के राष्ट्रीय जनजाति मोर्चा के अध्यक्ष), 11. बीरेन एंगरी (कांग्रेस) 12. हेमलाल मूर्मू (कांग्रेस), 13. परशुराम मांझी (कांग्रेस), 14. नंद किशोर साय (भाजपा), 15. पी.पी. कोया [जद (यू)], 16. वासुदेव आचार्य (भाकपा), 17. दिलीप सिंह भूरिया (गोंडवाना गणतंत्र पार्टी) आदि। 18. मेघा पाटेकर (नर्मदा बचाओ आंदोलन और नैशनल अलायंस ऑफ पीपॅलस मूवमेंट); 19. संदीप पांडेय (आगा परिवार और नैशनल अलायंस ऑफ़ पीपॅल्स मूवमेंट); 20. डॉ. बी.डी. शर्मा (भारत जन आंदोलन); 21. कुलदीप नैयर (वरिष्ठ पत्रकार); 22. अरुणा रॉय और निलिख डे (मजदूर किसान शक्ति संगठन); 23. ज्यां द्रेज (जी.बी. पंत इंस्टीट्यूट, इलाहाबाद); 8. सुधा सुंद्रमन, (महासचिव ऑल इंडिया डेमोक्रेटिक वूमेन एसोसिएशन), 9. सुनीत चोपड़ा (महासचिव, अखिल भारतीय किसान सभा), 10. एनी राजा, (महासचिव, नैशनल फेडरेशन ऑफ़ इंडियन वूमेन), 11. जनकलाल ठाकुर, (छत्तीसगढ़ मुक्ति मोर्चा), 12. अर्जुन (पीपॅल्स डेमोक्रेटिक फ्रंट ऑफ़ इंडिया), 13. राकेश रफ़ीक (युवा भारत), 14. बलकार सिंह डाकुन्डा (भारतीय किसान यूनियन), 15. प्रफुल्ल सामंत्रा (उड़ीसा जन संघर्ष समिति), 16. अजय (आंध्र प्रदेश वजुवास्या विरीतिदारूल युनियन), 17. दिल्ली श्रमिक संगठन, 18. डॉ. ए. के. अफ़रीदी (जमात-ए-इस्लामी), 19. पॉल दिवाकर (नैशनल कैम्पेन फॉर दलित ह्यूमन राइट्स) आदि। देखें, कैम्पेन (2006सी); दरअसल, विभिन्न संगठनों के प्रतिनिधियों के धरने में आने से से यह बात स्पष्ट हो गयी कि इस प्रस्तावित कानून के पक्ष में समर्थन काफ़ी बढ़ चुका था।

के प्रति अपना पूरा समर्थन जताया।[100] इस धरने में भाजपा और जमाते इस्लामी हिंद के नेता भी आये और उन्होंने विधेयक के प्रति अपना समर्थन जताया। भाजपा नेता जोएल ओरम (ये राजग सरकार में जनजातीय मामलों के मंत्री थे) ने अपनी पार्टी की ओर से जेपीसी की सिफ़ारिशों का समर्थन किया। उन्होंने कहा कि उनकी पार्टी यह सुनिश्चित करेगी कि विधेयक जेपीसी की सिफ़ारिशों के साथ सर्वसम्मति से पास हो। जमाते इस्लामी हिंद के नेता डॉ. एन. के. अफरीदी ने वन अधिकारों के लिए संघर्ष को देश के ग़रीबों लोगों के न्याय की लड़ाई का एक भाग बताया। उन्होंने भी विधेयक को ज़ल्द-से-ज़ल्द पारित करने की माँग की (कैम्पेन 2006बी) इसके अलावा, धरने पर मेधा पाटेकर, संदीप पांडेय, बी.डी. शर्मा, अरुणा रॉय जैसे जन-आंदोलनों और जनसंगठनों से जुड़े नेताओं ने भी हिस्सा लिया। इन सबने भी क़ानून के लिए संघर्ष का समर्थन किया (कैम्पेन 2006सी)। धरने पर आये विभिन्न राज्यों के आदिवासियों ने अपने लोकगीतों और नारों द्वारा वन विभाग के अन्याय की आलोचना की। मसलन, एक गीत के बोल इस प्रकार थे– 'जो ज़मीन ला जोते बोये, वो ज़मीन के मालिक होये, जो ज़मीन के नांगर चलाई, वो ज़मीन के मालिक होई।' इसी तरह लोगों ने बहुत से नारे लगाए। एक प्रमुख नारा यह था–'ज़मीन अपने आप की, नहीं किसी के बाप की, जंगल अपने आप का, नहीं किसी के बाप का।' इस तरह के गीत और नारे देश के दूर-दूर के भागों से आये आदिवासियों और उनके प्रतिनिधियों को जोश से भर देते थे। धरने में सरकार का कोई प्रतिनिधि नहीं पहुँचा। लेकिन राजनीतिक दलों और विभिन्न संगठनों के व्यापक समर्थन ने क़ानून के लिए चल रहे संघर्षों की वैधता बहुत ज़्यादा बढ़ा दी। धरने के आख़िरी दिन यह फ़ैसला किया गया कि संसद के अगले सत्र (यानी शीतकालीन सत्र) में हज़ारों आदिवासी 'करो या मरो' के नारे के साथ दिल्ली के सड़कों पर उतर आएँगे (वही)।

संसद के मानसून सत्र के बाद वामपंथी दलों ने सरकार पर विधेयक को संसद के अगले सत्र में लाने के दबाव डालना शुरू किया। कांग्रेस पार्टी के भीतर भी विधेयक जल्दी पारित करने के लिए दबाव बढ़ा। आदिवासी संगठनों ने भी विभिन्न राज्यों में अपना आंदोलन जारी रखा। इन दबावों का नतीजा यह हुआ कि 15 नवम्बर को जनजातीय मामलों के मंत्रियों के समूह ने वन अधिकार विधेयक को अपनी सहमति दे दी। यह एक महत्त्वपूर्ण क़दम था। पहले यह माना गया

100. वीपी. सिंह, वृंदा करात, और अजीत जोगी 23 अगस्त, 2006 को धरने पर आए। ए.बी. वर्द्धन 26 अगस्त को धरने पर आए। दरअसल, धरने पर हर रोज़ विभिन्न नेता आते रहे। देखें, प्रेस रिलीज, कैम्पेन (2006बी) और (2006सी).

था कि मंत्रियों के समूह को जेपीसी की सिफ़ारिशें स्वीकार नहीं हैं।[101]

संसद का शीतकालीन सत्र 29 नवम्बर को शुरू हुआ। इस दिन 'कैम्पेन' के बैनर तले आदिवासी संगठनों ने संसद घेराव महारैली का आयोजन किया। इसमें तक़रीबन 15,000 लोगों ने भाग लिया। मुम्बई, भुवनेश्वर, राँची, चेन्नई और बंगलुरू में भी आदिवासियों ने प्रदर्शन किया। इनकी माँग यह थी कि विधेयक को इस सत्र में पारित किया जाए (कैम्पेन 2006डी: 1)। दिल्ली में आयोजित रैली में सभी प्रमुख दलों के नेताओं ने भाग लिया। इन नेताओं में वृंदा करात (माकपा), डी. राजा (भाकपा) सुधाकर रेड्डी (भाकपा) जोएल ओरम (भाजपा), किशोर चंद्र देव (कांग्रेस), दिलीप सिंह भूरिया (गोण्डवाना गणतंत्र पार्टी) प्रमुख थे। इन नेताओं ने विधेयक को जल्द-से-जल्द पारित करने की माँग की (वही : 2)। 30 नवम्बर को दिलीप सिंह भूरिया की 'गोण्डवाना गणतंत्र पार्टी' ने रैली का आयोजन किया। इसमें क़रीबन 10000 लोगों ने भाग लिया। इसी तरह 4 दिसम्बर को 'लोक संघर्ष मोर्चो' के नेतृत्व में हज़ारों महिलाओं ने संसद की ओर मार्च किया। आदिवासी बहुल राज्यों में भी विधेयक पारित करने की माँग के साथ ज़ोरदार प्रदर्शन हुआ। इसके अलावा, देश के कई भागों में स्थानीय स्तर पर आदिवासियों को गोलबंद करके 'राष्ट्रीय वन जन श्रमजीवी मंच' ने क़ानून पारित करने के लिए दबाव बनाया (झा 2010: 26)। राष्ट्रीय स्तर पर चलने वाले आंदोलन में इसने 'कैम्पेन' के साथ मिलकर काम किया।

व्यापक जन आंदोलन और राजनीतिक दलों के दबाव के कारण सरकार को जेपीसी रिपोर्ट के साथ यह विधेयक संसद में पेश करने के लिए सक्रिय होना पड़ा। 7 दिसम्बर 2006 को कैबिनेट ने इसे मंजूरी दे दी। 15 दिसम्बर को इसे लोकसभा में पेश किया गया। लोकसभा ने इसे उसी दिन पारित कर दिया। 17 दिसम्बर को इसे राज्य सभा ने भी पारित कर दिया। 29 दिसम्बर, 2006 को राष्ट्रपति ने संसद द्वारा पारित विधेयक पर हस्ताक्षर कर दिये (प्रसाद 2007: 4)।[102]

वन अधिकार क़ानून के लिए संघर्ष का यह दूसरा चरण बहुत ही महत्त्वपूर्ण

---

101. तत्कालीन विदेश मंत्री प्रणव मुखर्जी जनजातीय मामलों के मंत्रियों के समूह के अध्यक्ष थे। इस समिति का गठन वन अधिकार विधेयक की विवादपूर्ण स्थिति के कारण हुआ था। शुरुआती दौर में, संरक्षणवादियों की तरह ही मंत्रियों के समूह को भी जेपीसी की सभी प्रमुख सिफारिशों पर आपत्ति थी। लेकिन आदिवासी संगठनों के आंदोलन और वामपंथी दलों के दबाव के कारण इसने विधेयक को अपनी सहमति दे दी। देखें, 'जीओएम एक्सेप्ट्स ट्राइबल बिल', http://hindu.com/the hindu/holnus/002200611106325.htm., तारीख़ 16 नवंबर, 2006, देखने की तारीख़ 18.11. 2006.

102. भारत के राजपत्र या ग़ज़ट में इस कानून को 2 जनवरी 2007 को प्रकाशित किया गया। इसलिए आगे इस क़ानून के उद्धरण के लिए 'गवर्नमेंट ऑफ़ इंडिया 2007' का प्रयोग किया गया है।

था। इसने इस प्रस्तावित क़ानून के बारे में राजनीतिक दलों की एकजुटता अभिव्यक्त की। यह एकजुटता दो स्तरों पर अभिव्यक्त हुई। पहला, जेपीसी की रिपोर्ट द्वारा। जेपीसी में सभी राजनीतिक दलों का प्रतिनिधित्व था। जेपीसी ने अपनी सर्वसम्मत रिपोर्ट में आदिवासी आंदोलनों की सभी प्रमुख माँगें मान लीं। इसमें इस क़ानून की परिधि में 'अन्य पारम्परिक वन निवासियों' को शामिल करना, अधिकारों की मान्यता की तारीख़ 13 दिसम्बर 2005 करना, अधिकारों को तय करने की प्रक्रिया में ग्राम सभा को सबसे प्रमुख भूमिका देना, पट्टा मिलने वाली ज़मीन की मात्रा 2.5 हेक्टेयर की सीमा हटा देने जैसे प्रावधान शामिल थे। दरअसल, इसी कारण संरक्षणवादियों ने जेपीसी की रिपोर्ट को पॉपुलिस्ट या लोक-लुभावनवादी क़रार दिया। दूसरा, आदिवासी संगठनों द्वारा चलाए जाने वाले आंदोलनों ने भी प्रस्तावित क़ानून के समर्थन आधार बढ़ाया। क़ानून के लिए बढ़ते आंदोलन और व्यापक समर्थन ने इसके पारित होने में महत्त्वपूर्ण भूमिका अदा की। लेकिन यह क़ानून पूरी तरह से जेपीसी की सिफ़ारिशों के अनुरूप नहीं था। इसमें जेपीसी की कई सिफ़ारिशों को हटा दिया गया। लेकिन फिर भी यह क़ानून दिसम्बर 2005 में संसद में पेश विधेयक की तुलना में ज़्यादा बेहतर था। बहरहाल, आदिवासी संगठनों ने क़ानून के बारे में अपना असंतोष दर्ज कराया। इसके अलावा, क़ानून को अधिसूचित करना और सही तरीक़े से लागू कराना भी एक महत्त्वपूर्ण चुनौती थी।

III. संसद से पारित क़ानूनः क्रांतिकारी सम्भावनाओं की सीमाएँ और अधिसूचित करने का संघर्ष

अध्याय का यह भाग दो उपभागों में बँटा हुआ है। पहले उपभाग में यह विश्लेषण किया गया है कि संसद द्वारा पारित क़ानून किस सीमा तक जेपीसी की रिपोर्ट से अलग था। इसमें इस बात का भी परीक्षण किया गया है कि आदिवासी अधिकार संगठनों और संरक्षणवादियों ने इस क़ानून को किस रूप में देखा। दूसरे उपभाग में क़ानून के नियमों और इसकी अधिसूचना जारी होने से संबंधित घटनाक्रमों और वाद-विवादों का विवरण दिया गया है।

1. क़ानून, जेपीसी की सिफ़ारिशें और विभिन्न समूहों द्वारा आलोचना

वन अधिकार क़ानून या 'अनुसूचित जनजाति और अन्य परम्परागत वन निवासी (वन अधिकार की मान्यता) अधिनियम 2006' के पारित होने को सभी आदिवासी संगठनों ने एक सकारात्मक क़दम माना। मोटे तौर पर यह क़ानून जेपीसी रिपोर्ट की रूपरेखा में ही था। लेकिन इसकी कुछ धाराओं में या कुछ धाराओं के शब्दों में बदलाव किये गये। इससे इसकी 'क्रांतिकारी सम्भावनाएँ' काफ़ी कम हुईं। मसलन,

पहला, ग़ैर-अनुसूचित जनजाति को लोगों के लिए ज़्यादा मुश्किल शर्तें बना दी गयी। जेपीसी ने ग़ैर अनुसूचित जनजाति लोगों के अधिकारों को मान्यता देने के लिए यह शर्त रखी की ये लोग तीन पीढ़ियों से उसी स्थान पर रह रहे हों। लेकिन क़ानून में एक पीढ़ी को 25 वर्ष के बराबर माना गया है।[103] इसका मतलब यह है कि ऐसे लोगों को यह साबित करना होगा कि वे 13 दिसम्बर 2005 के 75 साल पहले से अर्थात् 1930 से जंगल में उसी स्थान पर रह रहे हैं। इसका अर्थ यह भी है कि इस अवधि में विकास परियोजनाओं और दूसरे कारणों से विस्थापित हुए ग़ैर-अनुसूचित जनजाति वनवासी लोगों को इस अधिनियम का फ़ायदा नहीं मिलेगा (कैम्पेन 2006एफ़)।

दूसरा, जेपीसी की रिपोर्ट में 'वन निवासी अनुसूचित जनजाति' या 'अन्य पारम्परिक वन निवासियों' की परिभाषा दी गयी थी। इसमें यह उल्लेख था कि इन श्रेणियों में वे लोग शामिल हैं, जो प्राथमिक रूप से जंगल में रहते हैं या जंगल के नज़दीक रहते हैं। लेकिन संसद द्वारा पारित क़ानून में सिर्फ़ उन्हीं लोगों का उल्लेख किया गया जो प्राथमिक रूप से जंगल में रहते हैं।[104] इससे पैदा हो गया कि इसमें उन्हीं लोगों को शामिल किया जाएगा, जो वास्तविक रूप में जंगल की ज़मीन पर रहते हों। अर्थात् यदि किसी व्यक्ति की ज़मीन जंगल में हो और वह जंगल से बाहर रहता हो, तो उसके अधिकारों को नकारा जा सकता है (प्रसाद 2007: 9; कैम्पेन 2006एफ़)।

तीसरा, क़ानून में जेपीसी की सिफारिशों के अनुसार ग्राम सभा की परिभाषा और शक्तियों को स्वीकार नहीं किया गया है। जेपीसी ने सभी क्षेत्रों के लिए 'पेसा' के अनुसार गाँव को परिभाषित किया था। लेकिन क़ानून में सिर्फ़ पाँचवीं अनुसूची के अंतर्गत आने वाले क्षेत्रों के लिए ही यह परिभाषा स्वीकार की गयी।[105] अब बाक़ी जगहों पर ग्राम सभा को टोला या पारा आधारित पंचायत की जगह राजस्व गाँव के रूप में बदल दिया गया है। जेपीसी की सिफ़ारिशों में अधिकार तय करने की प्रक्रिया में ग्राम सभा को काफ़ी स्वायत्तता मिली थी। इसमें यह प्रावधान था कि इसके फ़ैसले के ख़िलाफ़ सब-डिवीजन कमिटी और ज़िला स्तरीय कमिटी अपनी सिफ़ारिशें इसे भेजेंगी क़ानून में इन प्रावधानों को बदल दिया गया। सब-डिविजनल कमिटी या जिला स्तरीय कमिटी को ग्राम सभा को अपनी सिफ़ारिशें भेजने की ज़रूरत नहीं है। स्पष्टत: ग्राम सभा की शक्ति कम हुई।[106] क़ानून से जुड़ी कमिटियों में पंचायती राज संस्थाओं

103. धारा 2 (ओ), गवर्नमेंट ऑफ़ इंडिया (2007); इस क़ानून और इसके नियमों के संकलन के लिए देखें किशन (2008)।

104. धारा 2 (सी), गवर्नमेंट ऑफ़ इंडिया (2007) : 2।

105. धारा 2 (पी), गवर्नमेंट ऑफ़ इंडिया (2007) : 3।

से सिर्फ़ 3 सदस्यों को शामिल करने का प्रावधान किया गया। इनमें से दो सदस्य अनुसूचित जनजाति के होंगे और एक महिला होगी। इसमें ग्रासरूट आंदोलनों और स्वतंत्र विशेषज्ञों की कोई नुमाइंदगी नहीं है (प्रसाद 2007: 10)।

चौथा, जेपीसी ने संसद में पेश विधेयक के इस प्रस्ताव को हटा दिया था कि हर न्यूक्लीयर परिवार को अधिकतम 2.5 हेक्टेयर ज़मीन दी जाएगी। लेकिन संसद से पारित क़ानून में ज़मीन की सीमा को फिर से वापस लाया गया। अब यह प्रावधान किया गया कि एक न्यूक्लीयर परिवार को अधिकतम 4 हेक्टेयर ज़मीन दी जा सकती है।

पाँचवाँ, जेपीसी द्वारा प्रस्तावित धारा 3(2), 3(3) और 3(4)को क़ानून से हटा दिया गया तथा धारा 3(4) को धारा 3(2) में बदल दिया गया। इसमें यह प्रावधान किया गया था कि लोगों का उस ज़मीन पर भी हक़ होगा, जो पहले उनके पास था, लेकिन बाद में वन विभाग द्वारा पौधे लगाने या किसी दूसरे काम के लिए इसे वापस ले लिया गया; धारा 3(3) में सरकार को यह ज़िम्मेदारी दी गयी थी कि वह जंगल में या जंगल के नज़दीक भोजन, शिक्षा, स्वास्थ्य, संचार जैसी बुनियादी सेवाओं को स्थापित करे। स्पष्टत: वन विभाग के दबाव के कारण और सरकार द्वारा सीधी ज़िम्मेदारी से बचने के मक़सद से इन दो प्रावधानों को हटाया गया। जेपीसी धारा 3(5) में समुदायों के प्रथागत क़ानूनों से आगे जाकर पुरुषों और महिलाओं को समान वन अधिकार देने तथा अकेली या विधवा महिलाओं के लिए विशेष प्रावधान की बात कही गयी थी। संसद से पारित क़ानून से इस धारा को निकाल दिया गया। संसद से पारित क़ानून की धारा 3(2) में स्कूल आदि की स्थापना के लिए ग्राम सभा की सहमति से ज़मीन के 'डायवर्जन' (या बदलाव) का प्रावधान है। लेकिन यह धारा बुनियादी सुविधाओं के विकास की जिम्मेदारी सरकार पर नहीं डालती।

छठा, जेपीसी की रिपोर्ट 3(1)(आई) में यह सिफ़ारिश की गयी थी कि अधिकार-धारकों को टिम्बर, खनिज से मिलने वाले फ़ायदे का हक़ भी होना चाहिए। लेकिन संसद द्वारा पारित क़ानून से इसे हटा दिया गया।

सातवाँ, जेपीसी ने अपनी रिपोर्ट के धारा 4(8) में स्पष्ट रूप से झूम खेती के अधिकार का उल्लेख किया था। लेकिन संसद द्वारा पारित क़ानून से इस अधिकार को हटा दिया गया।

आठवाँ, जेपीसी ने इकोलॉजी संरक्षण के प्रावधानों को ग्राम सभा से जोड़ा था। संसद से पारित क़ानून में इसे अधिकार-धारक और ग्राम सभा दोनों से जोड़ दिया। जेपीसी ने इसी भाग (धारा 5) में कई ऐसे प्रावधानों की सिफ़ारिश की

106. अधिकार तय करने की प्रक्रिया की शुरुआत ग्राम-सभा ही करेगी। लेकिन जेपीसी रिपोर्ट के विपरीत अब इसे आख़िरी फैसला करने का हक़ नहीं होगा। देखें, धारा 6 (1), (2), (3), वही: 6.

थी जिससे वन निवासियों को वनोपजों को बेहतर मूल्य मिल पाता। इसमें सरकार को प्राकृतिक संसाधनों के दोहन में इन समुदायों को हिस्सा देने के लिए कहा गया था; इससे होने वाले नुक़सान के लिए मुआवज़ा देने, कॉरपोरेट आदि को इस क़ानून का उल्लंघन न करने देने और ऐसा होने पर सज़ा देने की सिफ़ारिश की गयी थी। जेपीसी की सिफ़ारिश थी कि ग्राम सभा के इजाज़त के बग़ैर किसी ऐसे वन भूमि का अधिग्रहण नहीं किया जाएगा, जिसके अधिग्रहण का इन पर बुरा प्रभाव पड़े; और ऐसा होने पर इन्हें मुआवज़े के रूप में ज़मीन के बदले ज़मीन दी जाएगी। संसद से पारित क़ानून में इन प्रावधानों यानी जेपीसी रिपोर्ट की धारा 5(1)(इ), 5(2); 5(3), 5(4) और 5(5) को हटा दिया गया। वैसे क़ानून के दूसरे प्रावधानों में ग्राम सभा को अभी भी बाहरी दख़ल रोकने का अधिकार है। लेकिन जिन क्षेत्रों में 'पेसा' लागू नहीं है, वहाँ गाँव को राजस्व गाँव के रूप में परिभाषित किया गया है। इस कारण इन क्षेत्रों में ग्राम सभा उतनी प्रभावशाली नहीं है। असल में, जेपीसी की सिफ़ारिशें एक तरफ ग्राम सभा को बहुत मजबूत बनाती थी, वहीं दूसरी ओर ये सरकार पर भी बहुत सारी ज़िम्मेदारी थोप रही थी। शायद इसीलिए इन्हें क़ानून से निकाल दिया गया।

नौवाँ, जेपीसी ने अपनी रिपोर्ट में दो नयी धाराएँ 7 और 8 जोड़ी थीं। धारा 7 में यह प्रावधान था कि ग्राम सभा इस क़ानून के अंतर्गत अपने काम को पूरा करने के लिए समिति बना सकती है। इसी तरह, धारा 8 में यह प्रावधान था कि जो लोग इस क़ानून के अंतर्गत अधिकार पाने योग्य नहीं पाए जाएँगे, उन्हें वन से जुड़ा कोई काम देकर उनका पुनर्वास किया जाएगा। इन दोनों ही सिफ़ारिशों को संसद से पारित क़ानून में शामिल नहीं किया गया।

दसवाँ, जेपीसी ने वनोपज संबंधी अधिकारों में जलावन की लकड़ी, पत्थर, स्लेट और पानी के उत्पादों को भी शामिल किया था। संसद से पारित क़ानून से इन्हें हटा दिया गया।[107]

ग्यारहवाँ, जेपीसी की रिपोर्ट के अनुसार 'क्रिटिकल वाइल्डलाइफ़ हैबिटेट' तय करने की प्रक्रिया में अधिकार-धारकों की सहमति होनी चाहिए; और इसमें क्षेत्र से परिचित स्वतंत्र इकोलॉजिकल-वैज्ञानिकों और समाज वैज्ञानिकों के सलाह-मशविरे की प्रमुख भूमिका होनी चाहिए। लेकिन क़ानून में इस प्रावधान को हटा दिया गया (प्रसाद 2007: 10)।

बारहवाँ, जेपीसी ने यह सिफ़ारिश की थी कि यदि इस क़ानून के प्रावधानों का टकराव किसी भी दूसरे क़ानून या किसी भी अदालत के फ़ैसले से होता है तो इस क़ानून के प्रावधानों को महत्त्व दिया जाएगा।

---

107. धारा 2 (आई), गवर्नमेंट ऑफ इंडिया (2007) : 2.

लेकिन क़ानून में इसे हटा दिया गया। क़ानून की धारा 13 यह कहती है कि यह किसी दूसरे क़ानून को प्रभावहीन नहीं करता है, बल्कि यह उनके अलावा है।[108] इसका मतलब यह है कि यह ख़तरा हमेशा मौजूद रहेगा कि इसे 1927 के वन अधिनियम या दूसरे क़ानूनों के आधार पर रोका जा सकेगा।[109]

तेरहवाँ, जेपीसी ने यह स्पष्ट किया था कि अधिकारों के दावे के सबूत के तौर पर ग्राम सभा बहुत सारी चीज़ों का सहारा ले सकती है (देखें जेपीसी की सिफ़ारिशों से संबंधित भाग)। लेकिन संसद से पारित क़ानून में इस पहलू को क़ानून से निकाल दिया गया।

चौदहवाँ, जेपीसी ने इस क़ानून को संविधान की नौवी अनुसूची में डालने की सिफ़ारिश की थी। माकपा की नेता बृंदा करात ने भी ऐसा करने का समर्थन किया।[110] संसद में विधेयक पर होने वाली बहस के दौरान भाजपा के सदस्य जोएल ओरम ने भी यही माँग की थी। इस माँग के पीछे मुख्य मक़सद इस क़ानून को अदालत के दखल से बचाना था (प्रसाद 2007: 10)। लेकिन संसद में पारित क़ानून में इसका कोई ज़िक्र नहीं किया गया।

आदिवासी संगठनों ने वन अधिकार क़ानून को इतने संशोधनों के साथ पारित करने को धोखाधड़ी की संज्ञा दी। वामपंथी दलों ने भी विधेयक में गुपचुप तरीके से की गये बदलावों को अलोकतांत्रिक कहा। जनजातीय मामलों के मंत्री ने यह कहा कि क़ानून के लिए नियम बनाते समय इन कमियों को दूर कर दिया जाएगा (वही: 10)।[111] यह भी कहा गया कि यह क़ानून पूरे राष्ट्र की समस्याओं के लिए एक जैसा हल पेश करता है। इसमें क्षेत्रीय विविधताओं को ध्यान में नहीं रखा गया।

बाद में, 2009 के आम चुनावों के समय वामपंथी दलों, ख़ासतौर पर माकपा और कांग्रेस ने क़ानून बनने का श्रेय अपने दल को दिया।[112] आदिवासी संगठनों

---

108. धारा 13, वही : 8.
109. कैम्पेन (2006इ) : 1-2.
110. 'फतवा राज इज ओवर', जे. के. राजलक्ष्मी द्वारा बृंदा करात का इंटरव्यू, *फ्रंटलाइन*, जनवरी 12, 2006 : 13.
111. 'कैम्पेन' ने अपनी पुस्तिका द्वारा सही ही यह स्पष्ट किया कि यदि किसी व्यक्ति की अपने खेत के आस-पास कोई झोपड़ी है तो वह उसके वहाँ निवास करने का प्रमाण है। 'निवास' का अर्थ किसी स्थान पर घर बनाकर निवास करना ही नहीं है। बल्कि इसका अर्थ यह भी कि कोई व्यक्ति उस स्थान से खेती, वनोपज, चराई के रूप में अपनी जीविका के लिए निर्भर है। स्रोत- 'व्हू इज इलिजिबल फ़ॉर राइट्स अंडर द ऐक्ट?, बेवसाइट पता- http://forestrightsact.com/index.php/who-is-eligibele-for-rights-htm, देखने की तारीख़ 12.01.2000।

ने भी इसे एक महत्त्वपूर्ण जीत के रूप में माना। लेकिन उन्होंने संसद से पारित अधिनियम से नाखुशी भी ज़ाहिर की क्योंकि इसमें से जेपीसी रिपोर्ट के कई प्रावधानों को हटा दिया गया था। इसने जनांदोलन कर रहे संगठनों में भी मतभेद को सामने ला दिया। 'राष्ट्रीय वन जन श्रमजीवी मंच' का यह मानना था कि जेपीसी के रिपोर्ट में हुए कई बदलावों के ख़िलाफ़ आंदोलन ने उतनी सख़्ती से विरोध नहीं किया, जितनी सख़्ती से विरोध किया जाना चाहिए था।[113]

दूसरी ओर, संरक्षणवादियों ने पहले की ही तरह वन अधिकार क़ानून की आलोचना की और इसे जंगलों और वन्य जीवों के लिए बहुत ही ख़तरनाक माना। वे संरक्षणवादी जो आदिवासियों को जंगल में अधिकार के समर्थक थे, उन्होंने भी कई आधारों पर इस क़ानून की आलोचना की: पहला, 'कट ऑफ़ डेट' को 1980 की जगह दिसम्बर, 2005 करना ग़लत है। इससे जंगलों पर बोझ बहुत ज़्यादा बढ़ेगा।' दूसरा, संरक्षित क्षेत्रों में लोगों को 'विकास' का अधिकार दिये जाने का संरक्षण पर नकारात्मक प्रभाव पड़ सकता है। यदि गहन जंगलों में इसे लागू किया गया तो यह वहाँ जैव-विविधता को नुक़सान पहुँचा सकता है (कल्पवृक्ष 2007; कोठारी 2011: 14-18)। बहुत से संरक्षणवादी अभी भी यह तर्क दुहराते रहे कि यह क़ानून जंगल और जंगली जीवों-दोनों के लिए ही ख़तरनाक है और इससे 'अतिक्रमण' करने की प्रवृत्ति को बढ़ावा मिलेगा।

बहरहाल, सरकार ने क़ानून के नियम बनाने के लिए एक कमिटी का गठन किया। लेकिन वह इस क़ानून की अधिसूचना (नोटिफ़िकेशन) जारी करने में टाल-मटोल का रवैया अपनाती रही। असल में, संरक्षणवादियों के विरोध के कारण इसे अधिसूचित करने की प्रक्रिया भी रुकी रही। आदिवासी संगठनों ने इस क़ानून को अधिसूचित करने के लिए भी अपना संघर्ष जारी रखा।

---

112. मसलन, माकपा ने अपने घोषणा-पत्र में यह स्पष्ट किया कि वामपंथियों के लगातार दबाव के कारण ही यह क़ानून पारित हो पाया। इसने यह भी रेखांकित किया कि माकपा और वामपंथी शक्तियों के हस्तक्षेप के कारण वन अधिकार क़ानून बनने की प्रक्रिया में निम्नलिखित बदलाव हुए: (1) 'कट ऑफ़ इयर' 1980 से दिसम्बर 2005 हुआ; (2) क़ानून के दायरे में अन्य पारम्परिक वन निवासी समुदायों को भी शामिल किया गया; (3) अधिकतम ज़मीन की मात्रा 2.5 हेक्टेयर से बढ़ाकर 4 हेक्टेयर की गयी; (4) लघु वनोपजों के संदर्भ में अधिकारों को और ज़्यादा विस्तृत किया गया; (5) ग्राम-सभाओं और पंचायतों की भूमिका का विस्तार किया गया; (6) वन क्षेत्रों के भीतर एक सीमित क्षेत्र में विकास के अधिकार को शामिल किया गया; और (7) महिलाओं को समान अधिकार दिया गया। देखें, कम्युनिस्ट पार्टी ऑफ़ इंडिया (मार्क्सिस्ट) 2009; कांग्रेस ने भी अपने घोषणा-पत्र में इसे अपने सरकार की महत्त्वपूर्ण उपलब्धि के रूप में रेखांकित किया। लेकिन इसने इस क़ानून का उतने विस्तार से उल्लेख नहीं किया, जितना माकपा ने किया। देखें, कांग्रेस लोकसभा मैनीफ़ेस्टो (2009: 7)।

113. अशोक चौधरी (राष्ट्रीय वन जन श्रमजीवी मंच के संस्थापक) सदस्य से बातचीत, 23 जून 2011, स्थान- दिल्ली।

2. क़ानून के नियम और अधिसूचना

क़ानून के नियम बनाने के लिए 19 फ़रवरी 2007 को पूर्व प्रशासक एस. आर. शंकरन के नेतृत्व में 19 सदस्यीय कमिटी का गठन किया गया। इस कमिटी में जनजातीय मामलों के मंत्रालय, पर्यावरण एवं वन मंत्रालय, ग्रामीण विकास और पंचायती राज मंत्रालय के अधिकारी शामिल थे।[114] इस कमिटी द्वारा बनाए गये नियमों का मसविदा जनजातीय मामलों के मंत्रालय द्वारा 19 जून, 2007 को जारी किया गया। इन नियमों को 25.6.2007 को गज़ट में प्रकाशित किया गया (गवर्नमेंट ऑफ़ इंडिया 2008ए; किशन 2008)। इसमें विभिन्न कमिटियों की सदस्यता और उनके काम करने के तरीक़े के बारे में विस्तार से बताया गया।

पहला, इसमें ग्राम-सभा द्वारा वन अधिकार समिति के गठन का प्रावधान किया गया। इसमें कम-से-कम 10 और ज़्यादा-से-ज़्यादा 15 सदस्य होंगे। इसमें एक तिहाई सदस्य अनुसूचित जनजातियों से होंगे और एक तिहाई सदस्य महिलाएँ होंगी। ग्राम सभा ही अधिकार तय करने के प्रक्रिया की शुरुआत करेगी। यह समिति ग्राम सभा की मदद करेगी। साथ ही, इसमें यह प्रावधान किया गया है कि लोगों को निजी अधिकार और सामुदायिक अधिकार के लिए अलग-अलग फॉर्म भरने होंगे। ग़ौरतलब है कि जेपीसी ने भी अपनी सिफ़ारिशों में ग्राम सभा को इस तरह की समिति के गठन की शक्ति देने की सिफ़ारिश की थी। लेकिन संसद से पारित क़ानून में इसे स्वीकार नहीं किया गया था।

दूसरा, नियमों में यह प्रावधान किया गया कि सब-डिविजनल कमिटी में तीन ग़ैर सरकारी सदस्य होंगे। छठी अनुसूची के अंतर्गत आने वाले क्षेत्रों के बारे में ये तीनों ग़ैर सरकारी सदस्य स्वायत्तशासी ज़िला परिषदों द्वारा नामांकित किये जाएँगे। इसी तरह, ज़िला स्तरीय कमिटी में तीन गैर सरकारी सदस्यों का प्रावधान किया गया है। छठी अनुसूची के क्षेत्रों में ये सदस्य स्वायत्तशासी ज़िला परिषद या राज्य परिषद द्वारा नामांकित किये जाएँगे। लेकिन दोनों ही मामलों में यह स्पष्ट शर्त है कि इन नामांकित सदस्यों में से एक सदस्य महिला होनी चाहिए।

तीसरा, दावों को स्वीकार करने के लिए बहुत से प्रमाणों को मान्यता दी गयी है। मसलन, मतदाता पहचान पत्र, अर्द्ध-शासकीय या शासकीय रेकार्ड, गज़ट, जनगणना रिपोर्ट, सेटेलमेंट रिपोर्ट, दावेदार के अलावा अन्य वरिष्ठ लोगों की लिखित गवाही, पारम्परिक संरचना आदि। क़ानून के इस पहलू को एक प्रगतिशील

114. 'पैनल टू फ्रेम रुल्स फॉर फॉरेस्ट राइट्स बिल इम्पलिमेंटेशन', वेबसाइट पता: www.hindu.com/2007/02/14/stories/2007021401917 00htm-24k. तारीख, 20.02.2007 देखने की तारीख़ 14.3.2007.

क़दम के रूप में देखा जा सकता है। जेपीसी ने अपने रिपोर्ट में एक ऐसी सूची दी थी। वह सूची इतनी ज़्यादा लम्बी नहीं थी। लेकिन उसमें भी ऐसी बहुत सी चीज़ों का उल्लेख था, जो अधिकारों के दावा करने की प्रक्रिया को आसान बनाती। लेकिन संसद से पारित क़ानून से इसे निकाल दिया गया था। यह कहा जा सकता है कि नियमों ने स्थानीय समुदायों को सबूत देने के लिए काफ़ी विकल्प दे दिया।

चौथा, इसमें विभिन्न समितियों की संरचना और कार्यों को विस्तार से बताया गया। यह उसी रूपरेखा के भीतर था, जिसका उल्लेख क़ानून में किया गया था (देखें गवर्नमेंट ऑफ़ इण्डिया 2008ए; किशन 2008)।

स्पष्टतः इस क़ानून के नियमों द्वारा अधिकार तय करने की प्रक्रिया को ज़्यादा पारदर्शी बनाने की कोशिश की गयी। आदिवासी संगठनों को अब भी इस क़ानून पर कई आपत्तियाँ थीं। इन संगठनों ने क़ानून की कमियों को दूर करते हुए इसे जल्द-से-जल्द लागू करने की माँग की। 21 अगस्त, 2007 को 'कैम्पेन' की ओर से दिल्ली में 'वन अधिकारों पर राष्ट्रीय सम्मेलन' का आयोजन किया गया। इस एक दिवसीय सम्मेलन में मध्य प्रदेश, उड़ीसा, राजस्थान, तमिलनाडु, कर्नाटक, छत्तीसगढ़, गुजरात और उत्तराखंड से आये आदिवासियों ने हिस्सा लिया। सम्मेलन में विभिन्न राज्यों में वन विभाग द्वारा आदिवासियों को परेशान करने और उन्हें उनके निवास स्थान से हटाने की घटनाओं पर चर्चा हुई। इसमें क़ानून की अधिसूचना जारी न होने पर चिंता और गुस्सा ज़ाहिर किया गया। सम्मेलन में उपस्थित लोगों ने क़ानून के नियमों को सकारात्मक क़दम माना। लेकिन संसद द्वारा पारित क़ानून से लोगों की पहले की शिकायतें क़ायम रहीं। आदिवासी संगठनों ने यह माँग की कि क़ानून में जेपीसी के प्रावधानों को शामिल किया जाए (कैम्पेन 2006जी: 1-3)। लेकिन इस बैठक में संसद से अपने पक्ष में क़ानून बनवाने में सफलता पाने की खुशी भी थी। अमूमन आदिवासी कार्यकर्त्ताओं और दूसरे एक्टिविस्टों ने यह माना कि कम-से-कम फिलहाल उन्हें इसी क़ानून के साथ जीना है। इसलिए उन्होंने क़ानून को नोटिफाई (या अधिसूचित) करवाने और उसे सही तरीक़े से लागू करवाने के लिए आंदोलन तेज़ करने का भी फ़ैसला किया।[115]

लेकिन इस क़ानून के ख़िलाफ़ संरक्षणवादियों का विरोध जारी रहा। इन्होंने तर्क दिया कि लोगों के नैशनल पार्कों या अभयारण्यों में अधिकार दे देने

---

115. स्थानीय स्तर पर क़ानून लागू करने के लिए कई जगहों पर धरना-प्रदर्शन भी हो रहा था। मसलन, 3 अक्टूबर 2007 को 3000 लोगों ने मध्य प्रदेश के सतना शहर में प्रदर्शन किया। 7 अक्टूबर को शिवनी, छिंदवाड़ा, बेतूल और जबलपुर में आदिवासियों ने प्रदर्शन किया। इसी तरह, 1 अक्टूबर को गोंडवाना गणतंत्र पार्टी ने मध्य प्रदेश के 17 ज़िलों में सार्वजनिक बैठक की। इसमें क़ानून को अधिसूचित करने की माँग की गयी। देखें, कैम्पेन (2007).

पर वे वहाँ से जाने के लिए तैयार नहीं होंगे। इसलिए उन्होंने क़ानून को प्रभावकारी करने से पहले यहाँ बसे लोगों को दूसरी जगह बसाने पर ज़ोर दिया। इसी कारण क़ानून की अधिसूचना जारी करने में काफ़ी वक्त लगा। दरअसल, वामपंथी दलों और जन-आंदोलनों ने क़ानून को ज़ल्द-से-ज़ल्द अधिसूचित या नोटिफाई करने के लिए दबाव बनाए रखा। लेकिन संरक्षणवादियों ने कांग्रेस के युवा सांसदों और कांग्रेस अध्यक्ष सोनिया गांधी को अपनी दलील से सहमत कर लिया (घिलदियाल और सेठी 2007: 15)। संरक्षणवादियों ने टेलीविजन पर विज्ञापन दिया। इसके द्वारा उन्होंने वन्य जीवों पर इस क़ानून के नकारात्मक प्रभावों को स्पष्ट करने की कोशिश की (सेठी 2007: 15)। 1 नवम्बर 2007 को 'नैशनल बोर्ड ऑफ़ वाइल्ड लाइफ़' की बैठक हुई। इस बोर्ड में 'डब्ल्यू. डब्ल्यू. एफ.', 'बॉम्बे नैशनल हिस्ट्री सोसायटी', और 'वाइल्ड लाइफ़ प्रोटेक्शन सोसायटी ऑफ़ इण्डिया' जैसे संरक्षणवादी समूहों के प्रतिनिधि और बाल्मीकि थापर जैसे संरक्षणवादी शामिल थे। इन सभी ने वन्य जीवों पर इस क़ानून के प्रभावों पर गहरी चिंता जताई। इस कारण, प्रधानमंत्री ने इस क़ानून के वन्य जीवों पर प्रभाव के अध्ययन के लिए एक उपसमिति का गठन किया। 'नैशनल वाइल्ड लाइफ़ बोर्ड' के सदस्य वाल्मीकि थापर और महेन्द्र व्यास को इसका सदस्य बनाया गया। इस समिति ने नैशनल पार्कों और अभयारण्यों को इस क़ानून के प्रभाव से बचाने पर बल दिया (जैन 2007: 1)। इस पूरी प्रक्रिया के कारण केंद्र सरकार द्वारा इस क़ानून को लागू करने में देरी हुई।

लेकिन सरकार के लिए जन-संगठनों और वामपंथी दलों के दबाव की उपेक्षा करना भी आसान नहीं था। आख़िरकार राष्ट्रपति की मंजूरी मिलने के एक साल बाद केंद्र सरकार ने 1 जनवरी 2008 को इस क़ानून को अधिसूचित किया। यह एक ओर वनवासी संगठनों के लिए खुशी का कारण बना। वहीं, दूसरी ओर इसने नयी चुनौतियों और संदेहों को जन्म दिया। क़ानून के लिए अधिसूचना जारी होने के एक हफ़्ते बाद प्रधानमंत्री ने 8 जनवरी 2008 को राज्य के मुख्यमंत्रियों को पत्र लिखकर 'स्वतंत्र भारत के इस महत्त्वपूर्ण क़ानून' को बेहतर तरीक़े से लागू करने के लिए उनका सहयोग माँगा। लेकिन इसके साथ ही प्रधानमंत्री ने वन्य जीवों की सुरक्षा के प्रति अपनी चिंता जताई। उन्होंने इस बात पर ज़ोर दिया कि इस क़ानून को लागू करते वक़्त 'क्रिटिकल वाइल्ड लाइफ़ हैबिटेट' की सुरक्षा पर ध्यान दिया जाना चाहिए (रामकृष्णन 2008: 4)।

स्पष्टत: क़ानून के पारित होने के बावजूद आदिवासी संगठनों में असंतोष क़ायम रहा। इसके कई कारण थे : पहला, यह क़ानून जेपीसी की सिफ़ारिशों के अनुरूप नहीं था। क़ानून में कई ऐसे बदलाव किये गये जो आदिवासियों

के अधिकारों को कमज़ोर करते थे। दूसरा, क़ानून को अधिसूचित करने में बहुत देर की गयी। यह इस बात का प्रमाण है कि संरक्षणवादी खेमा अपनी चिंताओं से शासक-वर्ग के महत्त्वपूर्ण हिस्से को प्रभावित करने में सफल रहा। तीसरा, 'क्रिटिकल वाइल्ड लाइफ़ हैबिटेट' द्वारा वन्य जीवों की सुरक्षा का प्रावधान किया गया है। यदि इसे सही तरीक़े से लागू किया जाए तो यह वन्य जीवों की सुरक्षा में कारगर साबित हो सकता है। लेकिन आदिवासी संगठनों को यह डर था कि इसका प्रयोग आदिवासियों के ख़िलाफ़ किया जा सकता है।

बहरहाल, ऊपर के वर्णन से यह स्पष्ट है कि क़ानून बनने के हर स्तर पर आदिवासी संगठनों के आंदोलनों की महत्त्वपूर्ण भूमिका रही। इनके संघर्ष को सही दिशा देने में इनसे हमदर्दी रखने वाले एक्टिविस्टों, एकेडेमिशियनों और बुद्धिजीवियों ने भी सक्रिय योगदान दिया। संसद में पेश क़ानून का पहला प्रारूप काफ़ी सीमित था। जेपीसी ने आंदोलनों की सभी प्रमुख माँगों को स्वीकार कर लिया। लेकिन जब यह क़ानून संसद से पारित हुआ, तो जेपीसी की बहुत सारी सिफ़ारिशों की उपेक्षा कर दी गयी। इस कारण, यह क़ानून उतना प्रभावशाली नहीं बन पाया, जितना जेपीसी की सिफ़ारिशों में था। लेकिन यह भी सच है कि संसद से पारित क़ानून संसद में पेश शुरुआती प्रारूप से काफ़ी ज़्यादा अलग था। इसमें आदिवासी संगठनों की बहुत सी माँगों को शामिल किया गया था। मसलन, इसमें अन्य पारम्परिक वन निवासियों को शामिल किया गया, ज़मीन की मात्रा 4 हेक्टेयर प्रति न्यूक्लीयर परिवार किया गया, अनुसूचित जातियों के लिए 'कट ऑफ़ डेट' 13 दिसम्बर 2005 स्वीकार किया गया, पाँचवीं अनुसूची के क्षेत्रों में गाँवों को टोला या पारे के रूप में परिभाषित किया गया आदि। शंकर गोपालकृष्णन के अनुसार, इस क़ानून के अंतर्गत लोगों को भूमि अधिकार, उपयोग अधिकार, जंगलों की सुरक्षा और संरक्षण का अधिकार और मनमाने तरीक़े से दूसरी जगह भेजने के ख़िलाफ़ अधिकार मिला है (गोपालकृष्णन 2010)।

लेकिन इस क़ानून के लिए चले संघर्ष की व्याख्या किस तरह की जा सकती है? क्या संरक्षणवादियों की तरह ही इसे 'पॉपुलिस्ट' आंदोलन कह कर ख़ारिज किया जा सकता है? क्या इसे लोकतंत्र का नकारात्मक पहलू माना जा सकता है जहाँ कोई समूह अपने वोट कि ताक़त से अपने मनमाफ़िक काम करा लेने में समर्थ होता है? या यह आदिवासी संगठनों की 'ऐतिहासिक जीत' का प्रतिनिधित्व करता है?

IV. वन अधिकार क़ानून के लिए संघर्ष : मार्जिनल सोसायटी (या हाशिया समाज) की सक्रियता

विविध जनसंगठनों ने इस क़ानून की सीमाओं के बारे में बताया। लेकिन इसके बावजूद उन्होंने इसे एक 'क्रांतिकारी क़ानून' की संज्ञा दी। 'कैम्पेन' और 'राष्ट्रीय वन जन श्रमजीवी मंच' जैसे संगठनों ने इसे ऐतिहासिक और क्रांतिकारी क़ानून की संज्ञा दी। नंदिनी सुंदर के अनुसार, यह क़ानून इस बात का प्रमाण है कि जन-आंदोलनों में यह शक्ति होती है कि वे विधायी प्रक्रिया में भाग लेकर उसे प्रभावित कर सकते हैं (सुंदर 2011: 184)। मधु सरीन का मानना है कि यह क़ानून भारतीय विधायी इतिहास में एक मील का पत्थर है। संसद ने इस क़ानून की प्रस्तावना में यह स्वीकार किया है कि वनों में जनजातियों और अन्य पारम्परिक वन निवासियों के वन अधिकारों को मान्यता नहीं दी गयी है। इससे इनके साथ ऐतिहासिक अन्याय हुआ है। सरीन इसे वन प्रशासन के लोकतंत्रीकरण की शुरुआत मानती हैं। उनकी नज़र में इसकी एक अन्य मुख्य विशेषता यह है कि इसमें ग्रासरूट आंदोलनों, अधिकार एक्टिविस्टों, एकेडेमिशयनों आदि के अनौपचारिक गठजोड़ ने संसद, राज्य विधानमंडलों और राजनीतिक दलों पर दबाव बनाया। लेकिन ये क़ानून के लागू होने की प्रक्रिया और राज्य की मंशा को शक की नज़र से भी देखती हैं (सरीन 2010: 116; सरीन और स्प्रिंगेट-बगिन्स्की 2010)। इंद्रनील बोस मानते हैं कि इस क़ानून का बनना भारत में 'विरोध' या 'अभियान' की राजनीति के महत्त्व की ओर इशारा करता है (बोस 2010)। शंकर गोपालकृष्णन ने इस क़ानून के बनने की प्रक्रिया का वर्णन करने के लिए तीन समूहों के बीच होने वाली अंत:क्रिया को रेखांकित किया है। एक समूह अंग्रेज़ी मीडिया में संरक्षणवादियों का था, जिसने इस क़ानून का विरोध किया; दूसरा समूह वन विभाग के इतर नौकरशाही और ऐसे ग़ैर-सरकारी संगठनों का था जिन्होंने वन अधिकारों का समर्थन किया। लेकिन उन्होंने इसकी व्याख्या बहुत सीमित रूप में की; तीसरे समूह में वन निवासी और जनजातीय आंदोलन, वाम दलों के कुछ तत्त्व तथा कांग्रेस और अन्य राजनीतिक दल थे। इन्होंने ऐसे क़ानून की वक़ालत की जो संसाधन नियंत्रण की व्यवस्था में बुनियादी बदलाव करें। ख़ासतौर पर आंदोलनों के लिए यह क़ानून साध्य नहीं था, बल्कि यह संसाधनों पर संघर्ष की ज़्यादा गहरी और व्यापक राजनीति का शुरुआती बिंदु था। क़ानून के बारे में संघर्ष ने यह संकेत किया है कि हर स्तर पर क़ानून और इसके अर्थ के बारे में संघर्ष हुआ। क़ानून की दिशा इस बात से तय हुई कि राजनीतिक स्पेस में कौन सा समूह ज़्यादा प्रभुत्वशाली रहा है (गोपालकृष्णन 2010 : 63-64)। इसी तरह, बहुत से दूसरे

विद्वानों ने भी इसे 'गरीब के हित में होने वाले संस्थात्मक सुधार' के रूप में देखा (रेड्डी और अन्य 2011; भुल्लर 2008)।

अमूमन इन सभी वर्णनों में इस क़ानून के लिए आंदोलन और इससे जुड़े विभिन्न समूहों के आपसी संबंधों का विश्लेषण नहीं किया गया है। ये वर्णन बहुत ही सरलीकृत हैं। इससे यह समझने का आधार भी नहीं मिलता है कि उत्तर-उदारीकरण (पोस्ट लिबरलाइजेशन) दौर में ग्रासरूट आंदोलनों द्वारा क़ानून के लिए संघर्ष की व्याख्या कैसे की जा सकती है। शंकर गोपालकृष्णन ने क़ानून के लिए चले संघर्ष को तीन समूहों की अंत:क्रिया के रूप में देखा है। लेकिन यह भी एक सीमित विश्लेषण ही है। मसलन, वे यह बताने की कोशिश नहीं करते हैं कि ग़ैर-सरकारी संगठनों और जनजातीय आंदोलनों के बीच के संबंध को कैसे समझा जाए; इनके विवरण से ऐसा लगता है कि हर मौक़े पर ग़ैर-सरकारी संगठन और आदिवासी आंदोलन दो अलग-अलग ख़ानों में बँटे हुए थे। इसके अलावा, ये भी क़ानून बनने के दौरान चले वाद-विवाद और इस दौरान सामने आये विविध दृष्टिकोण या विधेयक के शुरुआती प्रारूप से आख़िरी क़ानून बनने तक के सफ़र में आये उतार-चढ़ाव का विवरण नहीं देते हैं। इस तरह के विश्लेषण क़ानून बनने की प्रक्रिया को समझने का पर्याप्त आधार नहीं देते हैं।

दूसरी ओर, बहुत सारे विद्वानों ने इस क़ानून को ज़्यादा आलोचनात्मक तरीक़े से देखा है। मसलन, वेलायुथम सरवनन इस क़ानून को 'राजनीतिक रूप से प्रेरित' क़ानून की संज्ञा देते हैं। इनका यह मानना है कि 'इससे न तो आदिवासी समुदायों का भला होगा और न ही इससे संरक्षण को बढ़ावा मिलेगा।' क़ानून बनने की प्रक्रिया में भाग लेने वाले समूहों को वे तीन भागों में बाँटते हैं: पहला, जनजातीय और वन निवासी एक्टिविस्ट समूह, और जनजातीय मामलों का मंत्रालय, दूसरा, पर्यावरणवादी/संरक्षणवादी और वन विभाग- ये इस क़ानून का विरोध कर रहे थे; और तीसरा अन्य वन निवासी समूह; ये वन निवासी समुदायों की श्रेणी में शामिल होने के लिए प्रयास कर रहे थे (सरवनन 2009: 208-9)। सरवनन क़ानून में उन्हीं सारी कमियों की ओर संकेत करते हैं जिनका उल्लेख अध्याय के पहले भाग में किया गया है। यानी इससे जंगल और इसके संसाधन बर्बाद होंगे, आदिवासियों का 'विकास' नहीं होगा और क़ानून के भीतर बहुत सारी बातें अस्पष्ट हैं (वही : 212-217)। लेकिन इनके विश्लेषण की सबसे बड़ी कमी यह है कि ये क़ानून के लिए किसी आंदोलन का अस्तित्व नहीं मानते हैं। वे इस तथ्य का भी उल्लेख नहीं करते हैं कि आदिवासियों की बढ़ती राजनीतिक जागरूकता ने सरकार को इस तरह का क़ानून बनाने के लिए प्रेरित या मज़बूर किया। वे इसे ऊपर से 'राजनीतिक मंशा' (यानी कांग्रेस और यूपीए

द्वारा आदिवासियों में अपनी पैठ जमाने की कोशिश) से बनाए गये क़ानून के रूप में देखते हैं। दूसरा, उन्होंने क़ानून के लिए चले 'वाद-विवाद' में भाग लेने वाले अलग-अलग समूहों का जिस तरह वर्गीकरण किया है, उसमें भी बहुत ज़्यादा समस्याएँ हैं। मसलन, वे इस बात का उल्लेख नहीं करते हैं कि 'अन्य परंपरागत वन निवासी समूहों' और अनुसूचित जनजातियों की माँगें साझा रूप में आगे बढ़ीं। क़ानून की तरफ़दारी करने वाले तक़रीबन सभी समूहों और एक्टिविस्टों ने इन समूहों को क़ानून के दायरे में शामिल करने का समर्थन किया।

इसी तरह, सव्यसाची इस क़ानून को पूँजीवाद के विकास की प्रक्रिया में अवस्थित करते हैं। उन्होंने ने यह तर्क दिया है कि यह क़ानून 'लेबर टिलियोलॅजी' (या श्रम प्रयोजनमूलकता) के सिद्धांत के आधार पर बनाया गया है। यह क़ानून जंगलों की आधारभूत स्थिति (या फाउंडेशनल पोजीशन) को ख़त्म करके उन्हें पूँजीवाद को इकोलॉजिकल सेवा उपलब्ध कराने वाले स्थान में तब्दील कर देता है। यह हाशिये पर पड़े आदिवासियों और वन निवासियों के हितों को बहुत कम पूरा करता है (सव्यसाची 2011)।[116] सव्यसाची इस तर्क ख़ारिज करते हैं कि यह क़ानून ऐतिहासिक अन्याय को ख़त्म करता है। इनके अनुसार, यह सिर्फ़ अतिक्रमण का नियमितीकरण करने वाला क़ानून है। ऐसा करके यह राज्य के अतिक्रमण को मज़बूती दे रहा है (वही : 58)। इस क़ानून के आंदोलन की तुलना बिरसा मुंडा के संघर्ष से नहीं की जा सकती। बिरसा अपने पुरखों की ज़मीन के लिए लड़े थे, जबकि यह क़ानून कुछ एकड़ ज़मीन पर 'वन भूमि अधिकारों' तक सिमटा हुआ है (वही 56-7; साथ ही देखें सव्यसाची 2010)। इनके द्वारा क़ानून के बारे में बताई गयी कुछ कमियाँ बहुत ही महत्त्वपूर्ण हैं- मसलन, वे इस क़ानून में सामुदायिक वन अधिकारों के बारे में मौजूद अस्पष्टता की ओर इशारा करते हैं (सव्यसाची 2011)। सव्यसाची की तरह ही श्रीशा नायडू क़ानून को पूँजीवाद और नवउदारवाद से जोड़ती हैं। इनकी दलील है

116. सव्यसाची अपने विचारों को पेश करने के लिए जॉर्ज ल्यूक्स की किताब *लेबर ऐंड द ऑन्टोलॅजी ऑफ़ सोशल बीइंग* से 'लेबर टिलियोलॅजी' का विचार लेते हैं। अपनी इस किताब में ल्यूक्स ने 'लेबर टिलियोलॅजी' के तीन आयाम बताये हैं; पहला, यह प्राकृतिक पदार्थों के रूप को बदल देता है। यह प्रकृति के काम और मनुष्यों के काम के बीच मौजूद नज़दीकी संबंध को तोड़ देता है। यह व्यक्ति को प्रकृति की सीमाओं से बाहर निकालता है। दूसरा, यह वास्तविक और आदर्श के बीच में द्विविभाजन पैदा करके दुनिया का सेकुलरीकरण करने की कोशिश करता है। तीसरा, टिलियोलॅजी श्रम को सब्जेक्ट (या कर्त्ता) और प्रकृति को ऑब्जेक्ट (या वस्तु) में तब्दील कर देती है (सव्यसाची 2011: 55)। सव्यसाची के अनुसार 21वीं सदी में लेबर टिलियोलॅजी ने पूरी दुनिया में आर्थिक विकास के साथ-ही-साथ जनसंहार और इकोलॅजी संहार को बढ़ावा दिया है।

कि यह एक ख़ास तरह से जंगल की ज़मीन पर लोगों को सम्पत्ति अधिकार देता है। ज़मीन के इस तरह से संस्थानीकरण होने से व्यावसायिक फ़ायदे के लिए इसका ज़्यादा आसानी से इस्तेमाल हो सकता है (नायडू 2011)। ऋताम्भरा हेब्बार ने क़ानून बनने के दौरान यह तर्क दिया था कि राज्य इस क़ानून के माध्यम से एक ओर अपनी ज़िम्मेदारियों से पीछे हट रहा है, वही वह जंगल को बाज़ार के लिए खोल रहा है (देखें हेब्बार 2006)। इसी तरह, मधु रामनाथ ने भी इस यह तर्क दिया है कि यह क़ानून सरकार को स्पष्ट रूप से और क़ानूनी तरीक़े से अपना एजेंडा आगे बढ़ाने की इजाज़त देता है। सरकार का एजेंडा हाशिये पर पड़े लोगों की भलाई नहीं है, बल्कि यह आर्थिक संवृद्धि के लिए प्राकृतिक संसाधनों का दोहन कर उसे प्रतियोगी दरों पर बेचना चाहती है। इस क़ानून की मदद से वह अपनी सभी पर्यावरणीय जिम्मेदारियों से बच सकती है, आदिवासी एक्टिविस्टों को खुश रख सकती है और अपना एजेंडा आगे बढ़ा सकती है (रामनाथ 2008: 41)।

बहरहाल, मेरा यह मानना है कि इन लेखकों के तर्कों में तीन बुनियादी ख़ामियाँ हैं: पहला, सरवनन की तरह ही ये लेखक भी आदिवासियों की जागरूकता और उनके संघर्ष की उपेक्षा करते हैं। ये सभी आदिवासियों की राजनीतिक ऐजेंसी को जड़ और राज्य द्वारा नियंत्रित मानते हैं। ऐसा लगता है कि वे इन्हें ऐसे मौन और निष्क्रिय समूह के रूप में देखते हैं जिसे राज्य, बाज़ार और पूँजी अपनी मनमर्ज़ी के हिसाब से इस्तेमाल कर रहे हैं। दूसरा, सव्यसाची की यह उम्मीद भी सही नहीं है कि इक्कीसवीं सदी में चलने वाला आदिवासी आंदोलन बिरसा मुंडा की भाषा या शैली अपनाएगा। आदिवासियों के लोकतांत्रिक जागरूकता को समझने के यह इस क़ानून बनने के विभिन्न चरणों पर ध्यान देने की आवश्यकता है। इसे सव्यसाची और क़ानून के दूसरे आलोचक नज़रअंदाज़ करते हैं। तीसरा, ये आलोचक इस क़ानून द्वारा मिले सामुदायिक अधिकारों का सही विश्लेषण नहीं करते हैं। इस क़ानून के सामुदायिक अधिकार लोगों को अपने जंगल और उसके संसाधनों पर हक़ देते हैं। इसी को आधार बनाकर बहुत से स्थानीय समुदाय राज्य की मिलीभगत से काम करने वाले अंतर्राष्ट्रीय कॉरपोरेट घरानों का मुक़ाबला कर रहे हैं।[117]

मेरा यह मानना है कि हम वन अधिकार क़ानून के बनने को 'मार्ज़िनल सोसायटी' (या हाशिया समाज) की सक्रियता के रूप में देख सकते हैं। अध्याय एक में मैंने 'मार्ज़िनल सोसायटी' की अवधारणा से संबंधित कुछ प्रमुख बिंदुओं को स्पष्ट किया है। मार्ज़िनल सोसायटी का अर्थ जंगल में या इसके क़रीब रहने

117. अध्याय 5 में इस पहलू का विस्तार से विश्लेषण किया गया है।

वाले ऐसे समूह से है जिनके साथ विविध कारणों से 'ग़ैरक़ानूनी' होने का ठप्पा जुड़ा होता है। ये सिर्फ़ मौक़े-बेमौक़े ही नागरिकता के सभी अधिकारों का उपयोग करते हैं। अमूमन, मध्य वर्ग के एक्टिविस्टों और जनसंगठनों की सक्रियता के कारण इनमें राजनीतिक जागरूकता आती है और ये बेहतर क़ानूनों की माँग करते हैं। कई मरतबा ये इन्हीं क़ानूनों का उपयोग राज्य के ख़िलाफ़ भी करते हैं (देखें अध्याय 1)। इस क़ानून के बनने के संदर्भ में हम निम्नलिखित बिंदुओं के रूप में मार्ज़िनल सोसायटी की सक्रियता को अभिव्यक्त कर सकते हैं:

पहला, इस क़ानून की माँग उन समूहों द्वारा की गयी, जो संवैधानिक रूप से इस देश के नागरिक हैं, लेकिन वे मौक़े-बेमौक़े ही नागरिक अधिकारों का उपयोग कर पाते हैं। इन्हें रोज़मर्रा की ज़िंदगी में वन विभाग और राज्य की दूसरी संस्थाओं के दमन का सामना करना पड़ता है। कई मरतबा इनके घर उजाड़ दिये जाने की घटना भी होती रही है। 'अतिक्रमक' होने के कारण जंगल में इन समुदायों की गतिविधियों को 'ग़ैरक़ानूनी' माना जाता रहा है। अमूमन वन विभाग जंगल में इन समुदायों की गतिविधि को संदेह की नज़र से देखता है। यह एक तरह से 'ग़ैरक़ानूनी' के ठप्पे के साथ हाशिये पर जीने वाले बड़े समुदाय का निर्माण करता है।

दूसरा, मार्ज़िनल सोसायटी के निर्माण में पढ़े-लिखे एक्टिविस्टों, एकेडेमिशियनों आदि की सक्रिय भूमिका होती है। इन एक्टिविस्टों में अधिकांश लोग ग़ैर-आदिवासी होते हैं। लेकिन पिछले दो दशकों में पढ़े-लिखे और अपने अधिकारों के प्रति जागरूक लोगों (या 'व्यावहारिक रूप से नागरिकों') की जमात में आदिवासियों की संख्या भी बढ़ी है। जिस अर्थ में पार्थ चटर्जी नागरिक समाज और राजनीतिक समाज के बीच में अंतर करते हैं, उस अर्थ में इन्हें 'नागरिक समाज' का भाग माना जा सकता है। यह स्पष्ट है कि इस तरह के लोगों के बग़ैर इस तरह के मार्ज़िनल सोसायटी के उभार की कल्पना नहीं की जा सकती। यहाँ यह भी उल्लेखनीय है कि नक्सलवादियों की गतिविधियों के कारण जंगलों में या इसके क़रीब रहने वाले लोगों की राजनीतिक जागरूकता बढ़ी है। इनमें भी नेतृत्व के स्तर पर बहुत सारे लोगों की पृष्ठभूमि ऐसी होती है कि मुख्यधारा के समाज में ये 'अच्छे नागरिक' (या नागरिक समाज के सदस्य) के रूप में जी सकते थे/हैं। वननिवासी समुदायों में राजनीतिक जागरूकता लाने में इनकी महत्त्वपूर्ण भूमिका रही है। लेकिन ये संसदीय राजनीति और इसके क़ानूनों को पूरी तरह नकारते हैं। इसलिए बेहतर क़ानूनों की माँग और उसके लिए तथा उसकी मदद से संघर्ष करने की प्रेरणा भरने में उन एक्टिविस्टों की महत्त्वपूर्ण भूमिका रही है, जिन्होंने जन संगठनों के माध्यम से आदिवासी इलाक़ों में काम किया है।

वन अधिकार क़ानून के संदर्भ में देशभर के वनवासी एक समुदाय के रूप में जुड़े। ज़मीन का पट्टा न होने के कारण इन्हें 'अतिक्रमक' माना जाता था। साथ ही, जंगल के संसाधनों पर इनके अधिकारों को कोई मान्यता नहीं थी। 'कैम्पेन' और 'राष्ट्रीय वन-जन श्रमजीवी मंच' (एन.एफ.एफ.पी.एफ.डब्ल्यू.) जैसे संगठनों ने मार्जिनल सोसायटी को एक आकार देने में अहम् भूमिका निभायी। ऐसा नहीं था कि इन आदिवासी जनसंगठनों में सभी सदस्य जंगल के 'अतिक्रमक' के रूप में थे। लेकिन निश्चित रूप से ऐसे लोगों की संख्या ज़्यादा थी। इसके अलावा, विधेयक के दूसरे पहलुओं (मसलन, वनोपज लेने की 'छूट' की जगह अधिकार की माँग) से भी लोगों का हित जुड़ा हुआ था।

तीसरा, आदिवासी जन-संगठनों ने आदिवासियों में क़ानून के बारे में जागरूकता लाने का काम किया। इन समुदायों में अपनी रोज़मर्रा की ज़िंदगी के अनुभवों के कारण क़ानून की समझ का विकास हुआ। क़ानून के कारण ही इन्हें वन विभाग के दमन का सामना करना पड़ता है। इसलिए जंगल पर हक़ के लिए 'प्रगतिशील' या 'बेहतर' क़ानून की माँग ज़मीनी स्तर से ही सामने आयी। मार्जिनल सोसायटी के उभार के साथ ही 'ज़मीनी स्तर से क़ानूनवाद' (लीगलिज़्म फ्रॉम बिलो) का उभार भी हुआ। यह क़ानून भी इसी का नतीज़ा है। इसलिए क़ानून के बनने के दौरान संशोधनों की माँग ज़मीनी स्तर से आयी। मसलन, 'अन्य परम्परागत वन निवासियों' को क़ानून में शामिल करने, 'कट ऑफ़ डेट' बढ़ाने आदि की माँग। इसका यह मतलब नहीं है कि सभी आदिवासी इस क़ानून के हर छोटे-छोटे पहलू से परिचित थे। लेकिन जन-संगठनों से जुड़ाव के कारण क़ानून से जुड़ी प्रमुख बातों के बारे में लोगों को जानकारी थी। यह भी सच है कि सभी क्षेत्रों में एक समान रूप से लोगों को इसके बारे में जानकारी नहीं थी। कई ऐसे भी लोग थे जो सिर्फ़ इसे 'पट्टा क़ानून' के रूप में समझते थे। लेकिन यह ज़रूर है कि जिन क्षेत्रों में जन-संगठन सक्रिय थे, वहाँ लोग क़ानून के महत्त्व के बारे में जागरूक हो गये थे। ऐसे बहुत से क्षेत्र हैं जहाँ लोगों में ऐसी जागरूकता नहीं रही है। ऐसे क्षेत्रों में मार्जिनल सोसायटी का उभार नहीं हुआ है। इस कारण लोग क़ानून या इसके प्रावधानों के बारे में जागरूक नहीं हैं।[118]

चौथा, क़ानून को 'गवर्नमैंटैलिटी' के विस्तार के रूप में देखा जा सकता है। दरअसल, भारत में पिछले वर्षों में नक्सलवादी (या माओवादी) आंदोलन का तेज़ी से विस्तार हुआ है। ख़ासतौर पर जंगल के क्षेत्रों में नक्सलवादियों का ज़्यादा तेज़ी से प्रसार हुआ है। इन्हें गवर्नमैंटैलिटी से बाहर पड़े समूह के रूप

118. अध्याय 5 और 6 में इस पहलू की विवेचना की गयी है।

में देखा जा सकता है।[119] इस क़ानून को मंजूरी देने के पीछे राज्य की यह मंशा भी रही है कि जंगल में रहने वाले आदिवासियों के बीच इसकी वैधता बढ़े। राज्य यह चाहता है कि आदिवासी समूह उसे 'कल्याण और भलाई' का स्रोत मानते रहें और इन इलाकों में माओवादियों का प्रभाव न बढ़े या उनका प्रभाव कम हो।[120] लेकिन इस क़ानून के पीछे राज्य का यह मक़सद भी रहा है कि जंगल की ज़मीन के बारे में मौजूद अस्पष्टता को दूर हो और एक सुनिश्चित सम्पत्ति व्यवस्था क़ायम की जाए। लेकिन जन-आंदोलनों के दबाव के कारण उसे बहुत सी ऐसी माँगों को भी स्वीकार करना पड़ा जो क़ानून के शुरुआती प्रारूप का हिस्सा नहीं थे। लेकिन इसके साथ ही राज्य ने एक तरह से 'लेन-देन' रणनीति अपनायी। अर्थात् इसने क़ानून के लिए चलने वाले आंदोलनों की कुछ माँगों को स्वीकार किया, लेकिन बहुत सी माँगों को ठंडे बस्ते में डाल दिया। इस कारण, जन-आंदोलन से सामने आने वाली कई माँगों को, जिन्हें जेपीसी ने स्वीकार कर लिया था, संसद से पारित क़ानून में शामिल नहीं किया गया (देखें इस अध्याय का भाग 3)।

पाँचवाँ, ऊपर हमने यह उल्लेख किया है कि एक्टिविस्टों का एक ऐसा समूह मार्ज़िनल सोसायटी के उभार में महत्त्वपूर्ण भूमिका निभाता है। इन्हें नागरिक समाज का सदस्य माना जा सकता है। लेकिन नागरिक समाज का एक बड़ा हिस्सा इन गतिविधियों को शक़ की निगाह से देखता है। मसलन, इस क़ानून के संदर्भ में संरक्षणवादियों ने इसे वनों और वन्य जीवों के लिए ख़तरनाक माना और इसकी आलोचना की। ऐसा नहीं था कि संरक्षणवादियों के सारे तर्क ग़लत और निराधार थे।[121] इन्होंने किसी तरह के मानवीय हस्तक्षेप को वन्य जीवों के लिए ख़तरनाक माना। लेकिन नागरिक समाज के एक बड़े हिस्से ने इस क़ानून के लिए चलने वाले आंदोलन और संघर्ष का समर्थन किया। यह मार्ज़िनल सोसायटी के निर्माण में सक्रिय भूमिका निभाने वाले लोग से इतर मध्यवर्गीय लोगों का समूह था। इन्होंने विश्वविद्यालयों के सेमिनारों

---

119. मसलन, माओवादियों के क़ब्ज़े में दण्डकारण्य क्षेत्र है। यहाँ सरकारी मशीनरी की पहुँच नहीं है। नक्सलवाद से प्रभावित दूसरे क्षेत्रों में भी सरकारी मशीनरी की क्रियाशीलता बहुत कम होती है। देखें, पी. शंकर, (1999); पंडिता (2011); नवलखा (2012)।

120. नक्सलवाद से निपटने की भारत सरकार की रणनीति का एक प्रमुख भाग आदिवासी बहुल क्षेत्रों के वंचित लोगों को जीविका का साधन उपलब्ध करना है। वन भूमि और वनोपजों पर स्थानीय आदिवासी समुदायों के हक़ को इस संदर्भ में महत्त्वपूर्ण माना गया है (देखें, गवर्नमेंट ऑफ़ इण्डिया 2008).

121. वन अधिकार क़ानून के संबंध में सबसे प्रमुख बात यह है कि इसके लिए चलने वाले आंदोलन के समानांतर संरक्षणवादियों का अभियान भी चलता रहा। इस संबंध में इसी अध्याय के पिछले भाग में विवेचना की गयी है।

या पत्रकारिता आदि के माध्यम से आदिवासियों के अधिकारों का समर्थन किया गया।[122]

छठा, इस क़ानून के आंदोलन में आदिवासी संगठनों ने मार्जिनल सोसायटी के रूप में अपने वोट की ताक़त को ज़मकर भुनाया। इसके लिए स्थानीय स्तर पर मजबूत आंदोलन चला। दिल्ली में भी कई लंबे धरने और विशाल प्रदर्शन आयोजित किये गये। इसने राजनीतिक दलों को इनकी माँगों की ओर ध्यान देने के लिए मज़बूर किया। मसलन, दिल्ली में इस क़ानून को लेकर होने वाले धरने में हर प्रमुख राजनीतिक दल के नेता आते थे।[123] फिर, लोकतांत्रिक राजनीति के तक़ाजे के कारण ही कांग्रेस जैसे दलों में उन नेताओं की बातों को ज़्यादा वजन नहीं मिला, जो वन्य जीव संरक्षण के आधार पर इस विधेयक का विरोध कर रहे थे। दरअसल, आंदोलन के कारण शुरुआती विधेयक और क़ानून में बहुत महत्त्वपूर्ण बदलाव हुए।

सातवाँ, वन भूमि पर 'बेजा क़ब्ज़ा' करने वालों की श्रेणी का एक नकारात्मक पहलू भी है। मसलन, ऐसे कई लोग हैं जिन्होंने गाँव में अपनी हैसियत या वन विभाग के कर्मचारियों से मिलीभगत के कारण वनभूमि पर 'बेजा क़ब्ज़ा' किया है।[124]

आठवाँ, फिर भी, वन निवासी लोगों का अपने अधिकारों के लिए संगठित होकर संघर्ष करना सकारात्मक परिघटना है। यह दिखाता है कि हाशिये पर पड़े हुए समूह अपनी एकजुटता द्वारा राज्य से अपने लिए नीतियाँ बनवाने में सफल हो सकते हैं। यह एक साधनहीन समूह द्वारा लोकतांत्रिक तरीक़े से अपने अधिकारों के संघर्ष का उदाहरण है। यह लोकतंत्र के विस्तार को दिखाता है।[125]

इस अध्याय में हमने वन अधिकार क़ानून के लिए चलने वाले आंदोलनों

---

122. मसलन, फ़ॉरेस्ट डायलॉग सेमिनार, (आयोजन स्थल- समाजशास्त्र विभाग, दिल्ली स्कूल ऑफ़ इकोनॉमिक्स, दिल्ली विश्वविद्यालय, दिल्ली 23-24 सितम्बर 2005)। यह इस तरह के सेमिनार/मंत्रणा का एक उदाहरण है। यहाँ संरक्षणवादियों के तर्कों पर भी विचार किया गया, लेकिन सहभागियों ने ज़ोरदार तरीक़े से वन अधिकार विधेयक का समर्थन किया। उन्होंने इसे वनवासी लोगों के अधिक अनुकूल बनाने के लिए कई सुझाव भी दिये। लेकिन यहाँ तर्क यह नहीं है कि कोई भी ऐकेडेमिशियन आदिवासी क्षेत्रों में गहरे रूप से जुड़कर काम नहीं करता है। निश्चित रूप से ऐसे लोग हैं। लेकिन मोटे तौर पर ऐसे लोगों का ही बहुमत है जो अपने लेखन से या विश्वविद्यालय के भीतर या राजधानी की बौद्धिक दुनिया में मुखर समर्थन द्वारा आदिवासियों के संघर्षों की तरफ़दारी करते हैं।
123. इसी अध्याय के पिछले भागों में इस पहलू की विस्तार से विवेचना की गई है।
124. मसलन, छत्तीसगढ़ के सरगुजा ज़िले में अपने फ़ील्ड-वर्क के दौरान मैंने यह पाया कि कई गाँवों में ऐसे लोगों ने जंगल की ज़मीन पर बेजा क़ब्ज़ा किया है, जिनके पास पहले से ही ज़्यादा ज़मीन है। उन्हें बेजा क़ब्ज़ा करने का मौक़ा इसलिए मिला, क्योंकि उनका खेत जंगल से लगा हुआ है। विस्तार के लिए देखें, अध्याय 4.
125. पीछे इस बात का उल्लेख किया जा चुका है कि पार्थ चटर्जी भी राजनीतिक समाज के इस तरह के संघर्ष और राजनीति को लोकतंत्र का विस्तार मानते हैं। देखें, चटर्जी (2004: 60)।

और इससे जुड़े वाद-विवाद के विभिन्न पहलुओं की पड़ताल की। आदिवासी समूहों और संगठनों के लंबे संघर्ष के कारण केंद्र सरकार वन अधिकार क़ानून बनाने के लिए तैयार हो गयी। वन अधिकार विधेयक के सामने आते ही इस पर तीखा वाद-विवाद छिड़ गया। दरअसल, संरक्षणवादियों ने इस विधेयक का पुरज़ोर विरोध किया। उन्होंने इसे जंगल और जंगली जानवरों को पूरी तरह बर्बाद कर देने वाले क़ानून के रूप में देखा। विधेयक के समर्थकों ने इसे आदिवासियों के साथ हुए ऐतिहासिक अन्याय को दूर करने वाला माना। इस विधेयक को संसद में पेश करने से लेकर क़ानून के रूप में अधिसूचित करने तक- हर स्तर पर एक लंबा संघर्ष करना पड़ा। अप्रैल 2005 में इसे सार्वजनिक बहस के लिए जारी किया गया। दिसम्बर 2005 में इसे संसद में पेश किया गया। इसके बाद इसे जेपीसी को दे दिया गया। जेपीसी ने मई 2005 में अपनी रिपोर्ट दे दी। इसने विधेयक में आदिवासी संगठनों की सारी महत्त्वपूर्ण माँगें शामिल कर लीं। लेकिन इसके बाद भी लंबे समय तक सरकार ने इस विधेयक को संसद से पारित कराने के लिए पहलक़दमी नहीं की। आदिवासी संगठनों ने शुरुआत से ही विधेयक के पक्ष में गाँव, ज़िला, राज्य और देश स्तर पर आंदोलन चलाया। इसके द्वारा उन्होंने आदिवासियों को संगठित किया। उन्होंने समाज के दूसरे समूहों और संगठनों का समर्थन हासिल करने की भी कोशिश की। इसी कारण, 'कैम्पेन' के बैनर तले होने वाले धरनों में नागरिक समाज के विभिन्न संगठनों और तक़रीबन सभी प्रमुख राजनीतिक दलों के प्रतिनिधियों ने हिस्सा लिया। विधेयक के प्रति समर्थन बढ़ने और आदिवासी संगठनों के आंदोलन के कारण सरकार ने इसे दिसम्बर 2006 में संसद से पास किया। लेकिन इसे अगले एक साल तक अधिसूचित नहीं किया। इसके लिए आदिवासी संगठनों को अलग से संघर्ष करना पड़ा। लेकिन यह भी सच है कि आख़िरी रूप से जो क़ानून सामने आया, वो आदिवासियों की सभी माँगों को पूरा नहीं करता था। फिर भी, विधेयक के शुरुआती प्रारूप और आखिरी क़ानून में बहुत ज़्यादा बदलाव हुआ। आदिवासियों के लगातार संघर्ष के कारण ही यह बदलाव मुमकिन हो पाया। इसने यह दिखाया कि समाज में हाशिये पर पड़े साधनहीन समूहों (या हाशिया समाज) द्वारा भी अपने संघर्ष द्वारा बदलाव लाया जा सकता है। यह क़ानून इस अर्थ में ऐतिहासिक है कि यह जंगल की ज़मीन पर 'अतिक्रमक' के रूप में रह रहे समूहों को जंगल की ज़मीन पर निजी और सामान्य (या सामूहिक) सम्पत्ति अधिकार देता है। लेकिन इसके साथ ही क़ानून की कुछ सीमाएँ हैं, जो क़ानून के प्रभाव के संबंध में अंदेशों को जन्म देती हैं।

दरअसल, क़ानून के लिए संघर्ष और संघर्ष द्वारा एक क़ानून हासिल करने के बाद कुछ बुनियादी सवालों से रू-ब-रू होने की ज़रूरत है। मसलन, जिसे

जंगल की ज़मीन पर 'अतिक्रमण' कहा जाता है, उसकी हक़ीक़त क्या है? अर्थात् किसी जंगल में या उसके नज़दीक बसे गाँव में किन समूहों ने 'अतिक्रमण' किया और उसके क्या कारण थे? क्या नया क़ानून 'अतिक्रमण' की इस समस्या को पूरी तरह से ख़त्म करने में समर्थ है? इसी तरह, जंगल और जंगली जानवरों के संरक्षण के संबंध में संरक्षणवादी और आदिवासियों के अधिकारों के समर्थक अलग-अलग दावा करते हैं। इस संदर्भ में वन विभाग और गाँव के लोगों की भूमिका को कैसे समझा जा सकता है? सबसे बड़ी बात यह है कि आदिवासी/वनाश्रित लोगों के जीवन में जंगल के महत्त्व को कैसे देखा जा सकता है? इन सभी पहलुओं की समझ के लिए यह ज़रूरी है कि ज़मीनी स्तर पर कुछ गाँवों का अध्ययन किया जाए। अगले अध्याय में जंगल और जंगल के नज़दीक बसे गाँवों में 'अतिक्रमण' या 'बेजा क़ब्ज़ा' और इससे जुड़े विविध पहलुओं का विश्लेषण किया गया है।

4

आदिवासी जीवन, जंगल और 'बेजा क़ब्ज़ा'

आदिवासियों के वन–भूमि अधिकारों के संदर्भ में बहुत से महत्त्वपूर्ण आयाम हैं। जंगल की ज़मीन पर स्थानीय समुदायों या दूसरे लोगों द्वारा 'अतिक्रमण' या 'बेजा क़ब्ज़ा' की समस्या को कई स्तरों पर समझा जा सकता है।[1] इस संदर्भ में सबसे महत्त्वपूर्ण सवाल यह है कि सरकारी भाषा में जिसे 'अतिक्रमण' कहा जाता है, क्या सचमुच उसे इस रूप में देखना सही है? या फिर यह स्थानीय समुदायों द्वारा अपनी जीविका की ज़रूरतों को पूरा करने के लिए जंगल और उसके संसाधनों पर निर्भर होने से जुड़ा मसला है? 'बेजा क़ब्ज़ा' की समस्या और इससे जुड़े दूसरे महत्त्वपूर्ण पहलुओं की समझ के लिए कई दूसरे आयामों की समझ भी ज़रूरी है– पहला, जंगल में या जंगल के नज़दीक बसे गाँव की भौगोलिक और सामाजिक स्थिति क्या है तथा उसका इतिहास क्या है? दूसरा, गाँव में खेती की स्थिति कैसी है और लोग जंगलों पर किस रूप में निर्भर हैं? तीसरा, वनों में रहने वाले या वनों पर निर्भर समुदायों को किस संवैधानिक–क़ानूनी श्रेणी में रखा गया है और इससे उनके जीवन या जीविका पर क्या प्रभाव पड़ता है? अर्थात् किसी आदिवासी समूह को अनुसूचित जाति या अनुसूचित जनजाति या किसी दूसरी श्रेणी में डालने से जंगल पर उसके दावों के संदर्भ में क्या प्रभाव पड़ता है? चौथा, यदि कहीं जंगल की ज़मीन पर 'बेजा क़ब्ज़ा' हुआ है, तो उसका स्वरूप क्या है? अर्थात् गाँव के किन समूहों ने और कितनी मात्रा में 'बेजा क़ब्ज़ा' किया है। गाँव के लोगों की 'बेजा

1. मैंने इन गाँवों में नवम्बर 2006 से मई 2007 फ़ील्ड–वर्क के बीच किया। मोटे तौर पर मैंने एक गाँव में तीन से चार हफ़्ते बिताए। इसके अलावा, 2007 के जून महीने का एक बड़ा हिस्सा वन विभाग के कर्मचारियों के नजरिये को जानने में बिताया। इस पूरे अध्ययन में मैंने गाँवों और उससे जुड़े सभी चरित्रों के नाम बदल दिये हैं। आमतौर पर, मैंने लोगों के नाम नहीं दिये हैं और यदि कही नाम दिये गये हैं तो वे बदले हुए नाम हैं।

क़ब्ज़ा' के बारे में क्या समझ है? क्या यह ज़्यादा-से-ज़्यादा ज़मीन हासिल करने के उनके लालच को दिखाता है या इसे जीविका की ज़रूरत के रूप में देखा जा सकता है? पाँचवाँ, क्या स्थानीय लोगों द्वारा सामुदायिक स्तर पर जंगलों के देखभाल की कोई व्यवस्था की गयी है? इस संदर्भ में लोगों में किस तरह की जागरूकता है और राज्य की प्रतिनिधि संस्था के रूप में वन विभाग किस तरह की भूमिका निभाता है? अर्थात् 'बेजा क़ब्ज़ा', जंगल और जंगली जानवरों के संरक्षण के संबंध में वन विभाग द्वारा अपनाई गयी नीतियों का स्वरूप क्या रहा है? छठा, इस बात की भी पड़ताल करने की ज़रूरत है कि जंगल की ज़मीन और इसके संसाधनों पर आदिवासियों के अधिकार के संबंध में नक्सलवादियों (या माओवादियों) की नीति क्या है और इसका प्रभाव क्या पड़ा है। प्रस्तुत अध्याय में इन सारे आयामों के संदर्भ में 'बेजा क़ब्ज़ा' की परिघटना, आदिवासियों की जंगल पर निर्भरता और इनके जीवन में वन विभाग के दख़ल और प्रभाव का अध्ययन किया गया है। मुख्य मक़सद यह है कि चार अलग-अलग गाँवों का अध्ययन करते हुए लोगों के जीवन के विविध पहलुओं, जंगल की ज़मीन और उसके संसाधनों पर निर्भरता तथा राज्य की संस्थाओं से उनकी अंत:क्रिया का विश्लेषण किया जाए।

यह अध्याय मुख्य रूप से सात भागों में बँटा हुआ है। पहले भाग में स्पष्ट किया गया है कि अध्ययन के लिए गाँवों के चुनाव का आधार क्या है और उनकी क्या विशिष्टताएँ हैं; दूसरे भाग में गाँवों की भौगोलिक स्थिति, सामाजिक रूपरेखा और सांस्कृतिक जीवन का विश्लेषण किया गया है; तीसरे भाग में इन गाँवों के इतिहास का वर्णन है; चौथे भाग में इन गाँवों की खेती की स्थिति, जंगल से मिलने वाले वनोपजों और जीविका के अन्य साधन के रूप में मजदूरी पर इनकी निर्भरता की विवेचना की गयी है; पाँचवें भाग में चारों गाँवों में 'बेजा क़ब्ज़ा' के विविध रूपों का विश्लेषण किया गया है; छठे भाग में इस बात का परीक्षण किया गया है कि इन गाँवों का वन विभाग के साथ किस तरह का अनुभव रहा है। इस भाग में जंगल के संरक्षण की सामुदायिक व्यवस्था और वन्य जीवों के संरक्षण में वन विभाग की भूमिका का भी परीक्षण किया गया है। सातवें भाग में एक गाँव में माओवादियों के प्रभाव को आधार बनाते हुए जंगल की ज़मीन के बारे में उनकी रणनीति और इसके प्रभाव का विश्लेषण किया है। इस संदर्भ में एक व्यापक तस्वीर पेश करने के लिए द्वितीयक स्रोतों को आधार बनाते हुए कुछ पहलुओं को स्पष्ट करने की कोशिश की गयी है।

I. अध्ययन-क्षेत्र की विशिष्टताएँ

अध्याय के इस भाग में मैंने अध्ययन के लिए कुछ ख़ास गाँवों के चुनाव की कसौटियों और उन गाँवों के विशेषताओं की विवेचना की है। अध्याय एक में मैंने स्पष्ट किया है कि उद्देश्यपूर्ण सैम्पलिंग के आधार पर अपने अध्ययन-क्षेत्र का चुनाव किया गया है। मैंने अध्ययन की मेथोडोलॉजी के बारे में भी पहले अध्याय में वर्णन किया है। वहाँ मैंने यह भी स्पष्ट किया है कि उद्देश्यपूर्ण सैम्पलिंग के आधार पर छत्तीसगढ़ राज्य और सरगुजा ज़िले का चुनाव किया गया। यहाँ हम मुख्य रूप से यह समझने की कोशिश करेंगे कि ये अध्ययन के संदर्भ में किन विशेषताओं का प्रतिनिधित्व करते हैं।

1 नवम्बर, 2000 को भारत सरकार ने मध्य प्रदेश के कुछ प्रमुख आदिवासी बहुल ज़िलों को अलग करके छत्तीसगढ़ राज्य का निर्माण किया। भारत के कुल क्षेत्रफल में छत्तीसगढ़ का हिस्सा 4.4 प्रतिशत है। सम्पूर्ण छत्तीसगढ़ राज्य पहाड़ों और जंगलों से घिरा हुआ है। पहाड़ों और जंगलों के बीच ही यहाँ खेत स्थित हैं। इस राज्य की सीमा पश्चिम में मध्य प्रदेश से लगी हुई है, उत्तर में उत्तर प्रदेश और झारखंड हैं। पूर्व में उड़ीसा, दक्षिण में आंध्र प्रदेश और दक्षिण-पश्चिम में इसकी सीमा महाराष्ट्र को छूती है। वर्तमान में छत्तीसगढ़ में कुल 27 ज़िले हैं। छत्तीसगढ़ का भौगोलिक क्षेत्रफल 52,200 वर्ग किमी है। छत्तीसगढ़ की 82.6 प्रतिशत आबादी गाँवों में रहती है। गाँवों की संख्या 20 हज़ार 378 है। जनसंख्या का औसत घनत्व 130 व्यक्ति प्रति वर्ग किलोमीटर है। वर्ष 2011 की जनगणना के अनुसार प्रदेश की कुल जनसंख्या 25,540,196 है। छत्तीसगढ़ का कुल 44 प्रतिशत क्षेत्र जंगल है, जबकि पूरे भारत में कुल 22.6 प्रतिशत क्षेत्र ही जंगल के रूप में हैं (गौतम 2004)। मैंने अपने अध्ययन के लिए सरगुजा जिला का चुनाव किया। यह छत्तीसगढ़ के उत्तरी दिशा में स्थित है। बहरहाल, मैंने जिन गाँवों का अध्ययन किया है, अब उनमें से दो गाँव अर्थात् तेखरानाला और फयदू जनवरी 2012 में बने सूरजपुर ज़िले का भाग हैं। मेरे अध्ययन के संदर्भ में यह तथ्य बहुत ज़्यादा महत्त्वपूर्ण नहीं है। फिर भी, आवश्यकता के अनुसार दूसरी जगहों पर भी इस बात का उल्लेख कर दिया गया है।

गाँवों के चुनावों से पहले अध्ययन के कुछ पहलुओं के बारे में स्पष्टता थी। पहला, एक ऐसे गाँव का अध्ययन जिसका अधिकांश भाग जंगल की ज़मीन पर बसा हो; अर्थात् या तो यह पूरा गाँव या इस गाँव के अधिकांश लोगों के घर, खेत आदि– सब कुछ जंगल की ज़मीन पर स्थित हों। दूसरा, नक्सलवादी (या माओवादी) आंदोलन से प्रभावित किसी गाँव का अध्ययन। जंगल की ज़मीन पर आदिवासियों के अधिकारों के संबंध में माओवादियों की रणनीति और वन विभाग

की कार्य-पद्धति पर इसके प्रभाव के विश्लेषणात्मक अध्ययन से विषय से जुड़े एक महत्त्वपूर्ण आयाम को समझने में मदद मिलती है। तीसरा, किसी ऐसे गाँव का अध्ययन जो नैशनल पार्क या अभयारण्य में बसा हो। इससे अभयारण्य में बसे लोगों के जीवन की जटिलताएँ और वन्य जीवों के संरक्षण के संबंध में वन विभाग की रणनीति की ज़्यादा बेहतर समझ क़ायम हो सकती है। चौथा, एक ऐसे गाँव का अध्ययन, जिसके बारे में वन विभाग यह दावा करता है कि उसने यहाँ 'बहुत अच्छा'[2] काम किया है। इस तरह, मैंने फ़ील्ड-वर्क के लिए जिन गाँवों का चुनाव किया, वे कुछ समान विशेषताओं और कुछ विशिष्टताओं का प्रतिनिधित्व करते हैं। इन गाँवों की समान विशेषता यह है कि ये सभी जंगल में या जंगल के नज़दीक बसे हैं। अध्ययन के लिए चुने गये गाँव और उनकी विशिष्टताएँ इस प्रकार हैं:

तेखरानालाः मैंने जिस वक़्त फ़ील्ड-वर्क किया था, उस समय तेखरानाला दक्षिणी सरगुजा में स्थित एक बड़े गाँव सहोरा का सबसे बड़ा पारा था। अभी भी यह सहोरा का सबसे बड़ा पारा है, लेकिन अब यह नये बने सूरजपुर ज़िले का भाग है। दरअसल तेखरानाला अपने-आप में एक अगल गाँव की तरह ही है, क्योंकि यह सहोरा के अन्य पारों से बिल्कुल अगल और काफ़ी दूरी पर है। यहाँ के लोग भी इसे एक अलग गाँव के रूप में देखते हैं।[3] मैंने अपने विश्लेषण में मुख्य तौर पर तेखरानाला पर ध्यान केंद्रित किया है और कई महत्त्वपूर्ण पहलुओं के संदर्भ में शेष सहोरा से इसका तुलनात्मक अध्ययन किया गया है। इसका कारण यह है कि चूँकि तेखरानाला का अधिकांश हिस्सा जंगल की ज़मीन पर बसा है, इसलिए यह अध्ययन का मुख्य आधार है। वहीं, शेष सहोरा एक ऐसा आधार उपलब्ध कराता है, जिसके माध्यम से 'फ़ॉरेस्ट' की ज़मीन पर 'बेजा क़ब्ज़ा' कर बसे 'गाँव' की तुलना हम एक ऐसे 'गाँव' से कर सकते हैं, जो 'रेवेन्यू लैण्ड' पर बसा है। तेखरानाला के अध्ययन से एक ऐसे गाँव की हक़ीक़त सामने आती है जिसका एक बड़ा हिस्सा जंगल की ज़मीन पर बसा है और जहाँ हाल-फिलहाल तक लोग बाहर से आकर बसते रहे हैं। इस लिहाज से 'बेजा क़ब्ज़ा' की हाल तक चलने वाली परिघटना की समझ के लिए यह गाँव बहुत ही महत्त्वपूर्ण है। इसके अलावा, यहाँ बरगाह के रूप में एक ऐसी जाति भी है, जो अनुसूचित जाति की श्रेणी का भाग नहीं है, लेकिन वह खुद को 'आदिवासी' के रूप में ही परिभाषित करती है।

2. खुद वन अधिकारियों ने ऐसे 5 गाँवों के नाम बताएँ, जहाँ उनके शब्दों में उन्होंने 'बहुत अच्छा' किया है।

3. अगले भाग में इस पहलू की विवेचना की गयी है।

फयदूः फयदू एक छोटा गाँव है। जब मैंने इस गाँव में अध्ययन किया, उस वक़्त यह सरगुजा ज़िले का भाग था और उसके दक्षिणी भाग में स्थित था। लेकिन अब यह भी नये बने सूरजपुर ज़िले का हिस्सा है। यह गाँव जंगल की ज़मीन पर नहीं बसा है। लेकिन यह जंगल से सटा हुआ गाँव है। अध्ययन के संदर्भ में फयदू की सबसे ख़ास विशेषता यह है कि यह गाँव माओवादियों की गतिविधियों का केंद्र रहा है। इसलिए फयदू के अध्ययन से जंगल की ज़मीन पर 'बेजा क़ब्ज़ा', वन विभाग की भूमिका आदि के संबंध में माओवादियों की रणनीति को समझने का अच्छा आधार मिलता है। दूसरा, फयदू गाँव में सारे लोग अनुसूचित जनजाति के हैं। इस लिहाज़ से यह एक ऐसे गाँव का प्रतिनिधित्व करता है, जहाँ सिर्फ़ अनुसूचित जनजातियों के ही लोग हैं।

सठोराः सठोरा गाँव सेमरसोत अभयारण्य[4] के भीतर बसा हुआ है। इसके अध्ययन से कई पहलुओं के समझ की गुंजाइश बनती है। पहला, सठोरा का अध्ययन अभयारण्य के भीतर बसे गाँवों के लोगों के जीवन के विविध पहलुओं की समझ के लिए महत्त्वपूर्ण है। दूसरा, सठोरा के अध्ययन से जंगल से विस्थापन के ख़तरे से जूझते वन निवासियों के जीवन और संघर्षों को समझने में मदद मिलती है। तीसरा, सठोरा के आस-पास के जंगलों में वन्य जीवों की स्थिति के अध्ययन से अभयारण्य के भीतर वन्य जीवों की स्थिति और इस संदर्भ वन विभाग की नीतियों की हक़ीक़त जानने का आधार मिलता है। इसके अलावा, सेमरसोत और पस्ता क्षेत्र में 1999 के बाद नक्सलियों की गतिविधियों में काफ़ी बढ़ोतरी हुई है। यद्यपि इस गाँव में माओवादियों की ख़ास सक्रियता नहीं रही है। फिर भी, पूरे सेमरसोत में इनकी सक्रियता रही है और इससे वन विभाग की गतिविधियाँ प्रभावित हुई हैं।

खेखरापोहरः खेखरापोहर दक्षिणी सरगुजा और उत्तरी सरगुजा वनमंडल की सीमा पर स्थित एक छोटा-सा गाँव है। खेखरापोहर उन कुछ गाँवों में से एक है, जिसके बारे में सरगुजा के वन विभाग का मानना है कि उसने यहाँ अच्छा काम किया है। खेखरापोहर के संदर्भ में निम्नलिखित सवाल महत्त्वपूर्ण हैं: पहला, वन विभाग ने इस गाँव में किस तरह की सकारात्मक भूमिका अदा की है? दूसरा, इससे जंगल की ज़मीन और इसके संसाधनों पर आदिवासियों के अधिकारों पर क्या प्रभाव पड़ा है? तीसरा, क्या इससे जंगल की ज़मीन के अतिक्रमण

---

4. सरगुजा ज़िला में दो अभयाराण्य हैं– सेमरसोत और तैमोर पिंगला। सेमरसोत वन अभयारण्य पूर्वी सरगुजा वन मंडल में स्थित है, जबकि तैमोर पिंगला उत्तरी सरगुजा वन मंडल में स्थित है। इस क्षेत्र में अध्ययन शुरू करने से पहले मैंने वन विभाग के कई अधिकारियों और स्थानीय स्वयंसेवी संस्थाओं के लोगों से बातचीत की। इन्होंने यह माना कि सरगुजा की दूसरी जगहों की तरह ही इन दोनों अभयारण्यों में जंगल की ज़मीन पर बहुत ज़्यादा 'बेजा क़ब्ज़ा' किया गया है।

में कमी आयी है? और चौथा, क्या खेखरापोहर को वन विभाग के काम करने का आदर्श मॉडल माना जा सकता है?

यहाँ ध्यान देने वाली बात है कि अध्याय में आगे हर गाँव की स्थिति का वर्णन और विश्लेषण किया गया है। हर गाँव के अध्ययन में कुछ पहलुओं का समान महत्त्व है। मसलन, खेती का स्वरूप, जंगलों पर निर्भरता, 'बेजा क़ब्ज़ा' आदि। लेकिन जैसा कि ऊपर के वर्णन से स्पष्ट है कि हर गाँव की अपनी खास विशिष्टता भी है। अध्याय के आगे के भागों में मैंने इन गाँवों में मौजूद समान पहलुओं और इनकी विशिष्टताओं का वर्णन किया है। इसके आधार पर मैंने जंगल की ज़मीन और उसके संसाधनों पर निर्भर विभिन्न समूहों के जीवन के विविध पहलुओं और राज्य से उनकी अंत:क्रिया के विभिन्न आयामों का विश्लेषण किया है।

II. गाँवों की भौगोलिक स्थिति, सामाजिक बनावट और सांस्कृतिक जीवन

अध्याय के इस भाग में फील्ड-वर्क के लिए चुने गये गाँव की भौगोलिक स्थिति, सामाजिक बनावट और उनके सांस्कृतिक जीवन की विवेचना की गयी है। अध्याय का यह भाग मुख्य रूप से चार उपभागों में बँटा हुआ है। पहले उपभाग में तेखरानाला गाँव की स्थिति के बारे में विवेचना की गयी है। दूसरे, तीसरे और चौथे उपभाग में क्रमश: फयदू, सठोरा और खेखरापोहर गाँवों की भौगोलिक, सामाजिक और सांस्कृतिक स्थिति की विवेचना की गयी है। यहाँ मुख्य उद्देश्य इन गाँवों की स्थिति और इनकी विशिष्टता की समझ क़ायम करना है।

1. तेखरानाला

तेखरानाला एक राजस्व गाँव सहोरा का एक बड़ा पारा है। 2011 की जनगणना के अनुसार सहोरा की कुल जनसंख्या 748 है। इसमें 365 पुरुष और 383 महिलाएँ हैं। यहाँ की साक्षरता दर 39.2 प्रतिशत है। पुरुष साक्षरता दर 56.6 प्रतिशत है, जबकि महिलाओं की साक्षरता दर 21.9 प्रतिशत है। यहाँ की कुल जनसंख्या में 5.9 प्रतिशत हिस्सा अनुसूचित जातियों का है। सहोरा की जनसंख्या में अनुसूचित जनजातियों की हिस्सेदारी 16.6 प्रतिशत है।[5] सहोरा में 'पिछड़ा वर्ग' के अंतर्गत आने वाले बिंझिया जाति के लोगों की संख्या ज़्यादा है।

सहोरा के दक्षिणी छोर पर स्थित जंगल को यहाँ के लोग 'लारकोइ पढ़रा' का जंगल कहते हैं। यह आरक्षित वन है। यह घना और ऊँचे झाड़ का जंगल है। सहोरा

5. एरिया प्रोफ़ाइल ऑफ़ छत्तीसगढ़ स्टेट, http://www.censusindia.net देखने की तारीख़ : 12.5 2012.

के पश्चिम में 'सतपरा' जंगल है। यह ज़्यादा बड़ा जंगल नहीं है। यह 2 किलोमीटर लंबा और 200 मीटर चौड़ा है। सहोरा में कुल 8 पारे हैं। इन पारों के नाम हैं– (1) तेखरानाला पारा, (2) संग्राम पारा, (3) दर्मी पारा, (4) चितखई या चलबलिया पारा, (5) पलेहा पारा, (6) सकल पारा, (7) नीमा पारा, और (8) महोरा पारा।

तेखरानाला सहोरा का सबसे बड़ा पारा है। इसकी विशेषता यह है कि इसका अधिकांश हिस्सा जंगल की ज़मीन पर बसा हुआ है। यह बड़ा होने के साथ-साथ भौगोलिक रूप से दूसरे पारों से दूर भी है। आगे रेखाचित्र द्वारा तेखरानाला और महोरा के दूसरे पारों की स्थिति दिखाई गयी है।

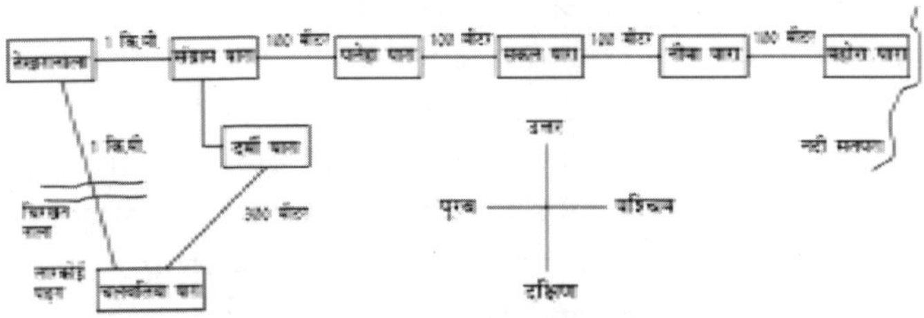

नोट – रेखाचित्र में दिखाई गयी दूरी अनुमानित है और इसमें कुछ प्रतिशत का अंतर हो सकता है।

रेखाचित्र 1 : तेखरानाला और सहोरा के विभिन्न पारों की भौगोलिक स्थिति

रेखाचित्र से स्पष्ट है कि तेखरानाला और सहोरा के दूसरे पारों के बीच काफ़ी दूरी है। तेखरानाला के दक्षिण में चिरखत नाला है। इसे पार करने के बाद लारकोइ-पढ़रा का जंगल शुरू हो जाता है। तेखरानाला पारे का विस्तार चिरखत नाला के पास तक है। अर्थात् तेखरानाला और लारकोइ-पढ़रा के जंगल के बीच चिरखत नाला है। तेखरानाला और चिरखत नाला के बीच 100 मीटर से भी कम की दूरी है। तेखरानाला से तक़रीबन एक किलोमीटर से अधिक की दूरी पर सहोरा के दूसरे पारे स्थित हैं। सहोरा के दूसरे पारों में आपसी भौगोलिक दूरी बहुत ज़्यादा नहीं है। इसके बाद सतपरा जंगल आता है। महोरा पारा और सतपरा जंगल के बीच से एक छोटी नदी गुज़रती है, जिसे गाँव के लोग सतपरा नदी कहते हैं। जाड़े के दिनों में फ़ील्ड वर्क के दौरान मैंने जब इस नदी को देखा, तो यह एक नाले के रूप में ही नज़र आयी। इसका पानी घुटनों तक भी नहीं पहुँचता था। लेकिन स्थानीय लोगों ने यह बताया कि बरसात में यह अपने पूरे उफ़ान पर होती है। तेखरानाला के दक्षिण में बहने वाला चिरखत नाला इसी नदी में मिल जाता है। बहरहाल, यह स्पष्ट है कि तेखरानाला और सहोरा के दूसरे पारों के बीच में भौगोलिक दूरी इन्हें दो अलग-अलग इकाइयों का रूप देती है।

तेखरानाला की सामाजिक पृष्ठभूमि

वर्तमान में तेखरानाला में कुल 55 घर हैं। इसमें 22 घर पण्डो[6] (अनुसूचित जनजाति) लोगों का है। यहाँ 18 घर बरगाह (पिछड़ी जाति) लोगों का है। 1 घर गोण्ड और 1 घर अगरिया लोगों का है (दोनों ही अनुसूचित जनजाति)। इसके अलावा, तेखरानाला में अन्य पिछड़ी जातियों में शामिल किये गये पैनका, नायक, बंजारा और बिंझिया जातियों के क्रमशः 3, 1, 8 और 1 घर हैं। तेखरानाला के आम जीवन में पण्डो लोगों का प्रभुत्व है। गाँव की दूसरी जातियों के लोग इन्हीं के नेतृत्व में रहते हैं। गाँव में सबसे बुजुर्ग व्यक्ति कमारू (पण्डो) हैं। इसके अलावा, बरगाहों के नेता के रूप में सयाराम है। तेखरानाला के लोगों को संगठित रखने का काम तेजबलि देखते हैं। तेजबलि कमारू के परिवार के हैं। इनकी उम्र 38 वर्ष है। ये पाँचवीं पास हैं। तेजबलि को तेखरानाला और उसके बाहर की दुनिया के बीच की कड़ी माना जा सकता है। ये स्थानीय स्तर पर कार्यरत स्वयंसेवी संस्था से जुड़े हैं। इसके अलावा, ये ज़िला स्तर पर सक्रिय 'पण्डो महापंचायत' के भी सक्रिय सदस्य हैं। पिछली दफ़ा तेजबलि ने सरपंच का चुनाव भी लड़ा था, लेकिन नाकाम रहे। यहाँ पण्डो और बरगाहों के बीच अच्छा सद्भाव है। यहाँ यह उल्लेखनीय है कि बरगाहों को पिछड़ी जातियों में शामिल किया गया है, लेकिन इस गाँव में बरगाह लोगों का दावा है कि वे आदिवासी हैं।[7] लेकिन पण्डो और बरगाहों का संबंध पूरी तरह से समानता पर आधारित नहीं माना

---

6. पण्डो लोगों के लिए आसपास के सरकारी बोर्डों पर पाण्डो लिखा हुआ भी मिला। लेकिन पण्डो लोग अपनी जाति को पण्डो के रूप में उच्चारित करते हैं। इसलिए इस अध्याय में पण्डो शब्द का ही प्रयोग किया गया है।

7. इनके रहन-सहन और पण्डो लोगों के साथ इनके संबंधों के कारण मैं भी एक लंबे समय तक इन्हें पण्डो की तरह ही एक जनजातीय समुदाय का भाग मानता रहा। लेकिन बाद में, साप्ताहिक हाट में बातचीत के दौरान कुछ लोगों ने मुझे यह बताया कि दरअसल, बरगाह पिछड़ी जातियों की श्रेणी में आते हैं। बरगाह लोगों से बात करने पर उन्होंने इससे अनभिज्ञता जताई और खुद को आदिवासी कहा। असल में, यह अनुसूचित जनजाति की श्रेणी से जुड़े मनमानेपन का एक उदाहरण माना जा सकता है। तक़रीबन एक जैसी जीवनशैली वाले दो समुदायों में एक समुदाय अनुसूचित जनजाति का भाग है और दूसरा इसका भाग नहीं है। दरअसल, इस श्रेणी का भाग होने या न होने से किसी समुदाय की स्थिति पर बहुत गहरा प्रभाव पड़ता है। मसलन, वन अधिकार क़ानून के अंतर्गत अनुसूचित जनजातियों की श्रेणी से बाहर समूहों को 'अन्य पारम्परिक वन निवासियों' की श्रेणी में रखा गया है। इन्हें अधिकार पाने के लिए यह साबित करना है कि वे एक निश्चित स्थान पर तीन पीढ़ियों अर्थात् 75 सालों से रह रहे हैं। अगले अध्याय में क़ानून के लागू होने के संदर्भ में इस पहलू की विवेचना की गयी है।

जा सकता है। अमूमन पुरुष पण्डो या पुरुष बरगाह एक दूसरे के यहाँ खाना खा लेते हैं। लेकिन महिला पण्डो या महिला बरगाह एक-दूसरे के यहाँ खाना नहीं खातीं। शादी-ब्याह या मरणी जैसे अवसरों पर यह भेदभाव ज़्यादा मुखर रूप से सामने आता है। मसलन, यदि एक पण्डो के यहाँ शादी होती है, तो बरगाह लोगों को अलग से अनाज दे दिया जाता है ताकि वे अपना खाना अलग बना सकें। लेकिन मैंने यह भी देखा कि अक्सर पण्डो के यहाँ बरगाह या बरगाह के घर में पण्डो बैठकर अपना सुख-दुःख बाँट रहे हैं। लोगों ने बताया कि वे अपना त्यौहार भी एक साथ मनाते हैं। दूसरी जातियाँ भी पण्डो के नेतृत्व में रहती हैं। बंजारा जाति के लोगों को इसका अपवाद माना जा सकता है। ये आमतौर पर गाँव के फ़ैसलों में भागीदारी करते हैं, लेकिन सक्रियता से गाँव की गतिविधियों में भाग नहीं लेते हैं।

तेखरानाला में लोगों के घर दूर-दूर हैं। तेखरानाला में एक स्थान पर दो-तीन लोगों के घर हैं, फिर वहाँ से तक़रीबन 100 मीटर की दूरी पर दूसरे लोगों के घर हैं। तेखरानाला में सभी घर मिट्टी, लकड़ी और खपड़े से बने हैं। यहाँ जिन लोगों की स्थिति तुलनात्मक रूप से अच्छी है, उनके मक़ान ज़्यादा बड़े हैं। इतने बड़े तेखरानाला में पानी के स्रोत के नाम पर सिर्फ़ दो नलकूप हैं। इसके अलावा, गाँव की पूर्वी सीमा पर, बंजारों के घर के पास एक बड़ा तालाब है। यहाँ का पानी जानवरों के पीने या लोगों के नहाने के काम आता है। तेखरानाला के लोग होली जैसे हिंदुओं के त्यौहार मनाते हैं। लेकिन क्षेरता, कर्मी जैसे आदिवासी त्यौहार इनके प्रमुख त्यौहार हैं। गाँव में कोई मंदिर नहीं है। गाँव की कुल देवी लारकोइ-पढ़रा के जंगल में स्थित हैं। गाँव के सभी लोग जंगल में कुल देवी की पूजा करने जंगल में जाते हैं। जंगल में कुल देवी के मंदिर की इमारत नहीं है। कुछ बड़ी पत्थर की आकृतियाँ हैं। किसी की मृत्यु होने पर उसे जंगल में ही दफ़नाया जाता है। इनकी ज़िंदगी में हिंदू धर्म का प्रभाव है और लेकिन यहाँ के लोग खुद को हिंदू नहीं मानते हैं। ये होली जैसे हिंदुओं के त्यौहार मनाते हैं और गाँव के आम जनजीवन में जाति आपसी व्यवहार का एक मुख्य आधार है। लेकिन ज़िंदगी के बाकी पहलुओं में इन्होंने अपनी स्वायत्तता क़ायम रखी है। तेखरानाला में एक प्राथमिक स्कूल है। यह 'फ़ॉरेस्ट' की ज़मीन पर नहीं है। यह तेखरानाला से थोड़ी दूरी पर स्थित है। यहाँ के स्कूल में एक ही मास्टर हैं। यहाँ पर बच्चों को दोपहर का भोजन भी मिलता है। स्कूल के मास्टर कवीन्द्र गुप्ता ने यह बताया कि सामान्य तौर पर बच्चे नियमित रूप से स्कूल नहीं आते, ख़ासतौर पर पण्डो लोग अपने बच्चों को स्कूल भेजने के लिए जागरूक नहीं हैं।

एक गाँव के रूप में तेखरानाला

शुरुआती विवरण में ही यह स्पष्ट किया गया है कि भौगोलिक दूरी के स्तर पर तेखरानाला और शेष सहोरा दो अलग-अलग गाँवों की तरह हैं। दूसरे कई ऐसे कारक भी हैं, जो एक अलग गाँव के रूप में तेखरानाला की पहचान अभिव्यक्त करते हैं। पहला, तेखरानाला के लोग अपने पारे के बारे में कोई भी बात बताने के लिए 'गाँव' शब्द का ही प्रयोग करते हैं, और शेष सहोरा के लिए 'सहोरा गाँव' शब्द का इस्तेमाल करते हैं। तेखरानाला के हर व्यक्ति ने इस बात पर ज़ोर दिया कि तेखरानाला एक अलग गाँव ही है। दूसरा, तेखरानाला के लोग अलग से अपने गाँव के लोगों के साथ मिल-बैठकर यह तय करते हैं कि उन्हें क्या करना है। रोज़मर्रा की ज़िंदगी में तेखरानाला और शेष सहोरा के लोगों के बीच बहुत कम आपसी संपर्क होता है। सांस्कृतिक स्तर पर भी तेखरानाला और शेष सहोरा दो अलग-अलग ईकाइयों के रूप में हैं। तेखरानाला के लोग आदिवासी संस्कृति के नज़दीक हैं। जबकि शेष सहोरा के लोग पिछड़ी जातियों के प्रभाव के कारण आदिवासी संस्कृति से अलग नज़र आते हैं। मसलन, तेखरानाला में हर व्यक्ति अभिवादन के लिए 'जय जगत' शब्द का इस्तेमाल करता है, जबकि शेष सहोरा में सभी लोग (पण्डो भी) 'नमस्कार' शब्द का इस्तेमाल करते हैं। स्पष्टत: भौगोलिक दूरी, सांस्कृतिक पहचान, स्वायत्त जीवन शैली और रहन-सहन के कारण तेखरानाला शेष सहोरा से अलग एक गाँव के रूप में ही है।

2. फयदू

फयदू दक्षिणी सरगुजा वनमंडल में स्थित है। यह अम्बिकापुर से तक़रीबन 90 किलोमीटर की दूरी पर स्थित है। अब फयदू भी तेखरानाला की तरह सूरजपुर ज़िले का भाग है। यह पुलिस थाने से 10 किमी दूर जंगल में स्थित राजस्व गाँव है। फयदू गाँव तक रोड नहीं पहुँची है। फयदू से आम ज़रूरत की चीज़ें लेने के लिए भी दस किलोमीटर दूर स्थित छोटे बाज़ार छाना में जाना पड़ता है। यहीं साप्ताहिक हाट लगता है। इस रास्ते पर भी छाना से फयदू जाने के लिए कोई नियमित बस या जीप वगैरह नहीं होती है। छाना से फयदू का रास्ता जंगलों से होकर गुज़रता है। इन जंगलों को पटबर्रा का जंगल कहते हैं। फयदू के बारे में यह बात आसानी से कही जा सकती है कि यह मुख्य रास्ते से अलग और अंदर की ओर बसा गाँव है।

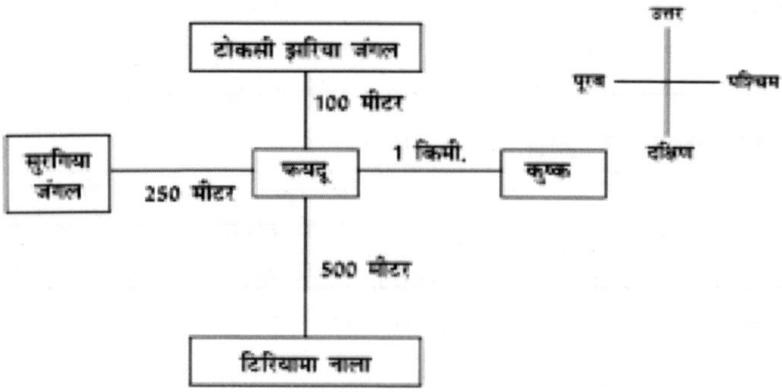

नोट- रेखाचित्र में दिखाई गयी दूरी अनुमानित है। इसमें कुछ प्रतिशत का अंतर हो सकता है

रेखाचित्र 2: फयदू की भौगोलिक स्थिति

रेखाचित्र-2 से स्पष्ट है कि फयदू के उत्तर और पूरब दिशा में क्रमशः टोकसी झरिया जंगल और सुरगिया जंगल स्थित हैं। फयदू के पश्चिम में कुष्क गाँव स्थित है। इसके दक्षिणी दिशा में टिरियामा नाला है। टिरियामा नाला में बरसात के दिनों में बहुत पानी होता है। बाक़ी समय इसमें बहुत ज़्यादा पानी नहीं रहता है। फयदू के लोगों ने इसके आस-पास अपने खेत बना लिए हैं। टोकसी-झरिया जंगल को कई लोग फयदू का जंगल भी कहते हैं। फयदू के लोग अपनी निस्तार की ज़रूरतों को पूरा करने के लिए इसी जंगल पर निर्भर हैं। फयदू के लोगों ने टोकसी-झरिया जंगल के भीतर खेत भी बनाए हैं। टिरियामा नाला तक पहुँचने का रास्ते भी जंगल से होकर ही जाता है। यह फयदू से तक़रीबन 500 मीटर की दूरी पर स्थित है। इस तरह फयदू के चारों ओर जंगल स्थित है और यह जंगल आरक्षित वन है। यह ऊँचे झाड़ वाला जंगल है। एक लिहाज़ से यह कहा जा सकता है कि फयूद जंगल में बसा एक राजस्व गाँव है।

सामाजिक संरचना और जीवन शैली

सन् 2011 की जनगणना के अनुसार फयदू में कुल 21 घर हैं। इस गाँव की कुल जनसंख्या 86 है। इन 86 लोगों में पुरुषों और महिलाओं की संख्या बराबर है। अर्थात् फयदू में 43 पुरुष और 43 महिलाएँ हैं। यहाँ रहने वाले सभी लोग अनुसूचित जनजातियों से संबंधित है। यहाँ 34.4 प्रतिशत लोग साक्षर हैं। पुरुषों की साक्षरता दर 58.6 प्रतिशत है, जबकि महिलाओं की साक्षरता दर 14.3 है।[8]

8. एरिया प्रोफ़ाइल ऑफ़ छत्तीसगढ़ स्टेट, http://www.censusindia.net देखने की तारीख़: 12.5.2012.

फयदू में कुल पाँच जनजातियों के लोग हैं। यहाँ गोण्ड, मंझवार, अगरिया, कंवर और पण्डो- जनजातियों के परिवार बसे हुए हैं। फयदू में मंझवार और गोण्ड जनजाति के लोगों के 8-8 घर हैं। अगरिया जनजाति का एक घर है। यहाँ कंवर और पण्डो लोगों के क्रमशः 2-2 घर हैं।

फयदू में घर मिट्टी और खपरैल के बने हुए हैं। यहाँ घरों के बीच बहुत ज़्यादा दूरी नहीं है। जो लोग तुलनात्मक रूप से सम्पन्न हैं, उनके घर ही बड़े हैं। ऐसे सम्पन्न लोगों के घरों के सामने काफ़ी खुला स्थान होता है। यहाँ वे शाक-सब्ज़ी उपजाते हैं या अपनी फ़सल रखते हैं। फयदू बहुत ही छोटा गाँव है। इसलिए यह गाँव पारों में बँटा हुआ नहीं है। लेकिन इस गाँव में मंझवारों का घर गाँव के पूर्वी दिशा में है। गोण्ड लोग इनसे थोड़ी दूरी पर गाँव के उत्तरी दिशा की ओर बसे हैं। ज़्यादा उत्तर की ओर बढ़ने पर अगरिया, पण्डो और कंवर लोगों का घर है। गाँव के उत्तर की ओर प्राथमिक स्कूल है। यह एक कमरे का बना है। पूरे फयदू में सिर्फ़ प्राथमिक स्कूल ही ईंटों से बना हुआ है। यहाँ पर गाँव के बच्चे पढ़ने आते हैं। लेकिन यहाँ के प्राथमिक स्कूल की स्थिति बहुत अच्छी नहीं है। सिर्फ़ एक शिक्षक होने के कारण स्कूल अक्सर बंद रहता है।

फयदू के सामाजिक जीवन में गोण्ड लोग ही सबसे प्रमुख भूमिका निभाते हैं। यहाँ से पटबर्रा पंचायत के लिए एक पंच चुना जाता है। फयदू से चुनी गयी पंच गोण्ड हैं। गाँव में माओवादियों के विश्वस्त कार्यकर्ता के रूप में गोण्ड ही हैं। अमूमन नक्सलियों की बैठक होने पर खाना किसी गोण्ड के यहाँ ही बनता है। फयदू में रहने वाले सभी आदिवासियों के कुल देवता टोकसी-झरिया जंगल में स्थित हैं। गाँव में कोई मंदिर नहीं है। ये लोग क्षेरता (मकर संक्रांति), कर्मा, दीवाली आदि त्यौहार मनाते हैं। ये खुद को हिंदू नहीं मानते हैं। मृत्यु के बाद ये लोग शव को जलाते नहीं हैं, बल्कि दफ़नाते हैं। इसके लिए ये जंगल की ज़मीन का ही उपयोग करते हैं। इस काम के लिए कभी वन विभाग के लोगों ने इन्हें नहीं रोका। उल्लेखनीय बात यह है कि फयदू में मंझवार जनजाति के लोगों की जनसंख्या गोण्ड लोगों की जनसंख्या के तक़रीबन बराबर ही है। लेकिन मंझवार या दूसरी जातियों के लोगों को भी इस बात से ज़्यादा फ़र्क़ नहीं पड़ता है कि फयदू में गोण्ड लोगों की भूमिका ज़्यादा महत्त्वपूर्ण है।

फयदू गाँव बहुत छोटा है। 10 मिनट के भीतर इस गाँव का पूरा एक चक्कर लगाया जा सकता है। लेकिन इस छोटे से गाँव में घूमते हुए यहाँ के लोगों की दयनीय आर्थिक स्थिति का अंदाज़ा हो जाता है। इनमें से कुछ लोगों की स्थिति गाँव के दूसरे लोगों की तुलना में थोड़ी अच्छी है। लेकिन यह इतनी अच्छी नहीं कि इन लोगों को खुशहाल माना जा सके। फयदू के आम जनजीवन

की एक महत्त्वपूर्ण विशेषता यह है कि यहाँ के लोगों में सरकारी योजनाओं, ग़ैर-सरकारी संगठनों, और बाहर से शोध करने के लिए आने वाले लोगों के प्रति गहरी नाराज़गी है। यह नाराज़गी बातचीत में खुलकर सामने भी आती है।

3. सठोरा

सेमरसोत अभयारण्य पूर्वी सरगुजा वन मंडल के अंतर्गत स्थित है। इस अभयारण्य का कुल क्षेत्रफल 281.158 वर्ग किमी. है। इसमें से 262.374 वर्ग किमी. संरक्षित वन है जबकि 18.784 वर्ग किमी. आरक्षित वन है। सेमरसोत के भीतर कुल 51 गाँव बसे हुए हैं। ये सभी राजस्व गाँव हैं। सठोरा भी इन 51 गाँवों में से एक गाँव है। सठोरा तक पहुँचने के लिए कोई पक्की सड़क नहीं है। इसके लिए जंगल के बीच बनी पगडण्डी सरीखे रास्तों से ही गुज़रना पड़ता है।

भौगोलिक स्थिति

रेखाचित्र-3 में सठोरा गाँव की भौगोलिक स्थिति दिखाई गयी है। सठोरा के उत्तर में 2 किमी. दूर में करपतिया गाँव स्थित है।

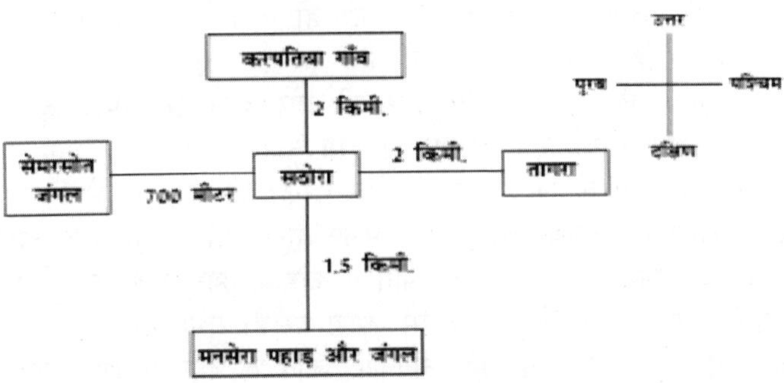

नोट- दिखाई गयी दूरी अनुमानित है। इसमें कुछ प्रतिशत का अंतर हो सकता है।

रेखाचित्र 3- सठोरा की भौगोलिक स्थिति

सठोरा के दक्षिण में मनसेरा पहाड़ और जंगल है। यह सठोरा से 1.5 किमी. की दूरी पर स्थित है। सठोरा के पूरब में तक़रीबन 700 मीटर की दूरी पर जंगल स्थित है। इसे सेमरसोत जंगल के नाम से ही जाना जाता है। सठोरा गाँव के लोग अपने निस्तार की ज़रूरतों को पूरा करने के लिए इसी जंगल को इस्तेमाल करते हैं। सठोरा के पश्चिम में 2 किमी. दूर तागरा नामक गाँव स्थित है। करपतिया गाँव और तागरा सठोरा से तक़रीबन 2 किमी. की दूरी पर स्थित है। मनसेरा पहाड़ और जंगल सठोरा से डेढ़ किमी. की दूरी पर स्थित है। सेमरसोत जंगल

सठोरा से 1 किमी. की दूरी पर स्थित है। सेमरसोत जंगल का गाँव से लगा भाग संरक्षित वन के अंतर्गत आता है, जबकि जंगल का अधिक गहन हिस्सा आरक्षित वन है।

सामाजिक संरचना और जीवनशैली

2001 की जनगणना के अनुसार, सठोरा में कुल 58 घर हैं (अपने फ़ील्ड-वर्क के दौरान मैंने पाया कि अब घरों की संख्या बढ़कर 59 हो चुकी है)। सठोरा की कुल जनसंख्या 265 है। इसमें 133 पुरुष और 132 महिलाएँ हैं। सठोरा की कुल जनसंख्या में अनुसूचित जनजातियों की हिस्सेदारी 85.3 फ़ीसदी है। इस गाँव में कुल 67.7 फ़ीसदी लोग साक्षर हैं। 74.5 फ़ीसदी पुरुष और 61.3 फ़ीसदी महिलाएँ साक्षर हैं।[9] सठोरा करपतिया पंचायत के अंतर्गत आता है। करपतिया और सठोरा को मिलाकर एक पंचायत (अर्थात् करपतिया पंचायत) का निर्माण किया गया है। सठोरा में कुल 59 घर हैं।

सठोरा में कुल सात जातियों के लोग रहते हैं। इनमें छह अनुसूचित जनजातियाँ हैं, जबकि एक पिछड़ी जाति है। अनुसूचित जनजातियाँ ये हैं– चेरवाँ, खैरवार, कोणाकु, उराँव, अगरिया और नागवंशी। साथ ही, यहाँ पिछड़ी जाति यादव (या अहीर) का परिवार भी है। सठोरा में तीन पारे हैं– चुरवाँ पारा, मथान पारा और तूना पारा। गाँव में दक्षिण से उत्तर की ओर बढ़ने पर क्रमशः तूना पारा, मथान पारा और चुरवाँ पारा मिलता है। ऐसा नहीं है कि किसी एक पारे में सिर्फ़ एक ही जाति के लोग रहते हैं। लेकिन फिर भी एक पारे में किसी एक जाति के लोगों की संख्या ज़्यादा है। मसलन, तूना पारा में चेरवाँ जनजाति के लोगों का घर सबसे ज़्यादा है, मथान पारा में कोड़ाकू और चुरवाँ पारा में खैरवार तथा उराँव जनजाति के लोगों के सबसे ज़्यादा घर हैं। सभी पारों में यादव लोगों के एक-दो घर हैं। अगरिया और नागवंशी जाति के लोग क्रमशः पटेल पारा और तूना पारा में रहते हैं। सठोरा में सबसे अधिक चेरवाँ जाति के लोग हैं। यहाँ चेरवाँ जनजाति के लोगों के 19 घर हैं। 12 घर कोणाकु जनजाति के लोगों के हैं। खैरवार और उराँव जनजाति के लोगों के क्रमशः 10 और 7 घर हैं। यादव (या अहीर) जाति के लोगों के 6 घर हैं। इसके अलावा, सठोरा में अगरिया और नागवंशी लोगों के भी दो-दो घर हैं।[10]

सठोरा के लोग आपसी बातचीत की भाषा के रूप में सरगुजिया का ही प्रयोग करते हैं। गाँव में सबसे अधिक ज़मीन चेरवाँ जनजाति के लोगों के पास है। इसी कारण, गाँव के आम जनजीवन पर भी इनका बहुत अधिक प्रभाव

---

9. एरिया प्रोफाइल ऑफ छत्तीसगढ़ स्टेट, http://www.censusindia.net देखने की तारीख: 12.5.2012.
10. स्रोत- *व्यक्तिगत विश्लेषण.*

है। सठोरा के लोगों में आपसी सद्भाव है। इस कारण यहाँ के निवासियों में जाति या पारों के आधारों पर कोई तीखा विभाजन नहीं दिखता। सठोरा के लोगों के बीच पारस्परिक सौहार्द क़ायम रखने में 'करपतिया' की प्रमुख भूमिका मानी जा सकती है। करपतिया सठोरा का पड़ोसी गाँव है। करपतिया एक बड़ा गाँव है। पंचायत में इसका ही वर्चस्व है। ऐसे में, सठोरा के लोग अपनी अधिकांश समस्याओं के लिए एक-दूसरे को दोष नहीं देते हैं। इसकी बजाय, सारा गुस्सा करपतिया के लोगों पर ही निकाला जाता है।

सठोरा में यादव लोग हिंदू धर्म को मानने वाले हैं। सभी उराँव ईसाई धर्म के अनुयायी हैं। इसके अलावा, सभी समुदायों के लोगों पर हिंदू धर्म का प्रभाव है। लेकिन इन्हें कई मामलों में हिंदू धर्म से स्वायत्तता भी हासिल है। ये लोग क्षेरता और कर्मी जैसे अपने त्यौहारों के साथ ही हिंदुओं की तरह दीपावली, दशहरा जैसे त्यौहार भी मनाते हैं। लेकिन शादी-ब्याह या मरणी जैसे अवसरों पर इनके विधि-विधान हिंदुओं से अलग हैं। ये लोग शवों को दफ़नाते हैं। इसके लिए मनसेरा पहाड़ पर स्थित जंगल का प्रयोग किया जाता है। सठोरा में कोई मंदिर या दूसरा पूजागृह नहीं है। उराँव लोग पड़ोस के गाँव के चर्चों में जाते हैं। उराँव के अलावा, सभी समुदायों के लोग (यादव भी) जंगल में स्थित गाँव की कुलदेवी को ही अपना आराध्य मानते हैं। यादव लोग कृष्ण को अपना मुख्य आराध्य देव मानते हैं। लेकिन गाँव में इन लोगों ने किसी मंदिर का निर्माण नहीं किया है। क्षेरता, होली, दीपावली, दशहरा जैसे त्यौहारों में लोग मनसेरा पहाड़ के जंगल पर स्थित देवी के टीलानुमा मंदिर में मत्था टेकने जाते हैं।

सठोरा में सिर्फ़ एक प्राथमिक स्कूल है। एक रोचक बात यह है कि यहाँ कोई भी परिवार ऐसा नहीं मिला, जो अपने बच्चों को प्राथमिक स्कूल में न भेज रहा हो। लेकिन अधिकांश लड़के और लड़कियाँ प्राथमिक स्कूल के बाद पढ़ाई छोड़ देते हैं। सठोरा में बिजली पहुँच चुकी है। साथ ही, यहाँ पानी की व्यवस्था भी तेखरानाला और फयदू की तुलना में ठीक है। गाँव में कुल 7 हैंडपंप हैं, इनमें से 6 ठीक से काम कर रहे हैं। सठोरा में घर मिट्टी और खपरैल के ही हैं। सिर्फ़ गाँव का प्राथमिक स्कूल ही ईंट का बना हुआ है। लेकिन खपरैल के बने मक़ान भी बहुत ही सुरुचिपूर्ण तरीक़े से बने हैं। जिन लोगों की आर्थिक स्थिति ज़्यादा अच्छी है, उनके घर ज़्यादा बड़े हैं और उनके घरों के सामने ज़्यादा जगह भी है। एक महत्त्वपूर्ण बात यह है कि सेमरसोत के दूसरे गाँवों की तरह ही सठोरा पर भी विस्थापन का ख़तरा हमेशा क़ायम रहता है।[11]

दरअसल, सठोरा में एक दिन के लिए आने पर यहाँ के जीवन के सकारात्मक पहलू मन मोह सकते हैं। इस गाँव में उस तरह की ग़रीबी नहीं दिखती, जैसी

11. वन विभाग की भूमिका से संबंधित भाग में इस पहलू की विवेचना की गई है।

कि तेखरानाला और फयदू में दिखी। लेकिन यहाँ के लोगों के जीवन की दशा बहुत अच्छी नहीं है। गाँव के कुछ लोगों के पास अधिक ज़मीन है। लेकिन अधिकांश लोग ऐसे हैं, जिनके पास उनकी ज़रूरत के हिसाब से बहुत कम ज़मीन है। दूसरा, इनके पास जीविका का कोई वैकल्पिक स्रोत नहीं है। जंगल में इनकी गतिविधियों पर बहुत अधिक पाबंदी है। तीसरा, हर समय अपने गाँव से विस्थापित कर दिये जाने का ख़तरा मौजूद रहता है।

4. खेखरापोहर

खेखरापोहर दक्षिणी सरगुजा वन मंडल में स्थित है। 2001 की जनगणना के अनुसार, खेखरापोहर में कुल 50 घर हैं। यहाँ की कुल जनसंख्या 224 है। इसमें कुल 107 पुरुष और 117 महिलाएँ हैं। यहाँ की साक्षरता दर 72.8 फ़ीसदी है। यहाँ की कुल जनसंख्या का 78.1 फ़ीसदी अनुसूचित जनजातियाँ हैं।[12] लेकिन फ़ील्ड-वर्क के दौरान मुझे खेखरापोहर में कुल 42 घर ही मिले। जनगणना रिपोर्ट में अधिक घरों के दर्ज होने का एक प्रमुख कारण यह है कि पास के गाँवों के कई प्रभावशाली लोगों ने यहाँ ज़मीन ख़रीद ली है। इस पहलू की 'बेजा क़ब्ज़ा' और वन विभाग की भूमिका से संबंधित भाग में विस्तार से विवेचना की गयी है।

भौगोलिक स्थिति और सामाजिक जीवन

खेखरापोहर के उत्तर में टाँपी नाला है। इस नाले के पार मरली जंगल स्थित है। इस जंगल को खेखरापोहर के लोग अपने निस्तार के लिए प्रयोग में लाते हैं। यह बड़े झाड़ का जंगल है और इसे आरक्षित वन की श्रेणी में रखा गया है। यह जंगल खेखरापोहर से तक़रीबन 500 मीटर की दूरी पर स्थित है।

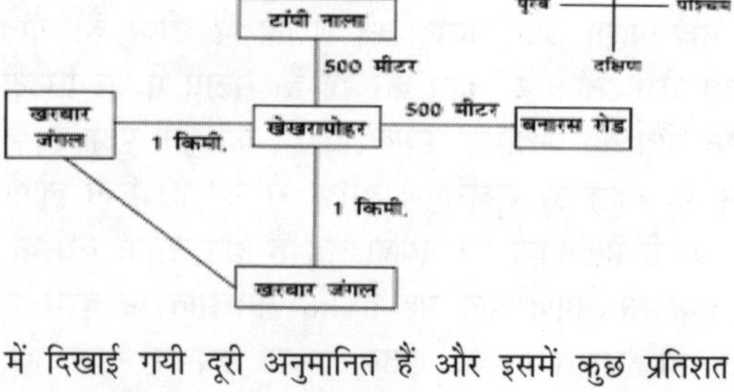

नोट-रेखाचित्र में दिखाई गयी दूरी अनुमानित हैं और इसमें कुछ प्रतिशत का अंतर हो सकता है।

रेखाचित्र 4- खेखरापोहर की भौगोलिक स्थिति

12. एरिया प्रोफाइल ऑफ़ छत्तीसगढ़ स्टेट, http://www.censusindia.net देखने की तारीख़ : 12.5.2012।

खेखरापोहर के दक्षिण में तक़रीबन 1 किमी. आगे खरबार जंगल स्थित है। यही जंगल पूरबी दिशा की ओर भी फैला हुआ है। खरबार जंगल भी बड़े झाड़ का जंगल है और इसे भी आरक्षित वन की श्रेणी में रखा गया है। खेखरापोहर के पश्चिम में 500 मीटर आगे अम्बिकापुर की ओर जाने वाली रोड है। इस रोड के पार भी जंगल स्थित है। खेखरापोहर के पास स्थित मरली जंगल में कोयले की ख़ान भी है। लेकिन अभी तक उस पर काम शुरू नहीं हुआ है।

खेखरापोहर में कुल 42 परिवार हैं। यहाँ कुल 5 जातियों/जनजातियों के लोग रहते हैं। खेखरापोहर में सबसे ज़्यादा पण्डो जनजाति के लोग हैं। यहाँ पण्डो जनजाति के लोगों के कुल 23 घर हैं। खेखरापोहर में अगरिया जनजाति के लोगों के 10 और बरगाह (पिछड़ी जाति) लोगों के 6 घर हैं। इसके अलावा, यहाँ 2 घर कंवर और 1 घर घसिया जनजाति के व्यक्ति का है। खेखरापोहर का विस्तार बहुत व्यापक क्षेत्र में नहीं है। यह गाँव पारों में नहीं बँटा है। गाँव के पश्चिमी दिशा में पण्डो जनजाति के लोगों के घर हैं। आगे बढ़ने पर क्रमश: बरगाह, कंवर, घसिया और अगरिया जाति के लोगों के घर हैं। खेखरापोहर में गाँव के बीचो-बीच एक प्राथमिक स्कूल स्थित है। यह ईंट से बना पक्का भवन है। इसके अलावा, खेखरापोहर के सभी घर मिट्टी और खपड़े से बने हुए हैं। हाँ, यह ज़रूर है कि जिन लोगों की आर्थिक स्थिति अच्छी है, उनके घर तुलनात्मक रूप से बड़े हैं। साथ ही, ऐसे लोगों के घरों के सामने खुली जगह भी है।

गाँव के सामान्य जनजीवन में पण्डो जनजाति के लोगों का प्रभाव ज़्यादा है। लेकिन अगरिया जनजाति के लोग भी गाँव के मामलों में प्रभावकारी भूमिका निभाते हैं। मसलन, गाँव के पटेल पण्डो जमीन और गाँव के अन्य सामान्य मामले में तय करने वाला व्यक्ति जनजाति के हैं, जबकि अगरिया जाति का इस गाँव का व्यक्ति करमाना पंचायत के उपसरपंच है। ऊपरी तौर पर गाँव के लोगों में सद्भाव है। लेकिन कुछ परिवारों में आपसी तनाव भी कायम रहता है। मसलन, खेखरापोहर के पटेल और उपसरपंच ने निजी बातचीत में एक-दूसरे पर कई आरोप लगाए। पटेल के अनुसार, उपसरपंच पंचायत के सरपंच के साथ मिलकर सारा पैसा हज़म कर जाता है, इसलिए गाँव में पंचायत का कोई काम नहीं होता। दूसरी ओर, उपसरपंच ने पटेल पर दूसरे गाँव के लोगों को ज़मीन बेचने का आरोप लगाया। खेखरापोहर में लोग आपसी बातचीत के लिए सरगुजिया भाषा का प्रयोग करते हैं। लेकिन पण्डो लोग आपस में पण्डो भाषा में बातचीत करते हैं। खेखरापोहर में पिछली पीढ़ी के अधिकांश लोग अनपढ़ हैं। अब इनमें से तक़रीबन सभी लोग अब अपने बच्चों को खेखरापोहर के प्राथमिक स्कूल में भेज रहे हैं। लेकिन अधिकांश बच्चे प्राथमिक स्कूल के बाद पढ़ाई छोड़ देते हैं।

खेखरापोहर में सभी समुदायों के लोग क्षेरता, दीवाली, कर्मा, दशहरा जैसे त्यौहार मनाते हैं। ग़ौरतलब है कि गाँव में बरगाह के अलावा सभी समुदायों के सदस्य अनुसूचित जनजातियों के अंतर्गत आते हैं। बरगाह लोगों की संस्कृति और आर्थिक जीवनशैली खेखरापोहर में बसे दूसरी जनजातियों की संस्कृति और जीवन-शैली के अनुरूप ही है। खेखरापोहर में बसे सभी समुदायों के लोग दीवाली, होली, दशहरा जैसे हिंदुओं के त्यौहार मनाते हैं। फिर भी, ऊपर वर्णित तीन गाँवों की तरह ही इनके सांस्कृतिक जीवनशैली का अलग और स्वायत्त स्वरूप है। गाँव में कोई मंदिर नहीं है। गाँव के सभी लोग मरली जंगल में स्थित कुलदेवी को ही अपना इष्ट देवता मानते हैं।

खेखरापोहर के लोग मानते हैं कि उनकी जीवनशैली और रहन-सहन में पिछले चार-पाँच सालों में काफ़ी बदलाव आया है। गाँव में पहले पानी की काफ़ी क़िल्लत थी। लेकिन अब खेखरापोहर में कुल तीन नलकूप हैं। तीनों ही नलकूप अच्छी तरह काम कर रहे हैं। गाँव में बिजली आने से सिंचाई की सुविधा में भी बढ़ोतरी हुई है। अब गाँव के लोग दो फ़सल उगाते हैं (इसके बारे में खेती से संबंधित भाग में विस्तार से वर्णन किया गया है)। गाँव की जीवनशैली में बदलाव का महत्त्वपूर्ण उदाहरण यह है कि तक़रीबन आठ साल पहले यहाँ किसी व्यक्ति के पास रेडियो नहीं था, लेकिन अब गाँव में 5 लोगों के यहाँ टी.वी. है।

स्पष्टत: गाँवों के सामाजिक, आर्थिक और सांस्कृतिक जीवन के विविध पहलुओं और उनके इतिहास के अध्ययन से कुछ बातें सामने आती हैं–

पहला, सभी गाँवों में सिर्फ़ कुछ लोगों की आर्थिक स्थिति अच्छी है और अधिकांश लोगों की आर्थिक स्थिति ख़राब है। इसका सीधा संबंध ज़मीन के मालिकाना से जुड़ा हुआ है। मसलन, शेष सहोरा, सठोरा और खेखरापोहर में उन लोगों की आर्थिक स्थिति अच्छी है जिनके पास ज़्यादा ज़मीन है। तेखरानाला और फयदू में लोगों का जीवन-स्तर अच्छा नहीं है, लेकिन यहाँ भी गाँव के आम-जनजीवन में उन्हीं लोगों का प्रभुत्व है, जिनके पास ज़्यादा ज़मीन है। दूसरा, इनमें से कोई भी गाँव राज्य शासन के विभिन्न उपकरणों से बिल्कुल कटा हुआ नहीं है। इन गाँवों तक स्कूल, पटवारी और वन विभाग की पहुँच है। अस्पताल और कई मरतबा रोज़मर्रा की ज़रूरतों को पूरा करने वाले हाट अभी भी 10–15 किमी. दूर है, लेकिन गाँवों में स्कूली शिक्षा पहुँच चुकी है। यह ज़रूर है कि इन उदाहरणों में वह बहुत प्रभावकारी तरीक़े से काम नहीं कर रही है। तीसरा, सांस्कृतिक स्तर पर लोगों की ज़िंदगी में आदिवासी पहचान की बहुत ही ख़ास भूमिका है। जंगल इनकी सांस्कृतिक जीवन के केंद्र में है। इनके कुल के देवी/देवता जंगल में हैं। लोगों के मरने पर ये इन्हें जंगल में ही दफ़नाते हैं।

सभी गाँवों में वे समूह भी होली, दीपावली जैसे हिंदू त्यौहार मनाते हैं जो अनुसूचित जाति हैं या आदिवासी होने का दावा करते हैं। लेकिन साथ ही, ये कर्मी, क्षेरता जैसे विशिष्ट आदिवासी त्यौहार भी मनाते हैं। दरअसल, इसे आदिवासी और हिंदू जातियों के पारस्परिक सांस्कृतिक लेन-देन के रूप में देखा जा सकता है। मसलन, सठोरा और सहोरा में रहने वाली हिंदू जातियों की कुल देवी भी जंगल में हैं और ये भी आदिवासियों के प्रमुख त्यौहारों में भागीदारी करते हैं। इसके अलावा, शादी-ब्याह और मरणी जैसे विधानों में इनकी जीवनशैली पूरी तरह से स्वायत्त है। जो समूह ईसाई धर्म को मानते हैं उनका सांस्कृतिक जीवन भी अपने धर्म से काफ़ी हद तक स्वायत्त है।

II. गाँवों का इतिहास

मैंने सभी गाँवों का इतिहास जानने के लिए एक ही तरह का तरीक़ा अपनाया। मैंने गाँव में बसे समुदायों के बुजुर्ग सदस्यों से सामूहिक रूप से बातचीत की और इसी के आधार पर इन गाँवों के इतिहास की रूपरेखा तैयार हुई। आमतौर पर इस तरह की बातचीत में गाँव की युवा पीढ़ी के सदस्य भी मौजूद रहते थे। मैंने पड़ोस के गाँवों के बुजुर्गों से इन जानकारियों को 'क्रॉसचेक' किया। गाँवों का इतिहास जानने से हमें इस बात का अंदाज़ा मिल सकता है कि गाँव की शुरुआत कैसे हुई और इसमें विभिन्न समूहों के बसने का क्रम क्या था। इससे हमें इस बात की जानकारी भी मिल सकती है कि क्या हाल-फिलहाल तक गाँवों में नये लोग बसते रहे हैं या वर्तमान जनसंख्या पुरानी जनसंख्या की ही वंशज है? इस तरह की जानकारियों के आधार पर 'बेजा क़ब्ज़ा' की परिघटना की ज़्यादा बेहतर समझ बनाई जा सकती है। अध्याय का यह भाग कुल चार उपभागों में बाँटा गया है। हर उपभाग में एक गाँव के इतिहास का वर्णन किया गया है।

1. तेखरानाला का इतिहास

तेखरानाला के लोग अपने 'गाँव' का इतिहास अपने दादा की पीढ़ी तक ले जाते हैं।[13] तेखरानाला में रहने वाले लोगों में कमारू सबसे बुजुर्ग हैं। ये पण्डो जाति के हैं और इनकी उम्र 65 से 70 साल के बीच है।[14] इनके पिता ने

13. ये लोग वर्षों की गिनती में समर्थ नहीं हैं। 'नगदे दिन' (यानी बहुत ज़्यादा समय हुआ) गाँव के इतिहास को समझने के दौरान सबसे अधिक बार आने वाला शब्द था।

14. तेखरानाला में मुझे कोई ऐसा व्यक्ति नहीं मिला, जिसने विश्वास के साथ अपनी उम्र बताई हो, अमूमन लोगों ने दूसरों से पूछा 'कितना हयो'? (यानी कितना होगा), या फिर मुझसे कहते 'देख ल्यो' (तुम्हीं देख लो)।

इन्हें बताया था कि उनके पिता (कमारू के दादा) सहोरा गाँव (अर्थात् शेष सहोरा) में ही रहते थे। तेखरानाला को यहाँ के सबसे बुज़ुर्ग व्यक्ति कमारू (पण्डो) के दादा ने बसाया था। वे शेष सहोरा से यहाँ आये थे। वहाँ वे बिंझिया लोगों के यहाँ हलवाही-चरवाही करते थे। इनके दादा के जमाने में ही बड़े सरकारी अधिकारी ने सहोरा गाँव के पण्डो लोगों को पास के जंगल को साफ़ कर खेत बनाने के लिए कहा। कमारू के दादा ने अपने चार रिश्तेदारों से मिलकर जंगल साफ़ किया और अपने लिए खेत तथा घर बनाया। उस समय वन विभाग के लोगों ने इस पर कोई रोक नहीं लगाई। बाद में, इनके पिता ने गाँव के विभिन्न काम पूरा करने के लिए विभिन्न लोगों को बसाया। बरगाह जाति के लोग किसी अफ़सर या बाहरी व्यक्ति के आने पर उसे पानी पिलाने और उसकी ख़ातिरदारी करने का काम करते थे। कमारू के पिता ने इस काम के लिए शेष सहोरा से बुलाकर एक बरगाह परिवार को यहाँ बसाया। इसी तरह, गाँव में एक जगह से दूसरी जगह संदेश पहुँचाने के लिए मानिकपुरी (या पैनका) जाति के परिवार को शेष सहोरा से बुलाकर यहाँ बसाया गया। दरअसल, तेखरानाला में बाहर से लोगों के आकर बसने की प्रक्रिया हाल-फिलहाल तक जारी रही है। इस गाँव बसने वाले व्यक्ति यहाँ पहले से बसे किसी व्यक्ति के रिश्तेदार या परिचित होते हैं। दरअसल, इन दूसरे लोगों के बसाव में वन-भूमि के 'बेजा क़ब्ज़ा' या 'अतिक्रमण' का पहलू भी शामिल है। इस पहलू पर 'बेजा क़ब्ज़ा' से जुड़े भाग में विस्तार से विवेचना की गयी है।

2. फयदू : गाँव का इतिहास

फयदू के लोग अपने गाँव का इतिहास अपने वर्तमान पीढ़ी से दो पीढ़ी पहले तक ले जाते हैं। फयदू के लोगों में इस बात पर असहमति है कि फयदू में सबसे पहले कौन बसा। मंझवार लोगों ने यह दावा किया कि फयदू को उनके पुरखों ने बसाया, जबकि गोण्ड लोग मानते हैं कि फयदू गोण्डों द्वारा बसाया गया। पड़ोसी पटबर्रा गाँव में एक बहुत बुजुर्ग व्यक्ति से बात करने पर यह पता चला कि फयदू में सबसे पहले मंझवार बसे, उसके बाद गोण्ड, और फिर दूसरी जातियों के लोग बसे। दरअसल, ऐसा लगता है कि गाँव में मंझवार और गोण्ड जाति के लोगों के बसने में बहुत ज़्यादा सालों का अंतर नहीं था। मंझवार जाति के बुर्जुर्गों ने यह बताया कि कोरिया ज़िले के किसी गाँव से आकर तैगरा राम (मंझवार) ने जंगल को काटकर इस गाँव को बसाया। इसके बाद तैगरा राम ने अपने कई परिचितों को भी यहाँ बुलाया। इनमें एक गोण्ड परिवार भी शामिल था। इन गोण्ड व्यक्ति ने अपने साथ अपने बहनोई और अपने एक दोस्त के परिवार को भी यहाँ बसाया। इसके बाद यहाँ अगरिया और कंवर जनजातियों के लोग भी बसे। इस गाँव में

बसे विभिन्न समुदाय खेती के लिए ज़मीन मिलने की उम्मीद में यहाँ आकर बसे। ये सभी परिवार 30 साल पहले तक यहाँ बस चुके थे। आठ साल पहले यहाँ पंडो जनजाति के दो परिवार बसे। इन्हें गोण्ड लोगों ने यहाँ बसाया है और अपनी ज़मीन में से थोड़ी ज़मीन इन्हें दे दी है। इन्हें बसाने के पीछे मुख्य उद्देश्य यह था कि ये गाँव के दूसरे लोगों का काम करें। फयदू के लोगों का कहना है कि फयदू के जंगल के भीतर बसे होने और मुख्यधारा से कटे होने के कारण बहुत ज़्यादा लोगों ने यहाँ बसना पसंद नहीं किया। तक़रीबन पंद्रह साल पहले यहाँ बसने के इरादे से कुछ और परिवार आये, लेकिन यहाँ के जीवन की कठिन परिस्थितियों को देखकर वे वापस लौट गये।

3. सठोरा : गाँव के बसाव का इतिहास

सठोरा के लोग अपने गाँव के इतिहास को अपने परदादा की पीढ़ी तक ले जाते हैं। वैसे लोग ये बात ठीक-ठीक नहीं बता पाए कि उनके पुरखे किस साल और किस जगह से आये थे। सठोरा की सबसे महत्त्वपूर्ण विशेषता यह है कि यहाँ वर्तमान में जितने परिवार बसे हैं, वे शुरुआत में बस चुके परिवारों का ही विस्तार हैं। अर्थात् सठोरा में बाहर से आकर परिवार नहीं बसते रहे हैं। हाँ, यह जरूर हुआ है कि कुछ लोगों ने अपनी बेटी-दामाद को यहाँ बुलाकर बसा दिया।

गाँव में सबसे पहले चेरवाँ लोग आये। उसके बाद यादव, कोडाकू, खैरवार, उराँव और दूसरी जातियों के लोग आये। गाँव के इन समुदायों के आने में चार-पाँच साल का अंतर रहा। यहाँ भी अधिकांश लोगों ने यह माना कि उनके पुरखे शायद इसीलिए यहाँ आकर बसे क्योंकि पुराने गाँव में जीविका के साधन नहीं थे। चेरवाँ जाति के दो लोगों ने तक़रीबन 70-80 साल पहले इस गाँव को बसाया। अभी इस गाँव में चेरवाँ जाति के 19 घर हैं। ये शुरू में बसे दो लोगों के परिवार का ही विस्तार है। सामूहिक बातचीत में मौजूद दूसरे लोगों ने भी इस बात से सहमति जताई कि सठोरा में सबसे पहले चेरवाँ लोग ही बसे थे। चेरवाँ जाति के लोगों के बाद इस गाँव में क्रमशः यादव, कोडाकू, खैरवार और उराँव जाति के लोग आकर बसे। तक़रीबन 30-40 साल पहले अगरिया और नागवंशी जातियों का एक-एक परिवार भी यहाँ बसा। सठोरा में पिछले 30-35 सालों से कोई नया बसाव नहीं हुआ है। पुराने बसाव के संबंध में भी यह बात साफ़ है कि जीविका की ज़रूरतों के कारण ही लोग यहाँ आकर बसे। अक्सर जो नये लोग आये वे गाँव में बसे किसी व्यक्ति के परिचित थे। उन्हें या तो उनके परिचित ने थोड़ी ज़मीन दे दी, या फिर जंगल से कुछ पेड़ काटकर ज़मीन बनाने की इजाज़त दे दी गयी।

4. खेखरापोहर : गाँव का इतिहास

खेखरापोहर के लोग अपने गाँव के बसाव का इतिहास दादा के जमाने तक ले जाते हैं। सहोरा, फयदू और सठोरा की तरह ही खेखरापोहर के लोग भी सालों की गणना के बारे में लापरवाह हैं। लेकिन गाँव के लोगों में इस बात पर सहमति है कि खेखरापोहर को पण्डो लोगों ने बसाया, उसके बाद यहाँ अगरिया जनजाति के लोग आये। अगरिया लोगों के बाद क्रमशः बरगाह, कंवर और घसिया लोग इस गाँव में बसे। यहाँ लोगों के बसने का मुख्य कारण जीविका की ज़रूरत ही रही। गाँव के पटेल परमार साय के दादा (रामबल साय) तक़रीबन साठ साल पहले यहाँ से 4 किमी. दूर बसे गाँव करकताल से यहाँ आये थे। वे यहाँ आये, और उन्होंने पेड़ काटकर खेत बनाया। उस समय यहाँ पूरा घना जंगल था और वन विभाग द्वारा खेत बनाए जाने पर कोई रोक-टोक नहीं थी। इसके बाद इन्होंने अपने रिश्तेदारों को भी यहाँ बसने के लिए बुलाया। इसके बाद थोड़े-थोड़े समय बाद क्रमशः अगरिया, बरगाह और कंवर जनजातियों के लोग यहाँ बसे। अभी गाँव में जितने भी परिवार हैं वे सभी इन पुराने बसे परिवारों के वंशज हैं। तक़रीबन 40 साल पहले यहाँ अभी बसे अधिकांश परिवारों के पुरखे इस गाँव में बस चुके थे। हाल के वर्षों में घसिया जनजाति के एक व्यक्ति को यहाँ बसाया गया है। इसका कारण यह है कि इसकी पत्नी दाई के काम में पारंगत हैं।

गाँवों के इतिहास में एक सामान्य पैटर्न रहा है। यानी किसी एक व्यक्ति को गाँव को बसाया और उसके बाद उसने अपने रिश्तेदारों या दोस्तों को वहाँ बुलाकर बसाना शुरू कर दिया। गाँवों की भौगोलिक स्थिति ने भी नये परिवारों के बसने में महत्त्वपूर्ण भूमिका अदा की। मसलन, फयदू में बहुत ज़्यादा बाहरी लोग इसलिए नहीं बसे क्योंकि यहाँ जीवन के हालात काफ़ी मुश्किल हैं। बहरहाल, फयदू, सठोरा और खेखरापोहर में यह प्रक्रिया तीस-पैतीस सालों पहले ही रुक गयी। इक्का-दुक्का अपवादों को छोड़कर इन गाँवों के लोग अपने दादा या पिता की पीढ़ी से यहाँ बसे हुए हैं। लेकिन तेखरानाला इसका अपवाद रहा है, जहाँ हाल के वर्षों तक बाहरी व्यक्ति बसते रहे हैं।

III. जीविका का संघर्ष : खेती की स्थिति और जंगल पर निर्भरता और मज़दूरी

सरगुजा ज़िले में ग्रामीण लोगों के लिए खेती मुख्य पेशा है। जंगल के नज़दीक बसे गाँवों के लोगों की जीविका का मुख्य सहारा खेती ही है। खेती से लोगों की जीविका की ज़रूरत पूरा न होने के कारण जंगल उनकी जीविका का बहुत

ही महत्त्वपूर्ण सहारा बन जाता है। अध्याय के इस भाग में खेती की स्थिति, लोगों द्वारा उपजाए जाने वाले फ़सलों और खेती की समस्याओं का विश्लेषण किया गया है। इसमें इस बात का भी अध्ययन किया गया कि जंगल के नज़दीक बसे गाँवों के लोगों की जंगल पर किस तरह की निर्भरता है? वे जंगल से कौन-कौन से वनोपज लेते हैं? क्या इन वनोपजों से उनकी जीविका की ज़रूरत पूरी हो जाती है? इसका अलावा, यह सवाल भी महत्त्वपूर्ण है कि क्या गाँव के लोग अपनी ज़रूरतों को पूरा करने के लिए मज़दूरी का काम भी करते हैं? अध्याय के इस भाग में इन पहलुओं की विवेचना की गयी है। यह भाग तीन उपभागों में बँटा हुआ है। पहले उपभाग में खेती के हालात की विवेचना की गयी है, दूसरे उपभाग में वनोपजों पर निर्भरता का वर्णन है और तीसरे उपभाग में गाँवों के लोगों द्वारा अपनी जीविका की ज़रूरतों को पूरा करने के लिए मजदूरी पर निर्भरता के बारे में बताया गया है।

1. खेती के हालात

मैंने जिन चारों गाँवों में फ़ील्ड-वर्क किया, वहाँ की खेती के संबंध में कुछ बुनियादी बातों को निम्नलिखित रूप से रेखांकित किया जा सकता है :

पहला, इन सभी गाँवों में खेती लोगों की जीविका का सबसे महत्त्वपूर्ण साधन है। इन चारों गाँवों में खेतों की संरचना में अंतर है। तेखरानाला में खेत ऊबड़-खाबड़ ज़मीन के बीच स्थित हैं। अर्थात् खेत के चारों ओर ऊँची ज़मीन है और बीच में ज़मीन को समतल करके खेत बनाया गया है। तेखरानाला के अलावा मैंने बाक़ी जिन जगहों पर फील्ड-वर्क किया, वहाँ पर खेत अमूमन समतल ज़मीन पर थे। शेष सहोरा, फयदू, सठोरा और खेखरापोहर- इन सभी जगहों पर खेतों की स्थिति तेखरानाला से अलग है। यहाँ के खेत तेखरानाला की तरह ऊबड़-खाबड़ ज़मीन पर स्थित नहीं हैं। फयदू के खेत इस अर्थ में खास हैं कि ये जंगल के बीचो-बीच स्थित हैं।

दूसरा, इस क्षेत्र के अधिकांश गाँवों में खेती बारिश के पानी पर निर्भर है। इसलिए लोग यहाँ ख़रीफ़ फ़सल ही उपजाते हैं। किसानों द्वारा मुख्यतः धान, कोदो, बाजरा, हेरता, मकई, कुर्थी, रहर, सरसों उपजाया जाता है। फयदू में टिरियामा नाला के पास बने कुछ खेतों में दो फ़सल उगाई जाती है। इसके अलावा, खेखरापोहर में वन विभाग द्वारा सिंचाई की बेहतर व्यवस्था कर दिये जाने के कारण अब वहाँ किसान दो फ़सल उपजाते हैं।

तीसरा, इन सभी गाँवों में खेती में जुताई आदि कार्यों के लिए लोग जानवरों पर निर्भर हैं। खेखरापोहर इसका अपवाद है। यहाँ पिछले कुछ वर्षों में वन विभाग द्वारा कई लोगों को जुताई आदि काम के लिए ट्रैक्टर उपलब्ध करा दिया जाता

है। खेखरापोहर और बाक़ी तीन गाँवों में बहुत से आदिवासी किसानों के पास खेती के लिए अपना जानवर भी नहीं हैं। मसलन, तेखरानाला के 56 परिवारों में से सिर्फ़ 21 परिवारों के पास अपना बैल या भैंसा है। इसमें से भी सिर्फ़ 11 परिवारों के पास एक नागर (अर्थात् जोड़ा) बैल है। शेष सहोरा में स्थिति इससे थोड़ी बेहतर है। यहाँ के 94 परिवारों में 63 परिवारों के पास अपना बैल है। बाक़ी लोग दूसरों की मदद से अपना काम चलाते हैं। फ़यदू के 21 परिवारों में से 14 परिवारों के पास अपना बैल या भैंसा हैं। बाक़ी लोग दूसरों से भैंसा लेकर ही काम चलाते हैं। इसी तरह, सठोरा के कुल 59 परिवारों में से 34 के पास अपना बैल नहीं है। तेखरानाला में बहुत से लोगों ने यह बताया कि वे अपनी सारी ज़मीन पर इसलिए खेती नहीं कर पाते हैं क्योंकि उनके पास पर्याप्त जानवर नहीं हैं। इस बात पर भी ध्यान देने की आवश्यकता है कि खेखरापोहर, शेष सहोरा और सठोरा के तुलनात्मक रूप से बेहतर स्थिति वाले किसान ही सिर्फ़ अपने फ़सलों के लिए खाद या कीटनाशक का प्रयोग करते हैं।

चौथा, इस तरह की खेती के कारण अमूमन उपज बहुत ही कम होती है। मसलन, तेखरानाला में एक एकड़ ज़मीन से तक़रीबन 6 क्विंटल उपज हो जाती है। शेष सहोरा में लोगों ने यह कहा कि यदि वे अपने खेत में बढ़िया तरीक़े से खेती करें तो तकरीबन 12 क्विंटल तक उपज हो जाएगी। लेकिन ऐसा खेती बहुत अच्छी होने और बरसात का साथ मिलने पर ही होता है। वैसे सामान्य स्थिति में अमूमन एक एकड़ से 8-9 क्विंटल तक की उपज हो जाती है। फयदू में एक एकड़ में बहुत अच्छी खेती होने पर लोग 4 क्विंटल तक धान उपजा लेते हैं। सठोरा में अगर एक एकड़ ज़मीन से साढ़े-सात क्विंटल तक धान की उपज हो जाए, तो उसे सठोरा के लोग बहुत अच्छी उपज मानते हैं। खेखरापोहर में वन विभाग द्वारा ट्यूब बेल, बेहतर बीज, खाद और कीटनाशक दिये जाने के कारण लोगों की उपज प्रति एकड़ 13-14 क्विंटल तक चली जाती है और वे साल में दो फ़सल उपजा पाते हैं।

2. वनोपज

जंगल के नज़दीक या जंगल की ज़मीन पर बसे गाँव के लोगों के लिए वनोपज उनकी जीविका का बहुत बड़ा सहारा है। तेखरानाला के लोग लारकोइ-पढ़रा के जंगल से मिलने वाले वनोपज पर बहुत ज़्यादा निर्भर हैं। यही बात फयदू, सठोरा और खेखरापोहर के लोगों के बारे में भी कही जा सकती है। इन गाँवों के लोगों की वनोपजों पर निर्भरता के बारे में कुछ महत्त्वपूर्ण पहलू इस प्रकार हैं :

पहला, सभी गाँव अपने नज़दीक के जंगल का उपयोग वनोपजों को

लेने के लिए करते हैं। मसलन, तेखरानाला के लोग लारकोइ-पढ़रा से वनोपज लेते हैं। चूँकि सतपरा का जंगल शेष सहोरा के अधिकांश पारों के नज़दीक है, इसलिए उसे इनके निस्तार का जंगल माना जाता है (देखें रेखाचित्र 1)। लेकिन चूँकि यहाँ से उनकी ज़रूरतें पूरी नहीं होती हैं, इसलिए वे लारकोइ-पढ़रा के जंगल में भी जाते हैं। फयदू के लोग अपने निस्तार के जंगल के रूप में टोकसी-झरिया जंगल का ही प्रयोग करते हैं। सठोरा के लोग गाँव के पूर्वी दिशा में स्थित सेमरसोत जंगल को अपने निस्तार के लिए इस्तेमाल करते हैं। सठोरा के लोग इस जंगल में तक़रीबन 1 किमी. अंदर तक जाकर अपने निस्तार की ज़रूरतें पूरी करते हैं। इसी तरह, खेखरापोहर में लोग मरली जंगल को अपने निस्तार जंगल के रूप में प्रयोग करते हैं। इसी जंगल में इनके पालतू जानवर चरने जाते हैं (गाँवों से इन जंगलों की स्थिति को समझने के लिए अध्याय के पहले भाग में दिये गये गाँवों की भौगोलिक स्थिति का रेखाचित्र देखें)।

दूसरा, इन सभी गाँवों में लोग चार, चिरौंजी, महुआ और जलावन के लिए लकड़ी लेते हैं। ख़ासतौर पर, इन गाँवों में महुआ को दूसरे फ़सल के रूप में देखा जाता है। महुआ के मौसम में अर्थात् मार्च के आख़िरी हफ़्ते से मई तक परिवार के सभी सदस्य महुआ इकट्ठा करने में लगे रहते हैं।[15]

तीसरा, आमतौर पर इन गाँवों में महिलाएँ वनोपज लेने जाती हैं। लेकिन महुआ का सीजन होने पर इन गाँवों में पूरा परिवार ही महुआ लेने जाता है। इस दौर में कई मरतबा या तो वे घर से खाना बनाकर ले जाते हैं, या वही खाना बनाते हैं।

चौथा, हर गाँव में निस्तार के लिए अलग-अलग तरह की व्यवस्था है। मसलन, तेखरानाला में हर परिवार को दस पेड़ दिये गये हैं। अमूमन ये परिवार इन्हीं पेड़ों से वनोपज लेते हैं। फयदू के जंगलों में महुआ के पेड़ ज़्यादा हैं। यहाँ हर परिवार को उसके सदस्यों के आधार पर पेड़ दिया गया है। यानी अगर किसी परिवार में पाँच सदस्य हैं तो उसके लिए पाँच पेड़। लेकिन लोग अपने परिवार के लिए आरक्षित पेड़ों के साथ-ही-साथ दूसरे ऐसे महुआ के पेड़ों से महुआ इकट्ठा करते हैं, जो अनारक्षित होती हैं। सठोरा के हर परिवार ने अपने लिए सेमरसोत जंगल में औसतन महुआ के सात पेड़ आरक्षित कर रखे हैं। जो पेड़ जिस परिवार के लिए आरक्षित है, वही उससे महुआ लेता है। लेकिन गाँव के तुलनात्मक रूप से बड़े भूमिपति यहाँ भी अपनी स्थिति मजबूत रखते हैं। अपने सात पेड़ों के अलावा वे गाँव के कम ज़मीन वाले

---

15. मेरे फ़ील्ड वर्क के दौरान फयदू में गाँव के लोग सुबह से दोपहर जंगल में ही महुआ बीनते थे।

किसानों के महुआ को भी पहले से ख़रीद लेते हैं। अर्थात् महुआ का सीजन शुरू होने से पहले ही ये इन किसानों को अनाज या नगद पैसा देकर इस बात के लिए तैयार कर लेते हैं कि ये अपने पेड़ का महुआ बीनकर इन्हें देंगे। खेखरापोहर में हर परिवार के लिए चार पेड़ निश्चित कर दिये गये हैं। अमूमन हर परिवार इन्हीं पेड़ों से अपने वनोपज लेता है। सभी गाँवों में लोगों की यह ज़िम्मेदारी होती है कि वे अपने लिए आरक्षित महुआ के पेड़ की सुरक्षा करें।

पाँचवाँ, लोग अपने जानवरों को चरने के लिए भी जंगल में छोड़ देते हैं। गाँव से नज़दीक के जंगल में जानवरों की चराई पर कोई पाबंदी नहीं है। अमूमन यह इस बात पर भी निर्भर करता है कि गाँव के लोगों का वन विभाग के कर्मचारियों से कैसा संबंध है। तेखरानाला में लोगों की गोलबंदी बहुत मजबूत है और फयदू में माओवादियों का प्रभाव है। इसलिए यहाँ लोगों की गतिविधियों पर ज़्यादा रोक-टोक नहीं होती है। सठोरा में वन विभाग के कर्मचारी जंगल में ज़्यादा अंदर तक आने पर रोक-टोक करते हैं। इसके अलावा, यहाँ लोगों को तेंदु का पत्ता तोड़ने की इजाज़त नहीं है। वन विभाग के कर्मचारी गाँव के लोगों को तेंदु का पत्ता तोड़ने या इकट्‌ठा करने के जुर्म में जुर्माना लगा देते हैं। वन विभाग के अधिकारियों का यह मानना है कि 'गाँव के लोगों को तेंदु का पत्ता इकट्‌ठा करने की छूट न देने के पीछे मुख्य कारण यह है कि इन पत्तों का इन लोगों के जीवन में कोई सीधा उपयोग नहीं है। इसके अलावा, यह राजस्व का प्रमुख साधन भी है।'[16] खेखरापोहर में लोग वन विभाग के अधिकारियों के कहे अनुसार ही काम करते हैं, इसलिए तनाव या टकराव की स्थिति नहीं आती।

छठा, इन सभी गाँवों में लोग अपने वनोपजों को आस-पास के गाँवों के साहूकारों को बेचते हैं। इस तरह के सौदों से साहूकारों को खूब फ़ायदा होता है। वे गाँव वालों से कम क़ीमत पर वनोपज ख़रीदते हैं और बाद में इसे ही ज़्यादा क़ीमत पर बेच देते हैं। मसलन, गाँव के लोग आम तौर पर मई-जून में महुआ बीनते हैं। वे इसे पास के गाँवों के साहूकारों को तीन या चार रुपये प्रति किलो के हिसाब से बेच देते हैं। साहूकार इसे जमा करके रख लेते हैं। साहूकार तीन महीने के बाद इसी महुए को बीस-पच्चीस या तीस रुपये प्रति किलो के हिसाब से बेचते हैं। दूसरे वनोपजों पर भी साहूकार इसी तरह से फ़ायदा कमाते हैं। अधिकांश परिवार इन वनोपजों को बेचकर

16. मैंने जिन गाँवों में फ़ील्ड-वर्क किया, उनमें सिर्फ़ सठोरा में ही तेंदु का पत्ता मिलता है।

अपनी दैनिक ज़रूरतें पूरी करते हैं। इसलिए इन्हें इनसे उतना ज़्यादा फ़ायदा नहीं हो पाता। प्रसंगवश यहाँ यह उल्लेख ज़रूरी है कि महुआ और चिरौंजी से बने सामान बाज़ारों में बहुत ज़्यादा दाम पर बिकते हैं। मसलन, गाँव के लोग चिरौंजी को सेठ-साहूकारों को 15 से 20 रुपये किलो के हिसाब से बेच देते हैं। सेठ-साहूकार इसे 50 से 60 रुपये प्रति किलो के हिसाब से बेचते हैं। बाद में, बाज़ार में चिरौंजी का बना सामान (तेल), 150 से 200 रुपये किलो तक बिकता है।[17]

3. जीविका का एक और विकल्प : मज़दूरी

मैंने जिन गाँवों में फ़ील्ड-वर्क किया वहाँ अधिकांश लोगों का खेती और वनोपजों से साल भर का काम नहीं चलता। इसलिए यदि गाँव में या आस-पास के गाँवों के बड़े किसानों के यहाँ काम मिल जाए, तो ये लोग वहाँ जाकर काम करते हैं। तेखरानाला, शेष सहोरा, फयदू, सठोरा और खेखरापोहर- इन सभी गाँवों के लोग आस-पास के गाँवों में मज़दूरी करते हैं। लेकिन शेष सहोरा और सठोरा के कुछ ज़्यादा ज़मीन रखने वाले किसान मज़दूरी नहीं करते हैं। मज़दूरी करने वाले लोग भी काम की तलाश में बहुत दूर नहीं जाते हैं। मज़दूरी का यह काम भी हमेशा नहीं मिलता है। इस तरह की मज़दूरी में एक पुरुष को 40 रुपया प्रतिदिन मिलता है, जबकि एक महिला को 30 रुपया प्रतिदिन मिलता है। पंचायत और वन विभाग के कामों में ज़्यादा मज़दूरी मिलती है। लेकिन तेखरानाला के लोगों को इस आधार पर यह काम नहीं दिया जाता है कि उनका गाँव का बहुत बड़ा हिस्सा जंगल की ज़मीन पर बसा है। बाक़ी जगहों पर लोगों को पंचायत और वन विभाग के नर्सरी लगाने पेड़ हटाने आदि के लिए काम मिलता है। लेकिन यह काम भी बहुत ज़्यादा नहीं होता। कई बार यह साल में दो हफ़्ते तक का काम होता है। इसलिए कई मरतबा यह गाँव के लोगों में एक तरह की होड़ और तनाव की स्थिति पैदा कर देता है। इस संदर्भ में खेखरापोहर की स्थिति अच्छी है। वन विभाग से अच्छा संबंध होने के कारण इस गाँव के लोगों को वन विभाग से ज़्यादा काम मिलता है। इन्हें साल में 25-30 दिन का काम मिल जाता है। *महात्मा गाँधी राष्ट्रीय ग्रामीण योजना* के तहत भी लोगों को एक महीने से ज़्यादा का काम नहीं मिलता फिर भी इसमें मिलने वाली मज़दूरी में भी कई तरह की गड़बड़ियाँ होती रही हैं। मसलन, लोगों को तय राशि से कम भुगतान किया जाता है। अमूमन इस तरह के काम में पुरुषों और महिलाओं को 75 रुपये प्रतिदिन मिलते हैं।

उपरोक्त वर्णन से यह स्पष्ट है कि लोगों की जीविका की तलाश के

17. स्रोत– स्थानीय स्वयंसेवी संस्था के सदस्य से बातचीत, तारीख़ 18 दिसम्बर 2008, स्थान : अम्बिकापुर।

तीन स्तर हैं– खेती, वनोपज और मज़दूरी खेती में अमूमन एक ही फ़सल उगाने के कारण लोगों का साल भर का काम नहीं चल पाता है। जुताई के लिए जानवर न होने, बरसात पर निर्भरता, अच्छी बीजों, खाद और कीटनाशक दवाइयों की कमी आदि के कारण खेती की उपज आमतौर पर काफ़ी कम रहती है। जंगल से मिलने वाले वनोपज इस कमी को दूर करने के एक साधन के रूप में सामने आते हैं। लेकिन यहाँ भी मुख्य समस्या यह होती है कि इन्हें अपने वनोपज स्थानीय सेठ-साहूकारों को बेचना पड़ता है। इस कारण इन्हें बाज़ार-मूल्य की तुलना में बहुत ही कम राशि मिलती है। असली मुनाफ़ा सेठ-साहूकारों और इन वनोपजों से महँगी वस्तुएँ बनाने वाली निजी कंपनियों को होता है। अधिकांश लोग अपनी जीविका के लिए मज़दूरी भी करते हैं। लेकिन मज़दूरी की दर बहुत ही कम है और पंचायत या वन विभाग या सरकारी कार्यक्रमों के आधार पर मिलने वाले काम बहुत कम दिनों के होते हैं। इससे भी लोगों की रोज़मर्रा की ज़रूरतें पूरी नहीं होती है। ऐसी स्थिति में कई बार जंगल की ज़मीन पर 'बेजा क़ब्ज़ा' एक महत्त्वपूर्ण सहायक के रूप में सामने आती है। लेकिन यह भी सच है कि 'बेजा क़ब्ज़ा' के विविध कारण होते हैं और यह बहुत सारे रूपों में सामने आती है।

V. 'बेजा क़ब्ज़ा': लालच या जीविका के साधन की तलाश?

सरगुजा ज़िले में जंगल की ज़मीन पर 'बेजा क़ब्ज़ा' या 'अतिक्रमण' एक सामान्य परिघटना के रूप में है। स्थानीय स्वयंसेवी संस्थाओं के सक्रिय सदस्यों और वन विभाग के अधिकारियों ने मुझे यह बताया कि यहाँ जंगल के क़रीब बसे गाँवों में अधिकांश लोगों के पास ज़मीन की कुछ-न-कुछ ऐसी मात्रा होती है, जो जंगल का भाग होती है। मैंने जिन गाँवों में फ़ील्ड-वर्क किया, वहाँ भी स्थिति इससे अलग नहीं है। अध्याय के इस भाग में इन गाँवों में 'बेजा क़ब्ज़ा' के स्वरूप के अध्ययन द्वारा इस परिघटना के विभिन्न आयामों का विश्लेषण किया गया है। यानी इन गाँवों में किन लोगों के पास 'बेजा क़ब्ज़ा' की ज़मीन है? किसी सीमा तक ज़मीन पर 'बेजा क़ब्ज़ा' किया गया है? किन समूहों ने 'बेजा क़ब्ज़ा' किया है? दूसरे शब्दों में 'बेजा क़ब्ज़ा' का राजनीतिक अर्थशास्त्र क्या है? अध्याय का यह भाग भी मुख्य रूप से चार उपभागों में बँटा है। इनमें अध्ययन किये गये चारों गाँवों में 'बेजा क़ब्ज़ा' से जुड़े विभिन्न पहलुओं का विश्लेषण किया है।

1. तेखरानाला

अध्याय की शुरुआत में यह स्पष्ट किया गया कि तेखरानाला का एक बड़ा हिस्सा जंगल की ज़मीन पर बसा हुआ है। यहाँ मुख्य रूप से तेखरानाला पर ही ध्यान दिया गया है। तेखरानाला के संदर्भ में बातों को ज़्यादा स्पष्ट करने के लिए शेष सहोरा के उदाहरण का इस्तेमाल किया गया है। तेखरानाला के बारे में ख़ास बात यह है कि यहाँ के लोग यह स्वीकार करते हैं कि अभी हाल तक यहाँ पर दूसरे गाँवों से लोग आकर बसते रहे हैं। तेखरानाला के लोगों ने बताया कि यहाँ 2006 तक बाहर से लोग आकर बसे हैं। यहाँ नये बसने वाले लोग गाँव में किसी-न-किसी व्यक्ति के रिश्तेदार हैं। दरअसल, तेखरानाला में नये लोगों के बसाव का एक ही तरह का 'पैटर्न' रहा है। अर्थात् जब किसी व्यक्ति को अपने रिश्तेदार को यहाँ बसाना होता है, तो वह गाँव के बुजुर्गों (मुख्यतः पण्डों) की इजाज़त लेता है। यदि ये लोग उस व्यक्ति को बसने की इजाज़त दे देते हैं, तो उसे वह व्यक्ति अपने हिस्से से थोड़ी ज़मीन दे देता है, जिसका वह रिश्तेदार होता है। मसलन, तेखरानाला में पण्डो लोगों के कुल 22 परिवार हैं। इन 22 परिवारों में छह परिवार ऐसे हैं, जो पाँच साल पहले तक किसी दूसरे गाँव से आकर यहाँ बसे हैं। ये सभी लोगों किसी-न-किसी पण्डो के दोस्त या रिश्तेदार हैं।[18] इसी तरह, तेखरानाला में कुल 18 बरगाह परिवार हैं। इनमें से 12 परिवार ऐसे हैं, जो पिछले 15 सालों में यहाँ आकर बसे हैं। नये बरगाहों को यहाँ बसाने में सयाराम (बरगाह) की सबसे सक्रिय भूमिका रही। इन्होंने अपने दूर और पास- दोनों ही तरह के रिश्तेदारों को यहाँ बुलाकर बसाया।

पटवारी के लैण्ड रिकार्ड के अध्ययन से पता चलता है कि तेखरानाला के सिर्फ़ 15 लोगों के पास ज़मीन का पट्टा है। इससे यह साफ़ हो जाता है कि बाक़ी लोगों के पास 'बेजा क़ब्ज़ा' की ज़मीन है। इसमें ज़मीन का अधिकतम पट्टा गाँव के सबसे बुजुर्ग पण्डो कमारू साय (पण्डो) के पिता तेजराम के नाम से है। इनके नाम से 11 एकड़ ज़मीन का पट्टा है। अब इसमें कमारू और उनके बाक़ी तीन भाईयों के परिवार भी हिस्सेदार हैं। बाक़ी 14 लोगों के नाम से 5 एकड़ तक की ज़मीन का पट्टा है। तेखरानाला में कुल 39 परिवार ऐसे हैं, जिनके पास अपनी ज़मीन का कोई पट्टा नहीं है। अर्थात् इनकी पूरी ज़मीन 'बेजा क़ब्ज़ा' के रूप में है। दूसरी ओर, जिनके पास अपनी

18. ये सभी तेखरानाला के प्रभावशाली पण्डो भाइयों कमारू और नामरथ के रिश्तेदार हैं। ग़ौरतलब है कि ये दोनों भाई और इनका भतीजा तेजबलि ही तेखरानाला के सामान्य जीवन में सबसे सक्रिय भूमिका निभाते हैं।

ज़मीन का पट्टा है, उनके पास भी 'बेजा क़ब्ज़ा' वाली ज़मीन है।[19] दरअसल, तेखरानाला में 'बेजा क़ब्ज़ा' के संदर्भ में प्रमुख बात यह है कि यहाँ उन लोगों ने ज़्यादा 'बेजा क़ब्ज़ा' किया है, जिनका गाँव में ज़्यादा प्रभाव है।

सारणी-1

'बेजा क़ब्ज़ा' करने वाले परिवारों का विवरण

श्रेणी	परिवारों की संख्या
दस एकड़ से ज़्यादा ज़मीन पर 'बेजा क़ब्ज़ा' करने वाले परिवार की संख्या	3
पाँच से दस एकड़ के बीच ज़मीन पर 'बेजा क़ब्ज़ा' करने वाले परिवारों की संख्या	17
पाँच एकड़ से कम ज़मीन पर 'बेजा क़ब्ज़ा' करने वाले परिवारों की संख्या	36

स्रोत : व्यक्तिगत विश्लेषण

सारणी 1 से स्पष्ट है कि तेखरानाला में कुल तीन परिवारों ने 10 एकड़ से ज़्यादा ज़मीन पर 'बेजा क़ब्ज़ा' किया है। 17 परिवार ऐसे हैं, जिन्होंने 5-10 एकड़ के बीच 'बेजा क़ब्ज़ा' किया है। इसके अलावा, 36 परिवार ऐसे हैं, जिन्होंने पाँच एकड़ से कम ज़मीन पर 'बेजा क़ब्ज़ा' किया है। जिन लोगों का 10 एकड़ से ज़्यादा ज़मीन पर 'बेजा क़ब्ज़ा' है, वे सभी गाँव के प्रभावशाली पण्डो हैं।[20] इसके अलावा, 5 से 10 एकड़ के बीच 'बेजा कब्जा' करने वाले लोगों में वे लोग शामिल हैं, जिनके पुरखे कम-से-कम एक पीढ़ी पहले यहाँ आकर बसे थे। 5 एकड़ से कम ज़मीन पर 'बेजा क़ब्ज़ा' करने वाले लोगों

---

19. ये सभी आँकड़े प्रश्नावली भरवाने से मिली जानकारी पर आधारित है। गौरतलब है कि जंगल की जमीन पर 'बेजा क़ब्ज़ा' के संबंधित अधिकांश आँकड़े 'तक़रीबन' के रूप में ही अभिव्यक्त हो सकते हैं। इसका कारण यह है कि गाँव के लोग 'बेजा क़ब्ज़ा' के आँकड़े को पूरी तरह नापकर नहीं रखते हैं। दूसरा वन विभाग के पास इस संबंध में बहुत पुराने आँकड़े होते हैं, जिसे वे नहीं दिखाना चाहते। गाँव के नज़दीक काम करने वाले वन विभाग के चौकीदारों की कोशिश यह होती है कि ऊपर के अधिकारी यह माने की उनकी ड्यूटी क्षेत्र में सब कुछ ठीक चल रहा है, और कोई 'बेजा क़ब्ज़ा' नहीं हो रहा है। इसलिए किसी व्यक्ति के पास कितना बेजा क़ब्ज़ा है, यह जानने के लिए मैंने इस व्यक्ति, उनके आस-पड़ोस के लोगों और वन विभाग के चौकीदार से बातचीत की।
20. दस एकड़ से ज़्यादा 'बेजा क़ब्ज़ा' करने वाले परिवारों के मुखिया हैं कमारू, नामरथ और तेजबलि।

में अधिकांश वे लोग हैं, जो पिछले 15 वर्षों के भीतर यहाँ आकर बसे। या फिर इसमें कुछ ऐसे परिवार (जैसे बंजारा परिवार) शामिल हैं, जिनका तेखरानाला के प्रभावशाली पण्डो परिवारों से अच्छा संबंध नहीं है।[21]

तेखरानाला के अधिकांश लोगों ने इस बात को नकारा कि उन्होंने खुद पेड़ काटकर कोई खेत बनाया। इन लोगों का कहना है कि जब उनके पुरखों ने तेखरानाला को बसाया, उसी समय उन्होंने पेड़ों को काटा। उसके बाद से किसी पेड़ को नहीं काटा गया। तेखरानाला में कोई भी व्यक्ति बहुत अधिक ज़मीन पर खेती नहीं करता। इसके मुख्य रूप से दो कारण हैं, पहला, ज़मीन का ऊबड़-खाबड़ होना; और दूसरा, खेती के ज़रूरी साधनों (मसलन बैल आदि) का अभाव।[22] इसलिए नये बसे लोगों को इन्हीं बेकार पड़ी ज़मीनों में से कुछ ज़मीन दी गयी।

लेकिन तेखरानाला में चार लोगों ने यह कहा कि उन्होंने खेत बनाने के लिए पेड़ काटे। ये सभी बरगाह हैं। इसी तरह बरगाह जाति के दो लोगों ने यह स्वीकार किया कि गाँव के पटेल ने उनसे पैसा लेकर उन्हें यहाँ बसाया। तेखरानाला के आस-पास के जंगलों की चौकीदारी करने वाले वन-विभाग के चौकीदार कुसंत इस बात पर ज़ोर देते हैं कि 'तेखरानाला पारा पिछले 10-15 वर्षों में सात घर से बढ़कर 56 घर हुआ है। यहाँ के लोगों ने न सिर्फ़ पेड़ों को काटकर खेत बनाया, बल्कि इन्होंने पैसा लेकर दूसरों को यहाँ बसाया भी...।'[23] दूसरी ओर, तेखरानाला के लोगों ने इस बात पर ज़ोर दिया कि वन विभाग के कर्मचारी तेखरानाला को उजाड़ने की धमकी देकर इन लोगों से पैसा वसूलते रहे हैं। इन अलग-अलग दावों के बीच कुछ बातें स्पष्ट है– एक, तेखरानाला में नये लोगों का बसाव होता रहा है। दूसरा, इससे कम-से-कम कुछ मात्रा में पेड़ों का कटाव तो ज़रूर हुआ है। असल में, तेखरानाला में खेतों का निर्माण पेड़ों की कटाई के बिना सम्भव नहीं है। इससे अतीत में भी पेड़ों की कटाई के संकेत मिलते हैं। तेखरानाला में अपने फ़ील्ड-वर्क के दौरान मैंने देखा कि जिन क्षेत्रों में लोगों की 'मेहरान' या 'बंधन' की ज़मीन है (अर्थात् ऐसी ज़मीन जहाँ वे अभी खेती नहीं करते हैं), वहाँ अभी बड़ी मात्रा में पेड़ मौजूद हैं। अगर आने वाले समय में इस ज़मीन का खेती के लिए उपयोग शुरू होता है, तो ऐसा इन पेड़ों को काटे बिना सम्भव नहीं होगा। बहरहाल, यह बात भी उल्लेखनीय

21. तेखरानाला के लोगों ने बातचीत के दौरान यह स्वीकार किया कि बंजारा परिवार गाँव के आम जन-जीवन से अलग-थलग रहते हैं।
22. खेती के विश्लेषण के दौरान हमने इस पहलू की विवेचना की गयी है।
23. कुसंत वन विभाग के दैनिक मजदूर के रूप में रहे हैं। लारकोइ-पढ़रा के जंगल की देखरेख की जिम्मेवारी कुसंत पर ही है।

है कि तेखरानाला के लोगों ने यह फ़ैसला किया है कि अब वे किसी नये व्यक्ति को यहाँ नहीं बसाएँगे। तेजबलि ने यह बताया कि 'ज़्यादा से ज़्यादा शेष सहोरा में बचे पण्डो परिवारों को यहाँ बुलाने के बाद हम किसी और को यहाँ बसाना बंद कर देंगे।' लेकिन ऐसा नहीं लगता कि इस फ़ैसले के संबंध में तेखरानाला के सभी लोग एकमत हैं, क्योंकि तेखरानाला में बरगाहों के नेता सयाराम ने इस तरह के किसी फ़ैसले की जानकारी से इंकार किया।

शेष सहोरा की भूमि व्यवस्था के बारे में कुछ बातें रेखांकित की जा सकती हैं: पहला, शेष सहोरा के कुछ लोगों ने भी जंगल की कुछ ज़मीन पर क़ब्ज़ा करके अपना खेत बनाया है। यहाँ गाँव में बसे कुछ लोगों ने चलबलिया पारा बसाया है (देखें रेखाचित्र)। यहाँ बसे लोग पहले शेष सहोरा के पलेहा पारा में रहते थे। इन लोगों ने यह माना कि इन्होंने जंगल साफ़ कर खेत बनाया है, क्योंकि इनके पास शेष सहोरा में ज़मीन नहीं थी। इनकी ज़मीन 'फ़ॉरेस्ट' की ज़मीन है और इन लोगों के पास इसका पट्टा नहीं है।[24] दूसरा, इसके अलावा, शेष सहोरा के लोगों का जंगल की ज़मीन पर 'बेजा क़ब्ज़ा' नहीं है। यहाँ भी बहुत अधिक मात्रा में 'बेजा क़ब्ज़ा' हुआ है। लेकिन यह 'बेजा क़ब्ज़ा' 'रेवेन्यू लैण्ड' पर हुआ है। इस कारण यहाँ के लोगों को उस अनिश्चितता और परेशानी का सामना नहीं करना पड़ता, जिसका सामना तेखरानाला के लोग करते हैं। शेष सहोरा के लोगों ने बताया कि राजस्व विभाग वाले परेशान नहीं करते। पटवारी को थोड़ा-बहुत पैसा देने पर वे मामले को सँभाल लेते हैं। तीसरा, शेष सहोरा के लोगों ने बताया कि यहाँ के चार लोगों का खेत तेखरानाला में है। ये सभी बिंझिया जाति के हैं। तेखरानाला के लोगों ने इन लोगों को तेखरानाला की इनकी ज़मीन पर खेती करने से मना कर दिया। इसीलिए शेष सहोरा और तेखरानाला के लोगों के बीच संबंध अच्छे नहीं हैं। इस संदर्भ में तेखरानाला के लोगों का कहना है कि टोटेया और शेष सहोरा के लोगों ने पटवारी को पैसा खिलाकर, धोखे से, यहाँ की ज़मीन अपने नाम करा ली। इसलिए वे लोग इन्हें यहाँ खेती नहीं करने देते। चौथा, शेष सहोरा में ज़मीन के स्वामित्व के संबंध में बहुत अधिक असमानता है। यहाँ कुछ बहुत बड़े भूमिपति हैं, तो कुछ लोग पूरी तरह भूमिहीन भी हैं। शेष सहोरा के बारे में सबसे महत्त्वपूर्ण तथ्य यह है कि यहाँ पण्डो और बरगाह जाति के जो लोग भूमिहीन हैं, या जिनके पास कम ज़मीन है, वे भविष्य में तेखरानाला में बसने का इरादा रखते हैं।

स्पष्ट है कि शेष सहोरा में भी ज़मीन का वितरण बहुत ही असमान है। बहुत से लोगों के पास काफ़ी कम ज़मीन है या कुछ लोग पूरी तरह

---

24. चलबलिया पारे में कुल 9 घर हैं। इसमें 5 घर राउत, 3 घर यादव और 1 घर पण्डो लोगों का है।

भूमिहीन हैं। यहाँ के बहुत कम लोगों का 'जंगल की ज़मीन पर' 'बेजा क़ब्ज़ा' है। इस कारण, यहाँ के लोगों को उन मुश्किलों का सामना नहीं करना पड़ता है, जिसका सामना जंगल की ज़मीन बसे तेखरानाला के लोग करते हैं। (वन विभाग की भूमिका और नर्सरी आंदोलन के संदर्भ में इस पहलू का विश्लेषण किया गया है)।

2. फयदू

फयदू के 21 परिवारों में से कुल 2 परिवारों के हिस्से में 10 एकड़ से अधिक पट्टे वाली ज़मीन है। इनमें से एक व्यक्ति कंवर जनजाति का है और दूसरा मंझवार जनजाति का।[25] फयदू में कुल 5 परिवारों के हिस्से में 5 एकड़ से ज़्यादा पट्टे वाली ज़मीन है।[26] इसके अलावा, गाँव के 5 परिवारों के हिस्से में पट्टे वाली कोई ज़मीन नहीं हैं।[27] बाक़ी परिवारों के हिस्से में 5 एकड़ से कम पट्टे वाली ज़मीन है।

सारणी-2

बेजा क़ब्ज़ा करने वाले परिवारों का विवरण

श्रेणी	**परिवारों की संख्या**
दस एकड़ से ज़्यादा 'बेजा क़ब्ज़ा' करने वाले परिवारों की संख्या	कोई नहीं
पाँच से दस एकड़ के बीच 'बेजा क़ब्ज़ा' करने वाले परिवारों की संख्या	7
पाँच एकड़ से कम ज़मीन पर 'बेजा क़ब्ज़ा' करने वाले परिवारों की संख्या	14

स्रोत : व्यक्तिगत विश्लेषण

सारणी 2 में फयदू में जंगल की ज़मीन पर 'बेजा क़ब्ज़ा' की मात्रा के आधार पर परिवारों का वर्णन किया गया है। सारणी से स्पष्ट है कि फयदू में कोई भी ऐसा परिवार नहीं है, जिसके पास 10 एकड़ से ज़्यादा ज़मीन का 'बेजा

25. स्रोत- फयदू के पटवारी का लैण्ड रिकार्ड, वर्ष 2005-06.
26. जिन लोगों के पास 5 एकड़ से कम ज़मीन है उनमें से 3 गोण्ड जाति के हैं, जबकि 2 मंझवार जाति के। स्रोत - *फयदू के पटवारी का लैण्ड रिकार्ड,* वर्ष- 2005-6.
27. जिन परिवारों के हिस्से में पट्टे वाली कोई ज़मीन नहीं है, उनमें दो मंझवार, दो पण्डो और एक गोण्ड जनजाति का है। स्रोत- व्यक्तिगत विश्लेषण।

क़ब्ज़ा' हो। फयदू में सभी परिवारों के पास 'बेजा क़ब्ज़ा' की थोड़ी-बहुत ज़मीन ज़रूर है। यहाँ कुल 7 परिवारों ने जंगल में पाँच एकड़ या उससे अधिक ज़मीन पर क़ब्ज़ा किया है।[28] यहाँ किसी एक जनजाति के व्यक्ति ने ज़्यादा 'बेजा क़ब्ज़ा' नहीं किया। 5 एकड़ या उससे ज़्यादा ज़मीन पर 'बेजा क़ब्ज़ा' करने वालों की श्रेणी में गोण्ड और मँझवार- दोनों ही जनजातियों के लोग हैं। इसके अलावा, यहाँ 14 परिवारों का पाँच एकड़ से भी कम ज़मीन पर 'बेजा क़ब्ज़ा' है।

फयदू में लोगों ने यह बताया कि उन्होंने खेत बनाने के लिए पेड़ नहीं काटे। इनका मानना है कि गाँव बसने के समय ही पेड़ों को काटा गया था। जंगल के भीतर भी इसी उद्देश्य से खेत बनाया गया कि गाँव के लोग ज़्यादा बेहतर तरीक़े से जंगल की सुरक्षा कर सकें। बाद में, जैसे-जैसे गाँव में दूसरे लोग आये, उन्होंने उन स्थानों को अच्छी तरह समतल करके खेती लायक़ बनाया। चूंकि फयदू में बाहर से आकर काफ़ी लोग नहीं बसे, इसलिए खेतों के लिए ज़्यादा खींचतान नहीं हुई। जिस व्यक्ति का परिचित आकर गाँव बसता था, उसने दूसरे गाँव वालों से पूछकर उसे कोई बेकार पड़ी ज़मीन दे दी। फयदू में तेखरानाला की तरह नियमित रूप से बाहर से लोग आकर नहीं बसते रहे हैं। फयदू में सात साल पहले दो पण्डो परिवार बसा था। इन्हें गाँव के लोगों ने अपने यहाँ काम करने के लिए बसाया। इन्हें गाँव में बेकार पड़ी थोड़ी बहुत ज़मीन दे दी गयी। इनके अलावा, गाँव के सभी परिवार यहाँ 35-40 साल पहले बस चुके थे।

दरअसल, फयदू में लोगों के ज़मीन के बसने और खेत बनाने के बारे में ऐसी व्याख्या है, जिसे सामूहिक स्तर पर हर गाँव वाला दुहराता है। लेकिन इसमें कई सवाल जुड़े हुए हैं- पहला, ऐसा क्यों है कि गाँव में सभी लोगों के पास 'बेजा क़ब्ज़ा' की ज़मीन है? कुछ लोगों के पास ज़्यादा पट्टेवाली ज़मीन है और कुछ के पास बहुत कम या बिल्कुल नहीं? गाँव में कुछ लोगों को यह मानना है कि पट्टे के वितरण में गड़बड़ी हुई और जिन लोगों ने पटवारी को पैसा खिलाया उन्हें ज़्यादा ज़मीन का पट्टा मिला। लेकिन फयदू के लोगों द्वारा जंगल की ज़मीन पर किया गया सारा 'बेजा क़ब्ज़ा' सिर्फ़ पट्टा देने में हुई गड़बड़ियों का नतीजा नहीं है। निजी बातचीत के दौरान कई लोगों ने यह माना कि दस साल पहले तक गाँव के कुछ लोगों ने पेड़ काटकर खेत बनाए। लेकिन इसके साथ ही, उन्होंने

28. तेखरानाला की तरह ही फयदू के लोगों पास भी 'बेजा क़ब्ज़ा' की सही माप नहीं है। इसलिए गाँव के लोग 'बेजा क़ब्ज़ा' की माप 'तक़रीबन' के रूप में ही व्यक्त करते हैं। 'बेजा क़ब्ज़ा' की सही जानकारी के लिए मैंने संबंधित व्यक्ति, गाँव के दूसरे लोगों और टोकसी-झरिया जंगल के चौकीदार से बात की।

यह भी जोड़ा कि जीविका का कोई दूसरा साधन न होने के कारण गाँव के लोगों के पास इसके अलावा कोई दूसरा रास्ता भी नहीं था। वन विभाग के कर्मचारी जंगल की ज़मीन के 'बेजा क़ब्ज़ा' को गाँव वालों के ज़्यादा-से-ज़्यादा ज़मीन की लालच का नतीजा मानते हैं। इनका मानना है कि फयदू के उत्तर दिशा में स्थित टोकसी झरिया के जंगल में और टिरियामा नाला के पास के जंगली क्षेत्र के बीच में फयदू के लोगों ने अपने खेत बना रखे हैं।[29]

फयदू में सन् 2004-05 से नक्सलियों की आवाजाही भी बढ़ी है। वन विभाग के स्थानीय अधिकारियों ने नक्सलियों को 'हिंसक गुण्डे' कहते हुए उनकी आलोचना की। लेकिन वे यह मानते हैं कि माओवादियों के प्रभाव का एक सकारात्मक नतीज़ा यह हुआ कि गाँव के लोगों द्वारा पेड़ काटकर ज़्यादा खेत बनाने की प्रवृत्ति पर रोक लगी। दूसरी ओर, फयदू के लोगों ने जंगलों के संसाधनों की सुरक्षा के संबंध में माओवादियों की तारीफ़ की। इन्होंने कहा कि 'मामा लोगों' के आने से वन विभाग के कर्मचारी की मनमानी पर रोक लगी है (इसके बारे में माओवादियों के प्रभाव संबंधी भाग में विवेचना की गयी है)।

उपरोक्त विवरण से कुछ बातें स्पष्ट रूप से कही जा सकती हैं- पहला, फयदू में जंगल की ज़मीन पर 'बेजा क़ब्ज़ा' में कुछ हद तक पट्टा वितरण के दौरान हुई अनियमितताओं की भूमिका रही है। अर्थात् 'बेजा क़ब्ज़ा' के कुछ मामले इस कारण से भी हैं कि पट्टा वितरण में कुछ लोगों को अपने क़ब्ज़े की सारी ज़मीन पर पट्टा मिल गया, जबकि कुछ लोगों को काफ़ी कम ज़मीन का पट्टा मिला। दूसरा, गाँव के कुछ लोगों ने यह माना कि अपनी जीविका की ज़रूरतों को पूरा करने के लिए उन्होंने पेड़ काटकर खेत बनाए। लेकिन ऐसे खेतों की मात्रा बहुत ज़्यादा नहीं है। दूसरी ओर, वन विभाग के कर्मचारी यह मानते हैं, गाँव के लोगों द्वारा किये गये 'बेजा क़ब्ज़ा' का बड़ा हिस्सा गाँव के लोगों द्वारा पेड़ काटकर बनाए खेतों के कारण ही है। तीसरा, गाँव के लोगों और वन विभाग के कर्मचारियों ने यह माना कि नक्सलवादियों के प्रभाव के कारण पेड़ों की कटाई पर रोक लगी है।

29. यहाँ एक रोचक बात का उल्लेख करना ज़रूरी है। आमतौर पर वन विभाग का हर कर्मचारी या अधिकारी यह मानता है कि जंगल से जुड़ी सारी समस्याएँ उसके कार्यकाल से पहले की है.... और जबसे उसने कार्यभार सँभाला है, सब कुछ ठीक-ठाक है।

3. सठोरा

सठोरा में कुल तीन परिवारों के पास 10 एकड़ से ज़्यादा पट्टे वाली ज़मीन है।[30] इसके अलावा, सात परिवारों के पास 5-10 एकड़ के बीच ज़मीन है। गाँव के 45 लोगों के पास पाँच एकड़ से कम ज़मीन है। इसके अलावा, गाँव में चार परिवारों के पास पट्टे वाली कोई ज़मीन है।[31]

सारणी-3

'बेजा क़ब्ज़ा' करने वाले परिवारों का विवरण

श्रेणी	परिवारों की संख्या
दस एकड़ से ज्यादा 'बेजा क़ब्ज़ा' करने वाले परिवारों की संख्या	2
पाँच एकड़ से दस एकड़ के बीच 'बेजा क़ब्ज़ा' करने वाले परिवारों की संख्या	4
पाँच एकड से कम 'बेजा क़ब्ज़ा' करने वाले परिवारों की संख्या	29

नोटः 24 परिवारों के पास 'बेजा क़ब्ज़ा' की कोई ज़मीन नहीं है।

स्रोत : व्यक्तिगत विश्लेषण

सारणी 3 से यह स्पष्ट है कि कुल 2 परिवारों का 10 एकड़ से ज़्यादा ज़मीन पर 'बेजा क़ब्ज़ा' है। ये दोनों ही चेरवाँ जाति के हैं और इनके दादा भाई थे। महत्त्वपूर्ण बात यह है कि इनके पास क्रमशः 15 एकड़ और 40 एकड़ पट्टे वाली ज़मीन भी है। इसके अलावा, चार परिवार ऐसे हैं, जिन्होंने पाँच एकड़ से ज़्यादा ज़मीन का बेजा क़ब्ज़ा किया है। सठोरा के कुल 29 परिवारों का पाँच एकड़ से कम ज़मीन पर 'बेजा क़ब्ज़ा' है। सठोरा के कुल 59 परिवारों में से 24 परिवार ऐसे हैं, जिनका जंगल की ज़मीन पर कोई 'बेजा क़ब्ज़ा' नहीं है। इन 24 परिवारों में से एक परिवार के मुखिया के पास 10 एकड़ ज़मीन का पट्टा है। एक परिवार के मुखिया के नाम से पाँच एकड़ ज़मीन का पट्टा है। बाक़ी सभी परिवारों के पास पाँच एकड़ से भी कम पट्टे वाली ज़मीन है। इतनी ज़मीन में इन परिवारों का काम नहीं चलता।

'बेजा क़ब्ज़ा' के संदर्भ में सठोरा की स्थिति कई मायनों में अनूठी है। तेखरानाला की तरह यहाँ नियमित रूप से लोग बाहर से आकर नहीं बसे हैं। अभी गाँव में जितने परिवार हैं, वे सभी 30-35 साल पहले बस चुके परिवारों

30. इन लोगों से दो चेखाँ और एक उराँव जाति का व्यक्ति है।

31. स्रोत-सठोरा के पटवारी का लैण्ड रिकार्ड, वर्ण 2005-06.

का विस्तार हैं। साथ ही, यहाँ के लोगों ने फयदू के निवासियों की तरह 'बेजा क़ब्ज़ा' के संदर्भ में यह तर्क नहीं दिया कि यह पट्टा वितरण में गड़बड़ी का नतीज़ा है। सठोरा के लोगों द्वारा जंगल की ज़मीन पर किये गये 'बेजा क़ब्ज़ा' का रोचक पहलू यह है कि यह 'बेजा क़ब्ज़ा' जंगल से लगे खेतों के विस्तार के कारण हुआ है। यदि किसी व्यक्ति का खेत जंगल से लगा हुआ है, तो उसने पेड़ों को काटते हुए अपने खेत का विस्तार किया। यह प्रक्रिया वर्षों तक नियमित रूप से जारी रही। अर्थात् ऐसा नहीं हुआ कि किसी किसान ने एक ही साल 25-30 पेड़ों को काटकर एक एकड़ ज़मीन पर 'बेजा क़ब्ज़ा' कर लिया। इसकी जगह, हर साल दो-तीन पेड़ काटकर खेत को आगे बढ़ाने की प्रक्रिया जारी रखी गयी। इसी तरह, एक निश्चित समय के बाद लोगों ने तक़रीबन दस-दस एकड़ ज़मीन पर 'बेजा क़ब्ज़ा' कर लिया। जिन लोगों के खेत जंगल से लगे हैं, उन्होंने दूसरे लोगों को आगे जंगल में जाकर खेत बनाने से रोका। इसका कारण यह था कि ऐसा हो जाने पर जंगल में आगे जाकर खेत बनाने वाला व्यक्ति फ़ायदे की स्थिति में आ जाता। इस संदर्भ में ग़ौर करने वाली बात यह है कि गाँव के प्रभुत्वशाली लोगों ने जबरन दूसरों की जंगल से लगी ज़मीन अपने नाम करवा ली। इसी कारण, इन लोगों के पास ही सबसे ज़्यादा 'बेजा क़ब्ज़ा' वाली ज़मीन है। गाँव के जो लोग जंगल की ज़मीन पर कोई 'बेजा क़ब्ज़ा' नहीं कर पाए हैं, वे इसे 'क़िस्मत का खेल' मानकर संतोष कर लेते हैं। लेकिन वे यह भी मानते हैं कि यदि इन्हें मौका मिलता तो ये भी जंगल की ज़मीन पर 'बेजा क़ब्ज़ा' करते। इन लोगों ने माना कि सेमरसोत अभयारण्य होने के कारण यहाँ के लोग सीधे जंगल में जाकर ज़मीन पर क़ब्ज़ा नहीं कर पाए।

गाँव में कई लोगों ने व्यक्तिगत बातचीत के दौरान बताया कि बड़े भूमिपतियों के पास 'बेजा क़ब्ज़ा' होने का कारण यह है कि वन विभाग के अधिकारी पैसे खाकर इनके द्वारा किये जा रहे 'बेजा क़ब्ज़ा' की ओर ध्यान नहीं देते हैं। इसके अलावा, कम मात्रा में ज़मीन का 'बेजा क़ब्ज़ा' करने वाले लोगों से भी यह हर साल कुछ-न-कुछ वसूलते ही हैं। लेकिन साथ ही ये लोग यह मानते हैं कि 'मामा लोगों' (अर्थात् नक्सलियों) का प्रभाव बढ़ने से वन विभाग के मनमानी में काफ़ी कमी आयी है। गाँव के लोगों ने यह भी कहा कि पिछले 9-10 सालों से जंगल के ज़मीन पर बहुत कम 'बेजा क़ब्ज़ा' हुआ है।

लेकिन सेमरसोत अभयारण्य के अधिकारी यह मानते हैं कि सेमरसोत में बसे गाँवों के लोग नियमित रूप से पेड़ों को काटकर अपने खेत का विस्तार कर रहे हैं। इसका कारण यह है कि आदिवासियों की 'ज़मीन की लालच'

बहुत बढ़ गयी है। वन विभाग इनके ख़िलाफ़ कार्रवाइ करता है। लेकिन वन विभाग के लिए यह सम्भव नहीं है कि वह हर समय, हर जगह मौजूद रहे। दूसरा, सेमरसोत में मौजूद वन विभाग के अधिकारियों ने इस तर्क को भी नकारा कि नक्सलवादियों का प्रभाव बढ़ने के कारण ग्रामीण लोगों द्वारा पेड़ों को काटने की दर में कमी आयी है। इनके अनुसार नक्सलियों की मुख्य प्रवृत्ति 'अपना हिस्सा' लेने की है। अपना हिस्सा मिलने के बाद वे पेड़ कटने जैसी बातों की ओर ध्यान नहीं देते।

ऊपर के वर्णन से कुछ बातें स्पष्ट तौर पर रेखांकित की जा सकती हैं : पहला, सठोरा में तेखरानाला और फयदू की तरह सभी लोगों ने 'बेजा क़ब्ज़ा' नहीं किया है। इसका कारण यह है कि अभयारण्य होने के कारण यहाँ वही लोग अपने खेतों को आगे बढ़ा पाए, जिनके खेत जंगल से लगे हुए थे। दूसरा, यहाँ भी गाँव के प्रभुत्वशाली लोगों ने ही ज़्यादा 'बेजा क़ब्ज़ा' किया है क्योंकि उन्होंने उन कमज़ोर लोगों से जबरन ज़मीन की अदला-बदली कर ली, जिनके खेत जंगल से लगे हुए थे। इनके 'बेजा क़ब्ज़ा' करने में वन विभाग ने बहुत सख़्ती से रोक नहीं लगाई। तीसरा, लेकिन ऊपर वर्णित दो गाँवों की तरह ही वन विभाग यहाँ भी जंगल से जुड़ी सारी समस्याओं के लिए गाँववालों को जिम्मेदार ठहराता है। चौथा, गाँव के लोगों ने यह माना कि माओवादियों की सक्रियता के कारण वन विभाग की मनमानी पर रोक लगी है। दूसरी ओर, यहाँ के अधिकारियों ने वन विभाग की किसी भी सार्थक भूमिका को पूरी तरह नकार दिया। यह कहा जा सकता है कि सठोरा कुछ मामलों में ऊपर वर्णित गाँवों से विशिष्ट है, लेकिन अधिकांश मामलों में यह एक निरंतरता का ही प्रतिनिधित्व करता है।

4. खेखरापोहर

खेखरापोहर में कोई भी व्यक्ति बहुत बड़ा भूमिपति नहीं है। खेखरापोहर में कुल 2 परिवारों के पास पाँच एकड़ से ज़्यादा पट्टेवाली ज़मीन है। ये दोनों ही व्यक्ति पंडो जनजाति के हैं।[32] इसके अलावा, तीन परिवार ऐसे हैं जिनके हिस्से में पाँच एकड़ ज़मीन है। गाँव के 26 परिवारों के पास पाँच एकड़ से कम पट्टे वाली ज़मीन है। गाँव में 11 परिवार ऐसे हैं, जिनके हिस्से में पट्टेवाली कोई ज़मीन नहीं है।[33] लेकिन महत्त्वपूर्ण तथ्य यह है कि गाँव में तक़रीबन हर व्यक्ति के पास 'बेजा क़ब्ज़ा' की कुछ ज़मीन जरूर है।

32. स्रोत- खेखरापोहर गाँव के पटवारी का लैंड रिकार्ड, वर्ष- 2005-06.

33. स्रोत- व्यक्तिगत विश्लेषण और खेखरापोहर के पटवारी का लैण्ड रिकार्ड, वर्ष- 2005-06.

सारणी 4

बेजा क़ब्ज़ा करने वाले परिवारों का विवरण

श्रेणी	परिवारों की संख्या
दस एकड़ से ज्यादा जमीन पर 'बेजा क़ब्ज़ा' करने वाले परिवारों की संख्या	2
पाँच एकड़ से दस एकड़ के बीच 'बेजा क़ब्ज़ा' करने वाले परिवारों की संख्या	4
पाँच एकड़ से कम 'बेजा क़ब्ज़ा' करने वाले परिवारों की संख्या	33

स्रोत - व्यक्तिगत विश्लेषण

सारणी 4 से यह स्पष्ट है कि खेखरापोहर में कुल दो परिवारों के पास तक़रीबन 10 एकड़ 'बेजा क़ब्ज़ा' की ज़मीन है। ये दोनों ही गाँव के प्रभावशाली लोगों में हैं। यहाँ चार परिवारों का पाँच एकड़ से अधिक ज़मीन पर 'बेज़ा क़ब्ज़ा' है। ये लोग भी खेखरापोहर में प्रभावशाली हैं। ये सभी लोग बरगाह जाति के हैं। खेखरापोहर के बाक़ी 33 परिवारों ने जंगल की 5 एकड़ से कम ज़मीन पर 'बेजा क़ब्ज़ा किया है।[34]

खेखरापोहर में तेखरानाला की तरह लोग नियमित रूप से बाहर से आकर नहीं बसे हैं। लेकिन यहाँ कुछ नये परिवार बसे हैं। मसलन, दस साल पहले कंवर जनजाति का एक परिवार इस गाँव में बसा। इसी तरह, दो साल पहले घसिया जनजाति का एक व्यक्ति यहाँ बसा। लेकिन इसे एक नियमित परिघटना नहीं माना जा सकता है। जैसा कि ऊपर के वर्णन से स्पष्ट है कि खेखरापोहर में गाँव के प्रभावशाली लोगों ने तुलनात्मक रूप से ज़्यादा 'बेजा क़ब्ज़ा' किया है। लेकिन इस गाँव में हर परिवार के पास 'बेजा क़ब्ज़ा' की कुछ-न-कुछ ज़मीन ज़रूर है। गाँव के बुज़ुर्ग यह मानते हैं कि खेखरापोहर में खेतों का 'बिना पट्टे वाला होने' या 'बेजा क़ब्ज़ा' वाला होने के पीछे मुख्य कारण वन विभाग और राजस्व विभाग की लापरवाही और मनमानापन है। गाँव के एक बुज़ुर्ग राजमन (उम्र 85 वर्ष, जाति बरगाह) के अनुसार, तक़रीबन 30-35 साल पहले, (शायद 1980 से पहले) वन विभाग ने अपने हिस्से की कुछ ज़मीन राजस्व विभाग को दे दी। इससे गाँव के बहुत से

34. स्रोत- *व्यक्तिगत विश्लेषण।*

लोगों को उनकी ज़मीन का पट्टा मिल गया। लेकिन वन विभाग ने ऐसी बहुत सी ज़मीन पर अपना क़ब्ज़ा क़ायम रखा, जहाँ कोई जंगल नहीं था। लोग इस जगह बहुत पहले से खेती कर रहे थे। क़ायदे से इस तरह के सभी खेतों को राजस्व विभाग को दे देना चाहिए था। राजस्व वालों ने भी इस ओर कोई ध्यान नहीं दिया। इसका नतीजा यह हुआ कि बहुत से लोगों के खेत जंगल की ज़मीन पर 'बेजा क़ब्ज़ा' के रूप में ही रह गये।[35] लेकिन खेखरापोहर में कई लोगों ने यह भी माना कि उन्होंने दस साल पहले तक पेड़ काटकर नये खेत बनाए। जिन लोगों के खेत जंगल की सीमा से लगे थे या पहले से ही जंगल की ज़मीन पर स्थित थे, उन्होंने पेड़ काटकर अपने खेत का विस्तार किया। इन लोगों ने यह तर्क दिया कि उनके पास अपनी जीविका की ज़रूरतों को पूरा करने के लिए इसके अलावा दूसरा कोई रास्ता नहीं था।

वन अधिकारी यह मानते हैं कि पिछले तीन-चार वर्षों में पेड़ों के कटने की दर में काफ़ी कमी आयी है। पहले खेती की उपज कम होने के कारण लोग जंगल को काटकर खेत बढ़ाने की कोशिश करते थे। मोटे तौर पर, लोगों में 'बेजा क़ब्ज़ा' करने की प्रवृत्ति घटी है। इसका कारण यह है कि वन विभाग के कर्मचारियों ने लोगों में ज़ागरूकता फ़ैलाने की ज़ोरदार कोशिश की। इन्होंने गाँव वालों को समझाया कि उन्हें पेड़ नहीं काटना चाहिए, खेती की उपज बढ़ने से ही उनकी ज़रूरतें पूरी हो जाएँगी। वन विभाग के कई अधिकारियों ने यह स्वीकार किया कि खेखरापोहर में लोगों का विश्वास हासिल कर लेने के कारण पेड़ों की कटाई में बहुत अधिक कमी आयी है। लेकिन इनका यह भी मानना है कि 'अतिक्रमण' को पूरी तरह नहीं रोका जा सकता है। इसका कारण यह है कि (1) कुछ लोग हमेशा ऐसे रहेंगे जो लालचवश पेड़ों को काटकर 'बेजा क़ब्ज़ा' करते रहेंगे, और (2) चूंकि वन विभाग के पास कर्मचारियों की कमी है, इसलिए उसके लिए हर जगह नज़र रखना सम्भव नहीं है। दूसरी ओर, अधिकांश गाँव वालों ने यह माना कि सिंचाई का पुख़्ता इंतज़ाम हो जाने के कारण उनकी आय बढ़ी हैं। इन लोगों ने इस बात पर ज़ोर दिया कि नये खेत बनाने से ज़्यादा ज़रूरी यह है कि मौजूदा ज़मीन पर ही प्रभावकारी तरीक़े से खेती की जाए। फिर भी, खेखरापोहर में कई लोगों ने यह कहा कि कुछ प्रभावशाली लोग अब भी हर साल कुछ पेड़ों को काट देते हैं।[36]

स्पष्ट है कि चारों गाँव 'बेजा क़ब्ज़ा' के बारे में चार अलग-अलग पहलुओं

35. व्यक्तिगत और सामूहिक– दोनों ही तरह की बातचीत में लोगों ने यह बात दुहराई।

36. गाँव के बहुत से लोगों ने इस संबंध में पटेल परमार साय और करमाना पंचायत के उपसरपंच बुध नाथ का नाम लिया। लेकिन जब मैंने इन लोगों से इस संबंध में बात की, तो उन्होंने इस आरोप को पूरी तरह नकार दिया।

का प्रतिनिधित्व करते हैं। इस संबंध में कुछ समान और विशिष्ट पहलू सामने आते हैं। पहला, सभी गाँवों में लोगों द्वारा 'बेजा क़ब्ज़ा' किया गया है। लेकिन मुख्य रूप से तेखरानाला में ही नये लोगों का बसाव होता रहा है। तेखरानाला इस अर्थ में भी विशिष्ट है कि इसका एक बहुत बड़ा भाग जंगल की ज़मीन पर बसा है। बाकी जगहों पर गाँव में पहले से बसे लोगों ने ही ज़मीन पर 'बेजा क़ब्ज़ा' किया है। फयदू और खेखरापोहर में कुछ नये परिवार बसे हैं, लेकिन तेखरानाला की तुलना में इनकी संख्या बहुत ही कम है। दूसरा, जंगल की ज़मीन पर 'बेजा क़ब्ज़ा' के संबंध में एक प्रमुख बात यह भी है कि हर गाँव में प्रभुत्वशाली लोगों का जंगल की ज़मीन पर ज़्यादा 'बेजा क़ब्ज़ा' है। मसलन, तेखरानाला में 3, सठोरा में 2 और खेखरापोहर में 2 लोगों ने 10 एकड़ से ज़्यादा जंगल की ज़मीन पर 'बेजा क़ब्ज़ा' किया है। ये सभी लोग अपने-अपने गाँवों के प्रभावशाली लोग हैं। स्पष्टत: यह 'बेजा क़ब्ज़ा' की ज़्यादा मात्रा और गाँव में प्रभुत्वशाली स्थिति के जुड़ाव को दिखाता है। तेखरानाला में प्रभुत्वशाली पण्डो जनजाति की इजाज़त के बग़ैर कोई भी व्यक्ति यहाँ नहीं बस सकता हैं। सठोरा में भी प्रभुत्वशाली लोगों ने जंगल से लगी ज़मीन को जबरन अपने क़ब्ज़े में ले लिया क्योंकि यहाँ वही लोग 'बेजा क़ब्ज़ा' करने में समर्थ है जिनकी खेत जंगल से लगे हुए हैं। तीसरा, तेखरानाला, फयदू और खेखरापोहर में सभी परिवारों के पास 'बेजा क़ब्ज़ा' की कुछ-न-कुछ ज़मीन जरूर है। लेकिन सठोरा की स्थिति इस मामले में विशिष्ट है क्योंकि 24 परिवारों का जंगल की ज़मीन पर कोई 'बेजा क़ब्ज़ा' नहीं है। इसका कारण यह है कि इन परिवारों को ऐसा करने का मौक़ा नहीं मिला। चौथा, 'बेजा क़ब्ज़ा' करने वाले सभी परिवारों ने इस संदर्भ में वन विभाग के भूमिका की आलोचना की। इनका कहना है कि दरअसल, 'बेजा क़ब्ज़ा' वन विभाग द्वारा जबर्दस्ती उनकी ज़मीन को जंगल की ज़मीन घोषित करने का नतीजा है। अर्थात् अधिकांश लोगों ने यह दावा किया कि पट्‌टा वितरण में हुई लापरवाही के कारण ही उन्हें ज़मीन का पट्‌टा नहीं मिला। पाँचवाँ, वन विभाग इसके लिए गाँव के लोगों की ज़मीन के लालच को जिम्मेदार मानता है। वन विभाग के स्थानीय स्तर के कर्मचारी अमूमन अपने अधिकार-क्षेत्र में 'बेजा क़ब्ज़ा' होने की बात नकारते हैं। लेकिन यदि वे 'बेजा क़ब्ज़ा' होने को स्वीकारते हैं, तो भी आम तौर पर वे इसे लोगों की 'ज़मीन की लालच' का नतीजा मानते हैं। ऊपर हमने जिन गाँवों का अध्ययन किया, उनमें खेखरापोहर की स्थिति अलग है। यहाँ वन विभाग के कर्मचारियों ने यह माना कि 'बेजा क़ब्ज़ा' के पीछे लोगों के जीविका की ज़रूरतों की भी महत्त्वपूर्ण भूमिका होती है। छठा, इन सभी गाँवों में अधिकांश 'बेजा क़ब्ज़ा' करने वाले लोगों का 10 एकड़ से कम ज़मीन पर 'बेजा क़ब्ज़ा' है। दरअसल, बहुमत

ऐसे लोगों का है जिनका पाँच एकड़ से भी कम ज़मीन पर 'बेजा क़ब्ज़ा' है। खेती का स्तर अच्छा न होने, वनोपजों से ज़रूरत पूरा न होने और मज़दूरी के लिए पर्याप्त अवसर न होने की स्थिति में खेती के लिए अतिरिक्त ज़मीन इन लोगों की जीविका का सहारा बन जाती है। इसी कारण, जिन लोगों का जंगल की ज़मीन पर कोई 'बेजा क़ब्ज़ा' नहीं है, वे इसे अपनी 'क़िस्मत का खेल' मानते हैं। साथ ही, वे इस बात पर पर भी ज़ोर देते हैं कि यदि उन्हें मौक़ा मिले तो वे अपने लिए भी ज़्यादा ज़मीन चाहेंगे। स्पष्ट तौर पर अधिकांश लोगों के लिए 'बेजा क़ब्ज़ा' रोज़मर्रा की ज़िंदगी की मुश्किलों को आसान बनाने का एक रास्ता है। तेखरानाला और दूसरे गाँवों के कुछ लोग अपने 'बेजा क़ब्ज़ा' की सारी ज़मीन पर खेती नहीं कर पाते हैं। लेकिन उन्होंने इस ज़मीन को अपनी 'बंधन' या 'मेहरान' की ज़मीन के रूप रखा है। तेखरानाला में कई लोगों ने कुछ साल पहले तक यहाँ बसे अपने रिश्तेदारों को कुछ ज़मीन दे दी। बहुत सारे लोग भविष्य में इस ज़मीन पर खेती करने की इच्छा रखते हैं। स्पष्टत: ज़मीन उनके लिए अपने बच्चों के भविष्य के लिए एक 'सुरक्षा गारंटी' के रूप में है। इसके अलावा, जो लोग बाहर से आकर किसी गाँव (मसलन तेखरानाला) में बसे, उसके पीछे भी जीविका की तलाश ही मुख्य कारण रहा है।

VI. जीविका की जद्दोजहद, वन विभाग और जंगल तथा वन्य जीवों का संरक्षण

जंगल और उसके नज़दीक बसे गाँवों में वन विभाग की भूमिका के कई आयाम है: पहला, जंगल की सुरक्षा के लिए वन विभाग द्वारा उठाए गये क़दम। अर्थात् 'बेजा क़ब्ज़ा' को रोकने और वन्य जीवों के संरक्षण के लिए वन विभाग ने क्या क़दम उठाए? और दूसरा, गाँव के लोगों के साथ वन विभाग का संबंध। अर्थात् क्या वन विभाग गाँव के लोगों का सहयोग लेता है या उनके विचारों को महत्त्व देता है? अध्याय के इस भाग में इन सवालों के माध्यम से वन विभाग की भूमिका की समीक्षा की गयी है। मैंने तीन स्तरों पर इन सवालों की पड़ताल की है। पहला, हर गाँव के लोगों का वन विभाग के साथ कोई ख़ास अनुभव रहा है। मसलन, तेखरानाला में 'नर्सरी संघर्ष' या सठोरा में 'विस्थापन विरोधी आंदोलन' हुए हैं। इसी तरह, फयदू में माओवादियों का हस्तक्षेप रहा है और खेखरापोहर में वन विभाग ने लोगों की ज़िंदगी बेहतर बनाने के लिए सक्रिय हस्तक्षेप किया है। दूसरे स्तर पर मैंने लोगों द्वारा की जाने वाली सामुदायिक संरक्षण की व्यवस्था और इस संदर्भ में वन विभाग की भूमिका का विश्लेषण किया है। तीसरे स्तर पर वन्य जीवों की सुरक्षा के संदर्भ में वन विभाग के

कार्यों की समीक्षा की गयी है। अध्याय का यह भाग तीन उपभागों में बँटा हुआ है। पहले उपभाग में गाँव के लोगों के वन विभाग से विशिष्ट अनुभवों का वर्णन किया गया है। दूसरे उपभाग में सामुदायिक संरक्षण व्यवस्था तथा तीसरे उपभाग में वन्य जीवों के सुरक्षा के पहलू का विश्लेषण किया गया है।

1. वन विभाग और स्थानीय समुदाय

तेखरानाला : जंगल की ज़मीन पर बसा गाँव और वन विभाग

तेखरानाला का बहुत बड़ा हिस्सा जंगल की ज़मीन पर बसा हुआ है। यहाँ उन लोगों का बहुमत है, जिनकी न सिर्फ़ खेती की ज़मीन बल्कि घर भी वन भूमि पर स्थित है। इसलिए वन विभाग इसे हमेशा ही 'अवैध गाँव' मानता रहा है। वन विभाग ने कई बार यह कोशिश की है कि तेखरानाला के लोगों को उनके गाँव से बेदख़ल कर दिया जाए। इस संबंध में 'नर्सरी संघर्ष'[37] बहुत ही महत्त्वपूर्ण है। इसमें वन विभाग ने पूरे तेखरानाला में नर्सरी लगाकर यहाँ के लोगों को उनके गाँव से बेदख़ल करने की कोशिश की।

'नर्सरी संघर्ष' में तेखरानाला के लोगों ने यहाँ नर्सरी लगाने की वन विभाग की कोशिशों का विरोध किया। तेखरानाला के 'वन' भूमि पर बसे होने के कारण वन विभाग के अधिकारी और कर्मचारी यहाँ के लोगों को यह ज़मीन ख़ाली करने के लिए धमकाते रहते थे। 1997 में वन विभाग ने इस क्षेत्र में कुछ ऐसे गाँवों का चुनाव किया, जो सरकारी दस्तावेज़ में 'वन' या 'फ़ॉरेस्ट' थे, लेकिन वास्तविक रूप में वहाँ लोग बसे हुए थे। वन विभाग का उद्देश्य विश्व बैंक की सहायता से शुरू हुए संयुक्त वन प्रबंधन कार्यक्रम (या ज्वाइंट फ़ॉरेस्ट मैनेजमेंट) के लिए वृक्षारोपण करना था। वन विभाग ने इसके लिए तेखरानाला सहित आस-पास के दूसरे ऐसे गाँवों को भी चुना, जो जंगल की ज़मीन पर बसे थे। दरअसल, वन विभाग के अधिकारी यह चाहते थे कि तेखरानाला में जिन लोगों के पास ज़मीन का पट्टा नहीं है, उन सभी लोगों की ज़मीन पर नर्सरी लगा दी जाए। वन विभाग ने लोगों को गाँव से हटाने के लिए शुरू

37. 'नर्सरी संघर्ष' वह घटना है, जिसका ज़िक्र तेखरानाला में हर व्यक्ति ने किया। लेकिन जिस तरह तेखरानाला में लोग अपनी उम्र के बारे में विश्वास के साथ बताने में असमर्थ हैं, वैसे ही 'नर्सरी संघर्ष' किस साल हुआ इसका ठीक अंदाज़ा लोगों को नहीं है। कुछ लोग मानते हैं कि छह साल पहले हुआ, कुछ कहते हैं कि दस साल पहले हुआ। आस-पास सक्रिय कई सामाजिक कार्यकर्त्ताओं की बातचीत से यह अंदाज़ा हुआ कि नर्सरी वाली घटना के सुगबुगाहट 1993 से शुरू हो गयी थी, और 1998 में यह अपने चरम रूप में पहुँची। मैंने 'नर्सरी संघर्ष' की पूरी समझ के लिए सिर्फ़ तेखरानाला के लोगों से ही नहीं, बल्कि शेष सहोरा और आस-पास के गाँवों के लोगों से भी बात की। मैंने इस क्षेत्र में काम करने वाले कई स्वयंसेवी संगठनों के कार्यकर्त्ताओं से बातचीत करके भी तारीख़ों आदि के संदर्भ में ज़्यादा स्पष्टता लाने की कोशिश की है।

में पैसा और दारू तथा बाद में धमकी जैसे हथियारों का भी इस्तेमाल किया। लेकिन स्थानीय स्वयंसेवी संस्थाओं ने आदिवासियों को अपनी ज़मीन न छोड़ने के लिए प्रेरित किया। 1997 में तक़रीबन 50 गाँवों के लोगों के प्रदर्शन के बाद ज़िला कलेक्टर ने वादा किया कि किसी भी गाँव में नर्सरी नहीं लगाई जाएगी।

लेकिन कलेक्टर के वायदे के बावजूद अगस्त 1998 में वन विभाग ने तेखरानाला में नर्सरी लगाने के काम की औपचारिक रूप से शुरुआत कर दी। वे नर्सरी में सागौन, सजवान, युक्लिप्टस, बाँस, खम्हार आदि का पेड़ लगाना चाहते थे। इस समय, तेखरानाला के निवासियों ने यह फ़ैसला किया कि यहाँ के सभी लोग अपने घरों से बाहर निकलकर उस स्थान पर रहेंगे, जहाँ नर्सरी बनाने के लिए खुदाई होगी। इन्होंने तय किया कि यदि वन विभाग के लोग गड्ढा खोदेंगे तो वे गड्ढा भरेंगे। यदि वन विभाग के कर्मचारियों द्वारा किसी भी गाँव वाले के साथ कोई बुरा बर्ताव किया जाता तो तेखरानालावासी हिंसक प्रतिरोध के लिए भी तैयार थे। इस संदर्भ में यह भी उल्लेखनीय है कि शेष सहोरा के लोगों ने तेखरानाला के लोगों के इस संघर्ष में उनकी कोई मदद नहीं की।[38] अगले तीन दिनों तक तेखरानाला में फ़ोर्स के साथ मौजूद वन विभाग के अधिकारी वहाँ नर्सरी खुदवाते रहें, और गाँव के लोग नर्सरी भरते रहें। इस समय यहाँ लोग घरों से निकलकर वहीं रह रहे थे, जहाँ नर्सरी बन रही थी। महिलाएँ वहीं खाना बनातीं, बच्चे खेलते-कूदते और पुरुष या तो गड्ढ़ा भरते या अपने पारम्परिक हथियारों के साथ गश्त लगाते थे। मामले को ज़्यादा तूल पकड़ते देख वन विभाग ने नर्सरी बनाने का काम रोक दिया। तेखरानाला में हिंसा न होने का एक प्रमुख कारण आदिवासियों के तीर-धनुष आदि को लेकर प्रशासन में व्याप्त डर था। प्रशासन के लोग यह जानते थे कि यदि आदिवासी लोग हिंसा पर उतारू हो गये, तो काफ़ी ख़ून-खराबा हो सकता है। 'नर्सरी संघर्ष' के बाद तेखरानाला में वन विभाग का हस्तक्षेप बहुत कम हो गया।

लेकिन वन विभाग के अधिकारियों ने लारकोइ-पढ़रा जंगल में एक बार फिर युक्लिप्टस का पेड़ लगाने की कोशिश की। स्थानीय स्वयंसेवी संस्था में काम करने वाले एक कार्यकर्त्ता के अनुसार यह जनवरी 2003 की बात है।

---

38. तेखरानाला के लोग अब भी इस बात को बहुत ही दुख के साथ याद करते हैं कि उन्हें पता चला था कि नर्सरी संघर्ष के समय शेष सहोरा के बहुत से बिंझिया लोगों ने यह कहा था कि उन्हें तब तक चैन नहीं मिलेगा, जब तक, तेखरानाला पूरी तरह नर्सरी न बन जाए। इस बारे में शेष सहोरा के लोगों ने यह बताया कि उनके गाँव यानी शेष सहोरा के कुछ लोगों का खेत तेखरानाला में पड़ता है। लेकिन तेखरानाला के लोग उन्हें वहाँ खेती नहीं करने देते। इसलिए उन्होंने तेखरानाला के लोगों की कोई मदद नहीं की।

लेकिन तेखरानाला के लोगों ने एकजुट होकर इसका विरोध किया। उन्होंने जंगल के मिश्रित स्वरूप को बनाए रखने पर ज़ोर दिया। लोगों की गोलबंदी के कारण वन विभाग को एक बार फिर से पीछे हटना पड़ा।[39] तेखरानाला के इन संघर्षों की मुख्य विशेषता यह थी कि यहाँ के लोग गोलबंद रहे और उन्होंने अपनी ज़मीन या जंगल को बचाने के लिए संघर्ष का जज़्बा दिखाया। इन्हें राजनीतिक रूप से गोलबंद करने में स्थानीय स्वयंसेवी संस्था ने भी महत्त्वपूर्ण भूमिका निभायी।

इन घटनाओं के बाद से अमूमन वन विभाग के कर्मचारी तेखरानाला के लोगों से सीधा टकराव नहीं करते हैं। इस तरह तेखरानाला लोगों का संघर्ष राजनीतिक जागरूकता और गोलबंदी का एक प्रमाण है। अपनी गोलबंदी के कारण ही उन्होंने न सिर्फ़ अपने गाँव को बचाने में सफलता पायी है, बल्कि वे रोज़मर्रा की ज़िंदगी में वन विभाग के दख़ल को रोकने में भी काफ़ी हद तक सफल रहे हैं। वन विभाग के कर्मचारी अपनी 'कम संख्या' के कारण गाँववालों की गुंडागर्दी के सामने खुद को बेबस पाते हैं। लेकिन वे अमूमन वन विभाग की गतिविधियों से तेखरानाला के लोगों को दूर रखने की कोशिश करते हैं। इनके प्रोत्साहन के कारण यहाँ दूसरे विभागों के विकास की गतिविधियाँ भी नहीं चलती हैं। इसके लिए तेखरानाला के 'जंगल' की ज़मीन पर बसे होने के तर्क का इस्तेमाल किया जाता है। इस तरह, वन विभाग से सीधा पंगा लेने के कारण तेखरानाला के लोगों को अच्छी-ख़ासी क़ीमत भी अदा करनी पड़ी है।

फयदू : वन विभाग और रोज़मर्रा के जीवन में प्रतिरोध

वन विभाग के रवैये के संदर्भ में फयदू की स्थिति भी तेखरानाला से अच्छी नहीं मानी जा सकती है। फयदू में वन सुरक्षा समिति का गठन किया गया था, लेकिन वह पूरी तरह से निष्क्रिय है। वन विभाग ने जंगल में लोगों की गतिविधियों पर निगरानी बढ़ा दी। टोकसी झरिया के चौकीदार ने यह बताया कि गाँव के लोग सिर्फ़ क्षेरता जैसे त्यौहारों में जंगल में जानवरों का शिकार करने की कोशिश ही नहीं करते हैं, बल्कि इसके अलावा, सामान्य दिनों में भी ये खरगोश आदि का शिकार करते हैं। ये आदिवासियों को ऐसे समूह के रूप में देखते हैं, जिन्हें शासित किये जाने की ज़रूरत है।

बहरहाल, फयदू में पिछले दस सालों से नक्सलवादियों का आना-जाना शुरू हो गया। वे यहाँ अपनी बैठकें करते हैं। उनकी गतिविधियों के कारण वन विभाग

39. स्रोत- स्थानीय स्वयंसेवी संस्था के कार्यकर्त्ता से बातचीत।

की मनमानी में कमी आयी है। फयदू के लोगों के लिए वन विभाग की मनमानी का दौर आतंक से भरा रहा है। वन विभाग ने सिर्फ़ जंगल की इनकी गतिविधियों पर बहुत ज़्यादा निगरानी रखता था, बल्कि इसके कर्मचारी यहाँ के लोगों की मुर्गियाँ, बकरियाँ आदि भी ले जाते थे। कई मरतबा जंगल में ग़ैरक़ानूनी गतिविधि करने या 'बेजा क़ब्ज़ा' की ज़मीन पर खेती करने के नाम पर वे इनके फ़सल का एक हिस्सा भी ले लेते थे। फयदू के लोगों ने यह माना कि 'मामा लोगों' (अर्थात् माओवादियों) के आने के बाद उन्होंने रोज़मर्रा के जीवन में वन विभाग के अधिकारियों के मनमानी का विरोध करना शुरू किया। गाँव के लोगों के प्रतिरोध और माओवादियों के 'आतंक' के कारण वन विभाग के कर्मचारी अब अपनी मनमानी नहीं करते हैं (नक्सलवादियों की रणनीति संबंधी भाग में इस पहलू पर ज़्यादा विस्तार से चर्चा की गयी है।)। स्पष्टतः फयदू में वन विभाग गाँव वालों को शक की निगाह से देखता है। दूसरी ओर, इस गाँव के लोगों के लिए वन विभाग एक शोषणकारी संस्था है। तेखरानाला की तरह ही इस गाँव को भी प्रतिरोध करने के कारण सरकारी उपेक्षा का शिकार होना पड़ा है। अमूमन यहाँ विकास की कोई योजना नहीं पहुँचती है। कई मरतबा दूसरे विभाग के लोग इसे जंगल के बीच में बसा गाँव बताते हैं और यह दलील देते हैं कि इसके विकास की ज़िम्मेदारी वन विभाग की है।

सठोरा : विस्थापन का प्रतिरोध

सेमरसोत अभयारण्य के अधिकारी सठोरा सहित अभयारण्य के अंदर बसे सभी गाँवों को समस्या के रूप में देखते हैं। वन विभाग के अधिकारियों का मानना है कि दरअसल जंगलों की कटाई और जानवरों का शिकार आदिवासियों के द्वारा किया जा रहा है। ये लोग सेमरसोत में बसे गाँवों के लोगों को संदेह की नज़र से देखते हैं। इसी का नतीजा है कि ये अधिकारी हमेशा इस बात पर ज़ोर देते हैं कि सेमरसोत अभयारण्य में वन्य जीवों की सही तरीक़े से सुरक्षा के लिए यह ज़रूरी है कि इसमें बसे गाँवों को यहाँ से हटाया जाए।

सरकार की तरफ़ से सेमरसोत में बसे 51 गाँव को हटाने की कोशिश भी हो चुकी है। 1996 में सरकार की ओर से ज़िलाधिकारी ने सेमरसोत में बसे गाँवों के लोगों का सेमरसोत से हट जाने का नोटिस दिया। लेकिन सेमरसोत और पस्ता में जनआंदोलन (भारत जन आंदोलन और एकता परिषद) के कार्यकर्त्ताओं ने सेमरसोत के गाँवों के लोगों का इस तरह से विस्थापन के ख़िलाफ़ गोलबंद करना शुरू किया। इन गाँवों के लोगों ने मिलकर सेमरसोत अभयारण्य संघर्ष समिति का गठन किया। इस संघर्ष समिति ने हर गाँव में जाकर गाँववालों को संगठित किया। इस समिति के कार्यकर्त्ताओं ने गाँव के लोगों को समझाया

कि सरकार उन्हें उनके गाँव से निकालना चाहती है। इससे बचने का एकमात्र यही रास्ता है कि सब लोग मिलकर संघर्ष करें। सठोरा के लोगों ने भी इस आंदोलन में सक्रिय रूप से भाग लिया। पस्ता या अम्बिकापुर में होने वाले धरना-प्रदर्शन में इस गाँव से 20-25 लोग निश्चित रूप से शामिल होते थे। इसके अलावा, गाँव के लोगों ने यह तय किया कि वे अपने गाँव में वन विभाग के किसी कर्मचारी को नहीं घुसने देंगे। बाद में, भारत जन आंदोलन ने सिर्फ़ स्थानीय स्तर पर ही आंदोलन को तेज़ नहीं किया, बल्कि इसने भोपाल में भी धरना-प्रदर्शन आयोजित किया। इस आंदोलन में मुख्य भूमिका निभाने वाले भारत जन आंदोलन के एक मुख्य कार्यकर्त्ता धर्मू एक्का ने यह बताया कि आंदोलनकारियों की मुख्य दलील यह थी कि जो लोग कई पीढ़ियों से गाँवों में बसे हुए हैं, उन्हें वहाँ से हटाना पूरी तरह ग़लत है। इन्होंने इस बात पर ज़ोर दिया कि गाँवों में बसे आदिवासियों और दूसरे पारम्परिक समुदायों ने जंगल या जंगली जानवरों को कभी नुकसान नहीं पहुँचाया है। जंगल या जंगली जानवरों को होने वाला नुक़सान वन विभाग की ग़लत रणनीतियों का नतीजा है।[40]

सरकार ने विस्थापन विरोधी आंदोलन को तोड़ने के लिए कई तरह से कोशिशें की। आंदोलनकारियों पर भारतीय दंड संहिता की धारा 294, 506 (शासकीय काम में बाधा डालने), 147, 149 (शांति भंग करने और बलवा करने) का केस दर्ज किया गया। इस तरह के केसों में आरोपी को हर तारीख़ पर अदालत में हाज़िर होना पड़ता है। इन धाराओं के अंतर्गत इन लोगों पर केस दर्ज करने का उद्देश्य यह था कि आंदोलन की आर्थिक कमर टूट जाए। अधिकांश गाँव वाले ग़रीब हैं, उनके लिए हर दो-तीन हफ़्ते में अम्बिकापुर जाना सम्भव नहीं था। इससे आंदोलन के उत्साह पर असर पड़ा।[41] लेकिन आंदोलन पूरी तरह से ठप्प नहीं पड़ा। तक़रीबन, तीन सालों तक आंदोलन चलने के बाद सरकार ने सेमरसोत से गाँवों को हटाने की योजना स्थगित कर दी। दरअसल, सरकार ने जब यह देखा कि गाँव के लोग किसी भी कीमत पर अपना गाँव छोड़ने के लिए तैयार नहीं हैं तो उसे अपनी योजना छोड़नी पड़ी। इसके बाद आंदोलन भी धीरे-धीरे ठंडा पड़ गया। गाँव के लोग अभी भी किसी भी तरह के विस्थापन के ख़िलाफ़ हैं और उन्होंने यह भी कहा कि यदि किसी तरह के विस्थापन की बात होती है, तो वे फिर से आंदोलन छेड़ देंगे। वन विभाग के अधिकारियों से हुई बातचीत में यह बात भी स्पष्ट रूप से सामने आयी कि उन्होंने सेमरसोत के गाँवों को कहीं और विस्थापित करने का विचार नहीं छोड़ा है।[42] बातचीत के दौरान वन विभाग

40. स्रोत- धर्मू एक्का (सेमरसोत अभयारण्य संघर्ष समिति के अध्यक्ष) से बातचीत।
41. स्रोत- श्रवण कुमार गुप्ता (सेमरसोत अभयारण्य संघर्ष समिति के उपाध्यक्ष) से बातचीत।
42. स्रोत- वन विभाग के अधिकारियों से बातचीत।

के अधिकारियों ने बार-बार इस बात पर ज़ोर दिया कि वन्य जीवों की सुरक्षा के लिए यह ज़रूरी है कि एक ऐसा सुनिश्चित क्षेत्र होना ही चाहिए, जहाँ किसी तरह का मानवीय हस्तक्षेप न हो।[43]

खेखरापोहर : वन विभाग की सकारात्मक भूमिका

खेखरापोहर में वन विभाग ने खेती और ग्रामीणों की जीविका के साधनों को मजबूती देने के लिए कई सकारात्मक काम किये हैं। गाँव के लोग भी यह स्वीकार करते हैं कि वन विभाग द्वारा किये गये सुधारों के कारण उनके जीवन में बदलाव आया है। वन विभाग द्वारा खेखरापोहर में किये गये काम को तीन भागों में बाँटा जा सकता है– (1) खेती के काम में सहायता (2) वन विभाग के काम में ग्रामीणों को मजदूरी का काम देना, और (3) लघु वनोपजों के संदर्भ में ग्रामीणों को ज़्यादा स्वतंत्रता देना। खेती की स्थिति से संबंधित भाग में इन पहलुओं पर विचार किया गया है। अगले उपभाग में वन्य जीवों की सुरक्षा में वन विभाग की भूमिका का विश्लेषण किया गया है। अभी हम वन विभाग द्वारा खेखरापोहर के लोगों की 'भलाई' के लिए किये गये कार्यों का परीक्षण करेंगे।

वन विभाग ने खेखरापोहर में लोगों के जीवन में बदलाव लाने में महत्त्वपूर्ण भूमिका अदा की है। इसके बावजूद, यहाँ वन विभाग की गतिविधियों की कुछ सीमाएँ भी हैं। खेखरापोहर के आदिवासियों के प्रति वन विभाग का व्यवहार समतावादी नहीं है। वन विभाग का व्यवहार 'पिता-तुल्य' या शिक्षक के रूप में है। वन विभाग के अधिकारी ही यह तय करते हैं कि खेखरापोहर के लोगों के लिए सही क्या है? मसलन, वर्ष 2006 में मरली जंगल में प्रौढ़ लकड़ियों को काटने से हुई कुल कमाई का 15 फ़ीसदी वन विभाग ने खेखरापोहर की वन सुरक्षा समिति को दे दिया। यह राशि 13 लाख रुपये थी। वन विभाग के अधिकारियों ने बताया कि इस राशि को वे गाँव के विकास पर ख़र्च करेंगे। बहुत बार 'विकास' के बारे में गाँव के लोगों और वन विभाग के नज़रिये में टकराव होने पर वन विभाग के अधिकारियों के नज़रिये को ही महत्त्व दिया जाता है। मसलन, खेखरापोहर में पण्डो लोग बाँस से सूप, डलिया आदि सामान बनाते हैं। इन्हें बाँस की बहुत क़िल्लत होती है। इसलिए वे यह चाहते थे कि

43. संरक्षित क्षेत्रों में स्थानीय समुदायों की मौजूदगी और उनकी भूमिका पर हमेशा से बहुत ज़्यादा वाद-विवाद रहा है। स्थानीय स्तर पर सामने आने वाले इस तरह के तर्कों को भी इसी विवाद की अभिव्यक्ति माना जा सकता है। वन अधिकार क़ानून के बनने और इसके लागू होने के दौरान भी संरक्षित क्षेत्रों से संबंधित प्रावधान ही सबसे ज़्यादा विवादास्पद रहे हैं। इस संदर्भ में अध्याय 3 और 5 में ज़्यादा विस्तार से विवेचना की गयी है।

इस राशि से मरली जंगल में बाँस के पेड़ लगाए जाएँ। लेकिन वन विभाग के अधिकारियों ने युक्लिप्टस को ज़्यादा फ़ायदेमंद घोषित किया और उन्होंने बाँस का पेड़ लगाने की योजना को नकार दिया। खेखरापोहर के वन सुरक्षा समिति के अध्यक्ष की यह शिकायत है कि वन विभाग के अधिकारी इस राशि को अपनी योजना के अनुसार ख़र्च करते हैं। इस बारे में गाँव वालों की सलाह की उपेक्षा कर दी जाती है।

खेखरापोहर में वन विभाग की गतिविधियाँ सराहनीय हैं। फिर भी, बहुत से मामलों में वन विभाग ने प्रभुत्वशाली हितों के एजेंट के रूप में काम किया है। मसलन, खेखरापोहर में पड़ोस के टगरा क़स्बे के कई प्रभावशाली लोगों ने ज़मीन ख़रीद ली है। इसमें कंवर जनजाति और यादव, राजपूत और गुप्ता जातियों के प्रभावशाली लोग शामिल हैं।[44] इस संबंध में वन विभाग के अधिकारियों का नज़रिया 'मूकदर्शक' का ही रहा है। उनका मानना है कि यह उनके अधिकार क्षेत्र के बाहर की बात है कि वे इस बात पर नज़र रखें कि कौन व्यक्ति अपने राजस्व की ज़मीन किसे बेच रहा है। इसी तरह, वन विभाग के कर्मचारी गाँव के लोगों को अपनी वनोपज कुछ ख़ास सेठ-साहूकारों को बेचने के लिए प्रोत्साहित करते हैं। गाँव में कुछ लोगों ने यह बताया कि कि दरअसल वन विभाग के कर्मचारियों का करमाना और टगरा के सेठ-साहूकारों से साँठ-गाँठ है। इसीलिए कई बार ये लोगों को किसी ख़ास सेठ को ही अपना वनोपज बेचने के लिए समझाते हैं। यह भी रोचक बात है कि वन विभाग के अधिकारी यह दावा करते हैं कि खेखरापोहर में वन विभाग अपनी बहुत सकारात्मक गतिविधियाँ इसलिए कर पाया क्योंकि यहाँ नक्सलियों या ग़ैर-सरकारी संगठनों की उपस्थिति नहीं है। लेकिन किसी ग़ैर-सरकारी संगठन या सामाजिक संस्था की अनुपस्थिति का खेखरापोहर के लोगों की राजनीतिक जागरूकता पर बहुत ही नकारात्मक प्रभाव पड़ा है। मसलन, गाँव के पास के मरली जंगल में कोयले की ख़ान है। पिछले वर्षों में यह अफ़वाह उड़ती रही है कि यहाँ कोयला निकालने का काम शुरू होगा और खेखरापोहर को लोगों को यहाँ से विस्थापित होना पड़ेगा। खेखरापोहर में अधिकांश लोगों ने यह माना कि ऐसा होने पर वे गाँव छोड़ देंगे- इसके अलावा उपाय ही क्या है।[45]

इसके बावजूद, खेखरापोहर को वन विभाग की कार्यपद्धति में एक सकारात्मक सुधार माना जा सकता है। यहाँ वन विभाग आदिवासियों के प्रति अपनी 'ज़मींदारी

44. स्रोत- *खेखरापोहर का पटवारी का लैण्ड रिकार्ड*, वर्ष- 2005-06.

45. खेखरापोहर के तकरीबन सभी लोगों ने यही बात दुहराई। केवल दो लोगों ने किसी तरह के विस्थापन के विरोध की बात कही।

मानसिकता' से अलग 'पिता-तुल्य' भूमिका में सामने आता है। फिर भी, जैसा कि ऊपर दिखाया गया है वन विभाग की इस भूमिका की कई गम्भीर ख़ामियाँ भी हैं। सबसे बुनियादी बात यह है कि खेखरापोहर एक अपवाद है। खेखरापोहर और दूसरे चार-पाँच गाँवों के अलावा, बाक़ी जगहों पर वन विभाग ज़मींदारी मानसिकता के साथ ही काम करता है अर्थात् यह आदिवासियों को अपने मातहत मानता है। अमूमन वन विभाग अदिवासियों को जंगल में कोई अधिकार नहीं देना चाहता। इन स्थानों पर वन विभाग जंगल पर अपना एकाधिकार मानता है।

चार गाँवों के अध्ययन से वन विभाग की भूमिका के बारे में कुछ बातें स्पष्ट तौर पर कही जा सकती हैं– पहला, वन विभाग जंगल की ज़मीन पर या जंगल के पास बसे गाँव के लोगों के साथ समानता का व्यवहार करने में नाकाम रहा है। वन विभाग के अधिकारी अधिकांश मामलों में इन स्थानीय समुदायों को ही सारी समस्याओं की जड़ मानते हैं। खेखरापोहर इस मामले में अपवाद है। लेकिन यहाँ भी वन विभाग की भूमिका 'पितातुल्य' ही है। दूसरा, वन विभाग 'बेजा क़ब्ज़ा' रोकने के संबंध में पूरी तरह से असफल रहा है। वन विभाग के कर्मचारी आमतौर पर 'बेजा क़ब्ज़ा' छिपाते हैं या उसे कम करके बताते हैं। फिर ये 'बेजा क़ब्ज़ा' करने वाले लोगों से मनमाना व्यवहार करते हैं। तीसरा, वन विभाग वन्य जीवों की सुरक्षा के लिए स्थानीय समुदायों को जंगलों से दूर रखने पर ज़ोर देता है। सेमरसोत अभयारण्य के गाँवों को वहाँ से हटाने की कोशिशें इसी का उदाहरण हैं। इसी तरह, तेखरानाला में भी नर्सरी लगाने की कोशिशें कर चुका है। स्पष्ट रूप से, वन विभाग के काम करने के तरीक़े और स्थानीय समुदायों के प्रति इसके नज़रिये में बहुत ज़्यादा समस्याएँ हैं। अमूमन यह स्थानीय समुदायों को अपने काम में सहभागी बनाने में नाकाम रहे हैं।

2. जंगल के संरक्षण की सामुदायिक व्यवस्था

मैंने जिन गाँवों में फ़ील्ड-वर्क किया, वहाँ जंगलों की देखभाल के संबंध में अलग-अलग स्तरों पर जागरूकता थी। दरअसल, ये गाँव सामुदायिक संरक्षण के बारे में तीन अलग-अलग आयामों का प्रतिनिधितत्व करते हैं।

पहले स्तर पर, तेखरानाला में लोगों ने वन विभाग की उपेक्षा और अवहेलना करते हुए सामुदयिक संरक्षण की अपनी व्यवस्था क़ायम की है। लोगों ने यह दावा किया कि उन्होंने खुद से जंगलों की रक्षा के लिए एक समिति का गठन किया है। तेखरानाला के सभी परिवार इसके सदस्य हैं। यह समिति पिछले बीस-पच्चीस सालों से कार्यरत है। यह इस बुनियादी आदर्श पर आधारित है कि जंगल के बिना आदिवासियों का कोई अस्तित्व नहीं हो सकता है। तेखरानाला

के लोगों का नेतृत्व करने वाले तेजबलि ने बताया कि सब लोगों ने मिलकर एक नक़्शा तैयार किया और इसे वनमंडल अधिकारी को दिया।[46] इन लोगों ने वनमंडल अधिकारी को यह बताया कि इस जंगल को न वे काटेंगे, न ही किसी को ये जंगल काटने देंगे। तेखरानाला से हर सुबह 10 लोग लारकोइ-पढ़रा जंगल जाते हैं। इन लोगों की यह ज़िम्मेवारी होती है कि वे इस बात को देखें कि कोई हरे पेड़ न काटे। हर रोज़ जंगल जाने वाले लोगों के दल में, क्रम के अनुसार, अलग-अलग घरों के लोग जाते हैं। जो लोग जंगल नहीं जाते हैं, उनसे जुर्माना के रूप में आधा किलो चावल लिया जाता है। जंगल वाले लोग जंगल की कटाई और आग से सुरक्षा करते हैं। तेखरानाला की इस समिति (इसका कोई औपचारिक नाम नहीं है) ने तीन उल्लेखनीय प्रावधान किये हैं- पहला, हर घर को 10 पेड़ दिये गये हैं, जिससे वह अपनी जरूरत की चीजें ले सकता है। शर्त यह है कि वह इन पेड़ों की सुरक्षा खुद करे। दूसरा, यदि तेखरानाला के बाहर का कोई व्यक्ति जंगल में दिख जाता है तो उसे वहाँ से चले जाने के लिए कहा जाता है। यदि फिर भी वह अपनी गतिविधियाँ जारी रखता है, तो उसकी टांगी छीन ली जाती है। तीसरा, तेखरानाला का कोई भी व्यक्ति हरे पेड़ों की कटाई नहीं कर सकता है। यदि किसी व्यक्ति को घर बनाने जैसे किसी काम के लिए ज़्यादा मात्रा में लकड़ी की ज़रूरत होती है, तो वह सबसे पहले गाँव के लोगों से इस बारे में इजाज़त ले लेता है। शेष सहोरा में जंगल की सुरक्षा के लिए इस तरह की कोई संगठित व्यवस्था नहीं है। यहाँ यह भी उल्लेखनीय है कि तेखरानाला के लोग वन विभाग के नियंत्रण में काम नहीं करते हैं। इसका एक बड़ा कारण वन विभाग से अतीत में हुआ इनका टकराव भी है (वन विभाग की भूमिका से संबंधित भाग में इसकी विवेचना की गयी है)।

फयदू और सठोरा सामुदायिक संरक्षण के एक दूसरे आयाम का प्रतिनिधित्व करते हैं। यहाँ गाँव के लोग पारम्परिक रूप से जंगलों की सुरक्षा करते रहे हैं। राज्य के हस्तक्षेप के बाद यहाँ वन सुरक्षा समिति का गठन किया गया। लेकिन इसके बाद वन विभाग ने ही वन सुरक्षा समिति की गतिविधियों को सीमित करने का काम शुरू कर दिया। फयदू और सठोरा दोनों ही जगहों पर 2002 में वन समितियों का गठन किया गया। यह माना गया कि जंगल में हरे पेड़ों को काटने और जानवरों का शिकार करने वाले लोगों को रोकना इस समिति का प्रमुख काम है। वन विभाग से यह उम्मीद की गयी थी कि वह जंगलों में होने वाले कामों में इन लोगों से सलाह-मशविरा लेगा और जहाँ भी सम्भावना हो, वहाँ गाँव के लोगों को काम देगा। दोनों ही जगहों पर यह समिति सक्रिय

46. इस नक़्शे में तेखरानाला के लोगों ने लारकोइ-पढ़रा के जंगल के अंदर की ओर 3 किमी. और पश्चिम की ओर 6 किमी. तक अपनी सीमा बताई है।

रूप से काम नहीं कर रही है। इन गाँवों में खुद वन विभाग ने इस सीमित काम में अड़ँगा डाला। फयदू की वन सुरक्षा समिति के अध्यक्ष के अनुसार समिति की सक्रियता के कारण वन विभाग के कर्मचारियों द्वारा पेड़ों की अवैध कटाई में बाधा आती थी।[47] सठोरा में भी इसी कारण इस समिति को एक तरीक़े से ठप्प कर दिया गया। यहाँ यह बात भी उल्लेखनीय है कि दोनों ही स्थानों पर वन विभाग के अधिकारियों ने वन सुरक्षा समिति की निष्क्रियता के लिए गाँव के लोगों को ज़िम्मेदार माना।[48] बहरहाल, इन दोनों गाँवों के लोगों ने इस बात पर ज़ोर दिया कि वे उसी तरह जंगल की सुरक्षा करने की कोशिश करते हैं, जैसा उनके पुरखे करते रहे हैं। मसलन, वे हरे पेड़ नहीं काटते, ऐसा करने वाले दूसरे लोगों को रोकते हैं; इस बात का ध्यान रखते हैं कि बाहरी लोग जंगल में ग़लत काम न करें; और जंगल में आग लगने पर इसे काबू करने में सक्रियता से मदद करते हैं। दोनों ही गाँवों में बहुत से लोगों ने यह स्वीकार किया कि वे नियमित रूप से जंगल की सुरक्षा के लिए नहीं जाते हैं। लेकिन जंगल में या जंगल के नज़दीक स्थित खेतों में खेती के दौरान या जंगल से दैनिक ज़रूरतों का सामान लाते वक़्त वे इस बात का ध्यान रखते हैं कि कोई व्यक्ति ग़लत तरीक़े से जंगल को नुकसान न पहुँचाए।[49] लेकिन यह भी स्पष्ट है कि इन गाँवों में जंगलों की देखभाल के लिए तेखरानाला की तरह कोई सुनिश्चित व्यवस्था नहीं है।

खेखरापोहर जंगलों के संरक्षण के एक तीसरे आयाम का प्रतिनिधित्व करता है। यहाँ गाँव के लोग वन विभाग के सक्रिय सहयोग से जंगल का संरक्षण कर रहे हैं। यहाँ के लोगों का यह मानना है कि वे पहले से ही जंगलों की सुरक्षा करते आये हैं। लेकिन वन विभाग द्वारा वन सुरक्षा समिति के गठन के बाद यह प्रक्रिया ज़्यादा व्यवस्थित हो गयी है। खेखरापोहर की समिति में कुल 11 सदस्य हैं, जिसमें 5 महिलाएँ भी शामिल हैं। इस समिति का गठन सन् 2000 में ही हो गया था। लेकिन इस समिति ने सन् 2003 से सुचारु रूप से काम करना शुरू किया। वन सुरक्षा समिति के चार सदस्य जंगल की सुरक्षा के लिए हर रोज़ जंगल में जाते हैं। यदि कोई व्यक्ति 'गीली' (अर्थात् हरी) लकड़ी काटता है, तो उसे रोका जाता है। यदि कोई व्यक्ति लगातार इस

47. निश्चित रूप से, फयदू में वन सुरक्षा समिति बहुत अधिक सक्रिय नहीं है। इसका एक प्रमाण यह है कि समिति के अध्यक्ष नान साय वन समिति के सारे सदस्यों का नाम बताने में नाकाम रहे।

48. अगले अध्याय में वन विभाग की भूमिका से संबंधित भाग में वन विभाग के नज़रिये की विस्तार विवेचना की गयी है।

49. दोनों गाँवों के लोगों से होने वाली बातचीत में अधिकांश लोगों ने ये बातें दुहराईं।

तरह का काम करता रहे, तो समिति ग्राम-सभा से विचार-विमर्श करके उस पर जुर्माना ठोक सकती है। यह जुर्माना 500 रुपया तक हो सकता है। जंगल में आग लगने से रोकने के प्रति भी यह समिति सचेत रहती है। इसके सदस्य हर तीन महीने के बाद बदल जाते हैं। इस तरह गाँव के प्रत्येक परिवार को क्रम से वन सुरक्षा समिति में काम करना पड़ता है। बुज़ुर्गों को इस काम से छूट दी गयी है। अध्यक्ष एक साल तक अपने पद पर रहता है। यदि गाँव के लोगों को उससे कोई समस्या न हो और वह अपने पद पर बना रहना चाहे, तो कोई व्यक्ति ज़्यादा समय तक भी अध्यक्ष रह सकता है। खेखरापोहर की समिति की सबसे प्रमुख विशेषता यह है कि वन विभाग ने इसे ज़रूरी आर्थिक संसाधन भी उपलब्ध कराए हैं। पिछले साल मरली जंगल में प्रौढ़ लकड़ियों को काटने से हुई कुल कमाई का 15 फ़ीसदी वन विभाग ने खेखरापोहर की वन सुरक्षा समिति को दे दिया। यह राशि 13 लाख रुपये की थी। वन विभाग के अधिकारियों ने बताया कि इस राशि को वे गाँव के विकास पर ख़र्च करेंगे (वन विभाग की भूमिका से संबंधित भाग में इस पहलू की विस्तार से विवेचना की गयी है)।

चारों गाँवों में जंगलों के सामुदायिक संरक्षण व्यवस्था के अध्ययन से यह बात सामने आती है कि वन विभाग की मौजूदगी और स्थानीय लोगों से इसके संबंध ने जंगलों की हिफ़ाज़त की सामुदायिक व्यवस्था की रूपरेखा तय करने में महत्त्वपूर्ण भूमिका निभाई है। तेखरानाला में यह समिति वन विभाग के प्रभाव से पूरी तरह स्वायत्त है। दूसरी ओर, फयदू और सठोरा में वन सुरक्षा समिति का गठन वन विभाग द्वारा किया गया। लेकिन वन विभाग के लगातार दख़ल और उदासीनता के कारण फयदू में यह समिति सही तरीक़े से काम नहीं कर रही है। खेखरापोहर में भी वन विभाग के प्रोत्साहन और समर्थन से ही वन सुरक्षा समिति का गठन किया गया। यहाँ वन विभाग इसे सक्रिय प्रोत्साहन देता है। यह भी सच है कि खेखरापोहर के अलावा तीनों ही गाँवों में वन विभाग के कर्मचारी स्थानीय समुदायों को जंगल के संरक्षण में सबसे बड़ी बाधा के रूप में देखते हैं। फिर भी, हर जगह गाँव के लोगों ने जंगलों के सामुदायिक संरक्षण की एक व्यवस्था क़ायम की है। यह ज़रूर है कि कुछ जगहों (जैसे तेखरानाला) में यह व्यवस्था बहुत ही मजबूत है, जबकि कुछ जगहों (जैसे फयदू) में यह व्यवस्था तुलनात्मक रूप से काफ़ी कमज़ोर है।

3. वन्य जीवों की स्थिति

वन्य जीवों की स्थिति के संदर्भ में हम उपरोक्त चार गाँवों को दो भागों में

बाँट सकते हैं। तेखरानाला, फयदू और खेखरापोहर को एक श्रेणी में रखा जा सकता है और सठोरा को दूसरी श्रेणी में। ऐसा करने का आधार यह है कि सठोरा सेमरसोत अभयारण्य के भीतर बसा हुआ गाँव है, जिसे वन्य जीवों की सुरक्षा के लिए बनाया गया है।

जंगल के नज़दीक बसे गाँव और वन्य जीव : तेखरानाला, फयदू और खेखरापोहर का विश्लेषण

तेखरानाला, फयदू और खेखरापोहर में वन्य जीवों की स्थिति अच्छी नहीं मानी जा सकती है। तेखरानाला के नज़दीकी जंगल लारकोइ-पढ़रा में वन्य जीवों के नाम पर भालू, हिरण, खरगोश जैसे जानवर ही बचे हैं। लोगों ने बताया कि कभी-कभी एक बाघ भी जंगल में दिख जाता है। तेखरानाला की तरह ही फयदू के आस-पास के जंगल में भी भालू, हिरण और खरगोश जैसे जानवर मिलते हैं। स्थानीय लोगों ने यह माना कि पहले यहाँ ज़्यादा जानवर होते थे लेकिन वन विभाग की लापरवाही और बाहरी लोगों से साँठ-गाँठ के कारण बहुत से जानवरों का शिकार हुआ। इस कारण, अब यहाँ बहुत ज़्यादा जानवर नहीं हैं। तेखरानाला और फयदू की तरह ही खेखरापोहर के आस-पास के जंगलों में वन्य जीवों के नाम पर भालू, सियार, हिरण, लंगूर और खरगोश जैसे जानवर ही बचे हैं। शेर, बाघ, चीता या हाथी इस जंगल में काफ़ी सालों से नहीं दिख रहे हैं। खेखरापोहर के लोगों के अनुसार, आठ-दस साल पहले तक वन विभाग के कर्मचारी पेड़ों की खूब कटाई करते थे। साथ ही, बहुत बार बाहर से शिकारी भी आते थे और जानवरों का शिकार करते थे।

वन विभाग के कर्मचारियों ने इन गाँवों के लोगों के आरोपों के जवाब में यह आरोप लगाया कि दरअसल गाँववालों के जंगली जानवरों की शिकार करने की प्रथा के कारण ही वन्य जीवों की इतनी दुर्दशा हुई। तेखरानाला और फयदू में नज़दीकी जंगलों के चौकीदारों ने ज़्यादा आक्रामक तरीक़े से ये आरोप लगाए। लेकिन खेखरापोहर, जहाँ वन विभाग का संबंध गाँववालों से बेहतर है, वहाँ के नज़दीकी जंगल के चौकीदार ने यह कहा कि दरअसल, बाहरी लालची लोगों ने इन लोगों की ग़रीबी का फ़ायदा उठाया है और जंगली जानवरों का शिकार किया है। यह बात भी सामने आयी कि वन विभाग के पास कर्मचारियों की सख़्त कमी है। इस कारण वे जंगल और वन्य जीवों की ठीक तरीक़े से देखभाल नहीं कर पाते हैं। असल में, एक रेंज में तक़रीबन 150 गाँव (या इससे भी ज़्यादा) जंगल से सटे होते हैं। मसलन, तेखरानाला जिस रेंज में है, वहाँ के जंगल की देखभाल के लिए कुल तीन चौकीदार है। इनमें से दो दैनिक

मज़दूर के रूप में हैं। इतने बड़े क्षेत्र में जंगलों की देखभाल के लिए इतने कर्मचारी नाकाफ़ी हैं। कर्मचारियों की इस कमी का एक विकल्प यह हो सकता है कि स्थानीय समुदायों को महत्त्वपूर्ण अधिकार दिये जाएँ और उनका सहयोग लेकर वनों और वन्य जीवन का संरक्षण किया जाए। लेकिन स्थानीय समुदायों से सहयोग लेने की बजाय वन विभाग के कर्मचारियों की रणनीति यह रही है कि वनों में इनके किसी भी तरह के हस्तक्षेप को रोका जाए। इसका साफ़ नतीजा यह निकला है कि वन विभाग के अधिकारी ग्रामीणों को संदेह की नज़र से देखते हैं और उन्हें वनों की बुरी स्थिति के लिए ज़िम्मेवार मानते हैं। मसलन, तेखरानाला के लोगों के प्रति वन विभाग के कर्मचारियों का रवैया इसका एक अच्छा उदाहरण है। इस क्षेत्र में जंगलों की देखभाल करने वाले चौकीदार ने लारकोइ-पढ़रा में जंगल और वन्य जीवों की बर्बादी के लिए तेखरानाला के लोगों को ज़िम्मेदार माना। तेखरानाला के लोगों ने चौकीदार के आरोपों को ग़लत बताया और खुद उस पर जंगल से पेड़ कटवाकर बेचने का आरोप लगाया। उपरोक्त आरोप-प्रत्यारोपों से यह स्पष्ट है कि वन विभाग के कर्मचारी स्थानीय समुदायों को न सिर्फ़ संदेह की नज़र से देखते हैं, बल्कि उन्हें सारी समस्याओं की जड़ भी मानते हैं। यह भी साफ़ है कि स्थानीय समुदायों और वन विभाग के बीच आपसी विश्वास की जबर्दस्त कमी है।

बहरहाल, इन गाँवों से जुड़े जंगलों में वन विभाग की भूमिका पर कई सवाल उठाए जा सकते हैं। मसलन, तेखरानाला, फयदू या खेखरापोहर के पास कई स्थानों पर वन विभाग की चौकियाँ हैं। वहाँ किसी भी समय बहुत ज़्यादा कटे पेड़ों का अम्बार देखा जा सकता है। इसके बारे में कोई पारदर्शिता नहीं है कि कितने पेड़ों को काटा गया और उसके पैसे का उपयोग किस तरह से किया गया। ऊपर मैंने यह उल्लेख किया है कि खेखरापोहर में इसका हिस्सा गाँव की वन सुरक्षा समिति को दिया जाता है। लेकिन यह भी स्पष्ट है कि ऐसे उदाहरण इक्का-दुक्का ही हैं। बाक़ी जगहों पर वन विभाग अपनी मनमानी ही करता है। इसके अलावा, वन विभाग द्वारा लगाए गये व्यावसायिक पेड़ों को पूरी तरह विकसित होने का मौक़ा नहीं मिलता; या तो उचित देखभाल के अभाव में ये नष्ट हो जाते हैं, या जल्दी से व्यावसायिक फ़ायदा कमाने की चाह में वन विभाग के क़र्मचारी इन्हें काट देते हैं। इसी तरह, इस क्षेत्र में वन्य जीवों की बुरी स्थिति के सदंर्भ में वन विभाग की जवाबदेही सबसे ज़्यादा बनती है, क्योंकि वन्य जीवों का संरक्षण करना इनका एक प्रमुख काम है।

सठोराः अभयारण्य के भीतर वन्य जीव

सठोरा के लोगों ने यह बताया कि आसपास के जंगल में वन्य जीव बहुत कम

हैं। इनके अनुसार, आठ-दस साल पहले तक यहाँ के जंगलों में काफ़ी जानवर हुआ करते थे, लेकिन वन विभाग और शिकारियों की मिलीभगत से अधिकांश जानवर ख़त्म हो गये। जंगल में सिर्फ़ भालू, हिरण, लंगूर, बंदर जैसे जानवर ही बचे हैं, कभी-कभी हाथी भी दिख जाते हैं। गाँव के लोगों ने यह माना कि आदिवासियों में क्षेरता (मकर संक्रांति) के समय किसी छोटे जानवर के शिकार करने का प्रचलन रहा है। लेकिन 1985 में सेमरसोत के अभयारण्य बन जाने के बाद से ही यहाँ के लोगों ने इस परम्परा को छोड़ दिया।

गाँव के लोगों के दावों के विपरीत वन विभाग के अधिकारी यह मानते हैं कि उनकी कोशिशों की बदौलत सेमरसोत में वन्य जीवों की स्थिति काफ़ी अच्छी है। वन्य जीवों के ख़तरे के रूप में वे तीन कारकों को देखते हैं– पहला, आदिवासियों द्वारा जंगली जानवरों का शिकार करने की परम्परा। दूसरा, नक्सलियों की ख़ानाबदोश ज़िंदगी, इसके कारण वे कई बार जंगली जानवरों को मारकर खाते हैं। नक्सली अक्सर पुलिस से बचने के लिए अपना अड्डा बदलते रहते हैं। इसलिए इनके खाने का सही बंदोबस्त नहीं होता है। ऐसे में जंगली जानवरों का शिकार कर खाना इनके लिए आसान विकल्प होता है। तीसरा, वन विभाग के पास पर्याप्त सुरक्षा कर्मचारियों का अभाव। इस कारण, वन विभाग को आदिवासियों और शिकारियों के गठजोड़ द्वारा किये जाने वाले शिकार से निपटने में मुश्किलों का सामना करना पड़ता है।

वन विभाग द्वारा कराए गये एक गणना के अनुसार, सेमरसोत अभयारण्य में विभिन्न जानवरों की संख्या इस प्रकार है (पहले जानवर का नाम और आगे उसकी संख्या है) :- शेर- नहीं है, तेंदुआ- 12, भालू- 234, भेड़िया- 66, सियार- 853, बारहसिंघा- 2, चीतल- 207, जंगली सुअर- 86, खरगोश- 260, तोता- 305, मैना- 284, मोर- 69, लकड़बग्घा- 76, पोटरी- 203, जंगली बिल्ली- 179, जंगली कुत्ता- 9, बंदर- 220, अन्य- 54; लेकिन वन विभाग द्वारा उपलब्ध कराए गये इस आँकड़े के साथ सबसे बड़ा विरोधाभास यह है कि इसे उपलब्ध कराने वाले अधिकारी ने ही इनकी सच्चाई पर सवाल खड़ा कर दिया। उन्होंने मुझसे यह कहा कि सेमरसोत में बहुत कम जानवर बचे हैं, लेकिन हमें दिखाने के लिए आँकड़े रखने पड़ते हैं।[50]

ऊपर के विवरण के आधार पर यह कहा जा सकता है कि अभयारण्य होने के कारण सेमरसोत में वन्य जीवों की स्थिति बाक़ी तीन गाँवों के नज़दीकी जंगलों की तुलना में अच्छी है। लेकिन चूँकि अभयारण्य का निर्माण जंगली

50. ग़ौरतलब है कि यह आँकड़ा हासिल करने के लिए मुझे बहुत ज़्यादा कोशिश करनी पड़ी। वन विभाग के अधिकारी इस तरह का कोई भी आँकड़े देने में आनाकानी कर रहे थे। लेकिन बहुत आग्रह के बाद उन्होंने यह आँकड़ा उपलब्ध कराया।

जानवरों के विशेष संरक्षण के लिए ही किया जाता है, इसलिए इस स्थिति को बहुत अच्छा नहीं माना जा सकता है। वन विभाग के छोटे स्तर के कर्मचारियों से लेकर बड़े स्तर के अधिकारियों द्वारा वन्य जीवों की पूरी स्थिति के लिए स्थानीय लोगों के ज़िम्मेदार ठहराया गया। दूसरे स्तर पर इन्होंने वन विभाग में कम कर्मचारियों के होने की दलील भी पेश की। लेकिन अपने फ़ील्ड-वर्क के दौरान मैंने यह पाया कि अमूमन वन विभाग के अधिकारी तथ्यों को छिपाते हैं और कई दफ़ा जंगलों की भलाई की तुलना में अपने फ़ायदे को वरीयता देते हैं। (मसलन, ज़्यादा पेड़ों को काटना, व्यावसायिक पेड़ों को लगाना आदि)। यह ज़रूर है कि वन विभाग के पास कर्मचारियों की कमी है। स्थानीय समुदायों से सहयोग कर वे इस कमी को काफ़ी हद तक दूर कर सकते हैं। लेकिन इसकी बजाय, उन्होंने इन्हें जंगलों का सबसे बड़ा दुश्मन घोषित कर रखा है। खेखरापोहर इसका अपवाद है, लेकिन उसकी अपनी सीमाएँ हैं। स्पष्टतः वन्य जीवों के संदर्भ इन गाँवों से जुड़े जंगलों की स्थिति बहुत ज़्यादा असंतोषजनक है। यह वन विभाग और स्थानीय समुदायों के बीच आपसी अविश्वास, वन विभाग की प्रशासनिक अक्षमता और 'ज़मींदारी मानसिकता' का भी प्रमाण है।

अध्याय के इस भाग में हमने गाँव के लोगों और वन विभाग के आपसी संबंधों के तीन महत्त्वपूर्ण आयामों का विश्लेषण किया। पहला आयाम इन गाँवों के वन विभाग के साथ ख़ास अनुभव से जुड़ा हुआ है। दूसरा और तीसरा आयाम जंगलों के संरक्षण की सामुदायिक व्यवस्था और वन्य जीवों की स्थिति से संबंधित हैं। इस पूरे विश्लेषण से यह बात स्पष्ट है कि राज्य की एक प्रभुत्वशाली संस्था के रूप में वन विभाग का लोगों के जीवन में बहुत गहरा प्रभाव पड़ा है। तेखरानाला ने जहाँ अपने गाँव में नर्सरी लगाने के ख़िलाफ़ संघर्ष किया; वहीं सठोरा ने सेरमसोत में बसे गाँवों को यहाँ से हटाये जाने के ख़िलाफ़ चलने वाले संघर्ष में भागीदारी की। फयदू के लोग पहले वन विभाग के लोगों की मनमानी सहते थे, लेकिन उन्होंने भी इसके ख़िलाफ़ प्रतिरोध किया। इस संदर्भ में नक्सलवादियों के प्रभाव ने भी महत्त्वपूर्ण भूमिका निभाई है। इससे वन विभाग का नियंत्रण कुछ कम हुआ है, लेकिन दूसरे कई पहलुओं में इन गाँवों को भेदभाव का सामना करना पड़ रहा है। यहाँ विकास की योजनाएँ लागू नहीं की जाती हैं और इसके पीछे यह दलील दी जाती है कि इनके विकास का काम देखना वन विभाग का काम है क्योंकि या तो ये जंगल की ज़मीन पर बसे हैं (तेखरानाला) या जंगल के बीचोबीच स्थित हैं (फयदू)। सठोरा के साथ खुले तौर पर ऐसा भेदभाव नहीं होता। लेकिन यहाँ भी विस्थापन की छाया और जंगल की गतिविधियों पर अक्सर ग़ैरजरूरी रोक-टोक होती रहती है। खेखरापोहर में वन विभाग की भूमिका सकारात्मक रही है, लेकिन इसमें गाँववालों के समान मानते हुए व्यवहार

नहीं किया गया है। इसकी बजाय, वन विभाग की भूमिका 'पिता-तुल्य' रही है।[51] दूसरा, जंगलों की सामुदायिक संरक्षण की भूमिका में भी वन विभाग की स्पष्ट छाप रही है। तेखरानाला ने वन विभाग से स्वायत्त रूप में जंगलों के सामुदायिक देख-रेख की व्यवस्था क़ायम की है। फयदू और सठोरा में पहले वन विभाग ने वन सुरक्षा समितियों का गठन किया और बाद में इनकी गतिविधियों को हतोत्साहित किया। इसका कारण यह था कि इससे उसकी गतिविधियों में खलल पड़ता था। खेखरापोहर में वन विभाग के 'दिशा-निर्देश' में जंगलों के सामुदायिक संरक्षण की तुलनात्मक रूप से एक अच्छी व्यवस्था मौजूद है। तीसरा, अमूमन हर जगह वन्य जीवों की स्थिति ख़राब है। ख़ासतौर पर वन्य जीवों के संरक्षण के लिए बने सेमरसोत अभयारण्य की भी यही स्थिति है। स्थानीय लोग इसके लिए वन विभाग की उपेक्षा और कई मरतबा शिकारी आदि से साँठ-गाँठ का आरोप लगाते हैं। वन विभाग वाले यही आरोप स्थानीय समुदायों पर जड़ते हैं। बहरहाल, वन विभाग की मौजूदगी और जंगल में या इसके क़रीब बसे स्थानीय समुदायों पर इसके प्रभाव के अध्ययन से यह बात पूरी तरह स्पष्ट है कि अधिकांश मामलों में वन विभाग के कर्मचारी-अधिकारी स्थानीय लोगों को संदेह की निगाह से देखते हैं। वे इनकी गतिविधियों को जंगल और वन्य जीवों के लिए ख़तरनाक मानते हैं। खेखरापोहर इसका अपवाद ज़रूर है। लेकिन यहाँ भी स्थानीय समुदायों पर एक अलग तरह से नियंत्रण क़ायम रखा गया है। उन्हें समान दर्जा देते हुए जंगल से जुड़ी गतिविधियों में शामिल नहीं किया गया है।

VII. नक्सलवादियों (या माओवादियों) की रणनीति का प्रभाव

मैंने जिन गाँवों में फ़ील्ड-वर्क किया, उनमें से दो गाँवों अर्थात् फयदू और सठोरा में नक्सलवादियों का प्रभाव है। इन गाँवों में माओवादियों की 'सरकार' नहीं है, लेकिन ख़ासतौर पर फयदू इनकी गतिविधियों का केंद्र रहा है। यहाँ अमूमन 3-4 हफ़्ते में एक बार इनकी बैठक होती रही हैं। सेमरसोत अभयारण्य के कई गाँवों में भी माओवादियों का प्रभाव बढ़ा है। सठोरा में इनकी नियमित बैठकें नहीं होती हैं, लेकिन गाँव के लोगों और वन विभाग की गतिविधियों पर इनकी मौजूदगी का स्पष्ट प्रभाव देखा जा सकता है। अध्याय के इस भाग में जंगल की ज़मीन और इसके संसाधनों पर आदिवासियों/वनवासियों के अधिकार के संबंध में माओवादियों की रणनीति से ज़मीनी स्तर पर पड़ने वाले प्रभावों का अध्ययन किया गया है। यहाँ मुख्य रूप से फयदू की स्थिति पर ध्यान दिया गया है क्योंकि सेमरसोत अभयारण्य में माओवादियों की गतिविधियाँ बढ़ने के बावजूद सठोरा के रोज़मर्रा के जीवन में इनका कोई सीधा प्रभाव नहीं पड़ा

51. देखें खेखरापोहर में वन विभाग की भूमिका से संबंधित भाग।

है। फिर भी यहाँ सेमरसोत अभयारण्य में माओवादियों की गतिविधियों और इसके प्रभाव का भी संक्षेप में उल्लेख किया गया है।

फयदू के लोगों और वन विभाग की गतिविधियों पर नक्सलियों के बढ़ते प्रभाव और उनकी रणनीतियों का भी असर पड़ा है। इस क्षेत्र में 2004-05 के आस-पास नक्सलियों का आना-जाना शुरू हुआ। महत्त्वपूर्ण बात यह है कि इस इलाक़े में इन्होंने किसी बड़ी हिंसक घटना को अंज़ाम नहीं दिया है। आमतौर पर ये गाँव में अपनी बैठकें करते हैं और आस-पास के क्षेत्र के हालात का जायज़ा लेते हैं। चूँकि फयदू जंगल के भीतर बसा हुआ गाँव है, इसलिए यह इनकी गतिविधि के लिए काफ़ी हद तक सुरक्षित भी है। माओवादियों की बैठक में गाँव के सभी लोगों (मर्द, औरत और बच्चों) की उपस्थिति अनिवार्य होती है। ये लोग गाँव वालों के प्रति 'आत्मीयता और भय' की रणनीति अपनाते हैं। अर्थात् ये खुद को गाँव के लोगों के सुख-दुख से जोड़ने की कोशिश करते हैं। साथ ही, ये इस बात को भी स्पष्ट कर देते हैं कि अगर किसी ने पुलिस को सूचना देने की कोशिश की तो वे उसे कड़ी सजा देंगे, क्योंकि 'एक सड़ा टमाटर पूरी टोकरी को सड़ा देता है।'[52] ये जंगल के संसाधनों के दोहन के लिए सरकारी मशीनरी (वन विभाग) को ज़िम्मेवार मानते हैं। इन्होंने ग्रामीण लोगों को वन विभाग के कर्मचारियों को किसी भी तरह का नज़राना (फ़सल, मुर्गा आदि) न देने की हिदायत दी और उन्हें वन विभाग की मनमानी को विरोध करने के लिए प्रेरित किया।

फयदू में इन्होंने लोगों को पेड़ काटकर नये खेत बनाने के लिए नहीं कहा। शायद इसका कारण यह है कि यहाँ लोगों के पास क़मोबेश अपने गुज़ारे के लिए ज़मीन है। ख़ासतौर पर इन्होंने गाँव के लोगों को हरे पेड़ न काटने की हिदायत दी है और ये उन्हें नये पेड़ लगाने के लिए प्रेरित करते हैं। कई बार पेड़ काटने वालों को इन्होंने कठोर सज़ा भी दी है। फयदू में किसी व्यक्ति को इस तरह की सजा अब तक नहीं मिली। लेकिन कुष्क में एक व्यक्ति द्वारा बार-बार समझाने के बावज़ूद हरा पेड़ काटने के जुर्म में नक्सलियों ने उसकी दाएँ हाथ की सारी अंगुलियाँ काट डाली थीं। ऐसा नहीं है कि उन्होंने जंगल को साफ़ करके नये खेत बनाने पर पूरी तरह पाबंदी लगा दी है, लेकिन फयदू और आस-पास के क्षेत्रों में इन्होंने लकड़ियों की लालच में ग़ैर-ज़रूरी

---

52. यह बात मुझे फ़यदू में काम करने वाले स्थानीय स्वयंसेवी संस्था के कार्यकर्ता अमीर ने बतायी। अमीर ने कहा कि उन्हें गाँव वालों के बीच लगातार काम करने से इन बातों की जानकारी है। इस इलाक़े में काम करने वाले एक स्वयंसेवी संस्था के निदेशक ने यह बताया कि नक्सली और एन.जी.ओ. वालों के बीच एक तरह की अघोषित सहमति है। अर्थात् एन.जी.ओ. वाले पुलिस को नक्सलियों से जुड़ी कोई जानकारी नहीं देते हैं और नक्सली एन.जी.ओ. के काम में कोई दख़लंदाज़ी नहीं करते।

रूप से पेड़ों की कटाई का विरोध किया है। बहरहाल, दण्डकारण्य में इनके द्वारा एक बार बड़े पैमाने पर भूमिहीन आदिवासियों को ज़मीन का वितरण कर दिया गया है। मसलन, पी. शंकर ने माओवादी आंदोलन के इतिहास की विवेचना करते हुए इस बात का उल्लेख किया है कि 1980 के दशक में माओवादियों ने इस क्षेत्र में पेड़ों को काटकर नये खेत बनाए और उन्हें भूमिहीन लोगों में वितरित किया (देखें शंकर 2006: 21-30)। गौतम नवलखा ने हाल में प्रकाशित अपनी किताब में एक बड़े माओवादी नेता से बातचीत के कुछ अंश प्रकाशित किये हैं। इसमें इस नेता ने यह दावा किया है कि उन्होंने तीन लाख हेक्टेयर वन भूमि को अपने क़ब्ज़े में लेकर आदिवासियों में बाँटा (नवलखा 2012: 110)। इससे यह स्पष्ट नहीं है कि उन्होंने सारी ज़मीन जंगल को काटकर हासिल की, क्योंकि बहुत सारी वन भूमि बग़ैर किसी वन के भी होती है। ऐसा नहीं है कि इस क्षेत्र में उन्होंने पेड़ों को काटने पर पूरी तरह पाबंदी लगा दी है, चूँकि एक बार खेत बना लिए गये हैं, इसलिए बहुत जरूरी होने पर ही पेड़ों की कटाई होनी चाहिए।[53]

इसके अलावा, दण्डकारण्य में माओवादियों की अपनी सरकार (जनता सरकार) है, वहाँ उन्होंने आदिवासियों को ज़मीन पर निजी स्वामित्व का अधिकार दिया है। लेकिन इसके साथ ही उन्होंने सामूहिक खेती को भी बढ़ावा दिया है। कई जगहों पर सामूहिक खेत बनाए गये हैं। यहाँ गाँव के लोग सामूहिक रूप से खेती से जुड़े सभी काम करते हैं। यह कोऑपरेटिव खेती का एक उदाहरण है। इसका मुख्य मक़सद उत्पादकता बढ़ाकर लोगों की खाद्य ज़रूरतों को पूरा करना है। इस तरह की खेती माओवादी सरकार के कृषि विभाग के अधीन होती है (वही : 111)। बहरहाल, यह भी स्पष्ट है कि माओवादी सरकार के वन्य जीवों के संबंध में कोई स्पष्ट नीति नहीं है।[54]

लेकिन माओवादियों ने फयदू में सामूहिक खेती का कोई प्रयोग नहीं किया है। यह ज़रूर है कि उन्होंने इस छोटे से गाँव में लोगों को संगठित होने और

53. गौतम नवलखा से बातचीत, तारीख़ 25 मई 2012, स्थान: दिल्ली।

54. मसलन, नवलखा अबूझबाड़ में अपनी यात्रा का विवरण देते हुए बताते हैं कि उन्हें इस क्षेत्र में ले जाने वाले माओवादी कार्यकर्त्ता ने यह बताया है कि '...ये जंगल भालुओं और बाघों के लिए जाना जाता है। निश्चित तौर पर, पिछले कई सालों में उनकी संख्या में कमी आयी है और वे जंगल के भीतरी इलाकों तक सीमित हो गये हैं। हमारे कई कॉमरेड इनके शिकार बने हैं। अबूझबाड़ में ये बहुत आसानी से दिख जाते हैं' (नवलखा 2012: 148)। नवलखा इसके आगे इस मसले पर विचार नहीं करते हैं। लेकिन यह स्पष्ट है कि यह सवाल अनुत्तरित है कि पिछले सालों में इनकी संख्या में कमी कैसे आयी। इस क्षेत्र में मौजूद 'माओवादी सरकार' की भी वन्य जीवों के संदर्भ में कोई स्पष्ट नीति नहीं है।

वन विभाग के चौकीदारों की मनमानी का विरोध करने के लिए प्रेरित किया है। माओवादियों की सक्रियता से फयदू के लोगों को वन विभाग के कर्मचारियों के मनमानेपन से राहत मिली। गाँव के लोग अब खुलकर वन विभाग और दूसरी सरकारी ऐजेंसियों की आलोचना करते हैं। लोग मानते हैं कि 'मामा लोगों'[55] के दबाव के कारण वन विभाग के कर्मचारियों द्वारा पेड़ों की बेजा कटाई और गाँव वालों को परेशान करने की गतिविधियाँ रुक गयी हैं। इन लोगों के आने के पहले 'बेजा क़ब्ज़ा' की ज़मीन की उपज में वन विभाग के कर्मचारियों का हिस्सा तय था। लेकिन मामा लोगों के आने के बाद इनकी इस तरह की परेशानियों से गाँव वालों को मुक्ति मिल गयी। वन विभाग के कर्मचारी माओवादियों की मुहिम को 'अलोकतांत्रिक और अराजक' मानते हैं। लेकिन इन्होंने इस बात पर संतोष जताया कि नक्सलियों के प्रभाव बढ़ने के कारण गाँव के लोगों द्वारा जंगल के भीतर पेड़ काटकर खेत बनाने की प्रवृत्ति पर रोक लगी है।

माओवादियों की रणनीति के नकारात्मक पहलू यह है कि इससे बड़ी मात्रा में हिंसा-प्रतिहिंसा को बढ़ावा मिला है।[56] फयदू या आसपास के क्षेत्रों में अभी तक हिंसा की कोई बड़ी घटना नहीं हुई है। लेकिन यहाँ के माहौल में हमेशा ही डर का साया मौजूद रहता है। जंगल के संबंध में इनकी रणनीति की एक बहुत बड़ी कमी वन्य जीवों के संरक्षण के बारे में किसी स्पष्ट नीति का अभाव है। ये फयदू के लोगों को हरे पेड़ न काटने के लिए समझाते हैं। लेकिन वन्य जीवन की हत्या रोकने या इनका संरक्षण देने के लिए ये कोई दिशा-निर्देश नहीं देते।[57] इसके अलावा, पंचायत स्तर पर होने वाले विकास कार्यों या दूसरे विकास कार्यों में भ्रष्टाचार या अनियमितता को रोकने की जगह ये उसमें हिस्सा लेकर संतुष्ट हो जाते हैं। इन्हें 'टैक्स या लेवी' देने के बाद ठेकेदारों या सरकारी अधिकारी सरकारी (अर्थात् जनता के) पैसे को हज़म कर लेते हैं। इनके प्रभाव वाले क्षेत्र में भी विकास काम सिर्फ़ सरकारी काग़ज़ों तक ही सिमटा है।[58] लेकिन फयदू की स्थिति थोड़ी अलग है। नक्सलवादियों का प्रभाव फयदू से

55. सरगुजा में आमलोगों द्वारा माओवादियों के लिए अमूमन 'मामा लोग' शब्द का प्रयोग किया जाता है। यह बस्तर और दूसरी जगहों से अलग संबोधन है, जहाँ लोग इनके लिए अमूमन 'दादा लोग' शब्द का इस्तेमाल करते हैं।

56. बहुत बार यह तर्क सामने आता है कि नक्सलवादियों की हिंसा राज्य की दमनकारी हिंसा की प्रतिक्रिया मात्र है। यह एक बहुत ही गहरे वाद-विवाद का विषय है कि हिंसक घटनाओं के लिए ज़्यादा दोषी कौन है। यहाँ इस तरह के वाद-विवाद में जाने की गुंजाइश नहीं है।

57. पीछे मैंने यह बताया है कि वन विभाग के बहुत से अधिकारी भी यही मानते हैं।

58. सरगुजा में बुद्धिजीवियों ने बातचीत के दौरान नक्सलियों की हिंसा के साथ ही साथ उनके आंदोलन के इस पहलू की आलोचना की।

आगे अर्थात् पटबर्रा जैसे गाँवों में नहीं पहुँच पाया है। पटबर्रा पंचायत में फयदू जैसे छोटे गाँव तक विकास का कोई काम नहीं पहुँचता है। लेकिन इसका मतलब यह नहीं है कि पंचायत की विकास राशि में नक्सली कोई टैक्स लेते हैं। अभी नक्सली यहाँ बहुत मजबूत स्थिति में नहीं हैं। विकास संसाधनों की लूट मुख्यतः पटबर्रा पंचायत में प्रभुत्वशाली ग़ैर आदिवासी जातियों के लोगों द्वारा की जाती है। आमतौर पर, नक्सली इसे अपने आंदोलन के लिए सकारात्मक ही मानते हैं। इनका मानना है कि सरकारी योजनाओं की निरर्थकता का अहसास होने पर ग़रीब आदिवासी उनसे जुड़ेंगे।[59]

जैसा कि ऊपर उल्लेख किया जा चुका है कि सठोरा की रोज़मर्रा की ज़िंदगी में माओवादियों का कोई ख़ास प्रभाव नहीं है। लेकिन गाँव के लोग यह मानते हैं कि पिछले कुछ वर्षों में माओवादियों की गतिविधियाँ बढ़ने के कारण वन विभाग की मनमानी पर रोक लगी है। अब बड़ी तादाद में लकड़ियों को काटकर बाहर ले जाने की गतिविधियों पर भी रोक लगी है।

स्पष्टतः माओवादियों के प्रभाव ने वन विभाग के मनमाने कामों पर रोक लगाई है। दरअसल, आदिवासियों के जंगल और इसके संसाधनों पर अधिकार के संदर्भ में यह बहुत ही महत्त्वपूर्ण पहलू है। वन विभाग की मनमानी भूमिका ख़त्म होने का अर्थ यह है कि आदिवासी अपनी रोज़मर्रा की ज़िंदगी बहुत ही सुकून से गुज़ार सकते हैं। लेकिन यह भी सच है कि जिन क्षेत्रों में मैंने फ़ील्ड-वर्क किया, वहाँ माओवादी कोई आमूल-परिवर्तनकारी या रैडिकल एजेंडा लागू करने में सफ़ल नहीं हो पाए हैं। एक तरह से अभी भी ये इन क्षेत्रों में पैर जमाने की क़वायद ही कर रहे हैं।

इस अध्याय में हमने चार गाँवों के अध्ययन द्वारा जंगल में या जंगल के नज़दीक बसे गाँवों की जंगल पर निर्भरता और 'बेजा क़ब्ज़ा' की परिघटना का अध्ययन किया है। इस पूरे अध्ययन के संदर्भ में कुछ बातें स्पष्ट रूप से रेखांकित की जा सकती हैं :

पहला, ये गाँव आधुनिकता के प्रतीकों या प्रशासनीकरण (या गवर्नमैंटैलिटी) से बिल्कुल कटे हुए नहीं हैं। ये वन विभाग, स्कूली शिक्षा, जनगणना, पंचायत आदि द्वारा राज्य द्वारा संचालित गतिविधियों से जुड़े हुए हैं। आधुनिकता के प्रतीकों से इन जुड़ावों के साथ ही जंगल से इनका परम्परागत सांस्कृतिक जुड़ाव भी क़ायम है। जंगल वह ज़गह हैं जहाँ उनकी कुल देवी निवास करती हैं, जहाँ

59. फयदू गाँव में नक्सलियों की इस रणनीति के प्रभाव का कुछ अनुभव मुझे हुआ। यहाँ के लोगों में सरकारी योजनाओं और सरकारी अधिकारियों के प्रति गहरी निराशा और नाराज़गी की भावना है। यह भी नक्सलवाद से इनके जुड़ाव का एक प्रमुख कारण है।

वे अपने पुरखों को दफ़नाते रहे हैं और जो उनके सांस्कृतिक-आर्थिक जीवन का अभिन्न हिस्सा है। बहरहाल, कई मरतबा ये जंगलों से अपने पारम्परिक जुड़ाव के आधार पर जंगल की ज़मीन और इसके संसाधनों पर अपना दावा भी करते हैं। यह स्पष्ट है कि इन समुदायों और जंगल से इनके संबंधों को 'पूर्ण आधुनिकता' या 'पूर्ण पूर्व-आधुनिकता' के अलग-अलग ख़ानों में नहीं रखा जा सकता है। एक तरह से ये समुदाय दोनों ही स्थितियों में एक साथ जी रहे हैं।

दूसरा, आधुनिकता के साथ विविध श्रेणियों के निर्माण ने वनों पर निर्भर विभिन्न समूहों की स्थिति को पेचीदा बना दिया है। मसलन, अनुसूचित जनजाति की श्रेणी में रहने वाले समूहों के पास ज़्यादा संवैधानिक-क़ानूनी अधिकार है, जबकि जो समूह इस श्रेणी से बाहर हैं उनकी तुलनात्मक स्थिति कमज़ोर है। अमूमन ये समूह इस स्थिति के बारे में बेपरवाह भी होते हैं। वे अपनी संवैधानिक-श्रेणीगत स्थिति के बारे में तभी जागरूक होते हैं, जब उन्हें यह अहसास होता है कि उन्हें इससे फ़ायदा या नुक़सान होने वाला है। इस संदर्भ में यह उल्लेखनीय है कि तेखरानाला में अपने फ़ील्ड-वर्क के दौरान मैंने यह पाया कि यहाँ पण्डो के साथ-साथ बरगाह जाति के लोग भी गाँव के जीवन में सामान्य भूमिका निभाते हैं। इनका रहन-सहन पण्डो लोगों की तरह ही है। शुरुआत में बरगाह जाति के लोगों ने यह बताया कि वे 'आदिवासी' हैं। बहरहाल, फ़ील्ड-वर्क में आगे जाकर मुझे गाँव से थोड़ी दूर लगने वाले साप्ताहिक हाट में इस बात की जानकारी मिली कि बरगाह पिछड़ी जातियों की श्रेणी में आते हैं। जब मैंने तेखरानाला के बरगाहों से इस बारे में पूछा तो उन्हें इस बारे में कुछ भी अंदाज़ा नहीं था। इस दौर में वन अधिकार क़ानून के पहले प्रारूप पर बहस चल रही थी। पहले प्रारूप में यह प्रावधान था कि यह क़ानून सिर्फ़ 'अनुसूचित जनजातियों' को वन अधिकार देने से संबंधित है। ऐसे में, बरगाह लोग इस बात को लेकर बहुत ज़्यादा परेशान हो गये थे कि उन्हें इस क़ानून से फ़ायदा नहीं मिलेगा। कुछ बरगाह युवाओं ने ज़ोरदार तरीक़े से यह तर्क रखा कि वे भी आदिवासी हैं, इसलिए उन्हें भी इस तरह के क़ानून का फ़ायदा मिलना चाहिए। बहरहाल, बरगाह की तरह ही दूसरे गाँवों में भी ऐसे समूह हैं जो अनुसूचित जाति की श्रेणी का भाग न होने के कारण नुक़सान की स्थिति में हैं।[60] इसी तरह, जंगल के बीच या जंगल की ज़मीन पर बसा होना भी कई बार गाँवों की उपेक्षा का कारण बन जाता है। मसलन, तेखरानाला और फयदू

60. मैंने अध्याय 3 में इस बात का उल्लेख किया है कि जब वन अधिकार कानून संसद से पारित हुआ तो इसमें गैर-अनुसूचित जनजातियों का शामिल करने का प्रावधान भी किया गया। इनके लिए 'अन्य परम्परागत वन निवासियों' की श्रेणी बनाई गयी और यह शर्त जोड़ी गयी कि इन्हें यह साबित करना होगा कि वे जंगल की ज़मीन पर तीन पीढ़ियों अर्थात् 75 सालों से रह रहे हैं (देखें, अध्याय 3)। कानून के लागू करने की प्रक्रिया में इस प्रावधान के प्रभावों की समझ के लिए देखें, अध्याय 5.

में विकास कार्य न होने के संबंध में पंचायत के दूसरे सदस्यों और कई विभागों के कर्मचारियों ने यह तर्क दिया कि ये गाँव जंगल की ज़मीन पर (तेखरानाला) या जंगल के बीच (फयदू) बसे हैं, इसलिए इनके विकास के बारे में फ़ैसला करने की ज़िम्मेदारी वन विभाग की है।

तीसरा, उपरोक्त अध्ययन से यह भी स्पष्ट है कि इन गाँवों के लोगों का जीवन खेती और वनोपजों- दोनों पर ही निर्भर है। खेखरापोहर के अलावा किसी भी गाँव में खेती की स्थिति बहुत अच्छी नहीं है। इसलिए वनोपजों पर इनकी निर्भरता बहुत ज़्यादा बढ़ जाती है। लेकिन गाँववालों को वनोपजों का सही मूल्य नहीं मिल पाता है और उन्हें नुकसान का सामना करना पड़ता है।

चौथा, मैंने जिन गाँवों का अध्ययन किया उन सभी गाँवों में अमूमन लोगों ने 'बेजा क़ब्ज़ा' किया है। यह भी स्पष्ट है कि अधिकांश मामलों में गाँव के प्रभुत्वशाली परिवारों ने ज़्यादा 'बेजा क़ब्ज़ा' किया है। तेखरानाला में ये प्रभुत्वशाली परिवार, दूसरे परिवारों को बुलाकर यहाँ बसाते भी रहे हैं। सठोरा में प्रभुत्वशाली परिवारों ने जंगल के नज़दीक के खेतों पर जबरन अपना कब्जा कायम कर लिया और फिर जंगल की ज़मीन का 'बेजा क़ब्ज़ा' किया। यहाँ वे लोग 'बेजा क़ब्ज़ा नहीं कर पाए, जिनके खेत जंगल से लगे हुए नहीं हैं। लेकिन इन तथ्यों के बावजूद यह कहा जा सकता है कि अधिकांश मामलों में 'बेजा क़ब्ज़ा' की परिघटना लोगों की जीविका के संघर्ष से जुड़ी हुई है। अमूमन, लोगों ने अपनी ज़िंदगी की ज़रूरतों को पूरा करने के लिए या अपने आने वाली पीढ़ियों के लिए जीविका का साधन बढ़ाने के लिहाज़ से ही 'बेजा क़ब्ज़ा' किया है। इन सभी गाँवों में पाँच एकड़ से कम 'बेजा क़ब्ज़ा' करने वालों का ही बहुमत है। लोगों की जीविका के संघर्ष में एक स्पष्ट पैटर्न उभरकर सामने आता है। इन गाँवों में खेती की स्थिति तुलनात्मक रूप से कमज़ोर है। आमतौर पर लोग एक ही फ़सल उपजा पाते हैं। खेती के लिए उचित साधनों के अभाव में बहुत कम उपज होती है। इस कारण खेती से उनकी ज़रूरतें पूरी नहीं होतीं। (खेखरापोहर इसका अपवाद है, लेकिन ऐसे उदाहरण बहुत कम हैं)। इस कारण लोग वनोपजों द्वारा अपनी जीविका की ज़रूरतें पूरी करने की कोशिश करते हैं। लेकिन बिचौलियों के कारण यहाँ भी उन्हें पर्याप्त फ़ायदा नहीं मिलता हैं। इसके बाद बहुत से लोग जीविका के लिए मज़दूरी भी करते हैं। लेकिन इससे भी उनकी जीविका की ज़रूरतें पूरी नहीं होती हैं। ऐसे में, थोड़ी और ज़मीन की चाह सभी ग्रामीणों में मौजूद रहती है। इसके पीछे अपने लिए जीविका की तलाश और अपने 'बाल-बच्चों' के लिए जीविका के साधनों को बढ़ाने की चाह की प्रमुख भूमिका होती है। इसका सीधा नतीजा 'बेजा क़ब्ज़ा' के रूप में सामने आता है। जहाँ

खेती की सुविधा में सुधार हुआ (मसलन खेखरापोहर) वहाँ 'बेजा क़ब्ज़ा' की दर में बहुत ज़्यादा कमी आई। लेकिन हमें यह याद रखने की भी ज़रूरत है कि बहुत सारा 'बेजा क़ब्ज़ा' का मामला सरकारी विभागों की अपनी अनियमितता का भी नतीजा है। अर्थात् वन विभाग राजस्व विभाग की बहुत सारी ज़मीन पर अपना क़ब्ज़ा रखा है। इस कारण, जिस व्यक्ति के पास यह ज़मीन होती है, वह 'बेजा क़ब्ज़ा' करने वाला बन जाता है। इसके अलावा, बहुत से लोग अपना प्रभुत्व क़ायम रखने के लिए भी 'बेजा क़ब्ज़ा' करते हैं।

पाँचवा, इन गाँवों के अध्ययन से यह बात भी साफ़ तौर पर सामने आती है कि वन विभाग जंगल और जंगली जीवों की सुरक्षा करने में नाकाम रहा है। यहाँ तक कि वन्य जीवों के संरक्षण के लिए बने सेमरसोत अभयारण्य में भी वन्य जीवों की हालत ठीक नहीं है। मैंने जिन गाँवों का अध्ययन किया उनमें से खेखरापोहर के अलावा हर जगह वन विभाग ने स्थानीय समुदायों द्वारा जंगल के सामुदायिक संरक्षण की व्यवस्था की उपेक्षा करने की कोशिश की है। यह वन विभाग के काम करने के तरीक़े पर सवालिया निशान लगता है। इस अध्याय से यह बात भी स्पष्ट है कि अधिकांश मामलों में वन विभाग स्थानीय समुदायों को शक़ की निगाह से ही देखता है। वन विभाग जंगल की ज़मीन पर बसे गाँव (मसलन तेखरानाला) या अभयारण्य में बसे गाँव (मसलन सठोरा) को विस्थापित करने की कोशिशें कर चुका है। फयदू के लोगों को वन विभाग के कर्मचारियों के मनमाने व्यवहार का सामना करना पड़ा है। इन तीनों गाँवों ने अपने-अपने स्तर और तरीक़े से वन विभाग के मनमानेपन और दमन का विरोध किया है। खेखरापोहर में वन विभाग की भूमिका तुलनात्मक रूप से काफ़ी सकारात्मक रही है। लेकिन ऐसे गाँवों की संख्या बहुत कम है; इसके अलावा, वन विभाग ने ऐसे गाँवों (मसलन खेखरापोहर) में लोगों के साथ समानता का व्यवहार नहीं किया है। वन विभाग का रवैया 'पितातुल्य' रहा है। नक्सलियों के प्रभाव ने वन विभाग की मनमानी भूमिका पर रोक लगाई है। लेकिन ये आदिवासियों की ज़िंदगी में बदलाव का कोई रैडिकल ऐजेंडा दे पाने में नाकाम रहे हैं।

छठा, इन चारों गाँवों के अध्ययन से क़ानून के बारे में लोगों की जागरूकता के बारे में भी कुछ तथ्य रेखांकित किये जा सकते हैं। मैंने जिन गाँवों का अध्ययन किया उनमें से तीन गाँवों अर्थात् तेखरानाला, फयदू और सठोरा के लोगों को रोज़मर्रा की ज़िंदगी में वन विभाग के दमन का सामना करना पड़ा है। अधिकांश मामलों में यह दमन 'क़ानून के धौंस' के रूप में ही सामने आया है। इन सभी जगहों पर लोगों की गोलबंदी भी बढ़ी है। इस गोलबंदी में गाँव के बाहर के एक्टिविस्टों की भी भूमिका रही है। मसलन, तेखरानाला में मार्गदर्शक सेवा

संस्थान, फयदू में गाँव में बैठक करने वाले माओवादियों और सठोरा में भारत जन आंदोलन के कार्यकर्त्ताओं ने लोगों में राजनीतिक जागरूकता लाने, उनके भीतर वन विभाग की आलोचना विकसित करने में महत्त्वपूर्ण भूमिका निभाई है। लोगों ने न सिर्फ़ औपनिवेशिक क़ानूनों को आलोचनात्मक नज़रिये से देखना शुरू किया, बल्कि उन्होंने रोज़मर्रा की ज़िंदगी में वन विभाग की धौंस की उपेक्षा और अवहेलना करनी भी शुरू कर दी। ऊपर के वर्णन से यह स्पष्ट है कि इन तीनों ही गाँवों में वनाश्रित समुदाय वन विभाग के नियंत्रण में नहीं हैं। यहाँ रेखांकित करने की ज़रूरत है कि मेरे फ़ील्ड-वर्क के दौरान इन गाँवों के लोग 'पट्टा देने वाले' क़ानून के बारे में जानते थे। उनकी जानकारी बहुत गहरी नहीं थी, लेकिन बहुत से लोगों ने इस तरह के क़ानून की तरफ़दारी की। माओवादियों के प्रभाव के कारण फयदू में लोगों को इस क़ानून से ज़्यादा उम्मीद नहीं थी। लेकिन तेखरानाला के लोगों ने इसके लिए ब्लॉक स्तर पर होने वाले धरने-प्रदर्शनों में भी हिस्सा लिया। सठोरा के लोगों ने सक्रिय रूप से क़ानून बनाने के आंदोलन में भागीदारी नहीं की लेकिन उन्होंने भी ऐसे क़ानून का समर्थन किया। खेखरापोहर की स्थिति इन तीन गाँवों की स्थिति से अलग थी। ऊपर इस बात का वर्णन किया गया है कि यहाँ वन विभाग ने किसी राजनीतिक कार्यकर्ता (या स्वयंसेवी संगठन) को सक्रिय नहीं होने दिया है। इसका प्रभाव इन लोगों की राजनीतिक जागरूकता पर भी पड़ा है। जंगल से जुड़े क़ानूनों के बारे में इनकी जागरूकता काफ़ी कम है। यहाँ तक कि भविष्य में विस्थापन की सम्भावना के ख़िलाफ़ भी यहाँ के लोगों में कोई गुस्सा नहीं है। वे यह मानते हैं कि उनके पास इसे स्वीकार करने के अलावा कोई चारा नही है।

छठा, माओवादी जिन गाँवों में सक्रिय हैं (मुख्यतः फयदू) वहाँ वन विभाग की मनमानी ख़त्म हो गयी है और लोगों की राजनीतिक जागरूकता भी बढ़ी है। माओवादी अभी इन गाँवों में अपना प्रभाव स्थापित करने की कोशिश ही कर रहे हैं। लेकिन दण्डकारण्य में इन्होंने लोगों को वन भूमि खेती के लिए वितरित की है और उन्हें ज़मीन पर निजी स्वामित्व दिया है। इसके साथ ही इस क्षेत्र में उन्होंने सामूहिक खेती की व्यवस्था भी शुरू की है।

इस अध्याय में मैंने जंगल को केंद्र में रखकर इसके आस-पास बसे कुछ गाँवों के लोगों के जीवन में इसके महत्त्व का अध्ययन किया है। जंगल इनके जीवन की धुरी है। ये अपनी जीविका की ज़रूरतों और अपने सांस्कृतिक और आध्यात्मिक ज़रूरतों के लिए जंगल पर निर्भर हैं। अधिकांश मामलों में अपनी जीविका की ज़रूरतों को पूरा करने के लिए और अपने बच्चों के भविष्य को थोड़ा बेहतर बनाने की चाह में बहुत से परिवारों ने 'बेजा क़ब्ज़ा' किया है।

लेकिन इस तरह के 'बेजा क़ब्ज़ा' की मात्रा तुलनात्मक रूप से बहुत कम है। गाँव के कुछ प्रभुत्वशाली परिवारों ने काफ़ी ज़्यादा 'बेजा क़ब्ज़ा' किया है। इसके अलावा, वन विभाग की गड़बड़ियों के कारण भी कई लोगों की ज़मीन 'बेजा क़ब्ज़ा' के रूप में दर्ज है। वन विभाग ने स्थानीय समुदायों को हमेशा अपने नियंत्रण में रखने की कोशिश की है। लेकिन यह भी स्पष्ट है कि एक्टिविस्टों से जुड़ाव के कारण स्थानीय समुदायों की जागरूकता काफ़ी बढ़ी है। वे अब राज्य की नीतियों और वन विभाग की मनमानी का विरोध कर रहे हैं। क़ानून का महत्त्व समझते हुए कई समुदायों ने बेहतर क़ानून की ज़ोरदार तरफ़दारी भी की। यह एक अर्थ में इन गाँवों में 'मार्ज़िनल सोसयटी' (या हाशिया समाज) के उभार का भी प्रमाण है।[61]

61. देखें अध्याय 1 भाग III; यह भी स्पष्ट है कि खेखरापोहर इसका अपवाद है, जहाँ लोगों के भीतर राजनीतिक जागरूकता या आलोचनात्मक नज़रिया काफ़ी कम है। लेकिन यह एक तरह से इस बात का प्रमाण भी है क़ानून की समझ या इसके ख़िलाफ़ आलोचनात्मक नजरिये के विकास में बाहरी एक्टिविस्टों की भी महत्त्वपूर्ण भूमिका होती है।

5

वन अधिकार क़ानून का अनुभव : हक़ीक़त, अंदेशे और सम्भावनाएँ

वन अधिकार कानून को एक ओर ऐतिहासिक अन्याय दूर करने वाले साधन के रूप में देखा गया, वहीं दूसरी ओर यह आशंका भी जताई गयी कि यह जंगलों में नये तरह के अन्याय को जन्म दे सकता है। संदेह का कारण कानून के कुछ ख़ास प्रावधानों में ही मौज़ूद हैं। मसलन, 'अन्य पारम्परिक वन निवासियों' से जुड़ा प्रावधान। ऐसे में यह सवाल सामने आता है कि क्या सचमुच यह कानून जंगल के लोगों की राजनीतिक स्थिति में बुनियादी बदलाव का प्रतिनिधित्व करता है? या इसके प्रावधान बुनियादी सुधार होने की बजाय प्रतीकात्मक ज़्यादा हैं? इस तरह के संदेहों का एक कारण यह भी रहा है कि वन विभाग जैसी मजबूत संस्था और बहुत से 'संरक्षणवादियों' ने इस कानून का लगातार विरोध किया है। यह कानून वन विभाग के अधिकार-क्षेत्र में कटौती करता है। इसलिए उसने इसका विरोध किया है। दूसरी ओर, संरक्षणवादी इसे वन्य जीवों के लिए ख़तरनाक मानते रहे हैं। यह तर्क भी दिया गया कि यह कानून राज्य की नवउदारवादी नीतियों के लिए रास्ता बनाने का एक साधन मात्र है। यानी इसने आदिवासी जनता को राज्य के कल्याणकारी स्वरूप से आकर्षित किया, और इसकी आड़ में राज्य ने जंगलों को कॉरपोरेट पूँजी के लिए खोलने की कोशिश की है। वन क्षेत्रों में 'बेजा कब्ज़ा' की अस्पष्टता को दूर कर औपचारिक सम्पत्ति व्यवस्था की स्थापना भी इसी रणनीति का हिस्सा है।[1] ऐसे में, इस कानून के लागू होने की प्रक्रिया का अध्ययन बहुत ही ज़रूरी हो जाता है। इससे हमें कानून से जुड़ी शंकाओं और उम्मीदों की हकीकत का परीक्षण करने का मौका मिलता है।

1. देखें, अध्याय 3.

इस अध्याय में इस क़ानून के लागू होने की प्रक्रिया का विश्लेषण किया गया है। इसका मक़सद इस क़ानून के अनुभवों का परीक्षण करना है। यह अध्याय मुख्य रूप से छह भागों में बँटा हुआ है। पहले भाग में क़ानून लागू होने के बाद से लेकर एन. सी. सक्सेना कमिटी के गठन तक के घटनाक्रमों का वर्णन किया गया है। दूसरे भाग में इस क़ानून द्वारा दिये गये व्यक्तिगत और सामुदायिक वन अधिकारों के लागू होने की स्थिति, इससे जुड़ी समस्याओं और इस प्रक्रिया की सीमाओं आदि का विश्लेषण किया गया है। इस भाग में 'ऑपरेशन ग्रीन हंट' या 'सलवा जुडूम' जैसी कार्रवाइयों से प्रभावित क्षेत्रों में इस क़ानून के लागू होने का परीक्षण किया गया है। तीसरे भाग में संरक्षित क्षेत्रों में इस क़ानून से हुए/हो रहे बदलावों का मूल्यांकन किया गया है। गौरतलब है कि इन क्षेत्रों में आदिवासियों को अधिकार देना इस क़ानून का सबसे विवादास्पद पहलू रहा है। चौथे भाग में वन निवासियों की कुछ ख़ास श्रेणियों पर इस क़ानून के प्रभावों की विवेचना की गयी हैं। मसलन, प्रिमिटिव ट्राइबल ग्रुप (पीटीजी), झूम खेती करने वाले लोग, नोमैडिक या घुमंतू (यायावर) जातियाँ, वन गाँव, वन–टांगिया गाँव आदि। पाँचवे भाग में विकास के लिए ज़मीन के अधिग्रहण और स्थानीय समुदायों द्वारा इसके खिलाफ़ संघर्ष में इस क़ानून के उपयोग का अध्ययन किया गया है। इसमें यह परीक्षण किया गया है कि स्थानीय समुदायों ने क़ानून को किस रूप में ग्रहण किया? क्या यह क़ानून अपनी सामान्य छवि अर्थात् 'जंगल की ज़मीन पर पट्टा और निस्तार का हक़ देने वाले क़ानून' से आगे कोई और अर्थ ग्रहण कर पाया है? छठा भाग भी एक अर्थ में पाँचवे भाग का विस्तार ही है। यह इस बात का विश्लेषण करता है कि आदिवासी महिलाओं ने किस तरह इस क़ानून को अपने सशक्तीकरण के साधन के रूप में अपनाया है।

I. क़ानून, मुक़दमा और चुनावी राजनीति : वन अधिकार क़ानून का शुरुआती अनुभव

वन अधिकार क़ानून एक लम्बी, विवादयुक्त और संघर्षपूर्ण प्रक्रिया का नतीजा हैं।[2] दिसम्बर 2006 में इस क़ानून के पारित हो जाने के एक साल से भी ज़्यादा समय के बाद इसकी अधिसूचना जारी की गयी। यानी जनवरी 2008 से इसके लागू होने की प्रक्रिया की शुरुआत हुई। लेकिन इस क़ानून के ख़िलाफ़ देश के सर्वोच्च न्यायालय और कई उच्च न्यायालयों में मुक़दमा दायर किया

2. देखें, अध्याय 3.

गया। अमूमन वन्य जीव संरक्षण संगठनों या वन अधिकारियों के संगठनों ने इस तरह के मुक़दमे दायर किये।[3] मोटे तौर पर, इन मुक़दमों में यह आरोप लगाया गया कि यह क़ानून देश के जंगलों के लिए ख़तरनाक हैं; यह 'अतिक्रमण' करने की प्रवृत्ति को बढ़ावा देता है; इसे जल्दबाज़ी में पारित किया गया और इसे तैयार करने से पहले सही आँकड़े जुटाने की कोशिश नहीं की गयी (मेनन 2009)। मद्रास और भुवनेश्वर उच्च न्यायालयों ने यह व्यवस्था दी कि जब तक इस क़ानून से जुड़े मामलों का निपटारा नहीं हो जाता, तब तक लोगों को 'टाइटल' (या मालिकाना हक़) नहीं दिया जाएगा। बाद में, भुवनेश्वर उच्च न्यायालय ने इस तरह की रोक को वापस ले लिया। लेकिन चेन्नई उच्च न्यायालय ने अभी भी यह रोक जारी रखी है।[4] मुक़दमा करने वाले समूहों की लगातार कोशिशों के बावजूद सर्वोच्च न्यायालय ने इस क़ानून को लागू करने की प्रक्रिया रोकने का अंतरिम आदेश जारी नहीं किया। यह मुक़दमा अभी भी जारी है।

क़ानून की अधिसूचना जारी होने के बाद प्रधानमंत्री कार्यालय ने एक निश्चित समय में इस क़ानून के लागू करने की प्रक्रिया की समीक्षा का फ़ैसला किया। इससे यह भ्रम फैला कि एक निश्चित समय सीमा के भीतर इस क़ानून से जुड़ी सारी प्रक्रियाएँ पूरी हो जानी चाहिए। इसके अलावा, विभिन्न राज्यों के सत्ताधारी नेताओं ने चुनावी राजनीति का फ़ायदा उठाने के लिए इसे लागू करने में ग़ैर-ज़रूरी हड़बड़ी दिखाई (सीएसडी 2010: 2; गवर्नमेंट ऑफ़ इण्डिया 2010सी : 2)। मसलन, गुजरात सरकार ने क़ानून की अधिसूचना जारी होने से पहले ही इसके प्रावधान लागू करने की घोषणा की। गुजरात के मुख्यमंत्री नरेन्द्र मोदी ने 2 अक्टूबर 2007 को 3000 परिवारों को ज़मीन का पट्टा दिया। लेकिन तीन दिन बाद ही सर्वोच्च न्यायालय ने इस फ़ैसले पर रोक लगा दी। अदालत ने गुजरात सरकार को यह निर्देश दिया कि वह

---

3. इस क़ानून के ख़िलाफ इन उच्च न्यायालयों में मुक़दमा दायर किया गया : आंध्र प्रदेश, बॉम्बे, भुवनेश्वर, चेन्नई (मदुरै खंडपीठ), कर्नाटक और मध्य प्रदेश उच्च न्यायालय। विस्तार के लिए देखें http://forestrightsact.com/Index.php/Court-Cases?Court, देखने की तारीख़: 9.07.2012.

4. चेन्नई उच्च न्यायालय द्वारा लगाए गये रोक के कारण यहाँ लोगों को अभी तक कोई 'टाइटल' नहीं दिया गया है। इसने 2008 के डब्ल्यू. पी. नंबर 4533, और 2009 के 2762 और 2839 और एम. पी. नंबर 1 और 3/08 और डब्ल्यू.पी. नंबर 2762/09 में एम.पी. नंबर 1 और 3/08 तथा एम.पी. नंबर 1/2009 के अंतर्गत यह आदेश दिया है। इसने एक कमिटी का गठन किया है, जो ज़िलों में जाकर फ़ायदा पाने वाले लोगों की स्थिति की जाँच करेगी। स्रोत : अनुसूचित जनजाति और अन्य पारम्परिक वन निवासी (वन अधिकार मान्यता) अधिनियम 2006 के लागू होने की स्थिति (30 सितम्बर 2012 तक), जनजातीय मामलों का मंत्रालय, भारत सरकार, वेब पता: http://tribal.nic.in/writereaddata/mainlinkFile/File1450.pdf, देखने की तारीख़ 20.10.2012.

केंद्र सरकार द्वारा क़ानून की अधिसूचना जारी होने से पहले कार्रवाइ न करे।[5] आंध्र प्रदेश में इस क़ानून को लागू करने के लिए 30 अक्टूबर 2008 तक का समय रखा गया (रेड्डी और अन्य 2011: 75) और केरल में भी इस क़ानून को लागू करने की प्रक्रिया को पूरा करने के लिए 30 अप्रैल 2009 तक का लक्ष्य रखा गया (सत्यापालन 2010: 65-66)। छत्तीसगढ़ और मध्य प्रदेश में भी तत्कालीन भाजपा सरकारों ने चुनावी हथकंडे के रूप में इसका इस्तेमाल किया (रोमा और रजनीश 2009)। इस तरह से एक निश्चित समय सीमा रखने का नुक़सान ज़्यादा हुआ और इसने भ्रम और हड़बड़ी की स्थिति पैदा की।

क़ानून की अधिसूचना ज़ारी होने के तक़रीबन दो सालों के बाद इसके लागू होने की प्रक्रिया का अध्ययन करने के लिए एक कमिटी का गठन किया गया। शुरुआत में इसमें सिर्फ़ *पर्यावरण और वन मंत्रालय* के अधिकारियों को शामिल करने का ही प्रस्ताव था, लेकिन जनसंगठनों के विरोध के बाद इससे *जनजातीय मामलों के मंत्रालय* को भी जोड़ा गया। इसके लिए 11 फ़रवरी 2010 को अधिसूचना जारी की गयी।[6] एन. सी. सक्सेना इस कमिटी के अध्यक्ष थे और इसमें उनके अलावा 19 अन्य सदस्य थे।[7] इस कमिटी की विशेषता यह थी कि इसके सदस्यों में आदिवासी अधिकारों के लिए संघर्ष करने वाले लोगों के साथ-ही-साथ पर्यावरण और इकलॉजी के लिए चिंता करने वाले लोग भी शामिल थे। लेकिन इसमें *पर्यावरण और वन मंत्रालय* के प्रतिनिधियों का वर्चस्व था। आदिवासियों के लिए काम करने वाले बहुत से संगठनों ने इस बात पर शक़ ज़ाहिर किया कि यह कमिटी निष्पक्ष रूप में काम करेगी (झा 2008 : 24)। 'कैम्पेन' जैसे संगठन ने इस कमिटी का पूरी तरह से बहिष्कार किया। इसने कमिटी के सामने अपने बयान भी दर्ज़ नहीं करवाए। वन मंत्री को लिखी अपनी चिट्ठी में इसने स्पष्ट किया कि इस कमिटी में वन विभाग के अधिकारियों का प्रभुत्व

5. 'लैण्ड फॉर ट्राइबल्स : कोर्ट रिस्ट्रेंस गुजरात', द *हिंदू*, नयी दिल्ली 3 अक्टूबर 2007, पृ. 1।.

6. इस अधिसूचना के लिए देखें, http://moef.nic.in/download/public-information/Noticfication_FRA_Committee.pdf, देखने की तारीख़: 30.4.2012.

7. इस कमिटी के सदस्यों नाम इस प्रकार है: डॉ. एन. सी. सक्सेना (अध्यक्ष); डॉ. देवेन्द्र पांडेय (सह-अध्यक्ष); श्री अच्युत सामंता; डॉ. ए. के. झा; श्री ए. के. श्रीवास्तव/डॉ. बचितर सिंह (जनजातीय मामलों के मंत्रालय के प्रतिनिधि); डॉ. अरूपज्योति सैकिया; श्री आशीष कोठारी; डॉ. सी. के. श्रीधरन; सुश्री जारजुम ऐटे; श्री के. एस. सेठी/डॉ. राजेन्द्र गुप्ता/डॉ. ए.एम. सिंह (पर्यावरण और वन मंत्रालय के प्रतिनिधि); श्री मन्नु लाल मकराम; श्री रामधन लाल मीणा; श्रीमति रश्मि शुक्ला शर्मा; डॉ. रवि चेलम; श्री रवि रेब्बापरगडा; सुश्री रोमा; डॉ. शराचंद्र लेले; सुश्री वासवी किरो; श्री वी. आर. खरे; श्री राकेश कुमार डोगरा।

है और इसका गठन क़ानून के प्रावधानों को कमज़ोर करने के लिए किया गया है।[8] दरअसल, शुरुआत में इस कमिटी में वन विभाग से जुड़े अधिकारियों का प्रभुत्व था। लेकिन बाद में इसमें जन-आंदोलनों से जुड़े कई सदस्यों (मसलन, 'राष्ट्रीय वन-जन श्रमजीवी मंच' की रोमा) को भी आमंत्रित किया गया। इसमें आशीष कोठारी जैसे पर्यावरणवादी भी शामिल हुए, जो स्थानीय समुदायों को अधिकार दिये जाने की तरफ़दारी करते रहे हैं। इसलिए यह कहना पूरी तरह सही नहीं है कि इसमें वन विभाग के नज़रिये से सहमति रखने वाले लोगों का ही वर्चस्व था।

इसने 15 दिसम्बर 2010 को अपनी रिपोर्ट पेश की।[9] इस कमिटी ने अपनी रिपोर्ट में राष्ट्रीय स्तर पर इस क़ानून के लागू होने की विस्तृत समीक्षा की। इसने क़ानून लागू होने की प्रक्रिया की बहुत सी कमियों का उल्लेख किया। दरअसल, इन कमियों की ओर जन-आंदोलनों और बहुत से एक्टिविस्टों द्वारा पहले से ही सवाल उठाया जा रहा था (मसलन देखें गोपालकृष्णन 2010; सीएसडीएस 2010)। 'कैम्पेन' ने रिपोर्ट की तीखी आलोचना की। उसके अनुसार, इसमें वन विभाग या वन नौकरशाही के ख़िलाफ़ कार्रवाइ करने के बारे में कुछ भी नहीं कहा गया और न ही इसमें वन विभाग के प्रिय कार्यक्रम संयुक्त वन प्रबंधन को ख़त्म करने की बात कही गयी।[10] मेरा मानना है कि ये आलोचनाएँ काफ़ी हद तक सही हैं। फिर भी यह रिपोर्ट बहुत महत्त्वपूर्ण है क्योंकि इस कमिटी का गठन सरकार ने किया था।[11] इस रिपोर्ट का एक सकारात्मक पक्ष यह है कि इसने बहुत ही बेबाक़ी से पूरे भारत के स्तर पर इस क़ानून के

8. इस चिट्ठी को इस लिंक पर देखा जा सकता है http://www.fra.org.in/letter_to_Minister_of_Environment_and_Forests_re_Committee.pdf, देखने की तारीख़ : 3.6.2.12.

9. इस रिपोर्ट का शीर्षक इस प्रकार है: मंथन : रिपोर्ट ऑफ़ नैशनल कमिटी ऑन फॉरेस्ट राइट्स ऐक्ट, दिसम्बर 2010, अ ज्वाइंट कमिटी ऑफ़ मिनिस्ट्री ऑफ़ फ़ॉरेस्ट ऐंड मिनिस्ट्री ऑफ़ ट्राइब्ल अफेयर्स, गवर्नमेंट ऑफ़ इंडिया, 2010सी।

10. प्रेस रिलीज़, कैम्पेन फॉर सर्वाइवल ऐंड डिग्निटी, 1 जनवरी 2011, http://www.write2kill.in/livewire/national/saxena-committee-report-on-forest-rights-act-campaign-for-survival-and-dignity-sta, देखने की तारीख़: 13.6.2012.

11. यहाँ यह भी उल्लेखनीय है कि सोनिया गाँधी की अध्यक्षता वाली राष्ट्रीय सलाहकार परिषद ने इस रिपोर्ट को काफ़ी गम्भीरता से लिया। इसने इसके आधार पर यह सिफ़ारिश की कि जनजातीय मामलों का मंत्रालय क़ानून की धारा 12 के तहत अपनी शक्तियों का प्रयोग करते हुए सभी राज्यों को निम्नलिखित दिशा-निर्देश जारी करे: ग्राम सभा की बैठक पंचायत स्तर की बजाय वास्तविक गाँव के स्तर पर ही बुलाई जाए; अधिकारों की मान्यता के लिए प्रमाण के रूप में विविध तरीक़ों को अपनाया जाए; सामुदायिक अधिकारों को मान्यता के लिए नये नियम जोड़े जाएँ, ताकि स्थानीय समुदाय प्रभावकारी तरीक़े से इन अधिकारों का उपयोग कर पाएँ; लघु वनोपजों का गारंटीयुक्त न्यूनतम मूल्य तय किया जाए; वन विभाग बाँस जैसे वनोपज को पट्टे पर दिये जाने की अपनी परिपाटी की समीक्षा करे;

लागू होने की प्रक्रिया का विश्लेषण किया। इसने क़ानून के लागू होने की स्थिति और जंगल के विभिन्न समूहों पर इस क़ानून के प्रभाव का मूल्यांकन किया। इसने उन समूहों और क्षेत्रों में क़ानून के प्रभावों के बारे में बताया, जिसके बारे में या तो बहुत कम चर्चा हुई थी या अस्पष्टता थी।[12]

II. व्यक्तिगत और सामुदायिक वन अधिकारों के लागू होने की स्थिति

अध्याय का यह भाग मुख्य रूप से तीन उपभागों में बँटा हुआ है। पहले उपभाग में मैंने व्यक्तिगत वन अधिकार और दूसरे उपभाग में सामुदायिक वन अधिकार के बारे में विश्लेषण किया है। दोनों उपभागों में मैंने अपने फ़ील्ड-वर्क के क्षेत्रों में भी क़ानून के लागू होने की विवेचना की है। मुख्य रूप से तेखरानाला में ही यह प्रक्रिया आगे बढ़ी है, इसलिए उसके बारे में यहाँ विश्लेषण किया गया है। कुछ गाँवों के बारे में अन्य भागों में वर्णन किया गया है। इसके बाद, राष्ट्रीय स्तर पर इसके लागू होने की प्रक्रिया का विश्लेषण किया गया है। तीसरे उपभाग में इस बात का परीक्षण किया गया है कि किस तरह 'सलवा जुडूम' और 'ऑपरेशन ग्रीन हंट' जैसी कार्रवाइयों से इस क़ानून के लागू होने की प्रक्रिया प्रभावित हुई है। अध्याय के इस भाग में मैं क़ानून के व्यक्तिगत और सामुदायिक वन अधिकारों से संबंधित प्रमुख मुद्दों की विवेचना करूँगा। आगे मैं जंगल या

लोगों को अपने दावे पेश करने के लिए जागरूक किया जाए और इसके लिए कोई निर्धारित समय-सीमा न रखी जाए। इसने कुछ नियमों में सुधार की भी सिफ़ारिश की। मसलन, नियम 4(2) में संशोध न कर वन अधिकार समितियों में आदिवासियों का प्रतिनिधित्व एक तिहाई से बढ़ाकर दो तिहाई कर दिया जाए; नियम 3(2) में संशोधन करके ग्राम सभा की बैठकों का कोरम दो-तिहाई से घटाकर आधा कर दिया जाए; नियम 2(बी) में 'आजीविका' के लिए लघु वनोपज लेने का प्रावधान है; इसमें संशोधन करके स्वयं और परिवार की आजीविका के साथ ही साथ किसी भी उपज की बिक्री भी शामिल की जाए; नियम 2(डी) में सिर पर रखकर, दो पहिया या ठेले से वनोपजों की ढुलाई का प्रावधान है, इसमें संशोधन करके वनोपजों की ढुलाई के लिए ज़्यादा आधुनिक क़िस्म के साधनों के उपयोग की इजाज़त दी जानी चाहिए। देखें, राष्ट्रीय सलाहकार परिषद की प्रेस विज्ञप्ति, तारीख़ 26 फरवरी 2011, पृ. 1-2 ीजजचरूधधदंबण्दपबण्पदधीपदकप.चकधि26.मिइतनंतल.2011ण्चकए देखने की तारीख़ 11.4.2012; राष्ट्रीय सलाहकार परिषद के ये सुझाव काफ़ी अच्छे थे। कुछ सुझावों के आदिवासी अधिकारों के संदर्भ में नकारात्मक प्रभाव हो सकता है। मसलन, ग्राम सभा के कोरम को आधा करने का सुझाव। इससे कई मरतबा सरकारी अधिकारियों को ग्राम सभा के विचारों को तोड़ने-मरोड़ने का मौक़ा मिल सकता है। लेकिन एक लंबे समय तक इन सुझावों पर कोई ध्यान नहीं दिया गया। 2012 में संसद के मानसून सत्र में कानून के नियमों को संशोधन कर इन्हें शामिल किया गया। अगले अध्याय में, संक्षेप में इसका उल्लेख किया गया है।

12. मसलन, इस क़ानून में झूम खेती बारे में कोई स्पष्ट उल्लेख नहीं है। लेकिन रिपोर्ट में यह स्पष्ट किया गया कि यह क़ानून किस तरह से स्थानीय लोगों को झूम खेती का अधिकार देता है। इसके बारे में इसी अध्याय में आगे विवेचना की गयी है।

जंगल में रहने वाले विभिन्न श्रेणियों के लोगों पर इस क़ानून के प्रभावों का विश्लेषण करूँगा। उस समय भी व्यक्तिगत और सामुदायिक वन अधिकारों का मुद्दा सामने आएगा। इसलिए, इस भाग में मैं ज़्यादातर सामान्य मुद्दों की ही चर्चा करूँगा। मैं यहाँ संरक्षित क्षेत्रों, पीजीटी समूह, घुमंतू या नोमैडिक जातियों, या विकास से संबंधित पहलुओं की विवेचना नहीं करूँगा। इन पहलुओं के बारे में अध्याय में आगे विवेचना की गयी है।

1. वन अधिकार क़ानून और व्यक्तिगत अधिकार : 'पट्टे' का संघर्ष

अध्याय के इस उपभाग में सबसे पहले मैं तेखरानाला में व्यक्तिगत वन अधिकारों के लागू होने की स्थिति का वर्णन करूँगा। इसके बाद पूरे भारत के मसलों की विवेचना करूँगा। मैं मुख्य रूप से इस बात का विश्लेषण करूँगा कि लोगों को पट्टा देने के संदर्भ में किस तरह की प्रवृत्तियाँ सामने आयी हैं; लोगों में क़ानून के संदर्भ में किस तरह की जागरूकता रही है; और राज्य के विभिन्न संस्थाओं, ख़ासतौर पर वन विभाग की इस संदर्भ में क्या भूमिका रही है।

तेखरानाला का अनुभव

मैंने अध्याय 4 में तेखरानाला के बारे में वर्णन किया है। यह एक बड़े राजस्व गाँव सहोरा का एक बड़ा पारा है। तेखरानाला में पण्डो लोगों का वर्चस्व है। यहाँ 22 घर पण्डो (अनुसूचित जनजाति), 18 घर बरगाह (पिछड़ी जाति) लोगों का है। 1-1 घर गोण्ड और अगरिया (दोनों अनुसूचित जनजाति) का है। इसके अलावा, तेखरानाला में पिछड़ी जाति में शामिल किये गये पैनका, नायक, बंजारा और बिंझिया जातियों के क्रमशः 3, 1, 8 और 1 घर हैं (देखें अध्याय 4)। इस क़ानून के बनने की प्रक्रिया के दौरान तेखरानाला के लोगों को इसके बारे में जानकारी थी। लेकिन उनकी नज़र में यह 'ज़मीन पर पट्टा और जंगल से चार-महुआ लाने' लाने की आज़ादी देने वाला क़ानून था। उस दौरान तेखरानाला के बरगाह लोग इस बात से बहुत ज़्यादा परेशान थे कि अनुसूचित जनजाति का भाग नहीं होने के कारण उन्हें इस क़ानून का फ़ायदा नहीं मिलेगा। लेकिन आख़िरकार संसद से पारित क़ानून में ग़ैर-अनुसूचित जनजातियों को भी शामिल किया गया। लेकिन इन्हें यह साबित करना है कि वे इस जगह पर पिछली तीन पीढ़ियों या 75 सालों से रह रहे हैं (देखें अध्याय 3)।

तेखरानाला के लोगों को क़ानून लागू करवाने में बहुत सारी समस्याओं का सामना करना पड़ा। सबसे पहली समस्या तो वन अधिकार समिति के गठन को लेकर आयी। अधिकारी राजस्व गाँव अर्थात् सहोरा के स्तर पर गठित करना चाहते थे। लेकिन पण्डो लोगों ने इसका विरोध किया। वे क़ानून के बारे में जागरूक

थे। यह क्षेत्र पाँचवीं अनुसूची में आता है; इसलिए यहाँ पेसा में दी गयी गाँव की परिभाषा लागू होती है। इसके अनुसार हर वो पारा, या टोला (या हेमलेट) गाँव है, जो खुद को इस रूप में परिभाषित करता है (गवर्नमेंट ऑफ़ इण्डिया 1996)। इसलिए उन्होंने क़ानून के अनुसार पारा या टोला स्तर पर वन अधिकार समिति गठित करने की माँग की। आख़िरकार तक़रीबन चार महीने तक लगातार दबाव बनाए रखने के बाद संबंधित अधिकारी तेखरानाला के स्तर पर ही समिति का गठन करने के लिए सहमत हुए। तेखरानाला की इस समिति में पण्डो लोगों का वर्चस्व था। इसमें महिलाओं का प्रतिनिधित्व भी सिर्फ़ नाम के लिए था। यानी वे पूरी कार्रवाइ में सक्रिय भागीदार नहीं थीं। बहरहाल, इन लोगों ने ज़मीन पर पट्टा संबंधी दावा-फॉर्म भरा। इन्हें सामुदायिक अधिकार संबंधी दावा-फॉर्म नहीं मिला। वन अधिकार समिति के माध्यम से लोगों ने अपने-अपने 'बेजा क़ब्ज़ा' का दावा सब-डिविजनल कमिटी को भेजा। तेखरानाला में तीन परिवारों के पास 10 एकड़ से भी ज़्यादा ज़मीन पर 'बेजा क़ब्ज़ा' ज़मीन है। 17 परिवारों ने 5-10 एकड़ के बीच 'बेजा कब्ज़ा' किया है और 36 परिवार ऐसे हैं जिन्होंने 5 एकड़ से कम ज़मीन पर 'बेजा क़ब्ज़ा' किया है (देखें अध्याय 4)।

तक़रीबन डेढ़ सालों तक जद्दोजहद करने के बाद गाँव के अनुसूचित जनजातियों के लोगों को कुछ ज़मीन का पट्टा मिला। लेकिन उन्हें अपने दावे से काफ़ी कम ज़मीन का पट्टा मिला। अधिकांश लोगों को एक या डेढ़ एकड़ ज़मीन का पट्टा मिला। पण्डों लोगों का मानना है कि इसके पीछे वन विभाग का हाथ है, जो उन्हें उनकी ज़मीन से बेदख़ल करना चाहते हैं। दूसरी ओर, बरगाह सहित उन जातियों के लोगों के दावे ख़ारिज कर दिये गये, जो अनुसूचित जनजातियों की श्रेणी में नहीं आते। क़ानून के हिसाब से ये सभी 'अन्य पारम्परिक वन निवासियों' की श्रेणी में आते हैं। ये इस बात का प्रमाण नहीं दे पाएँ कि ये अपने वर्तमान निवास में पिछली तीन पीढ़ियों या 75 सालों से रह रहे हैं। अब इन परिवारों पर इनके ज़मीन से बेदख़ल किये जाने का ख़तरा भी मँडरा रहा है। लेकिन तेखरानाला के लोग किसी भी तरह की बेदख़ली के ख़िलाफ़ एकजुट हैं। पंडों लोगों ने अपनी बाक़ी ज़मीन के लिए भी दावा दाखिल करने का फ़ैसला किया है, और वे सामुदायिक अधिकार के बारे में भी जागरूक हुए हैं।

तेखरानाला के अनुभव से कुछ बातें स्पष्ट हैं: पहला, यहाँ क़ानून स्वाभाविक रूप से लागू नहीं हुआ। लोगों को इसके लिए काफ़ी संघर्ष करना पड़ा। लोगों के लगातार विरोध के बाद ही यहाँ अलग से वन अधिकार समिति बन पायी। दूसरा, महिलाएँ इस समिति में बहुत ज़्यादा सक्रिय नहीं रहीं। तीसरा, लोगों ने शुरुआती तौर पर सिर्फ़ व्यक्तिगत अधिकारों को दावा फार्म दाख़िल किया। उन्हें सामुदायिक अधिकारों का दावा फॉर्म नहीं मिला। चौथा, दावा दाख़िल

करने के डेढ़ साल बाद कुछ लोगों को ज़मीन का पट्टा मिला। लेकिन लोगों को उनके दावों के हिसाब से पट्टा नहीं मिला। सबको एक या डेढ़ एकड़ का ही पट्टा मिला। पाँचवाँ, ग़ैर-अनुसूचित जनजाति के परिवारों को ज़मीन का पट्टा नहीं मिला। ये परिवार बेदख़ल किये जाने के ख़तरे का सामना कर रहे हैं। इस तरह, तेखरानाला में लोगों द्वारा पूरा ज़ोर लगा देने के बाद क़ानून को आधे-अधूरे तरीक़े से लागू किया गया है। मैंने 'बेजा क़ब्ज़ा' की परिघटना समझने के लिए जिन अन्य तीन गाँवों का अध्ययन किया था, उनमें से एक गाँव सठोरा के बारे में संरक्षित क्षेत्र से संबंधित भाग में विवेचना की गयी है। इसके अलावा, दो अन्य गाँवों फयदू और खेखरापोहर में व्यक्तिगत वन अधिकार की प्रक्रिया पूरी तरह से लागू नहीं हुई है। दोनों ही गाँवों में लोगों ने इन अधिकारों के लिए दावा-फॉर्म दाख़िल किया था। यहाँ वन अधिकार समिति का गठन राजस्व गाँव के स्तर पर किया गया है। लेकिन यह अध्याय लिखे जाने तक इन लोगों को पट्टा नहीं मिला था।

व्यक्तिगत वन अधिकारों के आबंटन में प्रगति

जनजातीय मामलों का मंत्रालय अपने वेबसाइट पर हर महीने इस क़ानून के लागू होने का आँकड़ा प्रकाशित करता है। लेकिन ये आँकड़े अपने-आप में नाकाफ़ी हैं। इससे यह पता नहीं चलता कि हर राज्य में कितने 'सम्भावित लोग' अधिकारों का दावा करने वाले हैं। इससे एक पूरी तस्वीर बनाना मुश्किल है। लेकिन इन आँकड़ों से कुछ बातें स्पष्ट रूप से रेखांकित की जा सकती हैं:

सारणी- 1

वन अधिकार क़ानून के अंतर्गत मिले व्यक्तिगत वन अधिकारों की स्थिति

(30.12.2013 तक)

राज्य	व्यक्तिगत वन अधिकारों के लिए दाखिल किए गए दावों की संख्या	व्यक्तिगत अधिकारों के लिए दिए गए 'टाइटल' या अधिकार-पत्रों की संख्या
आंध्र प्रदेश	3,23,765	1,65,691
अरूणाचल प्रदेश	–	–
असम	1,26,718	35,407
बिहार	2,930 (व्यक्तिगत और सामुदायिक अधिकारों में अंतर नहीं किया गया है)	28
छत्तीसगढ़	4,87,332	2,14,668
गोवा	–	–
गुजरात	1,82,869	38,321

(शेष अगले पृष्ठ पर)

हिमाचल प्रदेश	5,692(व्यक्तिगत और सामुदायिक अधिकारों में अंतर नहीं किया गया है)	346
झारखंड	42,003 (व्यक्तिगत और सामुदायिक अधिकारों में अंतर नहीं किया गया है)	15,296
कर्नाटक	1,63638	6,487
केरल	36,140	23,163
मध्य प्रदेश	4,63,818	1,66,496
महाराष्ट्र	3,40,427	1,01,356
मणिपुर	–	–
मेघालय	–	–
मिजोरम	–	–
ओडिशा	5,19, 055	3,18,375
राजस्थान	68,501	35,586
सिक्किम	–	–
तमिलनाडु	18,420	3, 723 वितरण के लिए तैयार है; लेकिन मद्रास उच्च न्यायालय के आदेश के कारण वितरण प्रतियां रूकी हुई है.
त्रिपुरा	1,82,340	1,20,473
उत्तर प्रदेश	91,298	16,891
उत्तराखंड	182 (व्यक्तिगत या सामुदायिक	–
	अधिकारों में अंतर नहीं किया गया है)	
पश्चिम बंगाल	1,29,454	29,422
अंडमान और निकोबार	–	–
द्वीप समूह		
दमन और दीव	–	–
दादरा और नगर हवेली	–	–

स्रोत : *अनुसूचित जनजाति और अन्य पारम्परिक वन निवासी (वन अधिकार मान्यता) अधिनियम 2006* के लागू होने की स्थिति (30 दिसम्बर, 2013 तक), जनजातीय मामलों का मंत्रालय, भारत सरकार, वेब पता: http://tribal.nic.in/writereaddata/mainlinkFile/File1450.pdf देखने की तारीख़ 20.01.2014.

पहला, यह बिल्कुल साफ़ है कि कुछ राज्यों में यह क़ानून बहुत ही ख़राब

तरीक़े से लागू किया गया है। मसलन, 30 दिसम्बर 2013 तक झारखंड में सिर्फ़ 42,003 लोगों ने व्यक्तिगत अधिकारों का दावा किया था। सक्सेना कमिटी रिपोर्ट में 30 अक्टूबर 2010 तक का आँकड़ा दिया गया है। उस समय तक झारखंड में सिर्फ़ 30, 000 लोगों ने ही व्यक्तिगत वन अधिकारों का दावा किया था (गवर्नमेंट ऑफ़ इण्डिया 2010सी: 71)। इस लिहाज़ से झारखंड में बाद के तक़रीबन तीन साल में व्यक्तिगत अधिकार के सिर्फ़ 12 हज़ार नये दावे ही आये। इसी तरह, कई दूसरे राज्यों में भी व्यक्तिगत अधिकारों के लागू होने की प्रक्रिया असंतोषजनक है (देखें सारणी 1)।

दूसरा, यदि हम सारणी 1 पर ध्यान दें तो यह बात स्पष्ट हो जाती है कि विभिन्न राज्यों में व्यक्तिगत वन अधिकारों के जितने दावे आये, उनमें तक़रीबन आधे मामलों में दावों को क़ानूनी हक़ (या पट्टा) नहीं दिया गया। मसलन, आंध्र प्रदेश में 30 दिसम्बर 2013 तक कुल 3,23,765 लोगों ने व्यक्तिगत वन अधिकारों का दावा किया। इसमें से 1,65,691 लोगों को ये अधिकार दिये गये। कुल 1,53,438 दावों को ख़ारिज किया गया (देखें, सारणी 1)।

तीसरा, उत्तर-पूर्व राज्यों के बारे में शुरुआत में यह भ्रम की स्थिति रही कि क्या छठी अनुसूची के क्षेत्रों में यह क़ानून लागू होता है। लेकिन बाद में यहाँ भी धीरे-धीरे क़ानून लागू होने की प्रक्रिया ने गति पकड़ी। यहाँ कुछ राज्यों में व्यक्तिगत अधिकार देने की दर तुलनात्मक रूप से अच्छी रही है। मसलन, त्रिपुरा में 1,82,340 लोगों ने व्यक्तिगत अधिकारों का दावा किया। इनमें से 1,20,473 दावों को क़ानूनी रूप से स्वीकार किया गया। यह अन्य राज्यों की तुलना में एक बेहतर आँकड़ा है (देखें सारणी 1)। दूसरी ओर, कई अन्य राज्यों में बहुत ज़्यादा दावे स्वीकार नहीं किये गये हैं। असम में 1,26,718 लोगों ने व्यक्तिगत अधिकारों को दावा किया। इसमें से सिर्फ़ 35,407 दावों को ही स्वीकार किया गया।

चौथा, कई जगहों पर ग्राम सभा की पूरी तरह उपेक्षा की गयी। मसलन, आंध्र प्रदेश में पाँचवीं अनुसूची के क्षेत्रों में भी प्रशासनिक गाँव को ही ग्राम सभा माना गया। लेकिन यह गाँव कई टोलों या हैमलेट्स का समूह होता है (रेड्डी और अन्य 2011)।[13] पश्चिम बंगाल में ग्राम सभा की बजाय 'पंचायत संसद' को क़ानून लागू करने की सबसे छोटी इकाई माना गया। यहाँ पंचायत समिति को ही 'पंचायत संसद' कहा जाता है। यह कई बार बहुत से गाँवों

13. अनुराग मोदी ने क़ानून के ग्राम सभा संबंधी प्रावधानों की आलोचना की। इनका मानना है कि यह गाँवों, ख़ासकर राजस्व गाँवों की सीमा के बारे में स्पष्ट नहीं है। इससे विभिन्न ग्राम सभाओं के बीच विवाद पैदा हो सकता है। क़ानून के नियमों में इन विवादों को हल करने की ज़िम्मेदारी सब-डिविजनल कमिटी को दी गयी। यह एक तरह से सरकार के दख़ल को बढ़ाने वाला क़दम ही है देखें, मोदी (2008)।

से मिलकर बनी होती है। ग्राम सभा की उपेक्षा ने सबसे बुनियादी स्तर पर ही क़ानून उल्लंघन किया (झा 2010: 25)। *कौंसिल फॉर सोशल डिवलपमेंट* (या सीएसडी) द्वारा अप्रैल 2010 में आयोजित किये गये दो दिनों के राष्ट्रीय सेमिनार में देश के पंद्रह राज्यों से प्रतिनिधि आये। इन्होंने बताया कि अधिकांश जगहों पर ग्राम सभा की भूमिका की उपेक्षा की जा रही है; बहुत से राज्यों में पाँचवीं अनुसूची के क्षेत्रों में भी पंचायत स्तर पर ग्राम सभा की बैठक बुलाई जा रही है; ग्राम सभा में दो-तिहाई कोरम के प्रावधान का सही तरीक़े से पालन नहीं हुआ है; क़ानून के मुताबिक़ ग्राम सभा को मान्यता नहीं दी जा रही है और वन विभाग इस क़ानून के लागू होने की प्रक्रिया में बहुत ज़्यादा दख़ल दे रहा है। क़ानून द्वारा तय की गयी कई कमिटियों (मसलन, सब-डिविजनल, ज़िला स्तरीय या राज्य स्तरीय कमिटी) में वन विभाग के अधिकारी काबिज़ हो गये (सीएसडी 2010: 5-14)। असल में, वन विभाग ने क़ानून लागू होने की प्रक्रिया के शुरू होने के बाद से ही दख़लंदाज़ी शुरू कर दी (डोगरा 2010)।

पाँचवाँ, ज्योतिष सत्यपालन के अनुसार, केरल में कई जगहों पर ग्राम सभा ने अपना काम सही तरीक़े से किया। लेकिन दावों की जाँच के समय बहुत सारी समस्याएँ आयीं। अमूमन अधिकारियों को पर्याप्त प्रमाण नहीं मिले। इस कारण, मार्च 2009 तक केरल के आदिवासी क्षेत्रों में 37000 व्यक्तिगत अधिकार के दावे दाख़िल होने के बावजूद 31,616 दावे ख़ारिज कर दिये गये। जिन लोगों को पट्टा मिला, उनमें से अधिकांश लोगों को 'प्रोविजनल' (या अस्थायी) पट्टा ही दिया गया गया (सत्यपालन 2010: 67-68)। सत्यपालन इसके लिए सिर्फ़ कुछ व्यावहारिक क़िस्म की दिक़्क़तों (मसलन, पर्याप्त जानकारी न मिल पाने आदि) को ज़िम्मेदार मानते हैं। वे वन विभाग या प्रशासन की मंशा पर सवाल खड़ा नहीं करते हैं। लेकिन देश के दूसरे कई भागों में क़ानून के लागू होने की प्रक्रिया के अध्ययन से यह स्पष्ट है कि वन विभाग और दूसरी सरकारी संस्थाओं ने जानबूझकर क़ानून के लागू होने में रोड़े अटकाए। बहुत सी जगहों पर ग़लत तरीक़े से दावों को ख़ारिज किया गया है। मसलन, छत्तीसगढ़ में पटवारी या फॉरेस्ट गार्ड द्वारा दाखिल किये गये रिपोर्ट के आधार पर लोगों के दावे ख़ारिज कर दिये गये। बस्तर ज़िले के कुसमी गाँव में इस तरह से 100 दावों को ख़ारिज किया गया। इसी तरह, मध्य प्रदेश, आंध्र प्रदेश, उत्तर प्रदेश और छत्तीसगढ़ में बहुत से दावों को कोई कारण बताये बिना ही ख़ारिज कर दिया गया (गवर्नमेंट ऑफ़ इण्डिया 2010सी : 74-75)। देबाश्री डे ने पश्चिम बंगाल के पुरुलिया ज़िले के बलरामपुर ब्लॉक में इस क़ानून के बारे में अध्ययन किया। उनका मानना है कि इस क़ानून के प्रति प्रशासन का बहुत ही उदासीन रवैया

रहा है। इस ज़िले में 1,700 खेरिया सबर परिवारों ने व्यक्तिगत अधिकारों के लिए दावा किया। लेकिन इनमें से सिर्फ़ 250 परिवारों को ही अधिकार मिल पाया (डे 2011)। कई जगहों पर वन विभाग ने अधिकार तय करने की प्रक्रिया में दख़ल दिया। उसने लोगों से 1980 के पहले उस जगह पर रहने का सबूत माँगा। लोगों से वन विभाग को दिये गये जुर्माने की रसीद माँगी गयी। कई जगहों पर इस बात की भी जाँच की गयी कि क्या दावा करने वालों का नाम वन विभाग के अतिक्रमकों की सूची में है (सीएसडी 2010: 2; 11-12)। सब-डिविजनल स्तर और ज़िला स्तर की कमिटियों ने भी कई जगहों पर कारण बताए बिना ही दावे ख़ारिज किये। अधिकांश मामलों में दावों को ख़ारिज किये जाने के बारे में लोगों को सूचना नहीं दी गयी (वही : 16)। कई जगहों पर क़ानून के लागू होने के शुरुआती दौर में वन विभाग को ही नोडल एजेंसी (यानी क़ानून को लागू करवाने वाली और पूरी प्रक्रिया के लिए जवाबदेह ऐजेंसी) बना दिया गया (रोमा और रजनीश 2009)।

छठा, ऊपर वर्णित तेखरानाला के अनुभव से यह स्पष्ट है कि लोगों ने जितनी ज़मीन का दावा किया, उन्हें उससे बहुत कम ज़मीन मिली। इसी तरह, कई जगहों पर प्लॉट की ग़लतियाँ हुईं। इस पूरी प्रक्रिया में संबंधित विभागों, ख़ासतौर पर, वन विभाग ने अपनी मनमानी की (सीएसडी 2010: 11-12; कैम्पेन 2012; पीयूडीआर 2010)।

सातवाँ, कई मरतबा किसी ख़ास भौगोलिक क्षेत्र में क़ानून को लागू करने में मुश्किलें आयीं। मसलन, सत्यपालन इस संदर्भ में केरल के पश्चिमी घाट का उदाहरण देते हैं। यहाँ लोगों के घर एक-दूसरे से बहुत दूर-दूर हैं। ऐसे में, हेमलेट स्तर पर ग्राम सभा को मान्यता देना, वन अधिकार समिति बनाना आदि बहुत मुश्किल काम है। अधिकांश लोगों के क़ानून से अपरिचित होने पर यह मुश्किल और भी बढ़ जाती है (सत्यपालन 2010: 68)।

आठवाँ, यह क़ानून अनुसूचित जनजातियों के सभी ग़रीबों की समस्याओं को हल नहीं करता है। मसलन, उर्सुला मुन्सटेर और सुमा विष्णुदास ने केरल के वायनाड क्षेत्र में इस क़ानून के लागू होने की प्रक्रिया और प्रभावों का अध्ययन किया है। इन्होंने यह दलील पेश की है कि यह क़ानून बहुत ही अच्छे मक़सद से लाया गया है। लेकिन वायनाड क्षेत्र में आदिवासियों के ज़मीन के संघर्ष को सुलझाने का सही साधन नहीं है। दरअसल, एक ऐतिहासिक प्रक्रिया से यहाँ आदिवासियों की ज़मीन पर ग़ैर-आदिवासियों का क़ब्ज़ा हो गया है (फिलिप 2004)। अब इनमें से अधिकांश लोग जंगल की ज़मीन पर नहीं रहते हैं। इस क्षेत्र में अनुसूचित जनजातियों का बहुमत भूमिहीन किसानों का

है। इस क़ानून से बहुत कम लोगों को और बहुत कम ज़मीन मिली है (मुन्सटेर और विष्णुदास 2012: 38)। इसका स्पष्ट कारण यह है कि यह क़ानून ज़मीन के वितरण का प्रावधान नहीं करता है। इस क़ानून के मुताबिक़ अधिकार हासिल करने के लिए कुछ बुनियादी शर्तें हैं। मसलन, यदि आप अनुसूचित जनजाति के हैं, तो 13 दिसम्बर 2005 से पहले से उस ज़मीन पर रह रहे हों, और क़ानून के लागू होने के समय भी आप वास्तविक रूप से उस ज़मीन का उपयोग कर रहे हों। वायनाड का उदाहरण सेमरसोत अभयारण्य के सठोरा गाँव के उदाहरण से मिलता-जुलता है। सठोरा में उन्हीं लोगों ने जंगल की ज़मीन पर 'बेजा क़ब्ज़ा' किया, जिनके खेत जंगल से लगे हुए थे। ऐसे में, गाँव के कई प्रभुत्वशाली लोगों ने जंगल की ज़मीन पर 'बेजा क़ब्ज़ा' किया। लेकिन बहुत सारे भूमिहीन लोग जंगल की ज़मीन पर 'बेजा क़ब्ज़ा' नहीं कर पाए, क्योंकि उनके खेत जंगल से लगे हुए नहीं थे (देखें अध्याय 4)। इस प्रकार, यह क़ानून इस तरह के मामलों में ग़रीब और ज़रूरतमंद समूहों को कोई राहत नहीं देता है।

नौवाँ, क़ानून लागू करने की प्रक्रिया के पूरा होने के पहले ही राजस्थान, मध्य प्रदेश, छत्तीसगढ़ और उड़ीसा से कई लोगों को उनके घरों से निकाला गया। यह क़ानून की धारा 4(5) का उल्लंघन था (सीएसडी 2010: 15)।

इस विवेचना से यह स्पष्ट है कि व्यक्तिगत अधिकारों की प्रक्रिया में ढेर सारी कमियाँ रही हैं। इसमें बहुत सारे दावों को नकारा गया। ख़ासतौर पर 'अन्य पारम्परिक वन निवासी' की श्रेणी में आने वाले लोगों के दावों को बहुत ज़्यादा संख्या में ख़ारिज किया गया।[14] इसके अलावा, वन विभाग की मनमानी ने भी इन दावों के स्वीकार किये जाने की प्रक्रिया में बहुत सारी समस्याएँ पैदा कीं। फिर भी यह कहा जा सकता है कि व्यक्तिगत अधिकार लागू करने की प्रक्रिया पूरी तरह ठप्प नहीं रही है। लेकिन सामुदायिक अधिकार तय करने की प्रक्रिया बहुत ही निराशाजनक रही है। आगे इसी पर विचार किया गया है।

---

14. ऊपर वर्णित तेखरानाला के अनुभवों से यह बात स्पष्ट है। सक्सेना कमिटी ने भी इसे रेखांकित किया गया है (गवर्नमेंट ऑफ़ इण्डिया 2010सी : 80)। *कौंसिल फॉर सोशल डिवलपमेंट* द्वारा आयोजित सेमिनार में भी यह बात सामने आयी (सीएसडी 2010: 20-21)। यह 2009 के लोकसभा चुनावों में भी एक मुद्दा बना। मार्क्सवादी कम्युनिस्ट पार्टी (माकपा) ने अपने चुनावी घोषणा-पत्र में यह वायदा किया कि वो इस क़ानून को पूरी तरह लागू करेगी। इसने यह भी वायदा किया कि वह इसमें इस तरह संशोधन करेगी ताकि पारम्परिक वन निवासियों की ज़्यादा तर्कसंगत परिभाषा सामने आ सके देखें कम्युनिस्ट पार्टी ऑफ़ इंडिया (मार्किस्ट) मैनीफ़ेस्टो (2009); लेकिन कांग्रेस या भाजपा के घोषणा-पत्रों में इसका कोई उल्लेख नहीं था; देखें, भारतीय जनता पार्टी मैनिफ़ेस्टो (2009); कांग्रेस ने इस क़ानून के अपनी एक उपलब्धि के रूप में दिखाया देखें, इण्डियन (नैशनल) कांग्रेस मैनिफ़ेस्टो (2009).

2. सामुदायिक वन अधिकारों के लिए संघर्ष

सामुदायिक वन अधिकारों का अर्थ है ऐसे अधिकार जिसका उपयोग लोग सामूहिक या सामुदायिक रूप से करें। ये अधिकार इसलिए महत्त्वपूर्ण हैं क्योंकि ये जंगल के संसाधनों, जंगल के संरक्षण और प्रशासन में स्थानीय समुदायों को हिस्सेदारी देते हैं। अभी तक इस बारे में कोई मुक़म्मल तस्वीर नहीं है कि राज्य और केंद्र स्तर पर लोगों को किस सीमा तक ये अधिकार दिये गये हैं। अधिकांश राज्यों में आँकड़ों और विश्लेषण का पूरी तरह अभाव है। धारा 3(1) के अंतर्गत आने वाले सामुदायिक अधिकार और धारा 3(2) में दिये गये विकास के अधिकार के बारे में भ्रम की स्थिति बनी हुई है। इस बारे में भी कोई स्पष्टता नहीं है कि किस सीमा तक सामुदायिक अधिकारों का दावा किया जा सकता है। व्यक्तिगत अधिकारों के विपरीत इनकी पूरी तरह उपेक्षा की गयी है।[15]

सारणी- 2

वन अधिकार क़ानून के अंतर्गत मिले व्यक्तिगत वन अधिकारों की स्थिति

(30 दिसम्बर 2013)

राज्य	सामुदायिक वन अधिकारों के लिए दाख़िल किय गये दावों की संख्या	दिये गये 'टाइटल' या अधिकार-पत्रों की संख्या
आंध्र प्रदेश	6,714	2,106
अरूणाचल प्रदेश	–	–
असम	5,193	860
बिहार	सामुदायिक अधिकारों के बारे में अलग से सूचना नहीं है।	–
छत्तीसगढ़	4,736	775
गोवा	–	–
गुजरात	8,723	1,758
हिमाचल प्रदेश	सामुदायिक अधिकारों के बारे में अलग से सूचना नहीं है।	–
झारखंड	सामुदायिक अधिकारों के बारे में अलग से सूचना नहीं है।	–
कर्नाटक	3,080	90

(शेष अगले पृष्ठ पर)

15. मसलन देखें, रोमा और रजनीश (2009); सत्यपालन (2010); रेड्डी और अन्य (2011); सीएसडी 2010; गवर्नमेंट ऑफ़ इण्डिया 2010सी; कैम्पेन (2011); (2012).

केरल	1,395	4
मध्य प्रदेश	16,882	9,408 वितरण के लिए तैयार है।
महाराष्ट्र	5,048	1869
मणिपुर	–	–
मेघालय	–	–
मिजोरम	–	–
ओडिशा	5,107	1,774
राजस्थान	346	59
सिक्किम	–	–
त्रिपुरा	277	55
उत्तर प्रदेश	1,135	814
पश्चिम बंगाल	7,824	108 और 2969 वितरण के लिए तैयार है।
अंडमान और निकोबार	–	–
द्वीप समूह	–	–
दमन और दीव	–	–
दादरा नगर हवेली	–	–

स्रोत : *अनुसूचित जनजाति और अन्य पारम्परिक वन निवासी (वन अधिकार मान्यता) अधिनियम 2006* के लागू होने की स्थिति (30 दिसम्बर 2013 तक), जनजातीय मामलों का मंत्रालय, भारत सरकार, वेब पता: http://tribal.nic.in/writereaddata/mainlinkFile/File1450.pdf, देखने की तारीख़ 20.01.2014.

30 दिसम्बर 2013 को वेबसाइट पर दी गयी सूचना के आधार पर मैंने सामुदायिक अधिकारों के लागू होने के संबंध में एक सारणी तैयार की है (देखें सारणी 2)। वेबसाइट की सूचना से कुछ बातें स्पष्ट होती हैं, तो बहुत सी बातें अस्पष्ट रह जाती हैं। मसलन, इसमें कुल 16 राज्यों के बारे में सूचनाएँ दी गयी हैं। बहुत से राज्यों के बारे में अलग से यह नहीं बताया गया है कि वहाँ सामुदायिक अधिकारों के कितने दावे किये गये, कितने दावों को स्वीकार किया गया या उनके लिए कितनी ज़मीन आबंटित की गयी। मसलन, बिहार, हिमाचल प्रदेश, झारखंड के आँकड़ों में यह स्पष्ट नहीं है।

सामुदायिक अधिकारों के लागू होने के संदर्भ में मध्य प्रदेश की स्थिति थोड़ी बेहतर है, यहाँ सामुदायिक अधिकार के 16,882 दावों में से 9,408 दावों को 'टाइटल' (अधिकार-पत्र) वितरण के लिए तैयार हैं। लेकिन इसके अलावा,

विभिन्न राज्यों में इनके लागू होने की दर बहुत अच्छी नहीं है। मसलन, आंध्र प्रदेश में सामुदायिक अधिकारों के 6,714 दावे किये गये, लेकिन इनमें से सिर्फ़ 2,106 दावों को ही मालिकाना हक़ मिल पाया है। असम में 5,193 दावों में से 860, छत्तीसगढ़ के 4, 736 दावों में से सिर्फ़ 775 दावों को स्वीकार किया गया। इस संदर्भ में बहुत से राज्यों की स्थिति और भी ज़्यादा ख़राब है। मसलन, कर्नाटक में दाख़िल किये गये 3,080 दावों में से सिर्फ़ 90 को ही स्वीकार किया गया है (देखें सारणी 2)।

दरअसल, सामुदायिक अधिकार के लिए ज़्यादा ज़मीन की माँग की जानी चाहिए थी, क्योंकि देश में बहुत ज़्यादा संख्या में गाँव जंगल में या जंगल के नज़दीक बसे हुए हैं।[16] लेकिन क़ानून की अधिसूचना जारी होने के बाद इस क़ानून को 'पट्टा वितरण क़ानून' के रूप में पेश किया गया। सामुदायिक अधिकार लागू होने के संदर्भ में बहुत ज़्यादा कमियाँ रहीं। इनमें से कुछ कमियों को निम्नलिखित बिंदुओं में स्पष्ट किया जा सकता है:

पहला, बहुत से क्षेत्रों में क़ानून के इन प्रावधानों के बारे में लोगों में जागरूकता का अभाव रहा है। यह बात व्यक्तिगत अधिकारों के बारे में भी सच है। इस क़ानून में सूचना और प्रचार का कोई प्रावधान न होने के कारण भी लोगों तक इसके बहुत से प्रावधानों की जानकारी नहीं पहुँच पाई (कोठारी 2011)। दरअसल, उन क्षेत्रों में जहाँ लोग शिक्षित नहीं हैं और जहाँ कोई जन-संगठन सक्रिय नहीं है वहाँ लोगों तक इस क़ानून की सही समझ नहीं पहुँच पाई है। ऐसे क्षेत्रों में लोगों को ख़ासतौर पर क़ानूनी मामलों को समझने में बहुत ज़्यादा परेशानी का सामना करना पड़ता है (रामनाथ 2008 : 39)। बहुत सारे स्थानों पर वन अधिकारियों को भी इस क़ानून के बारे में स्पष्ट जानकारी नहीं रही है (मुन्सटेर और विष्णुदास 2012 : 38)। क़ानून लागू करने के पहले चरण में बहुत सारे राज्यों में सामुदायिक अधिकार का फॉर्म वितरित नहीं किया। मैंनें जिन गाँवों में फ़ील्ड-वर्क किया, वहाँ भी यही स्थिति रही। इन जगहों पर लोगों को सामुदायिक वन अधिकारों से संबंधित फ़ॉर्म भी नहीं मिला (गवर्नमेंट ऑफ़ इण्डिया 2010सी : 87)।

दूसरा, बहुत से स्थानों पर लोग सामुदायिक अधिकारों के बारे में जागरूक थे। लेकिन ऐसी जगहों पर भी समुदाय या संबंधित अधिकारियों को इसे लागू करने के तरीक़े के बारे में जानकारी नहीं थी । सामुदायिक वन संसाधनों [धारा

16. दरअसल कुछ आँकड़ों पर ध्यान देने से यह बात ज़्यादा स्पष्ट हो जाती है: पहला, *फॉरेस्ट सर्वे ऑफ़ इण्डिया* के अनुसार, 170, 000 ऐसे गाँव है, जिनका कुछ-न-कुछ क्षेत्र जंगल की ज़मीन में आता है। ऐसे क्षेत्रों में कुल वन क्षेत्र 32 मिलियन हेक्टेयर है; दूसरा, देश में तक़रीबन कुल 100,000 जेएफ़एम कमिटियाँ हैं और उनकी सुरक्षा में कुल 22 मिलियन हेक्टेयर जमीन है देखें, गवर्नमेंट ऑफ़ इण्डिया (2010सी : 86).

3(1)(i)] के बारे में बहुत कम जागरूकता रही है। इसी कारण, कई मरतबा धारा 3(2) के अंतर्गत मिलने वाले अधिकारों को धारा 3(1) के अधिकारों के रूप में पेश कर दिया गया। गुजरात, महाराष्ट्र और मध्य प्रदेश के 31 गाँवों का अध्ययन किया। इससे यह बात सामने आयी कि गाँवों के लोगों ने बहुत से सामुदायिक अधिकारों का दावा किया। इनमें से 22 धारा 3(2) के अंतर्गत मिलने वाले विकास अधिकार थे; सिर्फ़ 11 निस्तार अधिकार थे और एक अधिकार पारम्परिक ज्ञान के बौद्धिक अधिकार से जुड़ा हुआ था। बहुत सी जगहों पर लघु वनोपजों का बहुत सीमित अधिकार दिया गया। लोग सिर्फ़ अपनी ज़रूरतों के लिए इसका उपयोग कर सकते हैं। वे इन्हें बेच नहीं सकते हैं (सीएसडी 2010: 24)। वन उत्पादों या वन उपयोग अधिकार की बजाय छोटी जगहों पर ध्यान दिया गया– मसलन, कब्रगाह (मध्य प्रदेश), थ्रेसिंग ग्राउंड (झारखंड), तालाब आदि। 'समर्थन' संस्था द्वारा छत्तीसगढ़ के गाँवों के अध्ययन से यह बात सामने आयी कि यहाँ पर वनोपजों, बाज़ार, चराई के क्षेत्र आदि के लिए बहुत कम जगहों पर ज़मीन का दावा किया गया। इसकी बजाय, स्कूल बनाने, सामुदायिक भवन बनाने आदि के लिए ज़मीन की माँग ज़्यादा की गयी [समर्थन (2010), (गवर्ननमेंट ऑफ़ इण्डिया 2010सी : 88) में उद्धृत]।

तीसरा, सामुदायिक वन अधिकारों में से कुछ अधिकार बहुत ही नयी तरह की शब्दावली में पेश किये गये हैं। मसलन, जैव विविधता और बौद्धिक सम्पदा का अधिकार। अमूमन आदिवासी कार्यकर्त्ता इस तरह के अधिकारों को समझने में नाकाम रहे हैं।

चौथा, बहुत सी जगहों पर लोगों को यह लगा कि चूँकि उन्हें किसी पुराने क़ानून से अधिकार मिला हुआ है, इसलिए उन्हें इस क़ानून के तहत सामुदायिक अधिकारों का दावा करने की ज़रूरत नहीं है। अंथरा ने आंध्र प्रदेश के चरागाही समुदायों (या पैस्टोरलिस्ट) का अध्ययन किया। उनके अनुसार, मेडक ज़िले में वन विभाग ने इन समुदायों के लोगों को बताया कि उन्हें सामुदायिक अधिकार की कोई आवश्यकता नहीं है, क्योंकि उन्हें पहले से ही चराई का अधिकार मिला हुआ है (अंथरा 2010)। इसी तरह, हिमाचल प्रदेश में लोगों ने अपने अस्तित्वमान सामुदायिक अधिकारों को ही पक्का मान लिया। इन्हें सामुदायिक अधिकारों का दावा करने के लिए प्रोत्साहित नहीं किया गया (सक्सेना 2010)। झारखंड में बहुत से समुदाय सामुदायिक अधिकारों की माँग नहीं कर रहे हैं। इन्हें लगता है कि *छोटानागपुर टिनेन्सी एक्ट* से इन्हें इस क़ानून की तुलना में कहीं ज़्यादा अधिकार मिले हुए हैं। इन्हें यह जानकारी नहीं है कि इस क़ानून में इन्हें ये अधिकार तो मिलेंगे ही, लेकिन इससे आगे कई दूसरे अधिकार भी मिलेंगे (गवर्नमेंट ऑफ़ इण्डिया 2010सी : 90)। इसी तरह, एम. गोपीनाथ

रेड्डी एवं अन्य ने आंध्र प्रदेश में इस क़ानून के बारे में अध्ययन किया है। इनका मानना है कि आंध्र प्रदेश में सामुदायिक अधिकारों से संबंधित प्रावधानों की नये सिरे से व्याख्या की गयी। इसमें इस बात पर ध्यान दिया गया कि वास्तविक रूप से ग्रामीण समुदाय को ये अधिकार न मिलें। यह कोशिश की गयी कि वन विभाग के स्थानीय निकाय इन अधिकारों पर क़ब्ज़ा क़ायम कर लें। यहाँ वन संरक्षा समिति (वीएसएस) को सामुदायिक अधिकारों का दावा करने का हक़ दिया गया है। यह समिति वन विभाग के नियंत्रण में रहने वाली संस्था हैं (रेड्डी एवं अन्य 2011: 77)। गुजरात में भी ऐसा ही किया गया (सीएसडी 2010: 11)। दरअसल, वन विभाग द्वारा संयुक्त वन प्रबंधन (या जेएफ़एम) को बढ़ावा देना या उसे जारी रखना भी वन अधिकार क़ानून के धारा 4(इ) का उल्लंघन है। इस धारा के अनुसार, ग्राम सभा वन्य जीव, जंगल और जैव-विविधता की सुरक्षा के लिए अपने सदस्यों में से कमिटियों का निर्माण करेगी, ताकि वह क़ानून की धारा 5(ए) (इकोलॉजी और वन्य जीवों के संरक्षण) के प्रावधानों को पूरा कर पाए (झा 2010: 24)।

पाँचवाँ, जैसा कि पहले भी उल्लेख किया गया है, 'अन्य पारम्परिक वन निवासियों' को अधिकांश जगहों पर यह साबित करना मुश्किल हो रहा है कि वे एक स्थान पर तीन पीढ़ियों (अर्थात् 75 सालों) से रह रहे हैं; या उस पर तीन पीढ़ियों से निर्भर हैं (गवर्नमेंट ऑफ़ इण्डिया 2010सी : 92; सीएसडी 2010)

छठा, बहुत जगहों पर समुदायों के दावों पर कारवाई करने में काफ़ी देर हो रही है या उन्हें काफ़ी तादाद में ख़ारिज किया जा रहा है। सामुदायिक अधिकारों को स्वीकार न करने का एक प्रमुख कारण यह है कि ये स्थानीय समुदायों को वनोपजों पर अधिकार देते है। लेकिन इन्हीं वनोपजों से वन विभाग की आय का आधा हिस्सा आता है [महापात्रा और अन्य 2010; गवर्नमेंट ऑफ़ इण्डिया 2010सी : 92]

सातवाँ, कई जगहों पर सामुदायिक अधिकारों को मान्यता नहीं दी गयी। इसके बाद जंगल में समुदायों की गतिविधियों पर पाबंदी लगाई जा रही है। मसलन, आंध्र प्रदेश में वन विभाग ने चेन्चुस जनजाति के लोगों के जंगल में आने पर रोक लगा दी। वन विभाग ने यह तर्क दिया कि चूँकि क़ानून के अंतर्गत उनके सामुदायिक अधिकारों को मान्यता नहीं दी गयी है, इसलिए वे जंगल में नहीं आ सकते हैं। इसके बाद, अक्टूबर 2009 में आंध्र प्रदेश उच्च न्यायालय ने उनके सामुदायिक अधिकारों को मान्यता देने का निर्देश दिया।[17]

क़ानून के लागू होने की प्रक्रिया में एक महत्त्वपूर्ण कमी यह रही है कि

17. फ़ैसले की तारीख़ 14.10.2009, *दसारी चिन्हा कोंडय्या बनाम यूनियन ऑफ़ इण्डिया और अन्य (डब्ल्यूपी 21919/2009)* (सीएसडी 2010: 25)।

क़ानून का हिंदी और क्षेत्रीय भाषाओं में हुए अनुवाद में बहुत सारी ग़लतियाँ रह गयीं। मसलन, टांगिया वन बस्तियों का उल्लेख अंग्रेज़ी क़ानून में है, लेकिन हिंदी या मराठी रूपांतरणों में यह मौजूद नहीं था (रोमा और रजनीश 2009)। इस कारण लोगों में भ्रम पैदा हुआ।

3. 'युद्ध के क्षेत्र' और वन अधिकार क़ानून

ऊपर इस बात का उल्लेख किया गया है कि जनजातीय मामलों के मंत्रालय ने अपनी वेबसाइट पर इस क़ानून के लागू होने की स्थिति के बारे में विस्तार से बताया है। इस रिपोर्ट में 'वामपंथी उग्रवाद' से प्रभावित क्षेत्रों के बारे में भी जानकारी दी गयी है। इसमें आंध्र प्रदेश, बिहार, छत्तीसगढ़, झारखंड, मध्य प्रदेश, महाराष्ट्र, उड़ीसा, उत्तर प्रदेश और पश्चिम बंगाल के क्षेत्रों को शामिल किया गया है। लेकिन सारणी में यह स्पष्ट नहीं किया गया है कि किस राज्य का कितना क्षेत्र इस श्रेणी में आता है। इसके अनुसार, 30 सितम्बर 2012 तक इन क्षेत्रों में कुल 24, 32,056 दावे किये गये। इसमें से 24,93,831 दावे व्यक्तिगत अधिकारों के थे और 38,225 दावे सामुदायिक अधिकारों के। 10,24,719 व्यक्तिगत और 7,066 सामुदायिक दावों को स्वीकार किया गया। व्यक्तिगत अधिकारों के 12,38,172 दावों को ख़ारिज किया गया और सामुदायिक अधिकारों के 2,740 दावों को ख़ारिज किया गया।[18] दरअसल, ये आँकड़े नाकाफ़ी हैं। इसमें यह नहीं बताया गया कि इसमें जिन राज्यों का नाम लिखा गया है, क्या वहाँ पूरा राज्य ही वामपंथी उग्रवाद से त्रस्त है, या उसका कुछ हिस्सा। इन आँकड़ों से यह भी स्पष्ट है कि इन क्षेत्रों में आधे से ज़्यादा व्यक्तिगत अधिकारों के दावों को ख़ारिज किया गया है। दूसरी ओर, इन क्षेत्रों में सामुदायिक अधिकारों के बहुत कम दावे पेश किये गये हैं। इन दावों के पाँचवे हिस्से से भी कम दावों को 'टाइटल' दिया गया है। मेरा यह मानना है बहुत से ऐसे क्षेत्र हैं जहाँ राज्य प्रायोजित हिंसा या राज्य के दमन के कारण यह क़ानून लागू नहीं हो पाया है। इस संदर्भ में 'सलवा जुडूम' और 'ऑपरेशन ग्रीन हंट' का उल्लेख किया जा सकता है।

असल में, कुछ ख़ास जंगली इलाक़ों में भारतीय राज्य ने इस क़ानून को लागू करने के साथ-ही-साथ माओवाद विरोधी हथियारबंद कार्रवाइ भी काफ़ी तेज़ कर दिया है। जून 2005 में छत्तीसगढ़ के दंतेवाड़ा ज़िले में 'सलवा जुडूम' अभियान की शुरुआत की गयी। यह दावा किया गया कि यह एक स्वतःस्फूर्त

---

18. स्रोतः अनुसूचित जनजाति और अन्य पारम्परिक वन निवासी (वन अधिकार मान्यता) अधिनियम 2006 के लागू होने की स्थिति (30 सितम्बर 2012 तक), जनजातीय मामलों का मंत्रालय, भारत सरकार; 41; वेब पताः http://tribal.nic.in/writereaddata/mainlinkFile/File1450.pdf, देखने की तारीख़ (20.10.2012)।

आंदोलन है। लेकिन दरअसल यह एक राज्य प्रायोजित अभियान था जिसे केंद्र और राज्य सरकारों के अलावा स्थानीय कांग्रेस और भाजपा नेताओं का समर्थन मिला हुआ था। इसमें आदिवासियों के एक तबक़े को हथियार देकर दूसरे तबके के ख़िलाफ़ खड़ा किया गया। 'सलवा जुडूम' ने तक़रीबन 644 गाँवों से लोगों को हटाकर उन्हें कैम्पों में बसा दिया। बहुत सारे लोग भागकर आंध्र प्रदेश या जंगल के अंदरूनी भागों में चले गये। दरअसल, 'सलवा जुडूम' और इसके कारण शुरू हुए हिंसा-प्रतिहिंसा के दौर ने इस पूरे क्षेत्र में आदिवासियों के जीवन को पूरी तरह झकझोर कर रख दिया। आदिवासियों ख़ासतौर पर महिलाओं को ज़्यादा हिंसा का सामना करना पड़ा। इस क्षेत्र में जो भी थोड़ी बहुत शिक्षा और स्वास्थ्य की सुविधाएँ थी, वे इसके कारण तक़रीबन तबाह हो गयीं।[19] जुलाई 2011 में सर्वोच्च न्यायालय ने 'सलवा जुडूम' को असंवैधानिक बताते हुए इसे ख़त्म करने का आदेश दिया।[20] लेकिन छत्तीसगढ़ सरकार ने इस आदेश का सही तरीक़े से पालन नहीं किया। उसने 'सलवा जुडूम' के एसपीओ को 'एक्सलरी' या सहायक फोर्स के रूप में क़ायम रखा (सेठी 2011)। मैंने शोधकर्त्ताओं की एक टीम के सदस्य के रूप में जून 2008 में दंतेवाड़ा और बीजापुर के विभिन्न गाँवों की यात्रा की थी।[21] इन गाँवों में घूमते हुए मैंने यह पाया कि अधिकांश गाँवों में लोग नहीं थे; जहाँ लोग थे, वे भी रात में जंगलों में चले जाते थे और उनके भीतर 'सरकारी' कर्मचारियों या पुलिस या 'सलवा जुडूम' का गहरा डर बैठा हुआ था। बाद के समय में इस क्षेत्र की हालत और ख़राब हुई। यहाँ किसी भी बाहरी 'एक्टिविस्टनुमा' व्यक्ति के आने पर अघोषित पाबंदी लगा दी गयी (सुंदर और सिंह 2010: 8-9)। यह बात स्पष्ट है कि इस क्षेत्र में वन अधिकार क़ानून को बिल्कुल ही लागू नहीं किया गया है।

19. सलवा जुडूम की पृष्ठभूमि और इसके द्वारा की गयी कार्रवाइयों के बारे में नागरिक और लोकतांत्रिक संगठनों के बहुत सारे रिपोर्ट देखें जा सकते हैं, मसलन देखें, पीयूडीआर और अन्य (2006); इंडिपेंडेंट सिटिजन इनिसिएटिव (2006); ह्युमन राइट्स फोरम (2006); ह्युमन राइट्स वाच (2008); साथ ही देखें सुंदर (2006); *नैशनल कमीशन फॉर द प्रोटेक्शन ऑफ चाइल्ड राइट्स* ने अपनी रिपोर्ट के माध्यम से इस क्षेत्र में बच्चों और महिलाओं साथ हो रहे अत्याचारों की ओर ध्यान दिलाया (देखें एन. सी.पी.सी.आर 2007); 'सलवा जुडूम' के द्वारा महिलाओं पर किये गये अत्याचारों के लिए देखें, कमिटी अगेंस्ट वायलेंस ऑन वूमेन (2006); इसी तरह, 'मेडिको फ्रेंडस सर्किल' और 'जन स्वास्थ्य अभियान' ने अपने जाँच के दौरान यह पाया कि इन क्षेत्रों में पहले से ही स्वास्थ्य सुविधाओं की हालत खस्ता थी। 'सलवा जुडूम' के शुरू हो जाने के बाद यहाँ किसी भी डॉक्टर या मेडिकल सुविधा का पहुँचना तकरीबन नामुमकिन हो गया देखें, मेडिको फ्रेंड सर्किल और जन स्वास्थ्य अभियान (2007)।

20. नंदिनी सुंदर और अन्य बनाम छत्तीसगढ़ राज्य, रिट पिटीशन (सिविल) नंबर 250; इस फ़ैसले के बारे में विस्तार से जानने के लिए देखें सलवा जुडूम (2011)।

21. देखें, प्रेस रिलीज़, *दंतेवाड़ा विजिट रिलीज़ बाई टीम ऑफ़ रिसर्च स्कॉलर्स ऐंड स्टुडेन्ट्स,* कैम्पेन फॉर पीस ऐंड जस्टिस फॉर छत्तीसगढ़, नयी दिल्ली, जून 21, 2008.

यहाँ ग्राम सभा की बैठक बुलाने की भी स्थिति नहीं थी, इसलिए इस क़ानून के लागू होने की प्रक्रिया की शुरुआत भी नहीं हुई।

सन् 2009 में केंद्र सरकार ने माओवाद प्रभावित क्षेत्रों में अपनी कार्रवाइ काफ़ी तेज़ कर दी। मीडिया में इसे 'ऑपरेशन ग्रीन हंट' के नाम से जाना गया। इसमें नक्सलवाद से प्रभावित पाँच राज्यों झारखंड, छत्तीसगढ़, आंध्र प्रदेश, पश्चिम बंगाल और उड़ीसा में केंद्रीय रिजर्व सुरक्षा बल (सीआरपीएफ) का प्रयोग किया गया। इसमें सीआरपीएफ के 75 हज़ार से ज़्यादा सुरक्षा बल माओवादियों के ख़िलाफ़ अभियान चलाया है। इस तरह के अभियानों का ख़मियाजा उन लोगों को ज़्यादा भुगतना पड़ा है, जो माओवादियों के प्रभाव वाले गाँवों या उनसे सटे गाँवों में रहते हैं। अमूमन उन क्षेत्रों में ही 'ऑपरेशन ग्रीन हंट' का ज़ोर ज़्यादा है जहाँ सरकारों ने कॉरपोरेट घरानों के साथ 'सहमति-पत्रों' पर दस्तख़त किया है। इस संदर्भ में गौतम नवलखा ने लिखा है कि–

> ...ऑपरेशन ग्रीन हंट का कारण यह है कि माओवादियों ने आदिवासी इलाक़ों में खनन और खनिज पदार्थ से संबंधित सैकड़ों सहमति-पत्र (एमओयू) लागू करने का जबर्दस्त विरोध किया है। इन इलाक़ों में माओवादियों को काफ़ी समर्थन है। भारत सरकार को यह डर है कि यदि वह इनके प्रतिरोध को कमज़ोर नहीं करती है तो स्थानीय प्रतिरोध और भी ज़्यादा रैडिकल हो सकता है..(नवलखा 2012: 45)।

'कोऑडिनेशन ऑफ़ डेमोक्रेटिक राइट्स ऑर्गनाइजेशन' (सीडीआरओ) के जाँच से यह बात सामने आयी है कि आदिवासी इलाक़ों ख़ासतौर पर छत्तीसगढ़, उड़ीसा और झारखंड में लोगों को कई स्तरों पर दमन का सामना करना पड़ रहा है। इन्हें 'कॉम्बिग ऑपरेशन' के नाम पर रोज़मर्रा की ज़िंदगी में सुरक्षा बलों की हिंसा का सामना करना पड़ा है। कई क्षेत्रों में इस तरह के अभियानों में महिलाओं को भी कई अत्याचारों का सामना करना पड़ा है। इसके अलावा, इन इलाक़ों में वन अधिकार क़ानून भी अनमने तरीक़े से लागू किया जा रहा है। अमूमन अर्द्धसैनिक बलों की कार्रवाइयों का केंद्र होने के कारण या तो इस क़ानून की पूरी तरह से उपेक्षा की गयी है या इसे आंशिक रूप से लागू किया गया है। यानी दूसरी जगहों की तरह ही इन क्षेत्रों में सामुदायिक अधिकार नहीं दिया जा रहा है और बहुत कम लोगों को व्यक्तिगत अधिकार दिया गया है (सीडीआरओ 2011; 2012ए; 2012बी)।[22]

22. अप्रैल 2010 में सीडीआरओ की टीम के सदस्य के रूप में पश्चिमी सिंहभूम ज़िले में जंगल के नज़दीक बसे गाँवों में यह पाया कि इस क्षेत्र में वन अधिकार क़ानून को लागू करने की प्रक्रिया शुरू नहीं हुई है। इन लोगों को रोज़मर्रा की ज़िंदगी में सीआरपीएफ की जाँच-पड़ताल आदि का सामना करना पड़ता है।

मैंने अध्याय के इस भाग में व्यक्तिगत और सामुदायिक अधिकारों के साथ-ही-साथ सलवा जुडूम और 'ऑपरेशन ग्रीन हंट' से प्रभावित क्षेत्रों में वन अधिकार क़ानून के लागू होने के स्थिति का विश्लेषण किया है। उपरोक्त विवरण से यह बात स्पष्ट है कि व्यक्तिगत वन अधिकारों को कुछ हद तक लागू किया गया है, लेकिन इस प्रक्रिया को संतोषजनक नहीं माना जा सकता। दूसरी ओर, सामुदायिक वन अधिकारों के लागू होने की प्रक्रिया पूरी तरह से असंतोषजनक रही है। 'सलवा जुडूम' और 'ऑपरेशन ग्रीन हंट' से प्रभावित क्षेत्रों में लोगों को राज्य प्रायोजित हिंसा का सामना करना पड़ रहा है। इन क्षेत्रों के बारे में किये गये अध्ययनों से यह बात स्पष्ट है कि यहाँ इस क़ानून को या तो बिल्कुल ही लागू नहीं किया गया है, या सिर्फ़ आंशिक रूप से लागू किया गया है।

III. संरक्षित क्षेत्र और वन अधिकार क़ानून

नैशनल पार्क या अभयारण्य की अवधारणा इस बुनियाद पर आधारित है कि जंगली जानवरों के लिए एक ऐसा क्षेत्र होना चाहिए, जहाँ वे खुलकर अपनी ज़िंदगी जी पाएँ। यानी यहाँ बाहरी दख़ल कम-से-कम होना चाहिए। ये संरक्षित क्षेत्र का भाग होते हैं। संरक्षित क्षेत्रों को एक विशेष हैसियत मिली हुई है। क़ानूनी रूप से इनकी स्थापना *वन्य जीव (संरक्षण) क़ानून 1972* के अंतर्गत हुई है। इनसे संबंधित वन अधिकार क़ानून के प्रावधान बहुत ही विवादित रहे हैं। इसी कारण, इस क़ानून के बनने और अधिसूचना जारी होने में काफ़ी देरी हुई (देखें अध्याय 3)। इसमें क़ानून में संरक्षित क्षेत्रों में वन्य जीवों के लिए संवेदनशील क्षेत्रों को 'संकट-ग्रस्त वन्य जीव आवास' या 'क्रिटिकल वाइल्ड-लाइफ हैबिटेट' (या सीडब्ल्यूएच) घोषित करने का प्रावधान किया गया है। यह इन क्षेत्रों को मानवरहित बनाने की प्रक्रिया से संबंधित है। क़ानून के मुताबिक संरक्षित क्षेत्र के ऐसे स्थान को सीडब्ल्यूएच घोषित किया जा सकता है, जहाँ वन्य जीवों की सुरक्षा के लिए लोगों को हटाना अनिवार्य हो। यह फ़ैसला विशेषज्ञों की एक समिति करेगी। किसी स्थान को सीडब्ल्यूएच घोषित करने से पहले वहाँ रहने वाले लोगों के अधिकारों को मान्यता देना आवश्यक है। लोगों के पुनर्वास के लिए एक पैकेज भी तैयार होना चाहिए। इस प्रक्रिया के आधार पर वन निवासी अपनी रज़ामंदी से दूसरी जगह जा सकते हैं।[23] मैं संरक्षित क्षेत्रों में इस क़ानून के लागू होने की स्थिति के विश्लेषण के लिए सबसे पहले उन दो क्षेत्रों के अनुभव पेश करूँगा, जहाँ मैंने खुद फ़ील्ड-वर्क किया है। इनमें

23. देखें, गवर्नमेंट ऑफ़ इण्डिया (2007: 5); गवर्नमेंट ऑफ़ इण्डिया (2010सी: 125) ; गोपालकृष्णन (2010: 65-66)।

से एक क्षेत्र उत्तराखंड में स्थित राजाजी नैशनल पार्क है और दूसरा क्षेत्र सरगुजा ज़िले में स्थित सेमरसोत अभयारण्य है।

1. राजाजी नैशनल पार्क : वन-गूजरों का अंतहीन संघर्ष

राजाजी नैशनल पार्क की स्थापना 1983 में हुई। यहाँ वन-गूजर पिछली कई पीढ़ियों से रह रहे हैं। ये मुस्लिम हैं और जानवर पालना इनका ख़ानदानी पेशा है। इनके जानवरों को जंगल से चारा आदि मिलता है और ये बाहर के लोगों को अपने पालतू जानवरों के दूध बेचते हैं। वन-गूजर अमूमन गर्मियों में जंगल के अपने डेरे को छोड़कर पहाड़ी इलाक़ों में चले जाते हैं। वे अपने कुछ जानवरों को साथ ले जाते हैं और कुछ जानवर अपने डेरे पर ही छोड़ देते हैं। इन जानवरों की देखभाल के लिए परिवार का कोई सदस्य डेरे पर ही रुक जाता है। वन-गूजरों के बुजुर्ग लोगों को भी यह याद नहीं है कि वे कितने समय से इस जंगल में रह रहे हैं। तक़रीबन 6 या 7 पीढ़ियों से-या उससे भी ज़्यादा समय से वे यहाँ रह रहे हैं।[24] यह पार्क भी वन अधिकार क़ानून के अंतर्गत आता है। यहाँ रहने वाले लोगों के अधिकार तय किये बग़ैर उन्हें यहाँ से नहीं हटाया जा सकता है। लेकिन चूँकि वन-गूजर अनुसूचित जनजाति के भाग नहीं हैं। इसलिए क़ानून के मुताबिक़ अधिकारों का दावा करने के लिए उन्हें यह साबित करना होगा कि वे एक जगह पर तीन पीढ़ियों अर्थात् 75 सालों से रह रहे हैं। वन-गूजर घुमंतू (या यायावर) जातियों के अंतर्गत आते हैं। क़ानून में इन्हें हैबिटेट और हैबिटेशन का अधिकार भी मिला हुआ है।[25] इसलिए वन प्रशासन के लिए इन लोगों को जंगल से निकालना आसान नहीं है। उसे पहले इनके अधिकारों का मान्यता देना होगा और फिर यह साबित करना होगा कि इनके लिए पार्क से बाहर जाना ही आख़िरी विकल्प है।

पार्क के भीतर तीन टांगिया गाँव हैं (टांगिया गाँवों की स्थिति के बारे में इसी अध्याय में अलग से विवेचना की गयी है)। इसके अलावा, यहाँ मनुष्यों के नाम पर सिर्फ़ वन-गूजर ही हैं। बहरहाल, औपचारिक रूप से पार्क बनने के पहले से ही प्रशासन की यह कोशिश रही है कि यहाँ बसे लोगों को इस क्षेत्र से बाहर बसा दिया जाए। मसलन, 1979 में सरकार ने इस संबंध में योजना बनायी। उस समय भी लोगों ने 'विकल्प' नाम के संगठन से जुड़कर सरकार

24. सोराउद्दीन और अन्य लोगों से बातचीत, 10 सितम्बर 2011, स्थान- राजाजी नैशनल पार्क।

25. क़ानून के हिंदी संस्करण में हैबिटेट और हैबिटेशन के लिए 'गृह' और 'आवास' शब्द का इस्तेमाल किया गया है। लेकिन मैं अपने अध्ययन में हैबिटेट और हैबिटेशन शब्द का ही प्रयोग करूँगा। इस अध्याय के घुमंतू जनजातियों से संबंधित भाग में इस बात का विश्लेषण किया गया है कि क़ानून में इनके लिए क्या प्रावधान हैं और उन्हें किस सीमा तक लागू किया गया है।

की इन कोशिशों का विरोध किया (रंगराजन 2003: 219)।[26] 1986 में वन विभाग द्वारा कराई गयी गणना के मुताबिक उस समय यहाँ 512 वन-गूजर परिवार रहते थे। पार्क प्रशासन ने नब्बे के दशक में इन्हें हरिद्वार ज़िले के गैण्डीखाता और पथरी नामक स्थानों में बसाने का अभियान चलाया था। इसकी कोशिशों के बाद 1996-97 में बहुत से गूजर परिवार पार्क से बाहर जाने के लिए राजी हुए। उस समय की गयी गणना के मुताबिक़ परिवारों की संख्या बढ़कर 1390 हो गयी थी। इनमें से 1297 परिवारों ने गैण्डीखाता और पथरी में बसना स्वीकार कर लिया। लेकिन बाक़ी 93 परिवारों ने ऐसा करने से मना कर दिया। परिवारों की नयी गणना के मुताबिक अभी पार्क के भीतर कुल 1600 वन-गूजर परिवार रहे हैं।[27] दरअसल, पार्क के भीतर वन-गूजरों के कुल परिवारों की गणना में दिक़्क़त मुख्य यह है कि वन-गूजर एक जगह नहीं रहते हैं। इसके अलावा, एक परिवार में जैसे ही कोई लड़का बड़ा होता है, वह अपना अलग डेरा बना लेता है। इस कारण भी परिवारों की संख्या में बढ़ोतरी हुई है। लेकिन पार्क प्रशासन इन आँकड़ों को पूरी तरह स्वीकार नहीं कर रहा है। पार्क के निदेशक का मानना है कि कई परिवार ने ग़लत तरीक़े से परिवारों की जानकारी दर्ज कराई, इसी कारण परिवारों की संख्या इतनी ज़्यादा हो गयी। पार्क प्रशासन पर परिवारों की नयी सिरे से गणना कर रहा है।[28] पार्क प्रशासन अभी तक तक़रीबन 518 परिवारों को पार्क के भीतर से गैण्डीखाता और पथरी में भेज पाया है। वन विभाग के अधिकारी यह दावा करते हैं कि उन्होंने हर वन-गूजर परिवार को 10-10 बीघे ज़मीन दी है और घर बनाकर भी दिया है।[29] दूसरी ओर, वन-गूजरों का यह मानना है कि पार्क प्रशासन जान-बूझकर वन-गूजरों के परिवारों की संख्या को कम करके दिखाना चाहता है।[30] गैण्डीखाता में रहने वाले बहुत से वन-गूजर परिवार अपने घरों से खुश नहीं है। प्रशासन के दावों के विपरीत उन्हें यहाँ एक या दो एकड़ ज़मीन के पट्टे ही मिले हैं।

बहरहाल, वन विभाग ने वन अधिकार क़ानून की पूरी तरह उपेक्षा की है। इसने उन परिवारों को अपना निशाना बनाया जो पार्क के वन-गूजरों को

---

26. 'विकल्प' जैसे संगठनों से जुड़ाव के कारण यहाँ के लोगों में अपने अधिकारों के प्रति जागरूकता रही है। 1991-94 में उन्होंने अपने इस क्षेत्र में अपने अधिकारों के लिए आंदोलन चलाया। उन्होंने यह माँग रखी की पार्क का प्रशासन उन्हें दिया जाना चाहिए देखें विकल्प (1994)। यह संगठन अभी भी मौजूद है और 'राष्ट्रीय वन-जन श्रमजीवी मंच' के भाग के रूप में सक्रिय है।
27. स्रोत : पार्क के निदेशक और दूसरे अधिकारियों से बातचीत, 15 सितम्बर 2011, स्थान- देहरादून।
28. पार्क के निदेशक से बातचीत, 15 सितम्बर 2011, स्थान- देहरादून।
29. वही।
30. स्रोत: नूर जमाल और जहूर से बातचीत, 13 सितम्बर 2011, स्थान- राजाजी नैशनल पार्क।

संगठित करने का प्रयास कर रहे थे। उसने नूर जमाल के डेरे को उजाड़ दिया।[31] नूर जमाल, नूर आलम के रिश्तेदार हैं, जिन्होंने इस क्षेत्र में गूजरों को संगठित करने में मुख्य भूमिका निभाई थी। नूर आलम के नेतृत्व में गूजर 'राष्ट्रीय वन-जन श्रमजीवी मंच' से जुड़े थे। इस संगठन ने राष्ट्रीय स्तर पर वन अधिकार क़ानून के लिए चलने वाले आंदोलनों को संगठित करने में भी महत्त्वपूर्ण भूमिका निभाई थी। यहाँ के बहुत से लोग क़ानून के लिए धरने आदि में भाग लेने लखनऊ और दिल्ली गये। नूर आलम के इंतकाल के बाद नूर जमाल और जहूर ने यहाँ लोगों को संगठित किया है। इनका मानना है कि इसी कारण प्रशासन ने इनके डेरे तोड़कर इन्हें जबर्दस्ती पार्क से बाहर कर दिया गया।[32] मई 2006 में नूर जमाल का डेरा तोड़ा गया और कुछ समय बाद जहूर का। उन्होंने अदालत का दरवाज़ा खटखटाया। नैनीताल उच्च न्यायालय ने अपने फ़ैसले में इन्हें यहाँ से हटाने की कार्रवाइ को ग़लत बताया। उसने इनके डेरे को फिर से पार्क में बसाने का आदेश दिया। लेकिन वन विभाग ने यह अध्याय लिखें जाने तक इस पर कोई कार्रवाइ नहीं की।[33] पार्क के अंदर रहने वाले लोगों को भी वन अधिकार देने के संदर्भ में कोई ख़ास प्रगति नहीं हुई है।[34]

वन विभाग के अधिकारियों से बातचीत करने पर कुछ बातें स्पष्ट रूप से सामने आती हैं। पहला, वे पार्क को एक ऐसे क्षेत्र के रूप में देखते हैं जिन पर उनका पहला हक़ है। इसकी हिफ़ाज़त उनकी पहली ज़िम्मेदारी है। पार्क के डायरेक्टर (या निदेशक) ने कहा कि "वन अधिकार क़ानून में हम (यानी वन विभाग) एक 'पार्टी' हैं। इसलिए हम इस बात की पूरी कोशिश करेंगे कि हमारी ज़मीन किसी दूसरे के पास न जाए।"[35] दूसरा, अमूमन उनके दिमाग़ में यह बात गहराई से बैठी हुई है कि पार्क का भला तभी होगा, जब यहाँ से वन-गूजरों और टांगिया गाँवों में बसे लोगों को दूसरी जगहों पर स्थानांतरित कर दिया जाएगा। कहीं से भी ऐसा नहीं लगता कि वे पार्क की इकलॉजी की सुरक्षा में वन-गूजरों की कोई भूमिका भी देखते हैं।[36] तीसरा, कई दफ़ा

31. सक्सेना कमिटी ने भी अपनी रिपोर्ट में इस बात को स्वीकार किया है कि वन-गूजरों के घरों को उजाड़ना वन अधिकार कानून का उल्लंघन था देखे गवर्नमेंट ऑफ़ इंडिया (2010सी: 129).
32. नूर जमाल और जहूर से बातचीत, स्थान- राजाजी नैशनल पार्क के नज़दीक नूर जमाल के डेरे में, तारीख़ 13 सितम्बर 2011.
33. वही. साथ ही देखें, मधुरेश कुमार (2011: 49)।
34. 'राष्ट्रीय वन जन श्रमजीवी मंच' के वरिष्ठ कार्यकर्त्ता मुन्नीलाल से बातचीत, 20 सितम्बर 2011, स्थान: देहरादून. साथ ही देखें, मधुरेश (2011: 49)।
35. पार्क के निदेशक और दूसरे अधिकारियों से बातचीत, 15 सितम्बर 2011, स्थान- देहरादून।
36. वही।

वन विभाग के कर्मचारी गहरे आधुनिकतावादी विचारों से प्रभावित नज़र आते हैं। उन्हें सचमुच यह चिंता है कि आखिर जंगल में रहने से इन वन-गजूरों को क्या मिलेगा। न इनके बच्चों को सही शिक्षा मिलेगी और न ही इनका विकास हो पाएगा।[37] चौथा, कई बार, कई अधिकारियों ने चिंता और पूर्वग्रह वाले लहज़े में वन-गूजरों के मुस्लिम होने की बात भी कही। यानी इनकी जनसंख्या बढ़ने का ख़तरा ज़्यादा है!!![38]

वन विभाग के विपरीत वन-गूजर यह मानते हैं कि जंगल उनके अपने अस्तित्व के लिए बहुत ही ज़रूरी है। वे खुद को जंगली जानवरों के लिए ख़तरा बताए जाने पर अचरज करते हैं। इनका दावा है कि ये हमेशा से जंगलों और जंगली जानवरों की देखभाल करते रहे हैं। इसलिए उनके बारे ये बातें बिल्कुल ग़लत हैं। नूर जमाल ने यह बताया कि–

> वन-गूजर जहाँ रहते हैं वहाँ हम गर्मी के दिनों में तालाब बना देते हैं। इसमें सिर्फ़ उनके जानवर पानी नहीं पीते हैं, बल्कि दूसरे जंगली जानवर भी पानी पीते हैं। जहाँ-जहाँ वन-गूजरों के डेरे होते हैं, वहाँ-वहाँ हाथी हिरण और दूसरे जंगली जानवर आराम से दिख जाएँगे। हम जंगलात् (यानी वन विभाग) वालों से ज़्यादा जंगल को प्यार करते हैं क्योंकि यह हमारे लिए पुरखों की निशानी है...हम जानवरों को क्या मारेंगे..हमारी जो भैंसे दूध देना बंद कर देती हैं, हम उन्हें भी कसाई को नहीं देते। हमारे पुरखों ने हमें यही सिखाया है।[39]

ग़ौरतलब है कि जो वन-गूजर अभी पार्क में हैं, वे दूसरी जगह नहीं बसना चाहते हैं। इनका मानना है कि गैण्डीखाता में बसे लोगों की स्थिति बहुत ही ख़राब है। वहाँ उन्हें बहुत ही सीमित जगह पर अपनी सारी व्यवस्था करनी पड़ रही है। वन विभाग ने उन्हें उतनी ज़मीन नहीं दी, जितना वायदा किया गया था। वन-गूजर अपने बच्चों की तालीम को लेकर चिंतित हैं। अभी वन-गूजर या तो अनपढ़ हैं या बहुत कम पढ़े-लिखे हैं। उनके लिए जंगल के भीतर का जीवन और शिक्षा का विरोधाभास मौजूद है। वे अपने बच्चों को शिक्षा देना चाहते हैं, लेकिन उस जंगल को भी नहीं छोड़ना चाहते जहाँ उनके पुरखे रहे हैं। उन्होंने वन अधिकार क़ानून के अनुसार अपनी वन अधिकार समिति बनाकर अपने व्यक्तिगत और सामूहिक अधिकारों के लिए दावा पेश किया है। लेकिन इस मामले में कोई ख़ास प्रगति नहीं हुई है।

---

37. वही।
38. वही।
39. नूर जमाल से बातचीत, स्थान- राजाजी नैशनल पार्क के नज़दीक नूर जमाल के डेरे में, तारीख़ 13 सितम्बर 2011.

राजाजी नैशनल पार्क में वन–गूजरों की स्थिति के अध्ययन से कुछ बातें स्पष्ट हैं: पहला, यहाँ वन–गूजरों को व्यक्तिगत या सामूहिक वन अधिकार बिल्कुल ही नहीं मिला है। दूसरा, पार्क प्रशासन मानवरहित पार्क बनाने के आदर्श से काम कर रहा है। इसने इस क़ानून की पूरी तरह उपेक्षा की है। तीसरा, चूँकि वन–गूजर 'राष्ट्रीय वन–जन श्रमजीवी मंच' से जुड़े हुए हैं, इसलिए इन्हें इस पार्क से बाहर निकालना पार्क प्रशासन के लिए बहुत ही मुश्किल है। इस संगठन से जुड़ने के कारण इनकी राजनीतिक जागरूकता और क़ानून की समझ काफ़ी बढ़ी है। इसलिए, अमूमन स्कूली शिक्षा से वंचित रहने के बावजूद भी इन लोगों को क़ानून की कई धाराएँ याद हैं। ये इस बात पर लम्बी तक़रीर देते हैं कि आख़िर वे क्यों पार्क में रहने के हक़दार हैं। मसलन, एक वन गूजर ने यह कहा कि 'हम बस यह चाहते हैं कि हमारे साथ क़ानून के अनुसार बरताव किया जाए। यदि क़ानून यह कहता है कि हम जंगलों का बरबाद करते हैं तो हमें जंगल से बाहर कर दो। लेकिन हमें पता है कि इस क़ानून में हमारे हक़ की बात है...हम अपना हक़ माँग रहे हैं।'[40] चौथा, पिछले कुछ वर्षों में उन दो परिवारों को पार्क से बाहर निकाला गया, जो लोगों को संगठित करने का काम करते थे। लेकिन ये लोग भी पार्क में अपनी वापसी और क़ानून के तहत अधिकार पाने के लिए संघर्ष कर रहे हैं। पाँचवाँ, पार्क प्रशासन की सख़्ती के कारण इन्हें पार्क के भीतर कई तरह की पाबंदियों का सामना करना पड़ता है। ये एक निश्चित संख्या से ज़्यादा जानवर नहीं पाल सकते। पार्क से बाहर जाने या वापस आने पर इनकी तलाशी ली जाती है। कई दफ़ा चौकीदार बिना वजह पैसे की माँग करते हैं। स्पष्टत: पार्क में इनके लिए स्थिति बहुत ही मुश्किल और संघर्षपूर्ण होती गयी है।

2. सेमरसोत और देश के दूसरे संरक्षित क्षेत्रों के हालात

छत्तीसगढ़ के सरगुजा ज़िले में स्थित सेमरसोत अभयारण्य में भी क़ानून लागू होने की प्रक्रिया बहुत आगे नहीं बढ़ी है। मसलन, सठोरा गाँव में सिर्फ़ उन्हीं लोगों का जंगल की ज़मीन पर 'बेजा क़ब्ज़ा' है, जिनके खेत जंगल से लगे हुए हैं। यहाँ गाँव के प्रभुत्वशाली लोगों ने जंगल से लगी ज़मीन पर अपना क़ब्ज़ा क़ायम कर लिया। उन्होंने अपने 'बेजा क़ब्ज़ा' का विस्तार भी किया (देखें, अध्याय 4)। इसलिए इस गाँव में अधिकांश ग़रीब लोग व्यक्तिगत वन अधिकार के लिए दावा नहीं कर सकते हैं। जिन लोगों की ज़मीन जंगल से लगे हुई है, उन्होंने अपना दावा दाख़िल किया है। लेकिन उन्हें भी अभी तक

40. वही।

पट्टा नहीं मिला है। यहाँ अभी सामुदायिक अधिकार लागू करने की प्रक्रिया की शुरुआत नहीं हुई है। इसकी बजाय, अभयारण्य के भीतर लोगों की गतिविधियों पर प्रशासन का नियंत्रण ज़्यादा बढ़ गया है।

देश के दूसरे संरक्षित क्षेत्रों में स्थिति इससे बेहतर नहीं है। मसलन, 'कौंसिल फॉर सोशल डिवेलपमेंट' (या सीएसडी) की रिपोर्ट में यह रेखांकित किया गया है कि अधिकांश राज्यों के संरक्षित क्षेत्रों में इस क़ानून को नकारा जा रहा है। ऐसा उन क्षेत्रों में ज़्यादा हो रहा है जिन्हें हड़बड़ी में क्रिटिकल टाइगर हैबिटेट (सीटीएच)[41] घोषित किया गया है। सीटीएच की स्थापना करते वक़्त *वन्य जीव (संरक्षण) क़ानून 1972* में 2006 में हुए संशोधन को ध्यान में नहीं रखा गया। इस संशोधन के अनुसार सीटीएच घोषित करने से पहले वन अधिकार क़ानून के अंतर्गत अधिकारों को मान्यता दी जानी चाहिए। दरअसल, अधिकांश टाइगर रिजर्वों में बसे लोगों पर यह दबाव डाला जा रहा है कि 10 लाख रुपया लेकर दूसरी जगह बस जाएँ। महाराष्ट्र, तमिलनाडु, ओडिशा, छत्तीसगढ़, राजस्थान, अरुणाचल प्रदेश, आंध्र प्रदेश और पश्चिम बंगाल जैसे राज्यों में टाइगर रिजर्वों से लोगों को हटाने की कोशिशें चल रही हैं। यह वन अधिकार क़ानून और संशोधित वन्य जीव संरक्षण क़ानून- दोनों का ही उल्लंघन है (सीएसडी 2010: 21)। इसके अलावा, संरक्षित क्षेत्रों के आस-पास बसे बहुत से 'डिनोटिफाइड जनजातियों' को 'शिकारी जातियों' के रूप में जाना जाता रहा है। इसलिए इन्हें स्टीरियोटाइप (रूढ़िबद्ध) सोच रखने वाले वन अधिकारियों के दमन का सामना करना पड़ रहा है (वहीं : 21-22)। कई जगहों से लोगों को बेदख़ल भी किया गया। मसलन, अगस्त 2010 में कान्हा और पन्ना टाइगर रिजर्व वन क्षेत्र के आस-पास से 70 लोगों को ज़बरन जंगल की ज़मीन से बेदख़ल करके गिरफ़्तार किया गया (सिंह 2010)।

सक्सेना कमिटी रिपोर्ट ने भी संरक्षित क्षेत्रों में इस क़ानून के लागू होने की स्थिति पर बहुत गहरा असंतोष जताया। इसके अनुसार, शुरुआत में इस बात को नकारने की प्रवृत्ति थी कि इस क़ानून द्वारा संरक्षित क्षेत्रों में अधिकारों का दावा किया जा सकता है। लेकिन बाद में *जनजातीय मामलों के मंत्रालय* और *पर्यावरण और वन मंत्रालय* द्वारा स्पष्टीकरण जारी करने के बाद स्थिति

41. *वन्य जीव (संरक्षण) अधिनियम 1972* की धारा 38 (ए) के अनुसार, नैशनल टाइगर कंजरवेशन अथॉरिटी (एनसीटीए) के अधिकारियों से बनी विशेषज्ञ समिति नैशनल पार्क या वाइल्ड लाइफ रिजर्व के किसी क्षेत्र को 'कोर जोन' या 'क्रिटिकल टाइगर हैबिटेट' घोषित कर सकती है। राज्य सरकार इसका अनुमोदन करती है। यह ऐसा क्षेत्र होता है जो बाघों के संरक्षण के लिए बहुत ही महत्त्वपूर्ण होता है। देखें, तरन्नुम मंजुल, ''दुधवा डिक्लेयर्ड 'क्रिटिकल टाइगर हैबिटेट''', *एक्सप्रेस इण्डिया*, शनिवार, 20 अक्टूबर 2012, वेब पता: http://www.expressindia.com/latest-news/dudhwa-declared-critical-tiger-habitat/652631/, देखने की तारीख़ 20.10.2012.

में बदलाव आया। कमिटी के दौरे के समय वायनाड सैंकचुरी (केरल), बिलिगिरी रंगास्वामी टेम्पल सैंकचुरी (कर्नाटक), नागार्जुन सागर श्रीसलीम टाइगर रिजर्व (आंध्र प्रदेश), कार्लपट (उड़ीसा), शूलपनेश्वर (गुजरात), पलामू टाइगर रिजर्व (झारंखड)- जैसे संरक्षित क्षेत्रों में व्यक्तिगत अधिकारों को मान्यता देने की प्रक्रिया की शुरुआत हुई थी (गवर्नमेंट ऑफ़ इण्डिया 2010सी : 128-129)। लेकिन इन क्षेत्रों में भी सामुदायिक अधिकारों को मान्यता नहीं दी जा रही है। इसके अलावा, इन क्षेत्रों में वन विभाग का नियंत्रण काफ़ी बढ़ा है। मसलन, वायनाड वाइल्डलाइफ़ सैंकचुरी में रहने वाले लोगों को अपने जानवर चराने या छोटे-मोटे वनोपजों को एकत्रित करने में भी बहुत ज़्यादा पाबंदियों का सामना करना पड़ता है। वन विभाग ने कई बार लोगों की गतिविधियों को रोकने के लिए इलेक्ट्रिक बाड़े भी लगाए (मुन्स्टेर और विष्णुदास 2012: 41)। संरक्षित क्षेत्रों के बहुत से लोगों ने यह बताया कि इन क्षेत्रों में उनके व्यक्तिगत अधिकार भी नहीं दिये जा रहे हैं। वन विभाग की पूरी कोशिश यह है कि इन लोगों को किसी भी तरह यहाँ से बाहर निकाला जाए (एन.एफ.एफ.पी.एफ.डब्ल्यू 2012: 2)।[42]

लेकिन यह भी सच है कि कुछ जगहों पर अपने संघर्ष की बदौलत लोग अपना अधिकार पाने में सफल रहे हैं। मसलन, दुधवा नैशनल पार्क के भीतर स्थिति एक वन गाँव सूरमा के लोगों को अधिकार मिले हैं। 1978 में इस पार्क की स्थापना हुई थी। उस समय से ही यहाँ से लोगों को दूसरी जगह भेजने के लिए दबाव बनाया जा रहा था। दरअसल, पार्क की सीमा में कुल 46 गाँव थे। इनमें से 44 गाँवों को राजस्व गाँव में तब्दील कर दिया गया। लेकिन दो गाँवों- सुरमा और गोलबझी को राजस्व गाँवों में नहीं बदला गया। इसके पीछे यह दलील दी गयी कि ये पार्क के 'कोर जोन' और 'बफ़र जोन' में हैं (चौधरी, रोमा और गम्भीर 2009: 41-42)। 'कोर जोन' का मतलब है पार्क का ऐसा क्षेत्र जहाँ गहन वन है और जो वन्य जीवों के लिए महत्त्वपूर्ण है। 'बफ़र जोन' का अर्थ है पार्क के गहन वन और बाहरी दुनिया के बीच का क्षेत्र। इस तर्क

42. 'राष्ट्रीय वन-जन श्रमजीवी मंच' द्वारा अपने चौथे राष्ट्रीय सम्मेलन के पहले दिन एक जन-सुनवाई का आयोजन किया गया। इसका विषय था- 'राष्ट्रीय पार्कों और अभयारण्यों में वन अधिकार कानून का क्रियान्वयन।' इसमें दुधवा टाइगर प्रोजेक्ट (उत्तर प्रदेश), कार्बेट टाइगर प्रोजेक्ट (उत्तराखंड), बुक्सा टाइगर रिजर्व (उत्तरी बंगाल), सुंदरबन टाइगर रिजर्व (पश्चिम बंगाल), कुम्भलगढ़ वाइल्ड लाइफ़ सैंकचुरी (राजस्थान), राजाजी नैशनल पार्क (उत्तराखंड), ग्रेट हिमालयन नैशनल पार्क (हिमाचल प्रदेश) आदि जगहों से लोग आये थे। इन लोगों ने बताया कि वन विभाग स्थानीय प्रशासन के सहयोग से उन्हें उनके निवास स्थान से बाहर निकालने की पुरज़ोर कोशिश कर रहा है (एन.एफ.एफ.पी.एफ. डब्ल्यू। 2012: 2)।

के आधार पर पार्क प्रशासन ने इन्हें यहाँ से दूसरी जगह भेजने के लिए हर तरह की जुगत आजमा ली। इसने लोगों की गतिविधियों पर बहुत ज़्यादा नियंत्रण लगाया, उनके साथ बदसलूकी की, नेतृत्व करने वालों को जेल में डाला और मुआवज़े का लालच भी दिया। लेकिन लोग यहाँ से जाने के लिए तैयार नहीं हुए। 2003 में इलाहाबाद उच्च न्यायालय का फ़ैसला भी गाँव के लोगों के ख़िलाफ़ आया यानी इन्हें दूसरी जगह बसने का निर्देश दिया गया। लेकिन उन्होंने अपना संघर्ष जारी रखा। 'राष्ट्रीय वन जन श्रमजीवी मंच' के साथ जुड़ाव ने इनके संघर्ष को नयी दिशा दी (वही : 43)। उत्तर प्रदेश में जन-आंदोलन के लगातार दबाव के कारण सरकार ने वन अधिकार क़ानून को हर क्षेत्र में लागू करने का आदेश दिया। इसके चलते खुद लखीमपुर खीरी के ज़िलाधिकारी ने 8 अप्रैल 2011 को सूरमा आकर यहाँ के 289 परिवारों को व्यक्तिगत अधिकार पत्र सौंपे। यह गाँव राजस्व गाँव में भी तब्दील हो चुका है। दरअसल, वन विभाग ने इस पूरी प्रक्रिया में रोड़े अटकाने की कोशिश की। लेकिन लोगों की सक्रियता और प्रतिरोध के कारण उसकी कोशिशें सफल नहीं हो पायीं।[43]

सक्सेना कमिटी की रिपोर्ट में यह भी कहा गया है कि कई जगहों पर दिसम्बर 2005 के बाद से नये अतिक्रमणों की शिकायत मिली है। मसलन, केवल सैंकचुरी (आंध्र प्रदेश), यवल सैंकचुरी (महाराष्ट्र), नमेरी नैशनल पार्क और सोनाई रूपाई वाइल्डलाइफ़ सैंकचुरी (असम) में इस तरह की शिकायत मिली हैं। रिपोर्ट के अनुसार, इस क़ानून की धारा 3(2) के अंतर्गत विकास का अधिकार देने से संरक्षित क्षेत्रों में विखंडन और हस्तक्षेप काफ़ी बढ़ सकता है (गवर्नमेंट ऑफ़ इण्डिया 2010सी : 129)।

3. संरक्षित क्षेत्र में स्थानीय समुदायों के अधिकार : एक निरंतर विवाद

बहरहाल, सक्सेना कमिटी ने सिफ़ारिश की कि संरक्षित क्षेत्र में भी लोगों को क़ानून के मुताबिक अधिकार दिया जाना चाहिए। इसने यह सुझाव भी दिया कि जंगलों के प्रबंधन में धीरे-धीरे ग्राम सभा की भूमिका बढ़ाई जानी चाहिए। रिपोर्ट में यह भी कहा गया है कि लघु वनोपजों के संदर्भ में बाज़ार की भूमिका बढ़ाई जानी चाहिए। इससे जंगल के लोगों की आमदनी में बढ़ोतरी हो सकती है (गवर्नमेंट ऑफ़ इण्डिया 2010सी : अध्याय 9)। रिपोर्ट की इसी बात को आधार पर बनाकर दो प्रसिद्ध संरक्षणवादियों- प्रवीण भार्गव और शेखर दत्तात्री ने *इकनॉमिक ऐंड पॉलिटिकल वीकली* (ईपीडब्ल्यू) में संपादकीय लिखकर

43. इस बारे में विस्तार से जानकारी के लिए देखें रोमा और रजनीश (2011ए); (2011बी); त्रिपाठी (2011); सिंह 2011; एन.एफ.एफ.एफ.पी.एफ.डब्ल्यू (2012).

इस क़ानून को संरक्षित क्षेत्रों में लागू करने का विरोध किया। उन्होंने यह लिखा कि–

> भारत में अभी कुल मिलाकर 600 संरक्षित क्षेत्र हैं। ये भारत की कुल भूमि का 3-4 प्रतिशत हैं। इन क्षेत्रों में जानवर पालने, खेती करने वाले और वन निवासियों की जनसंख्या को भूमि और सामुदायिक अधिकार देना ग़लत होगा। लोगों को बाज़ार के लिए वनोत्पादों के व्यावसायिक संग्रहण का अधिकार देना एक घातक क़दम होगा...। आदिवासी समुदायों की वास्तविक भलाई इसी में हैं कि उन्हें संरक्षित क्षेत्रों से बाहर बसाया जाए और बच्चों की लिए शिक्षा आदि की व्यवस्था की जाए (भार्गव और दत्तात्री 2011)

इन दोनों लेखकों ने फिर से वे बुनियादी मुद्दे उठाए हैं, जिन पर इस क़ानून के बनने से पहले और इसके बनने के दौरान वाद-विवाद होता रहा है। बाद में, *ईपीडब्ल्यू* में ही कई जनसंगठनों ने सम्पादक के नाम चिट्ठी लिखकर उपरोक्त लेखकों के विचारों की आलोचना की। इसमें 'कैम्पेन फॉर सर्वाइवल ऐंड डिग्निटी' और 'राष्ट्रीय वन-जन श्रमजीवी मंच' जैसे संगठनों के प्रतिनिधियों के भी दस्तख़त थे (कैम्पेन और अन्य 2011: 4)। इसमें कहा गया कि 'उपरोक्त लेखक सक्सेना कमिटी रिपोर्ट की ज़्यादा पेचीदा सिफ़ारिशों को बहुत ही सरल तरीक़े से पेश करते हैं; इसमें 'स्टीरियोटाइप' सोच ही क़ायम रखी गयी है। इन्होंने वन निवासियों, उनके अधिकारों और इस क़ानून के बारे में बहुत सी अफ़वाहें फैलाई हैं।' चिट्ठी के अनुसार, हमारे देश में प्रभावकारी सामुदायिक संरक्षण के बहुत सारे उदाहरण देखे जा सकते हैं। मसलन, उत्तराखंड के वन पंचायत, ओडिशा के 10,000 समुदायिक प्रबंधन वाले जंगल और उत्तर-पूर्व के सामुदायिक 'वाइल्डलाइफ़ रिजर्व' इसके उदाहरण हैं (वही)। दूसरे बहुत से लेखक इस बात पर ज़ोर देते रहे हैं कि सामुदायिक नियंत्रण में रहने वाले जंगल बेहतर स्थिति में हैं (देखें अध्याय 3)।

बाद में, सक्सेना कमिटी के कई सदस्यों ने भी भार्गव और दत्तात्री की आलोचना की। इन्होंने यह लिखा कि दरअसल, 4-5 प्रतिशत संरक्षित क्षेत्र में तीस लाख से ज़्यादा लोग रहते हैं। इनमें से अधिकांश ऐसे समुदाय हैं जो इन जंगलों के संरक्षित क्षेत्र घोषित करने के पहले से यहाँ रह रहे हैं। इन्हें यहाँ से हटाने का विचार न तो मानवीय दृष्टि से सही है और न ही व्यावहारिक है। इनके अनुसार, रिपोर्ट में सिर्फ़ इस बात ज़ोर दिया गया है कि लघु वनोपजों पर राज्य का नियंत्रण ख़त्म होना चाहिए (लेले, कोठारी और अन्य 2011: 22-23)।

यह नहीं कहा जा सकता कि भार्गव और दत्तात्री जैसे संरक्षणवादियों की सारी चिंताएँ ग़लत हैं। सक्सेना कमिटी ने भी अपनी रिपोर्ट में कई नैशनल पार्कों

में हो रहे नये 'अतिक्रमणों' के ख़िलाफ़ आगाह किया है। लेकिन ये लेखक और दूसरे कई संरक्षणवादी इस संदर्भ में कई संजीदा पहलुओं की उपेक्षा कर देते हैं। मसलन, पहला, ये इस बात को स्वीकार नहीं करते हैं कि पिछले बीस-पच्चीस वर्षों में वन प्रबंधन और वन्य जीव संरक्षण संबंधी विचारों में गहरा बदलाव आया है। 1988 की वन नीति के बाद जंगल और इससे संबंधित मामलों में स्थानीय समुदायों को ज़्यादा-से-ज़्यादा भागीदारी दिये जाने की बात की जाने लगी है। संयुक्त वन प्रबंधन कार्यक्रम, पेसा और वन अधिकार क़ानून इसी बात की तसदीक करते हैं। इसके पीछे स्थानीय समुदायों की बढ़ती राजनीतिक जागरूकता ने महत्त्वपूर्ण भूमिका निभाई है।[44] दूसरा, राष्ट्रीय अख़बारों में बहुत सी ऐसी ख़बरें आती रही हैं जिसमें यह पता चलता है कि शिकारियों ने वन विभाग से मिलकर वन्य जीवों को ख़त्म कर दिया। मसलन, सरिस्का में बाघों के पूरी तरह ग़ायब हो जाने से प्रशासन की भूमिका पर संदेह होना स्वाभाविक ही है। इसी तरह, दुधवा नैशनल पार्क से गैण्डों की संख्या में लगातार कमी आने की घटना को भी इसका उदारहण माना जा सकता है (देखें, दीक्षित 2011)। तीसरा, प्रशासनिक स्तर पर वन विभाग की नाकामियों के कारण भी स्थानीय समुदायों को सक्रिय भूमिका देने पर सहमति बनने लगी है। यहाँ तक कि *टाइगर टॉस्क फोर्स और एलीफेंट टॉस्क फोर्स* ने भी अपने रिपोर्टों में स्थानीय समुदायों को ध्यान देने लायक़ भूमिका दिये जाने पर ज़ोर दिया है।[45] इस संदर्भ में सरिस्का टाइगर रिजर्व का उदाहरण भी महत्त्वपूर्ण है। नब्बे के दशक में यहाँ स्थानीय समुदाय बाघों की सुरक्षा में काफ़ी मदद करते थे। राजेंद्र सिंह के 'तरुण भारत संघ' के नेतृत्व में स्थानीय लोग शिकारियों पर नज़र रखते थे। उस समय पार्क में कार्यरत अधिकारी भी इनकी भूमिका का महत्त्व स्वीकारते थे। लेकिन बाद में पार्क अधिकारियों ने स्थानीय समुदायों पर पाबंदी लगानी शुरू कर दी। इस संगठन की गतिविधियों पर भी रोक लगा दी गयी। बाद के वर्षों में एक समय ऐसा भी आया जब सरिस्का में कोई बाघ नहीं बचा (देखें अध्याय 3)। दिसम्बर 2011 में राजेन्द्र सिंह ने सरिस्का के आस-पास के गाँवों में पदयात्रा की। उन्होंने लोगों को बाघों की सुरक्षा में सहयोग देने के लिए तैयार किया। पार्क प्रशासन ने भी इस पहल का स्वागत और समर्थन किया (सेबेस्टियन 2010: 9)। लेकिन ऐसे उदाहरण बहुत कम हैं।

ऊपर के वर्णन से यह साफ़ है कि संरक्षित क्षेत्रों में क़ानून लागू करने

44. अध्याय 2 और 3 में इसकी विवेचना की गयी है।

45. अध्याय 3 में *टाइगर टॉस्क फ़ोर्स* की विवेचना की गयी है। *एलीफेंट टॉस्क फ़ोर्स* के लिए देखें, गवर्नमेंट ऑफ़ इण्डिया (2010बी); मधुसूदन और शंकरन (2010)।

का अनुभव बहुत अच्छा नहीं है। सक्सेना कमिटी रिपोर्ट में कुछ अभयारण्यों में व्यक्तिगत अधिकार की प्रक्रिया आगे बढ़ने की बात कही गयी है। लेकिन अधिकांश जगहों पर यह अधिकार भी आधा-अधूरा ही दिया गया है। सामुदायिक वन अधिकारों की अमूमन उपेक्षा की गयी है। सबसे संज़ीदा बात यह है कि वन विभाग के अधिकारियों के दमनकारी व्यवहार में बढ़ोतरी हुई है। पार्कों के भीतर रहने वाले समुदायों का एक तरह से 'अपराधीकरण' कर दिया गया है। राजाजी नैशनल पार्क के उदाहरण से स्पष्ट है कि वन प्रशासन जंगल में अपने अधिकार क्षेत्र में किसी तरह की कटौती के लिए तैयार नहीं हैं। दूसरी जगहों पर भी वन विभाग का दमन बढ़ा है (देखें एन.एफ.एफ.पी.एफ.डब्ल्यू 2012)।

IV. जंगल के कुछ विशेष व्यवहार और समूह तथा वन अधिकार क़ानून : पीटीजी, घुमंतू (या यायावर) चरागाही जातियाँ[46], झूम खेती और वन गाँव

जंगलों में कुछ ऐसे समुदाय हैं, जिनकी खास विशेषताएँ हैं। इनकी ख़ास ज़रूरतें भी हैं। यह स्थिति इन्हें विशेष रूप से असुरक्षित बना देती हैं। ये समूह 'सभ्यता की दौड़' में काफ़ी पीछे छूट गये हैं। कई मरतबा इनके कुछ व्यवहारों को इकोलॉजी और वन्य जीवों के लिए ख़तरनाक माना जाता है। इनके लिए अपने अधिकारों का दावा करने की प्रक्रिया ख़ासतौर पर मुश्किल होती है। अध्याय के इस भाग में इन समूहों या क्षेत्रों के संबंध में इस क़ानून के प्रावधानों और प्रभावों का परीक्षण किया है। हम ऐसे चार समूहों पर विचार करेंगे :

- विशेष रूप से असुरक्षित जनजाति समूह या प्रिमिटिव ट्राइबल ग्रुप (पीटीजी)[47]
- घुमंतू (यायावर) चरागाही समुदाय या नोमैडिक पैस्टोरल कम्युनिटीज
- झूम खेती करने वाले समुदाय
- वन गाँव

आगे के वर्णन में इन समूहों से संबंधित प्रावधानों और उसकी स्थिति के बारे में ही विश्लेषण किया है। दुहराव से बचने के लिए उन चीज़ों

46. क़ानून के हिंदी संस्करण में 'नोमैडिक पैस्टोरलिस्ट' समुदायों के लिए 'यायावरी चरागाही समुदायों' शब्द का प्रयोग किया गया है। मैंने इनके लिए घुमंतू (या यायावर) चरागाही शब्द का प्रयोग किया है।

47. आदिम जनजाति समूहों के लिए पीटीजी शब्द का प्रयोग किया जाता है। अमूमन आदिवासी एक्टिविस्ट भी इस शब्द का प्रयोग करते हैं। इसलिए आगे इसी शब्द का प्रयोग किया गया है।

का सिर्फ़ सतही उल्लेख किया जाएगा जिनके बारे में पीछे विश्लेषण किया जा चुका है।

1. विशेष रूप से असुरक्षित जनजाति समूह या आदिम जनजाति समूह (पीटीजी)

अनुसूचित जनजातियों में कुछ ऐसे समूह हैं, जिनकी जनसंख्या में या तो गिरावट हो रही है, या जिनकी जनसंख्या स्थिर है। ये खेती से पहले वाली स्थिति में हैं और इनके बीच शिक्षा स्तर काफ़ी कम है। 1970 के दशक के मध्य में 17 राज्यों और एक केंद्र-शासित प्रदेश (अंडमान और निकोबार) में इस तरह के कुल 86 समूह थे (इनमें से कई की दो बार गणना हुई क्योंकि ये एक से ज़्यादा राज्यों में फैले हुए थे)। शुरू में इन्हें 'आदिम जनजाति समूह' (या प्रिमिटिव ट्राइबल ग्रुप्स) कहा जाता था। बाद में, इन्हें विशेष रूप से 'असुरक्षित जनजातीय समूह' कहा जाने लगा।[48]

वन अधिकार क़ानून में सभी अनुसूचित जनजातियों और अन्य पारम्परिक वन निवासियों को व्यक्तिगत और सामुदायिक सम्पत्ति अधिकार मिला है। इस लिहाज़ से यह अधिकार आदिम जनजाति समूहों (पीटीजी) को भी मिला हुआ है। क़ानून की धारा 3(1)(इ) में इनके लिए में महत्त्वपूर्ण प्रावधान किये गये हैं। इसके अनुसार, इन्हें और खेती से पहले की सभ्यता में रहने वाले दूसरे समुदायों को हैबिटेट और हैबिटेशन के सामुदायिक मालिकाना का अधिकार है (गवर्नमेंट ऑफ़ इण्डिया 2006: 3)। धारा 2(एच) में हैबिटेट को परिभाषित किया गया है। इसमें आरक्षित जंगलों और संरक्षित जंगलों के ऐसे क्षेत्र शामिल हैं, जिसमें पीटीजी और अन्य खेती पूर्व समुदायों के लिए प्रथागत हैबिटेट (आवास) और इस तरह के अन्य हैबिटेट के अधिकार का प्रावधान किया गया है (गवर्नमेंट ऑफ़ इण्डिया 2007: 2; गवर्नमेंट ऑफ़ इण्डिया 2010सी : 108)।

पीटीजी के संदर्भ में इस क़ानून के लागू होने के बारे में केंद्रीय स्तर पर कोई आँकड़ा नहीं है। बहुत से राज्यों से मिलने वाली सूचनाएँ बहुत उत्साहजनक नहीं है। राजस्थान में सहरिया, गुजरात में काथोडी, पश्चिम बंगाल में लोधा और झारखंड में असुर, कोरबा, पहरिया और बिरजिया जनजातियों के दावे या तो ख़ारिज कर दिये गये या पेंडिंग में पड़े हुए हैं। जहाँ पर इन्हें अधिकार दिया गया है, वहाँ भी दावों की तुलना में बहुत कम अधिकार दिया गया है (गवर्नमेंट ऑफ़ इण्डिया 2010सी : 108-09)। ओडिशा के क्योंझोर ज़िले में जुआंग,

48. 2001 के जनगणना के अनुसार पीटीजी की कुल जनसंख्या 25.9 लाख है। देखें गवर्नमेंट ऑफ़ इण्डिया (2010सी : 256-258).

कालाहांडी ज़िले में डोंगरिया कोंध, नवापारा ज़िले में चाकुटिया भुंजिया, मयूरभंज ज़िले में मानकीरिडिया और खडिया पीजीटी और महाराष्ट्र के गढचिरौली ज़िले के मडिया लोगों को 'हैबिटेट' अधिकार देने की प्रक्रिया शुरू हुई। आंध्र प्रदेश में चेन्चुस लोगों को सामुदायिक अधिकार देने की प्रक्रिया शुरू हुई (वही : 109)। लेकिन जैसा कि सामुदायिक अधिकारों से संबंधित भाग में स्पष्ट किया गया है, इन अधिकारों को बहुत ही अस्पष्ट और अनमने तरीक़े से लागू किया जा रहा है। मसलन, ज्योतिष सत्यपालन ने केरल में पश्चिमी घाट के अपने अध्ययन में यह बताया है कि इस क्षेत्र में कुरुम्बा, कोरनगा, कदार, कत्तुनायकन जैसी आदिम जनजातियाँ (या पीटीजी) रहती हैं। ये सभी अभी भी अपनी जीविका के लिए लघु वनोपजों पर निर्भर हैं। लेकिन इन क्षेत्रों में इस क़ानून को लागू करने के तरीक़े के बारे में कोई स्पष्टता नहीं है (सत्यपालन 2010: 71)।

इनके अधिकारों के बारे में कुछ बातें स्पष्ट रूप से रेखांकित की जा सकती हैं : पहला, इन्हें हैबिटेट का अधिकार नहीं दिया जा रहा है। अमूमन इन्हें हैबिटेट और हैबिटेशन के अधिकारों के बारे में जानकारी नहीं है। इसलिए ये इनका दावा नहीं कर रहे हैं (गवर्नमेंट ऑफ़ इण्डिया 2010सी : 109) दूसरा, क़ानून हैबिटेट को बहुत ही व्यापक अर्थों में परिभाषित करता है। इस कारण इसके वास्तविक अर्थ के बारे में स्पष्टता नहीं है। तीसरा, क़ानून द्वारा इन पर पंचायत व्यवस्था थोप दी गयी है। इनके पारम्परिक संस्थाओं को महत्त्व नहीं दिया गया है (वही : 110)। चौथा, इस क़ानून में पीटीजी को जबर्दस्ती एक निश्चित सीमा के भीतर बसने के लिए मजबूर किया गया है। बहुत से समूह ऐसे हैं जो पूरे साल किसी एक स्थान पर नहीं रहते हैं। लेकिन अपने अधिकारों का दावा करने के लिए यह ज़रूरी है कि ये खुद को किसी एक स्थान का स्थायी निवासी बताएँ। पाँचवाँ, बहुत सी जगहों पर पीटीजी समुदायों का उस क्षेत्र के प्रभुत्वशाली समुदायों द्वारा हाशियाकरण कर दिया जाता है। छठा, राज्य प्रायोजित दमन के कारण भी बहुत से पीटीजी समूहों का हाशियाकरण हुआ है। मसलन, 'सलवा जुडूम' के कारण छत्तीसगढ़ में बहुत से समूह अपने अधिकारों का दावा नहीं कर पाए। सातवाँ, पीटीजी के संदर्भ में अंतर्राज्यीय मुद्दा भी बहुत प्रमुख है। पारम्परिक रूप से बहुत से पीटीजी कई बार दो राज्यों की सीमाओं से जुड़े क्षेत्रों का उपयोग करते रहे हैं। ऐसे में, हैबिटेट या दूसरे अधिकारों का दावा करना बहुत ही मुश्किल है। बहुत से पीटीजी एक राज्य में अनुसूचित जनजाति हैं, लेकिन वे दूसरे राज्य में अन्य पिछड़ा वर्ग (ओबीसी) की श्रेणी में आते हैं। मसलन, कमार छत्तीसगढ़ में पीटीजी हैं, लेकिन वे उड़ीसा में ओबीसी हैं। इसी तरह, कदार केरल में पीटीजी हैं, लेकिन वे तमिलनाडु में पीटीजी नहीं हैं (वही : 111)।

दरअसल, इस क़ानून के लागू होने के बाद कई स्थान से इन्हें इनके निवास से बेदख़ल भी किया है। मसलन, बंगाल के जलपाईगुड़ी ज़िले में जंगल में बसे टोटोपारा क्षेत्र में रहने वाली टोटो जनजाति के लोगों को, जिनकी कुल जनसंख्या सिर्फ़ 1,346 थी, वहाँ से हटा दिया गया (डे 2011)। ऊपर के वर्णन से यह स्पष्ट है कि इस क़ानून में पीटीजी के लिए काफ़ी मजबूत प्रावधान हैं। लेकिन कुछ पहलू पूरी तरह स्पष्ट नहीं हैं। पीटीजी के संदर्भ में यह क़ानून बहुत अच्छी तरह लागू नहीं हुआ है। अमूमन ये समूह अपने अधिकारों के बारे में बहुत ज़्यादा जागरूक नहीं है। इसलिए ये इस क़ानून का फ़ायदा नहीं उठा पाए हैं।

2. घुमंतू (यायावर) चरागाही जातियों की स्थिति

ये समुदाय एक जगह नहीं रहते हैं। इनमें से कुछ को एक राज्य में अनुसूचित जनजाति का दर्जा मिला है, लेकिन दूसरे राज्य में वे इस श्रेणी से बाहर हैं। मसलन, वन-गूजर उत्तर प्रदेश और उत्तराखंड में अनुसूचित जनजाति नहीं हैं, लेकिन हिमाचल प्रदेश में वे इस श्रेणी में शामिल हैं। इसलिए इस क़ानून के तहत इनके अधिकारों की उपेक्षा हुई है। क़ानून की धारा 2(ए) में 'सामुदायिक वन संसाधनों' के अंतर्गत यह प्रावधान किया गया है कि 'पैस्टोरल समुदायों को लैण्डस्केप का मौसमी (या सिजनल) उपयोग' का अधिकार होगा। धारा 3(1)(इ) में पीटीजी और पूर्व-खेतिहर समूहों को हैबिटेट और हैबिटेशन का सामुदायिक अधिकार दिया गया है।

राष्ट्रीय स्तर इन समूहों के संदर्भ में क़ानून के लागू होने की स्थिति की कोई मुक़म्मल तस्वीर नहीं है। लेकिन विभिन्न क्षेत्रों की रिपोर्ट बहुत ही निराशाजनक है। मसलन, ऊपर (संरक्षित क्षेत्रों वाले भाग में) मैंने यह बताया है कि उत्तराखंड में वन-गूजरों को अभी तक उनका क़ानूनी हक़ नहीं मिला है। सक्सेना कमिटी रिपोर्ट में भी यह उल्लेख किया गया है कि–

> वन गूजर, गद्दी और रायका समुदायों ने कमिटी को यह बताया कि उन्हें यह पता नहीं है कि वे इस क़ानून का फ़ायदा कैसे लें। संबंधित अधिकारी के पास जाने पर वे इन्हें राजस्व गाँवों की कमिटी में शामिल होने का सुझाव देते हैं। यायवर समुदाय हर मौसम में अपने रहने का स्थान बदलते रहते हैं। इसलिए उन्हें यह अंदाज़ा नहीं है कि उन्हें किसी जगह की वन अधिकार समिति में शामिल होना है। अधिकारियों के पास इन सवालों का कोई जवाब नहीं है (गवर्नमेंट ऑफ़ इण्डिया 2010सी : 122)।

बहुत से समुदायों को क़ानून के बारे में बहुत कम जानकारी है। ऊपर मैंने यह उल्लेख किया है कि वन-गूजरों को क़ानून की अच्छी जानकारी है। लेकिन बहुत सी दूसरी घुमंतू समुदायों की स्थिति इसके विपरीत है। मसलन,

हिमाचल प्रदेश में घुमंतू समुदायों की स्थिति बहुत ही निराशाजनक है। यहाँ तक कि अनुसूचित जनजातियों को भी इस क़ानून से कोई फ़ायदा नहीं मिल रहा है। गुजरात के अनुसूचित क्षेत्रों में मालधरीस जैसे समुदाय के पास समुचित जानकारी नहीं है। इस कारण ये अपने दावे पेश नहीं कर पाए हैं (वही : 123)। वन विभाग की मनमानी के कारण भी इन्हें बहुत ज़्यादा मुश्किलों का सामना करना पड़ता है।[49] इसके अलावा, पीटीजी की तरह ही इन समुदायों की श्रेणीगत पहचान भी राज्यों की सीमाओं के साथ बदल जाती है। दरअसल, वन निवासियों में घुमंतू जातियों की स्थिति बहुत ही कमज़ोर है। जंगलों के व्यावसायिक उपयोग के कारण भी इनके हैबिटेट को बहुत नुक़सान पहुँचा है। उग्र क़िस्म के संरक्षणवाद के उभार ने इनके हर तरह के व्यवहार को संदेह के घेरे में ला दिया। सक्सेना कमिटी रिपोर्ट के अनुसार, इन समुदायों के पास जबर्दस्त पारम्परिक ज्ञान है। इसलिए वन्य जीव संरक्षण में इनकी सार्थक भूमिका हो सकती है। लेकिन अभी तक इसे मान्यता नहीं दी गयी है। यह क़ानून इस कमी को ठीक करने का एक बेहतरीन अवसर देता है (गवर्नमेंट ऑफ़ इण्डिया 2010सी : 124)। लेकिन अभी तक कहीं भी यायावर चरागाही समुदायों को व्यक्तिगत या सामुदायिक अधिकार नहीं मिले हैं।

3. झूम खेती

अध्याय 2 में झूम खेती की व्यवस्था और औपनिवेशिक और उत्तर-औपनिवेशिक दौर में इसे नियंत्रित करने की कोशिशों की विवेचना की गयी है। वन अधिकार क़ानून बनने के दौरान जेपीसी ने अपनी रिपोर्ट में झूम खेती के लिए अलग धारा जोड़ने की सिफ़ारिश की थी। लेकिन संसद द्वारा पारित क़ानून में इसे शामिल नहीं किया गया (देखें अध्याय 3)। लेकिन सक्सेना कमिटी की रिपोर्ट में यह उल्लेख किया गया है कि अरुणाचल प्रदेश, ओडिशा और त्रिपुरा में सार्वजनिक विचार-विमर्श के दौरान कमिटी से झूम खेती के बारे में सवाल पूछे गये (गवर्नमेंट ऑफ़ इण्डिया 2010सी : 117)। असल में, क़ानून की कई धाराओं की इस तरह व्याख्या की जा सकती है, जिससे झूम खेती को मान्यता मिले। पहला, क़ानून की धारा 3(1)(इ) में आदिम जनजाति समूहों (पीटीजी) और पूर्व-खेतिहर समुदायों के लिए हैबिटेट और हैबिटेशन का अधिकार देने की बात शामिल है; दूसरा, धारा 3(1)(जे) में स्वायत्तशासी ज़िला या क्षेत्रीय परिषदों द्वारा स्वीकृत प्रथागत अधिकारों को मान्यता देने का प्रावधान है; और तीसरा, धारा 3(1)(एल) में ऐसे हर अधिकार को मान्यता देने का प्रावधान है जिसका उपयोग वनवासी समुदाय

49. इस संदर्भ में देखें संरक्षित क्षेत्रों वाला भाग।

प्रथागत रूप से करते रहे हैं, लेकिन जिनका उल्लेख इस क़ानून में नहीं है। हालाँकि इसमें किसी भी जंगली जानवर का शिकार करने, उसे पकड़ने और उसके शरीर के किसी हिस्से को काटने आदि का परंपरागत अधिकार शामिल नहीं है (देखें, गवर्नमेंट ऑफ़ इण्डिया 2007 : 3-4; गवर्नमेंट ऑफ़ इण्डिया 2010सी : 117)। इन प्रावधानों से स्पष्ट है कि यह क़ानून झूम खेती को ख़ारिज़ नहीं करता है। इसकी असल में, यह झूम खेती को क़ानूनी समर्थन देता है।

बहरहाल, *जनजातीय मामलों के मंत्रालय* ने इस बारे में कोई स्पष्टीकरण नहीं दिया है कि झूम खेती के संदर्भ में यह क़ानून किस तरह लागू किया जाना चाहिए। इस क़ानून के अंतर्गत अभी तक कहीं भी लोगों को झूम खेती करने का अधिकार नहीं दिया गया है। इसकी बजाय, कई जगहों पर झूम खेती करने वालों को बहुत सी मुश्किलों का सामना करना पड़ा है। मसलन, ओडिशा के कालाहांडी और त्रिपुरा के धलाई में अधिकारों को मान्यता देने के समय झूम खेती को स्वीकार नहीं किया गया। इसमें केवल उसी ज़मीन पर समुदाय के अधिकार को स्वीकार किया गया, जिस पर लोग उस समय खेती कर रहे थे। उनके द्वारा दूसरे मौसमों में खेती के लिए उपयोग में लाई जाने वाली ज़मीन पर कोई विचार नहीं किया गया (वही : 118)।

4. वन गाँव और टांगिया गाँव

इस क़ानून में वन गाँवों को राजस्व गाँवों में बदले जाने का प्रावधान है। सरकार के अनुसार देश में कुल 2474 वन गाँव हैं। लेकिन कई संगठनों ने इस संख्या पर संदेह व्यक्त किया है और उनका मानना है कि वन गाँवों की संख्या इससे ज़्यादा है। इनमें से अधिकांश गाँव असम, छत्तीसगढ़, मध्य प्रदेश और पश्चिम बंगाल में फैले हुए हैं। यह क़ानून वन गाँवों पर भी लागू होता है (देखें अध्याय 3 और गवर्नमेंट ऑफ़ इण्डिया 2006: 2-5)। बहुत से वन गाँव संरक्षित क्षेत्रों में हैं। अध्याय के संरक्षित क्षेत्र वाले भाग में इनका विश्लेषण किया गया है। यहाँ मैं दो उदाहरणों के माध्यम से वन गाँवों के संदर्भ में इस क़ानून के प्रभावों का परीक्षण करूँगा। पहला, उदाहरण मध्य प्रदेश का हरदा ज़िला है और दूसरा उदाहरण उत्तर प्रदेश के कई टांगिया गाँवों से संबंधित हैं। हरदा का वर्णन करने के लिए मैं द्वितीयक स्रोतों (मुख्यत: 'पर्सपेक्टिव' और 'पीयूडीआर' की रिपोर्टों) का उपयोग करूँगा। मैं अपने फ़ील्ड-वर्क के आधार पर उत्तर प्रदेश के टांगिया गाँवों का परीक्षण करूँगा।

मध्य प्रदेश के हरदा ज़िले का अनुभव

पट्टा हो तो पकड़ है, पट्टा नहीं तो कुछ नहीं (हरदा के जंगलों में बसे गाँवों

से एक बोरी वन गाँव के निवासी किशन लाल का कथन) (पर्सपेक्टिव्स 2012: 3)

टप्पर-टप्पर घूमे रे थानेदार-नाकेदार
दारू-मुर्गा माँगे रे थानेदार-नाकेदार

(श्रमिक आदिवासी संगठन के कार्यकर्त्ताओं द्वारा तैयार गीत के एक बोल) (वही : 10)

मध्य प्रदेश के हरदा ज़िले का दक्षिणी भाग मुख्य रूप से वन भूमि पर बसा है। वन क्षेत्र में बसे गाँव दो श्रेणियों में विभाजित हैं : राजस्व गाँव और वन गाँव। इस ज़िले में 45 वन गाँव और 522 राजस्व गाँव हैं (पीयूडीआर 2010: 9)। दूसरे इलाक़े की तरह यहाँ भी पट्टा किसी परिवार के 'क़ानूनी' अस्तित्व की गवाह है। पट्टा न होने पर वन विभाग ने कई मरतबा मनमाने तरीके से लोगों की ज़मीन छीन ली और वहाँ पेड़ लगा दिये (वही : 3)। इसी तरह, *जीवन धारा योजना* या *महात्मा गाँधी राष्ट्रीय रोज़गार गारंटी योजना* के तहत यहाँ वही किसान तालाब आदि बनाने का आग्रह कर सकते हैं, जिनके पास ज़मीन का पट्टा है (पर्सपेक्टिव्स 2012: 6)।[50]

हरदा के वन गाँवों में बहुत कम लोगों को व्यक्तिगत वन अधिकार मिले हैं और सामुदायिक अधिकार के संदर्भ में कोई प्रगति नहीं हुई है। यहाँ वन विभाग ने पट्टा वितरण का अधिकार अपने नियंत्रण में रखा। यह इस क़ानून के सबसे बुनियादी प्रावधान का उल्लंघन है (पर्सपेक्टिव्स 2012: 26)। कुछ परिवारों को ज़मीन का पट्टा मिला है। लेकिन उसमें भी कई तरह की ख़ामियाँ मौजूद हैं। मसलन, उन्हें उतनी ज़मीन का पट्टा नहीं मिला, जितना उन्होंने दावा किया था; कई परिवारों को ज़मीन के उस प्लॉट का पट्टा नहीं मिला जिसका उन्होंने दावा किया था; इसके अलावा, एक ही गाँवों में कुछ परिवारों को 'पट्टा' मिला है और कुछ को नहीं। इस कारण गाँव में तनाव की स्थिति उत्पन्न हो गयी है (वही : 28-29)। यहाँ भी 'अन्य पारम्परिक वन निवासियों' को अधिकार नहीं मिले हैं; लोगों को सामुदायिक वन अधिकार नहीं मिला है; और वन गाँवों को राजस्व गाँवों में बदलने की प्रक्रिया आगे नहीं बढ़ी है (वही : 29-30)।

वन विभाग पहले से ही वन गाँवों के निवासियों की गतिविधियों की निगरानी करता रहा है। वन गाँवों के लोगों को खेती करने और जंगल से वनोपज लेने के लिए वन विभाग की बेगारी भी करनी पड़ती है। मौक़े-बेमौक़े इन्हें वन

50. तेखरानाला में भी यही स्थिति है। चूँकि इसका बड़ा हिस्सा जंगल की ज़मीन पर बसा हुआ है इसलिए यहाँ पंचायत के विकास का कोई काम नहीं होता। रोज़गार गारंटी जैसी योजनाओं में भी इसकी उपेक्षा की जाती है। देखें अध्याय 4.

विभाग के लोगों को दारू, मुर्गा आदि भी देना पड़ता है। वन विभाग के लोग इसे निस्तार के बदले घूस के रूप में लेते हैं। इसलिए इसे 'निस्तारी' भी कहा जाता है (वही 2010 : 11)। क़ानून के लागू होने के बाद वन विभाग ने अपना नियंत्रण बढ़ाया है। इसके द्वारा उठाए गये दो क़दम महत्त्वपूर्ण हैं। पहला, हरदा डिविजन में वन विभाग ने एक नयी संस्था वन चौकी की स्थापना की। यहाँ वनोपजों की चोरी और दूसरी तरह के जुर्म करने वाले लोगों को पूछताछ के लिए बंदी बनाकर रखा जाता है। दूसरा, वन विभाग ने यहाँ के ढेंगा और ऊँचबरारी गाँवों में फॉरेस्ट गार्डों की एक नयी श्रेणी बनायी। इसे 'फॉरेस्ट वाचर' कहते हैं। दरअसल, इसका गठन *संयुक्त वन प्रबंधन* कार्यक्रम लागू करने के लिए बने ग्राम सुरक्षा समिति के तौर पर किया गया। लेकिन वन विभाग ने इसका प्रयोग अपना दबादबा क़ायम करने के लिए किया है।[51] स्थानीय समुदायों में से ही कुछ लोगों को 'वाचर' बनाया जाता है। इनका काम गाँव के लोगों की गतिविधियों पर नज़र रखना है। वन विभाग प्रत्येक 'वाचर' को तीन हज़ार रुपये मासिक देता है। 'वाचरों' की नियुक्ति के द्वारा वन विभाग ने स्थानीय लोगों में फूट डालने में सफलता हासिल की। इसके अलावा, वाचरों के कारण वन गाँवों में बसे लोगों की निगरानी काफ़ी बढ़ गयी।[52]

दरअसल, वन विभाग ने जंगल के संरक्षण में जबर्दस्त कोताही बरती है। इसने सिर्फ़ व्यावसायिक पेड़ ही लगाया गया है। पीयूडीआर रिपोर्ट के अनुसार,

> पिछले कई वर्षों से वन विभाग द्वारा इस बात पर ध्यान दिया गया है कि इस क्षेत्र में सागौन और सखुआ के पेड़ों को लगाया जाए.. 'जंगली-जानवरों या पौधों को सहारा देने वाले दूसरे कई छोटे-बड़े पौधों का इस क्षेत्र में अभाव है...तथ्य यह है कि वन विभाग इस पूरी प्रक्रिया में जंगल की जैव-विविधता को ख़त्म कर रहा है...वन विभाग सिर्फ़ उन्हीं पेड़ों को लगाता है जिनकी बाज़ार में ऊँची क़ीमत मिले (पीयूडीआर 2010: 12)।[53]

हरदा के वन गाँवों के लोग 'श्रमिक आदिवासी संगठन' के नेतृत्व में संगठित हुए हैं। 1996 में इस संगठन की स्थापना की गयी थी। इसका मक़सद आदिवासियों

51. दरअसल, *संयुक्त वन प्रबंधन* के अंतर्गत गठित इन समितियों का दूसरी कई जगहों पर भी इसी तरह उपयोग किया जा रहा है। इस संदर्भ में आंध्र प्रदेश के उदाहरण के लिए देखें रेड्डी और अन्य (2011); सीएसडी (2010)।
52. दरअसल, 'फॉरेस्ट वाचर' की पूरी संकल्पना दंतेवाड़ा जिले में शुरू किये गये 'सलवा जुडूम' अभियान की याद दिलाती है। 'सलावा जुडूम' की तरह यह 'माओवादियों' के ख़िलाफ़ अभियान नहीं है। लेकिन इसमें भी लोगों के ख़िलाफ़ कुछ स्थानीय लोगों को हथियार देकर एक नयी श्रेणी 'फॉरेस्ट वॉचर' बनाई गयी है। देखें, पीयूडीआर (2010)।
53. 'पर्सपेक्टिव्स' की रिपोर्ट में भी इस बात से सहमति जताई गयी है (पर्सपेक्टिव्स 2012: 8-9)।

के वन और वन भूमि अधिकारों के मुद्दों पर संघर्ष करना था। पिछले कुछ वर्षों में इसकी सदस्य-संख्या में काफ़ी इज़ाफ़ा हुआ है। इसके कारण लोगों ने वन विभाग की मनमानी के ख़िलाफ़ आवाज़ उठाई है। उन्होंने जंगल में अपनी ज़मीन की माँग के लिए भी खुद को संगठित करना शुरू कर दिया है। लेकिन इसके सदस्यों को अलग-अलग तरह की मुक़दमेबाजी और कई जानलेवा हमलों का सामना करना पड़ा है (पीयूडीआर 2010; पर्सपेक्टिव्स 2012: 8)। शायद इसी कारण यह क़ानून लागू करने की प्रक्रिया में बहुत ज़्यादा सक्रिय नहीं रह पाया है।

यह स्पष्ट है कि हरदा में क़ानून सही तरीक़े से लागू नहीं किया गया है। यहाँ लोग इसे पट्टा वितरण योजना के रूप में ही देखते हैं। यहाँ 'श्रमिक आदिवासी संगठन' के कारण लोगों में जागरूकता आयी है। लेकिन क़ानून के संदर्भ में यह जागरूकता बहुत सीमित है। दूसरी ओर, क़ानून लागू होने के बाद वन विभाग ने वनों की सुरक्षा के नाम पर लोगों की निगरानी बढ़ा दी है। इसके लिए इसने 'फॉरेस्ट वाचर' और 'वन चौकी' जैसी संस्थाएँ भी बनाई हैं। लेकिन खुद वन विभाग ने इकोलॉजी और जंगल की विविधता की बजाय व्यावसायिक हितों को ही बढ़ावा दिया है।

टांगिया गाँवों की दास्तान

जब प्रधानमंत्री मनमोहन सिंह या लालकृष्ण आडवाणी यह साबित नहीं कर सकते हैं कि वे एक जगह पर पिछले 75 सालों से रह रहे हैं, तो वे हमसे ऐसा साबित करने वाला क़ागज़ का टुकड़ा क्यों माँग रहे हैं? (2 अप्रैल 2011 को 'राष्ट्रीय वन जन श्रमजीवी मंच' द्वारा लखनऊ में आयोजित जनसुनवाई में टांगिया गाँवों के एक निवासी द्वारा व्यक्त किया गया विचार)

टांगिया गाँव भी एक अर्थ में वन गाँव है। लेकिन टांगिया गाँवों और अन्य वन गाँवों के बीच मुख्य अंतर यह है कि टांगिया गाँव कभी एक जगह बसे नहीं रहे हैं। ये एक जगह से दूसरी जगह जाते रहे हैं। अंग्रेज़ों द्वारा टांगिया प्रथा उत्तराखंड, उत्तर प्रदेश, पश्चिम बंगाल, तमिलनाडु, कर्नाटक, आंध्र प्रदेश, केरल, मध्य प्रदेश, छत्तीसगढ़ आदि प्रेदेशों में शुरू किया गया था (देखें अध्याय 2)। पूरे देश में इन गाँवों की कुल संख्या का ठीक-ठीक अंदाज़ा लगाना मुश्किल है। इसके बारे में अलग-अलग आँकड़े दिये जाते हैं। इस विषय पर काम करने वाले डॉ. छत्रपति सिंह का मानना था कि देश में ऐसे गाँवों की संख्या लगभग 7000 है। वन विभाग के अनुसार ऐसे गाँवों की कुल संख्या 2474 ही है। 1925 से 1980 के बीच वन टांगिया लोगों ने सिर्फ़ उत्तर प्रदेश के 12 ज़िलों में तक़रीबन एक लाख हेक्टेयर ज़मीन पर जंगल फिर से आबाद किया। 1980

में टांगिया प्रथा खत्म कर दी गयी। लेकिन इन्हें एक जगह बसने के लिए ज़मीन नहीं दी गयी एक अनुमान के मुताबिक पूरे देश में तक़रीबन 20 लाख परिवार टांगिया गाँवों में बसे हुए हैं (चौधरी, रोमा और गम्भीर 2009)।

इन गाँवों में रहने वाले लोगों के पास कोई अन्य विकल्प नहीं था। इसलिए ये जंगलों में ही बस गये। इन्हें 'अतिक्रमक' की संज्ञा दी गयी। वन विभाग इन पर जंगल ख़ाली करने का दबाव बनाते रहता है। वन अधिकार क़ानून इनके लिए उम्मीद की एक किरण बनकर आया। लेकिन इन गाँवों में बसे लोगों की सबसे बड़ी समस्या यह है कि यहाँ के अधिकांश लोग 'अन्य पारम्परिक वन निवासियों' की श्रेणी में आते हैं। इनके लिए यह साबित करना नामुमकिन है कि ये पिछले 75 सालों से एक स्थान पर रह रहे हैं। मैंने इस तरह के जिन गाँवों में फील्ड-वर्क किया, वहाँ लोगों ने कहा कि 'वन विभाग को हमारे ठौर-ठिकाने का दस्तावेज़ पेश करना चाहिए; उन्हें ही यह पता होगा कि हमारे पुरखों को दस-दस साल के अंतराल पर कहाँ-कहाँ रखा गया।'

2 अप्रैल 2011 को लखनऊ में 'राष्ट्रीय वन-जन श्रमजीवी मंच' द्वारा आयोजित जन-सुनवाई में टांगिया गाँवों के लोगों ने अपनी स्थिति के बारे में बताया। विभिन्न गाँवों में दावा दाख़िल किये जाने के बावजूद उन्हें कोई अधिकार नहीं मिला। मसलन, सहारनपुर ज़िले में पाँच टांगिया गाँव हैं। यहाँ लोगों ने अपने दावे जमा कर दिये। लेकिन वन विभाग ने ये दावे निरस्त कर दिये। क़ानून के मुताबिक़ वन विभाग को ऐसा करने का कोई अधिकार नहीं है। इसी तरह, गोरखपुर और महाराजगंज ज़िलों में कुल मिलाकर 24 टांगिया गाँव हैं। यहाँ पर लोगों ने दावा फार्म के साथ 75 वर्ष का रेकार्ड लगाया। लेकिन वन विभाग ने ये दावे भी ख़ारिज कर दिये। जनपद खीरी में पल्हनापुर और कटहला वन-टांगिया गाँवों में वनाधिकार समिति का भी गठन नहीं किया गया। कई वन टांगिया गाँवों में लोगों को वन विभाग की बंधुआ मजदूरी करनी पड़ती है। मसलन, उत्तर प्रदेश के गोण्डा ज़िले में स्थित पाँच वन टांगिया गाँवों के लोगों को अपना घर बचाने के लिए वन विभाग के कर्मचारियों के काम करने पड़ते हैं (एन.एफ.एफ.पी. एफ.डब्ल्यू. 2011)।

स्पष्ट है कि अधिकांश मामलों में इन्हें कोई अधिकार नहीं मिला है। लेकिन कुछ ऐसे भी उदाहरण हैं जहाँ टांगिया गाँवों के लोगों ने सामूहिक संघर्ष द्वारा अधिकार हासिल किया है। उत्तर प्रदेश के गोंडा ज़िले में जंगलों के बीच बसे महेशपुर वनटांगिया गाँव के 44 परिवारों में से 34 परिवारों को व्यक्तिगत अधिकार पत्र मिले हैं।[54] उत्तर प्रदेश के ही गोरखपुर और महाराजगंज ज़िलों के 6 गाँवों के 651 परिवारों

54. 'वनटांगिया मजदूर से मालिक बनकर खुश थे वनग्रामवासी', *जनसत्ता*, दिल्ली, 15 मई 2011: 9.

को खुद राज्य के वन मंत्री ने व्यक्तिगत अधिकार पत्र दिये। महाराजगंज के 17 टांगिया गाँवों को इसी तरह का व्यक्तिगत अधिकार देने का आश्वासन दिया गया।[55] दरअसल, इन गाँवों में लोगों को अधिकार मिलने का एक प्रमुख कारण यह भी है कि उत्तर प्रदेश प्रशासन ने 'अन्य परम्परागत वन निवासियों' के लिए 75 सालों की कसौटी को उदारतापूर्वक परिभाषित करने का फ़ैसला किया।[56] लेकिन ग़ौर करने वाली बात यह है कि इन लोगों को अभी तक सामुदायिक अधिकार नहीं मिले हैं और न ही गाँवों को राजस्व गाँव में तब्दील करने की प्रक्रिया पूरी हुई है। कई स्थानों पर वन विभाग के कर्मचारियों का रवैया बहुत ही दमनकारी है। बंधुआ मजदूरी का उदाहरण ऊपर दिया जा चुका है। इसके अलावा, बहुत से क्षेत्रों में टांगिया लोगों की गतिविधियों पर भी तरह-तरह की रोक-टोक है। मसलन, राजाजी नैशनल पार्क में तीन टांगिया गाँव हैं। ये पार्क की सीमा से लगे क्षेत्रों में बसे हुए हैं। इन गाँवों के लोग अपने गाँवों से आगे कोई भी गतिविधि नहीं कर सकते हैं। यहाँ तक कि जब ये अपने घर बनाते हैं तो भी पार्क के कर्मचारी रोक-टोक करते हैं। लेकिन चूँकि ये लोग संगठित है इसलिए वन विभाग के लिए उन्हें बेदख़ल करना बहुत ही मुश्किल है। यह भी उल्लेखनीय है कि सभी टांगिया गाँवों को एक ही श्रेणी में नहीं रखा जा सकता है। मैंने जिन टांगिया गाँवों में फ़ील्ड-वर्क किया, उनमें से कुछ गाँव बहुत पिछड़े हुए थे और उनकी जंगल पर निर्भरता बहुत ज़्यादा थी। लेकिन कुछ गाँव ऐसे भी थे जहाँ तक़रीबन सारे घर पक्के हैं। इस तरह के गाँव के लोगों की ज़िंदगी जंगल पर बहुत ज़्यादा निर्भर नहीं है।

ऊपर के वर्णन से यह स्पष्ट है कि वन गाँवों में इस क़ानून के लागू होने की स्थिति बहुत ही निराशाजनक है। केवल कुछ स्थानों पर ही लोगों को व्यक्तिगत वन अधिकार मिला है। बहुत कम वन गाँवों का राजस्व गाँवों में बदलाव हुआ है। इसके अलावा, उत्तर प्रदेश, झारखंड, महाराष्ट्र, उत्तराखंड में क्षेत्रीय भाषाओं

55. सभी स्थानीय अखबारों ने इस ख़बर को बहुत ही सकारात्मक ख़बर के रूप में पेश किया। कई अख़बारों ने इसे ऐतिहासिक दिन भी घोषित किया। देखें, 'टांगिया फ़ॉरेस्ट वीलेज गेट्स टाइटल इन गोरखपुर ऐंड महाराजगंज डिस्ट्रिक्ट्स इन यूपी', *टाइम्स ऑफ़ इण्डिया,* लखनऊ संस्करण, 26 जुलाई 2011; '651 वन टांगिए बने ज़मीन के मालिक', *हिंदुस्तान,* गोरखपुर संस्करण, 26 जुलाई 2011 : 5; 'ऐसे मिला वनटांगियों के संघर्ष को मुकाम', *दैनिक जागरण,* गोरखपुर संस्करण, 26 जुलाई 2011 : 9; 'वनटांगियों को मिला हक़', *राष्ट्रीय सहारा,* गोरखपुर संस्करण, 26 जुलाई 2011 : 9.

56. 21 फ़रवरी 2011 के राज्य स्तरीय मानिटरिंग कमिटी ने अधिकारियों को यह निर्देश दिया कि वह 'अन्य पारम्परिक वन निवासियों' की 75 साल की कसौटी के संदर्भ में लचीला रूख अपनाए। यह देखना चाहिए कि क्या दावा करने वाला व्यक्ति प्रामाणिक रूप से यह साबित कर सकता है कि वह उस स्थान पर 50 सालों से रह रहा है। अशोक चौधरी द्वारा फ़ॉरेस्ट राइट्स ग्रुप (ब्लॉग) को भेजा गया मेल, तारीख़ 16 मई 2011.

में क़ानून के अनुवाद में टांगिया गाँवों की श्रेणी शामिल नहीं की गयी है (गवर्नमेंट ऑफ़ इण्डिया 2010सी : 119)। इससे भ्रम की स्थिति पैदा हुई। उत्तर प्रदेश, असम, झारखंड, पश्चिम बंगाल और महाराष्ट्र जैसे राज्यों में वन गाँवों का समुचित सर्वे नहीं हुआ है। इस कारण बहुत से गाँवों को इस क़ानून का फ़ायदा नहीं मिल पा रहा है (वही : 119)।

सौरिष झा के पश्चिम बंगाल में इस क़ानून के लागू होने का अध्ययन किया है। इनके अनुसार, यहाँ वन विभाग के हेजिमनिक नियंत्रण में कुल 170 वन गाँवों में क़ानून लागू होने की प्रक्रिया शुरू हुई। यहाँ क़ानून के मुताबिक ग्राम सभा को कोई अधिकार नहीं दिया गया। यह इस क़ानून की मूल भावना का ही उल्लंघन है (झा 2010: 37)। अधिकांश जगहों पर वन गाँवों के लोग 'अन्य पारम्परिक वन निवासियों' की श्रेणी में आते हैं। इनके लिए यह साबित करना बहुत मुश्किल है कि ये एक स्थान पर 75 सालों से रह रहे हैं। इस संदर्भ में टांगिया गाँवों की स्थिति और भी अजीब है। कुछ वर्षों के अंतराल पर इनके रहने का स्थान बदलता रहा। इनके लिए यह साबित करना तक़रीबन नामुमकिन है कि ये एक स्थान पर 75 सालों से रह रहे हैं।[57]

अध्याय के इस भाग में हमने कुछ ख़ास श्रेणियों के संबंध में वन अधिकार क़ानून के लागू होने की स्थिति का विश्लेषण किया। इन श्रेणियों में अमूमन इस क़ानून को बहुत ही अनमने तरीक़े से लागू किया गया है। इसके पीछे वन विभाग द्वारा इस क़ानून को नकारने या नाकाम करने की कोशिशों की महत्त्वपूर्ण भूमिका रही। कई क्षेत्रों में वन विभाग ने अपनी दमनकारी गतिविधियाँ भी बढ़ा दी। लोगों के संगठित न होने के कारण वन विभाग को अपनी मनमानी करने में सफलता मिली। लेकिन कुछ स्थानों पर लोगों ने संगठित संघर्ष द्वारा अपना हक़ हासिल करने में क़ामयाबी भी हासिल की है। कुछ जगहों पर, मसलन उत्तर प्रदेश के कुछ टांगिया गाँवों के संदर्भ में, वन विभाग के अधिकारियों की भूमिका भी सकारात्मक रही है। लेकिन ऐसे उदाहरण बहुत ही कम हैं।

V. वन अधिकार क़ानून, विकास योजनाएँ और वन निवासी

भारत के जंगलों के एक बड़े हिस्से को 'विकास' के लिए सामान्य ज़मीन में बदला जाता रहा है। खनन, पावर प्लांट, बाँध, रोड, कारख़ाने, खेल और पर्यटन जैसे कामों के लिए ऐसा किया जाता रहा है। यह एक तथ्य है कि

57. टांगिया गाँवों के लोगों ने इस बात पर असंतोष जताया कि वन विभाग उनके निवास के बारे में कोई भी दस्तावेज़ नहीं देता है। इनके अनुसार, यह वन विभाग की जिम्मेदारी है कि वह यह साबित करे कि वे तीन पीढ़ियों से जंगल में नहीं रह रहे हैं।

भारत के अधिकांश जंगली क्षेत्रों में लोग रहते हैं। वे जंगल के संसाधनों का उपयोग करते हैं। इसलिए वन भूमि में इस तरह के बदलाव से इन पर सीधा प्रभाव पड़ता है। इससे इन्हें विस्थापन का सामना करना पड़ता है। एक अनुमान के मुताबिक़ स्वतंत्रता प्राप्ति से लेकर अभी तक कुल साठ मिलियन लोग विस्थापित हुए हैं। योजना आयोग ने अपने एक अध्ययन में यह निष्कर्ष निकाला है कि इन विस्थापित लोगों में 40 प्रतिशत लोग आदिवासी हैं, जबकि देश की जनसंख्या में इनका कुल हिस्सा सिर्फ़ आठ प्रतिशत ही है। 1980 के बाद से *वन संरक्षण क़ानून* ने इस तरह के बदलाव या डायवर्जन की प्रक्रिया को केंद्रीकृत कर दिया।[58] उस समय से लेकर 2010 तक 1.2 मिलियन हेक्टेयर वन भूमि को सामान्य भूमि में बदला गया है। इसके पहले 1951 से 1980 तक 4.24 मिलियन हेक्टेयर वन भूमि को सामान्य भूमि में बदला गया था (गवर्नमेंट ऑफ़ इण्डिया 2010सी : अध्याय 5)।

वन अधिकार क़ानून स्थानीय समुदायों को ज़मीन के संरक्षण का अधिकार देता है। क़ानून की धारा 5 अधिकार-धारकों और ग्राम सभा से यह माँग करती है और उन्हें यह शक्ति देती है कि वे वन्य जीव, जंगल और जैव विविधता की रक्षा करें; इस बात को सुनिश्चित करें कि आस-पास के क्षेत्र (कैचमेंट एरिया), जल स्रोत और इकोलॉजिकल रूप से संवेदनशील अन्य क्षेत्रों की पर्याप्त सुरक्षा हो; वन निवासी अनुसूचित जनजातियाँ और अन्य पारम्परिक वन निवासियों की ऐसी सभी विनाशकारी व्यवहारों से सुरक्षा हो, जो उनके सांस्कृतिक और प्राकृतिक हेरीटेज को प्रभावित करती हों (गवर्नमेंट ऑफ़ इण्डिया 2007: 5-6)।

इन प्रावधानों को ध्यान में रखते हुए जुलाई 2009 में *पर्यावरण एवं वन मंत्रालय* ने एक आदेश जारी किया। यह आदेश वन भूमि को ग़ैर-वनीय मकसद के लिए सामान्य भूमि में बदलने से संबंधित था। इस आदेश में राज्य सरकारों से यह कहा गया कि वे लिखित रूप में ग्राम सभा की सहमति का प्रमाण-पत्र दें। इसमें यह स्पष्ट होना चाहिए कि लोगों ने इस बदलाव के पूरे प्रभावों को

---

58. इसकी धारा 2 में यह प्रावधान है कि कोई भी राज्य सरकार केंद्र सरकार की मंजूरी के बग़ैर जंगल के ज़मीन का उपयोग ग़ैर-वनीय मकसद से नहीं करेगी। लेकिन इससे बचने के लिए प्रशासन ने 'सैद्धांतिक मंजूरी' का विचार खोज लिया। यह मंजूरी मिलने पर कोई कंपनी वन भूमि पर अपना निर्माण शुरू कर सकती है। यह एक औपचारिकता मात्र बनकर रह गयी। लेकिन बहुत से मामलों में इस तरह के सैद्धांतिक मंजूरी की भी परवाह नहीं की गयी। इसी तरह, 2006 में 'एनवायरमेंट इम्पैक्ट असेस्मेंट नोटिफिकेशन' (पर्यावरण प्रभाव मूल्यांकन अधिसूचना) जारी हुआ। इसमें किसी परियोजना के लिए पहले से पर्यावरणीय मंजूरी लेने को अनिवार्य बना दिया गया। लेकिन यह भी एक दिखावा ही रहा। दो सालों के भीतर *पर्यावरण एवं वन मंत्रालय* ने 1736 परियोजनाओं को मंजूरी दे दी (देखें नवलखा 2012: 38-39)।

समझते हुए अपनी सहमति दी है; वन अधिकार क़ानून के तहत लोगों के अधिकारों तय कर दिये गये हैं; ग्राम सभा के फ़ैसले के वक़्त न्यूनतम 50 प्रतिशत सदस्यों का कोरम पूरा हुआ था; जहाँ आदिम जनजातीय समुदाय और पूर्व-खेतीहर समुदाय हैं, वहाँ उनकी ख़ासतौर पर हिफ़ाज़त की गयी है।[59] लेकिन मैंने अपने फ़ील्ड-वर्क के दौरान पाया कि वन विभाग के अधिकारी इस आदेश से नावाकिफ़ थे। फिर भी, बहुत से स्थानों पर लोगों ने पेसा और वन अधिकार क़ानून को आधार बनाकर ऊपर से थोपे जाने वाले विकास मॉडल का विरोध किया है। प्रस्तुत भाग में हम ऐसे कुछ उदाहणों पर विचार करेंगे जहाँ लोगों ने 'विकास' कार्यों के विरोध के लिए इस क़ानून का उपयोग किया।

1. छत्तीसगढ़ के प्रेमनगर ब्लॉक में इफको पावर प्लांट के ख़िलाफ़ संघर्ष

इस मामले की राष्ट्रीय मीडिया में बहुत ज़्यादा चर्चा नहीं हुई। इस इलाक़े में इफको पावर प्लांट लगाने की योजना थी। लेकिन लोगों के लगातार प्रतिरोध के कारण छत्तीसगढ़ सरकार ऐसा नहीं कर पायी। प्रेमनगर ब्लॉक में ही तेखरानाला गाँव स्थित है। मैंने 'अतिक्रमण' की परिघटना को समझने के लिए यहाँ के दो गाँवों का भी अध्ययन किया था (देखें अध्याय 4 और इस अध्याय का भाग 2)। जनवरी 2012 के पहले यह सरगुजा ज़िले का हिस्सा था। लेकिन अब यह नये बने सूरजपूर ज़िले का भाग है।[60] यह पूरा क्षेत्र पाँचवीं अनुसूची के अंतर्गत आता है। प्रेमनगर के आस-पास के क्षेत्रों में कोयले की ख़ान है। अभी तक इनका उपयोग नहीं किया गया है। इस लिहाज़ से यह औद्योगिक संयंत्र स्थापित करने के लिए आदर्श क्षेत्र बन जाता है। इसी कारण 4 जून 2005 को छत्तीसगढ़ सरकार और 'इण्डियन फार्मर्स फर्टीलाइजर कोऑपरेटिव' (इफको) ने एक सहमति-पत्र (या एमओयू या मेमोरेंडम ऑफ़ अंडरस्टैंडिंग) पर हस्ताक्षर किया। इसमें तक़रीबन 4500 करोड़ रुपये की लागत से प्रेमनगर में 1000 मेगावाट का थर्मल पावर प्लांट लगाने का फ़ैसला किया गया। इस परियोजना के लिए 2400 हेक्टेयर ज़मीन की आवश्यकता थी। इसमें से 1100 हेक्टेयर वन भूमि, 310 हेक्टेयर राजस्व भूमि और 1090 हेक्टेयर निजी ज़मीन लिए जाने का प्रस्ताव था। इससे 31 गाँवों के विस्थापित होने का ख़तरा था। इन 31 गाँवों की जनसंख्या मिली-जुली है। इनमें अधिकांश लोग अनुसूचित जनजातियों की श्रेणी में आते हैं। इनमें गोण्ड, पण्डो आदि जनजातियाँ प्रमुख हैं। ऐसे समुदाय

59. लेटर नंबर एफ. नंबर. 11-9?1998-एफसी(पीटी), डेट: 30.07.2009, फ्रॉम असिस्टेंट इंस्पैक्टर ऑफ फॉरेस्ट टू ऑल स्टेट्स, गवर्नमेंट ऑफ इंडिया 2010सी : 103 पर उद्धृत।

60. देखें, सूरजपुर जिले का आधिकारिक वेबसाइट– www.surajpurdistrict.in

भी हैं जो अनुसूचित जनजातियों की श्रेणी में नहीं आते हैं, लेकिन ख़ुद को आदिवासी मानते है। मसलन, बरगाह जैसी जातियों को इस श्रेणी में रखा जा सकता है। तीसरा समूह ऐसे लोगों का है जिनकी जीवनशैली 'मुख्यधारा' के काफ़ी नज़दीक हैं। ये ख़ुद को आदिवासियों से अलग मानते हैं। ये अपने लिए 'देशवासी' शब्द का प्रयोग करते हैं। मसलन, बिंझिया और यादव जैसी पिछड़ी जातियों को इस श्रेणी में रखा जा सकता है। यह समूह कई गाँवों में प्रभुत्वशाली स्थिति में हैं।[61]

एक स्थानीय संस्था *मार्गदर्शक सेवा संस्थान* ने लोगों को इस प्लांट के ख़िलाफ़ जागरूक और संगठित किया। इसके सदस्यों ने सभी गाँवों में जाकर लोगों को बताया कि यह प्लांट उन्हें उनके गाँव से बेदख़ल कर सकता है। सभी गाँवों को अपनी ग्राम-सभा की बैठक बुलाकर प्रस्तावित प्लांट के लिए ज़मीन न देने का फ़ैसला करने के लिए कहा गया। पेसा और वन अधिकार क़ानून–दोनों में ही ग्राम सभाओं को इस बारे में फ़ैसला लेने का अधिकार दिया गया है।[62] केवल चार गाँवों को छोड़कर बाक़ी सभी गाँवों की ग्राम सभाओं ने यह फ़ैसला किया कि वे इस तरह के किसी भी प्लांट के लिए अपनी ज़मीन नहीं देंगे। प्लांट के ख़िलाफ़ संघर्ष में महिलाओं ने बहुत सक्रिय भूमिका निभाई। उन्होंने इफको के कर्मचारियों और अधिकारियों को सर्वेक्षण करने के लिए गाँव की सीमा में नहीं आने दिया। कई मरतबा उन्होंने काम के लिए आने वाले इफको के अधिकारियों को बंधक बना लिया और उनकी पिटाई भी की।[63] औरतों के इस आक्रामक रवैये ने कम्पनी के अधिकारियों के मन में ख़ौफ़ पैदा कर दिया। वे इन गाँवों में जाने से कतराने लगे। इन गाँवों के लोगों ने संगठित होकर कई स्तरों पर संघर्ष किया। इन्होंने धरना, प्रदर्शन, भूख हड़ताल आदि का सहारा लिया। अक्सर इनके प्रदर्शन में आदिवासी समूह अपने पारम्परिक तीर-धनुष के साथ शामिल होते थे। इसने प्रशासन को एक साफ़ अनकहा संदेश भी दे दिया। यानी यदि पुलिस ने ताक़त के बल पर इस आंदोलन को दबाने की कोशिश की तो यह आंदोलन हिंसक हो सकता है।[64] दरअसल, लोग इस बात के लिए मानसिक रूप से तैयार भी थे। लोगों ने बताया कि

61. फ़ील्ड-वर्क के दौरान स्थानीय लोगों की बातचीत के आधार पर मैंने यह वर्गीकरण किया है। 'आदिवासी' और 'देशवासी' शब्द का प्रयोग ख़ुद इन समुदायों से संबंधित लोगों द्वारा किया गया।

62. मसलन, पेसा कानून की धारा 4 (i) में यह प्रावधान किया गया है कि पाँचवीं अनुसूची के क्षेत्रों में ज़मीन के अधिग्रहण से पहले ग्राम सभा से इजाज़त ली जाएगी (गवर्नमेंट ऑफ़ इण्डिया 1996)। वन अधिकार क़ानून के धारा 5 में भी ग्राम सभा को जंगलों की सुरक्षा और संरक्षण का अधिकार दिया गया है (देखें गवर्नमेंट ऑफ़ इण्डिया 2007)।

63. गाँववालों से बातचीत, तारीख़: 5 दिसम्बर 2011, स्थान: चंदननगर।

64. मेंहदी लाल से बातचीत, 10 दिसम्बर 2011, स्थान: चंदननगर।

यदि वे क़ानूनी और अहिंसक प्रतिरोध की लड़ाई में हार जाते, तो वे अपनी ज़मीन और गाँव को बचाने के लिए हिंसक संघर्ष करते।[65] गाँव के इस क्षेत्र में लोगों ने पर्यावरण एवं वन मंत्रालय का दरवाज़ा भी खटखटाया। इन्होंने यह साबित करने की कोशिश की कि यह पूरी योजना जंगल और पर्यावरण के लिहाज़ से भी नुक़सानदेह है।

प्रशासन ने कई स्तरों पर यह आंदोलन तोड़ने की कोशिश की। पहला, उन्होंने आंदोलन के मुख्य कार्यकर्त्ता मेंहदीलाल यादव पर कई तरह से दबाव बनाया। मसलन, ज़िलाधिकारी से लेकर इस क्षेत्र में इफको के मुख्य अधिकारी तक– सभी मेंहदीलाल की जाति के ही नियुक्त किये गये। दूसरा, कई मरतबा गाँवों के लोगों में फूट डालने की कोशिश की गयी। इसका यह नतीजा हुआ कि चार गाँवों की ग्राम सभाओं ने इस प्लांट की योजना को स्वीकार कर लिया। तीसरा, वन विभाग की ज़मीन का 'डायवर्जन' कराके प्लांट का काम शुरू कराने की रणनीति अपनाई गयी। वन विभाग ने बहुत ही आसानी से अपने हिस्से की ज़मीन का स्थानांतरण कर दिया। पेड़ों की कटाई के बाद यहाँ काम शुरू करने की योजना थी। लेकिन कुछ पेड़ों की कटाई के बाद ही गाँव वालों के विरोध के बाद इस काम को रोकना पड़ा। इन पेड़ों की कटाई के विरोध में गाँवों के लोगों ने उसी तरह पारम्परिक कर्मकांड किये जैसा कि परिवार में किसी व्यक्ति का निधन होने पर किया जाता है।[66]

आख़िरकार, बहुत सारे उतार-चढ़ाव और लंबे संघर्ष के बाद इफको ने अपना प्लांट यहाँ लगाने का फ़ैसला बदल दिया। अब इसके अधिकारी प्रेमनगर से थोड़ी दूरी पर किसी जगह की तलाश कर रहे हैं।[67] यह यहाँ के लोगों के लिए सफलता का एक चरण था। लेकिन अभी तारा कोयला ब्लॉक में खनन के काम के लिए इफको को मंजूरी मिली हुई है। अर्थात् दूसरी जगह पर प्लांट बनाने के बाद वे इस क्षेत्र से कोयला निकाल सकते हैं। इससे कई गाँवों के प्रभावित होने की सम्भावना है। इस क्षेत्र के लोग यहाँ होने वाले खनन के ख़िलाफ़ भी संघर्ष के लिए तैयार हैं।

इस क्षेत्र में लोगों ने अपने जंगल और ज़मीन को बचाने के लिए पेसा और वन अधिकार क़ानून का सहारा लिया है। लेकिन यह बात भी स्पष्ट है कि यह उनके संघर्ष के बहुत से साधनों में से एक साधन था। लोगों ने क़ानूनी लड़ाई और अहिंसक प्रतिरोध का रास्ता अपनाया था। लेकिन वे अपने संघर्ष

65. गाँव वालों से बातचीत, तारीख़: 5 दिसम्बर 2011, स्थान: चंदननगर।

66. वही।

67. मेंहदीलाल यादव से बातचीत, 12 अप्रैल 2012, स्थान: दिल्ली।

में किसी भी सीमा तक आगे जाने के लिए तैयार थे। इसने प्रशासन में भी एक तरह का डर पैदा किया। उसने सीधे तौर पर आंदोलनकारी लोगों के ख़िलाफ़ कार्रवाइ नहीं की। हम यह कह सकते हैं कि प्रेमनगर का उदाहरण इस बात की ओर इशारा करता है कि स्थानीय समुदाय अपने संघर्ष में पेसा और वन अधिकार क़ानून का उपयोग कर रहे हैं। लेकिन यह इनका एकमात्र साधन नहीं है।

2. ओडिशा के जगतसिंहपुर में पोस्को का मामला

पोहांग स्टील कंपनी (या पोस्को) दक्षिण कोरिया की एक कम्पनी है। यह दुनिया के कम-से-कम 70 देशों में इस्पात बनाने की परियोजनाएँ चलाती है। इस कम्पनी ने ओडिशा सरकार के साथ 22 जून 2005 को पाँच साल के लिए एक करार किया था।[68] इसके अनुसार कम्पनी को जगतसिंहपुर ज़िले में स्टील प्लांट लगाने के लिए 1621 हेक्टेयर ज़मीन आबंटित की गयी। इसमें से 1253 हेक्टेयर वन भूमि है। यह वन भूमि तीन पंचायतों (डिंकिया, नुआ गाँव और गडकुजांग) के अधिकार क्षेत्र में आती है। यहाँ की 'वन भूमि' पर लोग बहुत से नगदी फ़सल मसलन, पान के पत्ते, काजू आदि के खेती करते रहे हैं। यहाँ पर कई परिवार सौ साल पहले से रह रहे हैं और अधिकांश लोग कई दशकों से यहाँ बसे हुए हैं। 1950 के दशक में इस क्षेत्र में जंगल लगाने की माँग को लेकर आंदोलन चला था। उसके बाद इस क्षेत्र को 'वन' के रूप में वर्गीकृत किया गया। यहाँ जंगल के नाम पर आम के बड़े बगीचे हैं। इन्हें ज़्यादा-से-ज़्यादा जंगल का एक छोटा भाग माना जा सकता है।

स्थानीय लोगों ने शुरू से ही इस परियोजना का ज़ोरदार तरीक़े से विरोध किया। इस प्रतिरोध को संगठित रूप देने के लिए अगस्त/सितम्बर 2005 में 'पोस्को प्रतिरोध संग्राम समिति' (पीपीएसएस) का गठन किया गया। प्रस्तावित प्लांट से प्रभावित होने वाले तीन पंचायतों में 'ब्लौकेड' या नाकेबंदी कर दी गयी। इसके द्वारा यहाँ सरकारी अधिकारियों और पोस्को के कर्मचारियों के आने पर रोक लगा दी गयी। दिसम्बर 2006 में पारित वन अधिकार क़ानून के बहुत सारे प्रावधान पोस्को के प्रतिरोध में सहायक हुए। मसलन, धारा 2(ओ) के अनुसार, तीन पीढ़ियों (75 सालों) से जंगल में एक जगह पर रहने वाले लोग इस क़ानून के अंतर्गत अधिकार पाने के हक़दार हैं। धारा 3(1)(ए) उन वन

68. पोस्को और ओडिशा सरकार के बीच तैयार हुए सहमति-पत्र (एमओयू) से जुड़े विविध पहलुओं की जानकारी के लिए देखें अशर (2007); ओडिशा में नियमगिरी और पोस्को जैसी योजनाओं और उनके जुड़े आंदोलनो की समझ के लिए देखें पैडेल और दास (2010)।

क्षेत्रों में अधिकार को मान्यता देने का प्रावधान करता है, जिस पर खेती हो रही हो; धारा 3(1)(सी) लघु वनोपजों पर स्वामित्व, उनके संग्रह, उपयोग और बेचने का अधिकार देता है; धारा 4(5) अधिकारों की मान्यता के बगैर किसी भी वन निवासी को हटाये जाने पर रोक लगाता है; धारा 5 के अनुसार, ग्राम सभा को जंगलों की सुरक्षा और प्रबंधन का क़ानूनी हक़ होगा (गवर्नमेंट ऑफ़ इण्डिया 2007)।

राज्य ने पोस्को प्रतिरोध आंदोलन को दबाने की कोशिश की। 29 नवम्बर 2007 को पुलिस और भाड़े के गुण्डों ने पीपीएसएस के धरने पर बमों से हमला किया। इसमें 50 लोग घायल हुए। धरने के तम्बू को उखाड़ दिया गया। विरोध करने वाले लोगों को दो पंचायतों से हटा दिया गया। इन दो पंचायतों में पोस्को समर्थकों का एक सशक्त समूह सामने आ चुका है। अब वे सिर्फ़ डिंकिया पंचायत तक सीमित हो गये। 1 जनवरी 2008 को वन अधिकार क़ानून की अधिसूचना जारी हुई। इसके बाद, पोस्को का विरोध कर रहे लोगों ने सक्रियता से इस क़ानून का प्रयोग किया। 23 मार्च 2008 को डिंकिया की ग्राम सभा ने एक प्रस्ताव पारित कर वन अधिकार समिति का चुनाव किया। इस तरह, इसने क़ानून लागू करने की प्रक्रिया की शुरुआत कर दी। इस प्रस्ताव में ग्राम सभा के इस फ़ैसले का उल्लेख था कि उसने इस क़ानून की धारा पाँच के अंतर्गत उसने आस-पास के क्षेत्रों के पर्यावरणीय विनाश रोकने का फ़ैसला किया है। सर्वोच्च न्यायालय ने 'सिद्धांत रूप में' वन भूमि के उपयोग के लिए दिये गये क्लीयरेंस (या मंजूरी) को क़ायम रखा। लेकिन इसने *पर्यावरण एवं वन मंत्रालय* को 'क़ानून के मुताबिक़' काम करने के लिए कहा। न्यायालय से कोई राहत न मिलने के बावजूद स्थानीय लोगों ने पोस्को के ख़िलाफ़ अपना प्रतिरोध जारी रखा। लोगों के प्रतिरोध के कारण तीन अगस्त 2009 को *पर्यावरण और वन मंत्रालय* ने एक सर्कुलर जारी किया। इसके बारे में ऊपर उल्लेख किया जा चुका है।

लेकिन *पर्यावरण और वन मंत्रालय* ने अपने 'सर्कुलर' (या आदेश) और वन अधिकार क़ानून का उल्लंघन करते हुए 29 दिसम्बर 2009 को वन भूमि के 'डायवर्जन' को आख़िरी मंजूरी दे दी। पीएसएसएस और वामपंथी दलों ने इसका ज़ोरदार विरोध किया। इस पर सरकार की ओर से यह कहा गया कि यह मंजूरी कुछ शर्तों के साथ दी गयी है। स्थानीय लोगों के मुताबिक़ क़ानून के अनुसार ग्राम सभा की मंजूरी नहीं ली गयी। लेकिन एक तरह से पोस्को के मददगार के रूप में काम करते हुए स्थानीय प्रशासन ने यह दिखाया कि क़ानून के मुताबिक़ सारी कार्रवाइ पूरी कर ली गयी है। 11 मई 2010 को यहाँ पुलिस की 25 टुकड़ियों को तैनात कर दी गयीं। चार दिन बाद इन्होंने पोस्को

योजना का विरोध कर रहे लोगों के ख़िलाफ़ हिंसक कार्रवाइ की, जिसमें कम-से-कम 50 लोग घायल हुए। बहरहाल, राष्ट्रीय और अंतर्राष्ट्रीय स्तर पर इस प्रतिरोध आंदोलन समर्थन बढ़ा समर्थन किया (मसलन देखें सॉलिडैरिटी ग्रुप 2010)

वन अधिकार कानून की समीक्षा के लिए गठित एन. सी. सक्सेना कमिटी की टीम ने जुलाई 2010 में इस क्षेत्र का दौरा किया। इसने स्पष्ट रूप से यह कहा कि यहाँ इस कानून को लागू करने की प्रक्रिया पूरी नहीं हुई है[69] इसने पोस्को को दी गयी 'हरी झंडी' या 'क्लीयरेन्स' रोकने की सिफ़ारिश की। लेकिन इसका प्रभाव कम करने के लिए केंद्र सरकार ने 25 जुलाई को मीना गुप्ता समिति का गठन किया। लेकिन इसके साथ ही *पर्यावरण और वन मंत्रालय* ने छह अगस्त 2010 को पोस्को का 'काम रोकने' का आदेश दिया। मीना गुप्ता समिति ने 25 अक्टूबर 2010 को अपनी रिपोर्ट पेश की। इसके अध्यक्ष के अलावा बाकी सभी सदस्यों ने यह स्वीकार किया कि जो तथ्य सक्सेना कमिटी के सामने आये थे, वे सही थे।[70] इनके अनुसार, ओडिशा सरकार, उच्च अधिकारियों और प्रशासन ने तथ्यों के साथ छेड़छाड़ कर पोस्को के हित में काम किया है और वन अधिकार कानून के तहत पेश किये गये दावों को झुठलाया है (रोमा 2011बी)।[71] लेकिन इस पूरी परियोजना से ओडिशा के मुख्यमंत्री गहरे रूप से जुड़े हुए थे। यह विदेशी निवेश के मामले में देश की छवि से भी जुड़ा हुआ था। इसलिए केंद्र सरकार पर इसे मंजूरी देने का बहुत ज़्यादा दबाव था। इसी कारण, आख़िरकार 2 मई 2011 को *पर्यावरण और वन मंत्रालय* ने इसे मंजूरी दे दी। इसके काम पर लगी रोक को हटा दी गयी। लेकिन ख़ासतौर पर डिंकिया पंचायत नें लोगों का प्रतिरोध जारी रहा। आख़िरकार, 29 मार्च 2012 को *नैशनल ग्रीन ट्राइब्यूनल* ने पर्यावरणीय कारणों के आधार पर इस परियोजना को मिली मंजूरी पर रोक लगा दी।[72] ओडिशा

69. सक्सेना कमिटी ने अपने आख़िरी रिपोर्ट में इस बात पर ज़ोर दिया गया कि पर्यावरण और वन मंत्रालय द्वारा 29 दिसम्बर 2009 इस परियोजना को मंजूरी देना, जुलाई 2009 में उसके द्वारा जारी किए गए आदेशों का उल्लंघन था (गवर्नमेंट ऑफ़ इण्डिया 2010सी: 104-105); (रोमा 2011बी; गवर्नमेंट ऑफ़ इण्डिया 2010सी: 104-5)।

70. दरअसल, बहुत से लोगों का मानना था कि मीना गुप्ता पोस्को परियोजना से गहरी हमदर्दी रखती हैं। जब पोस्को को पर्यावरण और वन मंत्रालय ने पहली बार क्लीयरेन्स दिया था, तो उस समय मीना गुप्ता ही इस मंत्रालय की सचिव थीं (रोमा 2011बी)।

71. पोस्को से संबंधित विविध घटनाक्रमों की सिलसिलेवार जानकारी के लिए देखें 'टाइमलाइन ऑफ़ इवेन्ट्स रिलेटिंग टू फ़ॉरेस्ट राइट्स इन पोस्को एरिया', http://www.forestrightsact.com/component/content/article/21/87-timeline-of-events-relating-to-forest-rights-in-posco-area, देखने की तारीख़ 12.5.2012.

के सत्ताधारी बीजू जनता दल ने इसे एक षड्यंत्र के तौर पर देखा। दूसरी ओर, प्रधानमंत्री मनमोहन सिंह ने दक्षिण कोरिया के राष्ट्रपति को यह आश्वासन दिया कि यह परियोजना ज़रूर लागू होगी।[73] इसके बाद, ओडिशा सरकार ने पोस्को कम्पनी 1, 500 हेक्टेयर ज़मीन स्थानांतरित करने की प्रक्रिया शुरू कर दी। राज्य सरकार ने यह भी तय किया कि वह जल्द ही पोस्को से किये समझौते का नवीनीकरण करेगी।[74] बहरहाल, अध्याय लिखे जाने तक इन सब उतार-चढ़ावों के बीच अभी भी पोस्को के ख़िलाफ़ लोगों का संघर्ष जारी है।

लोगों के संघर्ष में वन अधिकार क़ानून एक अच्छे हथियार के रूप में सामने आया। इससे उन्हें अपना संघर्ष आगे बढ़ाने में मदद मिली। लेकिन इससे यह बात भी प्रमाणित होती है कि कॉरपोरेट पूँजीवाद का दबाव बहुत ज़्यादा होने पर राज्य दूसरे कई तरह के जोड़-तोड़ अपनाने लगता है। बहरहाल, यह बात भी याद रखने की ज़रूरत है कि पोस्को का प्रतिरोध करने वाले लोगों ने क़ानून के महत्त्व को समझते हुए इसे संघर्ष का एक साधन बनाया है। लेकिन वे पूरी तरह सिर्फ़ क़ानून पर ही निर्भर नहीं हैं। क़ानून उनके संघर्ष का एक बहुत महत्त्वपूर्ण दायरा और एक साधन है। लेकिन इसके नाकाम होने पर वे इससे आगे जाने के लिए भी तैयार हैं। पोस्को के संदर्भ में आने वाले उतार-चढ़ाव इस बात को साबित करते हैं कि कॉरपोरेट पूँजीवाद का ज़्यादा दबाव होने से राज्य दूसरे कई तरह के जोड़-तोड़ अपनाने लगता है और उसके द्वारा कई मौक़ों पर संसद द्वारा बनाए क़ानून की अवहेलना भी की जाती है।

3. नियमगिरी संघर्ष

ओडिशा सरकार ने अक्टूबर 2004 को एक सहायक कंपनी 'स्टेरलाइट इंडस्ट्रीज इण्डिया वेदांता एलुमिनिया' के साथ एक समझौते पर हस्ताक्षर किया। इसके अनुसार, इस कम्पनी को यह अधिकार मिला कि वह 'ओडिशा माइनिंग कॉरपोरेशन' के साथ मिलकर नियमगिरी के पहाड़ों पर बॉक्साइट के खनन का काम कर सकती है। इस समझौते ने वेदांता को यहाँ की ज़मीन, पानी और

---

72. 'ग्रीन ट्राइब्यूनल सस्पेंड्स क्लीयरेन्स टू पोस्को प्रोजेक्ट', 30 मार्च, 2012 द हिंदू, http://www.thehindubusinessline. com/todays-paper/tp-economy/article3263807.ece, देखने की तारीख़: 2.8.2012.
73. 'नो फ्लिप-फ्लॉप ऑन पोस्को: आनंद शर्मा' द हिंदू, 1 अप्रैल, 2012 http://www.thehindubusinessline.com/industry-and-economy/economy/article3269275.ece, देखने की तारीख़ 12.5.2012-2012.
74. 'ओडिशा स्टार्ट ट्रांसफरिंग 1, 500 एकड्स टू पोस्को फॉर प्लांट', द *हिंदू*, 2012 20 जून, http://www.thehindubusinessline.com/industry-and-economy/government-and-policy/article3550868.ece, देखने की तारीख़ 2.7.2012.

अन्य प्राकृतिक संसाधनों का उपयोग करने का अधिकार दिया। ओडिशा सरकार ने इसे हर तरह का सहयोग देने का फ़ैसला किया।[75] लेकिन इस समझौते में बहुत सारे पर्यावरणीय और मानवाधिकार के मुद्दों की उपेक्षा की गयी। कोंध-डोंगरिया समुदाय के लोग नियमगिरी पहाड़ियों के मूल निवासी हैं। इन पहाड़ियों के बीच बहुत गहन वन और नदी घाटियाँ मौजूद हैं। डोंगरिया समुदाय के लोग अपनी जीविका के लिए इस क्षेत्र के प्राकृतिक संसाधनों पर निर्भर रहे हैं। खेती, मछली पकड़ना और छोटा-मोटा शिकार इनकी जीविका का मुख्य साधन रहा है। इनका नियमगिरी जंगल के साथ एक सहजीवी संबंध रहा है। उनकी जीवनशैली, सांस्कृतिक रूपरेखा, प्रकृति और जंगल के साथ उनका संबंध उनकी विशिष्ट विरासत रही है (दासपटनायक 1984: 26)। नियमगिरी की पहाड़ियाँ इकोलॉजी के लिहाज़ से भी बहुत महत्त्वपूर्ण हैं। यहीं से वसुंधरा नदी और नगावली नदी की प्रमुख सहायक नदियाँ निकलती हैं। यहाँ का जंगल बहुत ही विविध पेड़ों से भरा हुआ है। इन पहाड़ियों में बाघ, तेंदुआ, भालू, पेंगोलिन, लंगूर, सांभर आदि जैसे बहुत से जंगली जानवर भी हैं। इसलिए यहाँ पर 'वाइल्ड लाइफ सैंकचुरी' और 'ऐलीफेंट रिजर्व' बनाने का प्रस्ताव भी रहा है (साहू 2008: 19)। ओडिशा सरकार ने इन सारे पहलुओं की उपेक्षा करके यहाँ के संसाधनों के दोहन का फैसला किया। इस काम के लिए उसने इस क्षेत्र में जिस कम्पनी (वेदांता एलुमिनया) को चुना, वह खनन के मामले में एक बदनाम कम्पनी रही है। इस कम्पनी पर नार्वे में 'पर्यावरण और मानवाधिकार उल्लंघन' और 'बहुत ज़्यादा अनैतिक साधन' अपनाने के आरोप लग चुके हैं (वही : 19-20)।

स्पष्टत: वेदांता कंपनी को इस क्षेत्र में खनन का अधिकार दिया जाना डोंगरिया लोगों की जीवनशैली, सांस्कृतिक और इकोलॉजिकल परिवेश के ख़िलाफ़ था (एनवायरमेंट प्रोटेक्शन ग्रुप 2007)। चूँकि वेदांता कम्पनी की परियोजना सीधे तौर पर उनके ज़मीन और जीविका के साधनों पर हमला कर रही थी, इसलिए डोंगरिया लोगों ने इसका तीखा प्रतिरोध किया। इन्होंने कालाहांडी के लांझीगढ़ क्षेत्र में स्थापित होने वाले 874 मिलियन की परियोजना का विरोध शुरू किया (साहू 2008: 20)। वन अधिकार क़ानून की अधिसूचना जारी होने के बाद 2008 से नियमगिरी के संघर्ष को एक नयी दिशा मिली।

75. इसके पहले 7 जून 2003 को 'स्टेरलाइट इंडस्ट्रीज इंडिया', जिसकी सहायक कंपनी वेदांता है, और ओडिशा सरकार ने एक सहमति-पत्र पर दस्तख़त किया था। इसके अनुसार यह इस इलाक़े में एक बॉक्साइट कॉम्पलेक्स स्थापित करेगी। इसमें 1 मिलियन टन प्रति वर्ष की क्षमता वाले एलुमिनिया रिफाइनरी प्लांट की स्थापना का फ़ैसला भी किया गया। इसके अलावा, इसमें 3 मिलियन टन प्रतिवर्ष बॉक्साइट खनन और कालाहांडी के लांजीगढ़ में तक़रीबन 4000 करोड़ के निवेश से कैप्टिव पॉवर प्लांट लगाने का फ़ैसला भी किया गया देखें, साहू (2008: 20); पैडेल और दास (2010)।

ओडिशा सरकार ने वेदांता के किसी भी विरोध को 'विकास' का विरोध माना। हर तरह के विरोध का सख़्ती से दमन किया। कम्पनी जहाँ अपने खनन का बेस, रोड आदि बना रही थी, वहाँ से स्थानीय लोगों को दूसरी जगह जाने के लिए मज़बूर किया गया। अपने विरोध के दौरान स्थानीय लोगों ने लगातार इस बात पर ज़ोर दिया कि वेदांता परियोजना उनके शारीरिक, मनोवैज्ञानिक, आध्यात्मिक और आर्थिक हितों के ख़िलाफ़ है (साहू 2008: 20)। संघर्ष कर रहे आदिवासियों ने दूसरे कई एक्टिविस्टों की मदद से सर्वोच्च न्यायालय में यह गुहार लगाई कि वह इस क्षेत्र के आदिवासियों के अधिकारों और नियमगिरी पहाड़ के वन संसाधनों की हिफ़ाज़त करे।[76] सर्वोच्च न्यायालय की 'सेंट्रल इम्पावर्ड कमिटी' (सीईसी) ने यह पाया कि राज्य में स्टेरलाइट कम्पनी के बॉक्साइट परियोजना की मंजूरी (क्लीयरेन्स) देने में केंद्र सरकार ने अवैध तरीके से काम किया है। इस कमिटी ने सर्वोच्च न्यायालय से इस मामले में वन भूमि के 'डायवर्जन' (या बदलाव) को रोकने के लिए कहा। इसके अलावा, सीईसी ने यह तर्क दिया कि जो ज़मीन कम्पनी को आबंटित की गयी है, वह संविधान की पाँचवीं अनुसूची के अंतर्गत आती है। इस अनुसूची की ज़मीन ग़ैर-अनुसूचित जनजाति व्यक्ति को स्थानांतरित नहीं की जा सकती है। 23 सितम्बर 2007 को सर्वोच्च न्यायालय ने वेदांता कम्पनी को नियमगिरी की पहाड़ियों में खनन करने से रोक दिया (वही : 21)।

लेकिन यह आदिवासियों के लिए अस्थायी राहत ही थी। नवम्बर 2007 और अगस्त 2008 में सर्वोच्च न्यायालय ने ज़मीन के 'डायवर्जन' के संबंध में दो फ़ैसले दिये। इन दोनों ही फ़ैसलों में इसने 'सस्टेनेबल विकास' की अपनी अवधारणा लागू की। इसने इस आधार पर परियोजना को 'क्लीयरेंस' या मंजूरी दी कि वेदांता अपने फ़ायदे का पाँच प्रतिशत या 10 करोड़ रुपये इस क्षेत्र में सिंचाई, खेती आदि के विकास पर ख़र्च करेगा (ईपीडब्ल्यू 2010: 7-8)। लेकिन स्थानीय लोग वन अधिकार क़ानून के प्रावधानों के आधार पर वेदांता का विरोध करते रहे। इनके विरोध के कारण यह मुद्दा राष्ट्रीय और अंतर्राष्ट्रीय स्तर पर चर्चा का विषय बन चुका था। अगस्त 2009 में ओडिशा सरकार ने वेदांता के लिए ज़मीन के 'डायवर्जन' के संबंध में आख़िरी मंजूरी माँगी। इस समय जयराम रमेश पर्यावरण और वन मंत्री थे। उन्होंने वेदांता के मसले को पूरी तरह से समझने के लिए एन. सी. सक्सेना कमिटी का गठन किया। चार सदस्यीय इस कमिटी में एन. सी.

76. इस संबंध में 'वाइल्ड लाइफ़ सोसायटी ऑफ़ उड़ीसा' के बिश्वजीत मोहंती और प्रफुल्ल सामंत्रा और 'ऐकेडेमी ऑफ़ माउंटेन एनवायरोनिक्स' ने सर्वोच्च न्यायालय के 'सेंट्रल इम्पावर्ड कमिटी' (सीईसी) के सामने आवेदन नम्बर 564, 571 और 579 दायर किया। इसमें उन्होंने वेदांता परियोजना की स्थापना के ख़िलाफ़ तर्क दिये देखें, साहू (2008: 21)।

सक्सेना के अलावा डॉ. एस. परशुरामन, डॉ. प्रमोद कांत और डॉ. अमिता बाविस्कर सदस्य थे (गवर्नमेंट ऑफ़ इण्डिया 2010ए)।

इस कमिटी की रिपोर्ट में राज्य सरकार और वेदांता कम्पनी द्वारा बहुत से क़ानूनों के उल्लंघन को ख़ास तौर पर रेखांकित किया। रिपोर्ट के अनुसार, वेदांता कम्पनी ने वन संरक्षण अधिनियम और पर्यावरण सुरक्षा अधिनियम के विभिन्न प्रावधानों का उल्लंघन किया है। इसने यह भी कहा कि कोंध-डोंगरिया लोगों के पाँचवीं अनुसूची क्षेत्र में होने के बावजूद राज्य सरकार ने ग्राम सभाओं की सहमति लेने की कोशिश नहीं की। यह पेसा क़ानून का उल्लंघन है। रिपोर्ट के मुताबिक इस पूरे क्षेत्र में खनन वन अधिकार क़ानून का उल्लंघन होगा। इस क़ानून में अन्य बातों के अलावा, यह सुनिश्चित करने के लिए भी कहा गया है कि जंगल के लोगों के हैबिटेट की किसी भी ऐसे विनाशकारी व्यवहार से सुरक्षा होनी चाहिए, जिससे उनके सांस्कृतिक और इकोलॉजिकल विरासत को नुकसान हो (वही)।

इस कमिटी की रिपोर्ट आने के बाद, स्थानीय लोगों के दबाव के कारण अगस्त 2010 में *पर्यावरण और वन मंत्रालय* ने वेदांता परियोजना को रद्द कर दिया।[77] ओडिशा के मुख्यमंत्री नवीन पटानयक ने इस ग़ैर-कांग्रेसी राज्यों के साथ भेदभाव की संज्ञा दी। उन्होंने यह आरोप लगाया कि केंद्र सरकार ने वेदांता को सशर्त मंजूरी (या क्लीयरेंस) नहीं दी, जबकि उसने कांग्रेस शासित पड़ोसी आंध्र प्रदेश में गोदावरी नदी पर एक बहुत बड़ी सिंचाई योजना की मंजूरी दे दी (ईपीडब्ल्यू 2010: 7-8)। बेशक़ नवीन पटनायक की इस आलोचना को ख़ारिज़ नहीं किया जा सकता है। फिर भी, यह ओडिशा सरकार द्वारा स्थानीय समुदायों और देश की संसद द्वारा पारित क़ानून की उपेक्षा और उल्लंघन को सही साबित नहीं कर सकता है। दरअसल, वेदांता परियोजना का रद्द करने का सरकार का फ़ैसला स्थानीय समुदायों के लगातार संघर्ष का नतीजा था। उन्होंने अपने संघर्ष में पेसा और वन अधिकार क़ानून जैसे क़ानूनों के प्रावधानों का उपयोग किया। नियमगिरी क्षेत्र के लोगों ने अपने अधिकारों के लिए संघर्ष करने का अद्‌भुत ज़ज़्बा दिखाया। कई उतार-चढ़ावों के बावजूद उनका संघर्ष जारी रहा। नियमगिरी के बारे में केंद्र सरकार के फ़ैसले को पलटने में इस संघर्ष ने बहुत ही महत्त्वपूर्ण भूमिका निभायी। बहरहाल वेदांता परियोजना रद्द होने के ख़िलाफ़ ओडिशा खनन निगम ने सर्वोच्च न्यायालय में अपील की। सर्वोच्च न्यायालय ने अपना फ़ैसला सुनाते हुए कहा कि वन अधिकार क़ानून के प्रावधानों

77. 'वेदांता माइन्स इलिगल, मस्ट बी शट डाउन: ग्रीन पैनल', द *टाइम्स ऑफ़ इण्डिया*, दिल्ली, 17 अगस्त 2010 : 1.

के अनुसार खनन से प्रभावित होने वाले गाँवों और स्थानीय कोंध डोंगरिया लोगों को यह तय करने का हक़ है कि इस क्षेत्र में खनन हो या नहीं। अदालत ने खनन से प्रमाणित होने वाली ग्राम सभाओं की बैठक बुलाकर फ़ैसला करने का आदेश दिया। लेकिन राज्य सरकार ने सिर्फ़ 12 पल्ली सभाओं की बैठकें बुलायी। स्थानीय लोगों को लालच देने और डराने धमकाने की भरपूर कोशिश की गयी। लेकिन इन सभी ग्राम सभाओं वेदांता खनन परियोजना ख़ारिज कर दिया। अध्याय लिखे जाने तक यह स्पष्ट नहीं है कि राज्य सरकार आगे क्या रणनीति अपनाएगी। (चौबे 2013बी)

4. पोलावरम बाँध परियोजना और अरुणाचल प्रदेश के बाँध

आंध्र प्रदेश की सरकार ने वेस्टर्न गोदावरी ज़िले के पोलावरम में एक बड़ी बाँध परियोजना प्रस्तावित की है।[78] इस के कारण 276 गाँव डूब जाएँगे। इन गाँवों में मुख्य रूप से आदिवासी जनसंख्या रहती है। डूबने वाले इलाक़े में 100,000 एकड़ जंगल की ज़मीन भी शामिल है। इस क्षेत्र में वन अधिकार क़ानून के बारे में लोगों को बताने और उनके दावों को इकट्ठा करने का काम बहुत ही ख़राब तरीक़े से हुआ है। जो अधिकांश दावे दाख़िल हुए उन्हें इस आधार पर ख़ारिज कर दिया गया कि इसमें ग्राम सभा के प्रस्ताव शामिल नहीं हैं। लेकिन इन दावों के साथ वन अधिकार समितियों की मंजूरी शामिल थी। डूबने वाले क्षेत्र में कोन्डारेड्डी पीटीजी के सदस्य भी रहते हैं। लेकिन यहाँ सामान्य तौर पर लोगों को सामुदायिक वन अधिकारों या पीटीजी के हैबिटेट अधिकारों के बारे में सही तरीक़े से जानकारी नहीं दी गयी है। इस कारण लोगों ने कोई दावा ही नहीं किया। सरकार द्वारा वन अधिकार समिति को ग्राम पंचायत के स्तर पर बनाने से भी लोगों की मुश्किलें बढ़ी। यहाँ वन विभाग के आदेश (जुलाई 2009) के अनुरूप किसी तरह का प्रमाणीकरण नहीं किया गया। फिर भी, बाँध को मंजूरी मिल गयी (गवर्नमेंट ऑफ़ इण्डिया 2010सी : 104–5)। आंध्र प्रदेश में 10,168 दावों को इसलिए स्वीकार नहीं किया गया क्योंकि ये उन क्षेत्रों में थे, जिन्हें खनन के लिए 'लीज़' पर दिये जाने की योजना थी। दरअसल, पोलावरम और इस तरह की घटनाएँ क़ानून की मूल भावना का उल्लंघन हैं (सीएसडी 2010 : 22)। इसी तरह, पर्यावरण एवं वन मंत्रालय ने कई स्थानों पर इस क़ानून के हिसाब से लोगों का अधिकार तय हुए बग़ैर ही खनन के लिए मंजूरी दी है।

78. पोलावरम बाँध योजना से जुड़े विविध पहलुओं की जानकारी के लिए देखें, रेड्डी (2006: 1430–1434); राव (2006 : 1437–39); माहेश्वरी (2007: 2385–2387); मोहन (2006: 1434–1437)।

यह इस क़ानून का उल्लंघन है (वही : 27)। अरुणाचल प्रदेश में बहुत सारे हाइड्रो-इलेक्ट्रिक प्रोजेक्टों को मंजूरी देते वक़्त इस क़ानून की उपेक्षा की गयी। इसका सबसे बड़ा कारण यह था कि यहाँ के लोगों को वन अधिकार क़ानून के बारे में ज़्यादा जानकारी नहीं थी। इस कारण लोगों ने इन परियोजनाओं के ख़िलाफ़ बहुत ही सीमित विरोध किया (गवर्नमेंट ऑफ़ इण्डिया 2010सी : 105)।

उपरोक्त उदाहरणों से कुछ बातें स्पष्ट रूप से सामने आती हैं। पहला, बहुत सारी जगहों पर स्थानीय समुदायों ने इस क़ानून का उपयोग जंगल पर अपने हक़ के संघर्ष में किया है। दूसरा, इसमें इन समुदायों की क़ानून के बारे में जागरूकता की भी बहुत महत्त्वपूर्ण भूमिका रही है। मसलन, प्रेमनगर, पोस्को और नियमगिरी में लोगों ने इस क़ानून का उपयोग किया। दूसरी ओर, पोलावरम बाँध और अरुणाचल प्रदेश के बाँधों के संदर्भ में स्थानीय समुदाय इसका प्रभावकारी ढंग से उपयोग नहीं कर पाए हैं। इसका एक प्रमुख कारण यह है कि प्रेमनगर, पोस्को या नियमगिरी में स्थानीय संस्थाओं या एक्टिविस्टों की सक्रियता के कारण लोगों के बीच क़ानून के बारे में जागरूकता मौजूद रही है। लेकिन पोलावरम बाँध के क्षेत्र में या अरुणाचल प्रदेश में यह जागरूकता मौजूद नहीं थी। तीसरा, क़ानून के उपयोग में स्थानीय समुदायों की गोलबंदी भी एक महत्त्वपूर्ण कारक रही है। प्रेमनगर, पोस्को प्रतिरोध या नियमगिरी- इन तीनों ही जगहों पर लोगों में जबर्दस्त गोलबंदी रही है। इन लोगों के लिए क़ानून कॉरपोरेट-राज्य गठजोड़ के ख़िलाफ़ संघर्ष में एक मजबूत साधन रहा है। लेकिन क़ानून इनके लिए एकमात्र साधन नहीं था/है। इनमें से किसी भी जगह पर लोग क़ानूनी हार हो जाने पर अपना संघर्ष छोड़ने के लिए तैयार नहीं थे। चौथा, इन क़ानूनों के 'सफल' उपयोग में क़ानून की जागरूकता, गोलबंदी जैसे कारकों के साथ-ही-साथ दूसरे कई कारकों की भी भूमिका रहती है। मसलन, नियमगिरी से वेदांता परियोजना की विदाई में जनांदोलन के साथ कई अन्य पहलुओं ने भी भूमिका निभायी। इनके बारे में ऊपर संक्षेप में विवेचना की गयी है। इसी तरह, पोस्को प्रतिरोध आंदोलन को समय-समय पर मिलने वाली सफलता या नाकामी के पीछे भी ऐसे कारकों की भूमिका देखी जा सकती है। लोगों में गोलबंदी न होने के कारण प्रशासन अक्सर अपनी मनमानी करता रहा है।[79] पाँचवाँ, लेकिन इस संदर्भ में वन अधिकार क़ानून की सार्थक भूमिका को भी रेखांकित करने की आवश्यकता है। प्रेमनगर, पोस्को

79. मसलन, पेसा क़ानून के हिसाब से पाँचवीं अनुसूची के क्षेत्र में ज़मीन अधिग्रहण के लिए ग्राम-सभा से परामर्श ज़रूरी है। लेकिन नंदिनी सुंदर के अनुसार बस्तर में कई मरतबा प्रशासन इसकी बैठक बुलाता है और फिर पूरे इलाके में धारा 144 लगा देता है। इससे यह पूरी प्रक्रिया दिखावा बन जाती है (सुंदर 2011: 426)।

और नियमगिरी संघर्ष में इस क़ानून ने सकारात्मक भूमिका निभाई। इस संबंध में प्रसिद्ध एक्टिविस्ट रोमा ने यह विचार व्यक्त किया है कि '...इस क़ानून के माध्यम से वनाश्रित स्थानीय जनता और नागरिक समाज के एक बड़े हिस्से को भी राजनीतिक परिसर में जगह मिली है, जहाँ से वे सीधे सरकार से बात कर सकते हैं' (रोमा 2010)।

VI. संघर्ष-स्थल के रूप में क़ानूनः महिलाओं और अन्य समूहों की राजनीतिक गोलबंदी

क़ानून आगे-आगे चले,
जनता सटल-सटल रहे
जनता छोड़िए न लड़ाई..
क़ानून आगे-आगे चले?
रेंजर जौन-तौन करे
क़ानून अईसन होखेला ललसहवा (लालसा जगाने वाला)...
हम त लईओ लेब अधिकार बुनियादी
हम त छोड़ब न लड़ाई हो
सइयाँ देखिहें लइकवा के देहवाँ
हम त जाइब मिटिंगवा हो..
जंगल में ले लेब हकवा हो
हम त छोड़ब न लड़ाई..
ले लेब जंगल में ज़मीनवा हो...
सर पे बँधनी हम कफनवा हो
हम त छोड़ब न लड़ाईया हो

(एक आदिवासी महिला कार्यकर्त्ता शकालो द्वारा 'वन जन श्रमजीवी मंच' के लखनऊ में 30 जुलाई 2011 को हुए बैठक में सुनाए गये गीत की कुछ पंक्तियाँ)

शकालो सोनभ्रद 'कैमूर क्षेत्र महिला मज़दूर किसान समिति' की कार्यकर्त्ता हैं। वे पाँचवीं पास हैं। उन्हें वन अधिकार क़ानून के एक-एक प्रावधान के बारे में पता नहीं हैं। लेकिन उन्होंने मुझे इस क़ानून की तीन ऐसी बातों के बारे में बताया जो महिलाओं के लिए फ़ायदेमंद हैं। पहला, ज़मीन के पट्टे पर पुरुष के साथ महिला का नाम होना; दूसरा, जंगल के सूखी लकड़ी, महुआ (वनोपज) लाने का हक़ मिलना; और तीसरा, वन विभाग की मनमानी के ख़िलाफ़ एक मजबूत हथियार मिलना।[80]

इस क्षेत्र में 'कैमूर क्षेत्र महिला मज़दूर किसान समिति' का गठन सन् 2000 में किया गया (रोमा 2009: 3)। यह राष्ट्रीय स्तर पर 'राष्ट्रीय वन जन श्रमजीवी मंच' (एन.एफ.एफ.पी.एफ.डब्ल्यू.) से जुड़ा हुआ है। यह संगठन कैमूर क्षेत्र में सक्रिय है, जिसमें उत्तर प्रदेश के तीन ज़िले सोनभद्र, चंदौली और मिर्जापुर शामिल हैं। इसके अलावा, इस संगठन का कार्य-क्षेत्र बिहार के भभुआ ज़िला भी है। यहाँ रोमा और शांता भट्टाचार्य जैसी कार्यकर्त्ताओं ने महिलाओं को संगठित किया। शुरुआती दौर से ही उन्हें वन विभाग और सोनभद्र के प्रभुत्वशाली जातियों के लोगों के विरोध का सामना करना पड़ा। इन लोगों ने महिलाओं को डराने-धमकाने से लेकर आंदोलन में फूट डालने जैसे उपायों का सहारा लिया। लेकिन धीरे-धीरे यह आंदोलन बढ़ता गया और इसे स्थानीय स्तर आदिवासी महिलाओं को राजनीतिक रूप से जागरूक करने में सफलता मिली। धीरे-धीरे आदिवासी महिला कार्यकर्ताओं की अच्छी-ख़ासी संख्या तैयार हो गयी। इन महिलाओं ने संगठन के कामों में हिस्सेदारी करनी भी शुरू कर दी। इनके पति या घर के पुरुष अमूमन इनके आंदोलन, संगठन और दूसरी गतिविधियों में सहायक की भूमिका में रहे हैं। दरअसल, सोनभद्र की वन भूमि बस नाम की ही जंगल की ज़मीन है। यहाँ पर जंगल बनाते वक्त उन स्थानों को भी 'जंगल या वन' बना दिया गया, जहाँ कोई जनसंख्या निवास नहीं करती थी।[81] इन भूमिहीन महिलाओं ने उन्हीं जगहों पर क़ब्ज़ा करके सामूहिक खेती करनी शुरू कर दी। अभी इस क्षेत्र में महिलाओं ने 15,000 एकड़ ज़मीन पर अपना क़ब्ज़ा कर रखा है (वही: 1)।

बहरहाल, यह नहीं कहा जा सकता है कि इस क़ानून ने सोनभद्र में संघर्ष कर रही महिलाओं के लिए रास्ता आसान कर दिया। सोनभ्रद में कुछ परिवारों को व्यक्तिगत अधिकार मिलने की कार्रवाइ चल रही है। लेकिन यह बहुत धीमी गति से आगे बढ़ रही है। अधिकांश दावों पर कार्रवाइ नहीं हो रही है। कुछ लोगों को ज़मीन का पट्टा मिला है। लेकिन वह उनके दावों की तुलना में बहुत ही कम है।[82] सामुदायिक अधिकारों की तरफ़ कोई क़दम आगे नहीं

80. शकालो से बातचीत 2 अप्रैल 2011, स्थान: लखनऊ। लेकिन जेंडर के आधार पर भी इस क़ानून की कई आलोचनाएँ की गयी हैं। इसमें अकेली महिलाओं, विधवा, अविवाहित या पति द्वारा छोड़ दी गयी या पति को छोड़ देने वाली महिलाओं को ज़मीन पर अधिकार देने का प्रावधान नहीं किया गया है। इस क़ानून की धारा 4(4) में दिये गये निजी अधिकार वंशानुगत हैं। लेकिन इसमें यह स्पष्ट नहीं कि उत्तराधिकारी कौन होगा। आदिवासी समुदायों में सम्पत्ति के उत्तराधिकार के संबंध में सिर्फ़ प्रथागत क़ानून ही लागू होते हैं। अधिकांश आदिवासी समुदायों में सम्पत्ति के उत्तराधिकार के संबंध में पिता-पुत्र धारा पर ही लागू होती है। ये प्रथागत क़ानून महिलाओं के उत्तराधिकार की जमीन पर हक़ नहीं देते हैं। यह जेंडर भेदभाव का स्पष्ट मामला है (रेड्डी और अन्य 2011: 75)।
81. रोमा से बातचीत, 12 जुलाई, 2011, स्थान: दिल्ली।
82. वही।

बढ़ा है। लोगों के अधिकारों में सहायक होने की बजाय वन विभाग और स्थानीय प्रशासन ने उनके ख़िलाफ़ दमनकारी रवैया अपनाया है। मसलन, 'राष्ट्रीय वन जन श्रमजीवी मंच' के सक्रिय कार्यकर्त्ता को पुलिस ने माओवादी बताकर गिरफ़्तार कर लिया। यहाँ वन विभाग का दमन पहले की तरह ही जारी है और उसके द्वारा वन अधिकार क़ानून की उपेक्षा की जा रही है। इसने इस क्षेत्र की ऊँची जातियों से मिलकर यहाँ की आदिवासी महिलाओं (और उनके पतियों) के ख़िलाफ़ दस हज़ार से ज़्यादा केस लगा दिया है। कई मरतबा इनके फ़सल जलाए गये, महिलाओं के साथ बदसलूकी की गयी (एन.एफ.एफ.पी.एफ.डब्ल्यू. 2011; मधुरेश 2011)। वन विभाग ने इस क्षेत्र में *जापान इंटरनैशनल को-ऑपरेशन एजेंसी* के साथ मिलकर जंगल की ज़मीन पर वन लगाने के लिए 500 करोड़ रुपये की परियोजना शुरू की। इस परियोजना द्वारा वन विभाग 'जंगल' की ज़मीन पर अपना दख़ल क़ायम करना चाहता है और स्थानीय महिलाओं को उनकी ज़मीन से बेदख़ल करना चाहता है। लेकिन सच्चाई यह है कि वह महिलाओं को उनके द्वारा काबिज़ ज़मीन से बेदख़ल करने की स्थिति में नहीं हैं, क्योंकि उनका संगठन बहुत मजबूत है।[83]

इस क़ानून के बनने के दौरान इसकी एक सबसे बड़ी विशेषता यह मानी गयी थी कि इसमें यह प्रावधान था कि पति और पत्नी (स्पाउसेज) के नाम पर ज़मीन का पट्टा दिया जाएगा और अकेली महिलाओं को भी अधिकार दिया जाएगा। इस क़ानून का एक सकारात्मक नतीजा यह निकला है कि इसने महिलाओं में अपने अधिकारों के प्रति एक नयी तरह की जागरूकता और विश्वास पैदा किया है (रोमा 2012)। लेकिन अधिकांश स्थानों पर पर्याप्त संगठन और जागरूकता न होने की स्थिति में क़ानून को समझने में महिलाओं को कई मुश्किलों का सामना करना पड़ा है। मसलन, सागरी रामदास ने अपने अध्ययन में यह दिखाया है कि अधिकांश महिलाओं को व्यक्तिगत और सामुदायिक अधिकारों के लिए अलग-अलग फॉर्म होने का मसला समझ में नहीं आया है। अपना घर के उजाड़ दिये जाने के डर के कारण अधिकांश महिलाएँ व्यक्तिगत अधिकार ज़्यादा महत्त्वपूर्ण मानती हैं। अधिकांश मामलों में इनके सामुदायिक अधिकारों के दावों को पूरी तरह से ख़ारिज़ किया जा रहा है। रामदास का यह भी मानना है कि इस मामले में जनजातीय मामलों के मंत्रालय ने वन विभाग से गठजोड़ क़ायम कर लिया है (रामदास 2009)।

लेकिन इस क़ानून ने कई क्षेत्रों में महिलाओं को अपने अधिकारों के लिए संगठित भी किया है। इस संदर्भ में *वूमेन फॉरेस्ट राइट्स ऐक्शन कमिटी* एक

---

83. रोमा से बातचीत, 12 जुलाई, 2011, स्थान: दिल्ली; साथ ही देखें रोमा 2012.

बहुत ही महत्त्वपूर्ण उदाहरण है। मार्च 2011 में विभिन्न आदिवासी क्षेत्रों में काम करने वाली सौ से ज़्यादा आदिवासी और गैर-आदिवासी कार्यकर्त्ताओं ने झारंखड के दुमका बाहर में हुए सम्मेलन में इसके गठन का फ़ैसला लिया। इस सम्मेलन में झारखंड, छत्तीसगढ़, बिहार, उत्तर प्रदेश, उत्तराखंड और अरुणाचल प्रदेश की महिला कार्यकर्त्ताओं ने हिस्सा लिया। विभिन्न राज्यों की इन महिला कार्यकर्त्ताओं ने इस क़ानून को महिलाओं के हक़ में बताया। यह कहा गया कि यह पहला ऐसा क़ानून है जो वन संसाधनों पर महिलाओं को व्यक्तिगत और सामुदायिक- दोनों ही तरह के अधिकार देता है।[84] इसलिए इसे बेहतर तरीक़े से लागू करने के लिए इस कमिटी का गठन किया गया। अपने राष्ट्रीय परिसंवाद के निमंत्रण में इस कमिटी ने इस बात पर जोर दिया कि-

> यह देश का पहला ऐसा क़ानून है जो कि वन जैसे प्राकृतिक संसाधनों में महिलाओं के मालिकाना हक़ की मान्यता की बात करता है। चूँकि महिलाएँ प्रकृति और वनों से ज़्यादा नज़दीक हैं, इसलिए महिलाओं की अग्रणी भूमिका से ही ये सामुदायिक अधिकार हासिल हो पाएँगे। वनों में सबसे अधिक महिलाओं का ही समय बीतता है, चाहे वह लघु वनोपज को एकत्रित करना हो, जलौनी लकड़ी, चारा पत्ती आदि लाना हो या फिर वनों की देख-रेख करनी हो। मौजूदा परिस्थितियों में यह तो बिल्कुल ही साफ़ हो रहा है कि जब तक वन समुदाय, वो भी महिलाएँ, वनाधिकार के लिए अपने सामुदायिक अधिकारों को हासिल नहीं करेंगी, तब तक ये महत्त्वूपर्ण संसाधन उनकी पहुँच से बाहर ही रहेंगे व वनों की सुरक्षा किसी भी सूरत में नहीं हो पाएगी। जंगल का पर्याय महिलाएँ ही हैं, इसलिए वनों पर सामुदायिक रूप से दख़ल करने का अगला संघर्ष महिलाओं को ही लड़ना होगा।[85]

14-15 सितम्बर 2011 को हुए राष्ट्रीय परिसंवाद इस कमिटी ने महिलाओं को जंगल के सामुदायिक संसाधनों पर अधिकार देने के लिए कुछ प्रस्ताव पारित किये। इस तरह के प्रस्तावों में निम्नलिखित बातें शामिल थीं :

पहला, लघुवनोपजों का न्यूनतम बाज़ार मूल्य तय करने के लिए केंद्रीय मूल्य निर्धारण आयोग का गठन किया जाए; दूसरा, महिलाओं के सामुदायिक अधिकारों और लघुवनोपजों पर मालिकाना हक़ सुनिश्चित करने के लिए दावों की प्रक्रिया को तेज़ी से पूरा किया जाए; तीसरा, अधिकारों की मान्यता की

84. प्रेस रिलीज़, ''अनाउंसमेंट ऑफ फॉरमेशन ऑफ 'वूमेन फॉरेस्ट राइट्स ऐक्शन कमिटी', वूमेन फॉरेस्ट राइट्स ऐक्शन कमिटी, 19 मार्च 2011.

85. निमंत्रण, महिला वनाधिकार ऐक्शन कमिटी द्वारा आयोजित 'महिला आजीविका व सामुदायिक अधिकार विषय पर राष्ट्रीय परिसंवाद', राँची, झारखंड, 14-15 सितम्बर 2011.

लिए अन्य परम्परागत वन निवासियों के लिए 75 वर्ष की सीमा ख़त्म की जानी चाहिए। चौथा, वनोपजों पर ग्राम वन अधिकार समितियों का नियंत्रण होना चाहिए और इसमें महिलाओं की भागीदारी सुनिश्चित की जानी चाहिए। पाँचवाँ, तेंदु पत्ता और बाँस के ऊपर वन विभाग और राज्य का एकाधिकार ख़त्म किया जाए। इस संदर्भ में वन निगम और ठेकेदारों की भूमिका ख़त्म की जाए और इसकी जगह महिला को-ऑपरेटिव का गठन किया जाए।

इन प्रस्तावों में जंगलों में महिलाओं का हक़ सुनिश्चित करने के साथ-ही-साथ वन विभाग की वर्चस्व ख़त्म करने पर ही ज़ोर दिया। इसमें यह माँग की गयी कि 1927 के भारतीय वन क़ानून को ख़त्म किया जाना चाहिए। इसमें जंगलों या इसके आस-पास के हाट-बाज़ार में बहुराष्ट्रीय कंपनियों या इनके उत्पाद के प्रवेश का भी विरोध किया गया। इसमें विस्थापन और माओवाद के नाम पर आदिवासियों की प्रताड़ना को रोकने पर भी ज़ोर दिया गया। इन प्रस्तावों में ख़ासतौर पर एकल महिलाओं (जिनका पति या साथी किसी कारण से उनके साथ न हों) के अधिकारों पर ख़ासतौर पर ज़ोर दिया गया। यह कहा गया कि ऐसी महिलाओ के नाम से ज़मीन के पट्टे के साथ-ही-साथ सामुदायिक वन अधिकार दिया जाना चाहिए। इन प्रस्तावों में समुदायों को खनन करने के अधिकार, आदिम जनजातियों के हक़ की सुरक्षा, वन अधिकार क़ानून का उल्लंघन करने वाली कंपनियों या सरकारी अधिकारियों के ख़िलाफ़ कार्रवाइ और महिलाओं में नेतृत्व उभारने के लिए प्रशिक्षण आदि पर भी ज़ोर दिया गया।[86] इस कमिटी ने 5-6 फ़रवरी 2012 को चेन्नई में एक सम्मेलन आयोजित किया। इसमें मुख्य रूप से दक्षिण के चार राज्यों में वनवासी महिलाओं के मुद्दों पर काम करने वाली दो सौ से ज़्यादा महिला प्रतिनिधियों ने भाग लिया। इसमें सामुदायिक वन अधिकार लागू करने के लिए दबाव बनाने का फ़ैसला किया। इसमें वन विभाग की हिंसक कार्रवाइयों की आलोचना की गयी। साथ ही, इस बात पर ज़ोर दिया गया कि जंगल के क्षेत्रों में रहने वाली महिलाओं में नेतृत्व की भावना का विकास करने की आवश्यकता है।[87]

दरअसल, वन अधिकार क़ानून ने कुछ ख़ास क्षेत्रों में महिलाओं में संगठन और संघर्ष के ज़ज़्बे को बढ़ावा दिया है। ऐसा नहीं है कि सिर्फ़ इस क़ानून के कारण ऐसा हुआ और ऐसा भी नहीं है कि हर जगह आदिवासी महिलाओं

86. प्रेस रिलीज़, 'महिला वनाधिकार ऐक्शन कमिटी' द्वारा राँची में 14-15 सितम्बर 2011 को आयोजित दो दिवसीय कार्यक्रम राष्ट्रीय परिसंवाद में तमाम चर्चाओं के बाद तय किये गये प्रस्ताव', महिला वनाधिकार ऐक्शन कमेटी, 16 सितम्बर 2011; साथ ही देखें रोमा 2012.

87. प्रेस रिलीज़, 'वूमेन फॉरेस्ट राइट्स ऐक्शन कमिटी मीटींग हेल्ड इन चेन्नयी', 5-6 फ़रवरी 2012, वूमेन फॉरेस्ट राइट्स ऐक्शन कमिटी, 7 फ़रवरी 2012.

में क्रांतिकारी जागरूकता आ गयी है। लेकिन क़ानून और इसके अंतर्गत मिले अधिकारों ने इसमें एक उत्प्रेरक (कैटेलिस्ट) की भूमिका ज़रूर निभाई है। ख़ासतौर पर, कैमूर क्षेत्र महिला मज़दूर किसान समिति और महिला वनाधिकार ऐक्शन कमिटी जैसे समूहों ने महिलाओं को न सिर्फ़ संगठित किया है, बल्कि उन्हें अपने अधिकारों के बारे में जागरूक भी किया है। राष्ट्रीय वन-जन श्रमजीवी मंच की बैठकों में मौजूद रहने वाली महिलाएँ अपने अधिकारों के बारे में जागरूक हैं। मसलन, 15 दिसम्बर 2011 को राष्ट्रीय वन-जन श्रमजीवी मंच द्वारा दिल्ली में आयोजित रैली में महिलाओं ने वन विभाग की मनमानी के ख़िलाफ़ अपने संघर्षों के बारे में बताया। बहुत सी महिलाओं, जिनमें से कुछ की उम्र 60 साल से ज़्यादा थी, ने इस बात पर ज़ोर दिया कि वे अब अपने जंगल में वन विभाग की मनमानी सहने के लिए तैयार नहीं हैं। इस रैली में मौजूद महिलाओं ने 'इंक़लाब जिंदाबाद', 'ज़मीन अपने आप की, नहीं किसी के बाप की' जैसे नारे लगाए। इसके अलावा, बार-बार एक नारा दोहराया गया- 'वन विभाग की तीन दवाई, जूता, चप्पल और पिटाई।' यह नारा रैली में मौजूद लोगों, ख़ासकर महिलाओं के वन विभाग के ख़िलाफ़ आक्रोश को दिखाता है।

उपरोक्त अध्ययन से यह स्पष्ट है कि वन अधिकार क़ानून आदिवासियों के साथ हुए ऐतिहासिक अन्याय दूर करने का लक्ष्य पाने में नाकाम रहा है। इस अध्याय में सामने आये तथ्यों के आधार पर कुछ बातें स्पष्ट रूप से रेखांकित की जा सकती हैं: पहला, यह क़ानून अपने निर्माण के दौरान ही बहुत सारे विवादों में घिर गया। जब यह क़ानून लागू हुआ, तब भी ये विवाद इसके साथ जुड़े रहे। इसके ख़िलाफ़ बहुत से उच्च न्यायालयों और सर्वोच्च न्यायालय में मुक़दमे दायर किये गये। अधिकांश मामलों में अभी आख़िरी फ़ैसला नहीं आया है, जबकि चेन्नई उच्च न्यायालय ने 'टाइटल' या मालिकाना-पत्र देने पर रोक लगा रखी है। दूसरा, शुरुआत से ही अधिकांश राजनीतिक दलों ने इसे चुनावी हथकंडे के रूप इस्तेमाल करने की कोशिश की। इसलिए जिन राज्यों में विधानसभा चुनाव होने वाले थे, वहाँ इसे हड़बड़ी में लागू करने की कोशिश की गयी। इससे इसके लागू होने की प्रक्रिया पूरी तरह बिखर सी गयी। तीसरा, शुरुआत से ही इसकी छवि 'पट्टा देने वाले क़ानून' की बना दी गयी। लेकिन व्यक्तिगत अधिकारों के संदर्भ में भी स्थिति बहुत अच्छी नहीं रही है। कुल मिलाकर तक़रीबन 60 प्रतिशत दावों को ख़ारिज किया गया है। अमूमन लोगों को उनके दावों से कम ज़मीन का पट्टा मिला है या उनके दावों को बिना बताए ख़ारिज़ कर दिया गया है। जिन क्षेत्रों में लोग बहुत सक्रिय रहे हैं, वहाँ पट्टा देने की कार्रवाइ थोड़ी तेज़ी से हुई है। मसलन, मैंने जिन गाँवों में फ़ील्ड-वर्क किया, उनमें तेखरानाला के लोगों को अन्य गाँवों की तुलना में अधिकार मिले

हैं। इसके पीछे इनकी संगठित शक्ति ने भी महत्त्वपूर्ण भूमिका अदा की। तीसरा, इस क़ानून में सामुदायिक अधिकारों का प्रावधान किया गया है, लेकिन क़ानून लागू करने की प्रक्रिया में इनकी उपेक्षा ही की गयी है। इसका सबसे बड़ा कारण यह है कि ये अधिकार स्थानीय समुदायों को जंगल और इसके समुदायों के प्रबंधन में अधिकार देते हैं। इन्हें लागू करने का अर्थ होगा कि वन विभाग अपनी शक्तियों को ग्राम सभा और स्थानीय समुदायों को दे दे। चौथा, 'सलवा जुडूम' या 'ऑपरेशन ग्रीन हंट' से प्रभावित क्षेत्रों में इन क़ानूनों को ठीक से लागू नहीं किया गया है। 'सलवा जुडूम' से प्रभावित गाँवों में लोग अपने घरों को छोड़कर भाग गये या उन्हें कैम्पों में रहने के लिए मजबूर किया। ऐसे में, यहाँ इस क़ानून का लागू होना नामुमकिन था। इसी तरह, 'ऑपरेशन ग्रीन हंट' से प्रभावित क्षेत्रों में लोगों को रोज़मर्रा की ज़िंदगी में 'कॉम्बिग ऑपरेशनों' और राज्य के दमन का सामना करना पड़ता है। कई अध्ययनों से यह बात सामने आयी है कि इन क्षेत्रों में यह क़ानून लागू नहीं हुआ है या बहुत कम लागू हुआ है। पाँचवाँ, संरक्षित क्षेत्रों, वन गाँवों, टांगिया गाँवों, झूम खेती करने वाले लोगों, पीटीजी तथा घुमंतू जातियों के संदर्भ में इस क़ानून में कई प्रावधान हैं। इस क़ानून के संदर्भ में इन क्षेत्रों या श्रेणियों को अमूमन दो भागों में बाँटा जा सकता है: पहला, ऐसे समूह या स्थान, जहाँ लोग संगठित नहीं हैं और क़ानून के बारे में जागरूक नहीं हैं। ऐसी जगहों पर क़ानून की उपेक्षा की जा रही है। दूसरा, ऐसे कई समूह हैं जो क़ानून के बारे जागरूक और संगठित हैं। ऐसी जगहों पर भी क़ानून के लागू होने की स्थिति बहुत अच्छी नहीं हैं। लेकिन यहाँ लोग अपने क़ानूनी हक़ के लिए लड़ रहे हैं और कई मामलों में इन्हें सफलता भी मिली है। छठा, अमूमन वन विभाग ने इस क़ानून के लागू होने में रोड़े अटकाए हैं। वे इस क़ानून को अपने अधिकारों में कटौती करने वाले क़ानून के रूप में देखते हैं। इसलिए हर स्तर पर वन विभाग के कर्मचारियों ने इसका विरोध किया है। सातवाँ, ऐसे कई उदाहरण हैं जहाँ स्थानीय समुदायों ने जागरूक रूप से इस क़ानून का उपयोग 'विकास' की थोपी गयी अवधारणा का विरोध करने के लिए किया है। एक अर्थ में यह इस क़ानून को 'पट्टा देने वाले क़ानून' की छवि से आगे ले जाता है। यह स्थानीय समुदायों द्वारा इस क़ानून के सक्रिय इस्तेमाल की मिसाल है। इस अध्याय के भाग V में ऐसे कुछ उदाहरणों की विवेचना की गयी है। यह स्पष्ट है कि स्थानीय लोगों ने क़ानून को संघर्ष के बहुत से साधनों में से एक साधन के रूप में स्वीकार किया। यानी क़ानूनी हथियार नाकाम होने पर भी ये लोग अपना संघर्ष छोड़ने के लिए तैयार नहीं हैं। लोगों की जागरूकता, गोलबंदी आदि ने भी क़ानून के लिए उनके संघर्ष की दशा और दिशा तय करने में ज़बर्दस्त भूमिका अदा की है। कई मरतबा,

क़ानून के सहारे चलने वाले संघर्ष की सफलता में अन्य कारकों की भी भूमिका रही है (देखें पोस्को विरोधी अभियान और नियमगिरी का उदाहरण)। आठवाँ, 'थोपे गये विकास' या 'विस्थापन' का विरोध कर रहे समूहों की तरह ही महिलाओं ने भी इस क़ानून को अपने तरीक़े से प्रयोग और विस्तार किया है। अर्थात् इन्होंने क़ानून की कुछ ख़ास धाराओं को अपने हक़ के लिए मजबूत साधन के रूप में विकसित किया है। यह क़ानून पति-पत्नी- दोनों को संयुक्त रूप से ज़मीन का पट्टा देने का प्रावधान करता है। इसलिए इसे महिलाओं के लिए सकारात्मक बदलाव के रूप में देखा गया। लेकिन कई महिला समूहों ने 'सामुदायिक अधिकारों' के प्रावधान को भी ख़ास तौर पर महिलाओं के हक़ को मजबूत करने वाला माना है, क्योंकि जंगल वन निवासी समूहों की महिलाओं की अधिकांश गतिविधियों का केंद्र है। इसलिए अब ये समूह स्थानीय स्तर पर महिलाओं को जागरूक कर रहे हैं और इन अधिकारों के लिए ज़ोरदार संघर्ष कर रहे हैं।

यह सच है कि इस क़ानून के बारे में कई तरह के अंदेशे जताए गये हैं और इनमें से कई अंदेशे सही भी साबित हुए हैं। मसलन, यह लोगों पर राज्य की पकड़ और ज़्यादा मजबूत करता है। क़ानून के भीतर ही कई ऐसे रास्ते हैं जिसके द्वारा राज्य बहुत से समुदायों को क़ानूनी रूप से बेदख़ल कर सकता है। मसलन, अन्य पारम्परिक वन निवासियों का प्रावधान। इस प्रावधान के कारण बहुत से लोगों/समुदायों को अपने अधिकारों से वंचित होना पड़ा है। राज्य अगर चाहे तो इन्हें इनके घरों और ज़मीन से क़ानूनी तौर पर बेदख़ल कर सकता है। इसी तरह, कुछ ख़ास प्रक्रियाओं को पूरा करके संरक्षित क्षेत्रों से लोगों को बाहर किया जा सकता है या निजी पूँजी को बढ़ावा देने के लिए क़ानून के प्रावधानों का तोड़-मरोड़ कर इस्तेमाल किया जा सकता है। मसलन, पोस्को विरोधी संघर्ष में स्थानीय प्रशासन ने तथ्यों को तोड़-मरोड़कर यह दिखाने की कोशिश की कि यहाँ वन अधिकार क़ानून को लागू होने की प्रक्रिया पूरी हो चुकी है (देखें भाग V)। वन विभाग काफ़ी मजबूती और सक्रियता से इस क़ानून को नाकाम करने में लगा हुआ है। इसके अलावा, वन अधिकार क़ानून जैसे प्रगतिशील क़ानूनों की इस आधार पर आलोचना की जाती रही है कि दरअसल, ये क़ानून व्यवस्था बदलने के किसी गहरे 'विज़न' को आगे नहीं बढ़ाते हैं। इसकी बजाय ये राज्य की संस्थात्मक व्यवस्था को वैधता देते हैं। वन अधिकार क़ानून के अनुभवों के संदर्भ में ये सारी आलोचनाएँ कमोबेश सही प्रतीत होती हैं। लेकिन जंगल पर निर्भर समुदायों के संदर्भ में इस क़ानून के साथ एक अन्य परिघटना पूरे देश के स्तर पर सामने आयी है। यह परिघटना क़ानून को लेकर बढ़ी जागरूकता और इसे अपने हक़ की लड़ाई में इस्तेमाल करने की ज़ोरदार प्रवृत्ति से जुड़ी

हुई है। इस क़ानून के बनने के दौरान ही इस क़ानून को बेहतर बनाने के लिए आदिवासी संगठनों की ओर से बहुत सारी माँगे आयी थीं। इसके कारण विधेयक के शुरुआती प्रारूप की तुलना संसद से पारित क़ानून ज़्यादा रैडिकल था। क़ानून के लागू होने की प्रक्रिया के दौरान बहुत से समूहों ने इसके प्रावधानों को अपने संघर्ष का हथियार बनाया; कई समूहों के लोग निरक्षर होने के बावजूद आंदोलनों से जुड़े होने के कारण क़ानून के प्रावधानों के बारे में जागरूक हुए; इसी जागरूकता के बूते पर वे जंगल की ज़मीन से खुद को हटाये जाने के ख़िलाफ़ ज़ोरदार संघर्ष कर रहे हैं। बहुत से क्षेत्रों में महिलाओं ने इस क़ानून को इसी रूप में लिया है। एक अर्थ में इन्होंने क़ानून के सीमाओं का विस्तार किया है। इससे स्थानीय स्तर पर उनकी राजनीति और उसकी सम्भावनाओं का विस्तार भी हुआ है। यह एक तरह से 'ज़मीनी स्तर से क़ानूनवाद' (लीगलिज़्म फ्रॉम बिलो) का प्रसार है। ऐसे में, क़ानून संघर्ष के एक ऐसे स्थल के रूप में तब्दील हो चुका है, जहाँ राज्य इकतरफ़ा तरीक़े से स्थानीय वनवासी समुदायों पर अपनी मनमर्ज़ी नहीं थोप रहा है, बल्कि वन वनवासी लोग भी अपने हक़ की लड़ाई में क़ानून का बेहतर इस्तेमाल कर पा रहे हैं। कम-से-कम वन अधिकार क़ानून इस संदर्भ में एक सम्भावना का दरवाज़ा ज़रूर खोलता है।

6

निष्कर्ष : निरंतर संघर्ष

वन अधिकार क़ानून आदिवासी समूहों के लंबे संघर्ष का नतीजा है। इसे औपनिवेशिक दौर में क़ानून बनाकर जंगल के लोगों के हक़ छीनने की प्रक्रिया को पीछे मोड़ने (या रिवर्स करने) के रूप में भी देखा जा सकता है। अब खुद वन निवासियों ने क़ानून की भाषा अपनाकर जंगल पर अपने हक़ का दावा पेश किया है। यह क़ानून हक़ की इस दावेदारी और इसके संघर्ष का दस्तावेज़ माना जा सकता है। लेकिन इसके साथ ही क़ानून के कई ऐसे पहलू हैं जो इसकी सीमाओं के रूप में सामने आते हैं। इसी कारण इसे 'प्रगतिशील' क़ानून मानने की बजाय राज्य की बढ़ती जकड़न के रूप में भी पेश किया जाता है।[1] बहरहाल, इस अध्याय में मैंने बहुत ही संक्षेप में अध्ययन के मुख्य तर्कों को समेटने की कोशिश की है। सबसे पहले मैंने 'अतिक्रमण' या 'बेजा क़ब्ज़ा' के संदर्भ में अपने अध्ययन के मुख्य तर्क पेश किये हैं; इसके बाद, मैंने कुछ हालिया घटनाक्रमों के आधार पर वन अधिकार क़ानून की स्थिति को रेखांकित करने की कोशिश भी की है।

आधुनिकता के विविध पहलुओं से अंत:क्रिया होने से आदिवासियों के जीवन में भी बदलाव हुआ है। शिक्षा, सरकार के विभिन्न विभाग (ख़ासतौर पर वन विभाग), क़ानून आदि उनकी ज़िंदगी के विशेष भाग बनते गये हैं। लेकिन अभी भी जंगल पर इनकी निर्भरता है। जंगल के भीतर या जंगल के नज़दीक बसे लोगों के लिए जंगल उनके आर्थिक जीवन का महत्त्वूपर्ण आधार है। साथ ही, यह उनका सांस्कृतिक और आध्यात्मिक परिवेश भी बनाता है। मैंने अपने अध्ययन में पाया कि लोग सिर्फ़ सरकार और क़ानून को ही नहीं बल्कि जंगल की ज़मीन पर 'अवैध' क़ब्ज़े की भी समझ रखते हैं। वे इसके लिए 'बेज़ा क़ब्ज़ा' शब्द का प्रयोग करते हैं। कई मामलों में 'बेजा क़ब्ज़ा' राज्य के विभिन्न विभागों

1. अध्याय 3 में इस पहलू की विस्तार से विवेचना की गयी है।

की गड़बड़ियों का नतीजा होता है। लेकिन बहुत से ऐसे मामले हैं, जहाँ लोगों ने यह जानते हुए जंगल की ज़मीन पर 'बेजा क़ब्ज़ा' किया कि वे कुछ 'ग़ैरक़ानूनी' काम कर रहे हैं। मैंने जिन गाँवों में अध्ययन किया वहाँ प्रभुत्वशाली परिवारों के पास 'बेजा क़ब्ज़ा' की ज़्यादा ज़मीन थी। लेकिन बाक़ी दूसरे लोगों को भी जब मौक़ा मिला तो उन्होंने अपनी खेती की ज़मीन बढ़ायी। अधिकांश परिवारों ने एक-दो एकड़ (पाँच एकड़ से कम) ज़मीन पर 'बेजा क़ब्ज़ा' किया। कई मरतबा वे इसे उत्पादन के साधन में बढ़ोतरी के रूप में देखते हैं। कई लोगों ने इसे भविष्य में अपने 'बाल-बच्चों और जीविका की सुरक्षा' के रूप में पेश किया। असल में, इन क्षेत्रों में खेती की स्थिति अच्छी नहीं है। अधिकांश जगहों पर लोग एक ही फ़सल उपजाते हैं। इसमें भी उन्हें खेती के साधनों की कमी से जूझना पड़ता है। वनोपज इनकी जीविका का महत्त्वपूर्ण साधन हैं। लेकिन इसकी सही बिक्री का प्रबंध न होने के कारण इन्हें इसका फ़ायदा नहीं मिल पाता। अक्सर लोग बहुत सस्ते दामों में वनोपज बेच देते हैं। खेती में उत्पादन बढ़ाकर या वनोपजों की सही क़ीमत दिलाकर स्थानीय समुदायों की जीविका की समस्या काफ़ी हद तक दूर की जा सकती है। इससे 'भविष्य की सुरक्षा' के नाम पर किये जाने वाले 'बेजा क़ब्ज़ा' पर भी रोक लग सकती है। जंगल में या इसके क़रीब बसे समुदायों के जीवन में वन विभाग का गहरा प्रभाव है। इसने अधिकांश मामलों में जंगल पर एकाधिकार क़ायम रखने की प्रवृत्ति दिखाई है। अमूमन यह जंगल में स्थानीय समुदायों के हर व्यवहार को संदेह से देखता है; इसने कई मामलों में इन्हें इनके गाँव से हटाने या इनके द्वारा किये जाने वाले सामुदायिक संरक्षण को पूरी तरह प्रभावहीन करने की कोशिश की। मैंने एक ऐसे गाँव का भी अध्ययन किया जहाँ वन विभाग ज़्यादा उदारवादी रूप में सामने आता है। लेकिन खुद वन विभाग के अधिकारियों ने यह माना कि ऐसे उदाहरण बहुत कम हैं। अध्याय चार में मैंने वन विभाग के इस उदारवादी रूप के सीमाओं की विवेचना की है।

वन अधिकार क़ानून में जंगल की ज़मीन और उसके संसाधनों पर स्थानीय समुदायों के अधिकार से संबंधित विभिन्न पहलुओं को एक साथ शामिल करने की कोशिश की गयी है। इस संदर्भ इसने कुछ नयी श्रेणियाँ भी बनाई हैं। ये श्रेणियाँ एक सीमा तक समावेशी हैं, लेकिन इनकी स्पष्ट सीमाएँ हैं। इन श्रेणियों का वनाश्रित समूहों के जीवन पर बहुत ही दूरगामी प्रभाव पड़ेगा। इस क़ानून में सम्पत्ति अधिकारों को नये सिरे से परिभाषित किया गया है। इसमें 'अन्य पारम्परिक वन निवासी' और 'क्रिटिकल वाइल्डलाइफ़ हैबिटेट' और पति-पत्नी के नाम से संयुक्त पट्टा बनाने जैसे प्रावधान हैं। सम्पत्ति अधिकारों के संदर्भ में यह क़ानून पारम्परिक रूपरेखा से आगे गया है। इस लिहाज से इसने एक अनूठी

व्यवस्था पेश की है। इसमें जंगल में 'बेजा क़ब्ज़ा' करने वाले हर न्यूक्लीयर परिवार को अधिकतम 4 हेक्टेयर ज़मीन का पट्टा देने का प्रावधान किया गया है। यह इन परिवारों को ज़मीन पर निजी सम्पत्ति अधिकार देता है। लेकिन यह असीम सम्पत्ति अधिकार नहीं है। इस तरह की ज़मीन बेची नहीं जा सकती; व्यावसायिक फ़ायदे के लिए इसका उपयोग नहीं किया जा सकता; इस पर कोई ऐसा काम भी नहीं किया जा सकता है जिससे जैव-विविधता पर बुरा प्रभाव पड़े। क़ानून द्वारा दिये गये निजी सम्पत्ति अधिकार की एक अन्य सीमा यह भी है कि इसमें भूमिहीन वनाश्रित लोगों के लिए कोई प्रावधान नहीं है। इस कारण यह मुमकिन है कि ज़रूरतमंद लोगों को ज़मीन का कोई टुकड़ा न मिले और तुलनात्मक रूप से प्रभुत्त्वशाली लोगों की ज़मीन में और भी ज़्यादा बढ़ोतरी हो। मसलन, सठोरा गाँव के उदाहरण से यही बात सामने आती है (देखें, अध्याय 4)।

बहरहाल, इस क़ानून में सामुदायिक वन अधिकारों के रूप में भी सम्पत्ति अधिकार दिया गया है। इसमें अधिकार-धारकों को जंगल से निस्तार या लघुवनोपजों को लेने का अधिकार दिया गया है। साथ ही, उन्हें जंगल के संरक्षण और विकास योजनाओं के बारे में फ़ैसला करने का अधिकार भी दिया गया है। लेकिन यह भी सच है कि यह पश्चिमी राजनीतिक दर्शन में मौजूद सामान्य सम्पत्ति की अवधारणा के पूरे अर्थ को अभिव्यक्त नहीं करता है। इसमें राज्य के हस्तक्षेप की बहुत ज़्यादा गुंजाइश मौजूद है। अभी वन अधिकार क़ानून के साथ 1927 का *वन अधिनियम*, 1972 का *वन्य जीव (संरक्षण)* अधिनियम और 1980 का *वन संरक्षण अधिनियम* का भी अस्तित्व है। इन क़ानूनों के कारण वन विभाग के पास वन अधिकार क़ानून के प्रावधानों की उपेक्षा करने की शक्ति है। ज़मीनी स्तर पर, अधिकांश मामलों में, वन विभाग के अधिकारियों और कर्मचारियों के रवैये में कोई बदलाव नहीं आया है। वे अभी भी स्थानीय समुदायों को समान भागीदार नहीं मानते हैं। इसकी बजाय, वे उन्हें जंगल और वन्य जीवों के लिए सबसे बड़ी समस्या के रूप में देखते हैं। ऐसे अनेकों उदाहरण हैं जहाँ वन विभाग ने लोगों को क़ानून में मिले निज़ी वन अधिकारों को मिलने में रोड़ा अटकाया। क़ानून में दिये गये सामुदायिक वन अधिकारों के लागू होने का एक बड़ा कारण वन विभाग का रवैया ही है (देखें अध्याय 4 और 5)।

इस क़ानून के संदर्भ में एक महत्त्वपूर्ण बात यह भी है कि यह जंगल की सभी श्रेणियों और जंगल में या इसके क़रीब रहने वाले समुदायों की सभी श्रेणियों पर लागू होता है। यानी यह क़ानून पाँचवीं अनुसूची, छठी अनुसूची, संरक्षित वन, आरक्षित वन, नैशनल पार्क, अभयारण्य, टाइगर रिजर्व आदि जैसी विविध श्रेणियों में लागू होता है। इसका दायरा 'पेसा' जैसे क़ानून से बहुत व्यापक है क्योंकि सिर्फ़ पाँचवीं अनुसूची से ही संबंधित है। जब इस क़ानून का पहला

प्रारूप विधेयक के रूप में सामने आया, तो यह सिर्फ़ अनुसूचित जनजातियों से संबंधित था। मैंने पहले अध्याय में इस बात की विवेचना की है कि अनुसूचित जनजाति की श्रेणी में किसी समूह को शामिल करने के बारे में कोई वस्तुनिष्ठ कसौटी नहीं रही है। इस कारण, कई बार एक जैसी जीवनशैली वाले दो समुदायों में से एक इस श्रेणी का भाग होता है और दूसरा नहीं। जो समुदाय इस श्रेणी का भाग नहीं होता है, उसे बहुत सारे संवैधानिक और अन्य प्रशासनिक फ़ायदों से वंचित रहना पड़ता है। आदिवासी संगठनों ने जंगल पर निर्भर सभी समुदायों को क़ानून में शामिल करने की माँग रखी। इनके लगातार दबाव के कारण ही बाद में, इसमें 'अन्य पारम्परिक वन निवासी' श्रेणी भी जोड़ी गयी। इस श्रेणी में वे लोग शामिल हैं, जो अनुसूचित जनजाति का भाग नहीं हैं, लेकिन वे जंगल पर निर्भर रहे हैं। अधिकार हासिल करने के लिए ऐसे लोगों को यह साबित करने की आवश्यकता है कि वे तीन पीढ़ियों यानी 75 सालों से एक ही जगह पर रह रहे हैं। दरअसल, इस शर्त के कारण इस श्रेणी में आने वाले लोगों/समुदायों को इस क़ानून के तहत अधिकार पाने में बहुत सी दिक़्क़तों का सामना करना पड़ रहा है। ये लोग यह साबित नहीं कर पा रहे हैं कि ये एक जगह पर 75 सालों से रह रहे हैं (देखें अध्याय 5)।

इस क़ानून में वन्य जीवों और स्थानीय समुदायों के अधिकारों के बीच तथाकथित 'बुनियादी टकराव' के तर्क से आगे जाने की कोशिश की गयी है। ग़ौरतलब है कि संरक्षणवादियों ने इसका तीखा विरोध किया। उनकी प्रमुख माँग यह थी कि कम-से-कम कुछ ऐसे क्षेत्र होने चाहिए, जहाँ इंसानों का दख़ल न हो। इसके पीछे मुख्य तर्क यह था कि इंसानों के दखल से जानवरों के हैबिटेट पर बुरा प्रभाव पड़ता है। इसलिए उन्होंने 'प्रोटेक्टेड एरियाज' या संरक्षित क्षेत्र को इस क़ानून से बाहर रखने की माँग की। दूसरी ओर, आदिवासी संगठनों ने इस बात पर ज़ोर दिया कि भारत में सदियों से आदिवासी और जंगली जानवर साथ-साथ रहते आये हैं और दोनों के बीच सहजीवी संबंध है। दरअसल, ये दोनों ही दो अलग-अलग क़िस्म के अतिवादी विचारों का प्रतिनिधित्व करते थे। इस क़ानून ने इन दोनों के बीच का रास्ता अपनाते हुए 'क्रिटिकल वाइल्ड-लाइफ़ हैबिटेट' (या संकटग्रस्त वन्य जीव आवास) की संकल्पना पेश की। इसमें यह प्रावधान किया गया कि संरक्षित क्षेत्रों में यह क़ानून लागू होगा। लेकिन इसके जो क्षेत्र वन्य जीवों के लिए ज़्यादा महत्त्वपूर्ण होंगे, वहाँ से लोगों को दूसरी जगह बसाया जाएगा। इसमें इस तरह के क्षेत्र के निर्धारण के लिए एक पारदर्शी प्रक्रिया तय की गयी है। इसके अनुसार, दूसरी जगह भेजे जाने वाले समुदायों के अधिकार सही तरीक़े से तय किये जाने चाहिए और उनके पुनर्वास की समुचित व्यवस्था होनी चाहिए (देखें अध्याय 3)। बहरहाल, क़ानून

लागू होने की प्रक्रिया में इसे बहुत गम्भीरता से नहीं लिया गया है। अमूमन संरक्षित क्षेत्रों में, नैशनल पार्कों, टाइगर रिजर्वों या अभयारण्यों में अधिकार तय करने की प्रक्रिया बहुत आगे नहीं बढ़ी है। कई जन सुनवाइयों में इन जगहों पर रहने वाले लोगों ने यह बताया कि असल में वन विभाग के अधिकारी इन्हें संरक्षित क्षेत्र के भीतर किसी तरह का अधिकार नहीं देना चाहते हैं। बहुत से संरक्षणवादी अभी अपनी इस पुरानी दलील पर क़ायम हैं कि कम-से-कम संरक्षित क्षेत्रों को पूरी तरह से मनुष्यों के दख़ल से मुक्त किया जाना चाहिए (देखें अध्याय 5)।

अध्याय 3 में मैंने यह रेखांकित किया है कि इस क़ानून की बहुत सी सीमाओं के बावजूद जन-आंदोलनों ने इसे 'ऐतिहासिक क़ानून' और अपनी जीत के रूप में पेश किया। लेकिन बहुत सारे विद्वानों ने इसके भीतर मौजूद सीमाओं के आधार पर यह तर्क दिया है कि दरअसल यह क़ानून एक दिखावा है। इसके द्वारा राज्य ने अपने नव-उदारवादी ऐजेंडे को आगे बढ़ाने का काम किया है। इस तरह के क़ानून की मदद से उसने जंगल की ज़मीन और वहाँ रह रहे समुदायों की अस्पष्ट स्थिति को ज़्यादा स्पष्ट या 'लेज़िबल' बनाया है। आमतौर पर, इसे माओवादियों के बढ़ते प्रभाव को रोकने के हथियार के रूप में भी पेश किया जाता है। यानी यह तर्क दिया जाता है कि सरकार ने माओवादियों के ख़िलाफ़ अपनी वैधता बढ़ाने के लिए इसका उपयोग किया है (देखें अध्याय 3)। ख़ासतौर पर, क़ानून लागू करने में आने वाली अड़चनों, सरकार द्वारा निजी कंपनियों के साथ सहमति-पत्रों पर दस्तख़त और 'सलवा जुडूम' और 'ऑपरेशन ग्रीन हंट' जैसी कार्रवाइयों से राज्य की मंशा पूरी तरह संदेह के घेरे में आ जाती है।

मैंने यह तर्क दिया है कि इस क़ानून के पीछे राज्य द्वारा वन निवासियों के बीच अपनी वैधता बढ़ाने या यहाँ स्पष्ट सम्पत्ति संबंध स्थापित करके इन्हें ज़्यादा 'लेजिबल' बनाने जैसे तर्क पूरी तरह ख़ारिज़ नहीं किये जा सकते हैं। लेकिन इस तरह के तर्कों में स्थानीय समुदायों को पूरी तरह से निष्क्रिय और राज्य की मर्ज़ी पर निर्भर समुदायों के रूप में पेश किया जाता है। मैंने इस किताब के पहले अध्याय में वन निवासियों की राजनीति की व्याख्या करने के लिए 'हाशिया समाज' या 'मार्ज़िनल सोसायटी' की अवधारणा प्रस्तावित की है। तीसरे अध्याय में मैंने यह स्पष्ट करने की कोशिश की है कि हम किस तरह इस क़ानून के निर्माण को हाशिया समाज की सक्रियता के रूप में देख सकते हैं। मैंने यह स्पष्ट किया है कि मार्ज़िनल सोसायटी नागरिकों का ऐसा समूह है जिसे संवैधानिक रूप से नागरिक का दर्जा मिला हुआ है, लेकिन ये लोग 'ग़ैरक़ानूनी' होने के तमगे के साथ जीते हैं और मौक़े-बेमौक़े ही नागरिकता के अधिकार का उपयोग करते हैं। ये वे लोग हैं जो जंगलों में

या उसके क़रीब रहते हैं। ये पार्थ चटर्जी के राजनीतिक समाज से इस अर्थ में अलग हैं कि इसके निर्माण में ऐसे समूहों/कर्त्ताओं की महत्त्वपूर्ण भूमिका होती है जिन्हें नागरिक समाज का सदस्य माना जा सकता है। 'ज़मीनी स्तर से क़ानूनवाद' इनकी विशिष्ट विशेषता है। इन समूहों में क़ानून और इसके महत्त्व के बारे में जागरूकता होती है। इसलिए ये सिर्फ़ राज्य से तदर्थ छूटों की माँग नहीं करते हैं, बल्कि कई दफ़ा इनका संघर्ष बेहतर क़ानूनों के निर्माण या उन्हें लागू करवाने के रूप में सामने आता है। राज्य इन्हें अक्सर ऐसे समूहों से जोड़ता है जो गवर्नमैंटैलिटी के दायरे से बाहर हैं। इसी कारण राज्य इनके दावों को महत्त्व भी देता है। मार्ज़िनल सोसायटी की एक अन्य बुनियादी विशेषता यह है कि इसके सदस्यों के पास 'उत्तम जीवन' की एक संकल्पना होती है। अपनी इस संकल्पना को हासिल करने के लिए वे राज्य द्वारा मिले क़ानूनों का उपयोग राज्य के ख़िलाफ़ करते हैं।

मैंने यह तर्क दिया है कि यह क़ानून हाशिया समाज की सक्रियता का नतीजा है। मैंने अध्याय 2 के आख़िरी भाग में 'पेसा' बनने की प्रक्रिया का वर्णन करते हुए यह रेखांकित किया है कि इसे भी छोटे स्तर पर हाशिया समाज की सक्रियता के रूप में देखा जा सकता है। अध्याय 3 के आख़िरी भाग में मैंने तफ़सील से इस बात की विवेचना की है कि कैसे वन अधिकार क़ानून के निर्माण को हाशिया समाज की सक्रियता के रूप में देखा जा सकता है। दरअसल, सत्तर के दशक से इस क्षेत्र में जन संगठनों और माओवादियों की सक्रियता से लोगों के भीतर क़ानून के बारे में एक जागरूकता आने लगी थी। इस क़ानून की माँग भी इसी जागरूकता का नतीजा थी। मैं यह तर्क नहीं दे रहा हूँ कि इस कारण सभी लोग क़ानून के विशेषज्ञ हो गये। फिर भी, जहाँ-जहाँ आंदोलनों या जन संगठनों की पहुँच बढ़ी, वहाँ लोगों में क़ानून की भूमिका और महत्त्व के बारे में जागरूकता भी आयी है। इस क़ानून के शुरुआती प्रारूप में कुछ महत्त्वपूर्ण संशोधनों की माँग ज़मीनी स्तर पर काम करने वाले संगठनों की ओर से आयी। इन संगठनों में (मसलन 'कैम्पेन' या 'राष्ट्रीय वन जन श्रमजीवी मंच') बहुत से महत्त्वपूर्ण कार्यकर्त्ता ऐसे थे, जिन्हें आसानी से नागरिक समाज के खाते में डाला जा सकता है। इन लोगों ने वन निवासी समूहों में क़ानून के बारे में जागरूकता लाने में प्रभावकारी भूमिका निभाई है। इसके अलावा, राज्य ने माओवादियों को गवर्नमैंटैलिटी के दायरे से बाहर पड़े समूहों के रूप में देखा। इनके बढ़ते प्रभाव के डर ने भी इस क़ानून के बनने में विशेष भूमिका निभायी। लेकिन इसमें आदिवासी संगठनों के आंदोलनों की सबसे जबरदस्त भूमिका रही। इसी कारण, संसद से पारित क़ानून, अप्रैल 2005 में सार्वजनिक विचार-विमर्श के लिए जारी किये गये विधेयक की तुलना में ज़्यादा प्रगतिशील था। लेकिन

राज्य ने आंदोलन की सारी माँगे नहीं मानी। वन विभाग और संरक्षणवादियों के विरोध के कारण ही जन-आंदोलनों की माँगों के अनुरूप क़ानून नहीं बन पाया। इनके विरोध के चलते ही संसद से क़ानून पारित होने के बाद भी एक साल तक इसकी अधिसूचना जारी नहीं की गयी। इसके बावजूद, इस क़ानून को राज्य द्वारा थोपे गये या उदार भाव से दिये गये क़ानून के रूप नहीं देखा जाना चाहिए; यह बात भी पूरी तरह ग़लत है कि वननिवासी समूह इस क़ानून को निष्क्रिय रूप से स्वीकार करने वाले समूह रहे हैं। दरअसल, यह क़ानून उनके संघर्ष की उपज है; क़ानून के बारे में जागरूकता बढ़ने के कारण आदिवासी समूहों ने इसकी माँग की। उन्होंने अपने लिए ज़्यादा-से-ज़्यादा अनुकूल क़ानून बनवाने की कोशिश की है। मैं यह मानता हूँ कि यह मुख्य धारा के सामाजिक-आर्थिक-सांस्कृतिक जीवन से हाशिये पर ढकेल दिये गये समूहों का 'ज़मीनी स्तर से क़ानूनवाद' (या 'लीगलिज़्म फ्रॉम बिलो') है। यह हाशिया समाज की एक बुनियादी विशेषता है।

'ज़मीनी स्तर से क़ानूनवाद' का एक अन्य विशिष्ट पहलू भी है। यह पहलू वननिवासी/वनाश्रित समुदायों द्वारा क़ानून के प्रयोग से संबंधित है। अर्थात् ये समूह राज्य के बढ़ते दख़ल या गवर्नमैंटैलिटी के बढ़ते क़दम का प्रतिरोध करने के लिए इन क़ानूनों का प्रयोग करते हैं। मैंने अध्याय पाँच में बहुत विस्तार से यह दिखाने की कोशिश की है कि ज़मीनी स्तर पर क़ानून को बहुत प्रभावकारी तरीक़े से लागू नहीं किया जा रहा है। अधिकांश मामलों में वन विभाग इन क़ानूनों को सही तरीक़े से लागू नहीं होने दे रहा है। लेकिन इसी अध्याय में तीन अन्य बातें भी सामने आयी हैं: पहला, राजाजी नैशनल पार्क में वन गूजर जैसे यायावर जातियों के लोगों ने इस क़ानून को अपने हक़ की लड़ाई के साधन के रूप में स्वीकार किया है; देश के दूसरे भागों में भी बहुत से समूह इस क़ानून के माध्यम से अपने अधिकार पाने की कोशिश कर रहे हैं। दूसरा, पोस्को, नियमगिरी आदि जैसे उदाहरण यह दिखाते हैं कि बहुराष्ट्रीय कंपनियाँ राज्य ऐजेंसियों की मदद से जंगल के संसाधनों पर क़ब्ज़ा करने की कोशिश कर रही हैं। इनके मंसूबों पर पानी फेरने के लिए स्थानीय समुदायों ने इस क़ानून का सहारा लिया है; तीसरा, आदिवासी क्षेत्रों में आदिवासी और गैर-आदिवासी दोनों ही तरह की महिला एक्टिविस्टों ने यह घोषित किया है कि इस क़ानून के प्रावधान विशेष रूप से महिलाओं के हितों को पूरा करते हैं। यह माना गया है कि चूँकि वनाश्रित महिलाएँ अक्सर जलावन की लकड़ी लाने या वनोपज लेने आदि के लिए अपना अधिकांश समय जंगल में गुज़ारती हैं, इसलिए सामुदायिक अधिकार इनके हक़ से ज़्यादा जुड़ा है (देखे अध्याय 5)। स्पष्टत: ये सारे समूह क़ानून का प्रयोग अपने हितों को बढ़ावा देने और उत्तम जीवन

की अपनी व्यापक संकल्पना हासिल करने के लिए कर रहे हैं। सबसे ख़ास बात यह है कि वे इसका उपयोग कॉरपोरेट पूँजी और राज्य के बढ़ते दख़ल के ख़िलाफ़ भी कर रहे हैं। एक अर्थ में यह क़ानून 'एमिनेंट डोमेन' के पारम्परिक अर्थ को भी काफ़ी कमज़ोर करता है। अब राज्य जंगल की ज़मीन लेने के लिए स्थानीय समुदायों की सहमति पर निर्भर है। यदि ग्राम सभा नकार दे, तो राज्य ज़मीन का अधिग्रहण नहीं कर सकता है। पेसा और वन अधिकार क़ानून- दोनों में ही यह प्रावधान है। यह सच है कि ऐसे असंख्य मामले हैं जहाँ इन्हें तोड़-मरोड़ कर रास्ता निकाला गया है। लेकिन बहुत सी जगहों पर इसने लोगों के प्रतिरोध में एक प्रभावकारी हथियार का काम किया है। वन अधिकार क़ानून पेसा से ज़्यादा व्यापक है क्योंकि यह पूरे देश में लागू होता है। इसमें स्थानीय समुदायों को जंगल के संरक्षण का हक़ दिया गया है। इसमें यह प्रावधान भी है कि किसी भी जंगल से लोगों को तब तक नहीं हटाया जा सकता जब तक उनके अधिकार तय न किये जाएँ।

यहाँ दो बातें याद रखने की आवश्यकता है: पहला, क़ानून के लिये या क़ानून को आधार बनाकर संघर्ष करने वाले हाशिया समाज के लिए, क़ानून का उपयोग संघर्ष का एक महत्त्वपूर्ण साधन है। लेकिन ये इनका आख़िरी साधन नहीं है। मसलन, प्रेमनगर (छत्तीसगढ़) या पोस्को विरोधी संघर्ष कर रहे लोगों ने पूरी गम्भीरता से इस क़ानून का उपयोग अपनी ज़मीन बचाने के लिए किया है। लेकिन वे इसे आख़िरी विकल्प के रूप में नहीं देखते हैं। अर्थात् इन तरीक़ों के नाकाम हो जाने के बावजूद लोग अपना संघर्ष जारी रखने के लिए तैयार हैं। वन गूजरों ने भी इसी तरह का निश्चय व्यक्त किया। दूसरा, यह नहीं कहा जा सकता है कि जहाँ भी जंगल हैं, वहाँ रहने वाले समूहों में हाशिया समाज का विकास हुआ ही है। मैंने पिछले अध्याय में ऐसे कई क्षेत्रों का उल्लेख किया है, जहाँ लोगों को इस क़ानून के बारे में जानकारी नहीं है; या वे इतने गोलबंद नहीं हैं कि वे अपने हक़ की लड़ाई के लिए इस क़ानून का उपयोग कर पाएँ। मसलन, पोलावरम बाँध में डूबने वाले गाँवों के लोगों को इसी श्रेणी में रखा जा सकता है।

पिछले अध्याय में मैंने इस बात का उल्लेख किया है कि आदिवासी समूह इस क़ानून को सही तरीक़े से लागू करने के लिए आंदोलन चलाते रहे हैं। सक्सेना कमिटी की रिपोर्ट आने के बाद इस क़ानून के कुछ नियमों में संशोधन की माँग की जाती रही है। सोनिया गाँधी की अध्यक्षता वाली राष्ट्रीय सलाहकार परिषद ने भी इसी तरह की माँग की थी (देखें अध्याय 5)। एक लंबे समय के बाद जनजातीय मामलों के मंत्रालय ने इन माँगों पर कार्रवाइ की। इस संदर्भ में इसने 12 जुलाई 2012 को कुछ दिशा-निर्देश (गाइडलाइन्स) जारी किया (देखें, गवर्नमेंट ऑफ़ इण्डिया 2012ए)। इसके अलावा, इसके नियमों में संशोधन भी

किया गया। इसकी अधिसूचना छह सितम्बर 2012 को जारी की गयी। दरअसल, दिशा-निर्देशों में ज़्यादा स्पष्टता लाने के लिए जनजातीय मामलों के मंत्रालय ने छह सितम्बर के नियमों में संशोधन की अधिसूचना जारी की। इस संशोधन में निम्नलिखित प्रमुख बातें शामिल की गयीं : पहला, वन निवासी किसी भी वाहन द्वारा जंगल से लघु वनोपज ले जा सकेंगे; दूसरा, ग्राम सभा द्वारा गठित कमिटी लघु वनोपजों को ले जाने से संबंधित 'ट्रांजिट पास' जारी करेगी। तीसरा, सामुदायिक वन संसाधनों पर वन निवासियों के अधिकारों को मान्यता मिल जाने के बाद ग्राम सभा के अंतर्गत गठित कमिटी संरक्षण और प्रबंधन की योजना तैयार करेगी। चौथा, ज़रूरत पड़ने पर ग्राम सभा समिति अपनी योजनाओं को वन विभाग के 'वर्किंग प्लान' से जोड़ सकती है। पाँचवाँ, ग्राम सभा ट्रांजिट परमिट, वनोपजों की बिक्री से हुई आय के उपयोग और प्रबंधन योजनाओं आदि में संशोधन के बारे में कमिटी के फ़ैसले का अनुमोदन करेगी। छठा, सभी गाँवों में वन निवासियों द्वारा सस्टेनेबल उपयोग के लिए सामुदायिक वन संसाधनों की सुरक्षा, पुनर्उत्पादन और प्रबंधन से संबंधित वन अधिकारों को मान्यता दी जाएगी; यदि किसी राज्य में ऐसा नहीं किया जाता है तो ज़िला स्तरीय कमिटी इसके कारणों को रेकार्ड करेगी। सातवाँ, संबंधित अधिकारी प्रमाणीकरण के क्षेत्र से बाहर रहकर दावों को ख़ारिज़ नहीं कर सकते हैं। दावा करने वाले व्यक्ति को इस बात की जानकारी देनी होगी कि उसका दावा ख़ारिज़ कर दिया गया है। आठवाँ, ग्राम सभा के अलावा कोई भी पंचायत, ब्लॉक या फॉरेस्ट रेंज की कमिटी या व्यक्तिगत अधिकारी वन अधिकार के दावों को स्वीकार करने, उसके बारे में फ़ैसला करने या उसे ख़ारिज करने का हक़दार नहीं होगा। नौवाँ, राज्य स्तरीय मॉनिटरिंग कमिटी क़ानून के लागू होने के बारे में इस तरह रिपोर्ट देगी, जिससे सामुदायिक वन अधिकारों के दावों के बारे में स्पष्ट जानकारी मिले (गवर्नमेंट ऑफ़ इण्डिया 2012बी)।[2]

जुलाई 2012 में जारी दिशा-निर्देशों ने क़ानून में मौजूद बातों को नये सिरे से और ज़्यादा स्पष्टता से दुहराया। इसकी ज़रूरत इसलिए पड़ी क्योंकि ज़मीनी स्तर पर क़ानून को लागू नहीं किया जा रहा था और मनमाने तरीक़े से इसकी उपेक्षा की जा रही थी। इन दिशा-निर्देशों में 'फाइनल मैप' तैयार करने, सामुदायिक अधिकारों के दावों को गम्भीरता से लेने और चरागाही और पीटीजी समूहों को दावा करने में समर्थ बनाने जैसी बातें बहुत ही

2. कुमार संभव 'अमेंडेड फॉरेस्ट राइट्स ऐक्ट रूल्स नोटिफाइड'; मोर पावर्स टू ग्राम सभा', तारीख़ 8 सितम्बर 2012, वेब पता: http://www.downtoearth.org.in/content/amended-forest-rights-act-rules-notified-more-powers-gram-sabha, देखने की तारीख़: 25.10.2012.

महत्त्वपूर्ण हैं। लेकिन सितम्बर 2012 में नियमों के संशोधन की अधिसूचना इन दिशा-निर्देशों से आगे जाती है और यह ग्राम सभा को कुछ बुनियादी शक्ति देती है। अब ग्राम सभा लघु वनोपजों के लिए 'ट्रांजिट पास' जारी कर सकती है। इसमें ग्राम सभा को व्यक्तिगत और सामुदायिक दोनों तरह के अधिकारों के बारे में फ़ैसला करने की शक्ति दी गयी है। बेशक़ ये संशोधन इस क़ानून को ज़्यादा प्रभावी बनाने में सहायक होंगे। लेकिन इसमें 'अन्य पारम्परिक वन निवासियों' की समस्याओं के बारे में कुछ भी नहीं कहा गया है। इस तरह के विभिन्न समूहों के लिए यह साबित करना बहुत ही मुश्किल है कि वे एक स्थान पर पिछले 75 सालों से रह रहे हैं। बहरहाल नियमों में ये बदलाव यह दिखाते हैं कि क़ानून के लागू होने में आने वाली अड़चनों के ख़िलाफ़ लोगों के संघर्ष का असर हुआ है। पिछले अध्याय में मैंने इस बात की विवेचना की है कि बहुत से क्षेत्रों में स्थानीय समुदायों ने इस क़ानून को अपने संघर्ष के हथियार के रूप में प्रयोग किया। बहुत से क्षेत्रों में महिलाएँ इसे लागू करवाने के लिए संघर्ष कर रही हैं, क्योंकि वे इसे महिलाओं के हितों से जुड़े क़ानून के रूप में देखती हैं। लोकतांत्रिक अधिकार संगठनों ने भी इस क़ानून को बुनियादी रूप से आदिवासियों का पक्षधर मानते हुए इसे सही तरीके से लागू करने की माँग की है (पीयूडीआर 2010; सीडीआरओ 2012ए)। यह बात भी महत्त्वपूर्ण है कि अमूमन आदिवासी हितों से हमदर्दी रखने वाले लेखक जंगल से जुड़े किसी भी नीतिगत फ़ैसले के संदर्भ में इस क़ानून पर पड़ने वाले प्रभाव पर ध्यान दे रहे हैं। यहाँ तक जनजातीय मामलों के मंत्री ने भी यह स्पष्ट किया है कि बुनियादी ढाँचा (या इंफ्रास्ट्रक्चर) से जुड़े परियोजनाओं को भी वन अधिकार क़ानून और पेसा के प्रावधानों का पालन करना चाहिए।[3] ज़मीनी संघर्षों में भी इस क़ानून को सही तरीक़े से लागू करने पर ज़ोर दिया जा रहा है। मसलन, 11 अक्टूबर 2011 को आगरा में जन-सत्याग्रहियों और ग्रामीण विकास मंत्रालय के बीच समझौता हुआ। एकता परिषद के नेतृत्व

3. स्मिता गुप्ता, 'इंफ्रा प्रोजेक्ट्स शुड नॉट फॉल फाउल ऑफ़ फ़ॉरेस्ट राइट्स ऐक्ट: के. सी. देव', *द हिंदू*, अक्टूबर 11, 2012; यह बयान काफ़ी महत्त्वपूर्ण है क्योंकि यह केबिनट में प्रस्तावित 'नैशनल इनवेस्टमेंट बोर्ड' (एनआईबी) के गठन के संदर्भ में आया था। एनआईबी के गठन का प्रस्ताव विदेशी निवेश को ज़्यादा-से-ज़्यादा बढ़ाने के लिए किया गया था। इस संदर्भ में के. सी. देव द्वारा मीडिया में बयान जारी करना भी एक ख़ास घटना ही है क्योंकि अमूमन मंत्री अपनी सरकार द्वारा प्रस्तावित किसी नीतिगत फ़ैसले का मीडिया में विरोध नहीं करते हैं। यह भी ग़ौरतलब है कि के.सी. देव वन अधिकार विधेयक के संदर्भ दिसम्बर 2005 में गठित संयुक्त संसदीय समिति के अध्यक्ष थे।

में ये जन–सत्याग्रही दिल्ली की ओर आ रहे थे। ये भूमि वितरण के लिए राष्ट्रीय स्तर पर क़ानून बनाने की माँग कर रहे थे। इनके इस पैदल मार्च में हज़ारों आदिवासी और दलित शामिल थे। 11 अक्टूबर को आगरा में हुए समझौते के अनुसार, छह महीने के भीतर एक राष्ट्रीय भूमि सुधार नीति बनाई जाएगी; इसमें अन्य बातों के अलावा पेसा और वन अधिकार क़ानून को सख़्ती से लागू करने का वायदा किया गया। यह ग़ौरतलब है कि इस यात्रा में शामिल हुए कई लोगों ने इस समझौते से नाखुशी ज़ाहिर की। इसका कारण यह था कि सन् 2007 में इसी तरह की पदयात्रा के बाद प्रधानमंत्री की अध्यक्षता में राष्ट्रीय भूमि सुधार परिषद गठित करने की घोषणा की गयी थी। लेकिन बाद में इसकी कोई बैठक नहीं हुई। फिर भी, बहुत से अख़बारों ने इसे सत्याग्रहियों की जीत के रूप में पेश किया। शुरुआत में सरकार ने इसके नज़रअंदाज़ किया था। लेकिन बाद में उसने इसकी सारी माँगे मान लीं।[4] दरअसल, जन सत्याग्रह भी 'क़ानून द्वारा बदलाव' लाने की कोशिशों का एक उदाहरण है। बहरहाल, मैं यह तर्क देना चाहता हूँ कि वन अधिकार क़ानून में कुछ निश्चित सीमाएँ हैं। अभी तक इस क़ानून को लागू करने की प्रक्रिया असंतोषजनक रही है। इसके बावजूद, विभिन्न वन निवासी समूहों, एक्टिविस्टों, लोकतांत्रिक अधिकार संगठनों और ज़मीनी संघर्ष करने वाले लोगों ने इस क़ानून के प्रगतिशील तत्त्व को पहचाना है। इसलिए एक ओर इसकी कमियों को दूर करने के लिए संघर्ष चल रहा है, वहीं दूसरी ओर इसे सही तरीक़े से लागू करने की जद्दोजहद चल रही है।

स्पष्टत: 'बेजा क़ब्ज़ा' सिर्फ़ स्थानीय लोगों द्वारा सरकार की ज़मीन पर क़ब्ज़ा करने का मसला नहीं है। यह सरकार द्वारा स्थानीय लोगों की ज़मीन और संसाधनों पर अपना क़ब्ज़ा जमाने का मसला भी है। औपनिवेशिक दौर में क़ानून की मदद से यह काम शुरू हुआ। आज़ाद भारत की सरकार ने भी इसे जारी रखा। इस संदर्भ में सरकार के विभिन्न विभागों ख़ासतौर पर वन विभाग ने सक्रिय भूमिका निभाई। बहरहाल, लोगों में राजनीतिक जागरूकता आने के साथ उन्होंने 'बेहतर' या 'प्रगतिशील' क़ानूनों की माँग को अपने संघर्ष का केंद्र बनाया। वन अधिकार क़ानून इस संघर्ष का नतीजा है। यह सिर्फ़ 'पट्टा देने वाला' क़ानून नहीं है। इसमें जंगल की ज़मीन पर वन विभाग का दबदबा ख़त्म करने की क्षमता है। यह लोगों को उनके जंगलों और परिवेश पर हक़ देता है। इस क़ानून के लागू होने की स्थिति बहुत अच्छी नहीं है। लेकिन इसके

---

4. देखें, जेबराज 2012, 'हक़ की ज़मीन', सम्पादकीय, *जनसत्ता*, नयी दिल्ली, 13 अक्टूबर 2012 : 6; 'अ पैच टू कॉल देयर ऑन' एडीटोरियल, द *हिंदू*, नयी दिल्ली, 13 अक्टूबर : 10; दस सूत्रीय समझौते के बारे में विस्तार से जानने के लिए देखें, *एग्रीमेंट ऑन लैण्ड रिफार्म्स बिटविन द मिनिस्ट्री ऑफ़ रूरल डेवेलपमेंट (जीओआई) ऐंड जनसत्याग्रह*, अक्टूबर 11, 2012, आगरा।

बनने और लागू होने की प्रक्रिया ने जंगल के समुदायों में जिस राजनीतिक जागरूकता और 'ज़मीनी स्तर से क़ानूनवाद' का उभार किया है। यह इसका अमूल्य योगदान है। इसने एक तरफ़ वन विभाग के मनमानेपन को चुनौती दी है, वही संसाधनों के लिए बढ़ते संघर्ष के दौर में स्थानीय समुदायों में उनके अधिकारों की चेतना बढ़ाई है।

❑❑

संदर्भ-ग्रंथ सूची

प्राथमिक स्रोत

आदिवासी मूलवासी अस्तित्व रक्षा मंच. 2009. *अ स्वीट प्वाइजन : सागा ऑफ डिसप्लेसिंग ऐंड पॉपराईजिंग पीपॅल इन झारखंड*, झारखंड, इंडिया. 2009.

एग्रीमेंट ऑन लैण्ड रिफार्म्स बिटविन द मिनिस्ट्री ऑफ़ रूरल डिवेलपमेंट (जीओआई) ऐंड जनसत्याग्रह. (2012). आगरा, अक्टूबर 11.

अंथरा. 2010. *पैस्टोरलिस्ट कम्युनिटीज़ इन आंध्र प्रदेश ऐंड द एफआरए, 2006: अ नोट टू द एफआरए कमिटी.* लेखक: सागरी आर. रामदास, सन्यासी राव, राजम्मा, दिगम्बर, नरसिम्हूलु. हैदराबाद. अंथरा.

अशर, मानषी. 2007. *अ केस स्टडी ऑफ फूंग स्टील कंपनीज (पोस्को) प्रोपोज्ड प्रोजेक्ट इन इंडिया,* नैशनल सेंटर फॉर एडवोकेसी स्टडीज, जून.

भारत का संविधान. 2008, द्विभाषी संस्करण, चौथा संस्करण, सेन्ट्रल लॉ पब्लिकेशन्स, इलाहाबाद.

भारत सरकार. 1989. *अनुसूचित जातियों और अनुसूचित जनजातियों के आयुक्त की रिपोर्ट,* उनतीसवीं रिपोर्ट. नयी दिल्ली.

कैम्पेन फॉर सर्वाइवल ऐंड डिग्निटी (कैम्पेन). 2004. *एन्डेन्जर्ड सिम्बायोसिस : इविक्शन्स ऐंड इंडियाज फॉरेस्ट कम्युनिटीज, रिपोर्ट ऑफ़ द जन सुनवाई, जुलाई 19-20, 2003.* नयी दिल्ली.

------------------------. 2005ए. प्रेस रीलीज, 16 नवम्बर.

------------------------. 2005बी. प्रेस रीलीज. 21 नवम्बर.

------------------------. 2006ए. प्रेस रीलीज. 19 अगस्त.

------------------------. 2006बी. प्रेस रीलीज. 23 अगस्त.

------------------------. 2006सी. प्रेस रीलीज. 26 अगस्त.

------------------------. 2006डी. प्रेस रीलीज. 26 नवंबर.

------------------------. 2006ई. प्रेस रीलीज 7 दिसम्बर.

------------------------. 2006एफ. प्रेस रीलीज 17 दिसम्बर.

------------------------. 2006जी. प्रेस रीलीज 21 दिसम्बर.

------------------------. 2007. प्रेस रीलीज 7 अक्टूबर.

------------------------. 2011. *फैक्ट फाइंडिंग रिपोर्ट ऑफ़ सीएसडी ओडिशा ऑन वीलेज दुरमिसी, गोबिंदपुर जी. पी. ऐंड थाउमउल रामपुर ब्लॉक ऑफ कालाहांडी डिस्ट्रिक,* अक्टूबर.

------------------------. 2012. *असरसन ऑफ़ कम्युनिटी राइट्स ओवर कैस्च्यु फॉरेस्ट बाई द ट्राइबल्स इन जगन्नाथप्रसाद, बुगुडा ऐंड खैलीकोट ब्लॉक्स ऑफ गंजम डिस्ट्रिक ऑफ ओडिशा : अ रिपोर्ट ऑफ सीएसडी, ओडिशा,* मार्च.

सेंटर फॉर साइंस ऐंड एनवायरमेंट. 1985. *द स्टेट ऑफ़ इंडियाज़ एनवायरमेंट 1984–5: द सेकेण्ड सिटिजेन्स रिपोर्ट.* नयी दिल्ली.

चौधरी, अशोक, रोमा और रजनीश गंभीर. 2009. *ज्वाइंट स्टडी बाई डब्ल्यू.ई.आई.एल. जी.ओ ऐंड विकल्प सोशल ऑर्गनाइजेशन ऑन 'द केस स्टडी ऑफ़ नैशनल फ़ोरम ऑफ फ़ॉरेस्ट पीपॅल ऐंड फ़ॉरेस्ट वर्कर्स,* सितम्बर.

कमिटी अगेन्स्ट वॉयलेंस ऑन वूमेन (सीएवीओडब्ल्यू). 2006. *सलवा जुडूम ऐंड वायलेंस ऑन वूमेन इन दांतेवाड़ा, छत्तीसगढ़: रिपोर्ट ऑफ़ अ फैक्ट–फाइंडिंग बाई ऐन ऑल इंडिया वूमेन टीम,* दिसम्बर.

कोऑर्डिनेशन ऑफ़ डेमोक्रेटिक राइट्स ऑर्गनाइजेशन (सीडीआरओ). 2011. *लूट ऑफ़ द लैंड, लाइवलीहुड ऐंड लाइफ : अ ज्वाइंट फ़ैक्ट फाइंडिंग इन द इंसिडेन्ट ऑफ़ क्राइम अगेनस्ट पीपॅल ऑफ़ ओडिशा,* अक्टूबर.

------------------------. 2012ए. *आतंक के साये में आम झारखंडी : झारखंड के सुदुर गाँवों में जनसंघर्ष और सैन्य दमन.* मार्च.

------------------------. 2012बी. *रिपोर्ट ऑन द किलिंग ऑफ़ आदिवासिज़ बाई सीआरपीएफ इन बीजापुर डिस्ट्रिक छत्तीसगढ़,* सितम्बर.

कौंसिल फॉर सोशल डिवेलपमेंट (सीएसडी). 2010. *रिपोर्ट ऑन द नैशनल सेमिनार ऑन द शेड्यूल्ड ट्राइब्स ऐंड ट्रेडिशनल फॉरेस्ट डेवेलर्स (रिकग्निगन ऑफ फॉरेस्ट राइट्स) ऐक्ट 2006: प्रॉब्लेम्स इनकाउंटर्ड ऐंड वेज टू ओवरकम देम,* अप्रैल 26–27.

एनवायरमेंट प्रोटेक्शन गुप. 2007. *अ ब्रीफ रिपोर्ट ऑन इकोलॉजिकल ऐंड बायोडायवर्सिटी इम्पॉर्टेन्स ऑफ नियमगिरी हिल्स ऐंड इम्पलिकेशन्स ऑफ़ बॉक्साइट माइनिंग,* उड़ीसा.

फॉरेस्ट डायलॉग सेमिनार. 2005. प्रेस रीलीज. आयोजन स्थल, दिल्ली स्कूल ऑफ़ इकोनॉमिक्स, दिल्ली विश्वविद्यालय, दिल्ली, 23–24 सितम्बर.

गाँव गणराज्य डायरी. 2005. नई दिल्ली: सहयोग पुस्तक कुटीर ट्रस्ट.

गवर्नमेंट ऑफ़ इंडिया. 1952. *रेज़ोल्यूशन ऑन द नैशनल फॉरेस्ट पॉलिसी.* शिमला : मैनेजर ऑफ पब्लिकेशन्स.

-------------. 1961. *रिपोर्ट ऑफ द शेड्यूल्ड एरियाज ऐंड शेड्यूल्ड ट्राइब्स कमिटी.* नई दिल्ली.

-------------. 1972. *वाइल्ड लाइफ (प्रोटेक्शन्)* ऐक्ट. मिनिस्ट्री ऑफ लॉ ऐंड जस्टिस, नई दिल्ली.

-------------. 1976. *रिपोर्ट ऑन द नैशनल कमीशन ऑन एग्रीकल्चर.* मिनिस्ट्री ऑफ एग्रीकल्चर ऐंड इरिगेशन. नई दिल्ली.

-------------. 1980, *फ़ॉरेस्ट (कंज़रवेशन) ऐक्ट.* मिनिस्ट्री ऑफ लॉ

-------------. 1988. *नैशनल फॉरेस्ट पॉलिसी.* मिनिस्ट्री ऑफ एनवायरमेंट ऐंड फ़ॉरेस्ट, नई दिल्ली.

-------------. 1989. *इंडिया स्टेट ऑफ फ़ॉरेस्ट रिपोर्ट.* मिनिस्ट्री ऑफ एनवायरमेंट ऐंड फॉरेस्ट, नई दिल्ली.

-------------. 1990ए. *सर्कुलर ऑन इनवाल्वमेंट ऑफ़ वीलेज कम्युनिटीज ऐंड. वॉलेंटियर एजेंसीज फॉर रिजेनेरेशन ऑफ़ डिग्रेडेड लैंड.* मिनस्ट्री ऑफ एनवायरमेंट ऐंड फ़ॉरेस्ट्स, नई दिल्ली.

------------- 1990बी. सर्कुलर नंबर 13-1/90-एफपी, मिनिस्ट्री ऑफ़ एनवायरमेंट ऐंड फॉरेस्ट्स, डिपार्टमेंट ऑफ़ एनवायरमेंट, फॉरेस्ट ऐंड वाइल्डलाइफ, डेटेड 18. 09.1990 एड्रेस्ड टू फॉरेस्ट डिपार्टमेंट ऑफ़ ऑल स्टेट/यूनियन टेरिटरीज.

-------------. 1996. द *प्रोविजन्स ऑफ़ पंचायत्स (एक्सटेंशन टू द शेड्यूल्ड एरियाज) एक्ट,* 1996, नंबर 40 ऑफ 1996.

-------------. 2005ए. द *शेड्यूल्ड ट्राइब्स (रिकॅग्निशन ऑफ फॉरेस्ट राइट्स) बिल 2005.* मिनिस्ट्री ऑफ़ ट्राइबल अफेयर्स. अप्रैल.

-------------. 2005बी. द *टाइगर टास्क फ़ोर्स : ज्वाईनिंग* द डॉट्स. नई दिल्ली.

-------------. 2005सी. द *शेड्यूल्ड ट्राइब्स (रिकॅग्निशन ऑफ़ फ़ॉरेस्ट राइट्स) बिल 2005. बिल नंबर 158 ऑफ़ 2005 (एज इंट्रोड्युश्ड इन लोकसभा).* मिनिस्ट्री ऑफ ट्राइबल अफेयर्स. 13 दिसम्बर.

-------------. 2006. *रिपोर्ट ऑफ द नैशनल फॉरेस्ट कमीशन.* मिनिस्ट्री ऑफ एनवायरमेंट ऐंड फॉरेस्ट्स.

-------------. 2007. *शेड्यूल्ड ट्राइब्स ऐंड अदर ट्रेडिशनल फ़ॉरेस्ट ड्वेलर्स (रिकॅग्निशन ऑफ़ फ़ॉरेस्ट राइट्स) ऐक्ट 2006.* मिनिस्ट्री ऑफ़ लॉ ऐंड जस्टिस. जनवरी.

-------------. 2008ए. द *शेड्यूल्ड ट्राइब्स ऐंड अदर ट्रेडिशनल फ़ॉरेस्ट ड्वेलर्स (रिकॅग्निशन ऑफ़ राइट्स) [रूल्स, 2008].* मिनिस्ट्री ऑफ़ लॉ ऐंड जस्टिस. जनवरी

-------------. 2008बी. *डिवेलपमेंट चैलेंजेस इन द एक्सट्रीमिस्ट अफेक्टेड एरियाज : रिपोर्ट ऑफ़ एन एक्सपर्ट ग्रुप टू प्लानिंग कमीशन.* नई दिल्ली, अप्रैल.

-------------. 2010ए. *रिपोर्ट ऑफ़ द फोर मेम्बर्स कमिटी फ़ॉर इंवेस्टिगेशन इनटू द प्रपोजल सब्मिटेड बाई द ओडिशा माइनिंग कंपनी फ़ॉर बॉक्साइट माइनिंग इन नियमगिरी* मिनिस्ट्री ऑफ़ एनवायरमेंट ऐंड फॉरेस्ट, नई दिल्ली, अगस्त 16.

-------------. 2010बी. गज :, *सेक्युरिंग द फ्युचर फ़ॉर एलीफैंट्स इन इंडिया: द रिपोर्ट ऑफ़ द एलीफैंट टास्क फ़ोर्स.* मिनिस्ट्री ऑफ एनवायरमेंट ऐंड फॉरेस्ट. अगस्त 31.

------------. 2010सी. मंथन : *रिपोर्ट नैशनल कमिटी ऑन फ़ॉरेस्ट राइट्स ऐक्ट, दिसम्बर 2010, अ ज्वाइंट कमिटी ऑफ़ मिनिस्ट्री ऑफ फ़ॉरेस्ट ऐंड मिनिस्ट्री ऑफ़*

ट्राइबल अफेयर्स. नयी दिल्ली. दिसम्बर.

-------------. 2012ए. *इम्पलिमेंटेशन ऑफ़ द शेड्यूल्ड ट्राइब्स ऐंड अदर ट्रेडिशनल फ़ॉरेस्ट ड्वैलर्स (रिकॅग्निशन ऑफ फ़ॉरेस्ट राइट्स) ऐक्ट, 2006-गाइडलाइन्स रिगार्डिंग, नंबर 23011/32/2010-एफआरए.* मिनिस्ट्री ऑफ ट्राइबल अफेयर्स, 12 जुलाई.

-------------. 2012बी. *नोटिफिकेशन : अमेंडेड फ़ॉरेस्ट राइट्स ऐक्ट रूल्स.* मिनिस्ट्री ऑफ ट्राइबल अफेयर्स. 6 सितम्बर.

ह्युमन राइट्स फ़ोरम. 2006. *डेथ, डिसप्लेसमेंट ऐंड डिप्रिवेशन, द वार इन दांतेवाडा : अ रिपोर्ट,* हैदराबाद, दिसम्बर.

ह्युमन राइट्स वाच. 2008. *बीईंग नेचुरल इज आवर बिगेस्ट क्राइम : गवर्नमेंट, विजिलेंटे ऐंड, नक्सलाइट अब्यूजेज इन इंडियाज छत्तीसगढ़ स्टेट.* न्यू यार्क, जुलाई.

इंडिपेंटेंट सिटिजन इनिसिएटिव. 2006. *वार इन हार्ट ऑफ़ इंडिया : ऐन इंक्वायरी इन टू द ग्राउंड सिचुएशन इन दांतेवाड़ा डिस्ट्रिक, छत्तीसगढ़.* दिल्ली, जुलाई.

इंडियन सोशल ऐक्शन फ़ोरम (इंसाफ़). 2009. *स्वतंत्र जन पंचाट : झारखंड में वर्तमान विकास, विस्थापन और दमन पर एक रिपोर्ट.* 7 और 8 फरवरी 2009ण राँची, झारखंड भारत. नैशनल

जेपीसी रिपोर्ट. 2006. *ज्वाइंट कमिटी ऑन द शेड्यूल्ड ट्राइबस (रिकॅग्निशन ऑफ फ़ॉरेस्ट राइट्स) बिल, 2005: रिपोर्ट ऑफ़ द ज्वाइंट कमिटी.* लोकसभा सेक्रेटेरियट. मई.

कल्पवृक्ष. 2007. 'द शेड्यूल्ड ट्राइब्स ऐंड अदर फॉरेस्ट ड्वैलर्स (*रिकॅग्निशन* ऑफ फ़ॉरेस्ट राइट्स) ऐक्ट 2006 : क्रिटिकल अमेंडमेंट्स, क्लीयर रूल्स ऐंड असेसमेंट पीरियड नीडेड, कल्पवृक्ष पोजिशन ऐंड रेकमेंडेशन्स', मार्च, http://www.kalpvriksa.org/fi/fi2. देखने की तारीख: 12.7.2007.

कल्पवृक्ष. 1988. द *नर्मदा वैली प्रोजेक्ट : अ क्रिटीक.* नयी दिल्ली.

मेडिको फ्रेंड्स सर्किल ऐंड जन स्वास्थ्य अभियान. 2007. *व्हेयर देयर कैन गो नो डॉक्टर...रिपोर्ट ऑफ़ अ प्रिलिमिनरी विजिट टू ऐसेस द पब्लिक हेल्थ सिचुएशन इन दांतेवाड़ा छत्तीसगढ़,* जून 26-29.

नैशनल कमीशन फ़ॉर द प्रोटेक्शन ऑफ चाइल्ड राइट्स (एनसीपीसीआर). 2007. *विजिट टू दांतेवाड़ा (छत्तीसगढ़) ऐंड खम्मम (आंध्र प्रदेश) टू इनवेस्टिगेट द सिचुएशन ऑफ़ हेल्थ ऐंड एजुकेशन ऑफ़ चिल्ड्रेन अफेक्टेड बाई सिविल अनरेस्ट,* 17 टू 19 दिसम्बर.

नैशनल फ़ोरम ऑफ़ फ़ॉरेस्ट पीपॅल ऐंड फ़ॉरेस्ट वर्कर्स (एन.एफ.एफ.पी.एफ.डब्ल्यू.). 2012. *समरी रिपोर्ट, फ़ोर्थ नैशनल कांफ्रेंस, 26-28 मई,* नूर आलम नगर, देहरादूर, उत्तराखंड.

पेसा के अमल पर राष्ट्रीय विमर्श. 2011. *संक्षिप्त प्रतिवेदन,* नयी दिल्ली, 2-3 मार्च.

पीपॅलस कंवेन्शन फ़ॉर इम्पलिमेंटेशन ऑफ़ जेपीसी रेकमेंडेशन्स ऑन द फ़ॉरेस्ट राइट्स बिल, 2006. प्रेस रीलीज. अगस्त 12.

पीपॅल्स यूनियन फ़ॉर डेमोक्रेटिक राइट्स (पीयूडीआर). 1981. *आदिवासीज़ ऑफ अदिलाबाद : इंवेस्टिगेशन इनटू इंद्रावली फायरिंग* दिल्ली, मई.

-------------------------------. 1982. *अनडिक्लेयर्ड सिविल वार*

(हिंदी अनुवाद: वन की लड़ाई : वन नीति की आलोचना). अप्रैल.

----------------------------------. 1983. *सहरजोरी : एबन्डॉन्ड माइनर्स ऑफ़ संथाल परगनास.* दिल्ली, जून.

----------------------------------. 1987. *गोदावरी एजेंसी : ऑन रिप्रेशन अगेंस्ट ट्राइबल्स इन आंध्रा प्रदेश.* दिल्ली, अगस्त.

----------------------------------. 1988. *भीटा माटी : आवर स्वायल, आवर अर्थ, आवर होम : अ रिपोर्ट ऑन बलाई पाल मिसाइल बेस ऐंड पीपॅल्स स्ट्रगल.* दिल्ली, अगस्त.

----------------------------------. 1989. *नैनीताल तराई : भूमि आंदोलन और पुलिस दमन.* दिल्ली, जुलाई.

----------------------------------. 1991. *द स्टोरी ऑफ हदमतिया : आदिवासी स्ट्रगल इन साउथ राजस्थान.* मई.

----------------------------------. 1992. *सतपुड़ा की घाटी : होशंगाबाद में जन आंदोलन.* दिल्ली, मार्च.

----------------------------------. 2010. *अधूरे वादे : हरदा में जंगल के जमीन के अधिकार के लिए संघर्ष.* दिल्ली, फरवरी.

पीपॅल्स यूनियन फ़ॉर डेमोक्रेटिक राइट्स (पीयूडीआर) और अन्य. 1985. *बस्तर एक मुठभेड़ की जाँच.* दिल्ली, 1985.

----------------------------------. 2006. *व्हेयर स्टेट मेक्स वार ऑन इट्स ऑन पीवल : अ रिपोर्ट ऑन वॉयलेशन ऑफ पीपॅल्स राइट्स ड्युरिंग द सलवा जुडूम कैम्पेन इन दांतेवाड़ा, छत्तीसगढ़.* दिल्ली, अप्रैल.

पर्सपेक्टिव्स. 2012. 'फियर ऐंड फरी इन द फ़ॉरेस्ट: स्ट्रगल ओवर कॉमन्स इन हरदा, मध्य प्रदेश', *कम्युनिटीज, कॉमन्स ऐंड कॉरपोरेशन्स.* जनवरी.

'प्रीफेस'. 2007. *गल्डू काला : जर्नल ऑफ़ इंडिजेनस पीपुल राइट्स.* नंबर *4/2007.*

प्रेस रीलीज. 2008. *दंतेवाड़ा विजिट रीलीज बाई टीम ऑफ रिसर्च स्कॉलर्स ऐंड स्ट्युडेन्ट्स.* कैम्पेन फ़ॉर पीस ऐंड जस्टिस फॉर छत्तीसगढ़, नई दिल्ली, जून 21.

प्रेस रीलीज. 2011. 'महिला वनाधिकार ऐक्शन कमेटी द्वारा राँची में 14-15 सितम्बर 2011 को आयोजित दो दिवसीय कार्यक्रम राष्ट्रीय परिसंवाद में तमाम चर्चाओं के बाद तय किए गए प्रस्ताव'. *महिला वनाधिकार ऐक्शन कमेटी,* 16 सितम्बर.

प्रेस रीलीज. 2012. 'वूमेन फॉरेस्ट राइट्स ऐक्शन कमिटी मीटींग हेल्ड इन चेन्नई', 5-6 फरवरी 2012. *वूमेन फॉरेस्ट राइट्स ऐक्शन कमिटी,* 7 फरवरी.

राष्ट्रीय वन-जन श्रमजीवी मंच (एन.एफ.एफ.पी.एफ.डबल्यू). 2011. *वनाधिकार कानून को लागू किए जाने में अनियमितताएँ और वन विभाग द्वारा वनाश्रित समुदायों पर झूठे मुकदमे बेदखली* और उत्पीड़न के मामलों पर जनसुनवाई. विकल्प सामाजिक संगठन, सहारनपुर 2 अप्रैल सहकारिता भवन, लखनऊ उत्तर प्रदेश.

सलवा जुडूम, संविधान के साथ खिलवाड़ : नंदिनी सुंदर एवं अन्य बनाम छत्तीसगढ़ राज्य के वाद में सर्वोच्च न्यायालय का फैसला. 2011. (अनुवादक: कमल नयन चौबे).

समर्थन. 2010. *रीयलाइजेशन ऑफ़ कम्युनिटी राइट्स अंडर फ़ॉरेस्ट राइट्स ऐक्ट इन मध्य प्रदेश ऐंड छत्तीसगढ़ : चैलेंजेस ऐंड वेस फॉरवर्ड.* ड्राफ्ट रिपोर्ट, जुलाई. सब्मिटेड टू यूएनडीपी, भोपाल.

सॉलिडैरिटी कवेंशन फॉर एंटी माइनिंग ऐंड लैंड राइट्स स्ट्रगल इन नियमगिरी. 2009. द *नियमगिरी सागा: व्हूज डेवेलपमेंट ऐंड एट व्हाट कॉस्ट, डाक्यूमेंट्स ऑफ वेदान्तास नियमगिरी प्रोजेक्ट ऐंड पीपॅलस रेजिसटेंस.* नई दिल्ली, अक्टूबर 10.

सॉलिडैरिटी ग्रुप. 2010. आयरन ऐंड स्टील : द *पोस्को–इंडिया स्टोरी, माइनिंग जोन पीपॅल्स सॉलिडैरिटी ग्रुप.* अक्टूबर 20.

स्वतंत्र जन पंचाट 2009. *झारखंड में वर्तमान विकास, विस्थापन और दमन पर एक रिपोर्ट, इंडियन सोशल ऐक्शन फोरम.* 7 और 8 फरवरी, राँची, झारखंड, भारत.

'यूनाइटेड नेशन्स डिक्लेरेशन्स ऑन द राइट्स ऑफ़ इंडिजेनस पीपॅल 2007', संकलित, *सोशल चेंज : जर्नल ऑफ़ द कौंसिल फ़ॉर सोशल डिवेलपमेंट.* 38, (3), सितम्बर 2008.

विजयभाई, गोपाल दूबे. 2006. 'पड़ रही है भारी, संसद पर डालर की ताबेदारी', *अनुसूचित जनजाति (वन अधिकार की मान्यता) विधेयक, 2005 और संयुक्त संसदीय समिति की रिपोर्ट.* इज्जत से जीने का अधिकार अभियान, भारत जन आंदोलन.

विकल्प. 1994. *राजाजी नैशनल पार्क, कंज़रवेशन, कॉन्फ़्लिक्ट ऐंड पीपॅल्स स्ट्रगल.* आईआईपीए वर्कशॉप पेपर. सितम्बर, दिल्ली.

द्वितीयक स्रोत

किताबें

ऐंडरसन, आर. और डब्ल्यू. ह्युबर. 1988. द *आवर ऑफ़ द फॉक्स.* नयी दिल्ली : विस्तार पब्लिकेशन्स.

अग्रवाल, बीना. 1996. *अ फील्ड ऑफ़ वन्स ओन : जेंडर ऐंड लैण्ड राइट्स इन साउथ एशिया.* नयी दिल्ली: कैम्ब्रिज युनिवर्सिटी प्रेस.

अग्रवाल, ओ. पी. 1997. *कॉमेंटरी ऑन द लैण्ड एक्वीजीशन ऐक्ट : कम्पलसरी एक्वीजीनशन इन इंडिया.* दिल्ली: यूनिवर्सल बुक एजेंसी.

अर्नाल्ड डेविड और रामचंद्र गुहा (संपा.). 1996. *नेचर, कल्चर ऐंड इम्पीरियलिज्म : ऐसेज ऑन द एनवायरमेंटल हिस्ट्री ऑफ़ साउथ एशिया.* दिल्ली : ऑक्सफ़र्ड युनिवर्सिटी प्रेस.

ऑस्टिन, ग्रेनविले. 1966. द *इंडियन कॉन्स्टीट्युशन : कॉर्नरस्टोन ऑफ़ अ नेशन.* नयी दिल्ली : ऑक्सफ़र्ड युनिवर्सिटी प्रेस.

-------------. 1999. *वर्किंग अ डेमोक्रेटिक कॉन्स्टीट्युशन : अ हिस्ट्री ऑफ़ द इंडियन एक्सपीरियन्स.* दिल्ली: ऑक्सफ़र्ड युनिवर्सिटी प्रेस.

अविनेरी, एस (संपा.). 1968. *कार्ल मार्क्स ऑन कोलोनियलिज़्म ऐंड मार्डनाइजेशन : हिज डिस्पैचेस ऐंड अदर राइटिंग्स ऑन चाइना, इंडिया, मैक्सिको, द मिडिल ईस्ट ऐंड नार्थ अफ्रीका.* गार्डेन सिटी, न्यू यार्क : डबल डे एंकर.

बहुगुणा, सुंदरलाल. 1984. *वर्किंग विद द चिपको मैसेज.* सिलयारा (टिहरी गढ़वाल): नवजीवन आश्रम.

------------. 1987. द *चिपको : अ पीपॅल्स मूवमेंट इन हिमालयन हेरीटेज.* दिल्ली : ज्ञान पब्लिसिंग हाउस.

बेली, एफ. जी. 1960. *ट्राइब, कास्ट ऐंड नेशन.* मैनचेस्टरः मैनचेस्टर युनिवर्सिटी प्रेस.

बनर्जी, सुमन्ता. 1980. *इन द वेक ऑफ़ नक्सलबाड़ी.* कलकत्ताः सुबर्णरेखा.

बर्द्धन, प्रणब. 1984. द *पॉलिटिकल इकोनॉमी ऑफ़ डिवेलपमेंट.* नयी दिल्ली आक्सफर्ड युनिवर्सिटी प्रेस.

बसु, डॉ. दुर्गा दास. 2007. *इंट्रोडक्शन टू द कांस्टीट्युशन ऑफ़ इंडिया.* नई दिल्ली : वाधवा ऐंड कंपनी लॉ पब्लिशर्स (पहला प्रकाशन 1960).

बाविस्कर, अमिता. 1995. *इन द बेली ऑफ़ द रीवर : ट्राइबल कांफ्लिक्ट ओवर डिवेलपमेंट इन नर्मदा वैली.* दिल्ली : ऑक्सफर्ड युनिवर्सिटी प्रेस.

बख्शी, उपेन्द्र. 1982. द *क्राइसिस ऑफ़ इंडियन लीगल सिस्टम.* नयी दिल्ली : विकास पब्लिशिंग हाउस.

बेते, आंद्रे 1987. *ऐसेज इन कॉम्पेरेटिव सोशियोलॉजी.* दिल्ली : ऑक्सफ़र्ड युनिवर्सिटी प्रेस.

-------. 1991. *सोसायटी ऐंड पॉलिटिक्स* इन *इंडिया : ऐसेज इन अ कॉम्पेरेटिव पर्सपेक्टिव.* लंदनः एथलॉन प्रेस.

भार्गव, राजीव और हेल्मुट रीफेल्ड. 2005. *सिविल सोसायटी, पब्लिक स्पीयर ऐंड सिटीजनशीप : डायलॉग ऐंड पर्सपेक्टिव्स.* नयी दिल्लीः सेज.

बिष्ट, आर. एस. 1995. *नैशनल पार्क्स इन इंडिया.* पब्लिकेशन डिविजन, मिनिस्ट्री ऑफ़ इनफ़ॉरमेशन ऐंड ब्रॉडकास्टिंग. नयी दिल्ली : गवर्नमेंट ऑफ इंडिया.

बोस, एन.के. 1971. ट्राइबल लाइफ इन इंडिया. दिल्ली : गर्वनमेंट पब्लिकेशन्स.

ब्राउडेल, एफ. 1977. *ऑफ़्टर थॉट्स ऑन मेटेरियल सिविलाइजेशन.* बाल्टीमोर.

ब्रैंडिस, डी. 1875. *मेमोरेंडम ऑन द फ़ॉरेस्ट लेजिस्लेशन प्रोपोस्ड फ़ॉर ब्रिटिश इंडिया.* कलकत्ताः गवर्नमेंट ऑफ़ इंडिया प्रेस.

ब्रूचेल, ग्राहम, कॉलिन गॉर्डन, पीटर मिलर (संपा.). 1991. द *फूको इफेक्ट: स्टडीज इन गवर्नमैंटैलिटी.* शिकागोः युनिवर्सिटी ऑफ़ शिकागो प्रेस.

बुकानन, एफ. ए. 1884. *अ जर्नी थ्रू द कंट्रीज ऑफ़ मैसूर, कनारा ऐंड मालाबार.* लंदन.

बर्टन, ग्रगोरी ऐलेन. 2002. *एम्पायर, फ़ॉरेस्ट्री ऐंड द ओरिजिन्स ऑफ़ द एनवायरमेंटलिज़्म.* कैम्ब्रिज : कैम्ब्रिज युनिवर्सिटी प्रेस.

कैलिनिकोस, ए. (संपा.). 1989. *मार्क्सिस्ट थियरी.* ऑक्सफ़र्ड : ऑक्सफ़र्ड युनिवर्सिटी प्रेस.

चैम्पियन, एच. जे. और एस. के. सेठ. 1968. *जेनेरल सिलवीकल्चर फॉर इंडिया.* दिल्लीः मैनेजर ऑफ पब्लिकेशन्स.

चंद्र बिपन, मृदुला मुखर्जी और आदित्य मुखर्जी 1999. *इंडिया सिंस इंडिपेंडेंस.* दिल्ली: पेंगविन बुक्स.

चटर्जी, पार्थ (संपा.). 1998ए. *वेजेज ऑफ़ फ्रीडम : फ़िफ़्टी इयर्स ऑफ़ इंडियन नेशन-स्टेट.* दिल्ली: ऑक्सफ़र्ड युनिवर्सिटी प्रेस.

चटर्जी, पार्थ. 1986. *नैशनलिस्ट थॉट ऐंड द कोलोनियल वर्ल्ड : अ डेरिवेटिव डिस्कोर्स?.* जेड बुक्स, लंदन.

-------. 2004. द *पॉलिटिक्स ऑफ गवर्नड् : रिफ़्लेक्शन्स ऑन पॉलिटिकल सोसायटी इन मोस्ट ऑफ वर्ल्ड.* दिल्ली : परमानेंट ब्लैक.

-------. 2011. *लीनिएजीज़ ऑफ पॉलिटिकल सोसायटी : स्टडीज इन पोस्ट-कोलोनियल डेमोक्रेसीज.* रानीखेत : परमानेंट ब्लैक.

चटर्जी, पार्थ और ज्ञानेन्द्र पांडेय (संपा). 1992. *सबॉल्टर्न स्टडीज : राइटिंग्स ऑन साउथ एशियन हिस्ट्री ऐंड सोसायटी.* वोल्यूम VII. नई दिल्ली : ऑक्सफ़र्ड युनिवर्सिटी प्रेस.

क्लेगॉर्न, एच. 1860. *फ़ॉरेस्ट्स ऐंड गार्डेन्स ऑफ साउथ इंडिया.* लंदन : डब्ल्यू.एच एलेन.

कॉलमन, एल. 1985. *प्रोटेस्ट्स इन डेमोक्रेटिक इंडिया.* बॉउल्डर : वेस्ट व्यू.

क्रॉस्बी, ए. 1986. *इकोलॉजिकल इम्पीरियलिज्म : द बायोलॉजिकल एक्सपेंशन* ऑफ यूरोप. कैम्ब्रिज : कैम्ब्रिज युनिवर्सिटी प्रेस.

दास, वीणा और डेब्रॉराह पुल (संपा.). 2004. *एंथ्रोपॉलॉजी इन द मारजिन्स ऑफ द स्टेट.* नयी दिल्ली : ऑक्सफ़र्ड युनिवर्सिटी प्रेस.

दासगुप्ता, पी. 1982. द *कंट्रोल ऑफ रिसोर्सेज.* कैम्ब्रिज : हार्वर्ड युनिवर्सिटी प्रेस.

देवाले, एस. 1992. *डिस्कोर्स ऑन एथ्निसिटी : कल्चर्स ऐंड प्रोटेस्ट इन झारखंड.* नयी दिल्ली: सेज.

धनाग्रे, डी.एन. 1983. *पीजेन्ट्स मूवमेंट्स इन इंडिया, 1920-1950.* नयी दिल्ली : ऑक्सफ़र्ड युनिवर्सिटी प्रेस.

-------. डर्क्स, निकोलस. 2001. कास्ट्स ऑफ़ माइंड : *कोलोनियलिज़म ऐंड द मेकिंग ऑफ मॉर्डन इंडिया.* प्रिंसटन : प्रिंसटन युनिवर्सिटी प्रेस.

दीवान, एस. और ए. रोसेनक्राँच. 2001. *एनवायरमेंटल लॉ ऐंड पॉलिसी इन इंडिया* (दूसरा संस्करण). नयी दिल्ली. ऑक्सफ़र्ड युनिवर्सिटी प्रेस.

ड्वोर्किन, रोनॉल्ड. 1977. *टेकिंग राइट्स सिरियसली.* कैम्ब्रिज मास : हार्वर्ड युनिवर्सिटी प्रेस.

दत्ता, रित्विक और भूपिंदर यादव. 2005. *सुप्रीम कोर्ट ऑन फ़ॉरेस्ट कंज़रवेशन.* दिल्ली : यूनिवर्सल लॉ पब्लिशिंग कंपनी.

एकर्सले, रॉबिन. 1992. *एनवायरमेंटल ऐंड पॉलिटिकल थियरी.* अल्बाने : स्टेट युनिवर्सिटी ऑफ न्यू यॉर्क प्रेस.

इलियट, जे.जी. 1973. *फील्ड स्पोर्ट्स इन इंडिया 1800-1047.* लंदन

एलविन, वी. 1939. द *बैगा.* लंदन : जॉन मरे.

फर्नांडिस, डब्ल्यू. और वी. परांजपे. (संपा). 1997. *रिहैबिलिटेशन पॉलिसी ऐंड द लॉ*

इन इंडिया: अ राइट टू लाइवलीहुड. पुणे : आईएसआई.
फाइन, बॉब, रिचर्ड किन्से, लोहन लिया, सोल पिसियोटो और जॉक यंग (संपा.). 1979. *कैपिटलिज्म ऐंड द रूल ऑफ लॉ.* लंदन : हचिंसन.
फ्रीडमैन, मिल्टन. 1962. *कैपिटलिज़म ऐंड फ्रीडम.* शिकागो : शिकागो युनिवर्सिटी प्रेस.
-------. फुलर, एल. 1964 द *मोरैलिटी ऑफ लॉ.* न्यू हैवेन सिटी : येल युनिवर्सिटी प्रेस.
फुलर, सी. जे. और वेरोनिक बेनई (संपा.). 2000. द *एवरीडे स्टेट ऐंड सोसायटी इन मॉडर्न इंडिया.* नई दिल्ली : सोशल साइंस प्रेस.
गाँधी महात्मा 1994. *ग्राम-स्वराज्य.* (सग्राहक : हरिप्रसाद व्यास), अहमादनाद : नवजीवन प्रकाशन मंदिर.
गाडगिल, माधव और रामचंद्र गुहा. 1992. *दिस फिस्सर्ड लैंड : एन इकोलॉजिकल हिस्ट्री ऑफ इंडिया.* नई दिल्ली : ऑक्सफ़र्ड युनिवर्सिटी प्रेस.
-----------------------. 1995. *इकोलॅजी ऐंड इक्विटी. यूनाइटेड नेशन्स रिसर्च इंस्टीट्युट ऑफ सोशल डेवलपमेंट.* (ऑक्सफ़र्ड इंडिया पेपरबैक्स 2004).
गौतम, सुशील. (2004). *आदिवासी गढ़ : छत्तीसगढ़.* दिल्ली : प्रकाशन विभाग, सूचना एवं प्रसारण मंत्रालय, भारत सरकार.
गर्ग, अनिल. 2005. *ऑरेंज एरियाज : इक्सामिनिंग* द *ओरिजिन ऐंड स्टेट्स.* पुणे: नैशनल सेंटर फॉर ऐडवोकेसी. वर्किंग पेपर सिरीज नंबर 21. जनवरी.
-------. घुर्ये, जी. एस. (1963). द शेड्यूल्ड ट्राइब्स. बम्बई; पॉपुलर प्रकाशन.
ग्रोव, रिचर्ड. 1995. *ग्रीन इम्पीरियलिज़म : कोलोनियल एक्सपैंशन, ट्रोपिकल आइलैण्ड इडेन्स, ऐंड द ओरिजिन्स ऑफ एनवायरमेंटलिज़म, 1600-1860.* कैम्ब्रिज : कैम्ब्रिज युनिवर्सिटी प्रेस.
ग्रोव, रिचर्ड, विनिता दामोदरन और सतपाल सांगवान (संपा.). 1998. द *नेचर ऐंड द ओरियन्ट.* नयी दिल्ली : ऑक्सफ़र्ड युनिवर्सिटी प्रेस.
गुहा, रामचंद्र. 1989. द *अनक्विट वुड्स : इकोलॉजिकल चेंज ऐंड पीजेन्ट रेजिस्टेंस इन* द *हिमालया.* नयी दिल्ली : ऑक्सफ़र्ड युनिवर्सिटी प्रेस.
गुहा, रामचंद्र (संपा.). 1994. *सोशल इकोलॅजी.* नयी दिल्ली : ऑक्सफ़र्ड युनिवर्सिटी प्रेस.
गुहा, रणजीत. 1963. *अ रूल ऑफ प्रॉपटी फॉर बंगाल : एन ऐसे ऑन दि आइडिया ऑफ़ परमानेंट सेटलमेंट.* पेरिस : मुत्तोह ऐंड कंपनी.
--------. 1982. *एलीमेंटरी ऐसपेक्ट्स ऑफ पीजेंट इनसर्जेंसी इन कोलोनियल इंडिया.* नयी दिल्ली : ऑक्सफ़र्ड युनिवर्सिटी प्रेस.
--------. 1998. *डॉमिनेन्स विदाउट हेजेमनि : हिस्ट्री ऐंड पावर इन कोलोनियल इंडिया.* दिल्ली : ऑक्सफ़र्ड युनिवर्सिटी प्रेस.
गुहा, रणजीत (संपा.). 1982. *सबॉल्टर्न स्टडीज I: राइटिंग्स इन द साउथ एशियन हिस्ट्री ऐंड सोसायटी.* नयी दिल्ली : ऑक्सफ़र्ड युनिवर्सिटी प्रेस.
गुहा, रणजीत (संपा.). 1987. *सबॉल्टर्न स्टडीज V: राइटिंग्स इन द साउथ एशियन हिस्ट्री.*

दिल्ली : ऑक्सफ़र्ड युनिवर्सिटी प्रेस.

गुडुवर्थी, अजय (संपा). 2012. *रिफ़्रैमिंग डेमोक्रेसी ऐंड एजेंसी इन इंडिया: इंटरोगेटिंग पॉलिटिकल सोसायटी.* लंदन: एंथम प्रेस.

हबीब, इरफ़ान और तपन रायचौधुरी. 1982. द *कैम्ब्रिज इकनॉमिक हिस्ट्री ऑफ इंडिया, वोल्यूम I, 1200-1750.* दिल्ली.

हार्डीमन, डेविड. 2003. *गाँधी इन हिज टाइम्स ऐंड आवर्स.* नयी दिल्ली. परमानेंट ब्लैक.

हसन, जोया (संपा.). 2000. *पॉलिटिक्स ऐंड द स्टेट इन इंडिया.* नयी दिल्ली : सेज.

हेगडे, पांडुरंग. 1988. *चिपको ऐंड अप्पिको: हाउ पीपॅल सेव द ट्रीज.* लंदन

इवान-प्रिचार्ड. 1940. द *न्यूरेर.* लंदन : क्लेरेण्डन प्रेस.

इविसन, डंकन, पॉल पैटन और विल सैण्डर्स (संपा.). 2000. *पॉलिटिकल थियरी ऐंड द राइट्स ऑफ इंडिजेनस पीपॅल्स.* कैम्ब्रिज : कैम्ब्रिज युनिवर्सिटी प्रेस.

जेफ़्री, रॉजर और नंदिनी सुंदर (संपा.). 1999. द *न्यू मॉरल इकोनॉमी फॉर इंडियाज़ फॉरेस्ट : डिस्कोर्स ऑफ कम्युनिटी ऐंड पार्टीशिपेशन.* नई दिल्ली : सेज.

जेफ़्री, आर. 1998. द *सोशल कंस्ट्रक्शन ऑफ इंडियन फ़ॉरेस्ट्स.* दिल्ली : मनोहर.

झा, एल. के. 1992. *इंडियाज़ फ़ॉरेस्ट पॉलिसिज़* नई दिल्ली : आशीष.

कन्नाबीरन, के. जी. 2004. द *वेजेस ऑफ इम्प्युनिटी.* नयी दिल्ली : ओरियन्ट लांगमैन.

कन्नाबीरन, कल्पना और रणबीर सिंह (संपा.). 2008. चैलेंजिंग द *रूल्स ऑफ़ लॉ : कोलोनियलिज़म, क्रिमिनोलॉजी ऐंड ह्युमन राइट्स इन इंडिया.* नयी दिल्ली : सेज.

कविराज, सुदीप्त (संपा.). 1997. *पॉलिटिक्स इन इंडिया.* दिल्ली : ऑक्सफ़र्ड युनिवर्सिटी प्रेस.

किशन, ए. 2008. द *शेड्यूल्ड ट्राइब्स ऐंड अदर ट्रेडिशनल फॉरेस्ट ड्वेलर्स (रिकॅग्निशन ऑफ फॉरेस्ट राइट्स) ऐक्ट 2006.* हैदराबाद: एशिया लॉ हाउस.

-----------. कौसाम्बी, डी.डी. 1975. द *कल्चर ऐंड सिविलाइजेशन ऑफ़ ऐंशियंट इंडिया इन हिस्टॉरिकल आउटलाइन.* दिल्ली : विकास पब्लिशिंग हाउस.

कोठारी, आशीष. 1997. *अंडरस्टैंडिंग बायोडायवर्सिटी : लाइफ़, सस्टेनेबिलिटी ऐंड इक्विटी.* नयी दिल्ली. ओरियन्ट लांगमैन.

कृष्णा, सुमी (संपा.). 2007. *वुमेन्स लाइवलीहुड राइट्स : रिकास्टिंग सिटीजनशीप फ़ॉर डिवेलपमेंट.* नयी दिल्ली : सेज.

कुमार, धर्मा. 1998. *कोलोनियलिज़म, प्रॉपर्टी ऐंड द स्टेट.* नयी दिल्ली : ऑक्सफ़र्ड युनिवर्सिटी प्रेस.

किमलिका, विल. 1995. *मल्टीकल्चरल सिटीजनशीप : अ लिबरल थियरी ऑफ़ माइनॉरिटी राइट्स.* ऑक्सफ़र्ड : ऑक्सफ़र्ड युनिवर्सिटी प्रेस.

-----------. 2001. *पॉलिटिक्स इन द वर्नाकुलर : नैशनलिजम, मल्टीकल्चरलिज़म ऐंड सिटीजनशीप.* ऑक्सफ़र्ड युनिवर्सिटी प्रेस : ऑक्सफ़र्ड.

लीच, ई. आर. 1977. *पॉलिटिकल सिस्टम्स ऑफ़ हाईलैण्ड बर्मा,* लंदन : द एथलोन प्रेस.

मैक्किनन, कैथरीन. 1987. फेमिनिज़म अनमोडिफाइड. कैम्ब्रिज: मास, हार्वर्ड युनिवर्सिटी

प्रेस.
मैकफ़र्सन, सी. बी. 1962. *पॉलिटिकल थियरी ऑफ पॅजेसिव इंडिविड्युलिज़्म.* लंदन : ऑक्सफ़र्ड युनिवर्सिटी प्रेस.
-----------. 1978. *प्रॉपर्टी : मेनस्ट्रीम ऐंड क्रिटिकल पोजिशन्स.* टोरन्टो-बुफैलो: युनिवर्सिटी ऑफ टोरंटो प्रेस.
महाजन, गुरप्रीत. 1998. *आइडेंटिटीज ऐंड राइट्स : ऐस्पेक्ट्स ऑफ़ लिबरल डेमोक्रेसी इन इंडिया.* दिल्ली : ऑक्सफ़र्ड युनिवर्सिटी प्रेस.
मार्क्स, कार्ल और एफ. एंगेल्स. 1988. *मैनिफेस्टो ऑफ कम्युनिस्ट पार्टी.* नयी दिल्ली : पीवॅल्स पब्लिसिंग हाउस. (पहला प्रकाशन 1848).
मटेई, यू. और नाडर, एल. 2008. प्लंडर *: व्हेन द रूल ऑफ लॉ द इल्लीगल.* माल्डेन, एम. ए : व्हीली ब्लैकवेल.
मेग्गिस आर. 1982. *ट्रीज ऐंड टिम्बर्स इन द एशियन मेडिटेरेनियन वर्ल्ड.* ऑक्सफ़र्ड : ऑक्सफ़र्ड युनिवर्सिटी प्रेस.
मेंडेलसोहन, ओलिवर और उपेन्द्र बख्शी (संपा.). 1994. द *राइट्स ऑफ सॉर्बोडिनेट पीपॅल्स.* दिल्ली: ऑक्सफर्ड युनिवर्सिटी प्रेस.
मेनन, निवेदिता. 2004. *रिकवरिंग सबवरजन : फेमिनिस्ट पॉलिटिक्स बियोंड* द *लॉ.* अल्बाना ऐंड शिकागो : परमानेंट ब्लैक-युनिवर्सिटी ऑफ इलिनिस प्रेस.
मिनॉ, मार्था. 1989. *मेकिंग आल द डिफ़रेंस.* इथाका : कॉरनेल युनिवर्सिटी प्रेस.
मेटकॉफ टी. ऑर. 1964. द *आफ़्टरमैथ ऑफ़ रिवोल्ट : इंडिया 1857-1870.* प्रिंसटन : प्रिंसटन युनिवर्सिटी प्रेस.
मिल, जे. एस. 1965. *प्रिंसिपल्स ऑफ़ पॉलिटिकल इकोनॉमी विद सम ऑफ देयर अप्लिकेशन्स टू सोशल फिलॉसफी,* संकलित, जॉन एम. रॉबसन (संपा.). *कलेक्टेड वर्क्स ऑफ़ जॉन स्टुअर्ट मिल,* वोल्यूम II, लंदन : रूटलेज ऐंड कैगन पॉल.
मोहन्ती, मनोरंजन, पार्थ नाथ मुखर्जी और ओल ट्रंक्विस्ट. (संपा.) 1998. *पीपॅल्स राइट्स : सोशल मूवमेंट्स ऐंड द स्टेट इन द थर्ड वर्ल्ड.* नयी दिल्ली : सेज पब्लिकेशन्स.
मुंडा, आर. डी. और एस. बी. मलिक (संपा.). 2003. द *झारखंड मूवमेंट : इंडिजेनस पीपॅल्स स्ट्रगल फॉर ऑटोनॉमी,* आईडब्ल्यूजीआईए डॉक्यूमेंट नंबर 168, कोपेनहेगन.
नवलखा, गौतम. 2012. *डेज ऐंड नाइट्स इन द हर्टलैण्ड ऑफ़ रिबेलियन.* दिल्ली : पेंगविन बुक्स.
न्यूमन, एफ. 1986. द *रूल ऑफ लॉ.* लियामिंगटन स्पा : बर्ग.
न्यूमन, लॉरेंस डब्ल्यू. 2007. *सोशल रिसर्च मेथड्स : क्वालिटेटिव ऐंड क्वांटीटेटिव एप्रोचेस* (छठा संस्करण). नयी दिल्ली : पियर्सन.
नॉर्टन, ब्रायन. 1991. *टुवर्ड्स यूनिटी अमंगस्ट एनवायरमेंटलिस्ट्स.* लंदन : ऑक्सफ़र्ड युनिवर्सिटी प्रेस.
नॉजिक, राबर्ट. 1974. *एनार्की, स्टेट ऐंड यूटोपिया.* न्यू यार्क : बेसिक बुक्स.
ओकिन, सुजेन. 1989. *जस्टिस, जेंडर ऐंड फैमिली.* न्यू यार्क : बेसिक बुक्स.

ऑमवेट, गेल. 1993. *रिइनवेंटिंग रिवोल्यूशन : न्यू सोशल मूवमेंट ऐंड द सोशलिस्ट ट्रेडिशन इन इंडिया.* न्यूयार्क : एन ईस्ट गेट बुक.

पैडेल, फेलिक्स और समरेन्द्र दास. 2010. *आउट ऑफ दिस अर्थ : ईस्ट इंडिया आदिवासिज़ ऐंड द एलुमिनियम कर्टेल.* दिल्ली : ओरियन्ट ब्लैकस्वॉन.

पंडिता, राहुल. 2011. *हैलो बस्तर : द अनटोल्ड स्टोरी ऑफ इंडियाज़ माओइस्ट मूवमेंट.* दिल्ली : ट्रांक्यूबर.

परेल, एंथोनी जे. 1997. *गाँधी : हिंद स्वराज ऐंड अदर राइटिंग्स.* नयी दिल्ली : कैम्ब्रिज युनिवर्सिटी प्रेस.

पेटमन, केरॉल. 1988. द *सेक्शुअल कांट्रैक्ट.* कैम्ब्रिज : कैम्ब्रिज युनिवर्सिटी प्रेस.

पाठक, अखिलेश्वर. 1994. *कॉन्टेस्टेड डोमेन्स : द स्टेट, पीजेन्ट्स ऐंड फॉरेस्ट्स इन कॉन्टेम्पररी इंडिया.* नई दिल्ली : सेज पब्लिकेशन्स.

------------. 2002. *लॉ, स्ट्रैटजिस ऐंड आइडियोलॉजिस : लेजिस्लेटिंग फ़ॉरेस्ट्स इन कोलोनियल इंडिया.* दिल्ली : ऑक्सफ़र्ड युनिवर्सिटी प्रेस.

पेवीयर, बैरी. 1988. द *तेलंगाना मूवमेंट, 1944-51.* दिल्ली : विकास.

फिलिप, कविता. 2004. *सिविलाइजिंग नेचर्स : रेस, रिर्सोसेज ऐंड मॉडर्निटी इन कोलोनियल इंडिया.* न्यू बर्न्सविक : रूटजर युनिवर्सिटी प्रेस.

पोफेनबर्गर, एम. (संपा.). 1990. *कीपर्स ऑफ द फॉरेस्ट : लैण्ड मैनेजमेंट इन साउथ ईस्ट एशिया.* वेस्ट हॉर्टफोर्ड.

पोफेनबरगर, एम. और बी. मैक्गिन. 1996. *वीलेज वॉयसेज, फॉरेस्ट च्वायसेज : ज्वाइंट फॉरेस्ट मैनेजमेंट इन इंडिया.* नयी दिल्ली : ऑक्सफ़र्ड युनिवर्सिटी प्रेस.

पोलंतास, निकोलास. 1978. *स्टेट, पावर ऐंड सोशलिज़म* (अनुवाद : पारट्रिक केमिलर). लंदन : न्यू लेफ्ट बुक्स.

प्रसाद, अर्चना. 2004. *एनवायरमेंटलिज़म ऐंड द लेफ्ट : कॉन्टेम्पररी डिबेट्स ऐंड फ्यूचर एजेंडास इन ट्राइबल एरियाज.* नयी दिल्ली : लेफ्ट वर्ड बुक्स.

रंगराजन, महेश. 1996. *फेंसिंग द फॉरेस्ट : कंज़रवेशन ऐंड इकोलॉजिकल चेंजेस इन इंडियाज सेन्ट्रल प्रोविन्सेज 1860-1914.* दिल्ली : ऑक्सफ़र्ड युनिवर्सिटी प्रेस.

रे, राका और मेरी फेनसॉड कॉट्जिनस्टेन. 2005. *सोशल मूवमेंट्स इन इंडिया : पोवर्टी, पावर ऐंड पॉलिटिक्स.* नयी दिल्ली : ऑक्सफ़र्ड युनिवर्सिटी प्रेस.

रावत, ए. एस. 1999. *फॉरेस्ट मैनेजमेंट इन कुमाऊँ हिमालया : स्ट्रगल ऑफ द मार्जिनलाइज्ड पीपल.* नयी दिल्ली : इंडस पब्लिशिंग कंपनी.

रॉल्स, जॉन. 1971. *अ थियरी ऑफ जस्टिस.* लंदन : ऑक्सफ़र्ड युनिवर्सिटी प्रेस.

रीगन, टॉम. 1983. द *केस फ़ॉर एनीमल राइट्स.* लंदन : आरकेटी

------------. रिबेनट्रॉप, बी. 1900. *फॉरेस्ट्री इन ब्रिटिश इंडिया.* कलकत्ता.

रोमा. 2009. *ससुराल से नैहर तक.* दिल्ली : जागोरी.

रॉय, अनुपमा. 2010. *मैपिंग सिटिजनशीप इन इंडिया.* दिल्ली : ऑक्सफ़र्ड युनिवर्सिटी प्रेस.

राय, डॉ. सत्या एम. (संपा.). 1983. *भारत में उपनिवेशवाद और राष्ट्रवाद.* दिल्ली :

हिंदी माध्यम कार्यान्वयन निदेशालय, दिल्ली विश्वविद्यालय.

सरात, ऑस्टिन और थॉमस आर. केरेन्स. 1995. *लॉज वायलेंस. द एमहर्स्ट सीरीज इन लॉ, ज्यूरिशप्रूडेंस ऐंड सोशल थॉट.* एन अरबोर : द युनिवर्सिटी ऑफ मिशिगन प्रेस.

सव्यासाची. 1998. *ट्राइबल फॉरेस्ट-ड्वेलर्स ऐंड सेल्फ-रूल : द कॉन्स्टीट्युएन्ट असेम्बली डीबेट ऑन द फ़िफ्थ ऐंड सिक्थ शेड्यूल्स.* नयी दिल्ली : इंडियन सोशल इंस्टीट्युट.

सब्बरवाल, वसंत के. और महेश रंगाराजन (संपा.). 2003. *बैटल्स ओवर नेचर : साइंस ऐंड द पॉलिटिक्स ऑफ कंज़रवेशन.* दिल्ली : परमानेंट ब्लैक.

सब्बरवाल, वसंत, महेश रंगाराजन और आशीष कोठारी. 2000. *पीपॅल्स, पार्क्स ऐंड वाइल्डलाइफ : टुवर्ड्स कोएक्सिस्टेंस.* नयी दिल्ली : ओरियन्ट लॉन्गमैन.

सान्याल, कल्याण. 2007. *रिथिंकिंग कैपिटलिस्ट डिवेलपमेंट : प्रिमिटिव अक्युम्यूलेशन, गवर्नमैंटैलिटी ऐंड पोस्ट-कोलोनियल कैपिटलिज्म.* रूटलेज : नयी दिल्ली.

स्कॉलनिक, जिरोम. 1967. *जस्टिस विदाउट ट्रायल.* न्यू यार्क : वीले.

स्कॉट, जेम्स सी. 1998. *सीईंग लाइक अ स्टेट : हाउ सर्टेन स्कीम्स टू इम्प्रूव द ह्युमन कंडीशन्स हैव फेल्ड.* न्यू हैवेन ऐंड लंदन : येल युनिवर्सिटी प्रेस.

शंकरन, कमला और उज्ज्वल कुमार सिंह (संपा.). 2008. *टुवर्ड्स लीगल लिटेरेसी : ऐन इंट्रोडक्शन टू लॉ इन इंडिया.* नयी दिल्ली : ऑक्सफ़र्ड युनिवर्सिटी प्रेस.

शाह, घनश्याम. 2004. *सोशल मूवमेंट्स इन इंडिया: अ रिव्यू ऑफ लिटरेचर.* नयी दिल्ली : सेज.

शाह, घनश्याम. (संपा.). 2002. *सोशल मूवमेंट्स ऐंड द स्टेट.* नयी दिल्ली : सेज.

शंकर पी. 1999. *यह जंगल हमारा है : दण्डारण्य के क्राँतिकारी आंदोलन का इतिहास.* (अनुवाद- पासंदी निर्मला) दिल्ली : न्यू विस्टॉस पब्लिकेशन्स (हिंदी संस्करण 2006).

शपिरो, आई. (संपा.). 1994. द *रूल ऑफ लॉ : नोमोस XXXVI.* न्यूयॉर्क : न्यू यॉर्क युनिवर्सिटी प्रेस.

शर्मा, अराधना और अखिल गुप्ता. 2006. द *एंथ्रोपॉलॉजी ऑफ स्टेट : अ रीडर.* माल्डेन एमए : ब्लैकवेल.

शर्मा, डॉ. ब्रह्मदेव. 2001. *पाँचवीं अनुसूची.* नयी दिल्ली : सहयोग पुस्तक कुटीर ट्रस्ट.

-------------. 2005. *आदिवासी क्षेत्र किस ओर? : सांविधानिक संशोधन भूरिया समिति रिपोर्ट और उसके आगे...* नयी दिल्ली : सहयोग पुस्तक कुटीर ट्रस्ट.

शर्मा, डॉ. बी. डी. 2004. द *लिटिल लाइट्स इन टिनी मड-पॉट्स डिफाइ 50 इयर्स ऑफ एंटी-'पंचायत' राज.* सहयोग नयी दिल्ली : पुस्तक कुटीर ट्रस्ट (प्रथम प्रकाशन 1998).

शिवा, वंदना और जयंती बंद्योपाध्याय. 1986. *चिपको : इंडियाज़ सिविलाइजेशनल रिस्पांसेज टू द फॉरेस्ट क्राइसिस.* नयी दिल्ली : नटराज.

शुक्ल, रामलखन (संपा.). 1987. *आधुनिक भारत का इतिहास.* दिल्ली : हिन्दी माध्यम कार्यान्वयन निदेशालय, दिल्ली विश्वविद्यायल,

सिंगर, पीटर. 1979. *प्रैक्टिकल एथिक्स.* लंदन : कैम्ब्रिज युनिवर्सिटी प्रेस.

सिंह, छत्रपति. 1986. *कॉमन प्रॉपर्टी ऐंड कॉमन पोवर्टी : इंडियाज फॉरेस्ट्स, फॉरेस्ट ड्वेलर्स*

ऐंड द लॉ. नयी दिल्ली : ऑक्सफ़र्ड युनिवर्सिटी प्रेस.

----------. 2000. *इंडियाज फ़ॉरेस्ट पालिसी ऐंड फ़ॉरेस्ट लॉज.* देहरादून : नटराज पब्लिशर्स.

सिंह, एस. के. 1983ए. *ट्राइबल मूवमेंट्स इन इंडिया.* खंड II, दिल्ली : मनोहर.

स्मिथ, विसेंट. 1958. *ऑक्सफ़र्ड हिस्ट्री ऑफ़ इंडिया,* (तीसरा संस्करण). ऑक्सफ़र्ड : ऑक्सफ़र्ड युनिवर्सिटी प्रेस.

स्मिथिस, ई. ए. 1925. *इंडियाज फ़ॉरेस्ट वेल्थ.* लंदन : हर्फी मिलफोर्ड

श्रीवास्तवा, सी. (एन. डी.). *रिव्यू ऑफ़ इम्पलिमेंटशन ऑफ़ सेंट्रल एक्ट 40 ऑफ़ 1996 ऐंड स्टेट्स ऑफ़ अमेंडमेंट/मोडिफिकेशन ऑफ़ रेलेवेन्ट पंचायत एक्ट्स/लॉज टू ब्रिंग देम इन कॉनफॉर्मिटी विद प्रोविजन्स ऑफ़ एक्ट 40.* हैदराबाद : सेन्टर फ़ॉर पंचायती राज, नैशनल इंस्टीट्युट फॉर रूरल डिवेलपमेंट.

स्टेबिंग, ई. पी. 1926. *द फॉरेस्ट्स ऑफ इंडिया.* वोल्यूम 3, लंदन : जॉन लेन.

स्टोक्स, ई. 1959. *द इंग्लिश यूटिलिटेरियन्स ऐंड इंडियन.* कैम्ब्रिज : कैम्ब्रिज युनिवर्सिटी प्रेस.

सुकुमार, आर. 1989ए, *द एशियन ऐलीफैंट : इकोलॅजी ऐंड मैनेजमेंट.* कैम्ब्रिज : कैम्ब्रिज युनिवर्सिटी प्रेस.

--------. 2003. *द लिविंग एलीफैंट्स: इवोल्यूशनरी इकोलॅजी, बिहैवियर ऐंड कंजरवेशन.* न्यू यार्क: ऑक्सफ़र्ड युनिवर्सिटी प्रेस.

सुंदर, नंदिनी. 1997. *सबॉल्टर्न्स ऐंड सोवरेन्स : ऐन एंथ्रोपोलॉजिकल हिस्ट्री ऑफ बस्तर.* दिल्ली : ऑक्सफ़र्ड युनिवर्सिटी प्रेस.

सुंदर, नंदिनी, रॉजर जेफ्री और नील थीन. 2001. *ब्रांचिंग आउट : ज्वाइंट फ़ॉरेस्ट मैनेजमेंट इन इंडिया.* दिल्ली : ऑक्सफ़र्ड युनिवर्सिटी प्रेस.

थॉम्पसन, ई. पी. 1975. *व्हीग्स ऐंड हंटर्स : द ओरिजिन ऑफ़ ब्लैक 'एक्ट.* एलेन लेन : पेंगविन बुक्स लिमिटेड.

टिकी, अगापित. 2002. *झारखंड मूवमेंट : अ स्टडी ऑफ़ इट्स डायनेमिक्स.* नयी दिल्ली: मीडिया कम्युनिकेशन्स.

टुली, जेम्स. 1995. *स्ट्रेंज मल्टीप्लिसिटी : कॉन्स्टीट्यूशनलिवज़्म इन एन एज ऑफ़ डायवर्सिटी.* कैम्ब्रिज : कैम्ब्रिज युनिवर्सिटी प्रेस.

वासन, सुधा. 2006. *लिविंग विद डायवर्सिटी : फ़ॉरेस्ट्री इंस्टीट्युशन्स इन द वेस्टर्न हिमालया.* शिमला : इंडियन इंस्टीट्युट ऑफ़ एडवान्स्ड स्टडीज.

वॉन फ्यूरर हेमेनडॉर्फ, सी. 1943. *द चेन्चुस : जंगल फोक ऑफ द डेक्कन.* मैकमिलन, लंदन.

व्हाइटकोम्ब. ई. 1972. *एग्रेरियन कंडीशन्स इन नॉर्थ इंडिया, उत्तर प्रदेश : 1860–1900.* बर्कले : युनिवर्सिटी ऑफ़ कैलिफोर्निया प्रेस.

व्हाइट, जेम्स बोयड. 1990. *जस्टिस ऐज ट्राँसलेशन.* शिकागो : युनिवर्सिटी ऑफ़ शिकागो प्रेस.

यंग, आयरिस मेरियन. 1990. *जस्टिस ऐंड द पॉलिटिक्स ऑफ़ डिफरेंस.* प्रिंसटन : प्रिंसटन यूनिवर्सिटी प्रेस.

लेख

अग्रवाल, बीना. 1994. 'जेंडर ऐंड कमांड ओवर प्रॉपर्टी : अ क्रिटिकल गैप इन इकनॉमिक एनालिसिस ऐंड पॉलिसी इन साउथ एशिया', *वर्ल्ड डिवेलपमेंट,* 22(10): 1455–78.

अग्रवाल, राकेश. 1999. 'वन पंचायत्स इन उत्तराखंड : अ केस स्टडी', *इकनॉमिक ऐंड पॉलिटिकल वीकली,* 34(39): 2779–2781.

अनंतकृष्णा, जी. 2006. 'फ़ॉरेस्ट कमीशन रिप्स अपार्ट ट्राइबल बिल', *द इंडियन एक्सप्रेस,* नयी दिल्ली, जून 19, पृ. 1.

एनॉन. 1885. 'प्रोग्रेस रिपोर्ट ऑफ फ़ॉरेस्ट एडमिनिस्ट्रेशन इन द पंजाब फॉर 1884–85'. *इंडियन फॉरेस्टर XI.*

आर्नाल्ड, डेविड. 1982. 'रिबेलियस हिलमेन : द गुदेम–रंपा राइजिंग्स 1839–1924', संकलित रणजीत गुहा (संपा), *सबॉल्टर्न स्टडीज I: राइटिंग्स इन द साउथ एशियन हिस्ट्री ऐंड सोसायटी.* दिल्ली : ऑक्सफ़र्ड युनिवर्सिटी प्रेस : 88–142.

बल्लभ, वी., के. बलूनी और शिवानी दवे. 2002. 'व्हाइ लोकल रिसोर्स मैनेजमेंट इंस्टीट्युशन्स डिक्लाइन : अ कॉम्पेरेटिव एनालिसिस ऑफ वन पंचायर्तस ऐंड फॉरेस्ट प्रोटेक्शन कमिटीज इन इंडिया', *वर्ल्ड डिवेलपमेंट,* 30, (12).

बर्न, जॉन और सुसेन डॉड्स. 2001. 'ऑन द प्लूरैलिटी ऑफ इंटरेस्ट्स : एबोरिजनल सेल्फ गवर्नमेंट ऐंड द लैण्ड राइट्स', संकलित, डंकन इविसन, पॉल पैटन और विल सैण्डर्स (संपा.) *पॉलिटिकल थियरी ऐंड द राइट्स ऑफ इंडिजेनस पीपॅल्स.* कैम्ब्रिज : कैम्ब्रिज युनिवर्सिटी प्रेस, पृ. 163–169.

बनर्जी, सुमंता. 2002. 'नक्सलबाड़ी ऐंड द लेफ्ट मूवमेंट', संकलित, घनश्याम शाह (संपा.), *सोशल मूवमेंट्स ऐंड द स्टेट.* नई दिल्ली : सेज. पृ.

बेंथम जेरमी. 1978. 'सेक्यूरिटी ऐंड इक्वालिटी ऑफ प्रॉपर्टी', संकलित, सी. बी. मैकफर्सन (संपा.), *प्रॉपर्टी: मेनस्ट्रीम ऐंड क्रिटिकल पोजिशन्स.* टोरंटो बुफैलो: युनिवर्सिटी ऑफ टोरंटो प्रेस (1802 में फ्रेंच में प्रकाशित प्रिंसिपल्स ऑफ़ द सिविल कोड का अंश), पृ. 41–58.

भार्गव, प्रवीण और शेखर दत्तात्री. 2011. 'प्रोटेक्टिंग इंडियाज प्रोटेक्टेड एरियाज', एडीटोरियल्स, *इकनॉमिक ऐंड पॉलिटिकल वीकली,* 46(17): 9

बाविस्कर, अमिता. 1991. 'नर्मदा "संघर्ष यात्रा": स्टेट्स रिस्पांस ऐंड इट्स कांसीक्वेन्सेज', *इकनॉमिक ऐंड पॉलिटिकल वीकली,* 26(9–10): 477–478.

बाविस्कर, अमिता और नंदिनी सुंदर. 2008. 'डेमोक्रेसी वर्सेज *इकनॉमिक ट्राँसफॉरमेशन?'* *इकनॉमिक ऐंड पॉलिटिकल वीकली,* 43(46): 87–89.

बख्शी, उपेन्द्र. 1992. '"द स्टेट्स इमिसरी": द प्लेस ऑफ लॉ', संकलित, पार्थ चटजी और ज्ञानेन्द्र पांडेय *(संपा.) सबॉल्टर्न स्टडीज : राइटिंग्स ऑन साउथ एशियन हिस्ट्री*

ऐंड सोसायटी. खंड 7 नयी दिल्लीः ऑक्सफ़र्ड युनिवर्सिटी प्रेस, पृ. 247-264.

बर्न, जॉन और सुसेन डॉड्स 2000. 'ऑन द प्लूरैलिटी ऑफ़ इंट्रेस्ट्स : एबोरिजिनल सेल्फ-गवर्नमेंट ऐंड लैंड राइट्स', संकलित, डंकन इविसन, पॉल पैटन और विल सैण्डर्स (संपा.), *पॉलिटिकल थियरी ऐंड राइट्स ऑफ इंडिजेनस पीपॅल्स.* कैम्ब्रिजः कैम्ब्रिज युनिवर्सिटी प्रेस, पृ. 163-179.

बिजले, किम. 2006. 'एक्सक्लूजन इन माधव नैशनल पार्क : इज पॉलिसी चेंज रिक्वायर्ड', *इकनॉमिक ऐंड पॉलिटिकल वीकली,* 41(45): 4684-4693.

बेनेट, स्कॉट. 1984. 'शिकार ऐंड द राज', *साउथ एशिया, न्यू सीरिज vii.*

भाटिया, बेला. 2005. 'कंपीटिंग कन्सर्न्स', *इकनॉमिक ऐंड पॉलिटिकल वीकली,* 40(47): 4890-4893

भाटिया, बी., एन. सुंदर और वी. खाखा. 2005. 'शेड्यूल्ड ट्राइब्स बिल 2005', *इकनॉमिक ऐंड पॉलिटिकल वीकली,* 40(43): 4566 और 4652.

बर्से, शीला. 2005. 'अ बिल दैट टेक्स अवे मोर दैन इट गिव्स'. द *हिंदू*, नयी दिल्ली, 1 जुलाई. पृ. 8

बिजोय, सी. आर. 1993. 'इमर्जेन्स ऑफ द सब्मर्जड्: इंडिजेनस पीपॅल एट यूएन', *इकनॉमिक ऐंड पॉलिटिकल वीकली,* 28(26): 1357-1360.

------------. 1999. 'आदिवासिज बिट्रेड : आदिवासी लैण्ड राइट्स इन केरला', *इकनॉमिक ऐंड पॉलिटिकल वीकली,* 34(22):1329-1335.

बोस, इंद्रानील. 2010. 'हाऊ डीड द इंडियन फ़ॉरेस्ट राइट्स एक्ट 2006 इमर्जड्?', *डिस्कशन पेपर सीरीज* 39, आई.आई.पी.जी.,

------------. बोस, एन.के. 1941. 'द हिंदू मेथड ऑफ ट्राइबल एब्जार्पशन. *साइंस ऐंड कल्चर* (7).

ब्रायंट, रेमण्ड एल. 1994ए, 'गिफ्टिंग द कल्टीवेटर : द पॉलिटिक्स ऑफ टीक रिजेनेरेशन इन कोलोनियल बर्मा', *मॉडर्न एशियन स्टडीज,* 28(2), 225-250.

------------. 1994बी. 'फ्रॉम लैसेज फेयर टू साइंटिफिक फॉरेस्ट्री : फॉरेस्ट मैनेजमेंट इन अर्ली कोलोनियल बर्मा, 1826-85', *फॉरेस्ट ऐंड कंजरवेशन हिस्ट्री,* 38(4) : 160-170 बर्मन, बी.के. राय. 2004. 'एनालिटिकल एप्राइसल ऑफ द पंचायर्तस (एक्सटेंशन टू द शेड्यूल्ड एरियाज) एक्ट 1996', *मेनस्ट्रीम,* दिसम्बर 25.

बर्मन, जे. जे. रॉय. 2005. 'द ट्राइबल बिल : अ रिज्वाइंडर', *इकनॉमिक ऐंड पॉलिटिकल वीकली,* 40(52): 5514-5515.

कैम्पेन और अन्य. 2011. 'फेक स्टीरियोटाइप्स', लेटर्स, *इकनॉमिक ऐंड पॉलिटिकल वीकली,* 46(18): 4

चकमा, सुहास. 2005. 'फॉरेस्ट राइट्स बिल वर्सेज एनवायरमेंटल एक्स्ट्रीमिज़्म', *एशियन सेन्टर फॉर ह्युमन राइट्स,* दिल्ली, मई 4.

चटर्जी, पार्थ. 1997. 'बियोंड द नेशन? ऑर विदीन?', *इकनॉमिक ऐंड पॉलिटिकल वीकली,* 32(1 और 2): 30-34.

--------. 1998बी. 'कम्युनिटी इन द ईस्ट', *इकनॉमिक ऐंड पॉलिटिकल वीकली*, 33(6): 277-282.

--------. 2008ए. 'डेमोक्रेसी ऐंड इकनॉमिक ट्राँसफॉरमेशन इन इंडिया', *इकनॉमिक ऐंड पॉलिटिकल वीकली*, 43(16): 53-62.

--------. 2008बी. 'क्लासेज, कैपिटल ऐंड इंडियन डेमोक्रेसी', *इकनॉमिक ऐंड पॉलिटिकल वीकली*, 43(46): 89-93.

--------. 2010. 'द स्टेट', संकलित, नीरजा गोपाल जयाल और प्रताप भानु मेहता (संपा.), द *ऑक्सफ़र्ड कॉम्पेनियन टू पॉलिटिक्स इन इंडिया.* नयी दिल्ली : ऑक्सफ़र्ड युनिवर्सिटी प्रेस, पृ. 3-14.

-------. 2012. 'द डिबेट ओवर पॉलिटिकल सोसायटी', संकलित, अजय गुडुवर्थी (संपा.), *रीफ्रेमिंग डेमोक्रेसी ऐंड एजेंसी इन इंडिया: इंटरोगेटिंग पॉलिटिकल सोसायटी.* लंदन : एंथेम प्रेस, पृ. 305-322.

चौबे, कमल नयन. 2011. 'जंगल के दावेदार', *जनसत्ता*, दिल्ली, 24 मई (संपादकीय पृष्ठ), पृ. 6.

-------. 2012ए. 'दो प्रगतिशील क़ानूनों की दास्तान : राज्य, जन्म-आंदोलन और प्रतिरोध, प्रतिमान : समय, समाज, संस्कृति, (1); 149-177.

-------. 2013बी : 'नियमगिरी के हकदार', जनसत्ता दिल्ली, 2 अगस्त 2013 (संपादकीय पृ. 6).

कोमारॉफ, जे. एल. और जे. कोमारॉफ. 2006. लॉ ऐंड डिस्ऑर्डर इन द पोस्ट-कोलोनी : ऐन इंट्रोडक्शन, संकलित, जे. एल. कोमारॉफ और जे. कोमारॉफ (संपा.). *लॉ ऐंड डिस्ऑर्डर इन द पोस्ट-कोलोनी.* शिकागो : युनिवर्सिटी ऑफ़ शिकागो प्रेस, पृ. 46-55.

डांग, हिमराज. 2005. 'द एंड ऑफ़ कंजरवेशन', *सेमिनार 552*, अगस्त : 50-54

धनाग्रे, डी. एन. और जे. जॉन. 2002. ''साइक्लिकल मूवमेंट्स टुवर्ड्स द 'इटरनल'- 'नाइन थिसिस ऑन सोशल मूवमेंट्स': अ क्रीटिक'', संकलित, घनश्याम शाह (संपा.), *सोशल मूवमेंट्स ऐंड द स्टेट.* नई दिल्ली : सेज, पृ. 56-67.

धनाग्रे, डी. एन. 2000. 'ज्वाइंट फॉरेस्ट मैनेजमेंट इन यू.पी.: पीपॅल, पंचायत्स ऐंड वुमेन', *इकनॉमिक ऐंड पॉलिटिकल वीकली*, 35(37): 3315-3324.

दासपटनायक, पी. एस. 1984. 'ऑनरशीप पैटर्न, लैण्ड सेलटमेंट ऐंड सर्वे ऐंड इट्स इम्पैक्ट ऑन डोंगरिया कोंधस ऑ उड़ीसा', *आदिबासी जर्नल*, XXIII. (4), जनवरी.

देरिदा, जाकस. 1990. 'फोर्स ऑफ़ लॉ : द मिस्टिकल फाउंडेशन ऑफ अथॉरिटी', (अनुवाद: मेरी क्वेन्टेंस), *डिकंस्ट्रक्शन ऐंड द पॉसिबिलिटी ऑफ जस्टिस, अ स्पेशल इश्यु ऑफ गॉर्डोज़ु लॉ रिव्यू*, वोल्यूम II, नंबर 5-6, जुलाई-अगस्त.

दीक्षित, राजीव. 2011. 'दुधवा नैशनल पार्क में अब सुरक्षित नहीं हैं गैंडे', *जनसत्ता*, दिल्ली, 25 मई पृ. 1.

डोगरा, भरत. 2010. 'हक की लड़ाई में बेहाल वनवासी', *जनसत्ता रविवारी*, दिल्ली, 30

मई : पृ. 1.

एडिटोरियल्स (ईपीडब्ल्यू). 2007. 'फॉरेस्ट्स ऐंड ट्राइबल्स : रिस्टोरिंग राइट्स', 'एडीटोरियल्स', *इकनॉमिक ऐंड पॉलिटिकल वीकली*, 42(1): 5.

----------------. 2010. 'नियमगिरी ट्रायम्फ', 'एडिटोरियल्स', *इकनॉमिक ऐंड पॉलिटिकल वीकली*, 45(35): 7-8.

एलविन, वी. 1945. 'सओरा फियूटरिस', *मैन इन इंडिया*, 25.

एकर्ट, जूलिया. 2006. 'फ्रॉम सब्जेक्ट्स टू सिटीजन्स : लीगलिज्म फ्रॉम बिलो ऐंड द होमोजेनाइजेशन ऑफ लीगल स्फीयर', *जर्नल ऑफ लीगल प्लूरलिज़्म*, 53-54, 45-75.

----------------. फ्रेजर, नैंसी, 1999. 'द फोर्स ऑफ : मेटाफिजकल ऑर पॉलिटिकल?' संकलित, मैनफ्रेड बी. स्टेगर और नैंसी एस. लिंड (संपा.), *वायलेंस ऐंड इटस अल्टरनेटिब्ज : इन इंटरडिसिप्लनरी रीडर.* लंदन : मैकमिलन.

फाइन, बॉब. 1979. 'लॉ ऐंड क्लास' संकलित, बॉब फाइन, रिचर्ड किंसे, लोहन लिया, सॉल पिक्सिट्टो और जॉक यंग (संपा.), *कैपिटलिज़्म ऐंड द रूल ऑफ़ लॉ : फ्रॉम डिविएंसी थियरी टू मार्क्सिज़्म,* लंदन : हचिंसन.

फूको, मिशेल. 1991. 'गवर्नमैंटैलिटी', संकलित, ग्राहम बुचेल, कॉलिन गॉर्डर्न और पीटर मिलर (संपा), द *फूको इफ़ेक्ट : स्टडीज इन गवर्नमैंटैलिटी,* शिकागो : युनिवर्सिटी ऑफ शिकागो प्रेस : 87-104.

फ्रैंक, आंद्रे गुंदर और फ्यूनेट्स माटी 2002. 'नाइन थिसिस ऑन सोशल मूवमेंट्स', संकलित घनश्याम शाह (संपा.), *सोशल मूवमेंट्स ऐंड द स्टेट.* नयी दिल्ली : सेज, पृ. 32-55.

गाडगिल, माधव. 1985. 'टुवर्ड्स एन इकोलॉजिकल हिस्ट्री ऑफ इंडिया', *इकनॉमिक ऐंड पॉलिटिकल वीकली*, 20 (45, 46/47): 1909-11; 1913;1915;1917-18.

----------. 2007. 'इम्पावरिंग ग्राम-सभास टू मैनेज बायोडायवर्सिटी : द साइंस एजेंडा', *इकनॉमिक ऐंड पॉलिटिकल वीकली*, 42(22): 2067-2071.

गिरेस, नॉर्मन. 1989. ' द कंट्रोवर्सी अबाउट मार्क्स ऐंड जस्टिस', संकलित ए. कैलिनिकोस (संपा.), *मार्क्सिस्ट थियरी.* आक्सफ़ोर्ड युनिवर्सिटी प्रेस.

घाटे, रूचा. 2005. 'रिलोकेशन वर्सेज वाइल्डलाइफ कंज़रवेशन : टाडोबा-अंधरी टाइगर रिजर्व', *इकनॉमिक ऐंड पॉलिटिकल वीकली*, 40(46): 4807-4809.

घिलदियाल, सुबोध और नितिन सेठी. 2007. 'सोनिया होल्ड अप इम्पलिमेंटेशन ऑफ फॉरेस्ट्स एक्ट', द *टाइम्स ऑफ इंडिया,* दिल्ली, अक्टूबर 20.

घोष, जयती. 2005. 'सेविंग द फॉरेस्ट ऐंड द पीपॅल', *फ्रँटलाइन*, 22, (13), जुलाई 1.

गोयनका, देबी. 2005. 'अ नॉन-शॉल्यूशन' *सेमिनार* 552: 35-36.

गोपालकृष्णन, शंकर. 2005. 'मिसिंग द वुड्स फॉर ट्रीज', *कॉम्बैट लॉ,* 4 (4) जनवरी-जुलाई.

-------------. 2010. 'द फ़ॉरेस्ट राइट्स ऐक्ट, द आदिवासिज, ऐंड द स्टेट', संकलित, *इंडिया: सोशल डिवलपमेंट रिपोर्ट 2010: द लैंड क्वेश्चन ऐंड द मार्जिनलाइज्ड.* कौंसिल फ़ॉर सोशल डेवलपमेंट, नयी दिल्ली : ऑक्सफर्ड : 62-69.

ग्रीन, थॉमस हील. 1978. 'द राइट ऑफ द स्टेट इन रिगार्ड टू प्रॉपर्टी', संकलित, सी. बी. मैक्कर्सन (संपा.). प्रॉपर्टी: मेनस्ट्रीम ऐंड क्रिटिकल पोजिशन्स. टोरंटो बुफैलो: युनिवर्सिटी ऑफ टोरंटो प्रेस, *लेक्चर्स ऑन द प्रिंसिपल्स ऑफ़ पॉलिटिकल ऑब्लिगेशन्स* (वोल्यूम II का अंश) प्रथम प्रकाशन 1885. पृ. 103–117.

ग्रोव, आर. 1988. 'कंज़रवेशन ऐंड कोलोनियलिज्म : द इवोल्यूशन ऑफ एनवायरमेंटल एटीट्युड्स ऐंड कंजरवेशन पॉलिसीज ऑन सेंट हेलेना, मॉरिसिस ऐंड इन वेस्टर्न इंडिया, 1660–1854', संकलित, जे. डार्गाविल, के. डिक्सन और एन. सिम्पल (संपा.), *चेंजिंग ट्रॉपिकल फ़ॉरेस्ट्स : हिस्टॉरिकल पर्सपेक्टिव्ज ऑन टुडेज चैलेंजेज इन एशिया, ऑस्ट्रेलिया ऐंड ओसियानिया.* केनबरा : सेंटर ऑफ रिसोर्सेज ऐंड एनवायरमेंटल स्टडीज.

गुहा, रामचंद्र. 1983ए, 'फ़ॉरेस्ट्री इन ब्रिटिश ऐंड पोस्ट ब्रिटिश इंडिया : एन हिस्टोरिकल एनालिसिस, पार्ट I', *इकनॉमिक ऐंड पॉलिटिकल वीकली,* 18(44): 1882–96.

---------. 1983बी. 'फ़ॉरेस्ट्री इन ब्रिटिश ऐंड पोस्ट ब्रिटिश इंडिया : एन हिस्टोरिकल एनालिसिस, पार्ट II', *इकनॉमिक ऐंड पॉलिटिकल वीकली,* 18(45/46): 1940–1947.

---------. 1988. आइडियोलॉजिकल ट्रेंड्स इन इंडियन एनवायरमेंटलिज़म', *इकनॉमिक ऐंड पॉलिटिकल वीकली,* 23(49): 2578–81.

-----------. 1990. 'एन अर्ली एनवायरमेंट डिबेट : द मेकिंग ऑफ़ द 1878 फ़ॉरेस्ट ऐक्ट', *इंडियन इकनॉमिक ऐंड सोशल हिस्ट्री रिव्यू, वोल्यूम XXVII.*

----------. 1994. 'फाइटिंग फ़ॉर द फ़ॉरेस्ट : स्टेट फ़ॉरेस्ट्री ऐंड सोशल चेंज इन इंडिया', संकलित, डेलविन मेंडलसोहन और उपेन्द्र बख्शी (संपा.), द *राइट्स ऑफ़ सबोर्डिनेटेड पीपॅल,* ऑक्सफ़र्ड : ऑक्सफ़र्ड युनिवर्सिटी प्रेस.

----------. 2007. 'आदिवासिज, नक्सलाइट्स ऐंड इंडियन डेमोक्रेसी', *इकनॉमिक ऐंड पॉलिकल वीकली,* 42(32): 3305–3312.

गुहा, रामचंद्र और गाडगिल एम. 1989. 'स्टेट फॉरेस्ट्री ऐंड सोशल कॉन्फ्लिक्ट इन ब्रिटिश इंडिया', *पास्ट ऐंड प्रेजेंट,* 123: 141–177.

----------. गुहा, रणजीत : (1987) 'चंद्राज़ डेथ', रणजीत गुहा (संपा.) सबॉल्टर्न स्टडीज खण्ड–5, दिल्ली : ऑक्सफ़र्ड युनिवर्सिटी प्रेस.

गुडुवर्थी, अजय और जी. विजय. 2007. 'एंटीनोमीज ऑफ पॉलिटिकल सोसायटी–इम्पलिकेशन्स ऑफ़ अनसिविल डिवेलपमेंट', *इकनॉमिक ऐंड पॉलिटिकल वीकली,* 42(29): 3051–60.

गुप्ता, स्मिता. 2012. 'इंफ्रा प्रोजेक्ट्स शुड नॉट फॉल फाउल ऑफ़ फ़ॉरेस्ट राइट्स ऐक्ट : के. सी. देव', द *हिंदू,* नयी दिल्ली अक्टूबर 11, पृ. 1.

हार्ट, जी. 1922. 'द इंडियन फ़ॉरेस्ट रिसर्च इंस्टिट्युट.', *इम्पायर फॉरेस्ट जर्नल,* 1.

हेब्बार, ऋताम्भरा. 2006. 'फ़ॉरेस्ट बिल 2005 ऐंड ट्राइबल एरियाज: केस ऑफ झारखंड', *इकनॉमिक ऐंड पॉलिटिकल वीकली,* 41(48): 4952–4955.

डंकन, इविसन, पॉल पैटन और विल सैण्डर्स. 2001. 'इंट्रोडक्शन', संकलित, डंकन इविसन, पॉल पैटन और विल सैण्डर्स (संपा.) *पॉलिटिकल थियरी ऐंड द राइट्स ऑफ़ इंडिजेनस*

पीपॅल्स. कैम्ब्रिज : कैम्ब्रिज युनिवर्सिटी प्रेस, पृ. 1-21.

जैन, सोनू. 2007. 'ट्राइबल ऐक्ट फरदर डिलेड एज पैनल सेट अप टू लुक इन टू इट्स इम्पैक्ट ऑन वाइल्ड लाइफ', द *इंडियन एक्सप्रेस,* नयी दिल्ली नवम्बर 2.

जयकृष्णन, पी. वी. 2005. 'इज देयर अ नीड फॉर दिस बिल?', *सेमिनार* 552: 23-29.

जेबाराज, प्रिसिलिया. 2012. 'द लैण्डलेस ऐंड मार्च एट आगरा : इन एन एग्रीमेंट विद जनसत्याग्रह सेंटर प्रोमिसेज टू इनिसिएट लैंड रिफार्म्स'. द *हिंदू*, नयी दिल्ली, अक्टूबर 12, पृ. 13.

झा, ए. के. 1994. 'वाइल्डलाइफ ऐंड इंडिजेनस पीपॅल', *इकनॉमिक ऐंड पॉलिटिकल वीकली*, 29(33): 2131.

झा, सौरिष 2010. 'प्रॉसेस बिट्रेस द स्पिरिट : फ़ॉरेस्ट राइट्स ऐक्ट इन बंगाल', *इकनॉमिक ऐंड पॉलिटिकल वीकली*, 45(33): 24-27.

जॉन, मेरी ई. और सतीश देशपांडे. 2008. 'थियराइजिंग द प्रजेंट : प्रॉब्लेम्स ऐंड पॉसिबिलिटिज', *इकनॉमिक ऐंड पॉलिटिकल वीकली*, 43(46): 83-86.

काबरा, अस्मिता. 2003. 'डिस्पेलसमेंट ऐंड रिहैबिलिटेशन ऑफ एन आदिवासी सेटलमेंट : केस ऑफ कुनो वाइल्डलाइफ सैंकुचरी, मध्य प्रदेश', *इकनॉमिक ऐंड पॉलिटिकल वीकली*, 38(29): 3073-3078.

कारंत, के. उल्लास. 2005. 'रिकांसिलिंग कंज़रवेशन विद इमैनसिपेटरी पॉलिटिक्स', *इकनॉमिक ऐंड पॉलिटिकल वीकली*, 40(46): 4803-4805.

कारंत, के. उल्लास और प्रवीण भार्गव. 2005. 'डि-फ्रैगमेंटिंग नेचर', *सेमिनार 552: 59-62.*

कारंत, कीर्ति के. 2005. 'एडरेसिंग रिलोकेशन ऐंड लाइवलीहुड कन्सर्सं: भद्रा वाइल्डलाइफ सैंकचुरी', *इकनॉमिक ऐंड पॉलिटिकल वीकली*, 40(46): 4809-4811.

कविराज, सुदीप्त. (1988). 'अ क्रिटीक ऑफ द पैसिव रिवोल्यूशन', *इकनॉमिक ऐंड पॉलिटिकल वीकली*, 23(45-47): 2429-44.

----------. 2000. 'मॉडर्न स्टेट इन इंडिया', संकलित, जोया हसन (संपा.), *पॉलिटिक्स ऐंड द स्टेट इन इंडिया,* नयी दिल्ली : सेज, पृ. 37-63.

कोलावली, एस. 1995. 'ज्वाइंट फ़ॉरेस्ट मैनेजमेंट : सुपीरियर प्रॉपर्टी राइट्स?', *इकनॉमिक ऐंड पॉलिटिकल वीकली*, 30(30): 1933-1938.

कोठारी, आशीष. 2004. 'ड्राफ्ट नैशनल एनवायरमेंट पॉलिसी 2004: अ क्रिटिक', *इकनॉमिक ऐंड पॉलिटिकल वीकली*, 39, (43) : 4723-4727.

---------. 2005. 'बंगल इन द जंगल', *सेमिनार* 552: 63-69.

---------. 2006. 'मिस द ट्रीज फॉर द वुड', द *हिंदुस्तान टाइम्स,* दिल्ली, जून 2.

---------. 2011. 'नॉट आउट ऑफ द वुड्स येट', *फ्रँटलाइन*, 28(5).

कोठारी, रजनी. 1984. 'द नॉन पार्टी पॉलिटिकल प्रॉसेस', *इकनॉमिक ऐंड पॉलिटिकल वीकली*, 19(5): 216-224.

कृष्णा, सुमी. 2007. 'रिकास्टिंग सिटिजनशीप फ़ॉर वुमेन्स लाइवलीहुड ऐंड डिवेलपमेंट : एन ओवरव्यू', संकलित सुमी कृष्णा, (संपा.). *वुमेन्स लाइवलीहुड राइट्स : रिकास्टिंग*

सिटीजनशीप फॉर डेवेलपमेंट. नयी दिल्ली: सेज, पृ. 1-38.

कृष्णकुमार, आशा. 2004. 'द समता जजमेंट', *फ्रँटलाइन,* 21(18), सितम्बर 11.

------------. 2005. 'सेविंग द टाइगर', *फ्रँटलाइन,* 22, (18), सितम्बर 9.

कृष्णास्वामी, माधुरी. 2005. 'वन स्टेप फारवर्ड, टू स्टेप्स बैकवर्ड', *इकनॉमिक ऐंड पॉलिटिकल वीकली,* 40(47): 4899-4901.

कुकथास, सी. 1997. 'लिबरलिजम, मल्टीकल्चरलिज़म ऐंड ऑप्रेशन', संकलित ए. विनसेंट (संपा.), *पॉलिटिकल थियरी : ट्रेडिशन ऐंड डायवर्सिटी,* कैम्ब्रिज : कैम्ब्रिज युनिवर्सिटी प्रेस.

कुलकर्णी, शरद. 1982. 'इनक्रोचमेंट ऑफ द फॉरेस्ट : गवर्नमेंट वर्सेज पीपुल', *इकनॉमिक ऐंड पॉलिटिकल वीकली,* 17(3): 55-59.

----------. 1987. 'फॉरेस्ट लेजिस्लेशन ऐंड ट्राइबल्स : कॉमेंट्स ऑन फॉरेस्ट पॉलिसी रेज़ोल्यूशन', *इकनॉमिक ऐंड पॉलिटिकल वीकली,* 22(50): 2143-2148.

----------. 1989. 'लॉ वर्सेज पॉलिसी', *इकनॉमिक ऐंड पॉलिटिकल वीकली,* 24(16): 859-862.

कुमार, अंबरीश. 2011. 'आदिवासी महिलाओं पर फर्जी मुकदमे', *जनसत्ता,* दिल्ली, 12 दिसम्बर, पृ. 1.

कुमार, मधुरेश. 2011. 'फ़ॉरेस्ट राइट्स ऐक्ट ऐंड पोलेमिक्स ऑफ कॉरेक्टिंग हिस्टोरिकल इनजस्टिसेज', संकलित, सव्यासाची बसु रे चौधुरी और ईशिता डे (संपा.), *सस्टेनेबिलिटी ऑफ़ राइट्स ऑफ़्टर ग्लोबलाइजेशन,* नई दिल्ली: सेज, पृ. 31-55.

कुमार, श्रीलारकर. 2006. 'महाराष्ट्र: 80,000 ट्राइबल्स डिमांस्ट्रेट फॉर बिल', *पीपॅल्स डेमोक्रेसी,* 30 (33). अगस्त.

लॉक, जॉन. 1978. 'ऑफ प्रॉपर्टी', संकलित, सी. बी. मैकफ़र्सन (संपा.), प्रॉपर्टी: मेनस्ट्रीम ऐंड क्रिटिकल पोजिशन्स, टोरंटो बुफैलो : युनिवर्सिटी ऑफ टोरंटो प्रेस, (लॉक के *टू ट्रीटाइज ऑफ गवर्नमेंट* का पाँचवा अध्याय) प्रथम प्रकाशन 1689, पृ. 17-37.

लेले, शराचंद्रा. 2007. ''अ 'डिफाइनिंग' मोमेंट फॉर फॉरेस्ट्स?', *इकनॉमिक ऐंड पॉलिटिकल वीकली,* 42(25): 2379-2383.

लेले, शराचंद्रा, आशीष कोठारी, रोमा, अरूपज्योति सैकिया, रवि रेब्बाप्रगदा, वासवी राव, जारजुम ऐटे. (2011). 'मिसरीडिंग द इसुज ऐंड द लैण्डस्केप', *इकनॉमिक ऐंड पॉलिटिकल वीकली,* 46(22): 107-108.

मधुसूदन, एम.डी. 2005ए, *फॉरेस्ट डायलॉग सेमिनार,* आयोजन स्थल : दिल्ली स्कूल ऑफ इकोनॉमिक्स, 23-24 सितम्बर 2005. दिल्ली.

-----------. 2005बी. 'ऑफ राइट्स ऐंड रॉन्डस : वाइल्ड-लाइफ़ कंज़रवेशन ऐंड द ट्राइबल बिल', *इकनॉमिक ऐंड पॉलिटिकल वीकली,* 40(47): 4893-4895.

मधुसूदन, एम.डी. और पवित्रा शंकरन. 2010. 'सीईंग द एलीफैंट इन द रूम : ह्युमन-एलीफैंट कॉन्फिलक्ट ऐंड द ई.टी.एफ. रिपोर्ट', *इकनॉमिक ऐंड पॉलिटिकल वीकली,* 45(49): 29-31.

महापात्र, आर., के. एस. श्रीवास्तवा, एस. नारायनन और ए. पल्लवी. 2010. 'हाउ गवर्नमेंट इज सबवर्टिंग फ़ॉरेस्ट राइट्स ऐक्ट' डाउन टू *अर्थ*, 15 नवम्बर.

मायाराम, शैल. 1991. 'क्रिमिनैलिटी ऑर कम्युनिटी? अल्टरनेटिव कंस्ट्रक्शन ऑफ़ द मेव नैरेटिव ऑफ़ द दरया खान', *कंट्रीब्यूशन्स टू इंडियन सोशियोलॉजी*, 25 (11) : 57-84.

माहेश्वरी, आर. उमा. 2007. 'पोलावरमः रिहैबिलिटेशन वाया फोर्स्ड कांसेन्स', *इकनॉमिक ऐंड पॉलिटिकल वीकली*, 42(25): 2385-2387.

महिपाल. 2000. 'पंचायत्स इन फिफ्थ शेड्यूल्ड एरियाज'. *इकनॉमिक ऐंड पॉलिटिकल वीकली*, 35(19): 1602-1606.

मजूमदार, जय. 2005. 'ट्रैप्ड इन अ कोलोनियल फेयरी टेल', द *इंडियन एक्सप्रेस*, दिल्ली 4 मई, पृ. 1

---------. 2005. 'व्हू इज बॉदर्ड अबाउट ट्राइबल वेलफेयर', द *इंडियन एक्सप्रेस*, दिल्ली संस्करण, 5 मई, पृ. 1

मेनन, अजीत. 2006. 'एनवायरमेंटल पॉलिसी, लेजिस्लेशन ऐंड कंस्ट्रक्शन ऑफ़ सोशल नेचर', *इकनॉमिक ऐंड पॉलिटिकल वीकली*, 41(3): 188-193.

-------. 2007. 'इनगेजिंग विद द लॉ ऑन आदिवासी राइट्स', *इकनॉमिक ऐंड पॉलिटिकल वीकली*, 42(24): 2239-2242.

मेनन, मीना. 2009. 'फ़ॉरेस्ट राइट्स ऐंड इम्पलिमेंटेशन इसुज', द *हिंदू*, दिल्ली संस्करण अगस्त 5, पृ. 5.

मेनन, निवेदिता. 2010. 'इंट्रोडक्शन', संकलित, *पार्थ चटर्जी : एम्पायर ऐंड नेशन, इशेंनशियल राइटिंग्स 1985-2005, विद एन इंट्रोडक्शन बाई निवेदिता मेनन.* रानीखेत परमानेंट ब्लैक, पृ. 1-20.

मिश्रा, पी. आर. और मधु सरीन. 1987. सुखोमेजरी : अ न्यू मॉडल ऑफ इको-डेवेलपमेंट', *बिजनेस इंडिया*, नवम्बर 16-19.

मिश्रा, सीमा. 2008. 'व्हूज लाइफ़ इज इट एनीवे?: आदिवासी कम्युनिटीज ऐंड इनटाइटेलमेंट्स टू लाइफ', संकलित, कल्पना कन्नाबीरन और रणबीर सिंह (संपा.), *चैलेंजिंग द रूल्स ऑफ़ लॉ : कोलोनियलिज़म, क्रिमिनोलॉजी ऐंड ह्युमन राइट्स इन इंडिया*, नयी दिल्ली : सेज.

मोदी, अनुराग. 2008. 'आदिवासियों के आधे-अधूरे अधिकार', *जनसत्ता*, दिल्ली, 31 जनवरी, पृ. 6.

मोहन, वी. रामा. 2006. 'मेजर लॉस, माइनर गेन : पोलावरम प्रोजेक्ट इन एपी', *इकनॉमिक ऐंड पॉलिटिकल वीकली*, 41(7) : 604-606.

मोहापात्रा, प्रभु. 1991. 'क्लास ऐंड एग्रेरियन रीजीम्स इन छोटा नागपुर, 1860-1950', *इंडियन सोशल ऐंड इकनॉमिक हिस्ट्री रिव्यू*, 28(1): 1-42.

मोहन्ती, बिश्वजीत. 2005. 'अ फील्ड व्यू', *सेमिनार* 552: 30-34.

मोहन्ती, मनोरंजन. 1998. 'इंट्रोडक्शन : टुवर्ड्स अ क्रिएटिव थियरी ऑफ सोशल ट्राँसफॉरमेशन', संकलित, मनोरंजन मोहन्ती, पार्थ नाथ मुखर्जी और ओले ट्राँक्विस्ट

(संपा.), *पीपॅल्स राइट्स : सोशल मूवमेंट्स ऐंड द स्टेट इन थर्ड वर्ल्ड.* नई दिल्ली : सेज.

----------. 2002. 'द चेंजिंग डिफ़िनिशन्स ऑफ राइट्स इन इंडिया : ह्युमन राइट्स मूवमेंट एट द टर्न ऑफ द सेंचुरी', संकलित, सुजाता पटेल, जशोधरा बागची और कृष्णा राज (संपा.), *थिंकिंग सोशल सांइसेज इन इंडिया : ऐसेज इन ऑनर ऑफ ऐलिस थोरनर*, नयी दिल्ली : सेज.

मुकुल. 1997. 'ट्राइबल एरियाज : ट्राँजिशन टू सेल्फ गवर्नेंस', *इकनॉमिक ऐंड पॉलिटिकल वीकली*, 32(18): 928-929.

मुन्सटेर, उर्सुला और सुमा विष्णुदास. 2012. 'इन द जंगल ऑफ लॉ : आदिवासी राइट्स ऐंड इम्पलिमेंटेशन ऑफ फ़ॉरेस्ट राइट्स ऐक्ट इन केरला', *इकनॉमिक ऐंड पॉलिटिकल वीकली*, 47(19): 38-45.

मुंशी, इंद्रा. 2005. 'शेड्यूल्ड ट्राइब्स बिल, 2005', *इकनॉमिक ऐंड पॉलिटिकल वीकली*, 40(41): 4606-4609.

नागब्री, टिपलुट. 2001. 'टिम्बर बैन इन नार्थ-ईस्ट इंडिया : एफ़ेक्ट्स ऑन लाइवलीहुड ऐंड जेंडर', *इकनॉमिक ऐंड पॉलिटिकल वीकली*, 36(21): 1893-1900.

नांगब्री, नताशा. 2003. 'एलीफैंट हंटिंग इन 19 सेंचुरी नार्थ-ईस्ट इंडिया : मैकनिज्म्स ऑफ़ कंट्रोल, कॉन्टेस्टेशन ऐंड लोकल रिऐक्शन्स', *इकनॉमिक ऐंड पॉलिटिकल वीकली*, 38(30): 3189-3199.

नर्वेसन, जन. 1991. 'फ़ोर्स वायलेंस ऐंड लॉ', संकलित, जेम्स ब्रेडी और न्यूटन ग्रेवर (संपा.), *जस्टिस, लॉ ऐंड वायलेंस.* फिलाडेल्फिया : टेम्पल युनिवर्सिटी प्रेस.

नाथन, देव. 2000. 'टिम्बर इन मेघालया', *इकनॉमिक ऐंड पॉलिटिकल वीकली*, 35(4): 182-186.

नवलखा, गौतम. 2008. 'क्रिटिकल एप्रीसिएशन ऑफ़ प्लानिंग कमीशन एक्सपर्ट ग्रुप रिपोर्ट ऑन एक्स्ट्रीमिजम', *सोशल चेंज : जर्नल ऑफ़ द कौंसिल ऑफ़ सोशल डिवलपमेंट*, 38(3), सितम्बर.

नायर, सी. टी. 1985. 'क्राइसिस इन फ़ॉरेस्ट मैनेजमेंट', संकलित, जे. बंद्योपाध्याय और अन्य (संपा.), *इंडियाज एनवायरमेंट : क्राइसिस ऐंड रिस्पांसेज.* देहरादून : नटराज.

नेस, अर्ने. 1994. 'डीप इकोलॅजी', संकलित, कैरोलिन मर्चेंट (संपा.), *की कॉन्सेप्ट्स इन क्रिटिकल थियरी इकोलॅजी.* न्यू जेरी: ह्युमैनिटीज प्रेस.

निगम, आदित्य. 2005. ''सिविल सोसायटी ऐंड इट्स 'अंडरग्राउंड': एक्सप्लोरेशन्स इन द नोशन ऑफ 'पॉलिटिकल सोसायटी''', संकलित राजीव भार्गव और हेल्मुट रेफील्ड (संपा.), *सिविल सोसायटी, पब्लिक स्पीयर ऐंड सिटिजनशीप : डायलॉग्स ऐंड पर्सपेक्टिव्स.* नयी दिल्ली: सेज, पृ. 236-259.

---------. (फोर्थकमिंग 2013). '''मोलिक्यूलर इकोनॉमिक्स': इज देयर एन 'आउटसाइड' टू कैपिटल?'', संकलित, संजय पल्शिकर, निवेदिता मेनन, आदित्य निगम (संपा.). *क्रिटिकल स्टडीज इन पॉलिटिक्स.* दिल्ली: ओरियन्ट ब्लैकस्वॉन.

निगम, संजय. 1990. ''डिसिप्लिनिंग ऐंड पॉलिसिंग द 'क्रिमिनल बाई बर्थ', पार्ट I : द

मेकिंग ऑफ कोलोनियल स्टीरियोटाइप– द क्रिमिनल ट्राइब्स ऐंड कॉस्ट्स ऑफ नार्थ इंडिया'', *इंडियन इकनॉमिक ऐंड सोशल हिस्ट्री रिव्यू*, 27(2) पृ. : 131-164.

ऑमवेट, गेल. 1998. 'पीजेन्ट्स, दलित ऐंड वूमेन : डेमोक्रेसी ऐंड इंडियाज न्यू सोशल मूवमेंट', संकलित, मनोरंजन मोहन्ती, पार्थ नाथ मुखर्जी और ओले ट्रॉंक्विस्ट (संपा.), *पीपुल्स राइट्स: सोशल मूवमेंट्स ऐंड द स्टेट इन थर्ड वर्ल्ड*, नई दिल्ली: सेज : 223-41.

पलशिकर, संजय. 2002. 'सिविल सोसायटी: अल्टरनेटिव ऐंड डिफरेंस', *द इंडियन जर्नल ऑफ पॉलिटिकल साइंस*, जून-सितम्बर.

पाठक, अखिलेश्वर. 1994. 'स्टेट, एनवायरमेंट ऐंड द लॉ', *इकनॉमिक ऐंड पॉलिटिकल वीकली*, 19(50): 3138-3141.

पल्ला, त्रिनधा राव. 2006. 'नेचर ऑफ़ ऑपोजिशन ऑफ़ द पोलावरम प्रोजेक्ट', *इकनॉमिक ऐंड पॉलिटिकल वीकली*, 41(15): 1437-1439.

पीटर्स, पी. 1987. 'इम्बेडेड सिस्टम्स ऐंड रूटेड मॉडल्स', संकलित, बी. मैके और जे. एचेसन (संपा.), द *क्वेचन ऑफ़ द कॉमन्स : द कल्चर ऐंड इकोलॅजी ऑफ कम्युनल रिसोर्सेज*, टुकसन : द युनिवर्सिटी ऑफ एरिजोना प्रेस.

प्रभु, प्रदीप. 2004. 'नैशनल कैम्पेन', संकलित, *एनडेण्जेर्ड सिम्बायोसिस : इविक्शन्स ऐंड इंडियाज फ़ॉरेस्ट कम्युनिटी, रिपोर्ट ऑफ द जन सुनवाई, जुलाई 19-20.* कैम्पेन फॉर सर्वाइवल ऐंड डिग्निटी, पृ.

-------. 2005. 'द राइट टू लीव विद डिग्निटी', *सेमिनार* 552: 14-19.

प्रसाद, अर्चना. 2007. 'फाइन इन स्पिरिट नॉट इन लेटर', द *टाइम्स ऑफ इंडिया*, दिल्ली, अक्टूबर 20.

---------. 2007. 'सर्वाइवल एट स्टेक', *फ्रँटलाइन*, 23(26), जनवरी 12.

पुरी, निर्मल. (1983). 'कृषि-व्यवस्था तथा उत्पादन पर औपनिवेशिक प्रभाव', संकलित, डॉ. सत्या एम. राय (संपा.), *भारत में उपनिवेशवाद और राष्ट्रवाद*. दिल्ली : हिंदी माध्यम कार्यान्वयन निदेशालय, दिल्ली विश्वविद्यालय, : 37-54.

राजन, आर. 1998. 'इम्पीरियल एनवायरमेंटलिज़्म ऑर एनवायरमेंटल इम्पीरियलिज़्म? यूरोपियन फॉरेस्ट्री, कोलोनियल फॉरेस्ट्स ऐंड द ऐजेंडास ऑफ फॉरेस्ट मैनेजमेंट इन ब्रिटिश इंडिया 1800-1900', संकलित, रिचर्ड ग्रोव, विनिता दामोदरन और सातपाल सांगवान (संपा.), द *नेचर ऐंड द ओरियन्ट*. नयी दिल्ली: ऑक्सफ़र्ड युनिवर्सिटी प्रेस.

रामकृष्णन, वेंकिटेश. (2005). 'द नक्सलाइट चैलेंज', *फ्रँटलाइन*, अक्टूबर 21.

-------------. (2008). 'होप ऐंड फियर' फ्रँटलाइन, फरवरी 29.

रामनाथ, मधु. 2002. 'इम्पैक्ट ऑन बैन ऑन टिम्बर फेलिंग', *इकनॉमिक ऐंड पॉलिटिकल वीकली*, 37(48): 4774-4776.

--------. 2008. सर्वाईविंग द फॉरेस्ट राइट्स ऐक्ट : बिटविन साइला ऐंड चेरिबडीस, *इकनॉमिक ऐंड पॉलिटिकल वीकली*, 43(9): 37-42.

रंगराजन, महेश. 2003. 'द पॉलिटिक्स ऑफ इकोलॉजी : द डिबेट ऑन वाइल्डलाइफ ऐंड पीपॅल इन इंडिया, 1970-95', संकलित, वसंत कुमार सब्बरवाल और महेश

रंगाराजन (संपा.) *बैटल्स ओवर नेचरः साइंस ऐंड पॉलिटिक्स ऑफ कंजरवेशन*, नई दिल्लीः परमानेंट ब्लैक, पृ. 189–239.

---------. 2005. 'फायर इन द फॉरेस्ट', *इकनॉमिक ऐंड पॉलिटिकल वीकली*, 40 (47): 4888–4890.

--------. 2009. 'स्ट्राइविंग फॉर अ बैलेंसः नेचर, पावर, साइंस ऐंड इंडियाज इंदिरा गाँधी, 1917–1984', *कंजरवेशन ऐंड सोसायटी*, 7(4): 299–312.

रामानाथन, ऊषा. 2004. 'इलिगैलिटी ऐंड एक्सक्लूजन इन द लाइव्स ऑफ स्लम-ड्वेलर्स' *आईईएलआरसी वर्किंग पेपर*

----------. 2008. 'इमिनेंट डोमेन, प्रोटेस्ट ऐंड द डिस्कोर्स ऑफ रिहैबिलिटेशन', संकलित, एम. एम. सेमा और एच. एम. माथुर (संपा.), *कैन कॉम्पेनशेसन प्रीवेंट इम्प्रोविशमेंट.* नई दिल्लीः ऑक्सफर्ड युनिवर्सिटी प्रेस, पृ. 208–229.

---------. 2011. 'लैण्ड एक्वीजीशन, इमिनेंट डोमेन ऐंड द 2011 बिल', *इकनॉमिक ऐंड पॉलिटिकल वीकली*, 46(44–45): 10–13.

रामदास, सागरी आर. 2009. 'वूमेन, फॉरेस्ट स्पेसेज ऐंड द लॉः ट्रॉंसग्रेसिंग द बाउंड्रिज', *इकनॉमिक ऐंड पॉलिटिकल वीकली*, 44 (44).

राठौर, गोवर्धन. 2005. 'टाइगर्स ऐंड ट्राइब्स', *सेमिनार* 552: 41–43.

राव, पल्ला त्रिधरा. 2006. 'नेचर ऑफ ऑपोजिशन टू द पोलावरम प्रोजेक्ट', *इकनॉमिक ऐंड पॉलिटिकल वीकली*, 41(15): 1437–1439.

रेड्डी, जी. गोपीनाथ, के. अनिल कुमार, पी. त्रिनाधर राव, ओलिवर स्प्रिंगेट-बैगिन्स्की, 2011. 'इसुज रिलेटेड टू इम्पलिमेंटशन ऑफ फ़ॉरेस्ट राइट्स ऐक्ट इन आंध्र प्रदेश', *इकनॉमिक ऐंड पॉलिकल वीकली,* 45(30): 73–81.

रेड्डी, एन. सुब्बा. 2006. 'डिवेलपमेंट थ्रू डिस्मेम्बरमेंट ऑफ़ द वीक : थ्रीट टू पोलावरम प्रोजेक्ट', *इकनॉमिक ऐंड पॉलिटिकल वीकली*, 41(15): 430–434.

रॉजर, ए. 1925. 'रिसर्च इन फ़ारेस्ट्री इन इंडिया', *इम्पायर फॉरेस्ट्री जर्नल*, 4.

रोमा. 2010. 'कानून ने दिखाई राह', रविवारी *जनसत्ता*, 26 सितम्बर, पृ. 1.

----2011ए. 'अब बाघ और इंसान साथ-साथ रहेंगेः सूरमा देश का पहला वनग्राम *बना' चौथी दुनिया*, दिल्ली, 2–8 मई, पृ. 1.

----. 2011बी. 'राष्ट्रीय वन संपदा की खुली लूट', *चौथी दुनिया*, दिल्ली, 20 जून–26 जून.

रोमा और रजनीश. 2009. 'बेदखल होते वन के वारिस'. *जनसत्ता रविवारी*, दिल्ली, 17 मई : 1–3.

----------. 2011ए. 'सुरमा ने दिखाई राह', *अमर उजाला*, दिल्ली, 8 अप्रैल. पृ. 6.

----------. 2011बी. 'सूरमा देश का पहला वनग्राम बना : अब बाघ और इंसान साथ रहेंगे', *चौथी दुनिया.* 5 मई.

रोसेनक्राँच, अरमीन और शराचंद्रा लेले. 2008. 'सुप्रीम कोर्ट ऐंड इंडियाज फ़ॉरेस्ट', *इकनॉमिक ऐंड पॉलिटिकल वीकली*, 43(5): 11–14.

रूसो, जीन जैक्स. 1978. 'द ओरिजिन ऑफ़ इनइक्वालिटी', संकलित, सी. बी. मैकफ़र्सन (संपा.), *प्रॉपर्टी : मेनस्ट्रीम ऐंड क्रिटिकल पोजिशन्स.* टोरंटो बुफैलो : युनिवर्सिटी ऑफ़ टोरंटो प्रेस, (रूसो के *डिस्कोर्स ऑन द ओरिजिन ऐंड इनइक्वालिटी* के दूसरे भाग का बड़ा हिस्सा, प्रथम प्रकाशन 1755), पृ. 31-37.

सब्बरवाल, वसंत के. और महेश रंगाराजन 2003. 'इंट्रोडक्शन', संकलित, वसंत के. सब्बरवाल और महेश रंगाराजन (संपा.), *बैट्लस ओवर नेचर : साइंस ऐंड पॉलिटिक्स ऑफ़ कंजरवेशन.* दिल्ली : परमानेंट ब्लैक, पृ. 1-28.

सहगल, बिट्टु, लक्ष्मी रमन, बिदिशा बसु और शिवानी शाह 2005. 'सिटीजन ऑफ़ द फ़ॉरेस्ट' *सेमिनार 552,* अगस्त : 44-49.

साहू, गीतोंजय 2008. 'माइनिंग इन द नियमगिरी हिल्स ऐंड ट्राइबल राइट्स', *इकनॉमिक ऐंड पॉलिटिकल वीकली*, 43(15): 19-21.

सैगल, सुशील. 2000. डज *कम्युनिटी-बेस्ड कंजरवेशन मेक इकनॉमिक सेंस?: लेसन्स फ्रॉम इंडिया,* कम्युनिटी बेस्ड कंजरवेशन इन साउथ एशिया : थीम पेपर नंबर 8, कल्पवृक्ष ऐंड इंटरनैशनल इंस्टीट्युट ऑफ़ एनवायरमेंट ऐंड डेवेलपमेंट.

सरकार, रिंकी. 2008. 'डिसेन्ट्रलाइज्ड फ़ॉरेस्ट गवर्नेंस इन सेन्ट्रल हिमालयाज : अ रि-इवैलूएशन ऑफ़ आउटकम्स', *इकनॉमिक ऐंड पॉलिटिकल वीकली,* 43(18): 54-61, 63.

सरकार, स्वागतो. 2012. 'पॉलिटिकल सोसायटी इन अ कैपिटलिस्ट वर्ल्ड', संकलित, अजय गुणावर्थी (संपा.), *रिफ्रेमिंग डेमोक्रेसी ऐंड ऐजेंसी इन इंडिया : इंटरोगेटिंग पॉलिटिकल सोसायटी.* लंदन : एंथम प्रेस, पृ. 31-48.

सरवनन, वेलुथायम. 2009. 'पॉलिटिकल इकनॉमी ऑफ फॉरेस्ट राइट्स एक्ट 2006: कॉन्फ्लिक्ट बिटवीन एनवायरमेंट ऐंड ट्राइबल डिवेलपमेंट', *साउथ एशिया रिसर्च,* 29(3): 199-221.

सेबेस्टियन, सनी. 2009. 'वाटरमैन ब्रिंग्स लोकल गार्डियन्स बैक टू प्रोटेक्ट सरिस्का टाइगर्स, द *हिंदू*, नई दिल्ली जनवरी 1, पृ. 5.

सरीन, मधु. 2001. 'डिसइम्पावरमेंट इन द नेम ऑफ पार्टिसिपेटरी फॉरेस्ट्री : वीलेज फॉरेस्ट्स ज्वाइंट मैनेजमेंट इन उत्तराखंड इंडिया', *फॉरेस्ट्स, ट्रीज ऐंड पीपॅल*, न्यूजलेटर नंबर 44, अप्रैल.

-------. 2005. 'शेड्यूल्ड ट्राइब्स बिल 2005: अ कॉमेंट', *इकनॉमिक ऐंड पॉलिटिकल वीकली*, 40 (21) :

-------. 2010. 'डेमोक्रेटाइजिंग इंडियाज फ़ॉरेस्ट थ्रू टेनयर ऐंड गवर्नेंस रिफॉर्म्स', *सोशल ऐक्शन,* 60(2): 104-20.

सरीन, मधु और ओलिवर स्प्रिंगेट-बैगिन्सकी. 2010, *इंडियाज फ़ॉरेस्ट राइट्स ऐक्ट- द एनाटॉमी ऑफ अ नेससरी बट नॉट सफिशिएंट इंस्टीट्युशनल रिफॉर्म,* डिस्कशन पेपर सिरीज नंबर फोर्टी फाइव, आईपीपीजी, युनिवर्सिटी ऑफ़ मैनचेस्टर, जुलाई.

सत्यपालन, ज्योतिष. 2010. 'इम्पलिमेंटेशन ऑफ़ फ़ॉरेस्ट राइट्स ऐक्ट इन द वेस्टर्न घाट्स

रीजन ऑफ केरला', *इकनॉमिक ऐंड पॉलिटिकल वीकली.* 45(30): 65-72.

सव्यासाची. 2010. एफआरए 2006: इन व्हूज इंटरेस्ट?', *सोशल ऐक्शन : अ क्वाटर्ली रिव्यू ऑफ सोशल ट्रेंड्स,* 60(2): 91-105.

2011. 'फॉरेस्ट राइट्स ऐक्ट 2006: अंडरमाइनिंग द फाउंडेशनल पोजिशन ऑफ द फ़ॉरेस्ट', *इकनॉमिक ऐंड पॉलिटिकल वीकली,* 46(15): 55-61.

साउ, रंजीत. 2006ए, 'नॉन शेड्यूल्ड ट्राइब्स', *इकनॉमिक ऐंड पॉलिटिकल वीकली,* 41(33): 3550.

-------, 2006बी. 'शेड्यूल्ड ट्राइब्स बिल: फॉर हूम ऐंड फॉर व्हाट?', *इकनॉमिक ऐंड पॉलिटिकल वीकली,* 41(48): 5009-5011.

सक्सेना, के. बी. 2008. 'डिवेलपमेंपट, डिसप्लेसमेंट ऐंड रेसिस्टेंस : द लॉ ऐंड पॉलिसी ऑफ लैण्ड एक्वीजीशन', *सोशल चेंज : जर्नल ऑफ द कौंसिल फॉर सोशल डिवेलपमेंट,* 38 (3) सितम्बर.

सक्सेना, आर. 2010. *इम्पलिमेंटेशन ऑफ शेड्यूल्ड ट्राइब्स ऐंड अंदर ट्रेडिशनल फ़ॉरेस्ट ड्वेलर्स (रिकॅग्निशन ऑफ़ फ़ॉरेस्ट राइट्स) ऐक्ट इन हिमाचल प्रदेश.* सब्मिटेड टू डब्ल्यू.डब्ल्यू.एफ-इंडिया.

सेठी, नितिन. 2007. 'एक्टिविस्ट कम आउट विद एड्स टू स्लैम फ़ॉरेस्ट ऐक्ट', *द टाइम्स ऑफ़ इंडिया,* 26 अक्टूबर.

शहाबुद्दीन, गजाला और महेश रंगाराजन. 2007. 'इंट्रोडक्शन', संकलित, गजाला शहाबुद्दीन और महेश रंगाराजन (संपा.), *मेकिंग कंजरवेशन वर्क : सेक्योरिंग बायोडायवर्सिटी इन द न्यू सेंचुरी.* रानीखेत : परमानेंट ब्लैक. 1-17.

शाह, मिहिर. 2005ए, 'गवर्नेंस रिफ़ॉर्म फ़ॉर इंडियाज फॉरेस्ट्स', द *हिंदू,* दिल्ली, 20 मई.

-------. 2005बी. 'फर्स्ट यू पुश देम इन, देन यू थ्रो देम आउट'. *इकनॉमिक ऐंड पॉलिटिकल वीकली,* 40(47): 4895-4899.

--------. 2008. 'स्ट्रक्चर ऑफ पावर्स इन इंडियन सोसायटी : अ रिस्पांस', *इकनॉमिक ऐंड पॉलिटिकल वीकली,* 43(46): 78-83.

शंकरन, कमला और उज्ज्वल कुमार सिंह. 2008. 'इंट्रोडक्शन' संकलित, कमला शंकरन और उज्ज्वल कुमार सिंह (संपा.), *टुवड्‌र्स लीगल लिटेरेसी : ऐन इंट्रोडक्शन टू लॉ इन इंडिया,* नयी दिल्ली : आक्सफ़ोर्ड युनिवर्सिटी प्रेस, पृ. xi-xv.

--------. शंकर रमन, टी. आर. और एम.डी. मधुसूदन. 2013. डिवलपमेंट माइनस ग्रीन गुट्स : द *हिन्दू,* दिल्ली फरवरी 13, 2013, पृ. 9.

शर्मा, अराधना और अखिल गुप्ता. 2006. 'इंट्रोडक्शन', संकलित, ए. शर्मा और ए. गुप्ता (संपा.), द *एंथ्रोपोलॉजी ऑफ द स्टेट : अ रीडर.* माल्डेन एमए : ब्लैकवेल.

शर्मा, बी. डी. 1989. 'राष्ट्रपति को पत्र', संकलित, *अनुसूचित जातियों और अनुसूचित जनजातियों के आयुक्त की रिपोर्ट,* उनतीसवीं रिपोर्ट, 1987-89, भारत सरकार. पृ. 1-xxv.

सेन, अर्नब और एस्थर लालहैरियटपुई. 2006. 'शेड्यूल्ड ट्राइब्स (रिकॅग्निशन ऑफ़ फ़ॉरेस्ट राइट्स बिल): अ व्यू फ्रॉम सोशल एंथ्रोपोलॉजी ऐंड कॉल फॉर डायलॉग', इकनॉमिक

ऐंड पॉलिटिकल वीकली, 41(31): 4205-4210.

सिंह अमित प्रकाश. 2010. 'आने वाले दिनों में शायद ही बचें वन और वनवासी', *जनसत्ता*, दिल्ली, 9 अगस्त, पृ. 1.

सिंह, आशुतोष. 2011. 'आख़िर आज़ाद हुआ जंगल के बीच बसा एक गाँव', *जनसत्ता*, दिल्ली, 9 अप्रैल, पृ. 1 और 9.

सिंह, दिग्विजय. 2005. 'द रियल इसु', *सेमिनार* 552: 20-22.

सिंह, के. एस. 1983बी. 'द गोंड मूवमेंट्स', संकलित, के. एस. सिंह (संपा), *ट्राइबल मूवमेंट्स इन इंडिया, खंड*' दिल्ली: मनोहर.

सिंह, मालविका. 2005. 'मे आई ड्वेल इन द फॉरेस्ट', द *इंडियन एक्सप्रेस*, दिल्ली, 7 मई.

सिंह, तवलीन. 2005. 'लाइज अबाउट ट्राइबल राइट्स', *सेमिनार 552*: 37-40.

सिंह, यतीन्द्र. 2002. 'डिसेंट्रलाइज्ड गवर्नेंस इन मध्य प्रदेश : एक्सपेरियन्स ऑफ़ द ग्राम सभा इन द शेड्यूल्ड ऐरियाज', *इकनॉमिक ऐंड पॉलिटिकल वीकली*, 37(40): 4100-4104.

सिन्हा, अरविंद और सुषमाधीश. 1987. 'भारत में अंग्रेजों की प्रशासनिक नीति, आंतरिक प्रशासन तथा अर्थव्यवस्था पर उसका प्रभाव, 1757-1858', संकलित, रामलखन शुक्ल (संपा.), *आधुनिक भारत का इतिहास*. दिल्ली : हिन्दी माध्यम कार्यान्वयन निदेशालय, विश्वविद्यायल, दिल्ली : 86-133.

शीरालकर, कुमार. 2006. महाराष्ट्रा 80,000 ट्राइबल्स डिमोनेस्ट्रेट फॉर बिल', *पीपॅलस डेमोक्रेसी*. दिल्ली, 30 (33) अगस्त 13.

शिवारामाकृष्णन, के. 1995. *'कोलोनियलिज़म ऐंड फॉरेस्ट्री इन इंडिया : इमैजिनिंग द पास्ट इन प्रेजेंट पॉलिटिक्स', सोसायटी फॉर कॉम्पेरेटिव स्टडीज इन सोसायटी ऐंड हिस्ट्री*, 37(1): 3-40.

श्रीलेखा, एम. एस. 2010. 'चैलेंजेस बिफोर केरलाज लैण्डलेस : द स्टोरी ऑफ अरालाम फॉर्म', *इकनॉमिक ऐंड पॉलिटिकल वीकली*, 45(21): 55-62.

सुब्बा रेड्डी, एन. 2006. 'डिवेलपमेंट थ्रू डिस्मेंबरमेंट ऑफ द वीक: थ्रीट ऑफ पोलावरम प्रोजेक्ट', *इकनॉमिक ऐंड पॉलिटिकल वीकली*, 41(15): 1430-1434.

सुकुमार, आर. 1989बी. 'वाइल्डलाइफ ह्युमन कॉन्फ्लिक्ट्स इन इंडिया: ऐन इकोलॉजिकल ऐंड सोशल पर्सपेक्टिव', संकलित, रामचंद्र गुहा (संपा.), *सोशल इकोलॉजी*. दिल्ली: आक्सफोर्ड यूनिवर्सिटी प्रेस.

--------. सुंदर, अर्पणा और नंदिनी सुंदर. 2012 'द हैबिट्स ऑफ द पॉलिटिकल हार्ट् : रिकवरिंग पॉलिटिक्स फ्रॉम गवर्नमैटौलिटी संकलित, अजय गुडुवर्थी, (संपा.), *रिफ्रेमिंग डेमोक्रेसी ऐंड एजेन्सी इन इंडिया : इंटरोगिटिंग पॉलिटिकल सोसायटी. लंदन* : एंदम प्रेस : 269-288.

सुंदर, नंदिनी. 2005. 'द जंगल बुक: ट्राइबल फॉरेस्ट राइट्स रिकानाइज्ड फॉर फर्स्ट टाइम'. *द टाइम्स ऑफ इंडिया*, नयी दिल्ली, 3 मई.

-------. 2006. 'बस्तर, माओइज़म ऐंड सलवा जुडूम', *इकनॉमिक ऐंड पॉलिटिकल वीकली*, 41(29): 3187-3192.

-------. 2009ए. 'लॉ, पॉलिसीज ऐंड प्रैक्टिसेज इन झारखंड' संकलित नंदिनी सुंदर (संपा.), *लीगल ग्राउन्ड्स : नेचुरल रिसोर्सेज, आइडेंटिटी ऐंड द लॉ इन झारखंड*, नयी दिल्ली : ऑक्सफ़र्ड यूनिवर्सिटी प्रेस. पृ. 1-29.

-------. 2009बी. 'फ्रेमिंग द पॉलिटिकल इमैजिनेशन : कस्टम, डेमॉक्रेसी ऐंड सिटीजनशीप', संकलित, नंदिनी सुंदर (संपा.) *लीगल, ग्राउन्ड्स : नेचुरल रिसोर्सेज, आइडेनटिटी ऐंड द लॉ इन झारखंड*, नयी दिल्ली : आक्सफर्ड युनिवर्सिटी प्रेस, पृ. 189-216.

-------. (2011) 'द रूल ऑफ लॉ ऐंड सिटिजनशीप इन सेन्ट्रल इंडिया : पोस्ट कोलोनियल डायलेमाज', *सिटिजनशीप स्टडीज*, 15, 3-4,

सुंदर, नंदिनी और उज्ज्वल कुमार सिंह. 2010. 'पुलिस स्टेट्स ऐंड ऐकेडेमिक फ्रीडम', *इकनॉमिक ऐंड पॉलिटिकल वीकली*, 45, (4).

थाईल, नवीन. 2009. 'ज्यूडिशियल फाइयेट ऐंड कंटेम्परारी इनक्लोजर्स', *कंज़रवेशन ऐंड सोसायटी*, 7(4): 268-282.

टकर, आर. पी. 1983. 'द ब्रिटिश कोलोनियल सिस्टम ऐंड द फॉरेस्ट्स ऑफ वेस्टर्न हिमालयाज', संकलित, आर. पी. टकर और जे. एफ. रिचर्ड्स (संपा.), *ग्लोबल डिफॉरेस्टेशन ऐंड द नाइनटिंथ सेंचुरी वर्ल्ड इकोनॉमी*, डरहम : ड्युक युनिवर्सिटी प्रेस.

उपाध्या, कैरॉल. 2009. 'लॉ, कस्टम ऐंड आदिवासी आइडेंटिटी : पॉलिटिक्स ऑफ लैंड राइट्स इन छोटा-नागपुर', संकलित, नंदिनी सुंदर (संपा.), *लीगल ग्राउंड्स आइडेंटिटी, ऐंड द लॉ इन झारखंड*, दिल्ली: ऑक्सफ़र्ड युनिवर्सिटी प्रेस : 30-55.

उपाध्याय, संजय. 2010. 'शेड्यूल्ड एरियाज नीड अ फ्रेश लीगल पर्सपेक्टिव', *इकनॉमिक ऐंड पॉलिटिकल वीकली*, 45(41): 25-26.

उपाध्याय, विदेह. 2000. 'चेंजिंग ज्यूडिशिअल पावर : कोर्ट्स ऑन इंफ्रास्ट्रक्चर प्रोजेक्ट्स ऐंड एनवायरमेंट', *इकनॉमिक ऐंड पॉलिटिकल वीकली*, 35 (43 और 44): 3789-3792.

----------. 2007. 'फॉरेस्ट्स, पीपॅल ऐंड कोर्ट्स : यूटिलाइजिंग लीगल स्पेस', *इकनॉमिक ऐंड पॉलिटिकल वीकली*, 36(24): 2131-2134.

वासन, सुधा. 2005. 'वाइल्डलाइफ कंजरवेशन : डिकंस्ट्रक्टिंग द ''पब्लिक''', *इकनॉमिक ऐंड पॉलिटिकल वीकली*, 40(46): 4805-4807.

वील, बेंजामिन. 2006. 'कंज़रवेशन, एक्सप्लावाइटेशन ऐंड कल्चरल चेंज इन इंडियन फ़ॉरेस्ट सर्विस 1875-1927', *एनवायरमेंटल हिस्ट्री*, (11)2.

व्हाइटहेड, जूडी. 2010. 'जॉन लॉक ऐंड द गवर्नेंस ऑफ इंडियाज लैण्डस्केप : द कैटेगरी ऑफ वेस्टलैण्ड इन कोलोनियल रेवेन्यू ऐंड फ़ॉरेस्ट लेजिस्लेशन', *इकनॉमिक ऐंड पॉलिटिकल वीकल* 45(50): 83-93.

वर्बनर, पिनिना और नीरा युवल डेविस. 2005. 'वूमेन ऐंड द न्यू डिस्कोर्स ऑफ सिटिजनशीप', संकलित, नीरा युवल डेविस (संपा.). *वुमेन, सिटीजनशीप ऐंड डिफरेंस*. नयी दिल्ली: जुबान.

खाखा, वर्जीनीयस. 1999ए, 'ट्राँसफॉरमेशन ऑफ ट्राइब्स इन इंडिया : टर्म्स ऑफ डिस्कोर्स', *इकनॉमिक ऐंड पॉलिटिकल वीकली*, 34(24): 1519-1524.

-----------. 1999बी. 'ट्राइब्स एज इंडिजेनस पीपॅल ऑफ इंडिया', *इकनॉमिक ऐंड पॉलिटिकल वीकली*, 34(51): 3589-3595

-----------. 2001. 'प्रोटेक्टिव डिसक्रिमिनेशन : व्हाइ शेड्यूल्ड ट्राइब्स लैग बिहाइन्ड शेड्यूल्ड कास्ट्स?', *इकनॉमिक ऐंड पॉलिटिकल वीकली*, 36(29): 2765-2772.

-----------. 2005. 'पॉलिटिक्स ऑफ लैंग्वेज, रीलिजन ऐंड आइडेंटिटी : ट्राइब्स इन इंडिया', *इकनॉमिक ऐंड पॉलिटिकल वीकली*, 40(13): 1363-1370

इंटरव्यू

'फतवा राज इज ओवर', जे.के. राजलक्ष्मी द्वारा बृंदा करात का इंटरव्यू, *फ्रंटलाइन*, जनवरी 12, 2006.

बैंसला, किरोड़ीसिंह. 2008. 'नो कोटा, नो वोट', टी. के. राजलक्ष्मी द्वारा इंटरव्यू, *फ्रंटलाइन*, वोल्यूम 24, इसु 12, वेब पता: http://www.flonnet.com/f12412/stories/20070629002403800.htm देखने की तारीख: 23.08.2009.

वेब स्रोत

वन अधिकार कानून से संबंधित केसों की जानकारी लिए: http://forestrightsact.com/Index.php/Court-Cases?Court देखने की तारीख: 9.07.2012.

2012. अनुसूचित जनजाति और अन्य पारम्परिक वन निवासी (वन अधिकार मान्यता) अधिनियम 2006 के लागू होने की स्थिति (30 सितम्बर तक), जनजातीय मामलो का मंत्रालय, भारत सरकार, वेब पता: http://trib-l.nic.in/writere-dd-t-/m-inlinkFile/File1450.pdf देखने की तारीख 20.10.2012.

एफआरए कमिटी के गठित होने की अधिसूचना के लिए देखें., http://moef.nic.in/download/public-information/Noticfication_FR-_Committee.pdf देखने की तारीख: 30.4.2012.

2005. 'द शेड्यूल्ड ट्राइब्स (रिकॅग्निशन ऑफ द फॉरेस्ट राइट्स) बिल 2005', वेब पता : www.tribal.nic.in देखने की तारीख: 27.07.2005

2006. 'एम. पी. ट्राइबल्स सीक फुल राइट्स ऑन फ़ॉरेस्ट्स', 24 अगस्त, वेब पता : http://www.hindu.com/2006/08/23/stories/2006082307730500.htm देखने की तारीख: 26.08.2006.

भारतीय जनता पार्टी. 2004. *विज़न डाक्यूमेंट* 2004, वेब पता: http://www.indian-elections.com/partymanifestoes/party-manifestoes04/bjp.html देखने की तारीख : 25.06.2012.

'प्रोटेक्टेड एरियाज इन इंडिया', वेब पता: http://www.indiawildliferesorts.com/national-parks/index.html देखने की तारीख 23.3.2012.

भुल्लर, लोवनील. 2008. द *इंडियन फ़ॉरेस्ट राइट्स एक्ट 2006: अ क्रिटिकल अपराइजल, लॉ एनवायरमेंट ऐंड डिवेलपमेंट जर्नल (एलइएडी या लीड)*, वेब पता : http://www.lead-journal.org/content/08020.pdf देखने की तारीख: 26 मई 2009.

कम्युनिस्ट पार्टी ऑफ इंडिया (मार्किस्ट). (2009). *कम्युनिस्ट पार्टी ऑफ इंडिया (मार्क्सिस्ट) मैनीफेस्टो फ़ॉर द फिफटिंथ लोकसभा इलेक्शन्स 2009*, http://www.indian-elections.com/partymanifestoes/cpim.html देखने की तारीख 20. 6.2012;

'कंसेन्स्स साउट ऑन ट्राइबल राइट्स बिल', द *हिंदू*, अक्टूबर 1, 2005, http://www.hinduonnet.com/205/10/01/stories/20051001071 61200.htm देखने की तारीख 3.10.2005.

डे, देबाश्री. 2011. 'ट्राइबल्स ऐंड ग्रीन गवर्नेंस : फॉरेस्ट राइट्स ऐक्ट 2006', अक्टूबर 16, बेव पता: http://sanhati.com/excerpted/4252 देखने की तारीख : 29.06.2012.

देव, सौमिक. 2006. 'फ़ॉर लॉन्ग, ट्राइबल्स हैव बिन डिनाइड देयर राइट्स : भूरिया' 7 नवम्बर, वेब पता: http://cities.expressindia.com/fullstory. php?newsid=208403 देखने की तारीख: 10.11.2006.

मंजुल, तरन्नुम. 2012. ''दुधवा डिक्लेयर्ड 'क्रिटिकल टाइगर हैबिटेट''', एक्सप्रेस इंडिया, शनिवार, 20 अक्टूबर. वेब पता: http://www.expressindia.com/latest-news/dudhwa-declared-critical-tiger-habitat/652631/ देखने की तारीख : 20.10.2012.

नायडू, श्रीशा. (2011). 'द पोटेंशियल ऑफ़ द फ़ॉरेस्ट राइट्स ऐक्ट', 29 जनवरी, वेब पता: http://sanhati.com/excerpted/3197/ देखने की तारीख: 12. 5.2012.

नेनर्स, मीना. (2005). 'कैम्पेन फ़ॉर फ़ॉरेस्ट राइट्स टू ट्राइबल्स', 21 सितम्बर वेब पता: www.hindu.com/2005/08/24/stories/2005082400250900.htm-2k देखने की तारीख: 24.11.2005.

पटवर्द्धन, अमृता. 2005. 'डैम्स ऐंड ट्राइबल पीपॅल इन इंडिया', *प्रिपेयर्ड फॉर थिमैटिक रिव्यू 12: डैम्स, इडिजेनस पीपॅल ऐंड वलनरेबल एथनिक माइनॉरिटीज.* वेब पता : keystone-foundation.org/.../370/ तारीख : 12.04.2005.

प्रेस रीलीज. 2005. 'टाइगर टास्क फ़ोर्स सबमिट्स रिपोर्ट टू प्राइम मिनिस्टर मनमोहन सिंह'. 5 अगस्त, वेब पता: http://projecttiger.nic.in/TTF2005/index.html देखने की तारीख़ 15.09.2005.

प्रेस रीलीज. 2011. कैम्पेन फॉर सर्वाइवल ऐंड डिग्निटी, 1 जनवरी, वेब पता : http://www.write2kill.in/livewire/national/saxena-committee-report-on-forest-rights-act-campaign-for-survival-and-dignity-sta देखने की तारीख़ : 13.6.2012.

राष्ट्रीय सलाहकार परिषद की प्रेस विज्ञप्ति. 2011. तारीख: 26 फरवरी वेब पता: http://nac.nic.in/hindi_pdf/26_february_2011.pdf देखने की तारीख़ : 11.4.2012

रोमा. 2012. 'वूमेन्स कंट्रोल ऑफ़ फ़ॉरेस्ट्स थ्रू कम्युनिटी फ़ॉरेस्ट राइट्स' 16 अप्रैल, वेब पता: http://sanhati.com/excerpted/4988/ देखने की तारीख: 12 जून 2012.

संभव, कुमार. 2012. 'अमेंडेड फॉरेस्ट राइट्स ऐक्ट रूल्स नोटिफाइड; मोर पावर्स टू ग्राम

सभा', तारीख 8 सितम्बर 2012, वेब पता : http://www.downtoearth.org.in/content/amended-forest-rights-act-rules-notified-more-powers-gram-sabha देखने की तारीख : 25.10.2010.

सेठी, अमन. 2011. 'छत्तीसगढ़ बक्स कोर्ट ऑर्डर', द *हिंदू* वेब पता: http://www.thehindu.com/news/national/article2351607.ece देखने की तारीख: 22.07.2012.

शिवा, वंदना. 2005. 'ट्राइबल्स, टाइगर्स एंड ट्रीज : वी नीड टू प्रोटेक्ट ऑल', वेब पता : http://forestrightsact.com/index.php/Court-Cases?Court देखने की तारीख : 5.11.2005.

वन अधिकार कानून के खिलाफ अदालत में दायर केसों के लिए, वेब पता: http://forestrightsact.com/index.php/Court-Cases?Court देखने की तारीख: 22.08.2009.

वन अधिकार कानून को लागू करने के लिए चलने वाले कुछ जन-आंदोलनों की जानकारी के लिए, वेब पता: http://forestrightsact.com/index.php/Forest-Rights--ct-2006/Scheduled-Tribes-and-Other-Traditional-Forest/State-wise-Updates-on-the--ct.html

इंडियन नैशनल कांग्रेस. 2004. *लोकसभा इलेकशन्स 2004, मैनीफ़ेस्टो ऑफ* द *इंडियन नैशनल कांग्रेस*, वेब पता: http://www.qbtpl.net/congress/congress_menifesto.htm# Dalits and -divasis देखने की तारीख : 25.06.2012.

'एम.पी. ट्राइबल्स सीक फुल राइट ऑन फॉरेस्ट' 2006. वेब पता : http://www.hindu.com/2006/08/23/stories/2006082307730500.htm 24 अगस्त 2006, देखने की तारीख : 26.08.2006.

सौमिक देव. (2006). 'फॉर लांग ट्राइबलस हैव डिनाइड देयर राइट्स : भूरिया', वेब पता: http://cities.expressindia.com/fullstory. php?newsid=208403, 7 नवम्बर 2006, देखने की तारीख : 10.11.2006.

'जीओएम एक्सेप्ट्स ट्राइब्ल बिल', वेब पता: http://hindu.com/the hindu/holnus/002200611106325.htm. 16 नवम्बर 2006, देखने की तारीख : 18.11.2006.

व्हू इज इलिजिबल फॉर राइट्स अंडद द ऐक्ट?. वेब पता- http://forestrightsact.com/index.php/who-is-eligibele-for-rights-htm. देखने की तारीख 12.1.2009.

'पैनल टू फ्रेम रूल्स फॉर फॉरेस्ट राइट्स बिल इम्पलिमेंटेशन'. वेब पता : www.hindu.com/2007/02/14/stories/2007021401917 00htm-24k. देखने की तारीख 14.2.2007.

कैम्पेन फॉर सर्वाइवल ऐंड डिग्निटी द्वारा पर्यावरण और वन मंत्रालय को एन.सी. सक्सेना कमिटी के गठन के खिलाफ लिखी गई चिट्ठी के लिंक के लिए देखें: http://www.fra.org.in/letter_to_Minister_of_ Environment_ and_ Forests_re_ Committee.pdf, देखने की तारीख़ : 3 June 2012.

प्रेस रिलीज, 'टाइगर टांस्क फोर्स समिट्स रिपोर्ट टू प्राइम मिनिस्टर मनमोहन सिंह', http://projecttiger.nic.in/TTF2005/index.html, देखने की तारीख : 23.5.2012.

रोमा. (2012). 'वूमने कंट्रोल ऑफ़ फ़ॉरेस्ट थ्रू कम्युनिटी फ़ॉरेस्ट राइट्स ऐंड बिल्डिंग इंस्टीट्युशन्स इन कांटेक्स्ट ऑफ़ फ़ॉरेस्ट राइट्स ऐक्ट', अप्रैल 26. वेब पता : http://sanhati.com/excerpted/4988/ देखने की तारीख : 12.6.2012.

श्रीवास्तव, कुमार संभव, 'इण्डस्ट्री शैडो ऑन फ़ॉरेस्ट पैनल', डाउन टू अर्थ, 15 सितम्बर 2012 http://www.down toearth.org.in/content/industry-shadow-forest-panal देखने की तारीख 4.4.2013.

त्रिपाठी, आशीष. 1911. 'ट्राइबल गेट जस्टिस : लैण्ड ऑनरशीप आफ़्टर इंडिपेंडेंस', *टाइम्स ऑफ इंडिया*, 9 अप्रैल, वेब पता: http://epaper.timesofindia.com/Default/Client.asp?Daily=TOIL&showST= true&login= default&pub= TOI&Enter= true&Skin=TOINEW देखने की तारीख़ : 20.06.2012.

भारतीय जनता पार्टी. 2009. *गुड गवर्नेंस, डेवेलपमे.ट, सिक्योरिटी : मैनीफेस्टो, लोकसभा इलेक्शन 2009*, दिल्ली.

'टाइमलाइन ऑफ इवेन्ट्स रिलेटिंग टू फ़ॉरेस्ट राइट्स इन पोस्को एरिया', http://www.forestrightsact.com/component/content/article/21/87-timeline-of-events-relating-to-forest-rights-in-posco-area देखने की तारीख 12.5.2012.

2012. 'ग्रीन ट्राइब्यूनल सस्पेंड्स क्लीयरेन्स टू पोस्को प्रोजेक्ट', द *हिंदू*, 30 मार्च, बेब http://www.thehindubusinessline.com/todays-paper/tp-economy/article3263807.ece देखने की तारीख़ 2.8.2012.

2012. 'नो फ्लिप-फ्लॉप ऑन पोस्को: आनंद शर्मा', द *हिंदू*, 1 अप्रैल, http://www.thehindubusinessline.com/industry-and-economy/economy/article3269275.ece, देखने की तारीख़ 12.5.2012.

2012. 'ओडिशा स्टार्ट ट्राँसफरिंग 1, 500 एकडस टू पोस्को फ़ॉर प्लांट', द *हिंदू*, 20 जून, http://www.thehindubusinessline.com/industry-and-economy/government-and-policy/article3550868.ece देखने की तारीख़, 2.7.2012.

एरिया प्रोफ़ाइल ऑफ़ छत्तीसगढ़ स्टेट, http://www.censusindia.net, देखने की तारीख़ : 12.05.2012

No.____ of 2005

THE SCHEDULED TRIBES (RECOGNITION OF FOREST RIGHTS) BILL, 2005

A

BILL

to recognise and vest the forest rights and occupation in forest land in forest dwelling Scheduled Tribes who have been residing in such forests for generations but whose rights could not be recorded; to provide for a framework for recording the forest rights so vested and the nature of evidence required for such recognition and vesting in respect of forest land.

WHEREAS the recognised rights of the forest dwelling Scheduled Tribes include the responsibilities and authority for sustainable use, conservation of biodiversity and maintenance of ecological balance and thereby strengthening the conservation regime of the forests while ensuring livelihood and food security of the forest dwelling Scheduled Tribes;

AND WHEREAS the forest rights on ancestral lands and their habitat were not adequately recognized in the consolidation of State forests during the colonial period as well as in independent India resulting in historical injustice to the forest dwelling Scheduled Tribes who are integral to the very survival and sustainability of the forest ecosystems;

AND WHEREAS it has become necessary to address the long standing insecurity of tenurial and access rights of forest dwelling Scheduled Tribes.

BE it enacted by Parliament in the Fifty-sixth Year of the Republic of India as follows:–

1. Short title, extent and commencement

(1) *This Act may be called the Scheduled Tribes (Recognition of Forest Rights) Act, 2005.*

(2) It extends to the whole of India except the State of Jammu and Kashmir.

(3) It shall come into force on such date as the Central Government may, by notification in the Official Gazette, appoint.

2. Definitions

In this Act, unless the context otherwise requires,-

(a) "bonafide livelihood needs", in relation to forest dwelling Scheduled Tribes, means the use of forests and forest based products for subsistence of such Tribes or for their own consumption and includes barter and sale of such forest based products for their household needs;

(*b*) "commercial purpose" includes a forest based activity where such activity is used for profit or for large scale trade or mercantile purposes;

(*c*) "forest dwelling Scheduled Tribes" means the members or community of Scheduled Tribes who primarily reside in and around forests and includes the Scheduled Tribes pastoralist communities and who depend on the forests or forest lands for bonafide livelihood needs;

(*d*) "forest land" means land of any description falling within any forest area and includes unclassified forests, existing or deemed forests, protected forests, reserved forests, sanctuaries and national parks;

(*e*) "forest rights" means the forest rights referred to in section 3;

(*f*) "forest villages" means the settlements which have been established inside the forests by the forest department of any State Government for forestry operations or which were converted into forest villages through the forest reservation process and includes forest settlement villages, fixed demand holdings, all types of taungya settlements by whatever name called for such villages and includes lands for cultivation and other uses, permitted the Government;

(*g*) "Gram Sabha" means a village assembly, which shall consist of all adult members of a village whose names are included in the electoral rolls for the Panchayat at the village level and in case of State having no Panchayats, the traditional village institutions;

(*h*) "minor forest produce" includes all non-timber forest produce of plant origin including bamboo, brush wood, stumps, cane, tussar, cocoons, honey, wax, lac, tendu or kendu leaves, medicinal plants and herbs, roots, tubers and the like;

(*i*) "prescribed" means prescribed by rules made under this Act;

(*j*) "Scheduled Area" means any Schedule Area as referred to in clause (1) of article 244 of the Constitution;

(*k*) "village" means–

(*i*) a village referred to in clause (*b*) of section 4 of the Provisions of the Panchayats Extension to the Scheduled Areas) Act, 1996 (40 of 1996);

(*ii*) any area referred to as a village in any State law relating to Panchayats, other than a Schedule Area;

(*iii*) forest villages, old habitation or settlements and unsurveyed villages, whether notified as village or not; or

(*iv*) in the case of States where there are no Panchayats, the traditional village, by whatever name called;

CHAPTER II

FOREST RIGHTS

3. Forest rights of forest dwelling Scheduled Tribes defined

For the purposes of this Act, the following rights shall be the forest rights of forest dwelling Scheduled Tribes, namely:-

(a) right to hold and live in the forest land under the individual or common occupation for habitation or for self cultivation for livelihood by a member or members of a forest dwelling Scheduled Tribe;

(*b*) rights such as nistar, by whatever name called, and uses in erstwhile princely States, Zamindari or such intermediary regimes;

(*c*) right of access to, use or dispose of minor forest produce;

(*d*) other rights of uses or entitlements such as grazing (both settled and transhumant) and traditional seasonal resource access of nomadic or pastoralist communities;

(*e*) right of habitat and habitation for primitive tribal groups and pre-agricultural communities;

(*f*) rights in or over disputed lands under any nomenclature in any State where claims are disputed;

(*g*) rights for conversion of Pattas or leases or grants issued by any local authority or any State Government on forest lands to titles;

(*h*) rights of conversion of forest villages into revenue villages;

(*i*) rights of settlement of old habitations and unsurveyed villages, whether notified or not;

(*j*) right to access to bio-diversity and community right to intellectual property and traditional knowledge related to forest biodiversity and cultural diversity;

(*k*) right to protect, regenerate or conserve or manage any community forest resource which they have been traditionally protecting and conserving;

(*l*) rights which are recognised under any State law or laws of any Autonomous District Council or Autonomous Regional Council or which are accepted as rights of tribals under any traditional or customary law of any State;

(*m*) any other traditional right customarily enjoyed by the forest dwelling Scheduled Tribes which are not mentioned in clauses (*a*) to (*l*) but excluding the right of hunting.

CHAPTER III

RIGHTS OF FOREST DWELLING SCHEDULED TRIBES

4. Recognition of and vesting of forest rights in forest dwelling Scheduled Tribes

(1) Notwithstanding anything contained in any other law for the time being in force, and subject to the provisions of this Act, the Central Government hereby recognises and vests forest

rights in the forest dwelling Scheduled Tribes, where they are scheduled, in respect of forest land and their habitat including right to collect, utilize or transfer minor forest produce in such manner as may be prescribed.

(2) The recognition and vetting of forest rights under this Act to forest dwelling Scheduled Tribes in relation to any State or Union territory in respect of forest land and their habitat shall be subject to the condition that such Tribes or tribal communities had occupied forest land before the 25th day of October, 1980 or such other date as the Central Government may, by notification in the Official Gazette, specify.

(3) A right conferred by sub-section (1) shall be heritable but not alienable or transferable.

(4) Save as otherwise provided, no member of a forest dwelling Scheduled Tribe shall be evicted or removed from forest land under his occupation till the recognition and verification procedure is completed in such manner as may be prescribed.

(5) Where the forest rights recognized and vested under sub-section (1) are in respect of land, -

(i) such land in no case exceed an area of two and one- half hectares per nuclear family of a forest dwelling Scheduled Tribe;

(ii) the title to the extent given shall be registered jointly in the name of the male member and his spouse;

(6) The forest rights recognized and vested under sub-section (1) in the forest dwelling Scheduled Tribe shall –

(i) be exercised only for bonafide livelihood purposes and not for exclusive commercial purposes;

(ii) include the responsibility of protection, conservation and regeneration of forests.

(7) In case any forest right recognized and vested under sub-section (1) is disputed by any State Government or local authority, the Competent Authority appointed by the Central Government shall consider the records prepared at the time of declaring the area as a Scheduled Area, and while notifying any tribe to be or deemed to be a Scheduled Tribe under article 342 of the Constitution, along with evidence and then pass an

appropriate order in the matter:

Provided that no order denying or refusing to grant any forest right shall be passed unless the aggrieved member or members of the community are given an opportunity of being heard.

5. Duties of holders of forest rights

The holder of any forest right under this Act shall ensure that,–

(a) save as those activities that are permitted under such rights, no activity shall be carried out that adversely affects the wild life, forest and the biodiversity in the area including clearing of forest land or trees which have grown naturally on that land for any non-forestry purposes including reafforestation;

(*b*) catchment areas, water sources and other ecologically sensitive areas are adequately protected;

(*c*) the habitat of forest dwelling Scheduled Tribes is preserved from any form of destructive practices affecting their cultural and natural heritage;

(*d*) any activity that adversely affects the wild life, forest and the biodiversity is intimated to the Gram Sabha and to the forest authorities;

(*e*) appropriate measures taken in the Gram Sabha to regulate access to community forest resource and stop any activity which adversely affects the wild life, forest and the biodiversity are complied with.

CHAPTER IV

AUTHORITIES AND PROCEDURE FOR VESTING OF FOREST RIGHTS

6. Authorities to vest forest rights in forest dwelling Scheduled Tribes and the procedure thereof

(1) The Gram Sabha shall be the authority to initiate any action for determining the extent of forest rights that may be given to the forest dwelling Scheduled Tribes within the local limits of its jurisdiction under this Act.

(2) Every action under sub-section (1) shall be initiated in such manner and subject to such procedure as may be prescribed.

(*3*) A Sub-Divisional Level Committee shall examine the decision taken by the Gram Sabha.

(4) The composition and functions of the Sub-Divisional Level Committee and the procedure to be followed by it in the discharge of its functions shall be such as may be prescribed.

(5) Any person aggrieved by the decision of the Gram Sabha may prefer an appeal to the Sub-Divisional Level Committee in such manner as may be prescribed and the Sub-Divisional Committee shall consider and dispose of such appeal:
Provided that no such appeal shall be disposed of against the aggrieved person, unless he has been given a reasonable opportunity to represent his case.

(6) Every appeal under sub-section (5) shall be preferred within sixty days from the date of decision of the Gram Sabha.

(7) There shall be constituted a District Level Committee with such composition and functions as may be prescribed to consider the record of forest rights prepared by the Sub-Divisional Level Committee for its final approval.

(8) Any person aggrieved by the decision of the Sub-Divisional Committee may prefer an appeal to the District Level Committee in such manner as may be prescribed and the District Level Committee shall consider and dispose of such appeal:
Provided that no such appeal shall be disposed of against the aggrieved person, unless he has been given a reasonable opportunity to represent his case.

(9) In discharging the functions under this Act, the District Level Committee shall follow such procedure as may be prescribed.

(10) Every appeal under sub-section (8) shall be preferred within sixty days from the date of decision of the Sub-Divisional Level Committee.

(11) The decision of the District Level Committee shall be final and binding and the Gram Sabha shall maintain the records accordingly.

7. State Level Monitoring Committee

(1) The State Government shall constitute a State Level Monitoring Committee with such composition and functions as may be prescribed.

(2) The State Level Monitoring Committee shall examine the record

of recognised and vested rights of forest dwelling Scheduled Tribes submitted by the District Level Committee and conduct periodic inquiry into the process of recognition and vesting through random selection of sites.

(3) The State Level Monitoring Committee shall submit to the nodal agency such periodic returns and reports as may be called for by that agency along with the recommendations of the Committee for appropriate action.

CHAPTER V

OFFENCE AND PENALTIES

8. Penalties

If any holder of any forest right conferred by or under this Act or any other person –

(i) contravenes or abets the contravention any of the provisions of this Act, or

(ii) commits a breach of any of the conditions of the forest right vested or recognised under this Act; or

(iii) engages in unsustainable use of forest or forest produce; or

(iv) destroys wildlife, forests or any other aspect of biodiversity; or

(v) fells trees for any commercial purpose, he shall be guilty of an offence against this Act and be punished with a fine which may extend to one thousand rupees and in case of the offence is committed more than once, the forest right of the person who has committed the offence shall be derecognised for such period as the District Level Committee, on the recommendation of the Gram Sabha may decide.

9. Offences by members or officers of authorities under this Act

Where any authority or officers or member of such authority contravenes any provisions of this Act or any rule made thereunder shall be deemed to be guilty of an offence under this Act and shall be liable to be proceeded against and punished with imprisonment which may extend to thirty days or with fine which may extend to five thousand rupees, or with both:

Provided that nothing contained in this sub-section shall render any member of the authority or head of the department or any person referred to in this section liable to any punishment if he proves that the offence was committed without his knowledge or that he had exercised all due diligence to prevent the commission of such offence.

10. Cognizance of offences

No court shall take cognizance of any offence under section 9 of this Act unless any forest dwelling Scheduled Tribe in case of dispute relating to a resolution of a Gram Sabha or the Gram Sabha through a resolution against any higher authority gives a notice of not less than sixty days to the State Monitoring Committee and the State Monitoring Committee has not proceeded against such authority.

CHAPTER VI

MISCELLANEOUS

11. Members to be public servants

Every member of the authorities referred to in Chapter IV and every other officer exercising any of the powers conferred by this Act shall be deemed to be a public servant within the meaning of section 21 of the Indian Penal Code (45 of 1860).

12. Protection of action taken in good faith

(1) No suit, prosecution or other legal proceeding shall lie against any officer or other employee of the Central Government or the State Government for anything which is in good faith done or intended to be done under this Act.

(2) No suit or other legal proceeding shall lie against the Central Government or the State Government or any of its officers or other employees for any damage caused or likely to be caused by anything which is in good faith done or intended to be done under this Act.

(3) No suit or other legal proceeding shall lie against the Authority

as referred to in Chapter IV including its Chairperson, members, member secretary, officers and other employees for anything which is in good faith done or intended to be done under this Act.

13. Nodal agency

The Ministry of the Central Government dealing with Tribal Affairs or any officer or authority authorised by the Central Government in this behalf shall be the nodal agency for the implementation of the provisions of this Act.

14. Power of Central Government to issue directions

In the performance of duties and exercise of powers by or under this Act, every authority referred to in Chapter IV shall be subject to such general or special directions, as the Central Government may, from time to time, give in writing.

15. Act not in derogation of any other law

Save as otherwise provided in this Act, the provisions of this Act shall be in addition to and not in derogation of the provisions of any other law for the time being in force.

16. Power to make rules

(1) The Central Government may, by notification in the Official Gazette, make rules for carrying out the provisions of this Act.

(2) In particular, and without prejudice to the generality of the powers, such rules may provide for all or any of the following matters, namely:-

(*a*) the procedure and for manner of recognition and verification of forest rights under sub-section (*4*) of section 4;

(*b*) the manner in which action may be initiated to determine the extent of forest rights to be recognised and vested in a nuclear family of a forest dwelling Scheduled Tribe and the procedure to be followed in such proceedings under sub-section (*2*) of section 6;

(*c*) the composition and functions of the Sub-Divisional

Committee and the procedure to be followed by it in the discharge of its functions under sub-section (*4*) of section 6;

(*d*) the manner of preferring an appeal to the Sub-Divisional Committee under sub-section (*5*) of section 6;

(*e*) the composition and functions of the District Level Committee under sub-section (*7*) of section 6;

(*f*) the manner in which an appeal may be preferred to the District Level Committee under sub-section (*8*) of section 6;

(*g*) the procedure to be followed by the District Level Committee under sub-section (*9*) of section 6;

(*h*) the composition and functions of the State Level Committee under sub-section (*1*) of section 7;

(*i*) the periodic reports and returns to be submitted to the nodal agency by the State Level Committee under sub-section (*3*) of section 7;

(*j*) any other matter is required to be, or may be, prescribed.

(3) Every rule made under this Act shall be laid, as soon as may be after it is made, before each House of Parliament, while it is in session, for a total period of thirty days which may be comprised in one session or in two or more successive sessions, and if, before the expiry of the session immediately following the session or the successive sessions aforesaid, both Houses agree in making any modification in the rule or both Houses agree that the rule should not be made, the rule shall thereafter have effect only in such modified form or be of no effect, as the case may be; so, however, that any such modification or annulment shall be without prejudice to the validity of anything previously done under that rule.

STATEMENT OF OBJECTS AND REASONS

Forest dwelling tribal people and forests are inseparable. One cannot survive without the other. The conservation of ecological resources by forest dwelling tribal communities have been referred to in ancient manuscripts and scriptures. The colonial rule somehow ignored this reality for greater economic gains and probably for good reasons prevalent at that time. After independence, in our enthusiasm to protect natural resources, we continued with colonial legislation and adopted more internationally accepted notions of conservation rather than learning from the country's rich traditions where conservation is embedded in the ethos of tribal life. The reservation processes for creating wilderness and forest areas for production forestry somehow ignored the bona fide interests of the tribal community from legislative frame work in the regions where tribal communities primarily inhabit. The simplicity of tribals and their general ignorance of modern regulatory frameworks precluded them from asserting their genuine claims to resources in areas where they belong and depended upon. The modern conservation approaches also advocate exclusion rather than integration. It is only recently that forest management regimes have in their policy processes realised that integration of tribal communities who depend primarily on the forest resource cannot but be integrated in their designed management processes. It underlines that forests have the best chance to survive if communities participate in its conservation and regeneration measures. Insecurity of tenure and fear of eviction from these lands where they have lived and thrived for generations are perhaps the biggest reasons why tribal communities feel emotionally as well as physically alienated from forests and forest lands. This historical injustice now needs correction before it is too late to save our forests from becoming abode of undesirable elements.

2. It is, therefore, proposal to enact a law laying down a procedure for recognition and vesting of forest rights in forest dwelling Tribes. The recognition of forest rights enjoyed by the forest dwelling Scheduled Tribes on all kinds of forest lands for generations and which includes both bona fide needs of forest land for sustenance and usufructs from forest based resources are the fundamental basis on which the proposed legislation stands.

3. The Bill, *inter alia,* provides for the following matters, namely:–

(i) it reinforces and utilises the rich conservation ethos that tribal communities have traditionally shown and cautions against any form of unsustainable or destructive practices;

(ii) it lays down a simple procedure for recognition and vesting of forest rights in the forest dwelling Scheduled Tribes so that rights, which stand vested in forest dwelling tribal communities, become legally enforceable through corrective measures in the formal recording system of the executive machinery;

(iii) it provides for adequate safeguards to avoid any further encroachment of forests and seeks to involve the democratic institutions at the grassroots level in the process of recognition and vesting of forest rights;

(iv) it addresses the long standing and genuine felt need of granting a secure and inalienable right to those communities whose right to life depends on right to forests and thereby strengthening the entire conservation regime by giving a permanent stake to Scheduled Tribes dwelling in the forests for generations in symbiotic relationship with the entire ecosystem.

4. The Bill seeks to achieve the above objects.

NEW DELHI; **P.R.KYNDIAH.**
***The April*, 2005.**

MEMORANDUM REGARDING DELEGATED LEGISLATION

Clause 16 of the Bill empowers the Central Government to make, by notification in the Official Gazette, rules for carrying out the provisions of the proposed legislation. Subclause (2) of that clause enumerates the matters in respect of which rules may be made under the said clause. These matters, *inter alia,* relate to the procedure and for manner of recognition and verification of forest rights, the manner in which action may be initiated to determine the extent of forest rights to be recognised and vested in a nuclear family of a forest dwelling Scheduled Tribe and the procedure to be followed in such proceedings, the composition and functions of the Sub-Divisional Committee and the procedure to be followed by it in the discharge of its functions, the manner of preferring an appeal to the Sub-Divisional Committee, the composition and functions of the District Level Committee, the manner in which an appeal may be preferred to the District Level Committee, the procedure to be followed by the District Level Committee, the composition and functions of the State Level Committee and the periodic reports and returns to be submitted to the nodal agency by the State Level Committee. Sub-clause (3) of the said clause provides that the rules are required to be laid before Parliament.

2. The aforesaid matters relate to matters of procedure or administrative details and it is not practicable to provide for them in the Bill itself. The delegation of legislative power is, therefore, of a normal character.

परिशिष्ट-2

As Introduced in LOK SABHA
13 December 2005

No. 158 of of 2005

THE SCHEDULED TRIBES (RECOGNITION OF FOREST RIGHTS) BILL, 2005

A

BILL

to recognise and vest the forest rights and occupation in forest land in forest dwelling Scheduled Tribes who have been residing in such forests for generations but whose rights could not be recorded; to provide for a framework for recording the forest rights so vested and the nature of evidence required for such recognition and vesting in respect of forest land.

WHEREAS the recognized rights of the forest dwelling Scheduled Tribes include the responsibilities and authority for sustainable use, conservation of biodiversity and maintenance of ecological balance and thereby strengthening the conservation regime of the forests while ensuring livelihood and food security of the forest dwelling Scheduled Tribes;

AND WHEREAS the forest rights on ancestral lands and their habitat were not adequately recognized in the consolidation of State forests during the colonial period as well as in independent India resulting in historical injustice to the forest dwelling Scheduled Tribes who are integral to the very survival and sustainability of the forest ecosystems;

AND WHEREAS it has become necessary to address the long

standing insecurity of tenurial and access rights of forest dwelling Scheduled Tribes including those who were forced to relocate their dwelling due to State development interventions.

BE it enacted by Parliament in the Fifty-sixth Year of the Republic of India as follows:–

CHAPTER I

PRELIMINARY

1. Short title, extent and commencement

(1) This Act may be called the Scheduled Tribes (Recognition of Forest Rights) Act, 2005.

(2) It extends to the whole of India except the State of Jammu and Kashmir.

(3) It shall come into force on such date as the Central Government may, by notification in the Official Gazette, appoint.

2. Definitions

In this Act, unless the context otherwise requires,-

(a) "competent authority" means any officer or authority appointed by the Central Government, by notification, to deal with disputes referred to in sub section (7) of section 4;

(b) "core areas" means such areas of National Parks and Sanctuaries required to be kept as inviolate for the purpose of wildlife conservation as may be determined, by notification, by the Ministry of Central Government dealing with Environment and Forests.

(*c*) "forest dwelling Scheduled Tribes" means the members or community of Scheduled Tribes who primarily reside in and around forests and includes the Scheduled Tribes pastoralist communities and who depend on the forests or forest lands for bonafide livelihood needs;

(*d*) "forest land" means land of any description falling within any forest area and includes unclassified forests, un-demarcated forests existing or deemed forests, protected forests, reserved forests, sanctuaries and national parks;

(*e*) "forest rights" means the forest rights referred to in section 3;

(*f*) "forest villages" means the settlements which have been established inside the forests by the forest department of any State Government for forestry operations or which were converted into forest villages through the forest reservation process and includes forest settlement villages, fixed demand holdings, all types of *taungya* settlements by whatever name called for such villages and includes lands for cultivation and other uses, permitted the Government;

(*g*) "Gram Sabha" means a village assembly, which shall consist of all adult members of a village and in case of State having no Panchayats, the traditional village institutions;

(*h*) "habitat" includes the area comprising the customary habitat and such other habitat in reserved forests and protected forests of primitive tribal groups and pre-agricultural communities and other forest dwelling Scheduled Tribes;

(*i*) "minor forest produce" includes all non-timber forest produce of plant origin including bamboo, brush wood, stumps, cane, tussar, cocoons, honey, wax, lac, tendu or kendu leaves, medicinal plants and herbs, roots, tubers and the like;

(*j*) "nodal agency" means the nodal agency specified in section 12;

(*k*) "notification" means a notification published in the Official Gazette;

(*l*) "prescribed" means prescribed by rules made under this Act;

(*m*) "Scheduled Areas" means any Schedule Area as referred to in clause (*1*) of article 244 of the Constitution;

(*n*) "sustainable use" shall have the same meaning as assigned to it in clause (o) of section 2 of the Biological Diversity Act, 2002;

(*o*) "village" means–

  (*i*) a village referred to in clause (*b*) of section 4 of the Provisions of the Panchayats (Extension to the Scheduled Areas) Act, 1996 (40 of 1996); or

  (*ii*) any area referred to as a village in any State law relating to Panchayats, other than a Schedule Areas; or

  (*iii*) forest villages, old habitation or settlements and unsurveyed villages, whether notified as village or not;

or

(*iv*) in the case of States where there are no Panchayats, the traditional village, by whatever name called;

(*p*) "wild animal" means any species of animal specified in Schedules I to IV of the Wild Life (Protection) Act, 1972 and found wild in nature (53 of 1972).

CHAPTER II

FOREST RIGHTS

Forest rights of forest dwelling Scheduled Tribes defined

3. For the purposes of this Act, the following rights, which are secure individual or community tenure or both, shall be the forest rights of forest dwelling Scheduled Tribes, namely:-

(*a*) right to hold and live in the forest land under the individual or common occupation for habitation or for self cultivation for livelihood by a member or members of a forest dwelling Scheduled Tribe;

(*b*) Community rights such as nistar, by whatever name called, and used in erstwhile princely States, Zamindari or such intermediary regimes;

(*c*) right of ownership access to use or dispose of minor forest produce;

(*d*) other rights of uses or entitlements such as grazing (both settled and transhumant) and traditional seasonal resource access of nomadic or pastoralist communities;

(*e*) right, including community tenures of habitat and habitation for primitive tribal groups and pre- agricultural communities;

(*f*) rights in or over disputed lands under any nomenclature in any State where claims are disputed;

(*g*) rights for conversion of Pattas or leases or grants issued by any local authority or any State Government on forest lands to titles;

(*h*) rights of conversion of forest villages into revenue villages;

(*i*) rights of settlement of old habitations and unsurveyed villages, whether notified or not;

(*j*) right to protect, regenerate or conserve or manage any community forest resource which they have both traditionally protecting and conserving for sustainable use;

(*k*) rights which are recognized under any State law or laws of any Autonomous District Council or Autonomous Regional Council or which are accepted as rights of tribals under any traditional or customary law of any State;

(*l*) any other traditional right customarily enjoyed by the forest dwelling Scheduled Tribes which are not mentioned in clauses (*a*) to (*k*) but excluding the traditional right of hunting or trapping or extracting a part of the body of any species of wild animal.

CHAPTER III

RIGHTS OF FOREST DWELLING SCHEDULED TRIBES

Recognition of and vesting of forest rights in forest dwelling Scheduled Tribes

4. (*1*) Notwithstanding anything contained in any other law for the time being in force, and subject to the provisions of this Act, the Central Government hereby recognises and vests forest rights in the forest dwelling Scheduled Tribes, where they are scheduled, in respect of forest land and their habitat including right to collect, utilize or transfer minor forest produce in such manner as may be prescribed;

Provided that the forest rights determined under this Act for vesting in the core areas of the National Parks and Sanctuaries shall be granted on provisional basis for a period of five years from the date of coming into force of this Act;

Provided further that such provisional rights in such core areas shall become permanent if the holders of such rights are not re-located within said period with due compensation.

(*2*) The recognition and vesting of forest rights under this Act to forest dwelling Scheduled Tribes in relation to any State or Union territory in respect of forest land and their habitat shall be subject to the condition that such Tribes or tribal communities had occupied forest land before the 25th day of October, 1980.

(*3*) A right conferred by sub-section (*1*) shall be heritable but not alienable or transferable.

(*4*) Save as otherwise provided, no member of a forest dwelling Scheduled Tribe shall be evicted or removed from forest land under his occupation till the recognition and verification procedure is completed in such manner as may be prescribed.

(*5*) Where the forest rights recognized and vested under sub-section (*1*) are in respect of land, mentioned in clause *(a)* of section 3,-

- *(i)* such land shall be under the occupation of an individual or family or community on the date of commencement of this Act and shall be restricted to the area under actual occupation and shall in no case exceed an area of two and one- half hectares per nuclear family of a forest dwelling Scheduled Tribe;
- *(ii)* the title to the extent given shall be registered jointly in the name of the spouses in case of married persons and in the name of the single head in case of single member household.

(*6*) The forest rights recognized and vested under sub-section (*1*) in the forest dwelling Scheduled Tribe shall –

- *(i)* be exercised only to the extent vested;
- *(ii)* include the responsibility and authority of protection, conservation with sustainable use and regeneration of adjoining forests in which community rights have been vested.

(*7*) In case any forest right recognized and vested under sub-section (*1*) is disputed by any State Government or local authority, the Competent Authority shall consider the records prepared at the time of declaring the area as a Scheduled Area, and while notifying any tribe to be or deemed to be a Scheduled Tribe under article 342 of the Constitution, along with evidence and then pass an appropriate order in the matter:

Provided that no order refusing to grant any forest right shall be passed unless the aggrieved member or members of the community are given an opportunity of being heard.

Duties of holders of forest rights

5. The holder of any forest right under this Act shall –

- (*a*) save for those activities that are permitted under such rights, not indulge in any activity that adversely affects the wild animal, forest and the biodiversity in the area including clearing of forest land or trees which have grown naturally on that land for any non-forestry purposes including re-afforestation;
- (*b*) ensures that adjoining catchments areas, water sources and other ecologically sensitive areas are adequately protected;
- (c) ensures that the habitat of forest dwelling Scheduled Tribes

is preserved from any form of destructive practices affecting their cultural and natural heritage;

(d) inform the Gram Sabha and to the forest authorities any activity in violation of any of the provisions of-

(i) the Wild Life, (Protection) Act, 1972; (53 of 1972) or

(ii) the Forest (Conservation) Act, 1980; (69 of 1980) or

(iii) the Biological Diversity Act, 2002; (18 of 2003);

(*e*) ensure that the decision taken in the Gram Sabha to regulate access to community forest resource and stop any activity which adversely affects the wild animals, forest and the biodiversity are complied with.

CHAPTER IV

AUTHORITIES AND PROCEDURE FOR VESTING OF FOREST RIGHTS

Authorities to vest forest rights in forest dwelling Scheduled Tribes and other traditional forest dwellers and the procedure thereof

6. (*1*) The Gram Sabha shall be the authority to initiate the process for determining the nature and extent of individual or community forest rights or both that may be given to the forest dwelling Scheduled Tribes within the local limits of its jurisdiction under this Act by receiving claims, consolidating and verifying them and preparing a map delineating the area of each recommended claim in such manner as may be prescribed for exercise of such rights and the Gram Sabha shall, then, pass a resolution to that effect and thereafter forward a copy of the same to the Sub-Divisional Level Committee.

(2) Any person aggrieved by the resolution of the Gram Sabha may prefer a petition to the Sub-Divisional Level Committee constituted under sub-section (3) and the Sub-Divisional Level Committee shall consider and dispose of such petition;

Provided that every such petition shall be preferred within sixty days from the date of passing of the resolution by the Gram Sabha;

Provided further that no such petition shall be disposed of against the aggrieved person, unless he has given a reasonable opportunity to present his case.

(*3*) The State Government shall constitute a Sub-Divisional Level Committee to examine the resolution passed by the Gram Sabha and prepare the record of forest rights and forward it through the Sub-Divisional Officer to the District Level Committee for a final decision.

(*4*) Any person aggrieved by the decision of the Sub-Divisional Committee may prefer a petition to the District Level Committee within sixty days from the date of decision of the Sub-Divisional Level Committee and the District Level Committee shall consider and dispose of such petition;

Provided that the no petition shall be preferred directly before the District Level Committee against the resolution of the Gram Sabha unless the same has been preferred before and considered by the Sub-Divisional Level Committee;

Provided further that no such petition shall be disposed against the aggrieved person, unless he has been given a reasonable opportunity to present his case.

(*5*) The State Government shall constitute a District Level Committee to consider and finally approve the record of forest rights prepared by the Sub-Divisional Level Committee.

(*6*) The decision of the District Level Committee on the record of the forest rights shall be final and binding.

(*7*) The State Government shall constitute a State Level Monitoring Committee to monitor the process of recognition and vesting of forest rights and to submit to the nodal agency such returns and reports as may be called for by that agency.

(*8*) The Sub-Divisional Level Committee, the District Level Committee and the State Level Monitoring Committee shall consist of officers of the departments of Revenue, Forest and Tribal Affiars of the State Government at the appropriate level as may be prescribed.

(*9*) The composition and functions of Sub-Divisional Level Committee, the District Level Committee and the State Level Monitoring Committee and the procedure to be followed by them in the discharge of their functions shall be such as may be prescribed.

CHAPTER V

OFFENCE AND PENALTIES

Penalties

7. If any holder of any forest right conferred by or under this Act or any other person –

(i) contravenes or abets the contravention any of the provisions of this Act, or

(ii) commits a breach of any of the conditions of the forest right vested or recognised under this Act; or

(iii) engages in unsustainable use of forest or forest produce; or

(iv) kills any wild animal or destroys forests or any other aspect of biodiversity; or

(v) fells trees for any commercial purpose,

he shall be guilty of an offence against this Act and be punished with a fine which may extend to one thousand rupees and in case of the offence is committed more than once, the forest right of the person who has committed the offence shall be derecognized for such period as the District Level Committee, on the recommendation of the Gram Sabha may decide;

Provided that the penalties under this section shall be in addition and not in derogation of imposition of any penalty under any other law for the time being in force.

Offences by members or officers of authorities under this Act

8. Where any authority or Committee or officers or member of such authority or Committee contravenes any provisions of this Act or any rule made thereunder concerning recognition of forest rights,it, or they shall be deemed to be guilty of an offence under this Act and shall be liable to be proceeded against and punished with fine which may extended one thousand rupees;

Provided that nothing contained in this sub-section shall render any member of the authority or committee or head of the department or any person referred to in this section liable to any punishment if he proves that the offence was committed without his knowledge or that he had exercised all due diligence to prevent the commission of such offence.

Cognizance of offences

9. No court shall take cognizance of any offence under section 8 of this Act unless any forest dwelling Scheduled Tribe in case of dispute relating to a resolution of a Gram Sabha or the Gram Sabha through a resolution against any higher authority gives a notice of not less than sixty days to the State Level Monitoring Committee and the State Level Monitoring Committee has not proceeded against such authority.

CHAPTER VI

MISCELLANEOUS

Members to be public servants

10. Every member of the authorities referred to in Chapter IV and every other officer exercising any of the powers conferred by this Act shall be deemed to be a public servant within the meaning of section 21 of the Indian Penal Code (45 of 1860).

Protection of action taken in good faith

11. (*1*) No suit, prosecution or other legal proceeding shall lie against any officer or other employee of the Central Government or the State Government for anything which is in good faith done or intended to be done under this Act.

(2) No suit or other legal proceeding shall lie against the Central Government or the State Government or any of its officers or other employees for any damage caused or likely to be caused by anything which is in good faith done or intended to be done under this Act.

(3) No suit or other legal proceeding shall lie against any Authority as referred to in Chapter IV including its Chairperson, members, member secretary, officers and other employees for anything which is in good faith done or intended to be done under this Act.

Nodal agency

12. The Ministry of the Central Government dealing with Tribal Affairs or any officer or authority authorised by the Central Government in this behalf shall be the nodal agency for the implementation of the provisions of this Act.

Power of Central Government to issue directions

13. In the performance of its duties and exercise of its powers by or under this Act, every authority referred to in Chapter IV shall be subject to such general or special directions, as the Central Government may, from time to time, give in writing.

Act not in derogation of any other law

14. Save as otherwise provided in this Act, the provisions of this

Act shall be in addition to and not in derogation of the provisions of any other law for the time being in force.

Power to make rules

15. (*1*) The Central Government may, by notification, make rules for carrying out the provisions of this Act.

(2) In particular, and without prejudice to the generality of the foregoing powers, such rules may provide for all or any of the following matters, namely:-

(*a*) the manner in which forest rights may be exercised under sub-section (1) of section 4;

(*b*) the procedure for and the manner of recognition and verification of forest rights under sub-section (4) of section 4;

(*c*) the procedure for receiving claims, consolidating and verifying them and preparing a map delineating the area of each recommend claim for exercise of forest rights under sub-section (1) of section 6 and the manner of preferring a petition to the Sub-Divisional Committee under sub-section (2) of that section;

(*d*) the level of officers of the departments of Revenue, Forest and Tribal Affairs of the State Government to be appointed as members of the Sub-Divisional Level Committee, the District Level Committee and the State Level Monitoring Committee under sub-section (8) of Section (6);

(*e*) the composition and functions of the Sub-Divisional Level Committee, the District Level Committee and the State Level Committee and the procedure to be followed by them in the discharge of their functions under sub-section (9) of section 6;

(*f*) any other matter which is required to be, or may be, prescribed.

(3) Every rule made under this Act shall be laid, as soon as may be after it is made, before each House of Parliament, while it is in session, for a total period of thirty days which may be comprised in one session or in two or more successive sessions, and if, before the expiry of the session immediately following the session or the successive sessions aforesaid, both Houses agree in making any modification in the rule or both Houses agree that the rule should not be made, the rule shall thereafter have effect only in such modified form or be of no effect, as the case may be; so, however, that any such modification or annulment shall be without prejudice to the

validity of anything previously done under that rule.

STATEMENT OF OBJECTS AND REASONS

Forest dwelling tribal people and forests are inseparable. One cannot survive without the other. The conservation of ecological resources by forest dwelling tribal communities have been referred to in ancient manuscripts and scriptures. The colonial rule somehow ignored this reality for greater economic gains and probably for good reasons prevalent at that time. After independence, in our enthusiasm to protect natural resources, we continued with colonial legislation and adopted more internationally accepted notions of conservation rather than learning from the country's rich traditions where conservation is embedded in the ethos of tribal life. The reservation processes for creating wilderness and forest areas for production forestry somehow ignored the *bona fide* interests of the tribal community from legislative frame work in the regions where tribal communities primarily inhabit. The simplicity of tribals and their general ignorance of modern regulatory frameworks precluded them from asserting their genuine claims to resources in areas where they belong and depended upon. The modern conservation approaches also advocate exclusion rather than integration. It is only recently that forest management regimes have initiated action to recognize the occupation and other rights of the forest dwellers and have in their policy processes realised that tribal communities who depend primarily on the forest resource cannot but be integrated in their designed management processes. There is a recoginition of the fact that forests have the best chance to survive if communities participate in its conservation and regeneration measures. Insecurity of tenure and fear of eviction from these lands where they have lived and thrived for generations are perhaps the biggest reasons why tribal communities feel emotionally as well as physically alienated from forests and forest lands. This historical injustice now needs correction before it is too late to save our forests from becoming abode of undesirable elements.

2. It is, therefore, proposal to enact a law laying down a procedure for recognition and vesting of forest rights in forest dwelling Scheduled Tribes. This Bill is a logical culmination of the process of recognition of forest rights.The recognition of forest rights enjoyed by the forest

dwelling Scheduled Tribes on all kinds of forest lands for generations and which includes forest land for sustenance and usufructs from forest based resources is the fundamental basis on which the proposed legislation stands.

3. The Bill, *inter alia,* provides for the following matters, namely:–

(i) it reinforces and utilises the rich conservation ethos that tribal communities have traditionally shown and cautions against any form of unsustainable or destructive practices;

(ii) it lays down a simple procedure for recognition and vesting of forest rights in the forest dwelling Scheduled Tribes so that rights, which stand vested in forest dwelling tribal communities, become legally enforceable through corrective measures in the formal recording system of the executive machinery;

(iii) it provides for adequate safeguards to avoid any further encroachment of forests and seeks to involve the democratic institutions at the grassroots level in the process of recognition and vesting of forest rights;

(iv) it addresses the long standing and genuine felt need of granting a secure and inalienable right to those communities whose right to life depends on right to forests and thereby strengthening the entire conservation regime by giving a permanent stake to Scheduled Tribes dwelling in the forests for generations in symbiotic relationship with the entire ecosystem.

4. The Bill seeks to achieve the above objects.

NEW DELHI; **P.R.KYNDIAH.**

The 5th December, 2005.

FINANCIAL MEMORANDUM

Sub-clause (a) of clause 2 of the Bill provides for appointment of an officer or authority as competent authority to deal with disputes relating to forest rights. Sub-clause (3) of the clause 6 of the Bill inter alia provides for the constitution of Sub-Divisional Level Committee by the State Government. Sub-clause (5) of clause (6) provides for the constitution of District Level Committee by the State Government. Sub-clause 7 of clause 6 provides for the constitution of State Level

Monitoring Committee by the State Government. The above Authorities and Committees shall consist of Government officers. The expenditure towards holding the meeting etc., would be negligible and it is not possible to make an estimate of them. There shall be no other additional expenditure, both recurring and non-recurring.

MEMORANDUM REGARDING DELEGATED LEGISLATION

Clause 15 of the Bill empowers the Central Government to make, by notification in the Official Gazette, rules for carrying out the provisions of the proposed legislation. Subclause (2) of that clause enumerates the matters in respect of which rules may be made under the said clause. These matters, *inter alia,* relate to the manner in which forest rights may be exercised under sub-sectio (1) of section 4, the procedure for receiving claim, consolidating and verifying them and preparing a map of delineating the area of each recommended claim for exercise of forest rights under sub-section (1) of section 6 and the manner of preferring a petition to the Sub-Divisional Level Committee under sub-section (2) of section 6, the levels of officers of the departments of Revenue, Forest and Tribal Affairs of the State Government to be appointed as members of the Sub-Divisional Level Committee, the District Level Committee and State Level Monitoring Committee under sub-section (8) of section 6 and the composition and function of the Sub-Divisional Level Committee, District Level Committee and State Level Monitoring Committee and the procedure to be followed by them in the discharge of their functions under sub-section (9) of section 6. Sub-clause (3) of clause 15 provides that the rules are required to be laid before parliament.

2. The aforesaid matters relate to matters of procedure or administrative details and it is not practicable to provide for them in the Bill itself. The delegation of legislative power is, therefore, of a normal character.

परिशिष्ट-3

THE SCHEDULED TRIBES (RECOGNITION OF FOREST RIGHTS) BILL, 2005 AS REPORTED BY THE JOINT COMMITTEE

No. 158-B of 2005

THE SCHEDULED TRIBES AND OTHER TRADITIONAL FOREST DWELLERS (RECOGNITION OF FOREST RIGHTS) BILL, 2006

A

BILL

to recognise and vest the forest rights and occupation in forest land in forest dwelling Scheduled Tribes and other traditional forest dwellers who have been residing in such forests for generations but whose rights could not be recorded; to provide for a framework for recording the forest rights so vested and the nature of evidence required for such recognition and vesting in respect of forest land.

WHEREAS the recognised rights of the forest dwelling Scheduled Tribes and other traditional forest dwellers include the responsibilities and authority for sustainable use, conservation of biodiversity and maintenance of ecological balance and thereby strengthening the conservation regime of the forests while ensuring livelihood and food security of the forest dwelling Scheduled Tribes and other traditional forest dwellers;

AND WHEREAS the forest rights on ancestral lands and their habitat were not adequately recognised in the consolidation of State forests during the colonial period as well as in independent India resulting in historical injustice to the forest dwelling Scheduled Tribes and other traditional forest dwellers who are integral to the very survival and sustainability of the forest ecosystems;

AND WHEREAS it has become necessary to address the long standing insecurity of tenurial and access rights of forest dwelling Scheduled Tribes and other traditional forest dwellers including those who were forced to relocate their dwelling due to state development interventions.

BE it enacted by Parliament in the Fifty-seventh Year of the Republic of India as follows:–

CHAPTER I

PRELIMINARY

1. (*1*) This Act may be called the Scheduled Tribes and Other Traditional Forest Dwellers (Recognition of Forest Rights) Act, 2006.

(*2*) It extends to the whole of India except the State of Jammu and Kashmir.

Short title and commencement.

(*3*) It shall come into force on such date as the Central Government may, by notification in the Official Gazette, appoint.

Definitions.

2. In this Act, unless the context otherwise requires,–

*** *** *** ***

*** *** *** ***

(*a*) "community forest resource " means customary common forest land within the traditional or customary boundaries of the village, or seasonal use of landscape in the case of pastoral communities, including reserved forests, protected forests and protected areas such as Sanctuaries and National Parks to which the community had traditional access;

(*b*) "critical wildlife habitat" means such areas of National Parks and Sanctuaries where it has been specifically and clearly established, case by case, on the basis of scientific and objective criteria, that such areas are required to be kept as inviolate for the purposes of wildlife conservation as may be determined and notified by the Central Government after open process of consultation by an Expert Committee, which includes experts from the locality appointed by the Ministry of the Central Government dealing with tribal affairs, and shall also be according to the procedural requirements arising from sub-sections (*1*) and (*2*) of section 4;

(*c*) "forest dwelling Scheduled Tribes" means the members or community of the Scheduled Tribes who primarily reside in or in the close proximity of forests and includes the Scheduled Tribe pastoralist communities who depend on the forests or forest lands for *bona fide* livelihood needs;

(*d*) "forest land" means land of any description ** recorded or notified as forest and includes *unclassed forests, undemarcated forests, existing or deemed forests, protected forests, reserved forests, Sanctuaries and National Parks;

(*e*) "forest rights" means the forest rights referred to in section 3;

(*f*) "forest villages" means the settlements which have been established inside the forests by the forest department of any State Government for forestry operations or which were converted into forest villages through the forest reservation process and includes forest settlement villages, fixed demand holdings, all types of *taungya* settlements, by whatever name called, for such villages and includes lands for cultivation and other uses permitted by the Government;

(*g*) "Gram Sabha" means a village assembly which shall consist of all adult members of a village and in case of States having no Panchayats, *Padas, Tolas* and other traditional village institutions and elected village committees, with full and unrestricted participation of women;

Explanation.- For the purposes of this clause, the term "village assembly" shall be construed according to the definition of "village" as given in clause (*p*), which applies also to areas covered by the provisions of the Panchayats 40 of 1996. (Extension to Scheduled Areas) Act, 1996;

(*h*) "habitat" includes the area comprising the customary habitat and such other habitats in reserved forests and protected forests of primitive tribal groups and pre-agricultural communities and other forest dwelling Scheduled Tribes;

(*i*) "minor forest produce" includes all non-timber forest produce of plant origin including bamboo, brush wood, stumps, cane, tussar, cocoons, honey, wax, lac, tendu or kendu leaves, medicinal plants and herbs, roots, tubers, fuel wood and the like, stones, slates and boulders and products from water bodies including fish, weeds and the like;

(*j*) "nodal agency" means the nodal agency specified in section 11;

(*k*) "notification" means a notification published in the Official Gazette;

(*l*) "prescribed" means prescribed by rules made under this Act;

(*m*) "Scheduled Areas" means the Scheduled Areas referred to in clause (1) of article 244 of the Constitution;

18 of 2003.

(*n*) "sustainable use" shall have the same meaning as * in the Biological Diversity Act, 2002;

(*o*) "traditional forest dweller" means any member or community that is residing in, or in close proximity of, the forest land and primarily dependent on forest land or forest resources for their livelihood needs, which term includes-

(*i*) communities who have been traditionally living in or adjacent to forests for at least three generations;

(*ii*) such communities which have settled or been located in the forest land as a result of government policy or the failure thereof such as all those who were settled by or encouraged to settle by any government department or policy on forest land, and all such bodies of people settled under with lease, *patta* or assignment on forest land for forestry or other work or use, including all residents of forest villages, *taungya* settlements and the like defined in any manner whatsoever, regardless of whether they are recorded or not;

(*iii*) if he or she or his or her family have been forcibly displaced from their original habitats because of development projects, natural calamities, or other circumstances;

(*iv*) if his or her orginial habitat has been declared as forest, Sanctuary, National Park or Protected Area under the Indian Forest Act, 1878 or the 16 of 1927. 53 of 1972. 69 of 1980. Indian Forest Act, 1927 or Wild Life (Protection) Act, 1972 or is otherwise considered as forest area under Forest (Conservation) Act, 1980 or other applicable laws; and

(*v*) if he or she has been forced to occupy or purchase forest land or resources for livelihood purposes as a result of a failure of the Central Government or a State Government to fulfill its commitment to provide land or other livelihood resources made to that individual or to a group of persons to which that individual or group belongs;

(*p*) "village" means–

40 of 1996.

(*i*) a village referred to in clause (*b*) of section 4 of the Provisions of the Panchayats (Extension to the Scheduled Areas) Act, 1996, regardless of whether the area involved is a Scheduled Area or not;

*** *** *** ***

(*ii*) forest villages, old habitation or settlements and unsurveyed villages, whether notified as village or not; or

(*iii*) in the case of States where there are no Panchayats, the traditional village, by whatever name called;

(*q*) "wild animal" means any species of animal specified in Schedules I to IV of the Wild Llife (Protection) Act, 1972 and found wild in nature. 53 of 1972.

CHAPTER II

FOREST RIGHTS

Forest rights of Forest dwelling Scheduled Tribes other and traditional forest dwellers defined.

3. (1) For the purposes of this Act, the following rights, which are secure individual or community tenure or both, shall be the forest rights of forest dwelling Scheduled Tribes and other traditional forest dwellers on all forest lands, namely:–

(*a*) right to hold and live in the forest land under the individual or common occupation for habitation or for self- cultivation for livelihood by a member or members of a forest dwelling Scheduled Tribe or other traditional forest dwellers;

(*b*) community rights such as *nistar*, by whatever name called, including those used in erstwhile Princely States, *Zamindari* or such intermediary regimes that occur in forest land;

(*c*) right of ownership access to collect, use, transport and dispose of minor forest produce which has been traditionally collected within or outside village boundaries;

(*d*) other community rights of uses or entitlements such as fish and other products of water bodies, grazing (both settled or transhumant) and traditional seasonal resource access of nomadic or pastoralist communities;

(*e*) rights, including community tenures of habitat and habitation for primitive tribal groups and pre-agricultural communities;

(*f*) rights in or over disputed lands under any nomenclature in any State where claims are disputed;

(*g*) rights for conversion of *Pattas* or leases or grants issued by any local authority or any State Government on forest lands to titles;

(*h*) rights of settlement of all forest villages, old habitation, unsurveyed villages and other villages in forests, whether ** recorded, notified, or not, into revenue villages;

(*i*) community right and authority to use, protect, regenerate, conserve, control, or manage any community forest resource, provided that such right shall include the right to all produce and benefits such as timber, minerals, environmental and cultural services;

(*j*) rights which are recognised under any State law or laws of any Autonomous District Council or Autonomous Regional Council or which are accepted as rights of tribals under any traditional or customary law of the concerned tribes of any State;

(*k*) right of access to biodiversity and community right to intellectual property and traditional knowledge related to biodiversity and cultural diversity;

(*l*) any other traditional right customarily enjoyed by the forest dwelling Scheduled Tribes or other traditional forest dwellers, as the case may be, which are not mentioned in clauses (*a*) to (*k*) but excluding the traditional right of hunting or trapping or extracting a part of the body of any species of wild animal;

(*m*) right to *in situ* rehabilitation including alternative land in cases where the Scheduled Tribes and other traditional forest dwellers have been illegally evicted or displaced from forest land of any description without receiving their legal entitlement to rehabilitation.

(*2*) The vesting of rights shall include the lands occupied by the families of forest dwelling Scheduled Tribes and other traditional forest dwellers earlier or leased to them by the Forest Department and taken away subsequently by the Forest Department or other agencies for plantation or any other like purposes.

(*3*) The Central Government shall ensure that the provisions of developmental requirements of food, fibre, education, health, communication and the like of the forest dwelling Scheduled Tribes and other traditional forest dwellers are met and the land requirements from the forest lands to provide such basic and essential developmental facilities in forests or in the proximity of forests shall be provided.

69 of 1980.

(*4*) Notwithstanding anything contained in the Forest (Conservation) Act, 1980, the Central Government shall provide for diversion of forest land for the following facilities managed by the government which involve felling of trees not exceeding seventy-five trees per project, namely:-

(*a*) schools;

(*b*) dispensary or hospital;

(*c*) anganwadis;

(*d*) fair price shops;

(*e*) electric and telecommunication lines;

(*f*) tanks and other minor water bodies;

(*g*) drinking water supply and water pipelines;
(*h*) water orrain water harvesting structures;
(*i*) minor irrigation canals;
(*j*) non-conventional source of energy;
(*k*) skill upgradation or vocational training centres;
(*l*) roads; and
(*m*) community centres:

Provided such diversion of forest land shall be allowed only if,-
(*i*) the forest land to be diverted for the purposes mentioned in this sub-section is less than one hectare in each case; and section is less than one hectare in each case; and
(*ii*) the clearance of such developmental projects shall be subject to the condition that the same is recommended by the Gram Sabha.

(*5*) Notwithstanding any custom or usage, the female members of the Scheduled Tribes and Other Traditional Forest Dwellers shall have equal rights vested, with special provision for female-headed households and widows.

CHAPTER III

RECOGNITION, RESTORATION AND VESTING OF FOREST RIGHTS AND RELATED MATTERS

Recognition of and vesting of forest rights in forest dwelling Scheduled Tribes and other traditional forest dwellers.

4. (1) Notwithstanding anything contained in any other law for the time being in force, and subject to the provisions of this Act, the Central Government hereby recognises and vests forest rights in– (*a*) the forest dwelling Scheduled Tribes in States or areas in States where they are declared as Scheduled Tribes in respect of all forest rights mentioned in section 3; (*b*) the other traditional forest dwellers in respect of all forest rights mentioned in section 3.

*** *** *** ***

(2) The forest rights recognised under this Act in critical wildlife

habitats of National Parks and Sanctuaries may subsequently be modified or resettled, provided that no forest rights holders shall be resettled or have their rights in any manner affected for the purposes of creating inviolate areas for wildlife conservation except in case all the following conditions are satisfied, namely:–

(*a*) the process of recognition and vesting of rights as specified in section 6 is complete in all the areas under consideration;

(*b*) it has been established by the concerned agencies of the State Government, in exercise of their powers under the Wild Life (Protection) Act, 1972, and with the consent of all the rights holders and in consultation with independent ecological and social scientists familiar with the area that the activities or impact of the presence of holders of rights upon wild animals is sufficient to cause irreversible damage and threaten the existence of said species and their habitat; 53 of 1972.

(*c*) the State Government, after obtaining the consent of all the holders of rights and in consultation with independent ecological and social scientists familiar with the area, has concluded that other reasonable options such as co-existence, where even in critical wildlife habitats, human use is not incompatible with conservation values, or where some changes in resource use patterns could make them compatible with conservation values, or partial relocation, where complete relocation is not necessary for the mitigation of such impacts are not available;

(*d*) a resettlement or alternatives package has been prepared and communicated that provides a secure livelihood for the affected individuals and communities and fulfills the requirements of such affected individuals and communities given in the National Relief and Rehabilitation Policy of the Central Government;

(*e*) the free informed consent of the Gram Sabhas in the area concerned, and of the concerned individuals, to the resettlement and to the package provided has been obtained in writing;

(*f*) no resettlement shall take place until facilities and land allocation at the resettlement location are complete as per the promised package:

Provided that the critical wildlife habitats from which rights holders are thus relocated for purposes of wildlife conservation shall not be subsequently diverted by the State Government or the Central Government or any other entity for other uses:

Provided further that the community shall have the right to their original habitation if unsatisfied with the rehabilitation.

(3) The recognition and vesting of forest rights under this Act to the forest dwelling Scheduled Tribes and to other traditional forest dwellers in relation to any State or Union territory in respect of forest land and their habitat shall be subject to the condition that such Scheduled Tribes or tribal communities or other traditional forest dwellers had occupied forest land before the 13th day of December, 2005.

(4) A right conferred by sub-section (*1*) shall be heritable but not alienable or transferable and shall be registered jointly in the name of both the spouses in case of married persons and in the name of the single head in the case of a household headed by a single person and in the absence of a direct heir, the heritable right shall pass on to the next of kin.

(*5*) Save as otherwise provided, no member of a forest dwelling Scheduled Tribe or other traditional forest dweller shall be evicted or removed from forest

land under his occupation till the recognition and verification procedure is completed**.

(*6*) Where the forest rights recognized and vested by sub-section (*1*) are in respect of land mentioned in clause *(a)* of sub-section (*1*) of section 3 such land shall be under the occupation of an individual or family or community on the date of commencement of this Act and shall be restricted to the area under actual occupation.

(*7*) The forest rights recognised and vested by sub-section (*1*) in the forest dwelling Scheduled Tribes and other traditional forest dwellers shall be exercised only to the extent vested.**

(*8*) Where rights are being claimed under clause

(*e*) of section 3 by communities that partially or fully practise shifting cultivation, such community shall have full decision-making powers over land use on any land that falls within the traditional boundaries or range of that community.

69 of 1980.

(9) The forest rights shall be conferred free of all encumbrances and procedural requirements, including clearance under the Forest (Conservation) Act, 1980, requirement of paying the 'net present value' and 'compensatory afforestation' for diversion of forest land, except those specified in this Act.

(10) The forest rights recognized and vested under this Act shall include the right of land to forest dwelling Scheduled Tribes and other traditional forest dwellers who can establish that they were displaced from their dwelling and cultivation without land compensation due to State development interventions, and where the land has not been used for the purpose for which it was acquired within five years of the said acquisition.

Duties of holders of forest rights and responsibilities of Government.

Authorities to vest forest rights in forest dwelling Scheduled Tribes and other forest dwellers and

5. *(1)* The Gram Sabha and village level institutions in areas where there are holders of any forest right under this Act are empowered to–

(*a*) protect the wild life, forest and biodiversity;

(*b*) ensure that adjoining catchments area, water sources and other ecological sensitive areas adequately protected;

(*c*) ensure that the habitat of forest dwelling Scheduled Tribes and other traditional forest dwellers is preserved from any form of destructive practices affecting their cultural and natural heritage;

(*d*) ensure that the decisions taken in the Gram Sabha to regulate access to community forest resources and stop any activity which adversely affects the wild animals, forest and the biodiversity are complied with;

(*e*) ensure that when forest dwelling Scheduled Tribes or other traditional forest dwellers seek to sell the harvested minor forest produce, they may be allowed to sell to any person of their choice but the Government shall offer them adequate and fair minimum support price and take steps to protect them from middlemen and traders;

(2) The Government shall ensure that the forest dwelling Scheduled Tribes and other traditional forest dwellers shall not be denied any benefit arising out of any explorations, exploitations and use of natural resources and shall also adequately compensate the forest dwelling Scheduled Tribes and other traditional forest dwellers for any damages caused by such activities.

(3) The Government shall protect the forest rights of the forest dwelling Scheduled Tribes and other traditional forest dwellers under this Act and shall prohibit any one who does not belong to a forest dwelling Scheduled Tribe or who is not an other traditional forest dweller, such as an individual agency, corporation or institution from violating the provisions of this Act and take punitive action against them for such violation.

(4) The Government shall protect the right to access biodiversity and the community right to intellectual and traditional knowledge related to forest biodiversity and cultural diversity.

(5) No forest land shall be acquired or diverted that may adversely affect the rights recognized under this Act without prior intimation to and prior consent of the Gram Sabha and the affected persons without paying adequate and equal compensation on the principle of "cultivable land for land" and proper rehabilitation:

Provided that in areas where the Sixth Schedule to the Constitution is applicable, its provisions regarding land acquisition shall prevail over the provisions of this Act.

CHAPTER IV

AUTHORITIES AND PROCEDURE FOR VESTING OF FOREST RIGHTS

Authories to vest forest rights in forest dwelling Scheduled Tribes and other dwellers and the procedure thereof.

6. (*1*) The Gram Sabha shall be the authority for * determining the nature and extent of individual or community forest rights, or both, that may be given to the forest dwelling traditional forest dwellers within the local and customary limits of its jurisdiction under this Act by receiving claims, consolidating and verifying them and preparing a map delineating the area of each recommended claim * for exercise of such rights and the Gram Sabha shall, then, pass a resolution to that effect and thereafter forward a copy of the same to the Sub-Divisional Level Committee.

(2) Any potential rights holder aggrieved by the resolution of the Gram Sabha may submit an application to the Sub-Divisional Level Committee constituted under sub-section (3) and the Sub-Divisional Level Committee shall consider * such application and communicate recommendations of an advisory nature to the Gram Sabha within a period of sixty days after which the Gram Sabha shall make a decision and pass a final resolution as per the decision within ninety days:

Provided that every such * application to the Sub-Divisional Level Committee shall be preferred within sixty days from the date of passing of the resolution by the Gram Sabha.

*** *** *** ***

(3) The State Government shall constitute a Sub-Divisional Level Committee to examine the resolutions passed by the Gram Sabha and to make recommendations, if any, to the Gram Sabha which shall then make its final decision and prepare the records of forest rights and forward it** to the District Level Committee for a final decision.

(*4*) Any person aggrieved by the decision of the Gram Sabha may make an application to the Sub-Divisional Level Committee which shall send its recommendations to the Gram Sabha for a final decision.

(*5*) Any person aggrieved by the final decision of the Gram Sabha may prefer a petition to the District Level Committee within sixty days from the date of the decision of the Gram Sabha under sub-section (4) and the District Level Committee shall consider and dispose of such petition:

Provided that no such petition shall be preferred directly before the District Level Committee unless the same has been preferred before and commented upon by the Sub-Divisional Level Committee by way of recommendations made to the Gram Sabha, and the Gram Sabha has made its final decision through a resolution:

Provided further that no such petition shall be disposed of against the aggrieved person, unless he has been given a reasonable opportunity to present his case.

(6) The State Government shall constitute a District Level Committee to consider and finally approve the record of forest rights prepared by ** the Gram Sabha.

(7) The decision of the District Level Committee on the record of forest rights, shall be final and binding.

(*8*) The State Government shall constitute a State Level Monitoring Committee to monitor the process of recognition and vesting of forest rights and to submit to the nodal agency such records and reports as may be called for by that agency.

*** *** *** ***

(*9*) The composition of the Sub-Divisional Level Committee, the District Level Committee and the State Level Monitoring Committee shall be as follows:–

(*i*) The Sub-Divisional Level Committee, the District Level Committee and the State Level Monitoring Committee shall have at least one-half of its total members from the forest dwelling Scheduled Tribes with provisions for adequate inclusion of elected representatives and disadvantaged communities on the committees;

(*ii*) At least one-third of the non-official members of the Committees constituted under this section shall be women;

(*iii*) The Committee shall also have officers of the departments of Revenue, Tribal Affairs and Forest of the concerned State Government of the appropriate level as may be decided by the State Government;

(*iv*) All the Committees constituted under this section shall be headed by the official representing the revenue department.

(*v*) The number of members of the Sub-Divisional Level Committee, District Level Committee and the State Level Monitoring Committee and the rules of procedure to be followed by them shall be such as may be prescribed.

(10) The functions of the Sub-Divisional Level Committee, the District Level Committee and the State Level Monitoring Committee

and the procedure to be followed by them in the discharge of their functions shall be as follows:-

(*a*) the Sub-Divisional Level Committee shall–

(*i*) receive applications against the decisions of the Gram Sabha and send its recommendations on them to the Gram Sabha as per the procedure as may be prescribed;

(*ii*) facilitate the organising of multi-Gram Sabha meetings for deciding on boundaries of shared community forest resources and resolving disputes between them over such boundaries;

(*iii*) initiate Gram Sabha meetings in cases where the Gram Sabhas fail to discharge their responsibilities; and

(*iv*) receive communications from the Gram Sabha and make related recommendations, if any:

Provided that during the process of investigation of claims by Gram Sabhas, the Sub-Divisional Level Committee may ensure information dissemination and capacity building and training support in its area of jurisdiction on behalf of the District Level Committee.

(*b*) The District Level Committee shall–

(*i*) ensure that the recognised rights are entered in the revenue records and forest records within three months of their finalisation;

(*ii*) during the process of recognition of rights, ensure that the Sub-Divisional Level Committees and the Gram Sabhas in their districts receive all necessary support for widespread information dissemination in local languages and through traditional communication channels about the provisions of this Act and the procedure to be followed for filing of claims;

(*iii*) organise training and capacity building support for members of Sub-Divisional Level Committees, Gram Sabhas, civil society organizations and representatives and other local stakeholders;

(*iv*) ensure that existing revenue and forest records, maps, other required documents are made available to the Sub-Divisional Level Committees and the Gram Sabhas as required; and

(*v*) ensure that the Gram Sabhas receive technical support, when requested for, of surveyors and cartographers for preparing maps of the areas over which rights are claimed.

(*c*) State-Level Monitoring Committee shall–

(*i*) ensure that the constitution and functioning of the Sub-Divisional Level Committees and the District Level Committees referred to in this section is completed within six months of the enactment of this Act; and

(*ii*) monitor the performance of the Sub-Divisional Level Committees and the District-Level Committees periodically.

(*11*) For the purpose of defining the boundaries of a shared customary forest area or to resolve any dispute between two or more Gram Sabhas over questions of such shared forest boundaries or of community rights determined in a shared customary forest area under this Act, the two or more Gram Sabhas shall meet jointly within a period of sixty days of claims being made for such a shared forest area or a dispute over its boundaries becoming apparent, for the purpose of determining the boundaries and for resolving the disputes:

Provided that if such a meeting fails to take place, the Sub-Divisional Level Committee shall convene such a meeting within a period of thirty days after the expiry of the said period of sixty days.

(*12*) The evidence acceptable in support of a claim to a right under this Act shall include, but not be limited to, the following, namely:–

(*a*) oral evidence of the community and members of the community;

(*b*) spot verification of cultivated area, age of trees, and the like by the authority (the Gram-Sabha or Committee) concerned;

(*c*) improvements made to the land such as bunds, check dams and the like;

(*d*) documentary evidence such as primary evidence, offence reports, prior *pattas* or leases, house tax receipts and the like;

(*e*) official or independent records such as gazetteers, forest enquiry reports, anthropological studies or literature, surveys and maps;

(*f*) affidavits from the claimant or his or her neighbours and other community members;

(*g*) official records of rights and permitted uses under Princely States, *zamindars* and the like; and

(*h*) documentary evidence from any prior research or documentation of reputed institutions or individuals, including reports, publications of renowned anthropologists and reports of the Anthropological Survey of India.

Committees of G Sbh Gram Sabhas.

7. The Gram Sabhas may at any time constitute one or more Committees or other institutions consisting solely of members of that Gram Sabha with representation of women, to consider matters that fall within the purview of the Gram Sabha under this Act and recommend a course of action to the Gram Sabha:

Provided that the powers of such Committees or institutions shall be purely advisory in nature.

Rehabiliation.

8. Any ineligible and primarily forest-dependent encroacher shall be offered *in situ* rehabilitation through employment in afforestation or in other forest-based activity.

CHAPTER V

OFFENCE AND PENALTIES

***   ***   ***   ***

Offences by members or officers of authorities and Committees under this Act

9. Where any authority or Committee or officer or member of such authority or Committee contravenes any provisions of this Act or any rule made thereunder concerning recognition of forest rights, it, or they, shall be deemed to be guilty of an offence under this Act and shall be liable to be proceeded against and punished with fine which may extend to one thousand rupees:

Provided that nothing contained in this sub-section shall render any member of the authority or Committee or head of the department or any person referred to in this section liable to any punishment if he proves that the offence was committed without his knowledge or that he had exercised all due diligence to prevent the commission of such offence.

Cognizance of offences.

10. No court shall take cognizance of any offence under section 9 unless any forest dwelling Scheduled Tribe in case of a dispute relating to a resolution of a Gram Sabha or the Gram Sabha through a resolution against any higher authority gives a notice of not less than sixty days to the State Level Monitoring Committee and the State Level Monitoring Committee has not proceeded against such authority.

CHAPTER VI

MISCELLANEOUS

Members of authorities, etc. to be public servants.

11. Every member of the authorities referred to in Chapter IV and every other officer exercising any of the powers conferred by or under this Act shall be deemed to be a public servant within the meaning of section 21 of the 45 of 1860. Indian Penal Code.

Protection of action taken in good faith.

12. (*1*) No suit, prosecution or other legal proceeding shall lie against any officer or other employee of the Central Government or the State Government for anything which is in good faith done or intended to be done by or under this Act.

(*2*) No suit or other legal proceeding shall lie against the Central Government or the State Government or any of its officers or other employees for any damage caused or likely to be caused by anything which is in good faith done or intended to be done under this Act.

(*3*) No suit or other legal proceeding shall lie against any authority as referred to in Chapter IV including its chairperson, members, member-secretary, officers and other employees for anything which is in good faith done or intended to be done under this

Act.

Nodal agency.

13. The Ministry of the Central Government dealing with Tribal Affairs or any officer or authority authorised by the Central Government in this behalf shall be the nodal agency for the implementation of the provisions of this Act.

Power of Central Government to issue directions.

14. In the performance of its duties and exercise of its powers by or under this Act, every authority referred to in Chapter IV shall be subject to such general or special directions, as the Central Government may, from time to time, give in writing:

Provided that such directions shall be consistent with the provisions of this Act and shall not result in the curtailing or abrogation of any of the rights recognised under this Act.

Overriding effect of the Act.

15. If the provisions of any other law for the time being in force or any decree, judgment, award or order of any court are in contravention to the provisions of this Act, the provisions of this Act shall prevail.

Power to make rules.

16. (*1*) The Central Government may, by notification, and subject to the condition of previous publication, make rules for carrying out the provisions of this Act.

(*2*) In particular, and without prejudice to the generality of the foregoing powers, such rules may provide for all or any of the following matters, namely:–

(*a*) procedural details for implementation of the procedure specified in section 6,

(*b*) the procedure for receiving claims, consolidating and verifying them and preparing a map delineating the area of each recommended claim for exercise of forest rights under sub-section (1) of section 6 and the manner of preferring a petition to the Sub-Divisional Committee under sub-section (*2*) of that section;

(*c*) the level of officers of the departments of Revenue, Forest and Tribal Affairs of the State Government to be appointed as members of the Sub-Divisional Level Committee, the District Level Committee and the State level Monitoring Committee under sub-section (*8*) of section 6.

(*d*) the composition and functions of the Sub-Divisional Level Committee, the District Level Committee and the State Level Monitoring Committee and the procedure to be followed by them in the discharge of their functions under sub-section (*9*) of section 6;

(*e*) the number of members of the Sub-Divisional Level Committee, District Level Committee and the State Level Monitoring Committee and the procedure to be followed by the said Committees under clause (v) of sub-section (9) of section 6;

(*f*) the procedure to receive applications against the decisions of Gram Sabha and sending of the said recommendations to the Gram Sabha under sub-clause (i) of clause (a) of sub-sectopm (10)section 6;

(*g*) any other matter which is required to be, or may be, prescribed.

(3) Every rule made under this Act shall be laid, as soon as may be after it is made, before each House of Parliament, while it is in session, for a total period of thirty days which may be comprised in one session or in two or more successive sessions, and if, before the expiry of the session immediately following the session or the successive sessions aforesaid, both Houses agree in making any modification in the rule or both Houses agree that the rule should not be made, the rule shall thereafter have effect only in such modified form or be of no effect, as the case may be; so, however, that any such modification or annulment shall be without prejudice to the validity of anything previously done under that rule.

परिशिष्ट-4

THE SCHEDULED TRIBES AND OTHER TRADTIONAL FOREST DWELLERS (RECOGNITION OF FOREST RIGHTS) ACT, 2006

[Act No. 2 Of 2007][1]

[29th December, 2006]

An Act to recognise and vest the forest rights and occupation in forest land in forest dwelling Scheduled Tribes and other traditional forest dwellers who have been residing in such forests for generations but whose rights could not be recorded; to provide for a framework for recording the forest rights so vested and the nature of evidence required for such recognition and vesting in respect of forest land.

WHEREAS the recognized rights of the forest dwelling Scheduled Tribes and other traditional forest dwellers include the responsibilities and authority for sustainable use, conservation of biodiversity and maintenance of ecological balance and thereby strengthening the conservation regime of the forests while ensuring livelihood and food security of the forest dwelling Scheduled Tribes and other traditional forest dwellers;

AND WHEREAS the forest rights on ancestral lands and their habitat were not adequately recognized in the consolidation of State forests during the colonial period as well as in independent India resulting in historical injustice to the forest dwelling Scheduled Tribes and other traditional forest dwellers who are integral to the very survival and sustainability of the forest ecosystem;

AND WHEREAS it has become necessary to address the long standing insecurity of tenurial and access rights of forest dwelling Scheduled Tribes and other traditional forest dwellers including those who were forced to relocate their dwelling due to State development

1. Received the assent of the president on 29-12-2006 and pub. In the Gaz of India, Ext. P. II, dt 2-1-2007.

interventions.

BE it enacted by Parliament in the Fifty-Seventh Year of the Republic of India as follows:–

CHAPTER I

PRELIMINARY

1. Short title, extent and commencement

(1) This Act may be called the Scheduled Tribes and Other Traditional Forest Dewllers (Recognition of Forest Rights) Act, 2006.

(2) It extends to the whole of India except the State of Jammu and Kashmir.

(3) It shall come into force on such date as the Central Government may, by notification in the Official Gazette, appoint.

2. Definitions

In this Act, unless the context otherwise requires,-

(a) "community forest resource" means customary forest land within the traditional or customary boundaries of the village or seasonal use of landscape in the case of pastoral communities, including reserved forests, protected forests and protected areas such as Sanctuaries and National Parks to which the community has the traditional access;

(b) "critical wildlife habitat" means such areas of National Parks and Sanctuaries where it has been specified and clearly established, case by case, on the basis of scientific and objective criteria, that such areas are required to be kept in inviolate for the purpose of wildlife conservation as may be determined and notified by the Central Government in Ministry of Environment and Forest after open process of consultation by an Expert Committee, which includes expert from the locality appointed by the Government wherein a representative of the Ministry of Tribal Affiars shall also be included, in determining such areas according to procedural requirements arising from sub-section (1) and (2) of section 4;

(c) "forest dwelling Scheduled Tribes" means the members or community of the Scheduled Tribes who primarily reside in and who depend on the forests or forest lands for bona fide

livelihood needs and includes the Scheduled Tribes pastoralist communities;

(*d*) "forest land" means land of any description falling within any forest area and includes unclassified forests, un-demarcated forests existing or deemed forests, protected forests, reserved forests, sanctuaries and national parks;

(*e*) "forest rights" means the forest rights referred to in section 3;

(*f*) "forest villages" means the settlements which have been established inside the forests by the forest department of any State Government for forestry operations or which were converted into forest villages through the forest reservation process and includes forest settlement villages, fixed demand holdings, all types of *taungya* settlements by whatever name called for such villages and includes lands for cultivation and other uses, permitted the Government;

(*g*) "Gram Sabha" means a village assembly, which shall consist of all adult members of a village and in case of State having no Panchayats, Padas, tolas and other traditional village institutions and elected village committees, with full and unrestricted participation of women;

(*h*) "habitat" includes the area comprising the customary habitat and such other habitat in reserved forests and protected forests of primitive tribal groups and pre-agricultural communities and other forest dwelling Scheduled Tribes;

(*i*) "minor forest produce" includes all non-timber forest produce of plant origin including bamboo, brush wood, stumps, cane, tussar, cocoons, honey, wax, lac, tendu or kendu leaves, medicinal plants and herbs, roots, tubers and the like;

(*j*) "nodal agency" means the nodal agency specified in section 11;

(*k*) "notification" means a notification published in the Official Gazette;

(*l*) "prescribed" means prescribed by rules made under this Act;

(*m*) "Scheduled Areas" means any Schedule Area as referred to in clause (*1*) of article 244 of the Constitution;

(*n*) "sustainable use" shall have the same meaning as assigned to it in clause (o) of section 2 of the Biological Diversity Act, 2002; (18 of 2003) (*o*) "other traditional forest dweller" means any member of community who has for at least three generations prior to the 13th December, 2005 primarily resided in and who depend on the forest or the forest land for bona fide livelihood needs.

Explanation- For the purpose of this clause, "generation" means a period comprising of twenty-five years.

(*p*) "village" means–

(*i*) a village referred to in clause (*b*) of section 4 of the Provisions of the Panchayats (Extension to the Scheduled Areas) Act, 1996 (40 of 1996); or

(*ii*) any area referred to as a village in any State law relating to Panchayats, other than a Schedule Areas; or

(*iii*) forest villages, old habitation or settlements and unsurveyed villages, whether notified as village or not; or

(*iv*) in the case of States where there are no Panchayats, the traditional village, by whatever name called;

(*q*) "wild animal" means any species of animal specified in Schedules I to IV of the Wild Life (Protection) Act, 1972 and found wild in nature. (53 of 1972)

CHAPTER II

FOREST RIGHTS

Forest rights of forest dwelling Scheduled Tribes and other traditional forest dwellers

3. (1) For the purposes of this Act, the following rights, which secure individual or community tenure or both, shall be the forest rights of forest dwelling Scheduled Tribes and other traditional forest dwellers on all forest lands, namely:-

(*a*) right to hold and live in the forest land under the individual or common occupation for habitation or for self cultivation for livelihood by a member or members of a forest dwelling Scheduled Tribe or other traditional forest dweller;

(*b*) Community rights such as nistar, by whatever name called, including those used in erstwhile princely States, Zamindari or such intermediary regimes;

(*c*) right of ownership access to collect, use and dispose of minor forest produce which has been traditionally collected within or outside village boundaries.

(*d*) other community rights of uses or entitlements such as fish and other products of water bodies, grazing (both settled and transhumant) and traditional seasonal resource access of nomadic or pastoralist communities;

(*e*) right, including community tenures of habitat and habitation for primitive tribal groups and pre- agricultural communities;

(*f*) rights in or over disputed lands under any nomenclature in any State where claims are disputed;

(*g*) rights for conversion of Pattas or leases or grants issued by any local authority or any State Government on forest lands to titles;

(*h*) rights of settlement and conversion of all forest villages, old habitation, unsurveyed villages and other villages in forests, whether recorded, notified or not into revenue villages;

(*i*) right to protect, regenerate or conserve or manage in community forest resource which they have been traditionally protecting and conserving for sustainable use;

(*j*) rights which are recognized under any State law or laws of any Autonomous District Council or Autonomous Regional Council or which are accepted as rights of tribals under any traditional or customary law of the concerned tribes of any State;

(*k*) right to access biodiversity and community right to intellectual property and traditional knowledge related to biodiversity and cultural diversity;

(*l*) any other traditional right customarily enjoyed by the forest dwelling Scheduled Tribes or other traditional forest dwellers, as the case may be, which are not mentioned in clauses (*a*) to (*k*) but excluding the traditional right of hunting or trapping or extracting a part of the body of any species of wild animal;

(*m*) right to *in situ* rehabilitation including alternative land in cases where the Scheduled Tribes and other traditional forest dwellers have been illegally evicted or displaced from forest land of any description without receiving their legal entitlement to rehabilitation prior to the 13th day of December, 2005.

(2) Notwithstanding anything contained in the Forest (Conservation) Act, 1980, the Central Government shall provide for diversions of forest land for the following facilities managed by the Government which involve felling of trees not exceeding seventy-five trees per hectare, namely:-

(a) schools;

(b) dispensary or hospital;

(c) anganwadis;

(d) fair price shops;

(e) electric and telecommunication lines;

(f) tanks and other minor water bodies;

(g) drinking water supply and water pipelines;

(h) water or rain water harvesting structures;

(i) minor irrigation canals;

(j) non-conventional source of energy;

(k) shall upgradation or vocational training centres;

(l) roads; and

(m) community centres:

Provided that such diversion of forest land shall be allowed only if,-

(i) The forest land to be diverted for the purpose mentioned in this sub-section is less than one hectare in each case; and

(ii) the clearance of such developmental projects shall be subject to the condition that the same is recommended by the Gram Sabha.

CHAPTER III

RECOGNITION, RESTORATION AND VESTING OF FOREST RIGHTS AND RELATED MATTERS

Recognition of and vesting of forest rights in forest dwelling Scheduled Tribes and other traditional forest dwellers

4. (*1*) Notwithstanding anything contained in any other law for the time being in force, and subject to the provisions of this Act, the Central Government hereby recognises and vests forest rights in-

(*a*) the forest dwelling Scheduled Tribes in States or areas in States where they are declared as Sheduled Tribes in respect of all forest rights mentioned in section 3;

(*b*) the other traditional forest dwellers in respect of all forest rights mentioned in section 3.

(2) The Forest Rights recognized under this Act in critical wildlife habitats of National Parks and Sanctuaries may subsequently be modified or resettled, provided that no forest rights holder shall be resettled or have their rights in any manner affected for the purposes of creating inviolate areas for wildlife conservation except in case all the following conditions are satisfied,namely:-

(*a*) the process of recognition and vesting of rights as specified in section 6 is complete in all the areas under consideration;

(*b*) it has been established by the concerned agencies of the State Government, in exercise of power under the Wild Life (Protection) Act, 1972 that the activities or impact of the presence of holders of rights upon wild animals is sufficient to cause irreversible damage and threaten the existence of said species and their habitat;

(*c*) the State Government has concluded that other reasonable options, such as, co-existence are not available;

(*d*) a resettlement or alternative package has been prepared and communicated that provides a secure livelihood for affected individuals and communities and fulfils the requirement of such affected individuals and communities given in the relevant laws and the policy of the Central Government.

(*e*) the free inform consent of the Gram Sabhas in the areas concerned to the proposed resettlement and to the package has been obtained in writing;

(*f*) no resettlement shall take place until facilities and land allocation at the resettlement location are completed as par the promised package.

Provided that the critical wildlife habitat from which rights holders are thus relocated for wildlife conservation shall not be subsequently diverted by the State Government or the Central Government or any other entity for other uses.

(3) recognition and vesting of forest rights under this Act to forest dwelling Scheduled Tribes and to other traditional forest dwellers in relation to any State or Union territory in respect of forest land and their habitat shall be subject to the condition that such Tribes or tribal communities or other traditional forest dwellers had occupied forest

land before the 25th day of October, 1980.

(4) A right conferred by sub-section (*1*) shall be heritable but not alienable or transferable and shall be registered jointly in the name of both the spouses in the case of married persons and in the name of the single head in the case of household headed by a single person and in the absence of direct heir, the heritable rights shall pass on to the next-of-kin.

(5) Save as otherwise provided, no member of a forest dwelling Scheduled Tribe or other traditional forest dweller shall be evicted or removed from forest land under his occupation till the recognition and verification procedure is completed.

(6) Where the forest rights recognized and vested under sub-section (*1*) are in respect of land, mentioned in clause *(a)* of sub-section (1) of section 3 and such land shall be under the occupation of an individual or family or community on the date of commencement of this Act and shall be restricted to the area under actual occupation and shall in no case exceed an area of four hectares.

(7) The forest rights shall be conferred free of all encumbrances and procedural requirements, including clearance under the Forest Conservation Act 1980 (69 of 1980), requirement of paying the 'net present value' and 'compensatory afforestation" for diversion of forest land, except those specified in this Act.

(8) The forest rights recognized and vested under this Act shall include the right of land to forest dwelling Scheduled Tribes and other traditional forest dwellers who can establish that they were displaced from their dwelling and cultivation without land compensation due to State development interventions, and where the land has not been used for the purpose for which it was acquired within five years of the said acquisition.

Duties of holders of forest rights

5. The holder of any forest right, Gram Sabha and village level institutions in areas where there are holders of any forest right under this Act are empowered to:

(*a*) protect the wild life, forest and biodiversity;

(*b*) ensure that adjoining catchments area, water sources and other ecological sensitive areas are adequately protected;

(*c*) ensure that the habitat of forest dwelling Scheduled Tribes and other traditional forest dwellers is preserved from any form of destructive practices affecting their cultural and natural heritage.

(d) ensure that the decisions taken in the Gram Sabha to regulate access to community forest resources and stop any activity which adversely affect the wild animals, forest and biodiversity are compiled with.

CHAPTER IV

AUTHORITIES AND PROCEDURE FOR VESTING OF FOREST RIGHTS

Authorities to vest forest rights in forest dwelling Scheduled Tribes and the procedure thereof

6. (1) The Gram Sabha shall be the authority to initiate the process for determining the nature and extent of individual or community forest rights or both that may be given to the forest dwelling Scheduled Tribes and other traditional forest dwellers within the local limits of its jurisdiction under this Act by receiving claims, consolidating and verifying them and preparing a map delineating the area of each recommended claim in such manner as may be prescribed for exercise of such rights and the Gram Sabha shall, then, pass a resolution to that effect and thereafter forward a copy of the same to the Sub-Divisional Level Committee.

(2) Any person aggrieved by the resolution of the Gram Sabha may prefer a petition to the Sub-Divisional Level Committee constituted under sub-section (3) and the Sub-Divisional Level Committee shall consider and dispose of such petition;

Provided that every such petition shall be preferred within sixty days from the date of passing of the resolution by the Gram Sabha;

Provided further that no such petition shall be disposed of against the aggrieved person, unless he has given a reasonable opportunity to present his case.

(3) The State Government shall constitute a Sub-Divisional Level Committee to examine the resolution passed by the Gram Sabha and prepare the record of forest rights and forward it through the Sub-Divisional Officer to the District Level Committee for a final decision.

(4) Any person aggrieved by the decision of the Sub-Divisional

Committee may prefer a petition to the District Level Committee within sixty days from the date of decision of the Sub-Divisional Level Committee and the District Level Committee shall consider and dispose of such petition;

Provided that the no petition shall be preferred directly before the District Level Committee against the resolution of the Gram Sabha unless the same has been preferred before and considered by the Sub-Divisional Level Committee;

Provided further that no such petition shall be disposed against the aggrieved person, unless he has been given a reasonable opportunity to present his case.

(5) The State Government shall constitute a District Level Committee to consider and finally approve the record of forest rights prepared by the Sub-Divisional Level Committee.

(6) The decision of the District Level Committee on the record of the forest rights shall be final and binding.

(7) The State Government shall constitute a State Level Monitoring Committee to monitor the process of recognition and vesting of forest rights and to submit to the nodal agency such returns and reports as may be called for by that agency.

(8) The Sub-Divisional Level Committee, the District Level Committee and the State Level Monitoring Committee shall consist of officers of the departments of Revenue, Forest and Tribal Affiars of the State Government and three members of the Panchayati Raj Institutions at the appropriate level, appointed by the respective Panchayati Raj Institutions, of whom two shall be the Scheduled Tribe members and at least one shall be a woman, as may be prescribed.

(9) The composition and functions of Sub-Divisional Level Committee, the District Level Committee and the State Level Monitoring Committee and the procedure to be followed by them in the discharge of their functions shall be such as may be prescribed.

CHAPTER V

OFFENCE AND PENALTIES

Offences by members or officers of authorities under this Act

7. Where any authority or Committee or officers or member of such authority or Committee contravenes any provisions of this Act or any rule made thereunder concerning recognition of forest rights, it, or they shall be deemed to be guilty of an offence under this Act and shall be liable to be proceeded against and punished with fine which may extended one thousand rupees;

Provided that nothing contained in this sub-section shall render any member of the authority or committee or head of the department or any person referred to in this section liable to any punishment if he proves that the offence was committed without his knowledge or that he had exercised all due diligence to prevent the commission of such offence.

Cognizance of offences

8. No court shall take cognizance of any offence under section 7 of this Act unless any forest dwelling Scheduled Tribe in case of dispute relating to a resolution of a Gram Sabha or the Gram Sabha through a resolution against any higher authority gives a notice of not less than sixty days to the State Level Monitoring Committee and the State Level Monitoring Committee has not proceeded against such authority.

CHAPTER VI

MISCELLANEOUS

Members of authorities etc., to be public servants

9. Every member of the authorities referred to in Chapter IV and every other officer exercising any of the powers conferred by this Act shall be deemed to be a public servant within the meaning of section 21 of the Indian Penal Code (45 of 1860).

Protection of action taken in good faith

10. (*1*) No suit, prosecution or other legal proceeding shall lie against any officer or other employee of the Central Government or the State Government for anything which is in good faith done or intended to be done under this Act.

(2) No suit or other legal proceeding shall lie against the Central Government or the State Government or any of its officers or other employees for any damage caused or likely to be caused by anything which is in good faith done or intended to be done under this Act.

(3) No suit or other legal proceeding shall lie against any Authority as referred to in Chapter IV including its Chairperson, members, member secretary, officers and other employees for anything which is in good faith done or intended to be done under this Act.

Nodal agency

11. The Ministry of the Central Government dealing with Tribal Affairs or any officer or authority authorised by the Central Government in this behalf shall be the nodal agency for the implementation of the provisions of this Act.

Power of Central Government to issue directions

12. In the performance of its duties and exercise of its powers by or under this Act, every authority referred to in Chapter IV shall be subject to such general or special directions, as the Central Government may, from time to time, give in writing.

Act not in derogation of any other law

13. Save as otherwise provided in this Act, the provisions of the Panchayats (Extension to Scheduled Areas) Act, 1996 the provisions of this Act shall be in addition to and not in derogation of the provisions of any other law for the time being in force.

Power to make rules

14. (*1*) The Central Government may, by notification, and subject to the condition of previous publication, make rules for carrying out the provisions of this Act.

(*2*) In particular, and without prejudice to the generality of the foregoing powers, such rules may provide for all or any of the following matters, namely:-

(*a*) procedural details for implementation of the procedure specified in section 6;

(*b*) the procedure for receiving claims, consolidating and verifying them and preparing a map delineating the area of each recommend claim for exercise of forest rights under sub-section *(1)* of section 6 and the manner of preferring a petition to the Sub-Divisional Committee under sub-section *(2)* of that section;

(*c*) the level of officers of the departments of Revenue, Forest and Tribal Affairs of the State Government to be appointed as members of the Sub-Divisional Level Committee, the District Level Committee and the State Level Monitoring Committee under sub-section *(9)* of Section (6);

(*d*) the composition and functions of the Sub-Divisional Level Committee, the District Level Committee and the State Level Committee and the procedure to be followed by them in the discharge of their functions under sub-section *(9)* of section 6;

(*e*) any other matter which is required to be, or may be, prescribed.

(3) Every rule made under this Act shall be laid, as soon as may be after it is made, before each House of Parliament, while it is in session, for a total period of thirty days which may be comprised in one session or in two or more successive sessions, and if, before the expiry of the session immediately following the session or the successive sessions aforesaid, both Houses agree in making any modification in the rule or both Houses agree that the rule should not be made, the rule shall thereafter have effect only in such modified form or be of no effect, as the case may be; so, however, that any such modification or annulment shall be without prejudice to the validity of anything previously done under that rule.

under sub-section (9) or section (10) [illegible]

(b) the composition and functions of the [illegible] Committee, the Block [illegible] Committee and [illegible] Committee and the procedure to be followed by them in the discharge of their functions under sub-section (9) of section [illegible];

(c) any other matter which is required to be, or may be, prescribed.

(3) Every rule made under this Act shall be laid, as soon as may be after it is made, before each House of Parliament, while it is in session, for a total period of thirty days which may be comprised in one session or in two or more successive sessions, and if, before the expiry of the session immediately following the session or the successive sessions aforesaid, both Houses agree in making any modification in the rule or both Houses agree that the rule should not be made, the rule shall thereafter have effect only in such modified form or be of no effect, as the case may be; so, however, that any such modification or annulment shall be without prejudice to the validity of anything previously done under that rule.

अनुक्रमणिका

आ

इ

उ

ए

ओ

क

ख

ग

घ

च

छ

ज

झ

ट

प

फ

य

र

ल

श

श्र

स

ह